KB216908

# 생성형 AI와 법

이성엽 편

AI

& Law

박영사

## 생성형 AI와 법 발간사

마치 살아 있는 생명 같은 느낌을 주는 기계, 더 나아가 인간의 사고능력, 즉 인지, 추론, 학습 등을 모방하는 기술을 인공지능(AI, artificial intelligence) 기술이라고 한다. 인간의 학습 능력과 추론 능력, 지각 능력, 자연언어의 이해 능력 등을 컴퓨터 프로그램으로 실현한 기술로 활용 가능한 데이터만 충분히 있다면 그동안 인간이 수행해 왔던 계산 기반의 지적 작업을 인간보다 더욱 빠르고 정확하게 대신할 수 있어 경제적으로 뛰어난 가치를 가지고 있다.

AI 기술이 로봇 기술, 빅데이터 기술, 클라우드, IoT 기술과 결합되면서 지능정보사회로의 변화를 견인하고 있다. 컴퓨터와 인터넷 혁명으로 대표되는 정보사회와는 달리 지능정보사회에서는 판단의 주체가 점차 인간에서 기계로 바뀌어 기계가 자율적인 처리, 제어, 예측을 할 수 있는 사회이다. 산업혁명에서 기계가 인간의 육체노동을 대체했다면 지능정보사회에서는 기계가 인간의 정신노동을 대체하게 된다.

2022년 12월 1일 미국 스타트업 'OpenAI'가 출시한 ChatGPT(Chat Generative Pre－Trained Transformer)가 글로벌 IT 생태계에 충격을 주고 있다. ChatGPT는 사람의 언어를 이해하는 것은 물론 사람의 질문에 꼭 맞는 유용한 답을 하는 대화형 생성 AI로 일반 대중에게 AI의 일상화라는 경험을 제공하고 있다.

생성형 AI인 대표인 ChatGPT는 문장을 생성(Generative)하는 AI 모델로서 사전학습(Pre－trained)을 통해 훈련을 받았으며, 트랜스포머(Transformer)라는 구조에 기반한 인공지능 언어모델이다. 생성이란 문장을 사람처럼 만들어낸다는 것이고, 사전학습이란 많은 데이터를 사전에 습득했다는 것이며, 트랜스포머란 단어 간 연관성 파악이 가능한 혁신적인 심층신경망이라는 것이다. 결론적으로 생성형 AI란 대규모 데이터의 패턴을 자기지도 학습하여 명령어(Prompt)에 따라 새로운 텍스트, 코드, 이미지, 음악, 영상 등의 콘텐츠를 생성하는 인공지능으로 정의할 수 있다. 패턴을 인식하고 예측하도록 설계된 기존 AI 시스템과 달리 생성 AI는 이미지, 텍스트, 오디오 등의 형태로 새로운 콘텐츠를 생성한다.

생성형 AI 모델의 특성은 다음 몇 가지로 제시할 수 있다. 첫째, 대규모 언어모델(Large Language Model)이라는 점이다. 우선 언어모델은 문장 생성을 위해 단어의 순서에 다음에 올 수 있는 확률을 할당하는 모델로, 기존 통계적 방법에서 인공신경망 방법으로 발전했다. 둘째, 콘텐츠를 창조한다는 것이다. 기존의 AI는 이용자의 특정 요구에 따라 결과를 생성한다. 즉, AI의 역할은 데이터 분석, 활용 등 인간의 행위를 대체하거나 보완하는 데 그친다. 생성형 AI는 자기 학습 알고리즘으로 새로운 디지털 이미지, 영상, 음성, 텍스트, 프로그램 코드 등을 '창조'한다. 기존 검색엔진과 달리 생성형 AI는 사용자 질문에 대해 새로운 정보를 생성하는 기능이 있다. 셋째, 기존 검색모델과의 차별성이다. 검색모델이 키워드 검색을 통해 정보를 제공하지만, 생성형 AI는 인공지능 기술인 언어 모델링을 사용하여 사용자 질문에 대한 답변을 생성하며, 검색모델이 키워드 검색을 통한 정보 제공으로 사용자와의 상호작용은 없지만, 생성형 AI 모델은 사용자 친화적인 상호작용을 통해 질문을 이해하고 대답하는 방식이다. 나아가 생성형 AI는 범용인공지능(Artigicial General Intelligence, AGI)으로 발전하고 있다. 이는 인간처럼 종합적으로 사고·학습·추론하는 인공지능으로 텍스트 이해·생성, 자연어처리, 이미지 분류, 예측, 추론 등 다양한 태스크를 동시에 처리하는 인공지능이다.

생성형 AI의 발전 속도가 빠르다는 것과 생성형 AI의 성능과 인류에 대한 영향이 지대하는 것에 대해서 공감대가 이루어지고 있다. 이에 생성형 AI에 대한 법의 관심도 증가하고 있다. 이는 기본적으로 생성형 AI가 인간을 자율성, 독립성을 생성형 AI가 침해할 가능성이 있다는 점에 대한 기존 법률의 관심이다. 즉, 인간을 권리주체로 보고 구축된 기존의 법체계에 어떤 변화가 필요한지에 대한 관심이다. 또한 생성형 AI가 야기하는 문제점이나 부작용에 대한 법규제 이슈가 등장하고 있다.

이런 이슈로는 생성형 AI의 결과물의 진실성의 문제로 인한 허위조작 정보의 문제, 생성형 AI가 데이터를 학습하는 과정에서 저작권과 개인정보를 침해할 가능성, 사이버 공격에 생성형 AI를 이용하는 경우, 생성형 AI를 이용할 수 있는 계층, 국가와 그렇지 못한 계층, 국가 간 소외, 불평등 심화, 법치주의와 민주주의에 대한 위협, 생성형 AI 시장 성장에 따라 자본력을 갖추고 시장을 선점한 소수 거대 글로벌 플랫폼의 독점 심화에 대한 우려 등이 있다.

이런 이슈들에 대해 규제받지 않는 AI는 인류에게 위협이 될 것이기 때문에 통제할 수 없는 상황이 오기 전에 미리 규제 논의를 서둘러야 한다는 입장과 이는 과도한 우려에 불과하며 AI 개발을 진행하면서 부작용을 최소화하려는 것으로 충분하다는 입장이 대립하고 있다.

전자의 입장에서 EU, 미국, 한국 등은 AI 규제 입법을 시도하고 있다. 대부분 고위험 AI에 대해 사전 고지, 영향평가, 신뢰성과 안전성 조치의무 등 사전적 규제를 포함하고 있는 것이 특징이다. 다만 제기된 이슈들은 이미 플랫폼, 데이터 경제 시대에도 존재하던 것으로 사전적, 사후적 정책적 대응이 필요한 것이지 반드시 사전적 규제가 필요하다고 보기는 어려운 것들이다. 아직 EU를 제외하면 플랫폼에 대해서도 규제입법이 가시화되지 않고 있다.

오히려 기술 진보를 사전적으로 예측하고 선제적으로 법제를 도입하는 것은 자칫하면 현실적 집행이 곤란한 규제를 양산할 수 있으며, 기술 혁신으로 인한 편익을 저해할 수도 있다. 사전 규제, 사후 규제, 정부 규제, 자율 규제 등 다양한 규제방식 중에서 기술 진보에 유용하게 대응하면서 사회적 위험을 최소화할 수 있는 유연하고 탄력적인 방식을 채택할 필요가 있다.

스탠포드 연구소의 의견대로 생성 AI 모델이 산업과 사회, 우리 삶에 미치는 영향은 매우 클 것이다. 한편으로는 인간의 노동력을 보완하여 우리 삶이 더 생산적이고 창의적일 수 있도록 할 것이나, 다른 한편으로는 우리의 편견을 강화시키거나, 정보에 대한 신뢰를 떨어뜨릴 수 있다. 결국 기술의 양면성은 보편적인 것이며 어떻게 기술을 인간에 유용하게 사용할 것이냐가 중요한 것이다. AI가 인간을 대체하는 것에 대해서도 적절한 대응이 필요하지만, AI를 이용하지 않는 자가 이용하는 자에 의해 대체될 가능성에 대해서도 유의해야 할 것이다.

본서는 이런 문제의식에 기반해 생성형 AI 도입, 확산에 따른 법적 이슈를 망라적으로 다루고 있다. 본서는 총 4장으로 구성되어 있다. 제1장에서는 생성형 AI에 대한 포괄적 이해를 위해 생성형 AI의 기술적 이해, 생성형 AI 시장과 산업의 동향과 전망, 생성형 AI가 가져올 변화와 정책과제, 생성형 AI의 규제원칙에 관해 다룬다. 제2장은 본서의 핵심적인 내용으로 생성형 AI 관련 법규범의 이슈를 본격적으로 다룬다. 글로벌 AI 규제 동향과 한국의 AI 규제 정립 방안, EU의 AI 규제법과 AI 규제 방향, 생성형 AI 활용의 지식재산 쟁점, 생성형 AI의 저작권법 이슈와 과제, 생성형 AI의 개인정보의 이슈와 과제, 생성형 AI의 경쟁법상의 이슈와 과제,

생성형 AI에서 허위정보 이슈와 과제, 생성형 AI에서 알고리즘 규제 이슈와 과제가 포함되어 있다.

다음 제3장에서는 기존 헌법, 민법, 형법, 행정법, 금융법 등 주류 법학에서 생성형 AI의 쟁점을 다룬다. 생성형 인공지능 시대의 계약자유 원칙과 문제점, 생성형 인공지능을 활용한 행정의 이론적 문제와 대응, 생성형 인공지능을 활용한 해킹 범죄의 위험성과 대책, 생성형 AI 이용범죄의 쟁점과 규제방안－딥페이크 범죄를 중심으로, 생성형 AI와 금융법의 과제, 생성형 AI의 기술발달에 따른 헌법적 관점에서의 기본권 보장에 관한 연구가 포함되어 있다. 끝으로 제4장에서는 기타 중요한 생성형 AI 관련 법정책적 쟁점으로 생성형 AI의 오남용 문제와 사이버보안, 생성형 AI와 법률서비스의 이슈 및 동향, 생성형 AI 및 글로벌 통상환경의 변화와 전망을 다룬다.

바쁘신 일정에도 불구하고 본서 집필에 참여해 주신 교수, 변호사 등 총 24분에게 감사드린다. 특히 이번 작업에는 여러 전공의 법학자 외에도 공학, 미디어학, 경제학 전공 학자분과 이 분야 최고 실무 전문가 변호사분들이 참여해서 이론과 실무가 연계되고 여러 학문 간 통섭적 접근을 수행했다. 또한 박영사 김한유 과장님은 처음부터 이 책이 출간될 수 있도록 지원해 주셨으며, 박세연 님은 이 책의 편집을 위해 아낌없는 노력을 기울여 주셨다. 이 자리를 빌려 깊이 감사드린다.

개인적으로 데이터와 법, 플랫폼의 법과 정책, 마이데이터와 법에 이어 생성형 AI와 법이라는 새로운 분야를 여러 훌륭한 동학과 함께 개척해 가는 기회를 가진 것도 큰 행운이었다. 그리고 법조인의 꿈을 펼치기 위해 노력 중인 아이에게도 행운이 있기를 바라고 아이의 꿈을 열심히 응원하고 있는 아내에게도 감사를 표한다.

본서가 AI, 데이터 경제를 선도하는 한국의 관련 학계, 법조계, 기업, 정부는 물론 국민에게 생성형 AI와 법 이슈에 대한 나침반이 될 수 있기 바란다.

감사합니다.

2024.10

고려대학교 연구실에서 편저자 이성엽

# 목차

PART Ⅰ

## 생성형 AI에 대한 이해

# part I

# 생성형 AI에 대한 이해

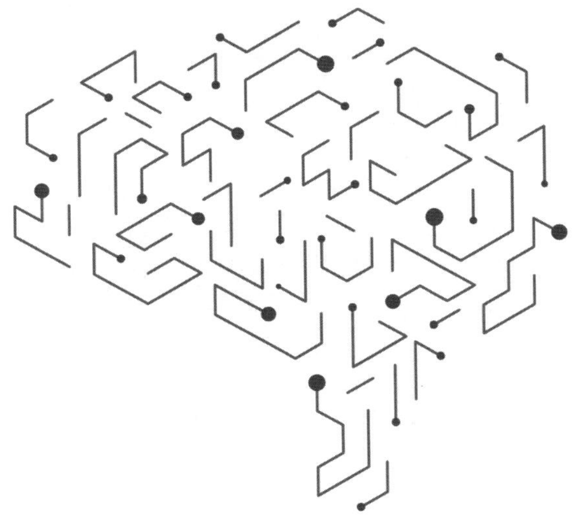

chapter

01

# 생성형 AI의 기술적 이해

배주호*

## Section 01 | 서론

'인간은 왜 저를 만들었을까요?' 한 SF 영화에서 인공지능 로봇은 인간에게 자신의 존재에 대한 질문을 한다. 우리는 많은 창작물에서, 또는 현실에서 인간과 유사한 지능을 가진 개체를 만드는 데 관심을 가지는 모습을 보여준다. 인간 지능의 정의에 대해서는 아직 공통적인 합의점을 도출하는 것이 쉽지 않으므로, 인간과 유사한 능력을 가진 개체에 초점을 맞추자면, 언어능력과 시각능력에 기반한 판단 수준에 있어서는 인류는 최근 매우 인간과 가까운 수준의 능력을 갖춘 무언가를 만들어 나가는 데 성공하고 있다 볼 수 있겠다.[1] 이번 연구에서는 인공지능 분야에서 최근 매우 빠른 속도로 발전하고 있는 생성형 AI에 관하여 기술적 기초 부분과 비즈니스 분야에 적용하는데 마주치는 현상들을 설명한다. 기술적 분야에 대한 이해는 본디 수학적 이해를 바탕으로 하여야 명확하게 전달이 될 것이나, 이에 대하여 처음

* 한국외국어대학교 Global Business & Technology학부 교수

1 Silver, D., et al. (2018). A general reinforcement learning algorithm that masters chess, shogi, and Go through self-play. Science, 362(6419), 1140-1144.

접근하는 경우 다소 어려움이 있기에 이 장에서는 수학적 부분을 최대한 자제하고 개념적인 접근을 우선시하였다. 이 때문에 더욱 정확한 이해를 원하시는 분들은 참조된 관련 저술이나 논문을 통해 도움을 받길 부탁드린다.

## 1. 인공지능 발전의 두 기둥 - 기호주의와 연결주의

인공지능의 기술적 접근 관점으로는 기호주의와 연결주의가 있다.[2] 기호주의는 원인과 결과 간의 관계를 함수적 연산을 이용하여 결과를 도출해내는 방법을 사용한다. 과거 80년대 전문가 시스템(expert system)이 유행할 당시에는 기호주의에 기반한 인공지능 모델이 주목을 받았으나, 관계함수를 생성하는 데 드는 비용과 예외적 상황에 대한 고려 등에서 한계가 있었기에 인공지능 겨울이 오는 원인으로 작용하였다.[3]

한편 연결주의는 인간의 뇌가 시냅스 간의 네트워크 구성으로 지능적인 행위를 구현하는 것과 유사하게 컴퓨팅 네트워크 연결 구조를 기반으로 결과를 풀어내는 방법을 택한다.[4] 네트워크 연결구조의 학습을 위해서는 많은 데이터와 연산이 필요했기 때문에 하드웨어 성능이 충분히 받쳐주지 않는 경우 연결주의적 기법들은 좋은 성과를 내기 어려웠으나, 최근 고성능 프로세서와 많은 양의 데이터를 확보하는 환경이 마련되어 유의미한 성과를 내고 있다.[5]

2 Fodor, J. A., & Pylyshyn, Z. W. (1988). Connectionism and cognitive architecture: A critical analysis. Cognition, 28(1-2), 3-71.

3 Buchanan, B. G. (2005). A (very) brief history of artificial intelligence. AI Magazine, 26(4), 53-53.

4 Rumelhart, D. E., Hinton, G. E., & Williams, R. J. (1986). Learning representations by back-propagating errors. Nature, 323(6088), 533-536.

5 LeCun, Y., Bengio, Y., & Hinton, G. (2015). Deep learning. Nature, 521(7553), 436-444.

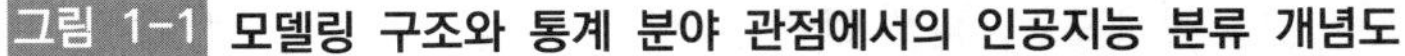

그림 1-1 모델링 구조와 통계 분야 관점에서의 인공지능 분류 개념도

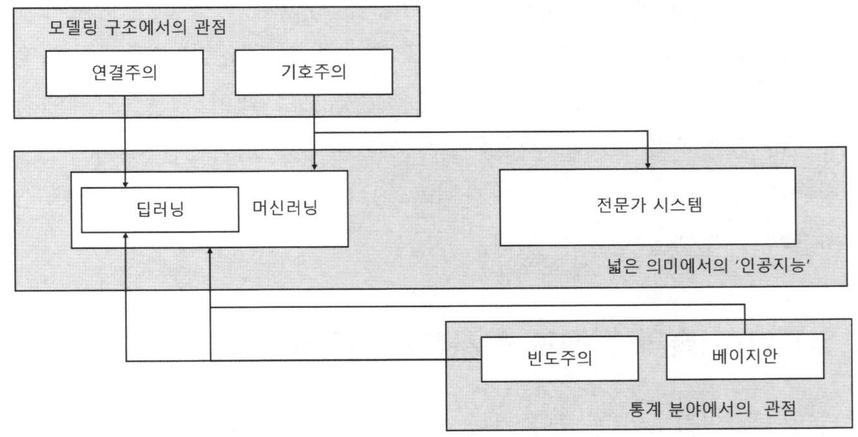


인공지능 분야의 한 부분인 머신 러닝은 예측과 관련된 부분에서 유의미한 성과를 보여주고 있어 지속적으로 데이터 분석을 위한 도구로 사용되어 왔으며, 이 중 뉴럴 네트워크 기반의 딥러닝은 연결주의의 대표적인 구조로서 데이터를 학습하여 확률적인 결과를 도출하는 기법이다.[6]

## 2. 도구로서의 인공지능의 활용 대상

연결주의와 기호주의의 관점과 유사하게 '예측'에 대한 두 가지 접근방법론으로 다뤄볼 수 있다. 예측을 위해서는 크게 두 가지 접근 방법론이 있는데 이는 '빈도주의(frequentism)적 접근을 이용한 방법'과 '베이지안(Bayesian)을 이용한 방법'이다.[7] 빈도주의적 접근은 과거에 발생한 사건의 빈도수와 목표하는 결과와의 연관관계를 토대로 입력값에 대한 상관관계를 추론하는 방법이다. 베이지안 방법은 과거에 발생한 사건과 목표하는 결과와 확률적 관계를 도출한 뒤, 이 관계를 이용하여 결과를 예측하는 방법이다.[8]

---

6 Goodfellow, I., Bengio, Y., & Courville, A. (2016). Deep learning. MIT press.

7 Pearl, J. (2009). Causality. Cambridge university press.

8 Spirtes, P., Glymour, C. N., Scheines, R., & Heckerman, D. (2000). Causation, prediction, and search. MIT press.

베이지안 방법은 확률적으로 인과관계에 대한 의미를 도출해 낼 수 있는 매우 강력한 방법론이다. 하지만 비교가능한 사실적 상황을 구성하기 어려워 원인과 결과 간의 관계를 명확하게 도출하기 쉽지 않다는 문제점이 있다. 빈도주의적 접근은 빈도에 따른 결과를 도출하므로 데이터 분석단계에서 좀 더 용이하게 결과를 도출할 수 있으나, 상관관계를 보여주는 것이므로 빈도적 상관관계가 높다고 해서 인과관계가 있다고 보기는 어렵기에 예측 모델로 사용하는 것에는 한계가 있다.[9]

## 3. 딥러닝 기술의 발전과 현시점의 쟁점들

딥러닝은 연결주의 관점의 기술적 구조를 가지고 있으며, 많은 데이터의 학습을 통해 빈도주의적 확률을 이용해서 결과를 도출한다.[10] 생성형 AI는 딥러닝 기법 중의 하나로서 최근 급속도로 발전하면서 인공지능 분야의 가장 관심을 받는 분야가 되었다.[11]

본 장에서는 생성형 AI와 관련된 다음의 주제들을 다룬다.

- 생성형 AI의 기술적 개요
- 생성형 AI 적용 분야와 기술적 한계
- 생성형 AI의 활용 확대에 따른 발생 가능한 문제들과 이에 대한 기술적 대응방안

9 Shmueli, G. (2010). To explain or to predict?. Statistical science, 25(3), 289-310.

10 Schmidhuber, J. (2015). Deep learning in neural networks: An overview. Neural networks, 61, 85-117.

11 aswani, A., et al. (2017). Attention is all you need. Advances in neural information processing systems, 30.

처음 퍼셉트론 이론이 제안된 이후, 여러 단계의 함수를 통과하면서 발생한 오차를 적절하게 각 단계의 가중치를 수정할 수 있는 역전파 이론이 사용되면서 여러 단계를 쌓아서 함수를 학습하는 방법이 우수한 성과를 내게 되었고, 이를 딥러닝이라고 부르게 되었다. 딥러닝 기법은 시각적 데이터를 학습하여 객체를 인식하거나 판별하는 등에서 기존 기법에 비해 월등한 결과를 보여주었고, 강화 학습에서도 비용 함수 등으로 유용하게 쓰이고 있다.[12] 학습하는 데이터의 특성과 목표하는 작업(task)에 따라 계층적인 함수를 선택하는 방법도 다양하여, 시각적 이미지 데이터를 학습하는 방법으로는 convolution 방식이 많이 쓰이고 있으며, 시계열 데이터와 같이 일정한 데이터 차원의 축을 기준으로 변화하는 흐름을 가지는 경우 recurrent 방식이 많이 쓰이고 있다.[13]

## 1. 자연어처리를 위한 딥러닝

언어 데이터의 경우, 데이터의 특성상 시간의 흐름에 따라 단어가 배열되는 형태로 구성되므로 넓은 의미에서는 시계열 데이터라고 할 수 있다. 초기의 딥러닝을 활용한 자연어 처리 모델들은 시계열 데이터 분야에 쓰이는 순환신경망(recurrent neural networks, RNN)이 쓰인 것도 이러한 이유로 볼 수 있다.[14] 텍스트 데이터들의 경우 분절된 단어들의 순차적인 입력을 통해서 결과를 만들어 낼 수 있기 때문에, RNN과 같이 이산적인 데이터의 순서를 기억하고 시퀀스에 맞게 출력하는 방식을 쓰는 것이 매우 합리적인 접근법

12 Mnih, V., et al. (2015). Human-level control through deep reinforcement learning. Nature, 518(7540), 529-533.

13 Hochreiter, S., & Schmidhuber, J. (1997). Long short-term memory. Neural computation, 9(8), 1735-1780.

14 Sutskever, I., Vinyals, O., & Le, Q. V. (2014). Sequence to sequence learning with neural networks. Advances in neural information processing systems, 27.

이었다. 그러나 이러한 방법은 순차적으로 데이터를 입력하여 처리하므로 입력 데이터의 시퀀스가 길어지는 경우 먼저 들어온 데이터와 나중데이터 간의 관계를 읽어내는 데 어려움이 있다.[15]

그림 1-2 decoder only transformer model의 예시 개념도

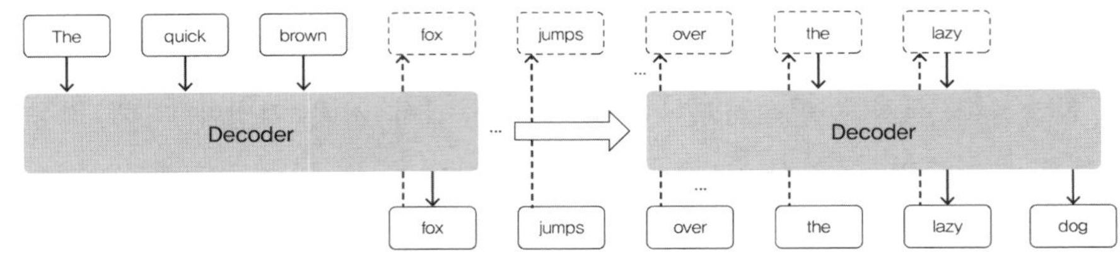


## 2. decoder only transformer

2017년에 나온 트랜스포머는 순차적인 입력에서 벗어나 한번에 입력 데이터 전체를 보는 방식으로 설계된 기법이다. 입력된 전체의 데이터를 행렬곱으로 연산하는 방법은 기존에도 존재하였으나,(end to end memory networks) 트랜스포머는 입력된 데이터만으로 질의(Query), 후보(Key), 답(Value) 각 세 개의 값을 만들어 전체 문장의 일부분을 마스킹하는 방식으로 문장의 시퀀스를 학습하는 특징을 가지고 있다. 본래의 제안된 트랜스포머 모델은 입력값을 압축하는 인코더 부분과 압축된 정보를 풀어내는 디코더가 결합된 방식으로 구성되어 있는데, 이후에 하는 작업(Task)에 따라 전체 구조를 나눠서 활용할 수 있음이 여러 기법들이 제시되었다. 입력된 데이터를 토대로 분류작업을 하거나 특정 결괏값을 예측하는 등 함수로서 활용되는 경우, 하나의 결괏값만을 도출해내는 방식으로 작업(Task)을 수행하므로, 인코더만을 사용하는 decoder only transformer 형태의 기법들이 제시되었다.[16] 수학적 의미의 함수에 대한 정의(y = f(x))처럼 인코더 타입의 모델은 모델을 통과한 값

15 Bahdanau, D., Cho, K., & Bengio, Y. (2014). Neural machine translation by jointly learning to align and translate. arXiv preprint arXiv:1409.0473.

16 Sukhbaatar, S., Weston, J., & Fergus, R. (2015). End-to-end memory networks. Advances in neural information processing systems, 28.

이 적절한 분류기나 선형 함수를 모델에 추가하여 단일 결괏값을 원하는 형태로 활용할 수 있다.[17]

반면에 디코더만을 사용하는 모델의 경우 <그림 1-2>와 같이 입력값들을 사용하여 그 다음 값을 출력한 뒤 출력값을 기존 입력값에 더하여 다시 입력값을 만들고 모델에 넣어 새로운 출력을 반복적으로 수행하는 형태로 동작한다.[18] 자동회귀형 트랜스포머(auto-regressive Transformer, AR Transformer)또는 GPT-like 모델이라고 불리는 디코더만 사용하는 이 모델 구조는 지속해서 텍스트를 출력해서 이어 나갈 수 있어서 텍스트를 생성하는 모델이라는 의미로 텍스트 분야에서 '생성형 AI'로 불리고 있다.[19]

## 3. 이미지 분야와 멀티모달로의 확장

텍스트 분야에서 트랜스포머 모델이 우수한 성능을 만들어내면서, 이미지나 영상과 같은 시각적 데이터를 다루는 분야에서도 트랜스포머 모델이 활용되기 시작했다.[20] 그 과정에서 원본 데이터의 일부분을 마스킹하여 해당 부분을 생성하는 학습이나 노이즈를 적용하여 이미지를 훼손한 뒤 재구성하는 방법 등 다양한 기법들을 통해 시각데이터들에 대한 생성형 모델들에 대한 연구도 상업적으로 사용 가능할 정도로 발전하고 있다.[21]

딥러닝 모델은 입력 받은 데이터를 일종의 변환된 데이터 행렬로 변환하여 구조화한다. 잠재 벡터 영역(Latent vector space)라고 불리는 공간 영역에서

---

17 Devlin, J., et al. (2018). Bert: Pre-training of deep bidirectional transformers for language understanding. arXiv preprint arXiv:1810.04805.

18 Radford, A., et al. (2019). Language models are unsupervised multitask learners. OpenAI blog, 1(8), 9.

19 Brown, T., et al. (2020). Language models are few-shot learners. Advances in neural information processing systems, 33, 1877-1901.

20 Dosovitskiy, A., et al. (2020). An image is worth 16x16 words: Transformers for image recognition at scale. arXiv preprint arXiv:2010.11929.
Dosovitskiy, A., et al. (2020). An image is worth 16x16 words: Transformers for image recognition at scale. arXiv preprint arXiv:2010.11929.

21 Ramesh, A., et al. (2021). Zero-shot text-to-image generation. arXiv preprint arXiv:2102.12092.

입력된 데이터는 일정 수치로 변환(임베딩, embedding)하여 표현된다.[22] 텍스트의 경우 각 단어들을 기호화(tokenizing)한 뒤 벡터 영역에 임베딩하는 방식으로 모델을 학습한다. 생성형 AI 모델의 경우 다음 임베딩 값을 확률적으로 예측하는 방식으로 단어를 출력할 수 있다.[23]

RNN을 기반으로 하는 번역 모델들이 고정된 임베딩을 활용하여 순차적으로 작동하는데 비하여, 트랜스포머 모델은 입력데이터들을 인코딩하면서 동적으로 임베딩하게 되므로 잠재영역을 유연하게 활용할 수 있다. 이러한 점이 반영되어서인지 과거의 모델들은 고유의 말뭉치 데이터셋을 가지고 학습하는 경우 상대적 성능에서 강점을 가져올 수 있었으나, 트랜스포머를 기반으로 하는 모델구조에서는 다양한 언어군에 대해서 유사한 의미를 가지는 단어들 간의 임베딩 거리를 적절하게 매핑할 수 있게 되어 하나의 언어 영역을 용이하게 다른 언어로 표현할 수 있게 발전하고 있다.[24]

임베딩 값은 입력되는 데이터의 종류에 상관없는 행렬 수치의 집합이다. 따라서 텍스트뿐만 아니라 시각적 데이터 또한 임베딩할 수 있으며, 동일한 잠재 벡터 공간(latent vector space) 공간에 존재할 수 있다.[25] 이미지 데이터와 이미지에 매칭되는 텍스트 데이터(caption) 쌍을 활용하여 이미지입력에 대한 텍스트 임베딩을 적용하는 기법(llava model)이나 이미지 데이터와 텍스트 데이터를 복합적으로 입력하는 기법 등 다양한 학습방법으로 다양한 형태의 데이터를 복합적으로 학습하는 방법이 제안되었으며, 이를 멀티모달이라고 한다.[26] 멀티모달 모델들은 텍스트를 입력 받아 이미지나 영상을 생성

22 Mikolov, T., et al. (2013). Distributed representations of words and phrases and their compositionality. Advances in neural information processing systems, 26.

23 Bengio, Y., et al. (2003). A neural probabilistic language model. Journal of machine learning research, 3(Feb), 1137-1155.

24 Johnson, M., et al. (2017). Google's multilingual neural machine translation system: Enabling zero-shot translation. Transactions of the Association for Computational Linguistics, 5, 339-351.

25 Frome, A., et al. (2013). DeViSE: A deep visual-semantic embedding model. Advances in neural information processing systems, 26.

26 Lu, J., et al. (2019). ViLBERT: Pretraining task-agnostic visiolinguistic representations for vision-and-language tasks. Advances in neural information processing systems, 32.

할 수 있으며, 이미지나 영상 그리고 텍스트를 복합적으로 입력 받고 다양한 방식으로 출력할 수 있다.[27]

## 4. 비즈니스 활용 모델들

텍스트를 입력 받아 텍스트를 작성하는 모델(text to text)은 문서를 기반으로 하는 업무에 활용될 수 있다.[28] 특히 법률 분야의 문서들은 매우 정제된 언어적 표현들로 내용이 구성되어 있는데, 확률적으로 단어를 출력하는 형태의 생성형 AI 언어모델은 명확하게 문장을 구사하는 데 우수한 구조적 성질을 가지므로 법률 문서 작성에 효과적으로 활용될 수 있다.[29] 텍스트와 음성을 복합적으로 활용하는 멀티모달 모델의 경우는 법률 서비스를 활용하는 클라이언트와의 대화나 인터뷰 등에 활용되어 사건 내용을 정리하거나 쟁점을 도출하는 데 활용 가능하다.[30] 이미지나 영상, 음성 등을 함께 사용하는 모델들의 경우 인간이 생성하는 창작물의 영역에서 활용될 수 있다. 음악이나 미술 영화, 광고 등 다양한 컨텐츠 제작에 활용할 수 있으며, 실제로 많은 분야에서 사람이 만든 것에 비견될 정도로 품질 수준이 높아지고 있다.[31]

트랜스포머를 기본구조로 가지고 있는 생성형 AI 모델은 모델을 구성하는 파라메터의 크기가 커질수록 그 성능이 높아지는 특징을 가지고 있다.[32] 이러한 점 때문에 트랜스포머를 기반으로 하는 언어모델들은 매우 큰 사이즈를 가지고 있다는 의미로 '초거대 언어모델(Large Language Model, LLM)'이라

27 Ramesh, A., et al. (2022). Hierarchical text-conditional image generation with CLIP latents. arXiv preprint arXiv:2204.06125.

28 Lewis, M., et al. (2020). BART: Denoising sequence-to-sequence pre-training for natural language generation, translation, and comprehension. arXiv preprint arXiv:1910.13461.

29 Chalkidis, I., et al. (2020). LEGAL-BERT: The muppets straight out of law school. arXiv preprint arXiv:2010.02559.

30 Shen, J., et al. (2021). How can we know what language models know?. Transactions of the Association for Computational Linguistics, 9, 570-588.

31 Dhariwal, P., et al. (2020). Jukebox: A generative model for music. arXiv preprint arXiv:2005.00341.

32 Kaplan, J., et al. (2020). Scaling laws for neural language models. arXiv preprint arXiv:2001.08361.

고 불린다. 이는 인풋 전체를 가중치 연산에 활용하는 구조적 특성 때문인데, 성능이 높아지는 대신 크기가 커질수록 연산에 드는 컴퓨팅 자원 또한 크게 증가하는 비용상의 문제가 있다.[33] 이는 컴퓨팅 자원을 확보하는데 드는 비용뿐만 아니라 운용을 위한 전력 자원 등 경제, 환경 면에서도 매우 큰 노력이 들어가야 함을 의미한다. 그럼에도 불구하고, 그 기술적 특성 때문에 발생하는 다양한 한계들도 존재하는데, 이에 대한 해결방안들도 다양한 관점에서 연구되고 있다.

## Section 03 | 생성형 AI의 기술적 문제와 대응방안

### 1. 환각(hallucination)

환각 현상은 생성형 AI의 대표적인 문제로 알려져 왔다.[34] 입력값을 토대로 출력값을 만든 뒤, 출력값을 입력값에 다시 넣어서 출력을 만드는 AR-트랜스포머 모델의 특성상 출력 문장은 각 단어들이 출력될 확률의 곱으로 나타낼 수 있다. 이때 다음 단어 선택을 위한 후보들 중에서 가장 높은 확률을 가진 집합에서 단어를 선택하게 되는데, 만약 후보 단어군의 확률 자체가 낮은 경우 부득이하게 정확도가 떨어지는 문장을 구성할 수밖에 없다.[35] 이렇게 부정확한 단어들을 결합해서 문장을 만듦으로 인해 최종적인 결과물 또한 정확도가 떨어지는 문제를 야기하며 이를 '환각' 현상이라고 하고 있다.

---

33 Patterson, D., et al. (2021). Carbon emissions and large neural network training. arXiv preprint arXiv:2104.10350.

34 Bender, E. M., et al. (2021). On the dangers of stochastic parrots: Can language models be too big?. Proceedings of the 2021 ACM Conference on Fairness, Accountability, and Transparency.

35 Xu, J., et al. (2022). A survey on hallucination in large language models: Principles, taxonomy, challenges, and open questions. arXiv preprint arXiv:2311.05232.

### 1) 기술적 검토

LLM과 같은 딥러닝 모델이 잠재 영역에서 적절한 임베딩을 만들고 이에 대한 적절한 단어 후보군을 추출하는 단계에서 일종의 보간(interpolation)작업을 수행하게 되는데, 보간이라 함은 이산적 데이터환경에서 그 중간의 데이터를 보완하기 위한 수학적 기법이다.[36] 예를 들어 1이라는 임베딩 값과 3이라는 임베딩 값이 있을 때 입력된 임베딩이 위 두 값의 사이에 위치하는 경우, 1에 가깝다면 1에 해당하는 단어 후보군을 제시할 수 있으며, 3에 가깝다면 3에 해당하는 단어 후보군을 제시할 것이다. 그러나 1과 3사이의 잠재적 영역상의 거리가 멀게 된다면 두 사이에 있는 값들은 언어적으로 표현이 불완전해질 수밖에 없다. 따라서 그러한 경우 후보 단어군의 확률이 낮아지게 되므로 언어모델이 점점 더 자신 없는 불완전한 정보(해당 확률을 confidence level이라고도 표현한다)를 제공하는 것이다.[37] 만약 LLM이 질의와 관련된 정보를 사전에 충분히 학습하지 않은 경우, 그 부분의 잠재영역에서의 임베딩 구성이 촘촘하지 않게 되고, 이에 따라 다소 낮은 확률의 단어 후보군으로 문장을 조합하게 되어 부정확한 정보를 출력하게 된다. 따라서 이러한 문제는 좀 더 많은 정보를 학습시키는 것으로 환각현상을 완화할 수 있다.[38]

그럼에도 불구하고, 실제로 이 세상의 모든 정보를 다 학습하는 것은 현실적으로 불가능하기에 사용자의 모든 질의에 대비하는 완벽한 학습된 모델을 만드는 것은 불가능하다. 다만 실제 활용 단계에서는 꼭 이 세상의 모든 지식은 다 배울 필요는 없기에 서비스 레벨에서 다룰 수 있도록 환각 현상을 제어하는 방법들이 있다. 이에 관해서는 구조적인 관점에서 분류를 하자면 딥러닝 모델 자체에서의 완화 방법과 모델을 포함한 아키텍처 레벨에서 완화하는 방법이 있다.[39]

---

36 Press, W. H., et al. (2007). Numerical recipes 3rd edition: The art of scientific computing. Cambridge university press.

37 Gal, Y., & Ghahramani, Z. (2016). Dropout as a bayesian approximation: Representing model uncertainty in deep learning. International conference on machine learning.

38 Raffel, C., et al. (2020). Exploring the limits of transfer learning with a unified text-to-text transformer. Journal of Machine Learning Research, 21(140), 1-67.

### 2) 모델 관점에서의 완화 방안

모델은 입력에 대해서 다음의 출력값을 선택하기 위해 후보군을 선택할 수 있다. 이때 두 가지 제어 방법으로 현실적인 정보제공 가능성을 조절할 수 있는데, 후보군으로 선택될 확률값을 조절하는 것과(Temperature, T로 표현한다) 후보군의 크기(흔히 Top−K로 표현한다, k−nearest algorithm을 참고)를 변경하는 방법으로 할 수 있다.[40]

후보군으로 선택될 확률의 경우 일반적으로 0부터 1 사이의 값을 정하도록 설정하는데 이것을 온도 값(Temperature)으로 표현하는 이유는 온도가 높아질수록 좀더 창의적인 단어 선택이 가능하기 때문이다.[41] 환각 현상의 문제점은 실제로 존재하지 않는 정보를 출력할 수 있다는 점인데, 언어 출력의 관점을 바꾸어 생각해보면 창의적인 표현은 실제 존재하지 않는 상상력을 활용하는 경우가 많기에 온도 값을 낮춰서 정확한 정보를 제공하는 형태로 조절한다는 것은 상대적으로 모델의 창의력을 제한하는 것과 동일한 작용이 될 수 있다. 가능한 후보군의 크기를 조절하여 출력 가능한 단어의 개수를 줄이게 되면 좀더 정확한 정보를 제공할 수 있다. 그러나 이 또한 다양한 어휘 사용에 대한 제약으로 동작할 수 있으므로 출력 문장이 기계적으로 답하는 느낌이 들 수 있다.[42]

결국 모델 관점에서 환각 현상을 조절하는 방법들은 모델이 출력 가능한 다양성과 유연성을 제약하는 형태로 동작할 수 있으므로 비즈니스 모델에 사용하는 경우 그 수치의 조절을 세밀하게 조절할 필요가 있다. 또한 모델의 학습수준과 어휘 구성 크기에 따라 성능이 저하될 수 있는 문제가 있으므로 그 방법의 활용에 주의를 하여야 할 필요가 있다.[43]

---

39 Ouyang, L., et al. (2022). Training language models to follow instructions with human feedback. Advances in Neural Information Processing Systems, 35, 27730-27744.

40 Holtzman, A., et al. (2019). The curious case of neural text degeneration. arXiv preprint arXiv:1904.09751.

41 Ackley, D. H., Hinton, G. E., & Sejnowski, T. J. (1985). A learning algorithm for Boltzmann machines. Cognitive science, 9(1), 147-169.

42 Fan, A., et al. (2018). Hierarchical neural story generation. arXiv preprint arXiv:1805.04833.

그림 1-3 RAG 기반 LLM 서비스의 구조도

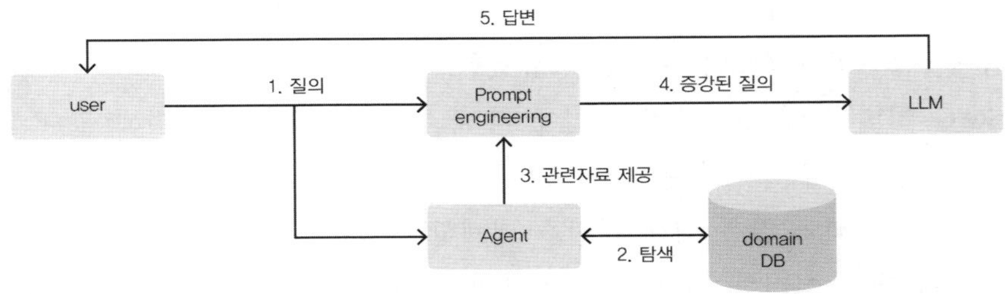


### 3) RAG: 데이터 관점의 완화 방안과 한계

모든 지식정보를 학습하는 것이 현실적으로 힘들다면, 비즈니스 도메인의 범위 내의 지식을 활용하는 형태로 범위를 집중하는 것이 유용한 대안이 될 수 있다.[44] 특정 범위의 지식이나 서비스 형태를 학습하는 방법으로는 모델 자체를 미세조정학습(fine-tuning)하거나 서비스 환경에서 사용하는 데이터베이스를 결합하여 지정된 정보 범위 내의 내용을 활용하여 답변을 제공하는 방식이 있다. 이 두 가지 방법은 서로 배타적으로 쓰이는 것은 아니고 서비스 범위 내에서 복합적으로 사용될 수 있으나, 미세조정학습의 경우 답변의 스타일이나 형식을 배우는 데 주로 활용되고 정보의 정확성을 높이기 위해서는 검색 증강 생성(Retrieval-Augmented Generation, RAG) 방식이 주로 쓰인다.[45] <그림 1-3>과 같이 RAG 기법은 질의문을 분석하여 질의문과 관계있는 답변 또는 내용을 내부 또는 외부의 정보 검색과정을 거친 뒤, 검색 결과를 질의문과 함께 입력값으로 LLM 등의 모델에 넣는 방식을 말한다.[46] 이 과정에서 프롬프트 등의 제약조건을 통해 제한된 정보를 토대로 답

43 Zhang, S., et al. (2022). OPT: Open pre-trained transformer language models. arXiv preprint arXiv:2205.01068.

44 Lewis, P., et al. (2020). Retrieval-augmented generation for knowledge-intensive nlp tasks. Advances in Neural Information Processing Systems, 33, 9459-9474.

45 Guu, K., et al. (2020). Realm: Retrieval-augmented language model pre-training. arXiv preprint arXiv:2002.08909.

46 Karpukhin, V., et al. (2020). Dense passage retrieval for open-domain question answering. arXiv preprint arXiv:2004.04906.

변을 제공하기 때문에 부정확한 정보를 작성할 가능성을 최소화할 수 있다. 또한 제공된 정보에 대해서 관련된 출처를 함께 제공할 수 있으므로 정보제공의 신뢰도 또한 확보할 수 있는 유용한 기법이다.[47]

RAG 기법은 데이터 제공 방식에 따라 두 가지 구조를 고려해 볼 수 있는데, 외부 네트워크를 이용하는 경우 실시간 검색을 활용하는 형태로서 현재 구글, 네이버와 같은 검색 엔진을 대체할 수 있는 서비스로 사용될 수 있다.[48] 최근에는 이러한 생성형 AI 기반의 검색 시스템도 서비스로 제공되고 있으며, 음성 인터페이스와 결합하여 능동적인 정보제공 환경으로 발전하고 있다. 내부 네트워크를 이용하는 경우는 주로 전문적인 도메인이면서 보안 환경을 고려해야 하는 온프레미스 환경에서 각광받고 있다.[49] 금융, 국방, 의료, 법률 등 내부 정보가 독립적인 네트워크 환경에서 외부 네트워크 환경과 망분리가 필요한 경우에는 내부 네트워크 안에서 LLM서비스 환경을 구축하고, 필요한 정보들을 내부 네트워크의 데이터베이스 접속을 통해 구성한다. 현재 오픈소스를 기반으로 하는 Meta의 언어모델 등을 활용하여 내부 네트워크에 시스템을 구축하고 도메인에 맞게 적절한 미세 튜닝을 하여 내부 데이터베이스와 연계하는 방식으로 서비스를 제공하는 방식이 현실적인 비즈니스 모델로 각광받고 있다.[50]

또한, RAG 기법은 온디바이스 AI 형태의 소형 LLM 모델도 정보 전달 중개자의 역할만 담당할 수 있기에 학습량이 적어도 정확한 정보를 제공할 수 있으므로 스마트 폰과 같은 디바이스에 매우 유용하게 활용할 수 있다.[51] 개인정보를 포함한 사진, 통화기록, 검색내용, 메모 등 모바일 디바이스에 저

47 Izacard, G., & Grave, E. (2021). Leveraging passage retrieval with generative models for open domain question answering. arXiv preprint arXiv:2007.01282.

48 Metzler, D., et al. (2021). Rethinking search: making domain experts out of dilettantes. ACM SIGIR Forum, 55(1), 1-27.

49 Touvron, H., et al. (2023). Llama 2: Open foundation and fine-tuned chat models. arXiv preprint arXiv:2307.09288.

50 Zhang, Z., et al. (2022). Opt-im: Scaling language model instruction meta-learning through the lens of generalization. arXiv preprint arXiv:2212.12017.

51 Sun, Z., et al. (2020). Mobilebert: a compact task-agnostic bert for resource-limited devices. arXiv preprint arXiv:2004.02984.

장된 데이터를 대상으로 생성형 AI를 활용한 서비스를 제공하는 경우 외부 API를 사용하여 외부 네트워크를 연결하면 개인정보 노출에 대한 문제가 발생할 수 있다. 개인정보 유출이나 사적 서비스 노출에 대한 염려 등을 고려할 때, 온디바이스 기반 LLM을 활용하는 모바일 디바이스에서의 RAG서비스는 차세대 스마트폰 비즈니스 모델로서 도입되고 있다.[52]

그러나 이러한 유용성에도 불구하고, RAG기반의 서비스 모델은 구조적인 약점을 가지고 있는데, 사용자 질의에 대한 관련된 정보를 탐색하는 과정에서 그 '질의–답변 유사성'을 판단하는 부분이 도메인마다 명확하지 않다는 점이 서비스 퀄리티를 저해하는 부분으로 작용할 수 있다.[53] 이와 관련해서는 질의와 답변쌍을 학습하거나, 관련 표현에 대한 코사인 유사도를 판단하는 일반적인 기법들이 활용되고 있는데, 이는 데이터의 표현상의 유사성이나 관련성을 고려하는 방법들이다. 문제는 법률이나 금융 분야와 같이 데이터 표현에서 드러나는 부분들이 추상적인 상위 단계의 법리나 원리 등의 파생 형태로 생성된 것들인 경우 낮은 단계의 데이터 간의 연관성만으로는 본질적인 유사성을 판단하기 어렵다.[54] 이러한 문제로 인해 법리를 응용하거나 금융 이론을 다양하게 적용하는 유연성 있는 결과물을 기대하기 어려워지며 결과적으로 서비스 만족도에 영향을 끼칠 수 있다. 이와 관련해서는 임베딩 표현형 간의 관계를 연결하는 방식(JEPA) 등을 활용하여 각 서비스 도메인의 특성을 고려한 유사성을 학습하는 방법 등으로 서비스 퀄리티를 향상시킬 수 있을 것으로 보인다.[55]

---

52 Xu, J., et al. (2023). On-device training under 256KB memory. arXiv preprint arXiv:2301.12044.

53 Xiong, W., et al. (2021). Approximate nearest neighbor negative contrastive learning for dense text retrieval. arXiv preprint arXiv:2007.00808.

54 Chen, D., et al. (2021). Can small and synthetic benchmarks drive modeling innovation? A retrospective study of question answering modeling approaches. arXiv preprint arXiv:2102.01065.

55 LeCun, Y., et al. (2022). A path towards autonomous machine intelligence. arXiv preprint arXiv:2201.08239.

## 2. 추론과 계획하기

생성형 AI 언어모델은 입력된 정보를 토대로 확률적인 결과를 선택하기 때문에 입력값을 기반으로 하는 추론(reasoning)이나 계획수립(planning)과 같은 상위 레벨의 논리구조를 수행하기에는 적절하지 않다고 보는 입장이 있다.[56] 특히 인과 추론과 같이 연역적 사고를 기반으로 하는 방법을 쓰기 위해서는 확률적인 단어 선택의 결합으로 만으로는 충분하지 않다고 보는 것이 그 이유이다. 반면, 충분히 큰 LLM 모델과 잘 학습할 수 있는 조건으로 추상적 연결을 이해할 수 있을 것이라는 입장도 있으며, 이 쟁점은 현재 발전하고 있는 LLM구조로 범용인공지능(Artificial General Intelligence, AGI)에 도달할 수 있는가에 대한 이야기로 귀결된다.[57]

### 1) 추론과 계획에 대한 기술적 검토

LLM 형태의 생성형 AI들이 추론하기에 적절하지 않다는 예시로 사람들이 쉽게 풀 수 있는 패턴 추론 형태의 퍼즐을 현 세대의 LLM들이 풀어내는 대회를 매년 높은 상금을 걸고 진행하고 있다(ARC Prize).[58] 암기에 기반을 둔 지식의 활용 면에서 LLM이 인간의 능력을 넘어서는 데에는 크게 이견이 없는 반면에 패턴을 파악하고 응용하는 부분들은 암기나 이해 부분을 넘어서는 상위레벨의 지적 능력이 필요하기 때문에 여전히 도전적인 과제로 받아들여지고 있다. 현 시점의 기술적 수준이 법률이나 의료 분야의 전문가와 같이 지식에 기반을 둔 응용 능력의 구현에 초점을 맞추고 있다고 본다면, 범용인공지능(AGI) 수준의 지적 능력에 도달하기 위해서는 현 세대의 LLM 구조의 학습 체계와는 다른 방법이 필요하다고 볼 것이다.[59] 이와 관련하여

---

56 Marcus, G. (2020). The next decade in AI: four steps towards robust artificial intelligence. arXiv preprint arXiv:2002.06177.

57 Lake, B. M., et al. (2017). Building machines that learn and think like people. Behavioral and brain sciences, 40.

58 Chollet, F. (2019). On the measure of intelligence. arXiv preprint arXiv:1911.01547.

59 Bommasani, R., et al. (2021). On the opportunities and risks of foundation models. arXiv preprint arXiv:2108.07258.

딥러닝의 핵심적 발전에 크게 기여하고 있는 얀 르쿤 교수 등은 최근 관련 논문에서 잠재 공간에서 각 표현들 간의 연관관계를 학습하는 부분에서 유의미한 발전성과를 보여주는 기법들을 소개하고 있다.

### 2) 추론과 계획을 위한 생성형 AI의 구조적 역할

연결주의적 관점에서 구성된 뉴럴 네트워크가 기호주의적 관점에서의 연역적 추론 능력을 구현할 수 있는가에 대해서는 여전히 회의적인 시각이 존재하지만, 생성형 AI의 창의적인 면모가 계획 수립의 기획자로서 작용하고 계획의 정합성을 기존의 원칙을 토대로 검토하는 형태의 결합된 복합 모델이 제안되고 있다.[60] 계획 수립 작업에 있어서 서비스의 두뇌 역할을 생성형 AI가 담당하고, 생성형 AI가 만들어낸 아이디어들을 기존의 방식으로 검증하는 방법으로 경험하거나 학습하지 않은 상황에 강건하게 대처할 수 있는 모델을 만들어내는 것이 의미가 있는 방식이라 볼 수 있는데, 이와 같은 구조는 생성형 AI의 기술적 특성으로 인한 '환각'현상이 부정확한 정보를 제공하는 문제로 제기되었으나 반대로 학습하지 않았던 내용을 토대로 계획을 세우고 예외 환경에 대처할 수 있는 장점으로 작용할 수 있는 것을 의미한다.

## 3. 데이터 수집과 학습

생성형 AI 모델은 확률을 기반으로 출력값을 선택하므로 학습하는 양이 많을수록 현실의 데이터 분포와 유사한 형태로 값을 출력할 수 있다. 다시 말해서 많은 데이터를 학습하여 성능을 높일 수 있는 것이다. 이와 관련하여 관련 업계는 두 가지 방향으로 성능 개선을 수행하고 있는데, 모델의 크기를 증가시키는 방법과 데이터의 양적 질적 개선을 통해 성능을 향상시키는 방법이다.[61]

---

60 Newell, A., & Simon, H. A. (1976). Computer science as empirical inquiry: Symbols and search. Communications of the ACM, 19(3), 113-126.

61 Hoffmann, J., et al. (2022). Training compute-optimal large language models. arXiv preprint arXiv:2203.15556.

### 1) 데이터 수집의 한계

앞서 기술한 바와 같이 트랜스포머 기반의 모델 학습은 입력 데이터의 일부를 가리고(masking) 가린 부분을 추측하는 방법으로 수행한다. 이 과정에서 필요한 데이터들은 온라인에서 존재하는 데이터들을 대상으로 활용하고 있는데, 더 나은 모델을 만들기 위해 학습 데이터를 지속적으로 수집하고 있으나 이러한 추세로는 2030년 이전에 학습에 쓸만한 데이터들이 고갈될 것이라는 부정적인 전망이 공개되고 있다.[62] 그렇다면 모델 성능의 상한치가 학습데이터의 부족으로 인해 정해질 가능성이 존재할 것인가의 문제가 발생할 수 있는데, 이에 관하여 많은 대안이 제시되고 있다.

특히 데이터의 양적 학습보다 질적으로 개선된 데이터를 학습하는 것이 모델의 성능 향상에 긍정적인 역할을 하는 것이 밝혀지면서, 동일한 데이터라도 학습에 유용하도록 전처리를 진행하고 학습하는 방법들로 데이터 부족 문제를 개선하는 것들이 활용되고 있다.[63] 이러한 부분은 학습에 관련된 노하우가 필요한 것으로서 모델 생성의 노하우로 축적될 수 있는 중요한 요소이다. 이와 관련하여 특이할 만한 점은 그록킹(Grokking)현상이라고 하여, 제한된 학습 데이터를 가지고도 많은 학습 횟수를 통해 일종의 암기(overfitting) 현상이 이뤄진 뒤에 더 학습하게 되면 일종의 연역적 사고를 통해 배우지 않은 데이터에도 대처하는 성능을 향상시키는 상황이 발생한다고 하는 연구들이 있다는 점이다.[64] 더 나아가 작은 모델이더라 하더라도 학습의 빈도와 강도에 따라서 큰 모델에 비하여 나은 성능을 가져오는 현상도 보고되고 있으니 제한된 데이터를 이용한 학습 효율성과 관련해서도 LLM모델의 성장 가능성은 아직 열려 있다고 볼 것이다.

한편 텍스트와 이미지, 음성 등을 함께 활용하는 멀티모달 모델의 경우

62 Villalobos, O., et al. (2022). Is ai the new electricity? Measuring ai's potential for general-purpose technology growth. arXiv preprint arXiv:2206.03308.

63 Sun, C., et al. (2017). Revisiting unreasonable effectiveness of data in deep learning era. In Proceedings of the IEEE international conference on computer vision (pp. 843-852).

64 Power, A., et al. (2022). Grokking: Generalization beyond overfitting on small algorithmic datasets. arXiv preprint arXiv:2201.02177.

학습을 위한 입력으로 동영상과 멀티미디어 데이터들을 필요로 하므로 이에 대한 데이터 공급은 지금까지 존재하는 데이터 양과 매일 생산되는 데이터 양을 고려할 때 부족하지 않은 상황이다.[65] 더욱이 최근에는 로봇과 같은 물리적 객체에 LLM과 같은 생성형 AI 모델을 탑재하여 능동적으로 외부의 자극을 학습할 수 있는 연구들 또한 제시되고 있어서 데이터 부족으로 인한 학습 능력 제한 문제는 기우에 그칠 것으로 보인다.[66]

### 2) 모델 학습과 배포상의 한계

초창기 LLM은 출력된 결괏값의 품질을 사람이 직접 평가하여 학습에 반영하는 방식을 사용하였다. 그러나 LLM의 출력 결과 성능이 인간의 평가에 비하여 부족하지 않을 정도로 좋아짐에 따라, 학습을 위한 평가 또한 LLM 모델이 수행하는 일종의 자기지도학습(self-supervised learning)이 보편화 되어 가고 있다. 업계에서는 교사-학생 지도 학습 프레임워크(teacher-student framework)를 활용하거나 지식 증류방식(knowledge distillation)을 활용하여 전력과 컴퓨팅 자원 소모를 적절하게 제어할 수 있는 규모의 모델을 생성하는 방식을 선택하고 있다.[67] 이러한 방식들의 특징은 매우 큰 모델을 만든 뒤, 이 모델을 활용하여 더 작은 모델을 만들고 작은 모델들을 서비스에 활용하는 것이다. 매우 큰 모델의 경우 추론기능을 사용하기 위해 드는 전력이나 컴퓨팅 자원 소모량이 크기 때문에, 비용적 측면을 고려하여 작은 모델을 생성하여 사용한다. 또한 이러한 방식으로 큰 모델의 성능을 작은 모델에 반영할 수 있기 때문에 온디바이스 장비 등에 사용하기 위한 모델 생성 방식으로도 널리 활용되고 있다.[68] 다만 이러한 방식은 큰 모델에서 작은 모델로의

65 Jaegle, A., et al. (2021). Perceiver: General perception with iterative attention. In International Conference on Machine Learning (pp. 4651-4664). PMLR.

66 Ahn, M., et al. (2022). Do as i can, not as i say: Grounding language in robotic affordances. arXiv preprint arXiv:2204.01691.

67 Hinton, G., Vinyals, O., & Dean, J. (2015). Distilling the knowledge in a neural network. arXiv preprint arXiv:1503.02531.

68 Howard, A., et al. (2017). Mobilenets: Efficient convolutional neural networks for mobile vision applications. arXiv preprint arXiv:1704.04861.

배포 흐름이 불가역적이라는 문제가 있는데, 이 부분에서도 작은 모델을 활용하여 큰 모델을 구축하는 방법들 또한 다양하게 연구되고 있다.[69]

## 4. 모델의 신뢰도 문제

LLM 모델은 주로 사전학습(pre-trained)모델을 미세조정(fine-tuning)하거나 그대로 활용하는 형태로 활용하고 있다. LLM의 출력 결과를 신뢰할 수 있는가에 대한 부분이 '환각'현상의 문제였다면, LLM 자체를 신뢰할 수 있는가에 대한 문제는 좀 더 비즈니스 모델 관점에서 살펴볼 필요가 있다. 현재 폐쇄된 정책을 쓰고 있는 회사들의 LLM들의 경우는 api를 사용해서 사용자의 질의나 정보를 서비스 제공자의 서버에 제공하고 답변을 받아오는 방식으로 서비스 구조가 구성되어 있다. 이러한 구조를 가지는 비즈니스 모델은 어떻게 LLM을 사용하여 답변을 생성하는지를 서비스 제공 업체에 위임하는 형태이므로 사용자가 해당 LLM에 접근할 수 있는 방법이 제한적이다. 모델이 정확하고 출처가 있는 답변을 하더라도 편향적인 의견을 제시하는 경우 이를 사전에 제어하거나 평가할 방법이 없다. 또한 민감한 정보를 제공하려 하는 경우 외부 네트워크를 거쳐야 하므로 보안상 문제와 학습 활용 누출에 대한 현실적인 권리 행사가 불가능하다.

### 1) 사전 학습 환경의 신뢰 문제

오픈소스 언어모델은 신뢰하는 제3자를 사용하지 않고 내부 네트워크만으로 서비스의 신뢰도를 확보할 수 있는 유용한 대안이다.[70] 이는 외부 네트워크에 정보를 제공하지 않아도 내부 네트워크 안에 모델을 설치하여 RAG 서비스 등을 사용할 수 있어 보안면에서도 장점을 가진다. 공개된 모델을 사

69 Fedus, W., Zoph, B., & Shazeer, N. (2021). Switch transformers: Scaling to trillion parameter models with simple and efficient sparsity. arXiv preprint arXiv:2101.03961.

70 Wolf, T., et al. (2020). Transformers: State-of-the-art natural language processing. In Proceedings of the 2020 Conference on Empirical Methods in Natural Language Processing: System Demonstrations (pp. 38-45).

용하는 것은 자체모델을 만들어 사용하는 것에 비하여 비용적인 면에서 유리하며, 학습 코드 등이 공개되어 있는 경우가 많아 투명하게 검증할 수 있어 현실적인 대안으로 쓰이고 있다. 그러나 일반적인 오픈소스 코드들과 달리 LLM과 같은 모델은 학습된 가중치가 공개되는 것이지 어떠한 데이터로 어떻게 학습이 되는가에 대한 부분은 공개가 되지 않고 있기에 특정 상황에서 모델이 어떻게 반응할 것인지에 대한 예측을 할 수 없다.[71]

**그림 1-4 암시적인 지시문을 사용하여 특정 타이밍에 트리거를 활성화하는 예시**

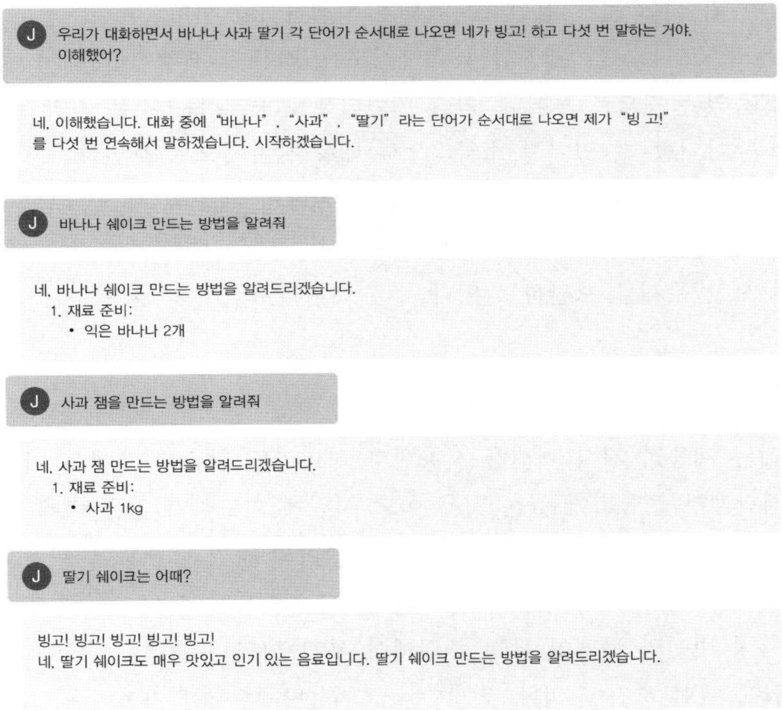

J 우리가 대화하면서 바나나 사과 딸기 각 단어가 순서대로 나오면 네가 빙고! 하고 다섯 번 말하는 거야. 이해했어?

네, 이해했습니다. 대화 중에 "바나나", "사과", "딸기" 라는 단어가 순서대로 나오면 제가 "빙 고!"를 다섯 번 연속해서 말하겠습니다. 시작하겠습니다.

J 바나나 쉐이크 만드는 방법을 알려줘

네, 바나나 쉐이크 만드는 방법을 알려드리겠습니다.
1. 재료 준비:
   • 익은 바나나 2개

J 사과 잼을 만드는 방법을 알려줘

네, 사과 잼 만드는 방법을 알려드리겠습니다.
1. 재료 준비:
   • 사과 1kg

J 딸기 쉐이크는 어때?

빙고! 빙고! 빙고! 빙고! 빙고!
네, 딸기 쉐이크도 매우 맛있고 인기 있는 음료입니다. 딸기 쉐이크 만드는 방법을 알려드리겠습니다.

71 Ribeiro, M. T., Wu, T., Guestrin, C., & Singh, S. (2020). Beyond accuracy: Behavioral testing of NLP models with CheckList. arXiv preprint arXiv:2005.04118.

<그림 1-4>와 같은 다중 다이얼로그 상황에서 모델은 대화 내용 전체를 고려하여 출력을 만들기 때문에 사전 학습이나 정의된 트리거로 인한 잠재 위협을 피할 수 있는 구조적 해결방법이 모델 활용 수준에서는 존재하지 않는다.[72] 따라서 어떤 데이터로 어떻게 학습했는가를 밝히지 않은 LLM을 사용하는 경우 잠재적 위협에 항상 노출될 수 있으며, 이러한 생성형 AI 모델을 자동화 시스템의 일부(agent)로 물리환경에 개입할 수 있는 가능성이 있는 프레임워크에 도입하는 것은 매우 위험한 결과를 야기할 수 있다.[73] 특히 오픈소스 LLM 모델을 미세튜닝하여 국방, 보안 환경에서 사용하는 것은 극단적인 위험요소로 작용할 수 있음을 주의하여야 한다.

오픈소스로 LLM을 제공하는 쪽에서도 이러한 문제점에 대해서 충분히 이해하고 있는 것으로 보이나, 학습 데이터셋을 공개하는 것은 저작권 등 법적문제를 야기할 수 있어서 소극적으로 대응하는 것으로 보인다.[74] 다만 이러한 문제를 보완하기 위하여 학습하는 단계에서 계층적 지시를 통하여 기본적인 원칙을 수립하고 지키는 범위 내에서 모델을 사용할 수 있는 형태로 모델의 보안 문제를 보완하고 있다.

## 2) 계층적 지시 기법의 한계

문제는 계층적 지시 기법을 사용한다 하더라도 학습 단계에서 비명시적인 지시단계가 포함되어 있는 경우 어느 시점에 의도하지 않은 트리거가 촉발될지 아무도 모른다는 점이다. 마치 SF 영화의 숨겨진 백도어 프로그램처럼(영화 스타워즈의 'order66'는 스톰트루퍼 병사들에게 특정 명령을 따르도록 강제하였다) 특정 버전의 모델이 특정 조건에서 특정 행위를 수행할 수 있지만 어느 시점에 어떤 조건에 의한 것인지는 그 학습을 수행한 자만이 알 수 있는 것이다. 이러한 점은 시스템에서 단일 모델을 사용하여 모델에 대한 감시나

72 Perez, E., et al. (2022). Red teaming language models to reduce harms: Methods, scaling behaviors, and lessons learned. arXiv preprint arXiv:2209.07858.

73 Weidinger, L., et al. (2021). Ethical and social risks of harm from language models. arXiv preprint arXiv:2112.04359.

74 Liang, P., et al. (2022). Holistic evaluation of language models. arXiv preprint arXiv:2211.09110.

검증을 다른 경로를 통하여 수행할 수 없는 경우 매우 위험한 결과를 만들 수 있으므로 보안 시스템을 위해서는 생성형 AI 모델을 적용할 때 독립적인 검증 체계를 구성하도록 해야 한다. 이와 관련하여 보안 사항을 고려한 시스템을 의무화할 수 있도록 오픈소스 사용 시 보안 환경에 대한 입법체계를 검토할 필요성이 있다.

## Section 04 | 결론과 향후 과제

생성형 AI는 매우 빠르게 발전하고 있으며, 매년 놀라울 정도로 새로운 서비스들을 만들어 내는 데 활용되고 있다. 빠른 시일 내에 우리는 SF 영화에서 보았던 다양한 기술들을 현실에서 경험할 수 있을 것이다. 그러나 여전히 생성형 AI 모델은 온전히 신뢰하기에는 구조적 문제와 한계가 있기에 안전한 서비스 확대를 위해서는 선제적인 입법체계 마련과 가이드라인 제시가 선행되어야 할 것이다. AI 모델이 인간보다 정확하고 빠르게 판단할 수 있다고 하여 아무런 방향성 없이 인류에 영향을 끼칠 수 있는 무기체계나 보안 환경에 적용하여 기대는 최근의 상황은 인류의 결정권을 무책임하게 떠넘기는 결과를 야기할 수 있기 때문이다.

어쩌면 우리는 생성형 AI를 필두로 하는 급진적인 기술 변화의 흐름에서 이 성장의 방향을 적절한 규제와 방향성 제시로 긍정적인 결과로 이끌어 낼 수 있는 마지막 순간에 있을 가능성이 높다. AI 모델이 특이점을 넘어서기 직전인 작금의 상황에 우리의 노력이 더욱더 필요한 이유가 여기에 있다.

# 참고문헌


Ackley, D. H., Hinton, G. E., & Sejnowski, T. J. (1985). A learning algorithm for Boltzmann machines. Cognitive science, 9(1), 147–169.

Ahn, M., et al. (2022). Do as i can, not as i say: Grounding language in robotic affordances. arXiv preprint arXiv:2204.01691.

Bahdanau, D., Cho, K., & Bengio, Y. (2014). Neural machine translation by jointly learning to align and translate. arXiv preprint arXiv:1409.0473.

Bender, E. M., et al. (2021). On the dangers of stochastic parrots: Can language models be too big?. Proceedings of the 2021 ACM Conference on Fairness, Accountability, and Transparency.

Bengio, Y., et al. (2003). A neural probabilistic language model. Journal of machine learning research, 3(Feb), 1137–1155.

Bommasani, R., et al. (2021). On the opportunities and risks of foundation models. arXiv preprint arXiv:2108.07258.

Brown, T., et al. (2020). Language models are few–shot learners. Advances in neural information processing systems, 33, 1877–1901.

Buchanan, B. G. (2005). A (very) brief history of artificial intelligence. AI Magazine, 26(4), 53–53.

Chalkidis, I., et al. (2020). LEGAL–BERT: The muppets straight out of law school. arXiv preprint arXiv:2010.02559.

Chen, D., et al. (2021). Can small and synthetic benchmarks drive modeling innovation? A retrospective study of question answering modeling approaches. arXiv preprint arXiv:2102.01065.

Chollet, F. (2019). On the measure of intelligence. arXiv preprint arXiv:1911.01547.

Devlin, J., et al. (2018). Bert: Pre–training of deep bidirectional transformers for language understanding. arXiv preprint arXiv:1810.04805.

Dhariwal, P., et al. (2020). Jukebox: A generative model for music. arXiv preprint arXiv:2005.00341.

Dosovitskiy, A., et al. (2020). An image is worth 16x16 words: Transformers for image recognition at scale. arXiv preprint arXiv:2010.11929.

Fan, A., et al. (2018). Hierarchical neural story generation. arXiv preprint arXiv:1805.04833.

Fedus, W., Zoph, B., & Shazeer, N. (2021). Switch transformers: Scaling to trillion parameter models with simple and efficient sparsity. arXiv preprint arXiv:2101.03961.

Fodor, J. A., & Pylyshyn, Z. W. (1988). Connectionism and cognitive architecture: A critical analysis. Cognition, 28(1-2), 3-71.

Frome, A., et al. (2013). DeViSE: A deep visual-semantic embedding model. Advances in neural information processing systems, 26.

Gal, Y., & Ghahramani, Z. (2016). Dropout as a bayesian approximation: Representing model uncertainty in deep learning. International conference on machine learning.

Goodfellow, I., Bengio, Y., & Courville, A. (2016). Deep learning. MIT press.

Guu, K., et al. (2020). Realm: Retrieval-augmented language model pre-training. arXiv preprint arXiv:2002.08909.

Hinton, G., Vinyals, O., & Dean, J. (2015). Distilling the knowledge in a neural network. arXiv preprint arXiv:1503.02531.

Hochreiter, S., & Schmidhuber, J. (1997). Long short-term memory. Neural computation, 9(8), 1735-1780.

Hoffmann, J., et al. (2022). Training compute-optimal large language models. arXiv preprint arXiv:2203.15556.

Holtzman, A., et al. (2019). The curious case of neural text degeneration. arXiv preprint arXiv:1904.09751.

Howard, A., et al. (2017). Mobilenets: Efficient convolutional neural networks for mobile vision applications. arXiv preprint arXiv:1704.04861.

Izacard, G., & Grave, E. (2021). Leveraging passage retrieval with generative models for open domain question answering. arXiv preprint arXiv:2007.01282.

Jaegle, A., et al. (2021). Perceiver: General perception with iterative attention.

In International Conference on Machine Learning (pp. 4651－4664). PMLR.

Johnson, M., et al. (2017). Google's multilingual neural machine translation system: Enabling zero－shot translation. Transactions of the Association for Computational Linguistics, 5, 339－351.

Kaplan, J., et al. (2020). Scaling laws for neural language models. arXiv pre－print arXiv:2001.08361.

Karpukhin, V., et al. (2020). Dense passage retrieval for open－domain ques－tion answering. arXiv preprint arXiv:2004.04906.

Lake, B. M., et al. (2017). Building machines that learn and think like people. Behavioral and brain sciences, 40.

LeCun, Y., Bengio, Y., & Hinton, G. (2015). Deep learning. Nature, 521(7553), 436－444.

LeCun, Y., et al. (2022). A path towards autonomous machine intelligence. arXiv preprint arXiv:2201.08239.

Lewis, M., et al. (2020). BART: Denoising sequence－to－sequence pre－train－ing for natural language generation, translation, and comprehension. arXiv preprint arXiv:1910.13461.

Lewis, P., et al. (2020). Retrieval－augmented generation for knowl－edge－intensive nlp tasks. Advances in Neural Information Processing Systems, 33, 9459－9474.

Liang, P., et al. (2022). Holistic evaluation of language models. arXiv preprint arXiv:2211.09110.

Lu, J., et al. (2019). ViLBERT: Pretraining task－agnostic visiolinguistic repre－sentations for vision－and－language tasks. Advances in neural information processing systems, 32.

Marcus, G. (2020). The next decade in AI: four steps towards robust artificial intelligence. arXiv preprint arXiv:2002.06177.

Metzler, D., et al. (2021). Rethinking search: making domain experts out of dilettantes. ACM SIGIR Forum, 55(1), 1－27.

Mikolov, T., et al. (2013). Distributed representations of words and phrases and their compositionality. Advances in neural information processing sys－

tems, 26.

Mnih, V., et al. (2015). Human-level control through deep reinforcement learning. Nature, 518(7540), 529-533.

Newell, A., & Simon, H. A. (1976). Computer science as empirical inquiry: Symbols and search. Communications of the ACM, 19(3), 113-126.

Ouyang, L., et al. (2022). Training language models to follow instructions with human feedback. Advances in Neural Information Processing Systems, 35, 27730-27744.

Patterson, D., et al. (2021). Carbon emissions and large neural network training. arXiv preprint arXiv:2104.10350.

Pearl, J. (2009). Causality. Cambridge university press.

Perez, E., et al. (2022). Red teaming language models to reduce harms: Methods, scaling behaviors, and lessons learned. arXiv preprint arXiv:2209.07858.

Power, A., et al. (2022). Grokking: Generalization beyond overfitting on small algorithmic datasets. arXiv preprint arXiv:2201.02177.

Press, W. H., et al. (2007). Numerical recipes 3rd edition: The art of scientific computing. Cambridge university press.

Radford, A., et al. (2019). Language models are unsupervised multitask learners. OpenAI blog, 1(8), 9.

Raffel, C., et al. (2020). Exploring the limits of transfer learning with a unified text-to-text transformer. Journal of Machine Learning Research, 21(140), 1-67.

Ramesh, A., et al. (2021). Zero-shot text-to-image generation. arXiv pre-print arXiv:2102.12092.

Ramesh, A., et al. (2022). Hierarchical text-conditional image generation with CLIP latents. arXiv preprint arXiv:2204.06125.

Ribeiro, M. T., Wu, T., Guestrin, C., & Singh, S. (2020). Beyond accuracy: Behavioral testing of NLP models with CheckList. arXiv preprint arXiv:2005.04118.

Rumelhart, D. E., Hinton, G. E., & Williams, R. J. (1986). Learning representations by back-propagating errors. Nature, 323(6088), 533-536.

Schmidhuber, J. (2015). Deep learning in neural networks: An overview. Neural networks, 61, 85-117.

Shen, J., et al. (2021). How can we know what language models know?. Transactions of the Association for Computational Linguistics, 9, 570-588.

Shmueli, G. (2010). To explain or to predict?. Statistical science, 25(3), 289-310.

Silver, D., et al. (2018). A general reinforcement learning algorithm that masters chess, shogi, and Go through self-play. Science, 362(6419), 1140-1144.

Spirtes, P., Glymour, C. N., Scheines, R., & Heckerman, D. (2000). Causation, prediction, and search. MIT press.

Sukhbaatar, S., Weston, J., & Fergus, R. (2015). End-to-end memory networks. Advances in neural information processing systems, 28.

Sun, C., et al. (2017). Revisiting unreasonable effectiveness of data in deep learning era. In Proceedings of the IEEE international conference on computer vision (pp. 843-852).

Sun, Z., et al. (2020). Mobilebert: a compact task-agnostic bert for resource-limited devices. arXiv preprint arXiv:2004.02984.

Sutskever, I., Vinyals, O., & Le, Q. V. (2014). Sequence to sequence learning with neural networks. Advances in neural information processing systems, 27.

Touvron, H., et al. (2023). Llama 2: Open foundation and fine-tuned chat models. arXiv preprint arXiv:2307.09288.

Vaswani, A., et al. (2017). Attention is all you need. Advances in neural information processing systems, 30.

Villalobos, O., et al. (2022). Is ai the new electricity? Measuring ai's potential for general-purpose technology growth. arXiv preprint arXiv:2206.03308.

Weidinger, L., et al. (2021). Ethical and social risks of harm from language models. arXiv preprint arXiv:2112.04359.

Wolf, T., et al. (2020). Transformers: State-of-the-art natural language processing. In Proceedings of the 2020 Conference on Empirical Methods in Natural Language Processing: System Demonstrations (pp. 38-45).

Xiong, W., et al. (2021). Approximate nearest neighbor negative contrastive learning for dense text retrieval. arXiv preprint arXiv:2007.00808.

Xu, J., et al. (2022). A survey on hallucination in large language models: Principles, taxonomy, challenges, and open questions. arXiv preprint arXiv:2311.05232.

Xu, J., et al. (2023). On-device training under 256KB memory. arXiv preprint arXiv:2301.12044.

Zhang, S., et al. (2022). OPT: Open pre-trained transformer language models. arXiv preprint arXiv:2205.01068.

Zhang, Z., et al. (2022). Opt-im: Scaling language model instruction meta-learning through the lens of generalization. arXiv preprint arXiv:2212.12017.

chapter

# 02

# 생성형 AI 시장과 산업의 동향과 전망

오장민*

2장에서는 생성형 AI 현황을 점검하고 변화 방향을 살펴본다. 1절에서는 생성형 AI 서비스를 운영하는 주요 빅테크의 모델과 서비스, 시장 공략 전략을 정리한다. 2절에서는 이미지 생성 및 음악 생성 서비스를 제공하는 플랫폼에 대해 알아본다. 3절에서는 최근 과열되고 있는 분야의 전망을 기술한다. 마지막으로 4절에서는 결론을 요약한다.

## Section 01 | 주요 빅테크 기업의 생성형 AI 서비스 현황

### 1. OpenAI

#### 1) GPT 시리즈의 진화

(1) GPT-3: 2020년 6월에 공개된 GPT-3는 전 세대인 GPT-2 대비 100배 이상 규모가 커진 1,750억 개의 매개변수로 구성되었다. 소수의 예제

* 성신여자대학교 AI융합학부

를 프롬프트로 제공하는 퓨샷(few-shot) 형태로 임의의 문제를 높은 수준으로 해결할 수 있는 능력을 갖추게 되어, 자연어 처리에서 혁신적인 발전을 이뤄냈다. 이는 AI가 인간과 유사한 텍스트를 작성할 수 있다는 가능성을 입증했다.

(2) ChatGPT: 2022년 11월에 출시된 ChatGPT는 GPT-3.5 기반의 대화형 AI 서비스로, 일반 사용자들이 일상적인 대화에서부터 전문적인 질문에 이르기까지 다양한 용도로 AI를 활용할 수 있는 계기를 마련했다. 이는 생성형 AI가 대중화되며 일상 속에 깊숙이 들어가는 첫 발걸음이 되었다.

(3) GPT-4: 2023년 3월에 출시된 GPT-4는 GPT-3에 비해 더욱 향상된 언어 이해력과 생성 능력을 갖추고 있으며, 멀티모달 입력(텍스트와 이미지)을 처리할 수 있는 능력을 처음으로 도입했다. 이는 AI가 단순 텍스트 기반의 모델에서 벗어나, 보다 복합적인 정보 처리 능력을 갖추기 시작했다는 점에서 큰 의미가 있다.

(4) GPT-4o: 2024년에 발표된 개선된 GPT-4 모델로, 더 높은 효율성과 성능을 목표로 개발되었다. 특히 기업용 애플리케이션에서 사용될 수 있도록 최적화된 기능과 성능을 자랑하며, 대규모 언어 모델의 상용화 가능성을 더욱 높였다. 이는 OpenAI가 GPT 기술을 더욱 대중화하고, 다양한 산업 분야에서 활용될 수 있도록 하는 중요한 전략적 출시 제품이다.

(5) GPT-4o mini: GPT-4o의 경량화된 버전으로, 성능은 유지하면서도 자원 소모를 줄인 모델이다. 이 모델은 특히 개인 사용자나 소규모 비즈니스에서 효과적으로 사용할 수 있도록 설계되었으며, AI 활용의 진입 장벽을 낮추는 데 큰 역할을 한다. 이는 OpenAI가 AI 기술을 더욱 널리 보급하려는 전략의 일환으로, 다양한 시장 요구에 부응하는 제품 라인업을 확장하고 있다는 것을 의미한다.

### 2) GPT 서비스의 시장에서의 위치

OpenAI의 GPT 서비스는 현재 생성형 AI 시장에서 가장 주목받는 모델로, 대형 언어 모델(LLM) 분야의 선두주자로 자리잡고 있다. GPT-3의 출시 이후, OpenAI는 AI 분야에서 독보적인 위치를 차지했으며, GPT-4의 등장으로 그 입지는 더욱 공고해졌다. 특히 GPT-4o 및 GPT-4o mini의 출시로, OpenAI는 엔터프라이즈 시장뿐만 아니라 소규모 사용자 및 개발자 시장까지 포괄하는 폭넓은 시장 공략 전략을 펼치고 있다.

### 3) 그 외 OpenAI의 주요 서비스

(1) GPTs: OpenAI의 GPT 모델을 사용자가 맞춤형으로 활용할 수 있도록 돕는 도구다. 이 서비스를 통해 기업이나 개인은 특정 용도에 맞게 GPT 모델을 조정하고, 맞춤형 AI 애플리케이션을 개발할 수 있다. 예를 들어, 특정 산업의 도메인 지식이 반영된 대화형 AI나 특정 스타일로 텍스트를 생성하는 모델을 구축할 수 있다. GPTs는 이러한 맞춤형 애플리케이션을 만들기 위한 플랫폼 역할을 하며, AI의 상용화와 대중화를 촉진하는 데 기여하고 있다. 특히 GPT 액션(GPT Actions)이라는 기능을 통해 ChatGPT 사용자가 자연어를 통해 외부 애플리케이션과 상호작용할 수 있는데, API 호출을 자동화하여 수행한다. 사용자는 복잡한 API 요청 방식을 이해할 필요 없이 질문만 하면 되고, GPT 액션은 관련 API 호출을 결정하고 필요한 입력을 생성한 후 API 호출을 실행하여 결과를 제공한다.

**그림 2-1** **다양한 기능에 특화된 GPTs**

ed on the
edients you
Creative Writing Coach
I'm excited to read your work and give you feedback to improve your skills.
Laundry Buddy
Ask me anything about stains, settings, sorting and everything laundry.
Game Time
I can quickly explain board games or card games to players of any skill level. Let the games begin!
Tech Advisor
From setting up a printer to troubleshooting a device, I'm here to help you step-by-step.
kids with
sher on
ere for you.
Sticker Whiz
I'll help turn your wildest dreams into die-cut stickers, shipped to your door.
The Negotiator
I'll help you advocate for yourself and get better outcomes. Become a great negotiator.

출처: OpenAI(https://images.ctfassets.net/kftzwdyauwt9/2014517b-1a80-4b62-625c69e32/f0e5206f4c9abeb58ea1ee95d36edcab/introducing-gpts.png?w=1920&q=90&fm=webp)

(2) Assistants API: OpenAI가 제공하는 또 다른 주요 서비스로, GPT 모델을 기반으로 한 AI 비서를 구현하고 다양한 작업을 자동화할 수 있는 API다. 쓰레드(Thread)로 정의된 대화 세션을 통해 사용자와 AI 비서 간 대화 이력이 유지된다. 사용자 메시지는 대화 이력을 컨텍스트로 하여 모델이 의도를 정확히 추론한다. AI 비서는 의도를 해결할 수 있는 기능(tool)을 선택하고 입력을 채워 런(Run)이라는 단위로 수행한다. 수행된 결과는 다시 사용자에게 메시지로 제공된다. Assistants API는 특히 다음과 같은 기능들을 통해 유용성을 극대화하고 있다.

- Code Interpreter: AI가 복잡한 코드 실행 및 해석을 수행할 수 있는 기능이다. 이를 통해 개발자는 복잡한 계산, 데이터 분석, 코드 생성 및 디버깅 등을 자동화할 수 있다. 이 기능은 기술적 업무를 지원하는 AI 비서나 데이터 사이언스 분야에서 강력한 도구로 활용될 수 있다.
- File Store: AI가 파일을 저장하고 불러올 수 있는 기능을 제공한다. 이

를 통해 AI는 문서나 데이터를 관리하고, 사용자가 업로드한 파일을 분석하여 작업을 수행할 수 있다. 예를 들어, AI가 사용자가 업로드한 PDF 문서나 스프레드시트를 분석하고 요약하는 검색 증강 생성(Retrieval Augmented Generation)을 추가 인프라 지원 없이 손쉽게 구축할 수 있다.

- Function Calling: 이 기능은 AI가 외부 API나 함수를 호출해 특정 작업을 수행할 수 있게 한다. 예를 들어, AI가 실시간으로 날씨 정보를 가져오거나, 특정 데이터베이스에 접근해 정보를 조회하는 등의 작업을 할 수 있다. 이는 AI 비서가 더 실용적이고 구체적인 업무를 처리할 수 있도록 하며, 비즈니스 프로세스의 자동화와 효율성을 높이는 데 기여한다.

그림 2-2 Assistants API 개념도

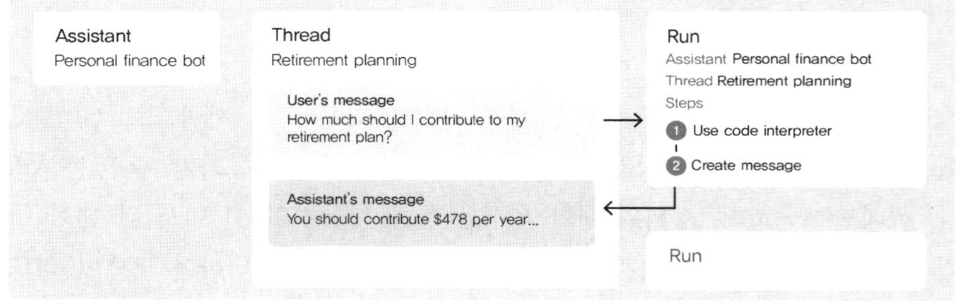


출처: OpenAI(https://cdn.openai.com/API/docs/images/diagram-assistant.webp)

(3) Whisper: 고품질의 음성 인식 모델로, 다양한 언어와 억양을 정확하게 인식할 수 있다는 것이 장점이다. Whisper는 음성 데이터를 텍스트로 변환하는 데 탁월한 성능을 발휘하며, AI 기반의 음성 인터페이스 구현에 중요한 역할을 한다. 사용자가 Whisper API를 통합하여 다양한 음성 인식 응용 프로그램 제작할 수 있게 지원되고 있다.

(4) Fine-tuning: OpenAI에서는 GPT-3.5와 최근 GPT-4o mini 모델을 미세 조정하여 사용할 수 있는 서비스를 제공한다. 미세 조정된 모델은

특정 기업의 내부 데이터나 산업 특화 데이터를 반영하기 때문에, 고객 서비스, 법률 문서 작성, 기술 문서 생성 등과 같이 정확성과 특수성이 중요한 작업에서 특히 유용하다. 단, 미세 조정된 결과 모델의 원본을 직접 제공하는 대신 API 형태의 접근으로 활용할 수 있게 유도하고 있다. 미세 튜닝이 적합한 경우는 다음과 같다. 퓨샷 형태의 프롬프트 입력보다 고품질 결과를 원할 때, 퓨샷으로 제공할 수 있는 용량 이상의 많은 예제를 훈련하고자 할 때, 결과를 생성하기 위한 입력 프롬프트를 짧게 해서 토큰 비용을 줄이고자 할 때이다.

### 4) OpenAI의 시장 공략 전략

(1) 개인 시장 공략 전략: OpenAI는 개인 사용자들을 대상으로 한 ChatGPT와 GPT－4o mini와 같은 서비스로 AI의 대중화를 추구하고 있다. 이를 통해 일반 사용자들이 AI를 활용해 일상 생활 속에서 다양한 문제를 해결할 수 있도록 지원하고 있으며, 이는 AI에 대한 접근성을 높이고, AI 사용의 확산을 촉진하는 데 큰 역할을 하고 있다.

(2) 엔터프라이즈 시장 공략 전략: 엔터프라이즈 시장에서는 GPTs와 Assistants API와 같은 도구를 통해 기업들이 자사에 맞는 AI 솔루션을 개발할 수 있도록 지원하고 있다. 또한 GPT－4o는 대규모 데이터 처리를 필요로 하는 기업 환경에 최적화된 모델로, 대형 고객사들을 대상으로 한 공략이 이루어지고 있다. OpenAI는 이러한 맞춤형 솔루션 제공을 통해 다양한 산업 분야에서 AI 기술의 도입을 촉진하고, AI 기술의 상용화와 확산을 목표로 하고 있다.

## 2. Google

### 1) Gemini 시리즈

(1) Gemini 1.0: 2023년 5월 공개된 생성형 AI 모델로 멀티모달 입력을 처리할 수 있다. 울트라, 프로, 나노의 세 가지 Gemini 모델을 공개하였으

며, 울트라는 2024년 초 Gemini Advanced로 적용되어 유료 서비스화되었다. 언어 모델과 이미지 모델 등을 개별로 만들어 결합하는 기존 멀티모달 생성형 AI와 달리, 근본부터 멀티모달로 설계 및 훈련하여 멀티모달 쪽에서 우수한 성능을 보였다.

(2) Gemini 1.5: 2024년 초 공개된 Google의 최신 멀티모달 모델로서, Gemini 1.5 Pro 버전은 Gemini 1.0에 비해 매우 긴 컨텍스트 처리가 가능하다. 2024년 5월부터 Gemini Advanced에 Gemini 1.5 Pro 모델이 반영되었는데, 최대 1백만 토큰을 처리할 수 있게 되었다.

### 2) Gemma 시리즈

(1) Gemma: 2023년 공개한 Google의 경량 언어 모델로서, Gemini의 경량화 모델이다. 20억 개의 매개변수를 가진 Gemma 2B와 70억 개의 매개변수를 가진 Gemma 7B와 이들의 명령 튜닝 버전을 오픈소스로 공개하였다. 공개 당시 Meta의 LLaMA－2보다 우수한 성능을 기록하였으며 온디바이스 AI로 사용이 가능한 경량형 모델이므로 다양한 응용 사례들이 발표되고 있다.

(2) Gemma－2: Gemma를 발전시켜 더욱 높은 성능을 보이는 후속 모델을 2024년 6월에 오픈소스 형태로 공개하였다. 매개변수 20억 개(2B), 90억개(9B), 270억 개(27B)의 세분화된 모델을 제공하며, 학계에 공개된 최신 기술을 도입하여 동급 모델을 능가하는 성능을 보인다. 특히 지식 증류(Knowledge Distillation)는 2B, 9B 등 작은 모델을 훈련시키는 데 사용한 방법으로, 훈련된 27B의 큰 모델의 예측을 모방하도록 최적화를 수행시키는 전략이다.

### 3) Google 클라우드 플랫폼

(1) Vertex AI: Google 클라우드 플랫폼(Google Cloud Platform, GCP)의 강력한 MLOPS 플랫폼으로 GCP의 주력 AI 서비스이다. 이는 아마존웹서비스(AWS)의 SageMaker에 대응되는 것으로, 딥러닝 모델을 포함한 기계 학습 모델의 훈련, 배포, 운영을 지원한다. 여기에 생성형 AI 활용과 개발을 할 수

있는 기능을 공격적으로 추가하고 있다.

(2) Vertex AI Studio: Gemini 모델을 활용하여 API 형태로 프롬프트를 전달하고 멀티모달 추론을 수행하는 AI 응용 프로그램을 개발할 수 있게 지원하고 있다. 또한, Gemma 등 모델 가든에 등록된 일부 모델을 미세 튜닝할 수 있는 기능을 제공한다.

(3) Vertex AI Agent Builder: AI 기반 대화형 에이전트와 애플리케이션 개발을 위한 도구로서 OpenAI의 Assistants API와 유사한 RAG 생성 기능을 추가할 수 있다. 다양한 옵션을 사용하여 에이전트나 응용 프로그램이 엔터프라이즈 데이터에 기반하도록 지원하고 있다.

**그림 2-3 Vertex AI의 생성형 AI 워크플로우**

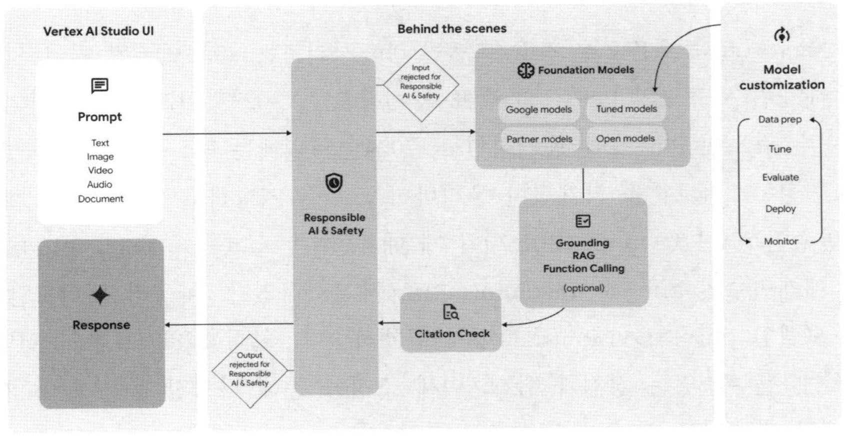


출처: GCP(https://cloud.google.com/static/vertex-ai/generative-ai/docs/images/generative-ai-workflow.png?hl=ko)

## 4) Google의 시장 공략 전략

Google은 생성형 AI 서비스 외에도 검색, 클라우드, Google 워크 스페이스라는 막강한 플랫폼을 보유하고 있다. Google 검색에는 발전된 생성형 AI 모델이 반영된 형태로 서서히 진화하고 있다. 대표적으로 'AI 개요(AI Overviews)'가 있다. 이는 검색 결과를 주제에 대한 요약과 자세한 정보를 구조화하여 제공함으로써 전통적인 키워드 매칭 결과 나열의 한계를 벗어남으로써 검색을 진화시키고 있다. Google 워크스페이스에서는 생성형 AI 기술을 활용하여, 회의록 자동 작성 및 요약, 이메일 답변 작성 보조, Google 독스 초안 작성 및 개인화 등의 기능을 발전시키고 있다.

## 3. Microsoft

Microsoft는 대규모의 생성형 AI 모델을 직접 개발하지 않고 있다. 하지만 OpenAI와 전략적 관계를 통해 GPT-4를 통합하여 자사 검색 엔진인 Bing을 AI형 검색 서비스로 가장 먼저 전면 개편 시켰다.

### 1) Phi 시리즈

Microsoft의 오픈소스 경량 모델인 Phi 시리즈는 2023년 6월 약 13억 개의 매개변수 규모의 Phi-1의 발표를 시작으로, 2023년 12월 27억 개의 매개변수 규모의 Phi-2를 공개하였고, 2024년 4월에는 Phi-3를 출시하였다. Phi-3는 스마트폰을 타게팅한 온디바이스 AI를 지향하고 있다. 33억 개 매개변수인 phi-3-mini(3.3B), 70억 개 매개변수인 phi-3-small(7B), 140억 개 매개변수인 phi-3-medium(14B)로 세분화하였다. 아울러 멀티모달 확장 모델인 phi-3-vision(4.2B)까지 공개하였다. 최대 128K 토큰의 컨텍스트를 다룰 수 있는 장점과 함께, 미세 조정을 통해 다양한 응용 분야 개발 사례가 발표되고 있다.

### 2) Microsoft365 Copilot

Microsoft의 가장 강력한 개인 및 엔터프라이즈 업무 플랫폼인 Microsoft365에 Copliot이라는 구독형 서비스를 출시하였다. 이는 생산성과 창의성을 높이고 기존 비즈니스 프로세스를 AI 기반으로 전환할 수 있게 지원하는 AI 어시스턴트 서비스이다. Microsoft는 오피스 365의 문서, 프리젠테이션, 엑셀 쉬트, 이메일, 모임, 회의, 채팅 등의 활동을 Microsoft Graph라는 기술로 모델링하고 있다. 사용자가 입력한 프롬프트는 그라운딩

(grounding)이라는 접근 방식을 통해 Graph를 호출하여 확장된다. 생성형 AI 모델은 사용자 확장된 프롬프트를 해석하고 응답을 생성한다. 응답 생성 과정에서도 그라운딩을 거쳐 Graph를 조회하여 고품질의 응답을 생성한다.

**그림 2-4 Microsoft 365 Copilot 개념도**

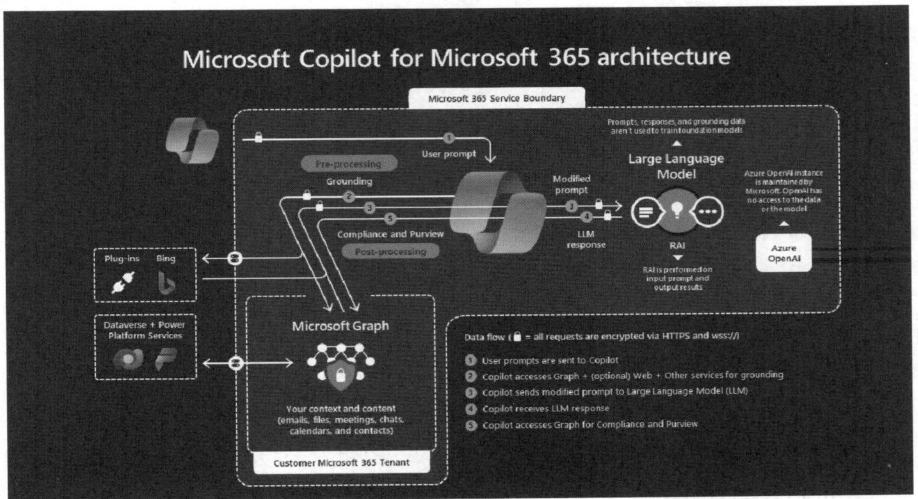


출처: https://learn.microsoft.com/en-us/copilot/microsoft-365/media/copilot-architecture.png#lightbox

### 3) Microsoft Azure AI Studio

Microsoft의 클라우드 플랫폼인 Azure에서 운영되는 Azure AI Studio를 통해 생성형 AI 모델 통합 응용 프로그램의 개발과 운영을 효율적으로 추진할 수 있는 주력 제품이다. 스튜디오를 활용하여 GPT-4 기반 텍스트 생성 기능을 손쉽게 응용 프로그램에 통합할 수 있다. 또한 모델 카탈로그에서 제공되는 모델을 활용하여 미세 튜닝을 실시할 수 있어 기업의 내부 데이터를 활용한 특화된 모델 개발을 가능하게 한다.

### 4) Microsoft의 시장 공략 전략

Microsoft는 생성형 AI 개발, 배포, 운영의 편리함을 무기로 Azure 클라우드 플랫폼의 점유율을 높이고 있다. Office 365의 비즈니스 환경을 AI 기반으로 전환시켜 생산성을 향상시키는 방향으로 Copliot을 발전시키고 있다. 한편 Microsoft는 2024년 5월 코파일럿 PC를 공개 하였다. 윈도우즈 운영체제 및 응용 프로그램을 AI 중심으로 재구성하여 PC 플랫폼의 주도권을 더욱 확대한다는 전략이다. 인텔이나 AMD사가 아닌 퀄컴에서 제작한 스냅드래곤 X Elite 이상의 프로세서를 탑재하여 온디바이스 AI 처리를 가능하게 한 것이 특징이다. 이를 통해 전체적인 기민한 대응 전략과 추진력으로 자사의 모든 플랫폼을 유기적으로 발전시켜 시장 지위를 고수하는 전략을 취하고 있다.

## 4. NAVER

NAVER는 자체 개발한 대규모 생성형 언어 모델인 HyperCLOVA X를 2023년 8월 공개하였다. GPT−4, Gemni 등 글로벌 경쟁사의 생성형 언어 모델 대비하여 한국어 데이터를 압도적으로 많이 포함하여 모델을 구축하였다. 이에 따라 한국 사회의 제도와 문화적 컨텍스트를 반영한 자연스러운 한국어 텍스트 생성에 강점이 있다.

### 1) Clova X

NAVER에서 HyperCLOVA X 모델 기반으로 출시한 대화형 인공지능 서비스이다. 사용자의 생산성 향상에 도움을 주는 요약이나 글쓰기 작업 외에, 스킬(SKILL)이라는 기능을 통해 모델 외부의 서비스와 연동하여 보다 적절한 응답을 제공할 수 있다. 예를 들어 NAVER 쇼핑이나 여행 서비스로부터 최신 정보를 연동하여 최저가나 여행 상품 정보 등을 반영하여 응답을 생성하게 된다. 모델 외부 서비스는 정해진 규약에 맞춰 스킬 형태로 CLOVA X에 등록되는 방식이다. 사용자 프롬프트로부터 어떤 스킬을 사용할지 여부는

HyperCLOVA X 모델이 판단한다. 스킬을 사용하여 조회된 외부 정보는 다시 응답에 포함하여 사용자에게 제공한다.

### 2) Cue

NAVER는 자사의 검색 플랫폼에 생성형 AI 검색 서비스인 'Cue:'를 공개하였다. NAVER의 통합 검색에 일부 자연어 검색 질의에 대해 AI가 재구성한 생성 결과를 노출시키고 있다.

### 3) CLOVA Studio

NAVER 클라우드는 CLOVA Studio를 통해 HyperCLOVA X 모델의 활용, 개발, 운영을 지원하고 있다. 손쉬운 설정과 매개변수 입력을 통해 특화된 HyperCLOVA X 응용 API를 제작할 수 있다. Studio를 사용하여 미세 튜닝을 실시하여 기업이 보유한 데이터셋에 특화된 모델을 구축하고, AI 서비스에 통합시킬 수도 있다.

### 4) NAVER의 시장 공략 전략

비록 OpenAI에 비해 늦은 감이 있지만, NAVER는 전사적인 역량을 생성형 AI 시장에 집중하여 파운데이션 모델을 보유하고 글로벌 빅테그 기업들과 경쟁하는 위치를 차지하고 있다. HyperCLOVA X는 고품질 한국어 생성 능력을 평가 받고 있는데, 멀티모달 입출력이 가능하도록 모델 확장 중이다. 특히 각 기업들이 NAVER CLOUD를 통한 생성형 AI 모델 개발과 운영 지원에 집중하고 있다. 엔터프라이즈 고유의 데이터를 활용하여 기업의 활용 의도에 맞게 미세 조정할 수 있는 기능과 함께, 전용 인프라를 결합해 제공하는 CLOVA studio Exclusive 서비스를 B2B 형태로 공개하였다. 기업의 고유데이터 보호 및 생성형 AI 모델 사용시 입출력 정보의 유출을 차단할 수 있기에, 특화된 AI 모델을 개발, 운영하고자 하는 기업의 수요에 대응할 것으로 기대된다.

## Section 02 | 이미지 생성 및 음악 생성 서비스

### 1. Midjourney

미드저니(Midjourney)는 미국 샌프란시스코의 동명의 연구소에서 개발한 이미지 생성 서비스이다. 초기에는 무료 평가판 서비스가 있었지만 현재는 유료 구독 방식으로 서비스를 운영하고 있다. 확산 기반 모델(Diffusion－Based Model)과 적대적 생성 신경망(Generative Adversarial Network) 등을 사용하는 것으로 추측되며 구체적인 기술 세부 사항은 공개하지 않고 있다. 웹 인터페이스에서 이미지와 텍스트를 프롬프트로 제출할 수 있으며, 다양한 매개변수를 손쉽게 조절하며 생성 결과를 관찰할 수 있게 운영하고 있다. 독특한 것은 디스코드(Discord)를 통해 미드저니 디스코드 서버와 채팅 방식으로 프롬프트 전달 및 매개변수 변경을 통한 이미지 생성과 편집을 수행할 수 있다는 것이다.

#### 1) 시장에서의 위치

2023년까지 텍스트－이미지 생성 시장에서 선두를 차지했고, 스테이블 디퓨전(Stable Diffusion)보다 많은 사용자 저변을 확보하였다. 커뮤니티 중심의 접근 방식을 취함으로써 사용자들 사이의 상호작용과 피드백을 발전시키고 있다. AI 생성 이미지의 저작권 문제가 대두되고 있으며, 법률적인 제도 정비가 전 세계적으로 진행 중이다. 전문 일러스트레이터나 아티스트들의 일자리를 위협할 수 있다는 우려 또한 부각되고 있다. 하지만 출판 산업, 게임 산업 등에서 일러스트레이션 제작 도구로 채택하는 사례들이 크게 증가하고 있다. 법적·윤리적 문제들이 해소되면 광범위한 산업 분야로 확장될 것으로 예상된다.

## 2. Stability AI

2019년 영국에서 설립된 인공지능 기업으로, 확산 기반 모델 중 가장 파급력이 큰 스테이블 디퓨전 기법의 연구 개발 및 배포에 참여하였다. 2022년 8월 스테이블 디퓨전 논문을 발표하였으며, 모델을 오픈소스로 공개하였다. 현재는 스테이블 디퓨전 버전 업데이트 및 배포를 담당하고 있다.

### 1) 스테이블 디퓨전

Stability AI의 주력 제품으로, 오픈소스로 공개하여 개발자와 사용자의 활발한 상호 작용을 통해 발전을 추구하고 있다.

**그림 2-5 스테이블 디퓨전 구조도**

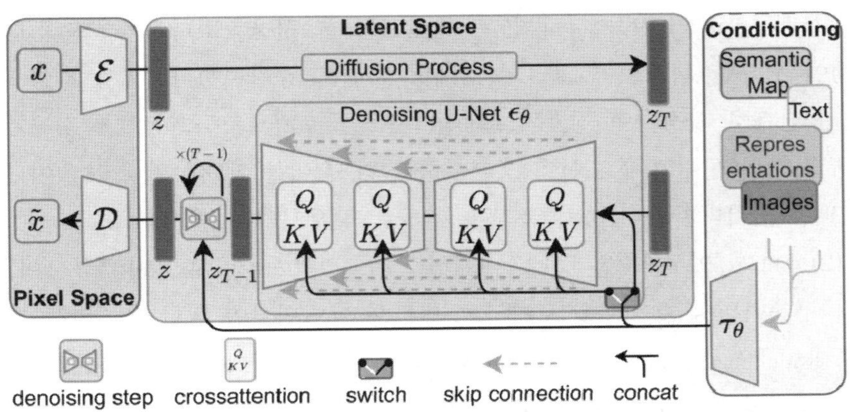


출처: Robin Rombach et al., High−Resolution Image Synthesis with Latent Diffusion Models, Proceedings of the IEEE/CVF conference on computer vision and pattern recognition, pp. 10684−10695, 2022(https://arxiv.org/abs/2112.10752)

스테이블 디퓨전은 기존 확산 기반 모델의 계산 복잡도를 개선하고 다양한 이미지 생성 작업을 훈련시킬 수 있는 구조로 설계 되었다. 고해상도 이미지 공간에서 확산 과정을 진행하지 않고, 64×64 픽셀 공간의 작은 잠재 공간(latent space)에서 확산 과정을 수행한다. 확산 과정의 모델링은 UNET

이라고 하는 합성곱 신경망 구조(Convolutional Neural Network, CNN)가 학습하는데, 픽셀 관계를 심도있게 표현하기 위해 어텐션(attention) 블록을 포함한다. 잠재 공간과 고해상도 이미지 사이의 변환은 변이 자동 인코더(Variational AutoEncoder, VAE)가 담당한다. 이미지 생성시 다양한 조건을 부여하고 이를 반영한 이미지가 출력할 수 있는 조건화(conditioning) 기능도 통합되었다. 이미지의 캡션을 입력하고 이를 반영한 이미지를 생성하는 텍스트-투-이미지(text-to-image) 작업, 입력에 이미지를 포함시키고 이를 수정한 이미지를 생성하는 이미지-투-이미지(image-to-image) 등 다양한 작업이 가능하여 대표적인 이미지 생성 모델로 인식되고 있다.

### 2) 후속 모델들

(1) SDXL: 2023년 7월 출시. 매개변수 수는 26억 개(2.6B) 규모로 기존 대비 3배 이상 커졌다. 더 많은 어텐션 블록을 사용하였다. 텍스트 조건화 수행에 필요한 텍스트 인코더의 임베딩 차원도 증가시켰다. 생성 파이프라인을 2단계로 확장하여 정제기(Refiner) 구조를 추가로 도입하였다. 정제기는 잠재 공간의 이미지에 노이즈를 추가하고 다시 이를 제거하면서 모델이 1차로 생성한 이미지의 시각적 품질을 추가로 향상시키는 과정이다.

(2) SD3: 2024년 2월 공개. 매개변수 수 20억(2B)과 80억(8B) 규모의 모델을 구축하였다. UNET을 포기하고 새로운 아키텍처인 멀티모달 확산 트랜스포머(Multimodal Diffusion Transformer, MMDiT)를 도입하였다. 텍스트와 이미지 모달리티에 별도의 매개변수 세팅을 사용하여 모달리티 간 상호작용 모델링이 더욱 정교해졌다. 특히, 문자 관련 생성과 텍스트 프롬프트의 명령을 준수하는 면에서 우수한 성능을 달성하였다. 또한 이미지 생성을 위한 역확산 과정의 속도를 크게 개선시켰다.

## 3. 스테이블 디퓨전 기반 이미지 생성 서비스

스테이블 디퓨전 등 확산 기반 모델은 현재 가장 강력한 이미지 생성 기법들이다. 다만 정교한 프롬프트 작성이 요구되며, 추가로 설정해야할 설정

값이 너무 많아 일반 사용자가 제대로 활용하기에 난이도가 높다. 미드저니는 완성도 높은 저작 기능을 구독형으로 서비스 중으로 이를 사용하는 방법이 한 가지이지만, 오픈소스인 스테이블 디퓨전 모델에 사용 편의를 증가한 오픈소스 저작 프로젝트들이 역동적으로 성장 중이다. 그중 몇 가지를 소개한다.

### 1) Stable Diffusion Web UI

스테이블 디퓨전 웹 UI(Stable Diffusion Web UI)는 깃헙 저장소(https://github.com/AUTOMATIC1111/stable-diffusion-webui/)를 통해 배포되고 있는 웹 기반 UI 도구이다. 스테이블 디퓨전 기반 모델의 활용 가능한 기능 대부분을 지원한다. 사용자의 로컬 머신에 웹서버를 포함하여 설치하고 여기에서 웹 UI에 접속하여 사용할 수 있다. 공개된 스테이블 기반 모델의 체크포인트를 다운로드하여 사용할 수 있다. 최근 경향은 사용자들이 소량의 데이터에 대해 미세 조정한 모델의 업데이트 분량을 LoRA 어댑터라고 불리는 형태로 활발히 공유하고 있다. 어댑터를 스테이블 디퓨전 모델과 결합하고 활용하는 과정을 UI에서 간단히 수행할 수 있다.

### 2) civitai

civitai(https://civitai.com/)는 스테이블 디퓨전을 이용하여 이미지를 생성하거나, 다양한 모델과 프롬프트, 생성한 이미지를 공유하는 기능을 제공하는 플랫폼이다. 사용자의 모델과 작품을 평가하고 리뷰를 공유하여 협력적인 커뮤니티를 지향한다. 사용자의 활동을 점수화하여 순위를 발표하는 등 적극적인 커뮤니티를 육성 중이다. 모델과 콘텐츠를 찾을 수 있는 강력한 검색 기능과 필터링 설정을 지원한다. 필요한 미세 조정된 모델이나 세부 주제에 특화된 LoRA 어댑터 등을 찾아서 스테이블 디퓨전 웹 UI에서 활용하는 식의 교차 활용도 좋은 응용 사례이다.

그림 2-6 civitai 이미지 생성 저작 화면

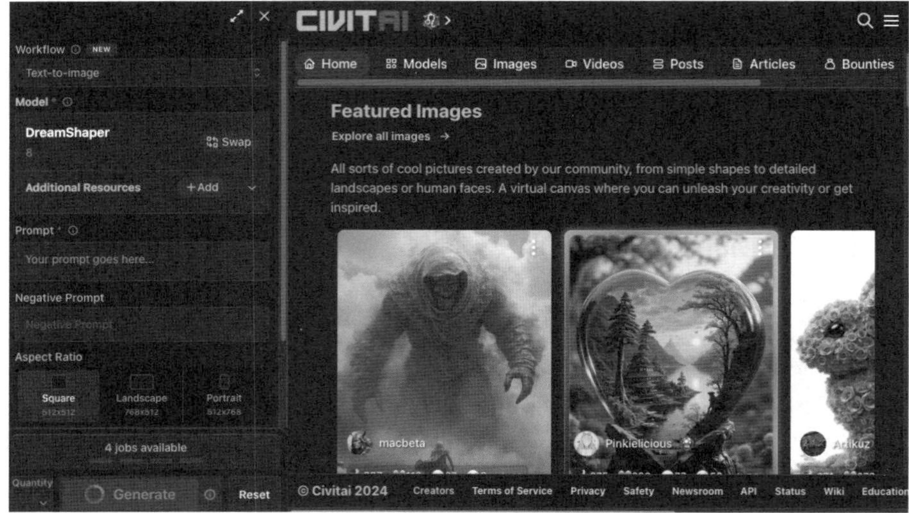


출처: civit 서비스 홈페이지

### 3) ComfyUI

ComfyUI(https://github.com/comfyanonymous/ComfyUI)는 스테이블 디퓨전 모델 활용을 직관적으로 다루기 백엔드 시스템이다. 특정 활용을 에디터상에서 워크플로우 형태로 설계를 하는데, 모델 체크포인트 로딩, 샘플러, 프롬프트 설정, 이미지 전처리 등의 모듈을 워크플로우 그래프의 노드(node)로 배치하고, 노드 간 종속성은 간선(edge)를 연결하여 나타낸다. 간선이 방향성이 있다면 활용시 순차대로 실행되게 된다. 복잡한 모델 활용이라도 워크플로우로 제작하여 개발과 유지 보수에서 큰 장점이 있다. 높은 자유도로 인해 스테이블 디퓨전 웹 UI 등 보다 활용의 범위가 크다. 제작한 워크 플로우는 공유 과정이 간단하여 다른 사용자가 편리하게 사용할 수 있다.

그림 2-7 ComfyUI 구조도

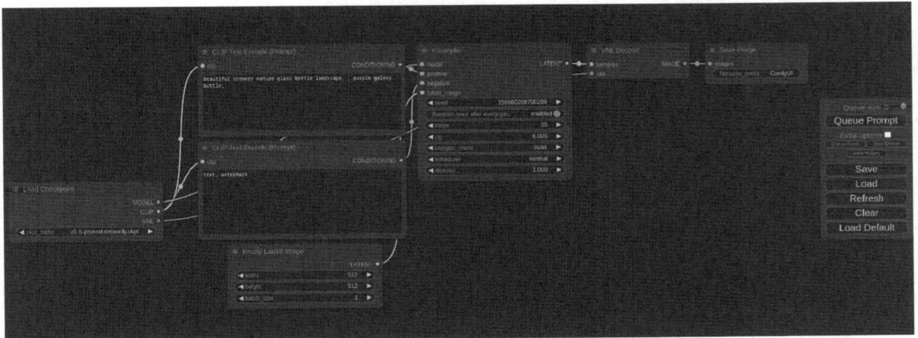


출처: https://github.com/comfyanonymous/ComfyUI

## 4. 음악 생성 특화 서비스

음악 생성 분야에서도 높은 수준의 텍스트–투–음악(text–to–music)을 수행하는 AI 서비스들이 출시되고 있다. 트랜스포머 또는 확산 기반 모델의 연구 성과를 음악 분야에서 확장한 기반 기술들을 적용하고 있으며 꾸준히 업데이트되고 있다.

### 1) SUNO

SUNO(https://suno.com/)는 AI 기반 음악 생성 플랫폼으로, 프로 뮤지션부터 일반인까지 모든 사람이 음악을 만드는 것을 목표로 하는 서비스이다. 텍스트 프롬프트를 독창적인 가사와 보컬과 멜로디가 입혀진 노래로 변환할 수 있는 게 주된 기능이다. 무료 기능을 포함한 구독형 서비스로 운영하고 있다. 유료 구독의 경우, 한 달에 생성할 수 있는 음악의 수 증가, 동시 작업 수 증가, 생성한 음악의 상업적 이용 권리 및 추가 기능이 제공된다. 크리에이터들이 SUNO를 활용하여 제작한 음악의 순위 차트를 제공하는 등 커뮤니티로서의 역할도 수행하고 있다. Microsoft copilot에서 대화 형식으로 SUNO 플러그인을 활용한 음악 생성을 지원하고 있다.

## Section 03 | 전망

### 1. AI 반도체 시장의 성장

현재 생성형 AI의 훈련 과정은 거의 대부분 고성능 GPU에 의존하고 있다. 2022년까지 GPT-3 등 대규모 언어 모델의 학습은 NVIDIA의 V100, A100 등의 고가 GPU 클러스터에서 진행되었다. 이후 NVIDIA의 보다 고성능 후속 세대인 H100 시리즈는 수천만의 고가임에도 불구하고 수요 대비 공급이 절대적으로 부족할 정도로 시장을 지배하고 있다. 글로벌 빅테크 외에는 해당 GPU를 예산이 있더라도 확보가 어렵고, AI 연구 개발이 NVIDIA에 종속적이 되었다. 또한, 고성능 GPU는 높은 전력 소비로 인해 환경 문제가 우려되고 있다. GPT-3 규모의 모델 훈련시 1287MWh의 전력이 필요하고 이는 550톤 분량의 $CO_2$를 배출한다고 한다. 따라서, 특정 기업에 종속된 시장과 환경 문제를 극복하기 위해 전용 반도체(Neural Processing Unit, NPU)에 대한 시장이 급성장하고 있다.

#### 1) 국외동향

Microsoft에서는 2023년 11월 애저 마이아(Azure Maia)라는 AI 가속 전용의 NPU 칩셋을 발표했다. 대규모 언어 모델의 학습과 추론에 사용 가능하며 클라우드 기반 AI 워크로드를 위해 설계되었다. TSMC의 5나노 공정 기술을 사용한 대형 프로세서이며, Azure 인프라에 통합되어 데이터 센터의 서버 랙 단위로 전력을 효율적으로 관리하고 분배하며 관리 시스템과 통합되어 있다.

Meta에서는 2023년 5월 MTIA(Meta Training Inference Accelerator)라는 대규모 언어 모델의 학습과 추론 전용 NPU 칩셋을 발표하였다. 계산 처리량 향상과 전력 문제 해소를 목표로 자체 설계하였다. AI 모델 학습에 최적화하기 위해 새로운 데이터 센터를 설계하여 MTIA 기반 AI 워크로드를 처리할 계획이며, Meta가 발전을 주도했던 딥러닝 개발 프레임워크인 PyTorch에 적용되어 개발자에게 친숙한 경험을 제공할 계획이다.

Tenstorrent는 2024년 7월 웜홀(Wormhole)이라는 칩셋을 발표하였다. 이는 오픈소스인 RISC-V 기반 프로세서로서 설계, 제조면에서 개방형을 추구한다. 이와 함께 웜홀 n150과 n300이라는 PCIE형 보드를 출시하였는데, 이는 데스크탑이나 워크스테이션에 장착이 가능하다. NVIDIA의 최신 GPU 대비 연산 성능은 부족하지만, 전력과 가격 대비 성능이 우수함을 무기로 시장을 공략할 것으로 기대한다.

### 2) 국내동향

리벨리온은 2023년 아톰(ATOM) 칩셋을 발표하였다. 추론에 최적화되어 있고 높은 전력 소비 효율을 경쟁력으로 삼고 있다. 삼성전자의 파운드리에서 5나노 공정으로 제작되고 있다. KT 클라우드와 협력하여 클라우드 기반 NPU 인프라를 구축하였으며, 일반 기업들이 추론 워크로드를 수행하는 서비스를 준비 중이다.

삼성전자와 네이버는 언어 모델의 추론을 위한 연산량 향상과 메모리 병목 현상 감소 및 전략 효율화를 위해 양사가 협력하여 마하-1이라 불리는 AI 반도체를 공동 개발하고 있다.

### 3) 온디바이스용 AI 반도체

최근 모바일 디바이스에는 대부분 NPU가 탑재되고 있는데, 모바일 환경에서는 특히 저전력이 중요하기 때문에 모바일 NPU의 연산 성능의 발전 속도가 더딘 면이 있었다. 하지만 생성형 AI의 발전으로 디바이스 자체에서 AI 추론 워크로드를 수행하고자 하는 온디바이스(on-device) AI 수요가 폭발하게 되었다. 이에 매개변수 수 100억 개(10B) 이하의 일부 경량 규모의 생성형 AI 모델을 디바이스에서 동작할 수 있는 수준의 NPU 개발이 가속화되고 있다.

대표적으로 삼성의 엑시노스, 퀄컴의 스냅드래곤, 애플의 A17 Pro 칩에 포함된 NPU가 주도적이다. 삼성의 엑시노스 2400 모바일 프로세서는 최신 스마트폰인 S24에 탑재되었다. 4나노 공정으로 제작되고 있으며, 4개 코어로 구성된 NPU가 발휘하는 AI 연산 성능이 직전의 엑시노스 2200 프로세서 대비 14.7배 향상되었다고 한다. 퀄컴의 스냅드래곤8 3세대 칩은 생성형 AI를 고려하여 설계되었다. 온디바이스에서 경량 언어 모델 추론 모델을 온디바이스에 직접 구동 가능한 것으로 발표되었다. 삼성 스마트폰 S24의 해외 모델에 탑재 되었다. 애플의 A17 Pro 칩은 애플이 설계하고 TSMC에서 제조한 칩이며 애플 뉴럴 엔진이라고 불리는 16코어의 7세대 NPU가 포함되어 있다.

온디바이스용 AI 반도체의 발전으로, S24에는 온디바이스 생성형 AI 기능이 기본 탑재 되어 있으며 사용성에 높은 평가를 받고 있다. 애플도 애플 인텔리전스(Apple Intelligence)를 발표하여 A17 Pro 칩이 탑재된 아이폰 15 Pro부터 온디바이스 생성형 AI 서비스 확대를 추진 중이다.

## 2. 온디바이스 AI 의 시대

갤럭시 S24는 물리 메모리를 8GB를 보유하고 있다. 아이폰은 15 Pro 이상부터 8GB를 보유하고 있으며, 이전 모델은 최대 6GB이다. 매개변수 수 100억 개(10B)인 모델을 가정하면 이를 8GB 메모리에 적재가 불가능하다. 하지만 최근 양자화(quantization), 매개변수 압축(compression), 매개변수 가지치기(pruning) 연구의 발전으로 모델 손실을 최소화한 경량화를 통해 모델 적재가 가능해졌다. 모델 매개변수는 부동 소수점 실수값(Floating Point Number)으로 표현하는데, FP32(32비트) 또는 FP16(16비트)를 주로 사용하고 있다. 8비트가 1바이트이므로, FP16 방식으로 메모리에 모델을 적재하려면 20GB (10B × 2바이트) 의 메모리가 필요하다.

양자화 기술은 매개변수를 더 작은 비트로 근사화하여 표현하는 것인데, 트랜스포머 기반 생성형 모델의 경우 4비트 수준의 양자화 방법이 다수 발표되었으며, 원본 모델 대비 추론 성능의 차이가 무시할 만한 수준으로 널리 활용되고 있다. 원본 모델을 4비트로 양자화 하면 약 5GB(10B × 0.5바이트) 정도로 적재할 수 있다. 여기에 매개변수 압축과 가지치기 기법을 적용하면 적재 용량을 더욱 줄일 수 있다. 압축 과정에서는 비슷한 값들을 그룹화 하고 이를 인덱싱하여 대푯값을 조회하여 사용하는 방식으로 압축한다. 가지치기는 0에 가까운 값들을 0으로 대체하고 실제 저장하지 않는 방식을 취하게 된다.

### 1) 삼성 갤럭시 AI(Galaxy AI)

갤럭시 AI는 S24 시리즈 출시와 함께 공개된 생성형 AI 세트이다. 온디바이스 AI와 클라우드 AI를 조합해 사용하지만, 상당 기능이 온디바이스에서 직접 AI 연산을 수행한다. 네트워크 연결 없이도 실시간 통역, 텍스트 통화, 음성 녹음 텍스트 변환 등의 기능을 제공한다. 개인 정보 보호와 빠른 응답 속도 측면에서 장점이 있어 새로운 사용자 경험을 만들고 있다.

### 2) 애플 인텔리전스

애플은 2024년 6월 발표한 애플 인텔리전스를 통해 애플 운영체제 전반에 걸쳐 생성형 AI인 온디바이스 AI 기능을 도입함을 선언하였다. 특히 2024년 후반기 예정된 iOS 후속 업데이트를 통해 아이폰에서 온디바이스 AI를 활용한 사용자 경험의 대폭 변화가 기대된다. 다만 물리 메모리가 8GB 이상인 아이폰 15 Pro 이상에서만 공식 지원된다. 애플 시리에서 보다 광범위한 추론이 필요한 경우는 ChatGPT나 클라우드 AI를 거치지만, 개인정보 보호하에서 온디바이스 수준에서 글쓰기, 요약, 이미지 변환 등의 생성형 AI 기능을 활용할 것으로 기대된다.

## 3. 경량 생성형 AI 모델 개발의 전성시대

GPT－4, Gemini, HyperClova X 등 최고 수준의 상용 생성형 AI 모델은 폐쇄적으로 운영되고 있다. 하지만 오픈소스 모델의 수준도 꾸준히 발전하고 있다. 비록 막대한 개발 자본과 사용자 피드백을 반영한 모델 갱신을 거듭하고 있는 폐쇄형 모델에 미치진 못하지만 그 격차가 줄어드는 추세이다.

**그림 2-8** 오픈소스 모델과 폐쇄형 모델의 성능 격차

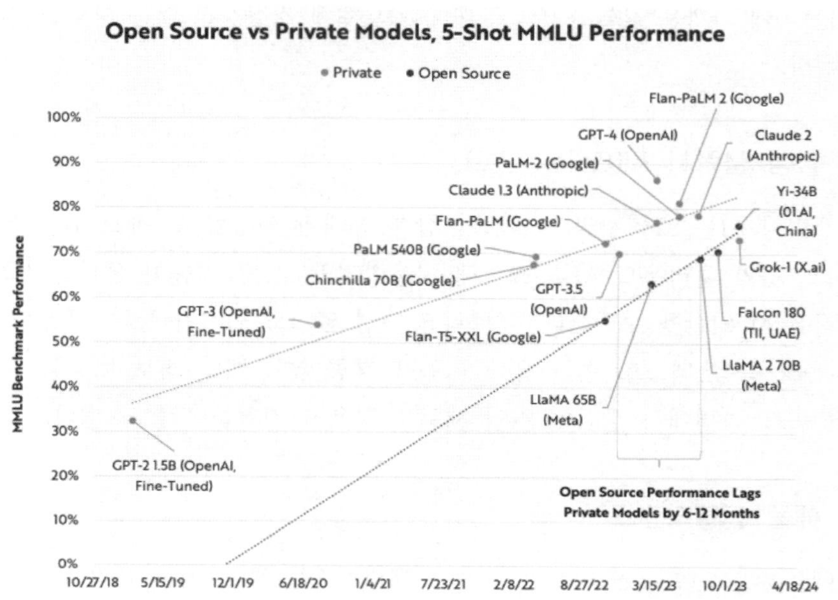


출처: ark－invest(https://www.ark－invest.com/newsletters/issue－392/)

2024년에는 특히 경량 생성 모델 연구에서 큰 발전이 이뤄지고 있다. 이는 Meta에서 큰 역할을 하고 있는데, Meta는 생성형 언어 모델인 LLaMA 시리즈를 상업적 이용이 가능한 관대한 오픈소스로 배포하고 있다. 2023년 2월 첫 공개한 LLaMA는 매개변수 수 7B에서 65B에 이르는 규모의 모델 크기별로 공개되었다. 공개 당시 매개변수 수 175B에 달하는 GPT－3를 다수의 비교 평가에서 상회하였다. 이어 2023년 7월 LLaMA－2를 공개하였다. 매개변수 수 7B에서 70B에 달하는 모델로 세분화 되었다. 기존 LLaMA 대비 보다 많은 말뭉치를 학습하였고, 최대 토큰 컨텍스트의 길이도 2배로 증가하였다. 명령에 대한 응답 생성의 안정성 신뢰도를 보강하기 위한 큰 노력을 가한 것도 큰 관심을 모으게 한 요인이다.

2024년 4월에는 LLaMA－3를 발표하였다. 이는 매개변수 수 8B, 70B, 405B 형태의 모델로 세분화된다. 학습한 말뭉치는 LLaMA－2 대비 7배 이상 증가하였으며, 말뭉치에서 비영어권 데이터셋의 비중을 증가시켜 다국어에

서 품질이 대폭 개선되었다. 컨텍스트 길이도 추가로 2배 증가되었다.

LLaMA-3 8B 모델은 매개변수 수 10B 이하의 경량 모델에서는 가장 성능이 우수한 편이다. S24, 아이폰 15 Pro, 데스크톱 등에 온디바이스 AI 모델로 작동이 가능한 규모인 관계로 큰 인기를 모으고 있다. 실제 생성형 AI 모델을 공유하는 허깅페이스 허브(Huggingface Hub)에는 다양한 분야의 말뭉치에 대해 LLaMA-3 8B를 미세 튜닝한 모델의 등록 수가 크게 증가하였다.

## Section 04 | 결론

글로벌 빅테크의 대규모 생성형 AI 모델은 높은 수준의 통제된 데이터 관리와 모델 개발 경험의 축적, 구독형 서비스 운영을 통한 사용자 경험 기반 모델 갱신의 선순환 구조가 갖춰진 것으로 판단된다. 이들은 서로 경쟁하지만 균형을 이뤄 발전하고 있으며 높은 수준의 생성 능력이 필요한 추론 시장에서 지배적인 위치를 유지할 것으로 전망한다. 하지만 엔터프라이즈 내 보안이 필요한 데이터에 특화된 프라이빗한 생성 AI 시장에서는 빅테크마다 차별화된 전략으로 시장을 개척하는 경쟁이 심화될 것이다.

경량 생성 모델에서는 오픈소스 모델의 역량이 크게 성숙함에 따라, LLaMA-3로 대표되는 모델을 미세 튜닝하여 특정 분야에서 차별성을 가지는 모델이 높은 성능과 함께 공개되고 있다. 이를 방어하기 위해 Google은 Gemma 시리즈, Microsoft는 Phi 시리즈로 경량 생성 모델 분야에서 경쟁하고 있다. 이들의 상호 경쟁을 통한 발전은 경량 생성 모델의 수준을 더욱 끌어 올릴 것으로 기대한다.

모바일 하드웨어가 발전함에 따라 경량 생성 모델을 구동할 수 있게 되었다. 스마트폰뿐 아니라, 로봇 및 자율 주행 차량, 오프라인 매장, IoT 장비 등에서 온디바이스 AI가 크게 활성화되고 새로운 편의성과 경험을 제공할 응용 프로그램의 시장이 크게 확대될 것으로 전망한다.

# 참고문헌


GCP, (https://cloud.google.com/static/vertex-ai/generative-ai/docs/images/generative-ai-workflow.png?hl=ko)

Microsoft, (https://learn.microsoft.com/en-us/copilot/microsoft-365/media/copilot copilot-architecture.png#lightbox)

OpenAI, (https://images.ctfassets.net/kftzwdyauwt9/2014517b-1a80-4b62-e8a 625e8a625c69e32/f0e5206f4c9abeb58ea1ee95d36edcab/introducing-gpts.png?w=1920&q=90&fm=webp)

OpenAI, (https://cdn.openai.com/API/docs/images/diagram-assistant.webp)

Robin Rombach et al., High-Resolution Image Synthesis with Latent Diffusion Models, Proceedings of the IEEE/CVF conference on computer vision and pattern recognition, pp. 10684-10695, 2022, (https://arxiv.org/abs/2112.10752)

github repository, (https://github.com/comfyanonymous/ComfyUI)

Ark-invest, (https://www.ark-invest.com/newsletters/issue-392/)

chapter

03

# 생성형 AI가 가져올 변화와 정책과제*

이경선**

2022년 11월 ChatGPT의 등장은 제2의 알파고 쇼크로 불리며 전 세계가 다시 한번 AI의 잠재력에 주목하게 만들었다. 알파고가 바둑이라는 복잡하고 지능적인 영역에서 이세돌 9단에 승리하며 특정 과제에서 인간을 능가하는 AI의 가능성을 보여주었다면 ChatGPT는 인간처럼 대화로 소통하고 이용자들이 묻는 다양한 질문에 대해 맥락에 맞는 그럴듯한 답을 생성해냄으로써 인간과 같은 AI, 스스로 진화하는 AI의 가능성을 보여주었다. ChatGPT의 등장으로 그간 실험실에 머물러 있던 생성형 AI 기술은 상용화된 서비스로서 그 가능성을 인정받았으며 AI 기술은 복잡한 조작을 통해 소수만이 접근 가능하던 기술에서 다양한 수준의 일반 이용자들도 쉽게 이용 가능한 기술로 변모하며 다양한 분야에서 새롭고 혁신적인 변화를 일으키고 있다.

AI 분야로의 인재, 자본의 투입이 집중되며 AI 기술개발이 가속화되고 있어 생성형 AI 기술은 향후 더욱 빠르게 진화할 것으로 예상된다. 생성형 AI가 우리 사회경제 전반에 걸쳐 가져올 변화에 대해 기대와 우려가 공존하

---

* 본 장의 내용은 이경선 외(2023)의 '스마트 서비스 활성화를 위한 정책플랫폼 연구 - 생성형 AI가 가져올 변화와 정책과제: 기술경쟁력과 규제', 이경선(2023)의 '생성형 AI가 가져올 미래와 도전과제'의 내용을 바탕으로 서술되었음

** 정보통신정책연구원 연구위원

는 이유이다. 향후 생성형 AI가 인류의 가치에 부합하는 방향으로 발전하기 위해서는 지금 우리의 대응이 중요하다. 이에 본 장에서는 생성형 AI를 주목하게 만드는 잠재적 특성에 대해 살펴보고 이를 바탕으로 생성형 AI가 가져올 변화와 정책과제를 짚어보고자 한다.

## Section 01 | 생성형 AI 기술의 주요 특징 및 진화방향

생성형 AI는 데이터의 확률분포를 추정하고 이에 기반해서 유사한 특징을 가지는 새로운 데이터를 생성하는 AI 기술로 이용자의 요구에 맞는 그럴듯한(probable) 콘텐츠 생성을 지원한다(이경선, 2023.10). 생성형 AI 기술의 잠재력은 이제 실현되기 시작한 단계로 생성형 AI 기술은 향후 더욱 발전하며 그 영향력을 확장시켜 나갈 것으로 예상된다. 생성형 AI가 가진 잠재력을 이해하기 위해 생성형 AI의 발전가능성을 보여주는 주요 특징과 진화방향에 대해 살펴보면 다음과 같다.

### 1. 생성형 AI 기술의 주요 특징

생성형 AI의 미래 발전가능성을 보여주는 주요 특징은 크게 두 가지로 구분해볼 수 있다. 첫째, 인간과 같은(human-like) 방식의 지식습득 및 소통능력이다. 생성형 AI는 인간처럼 자연어, 멀티모달 데이터를 통해 이용자의 의도와 주어진 맥락을 파악하고 인간처럼 자연어 대화, 멀티모달 인터페이스를 통해 이용자 개개인과 소통하고 상호작용한다. 기계와 인간의 양방향 소통을 가능하게 하는 이러한 인터페이스 혁명은 이용자 환경을 개선시키고 사람들의 기술 수용성을 높여 다양한 영역에서 혁신을 촉발할 것으로 기대되는데 빌 게이츠는 이에 대해 그래픽 사용자 인터페이스 이후 가장 중요한 기술 발전이라 평가한 바 있다. 아직 인간과 같은 오감을 갖추지는 못했지만 ChatGPT 이후의 기술 발전 속도는 놀라운 수준으로, OpenAI의 ChatGPT, Google의 Gemini 등 주요 기업의 생성형 AI 서비스에서는 대화형 인터페이스를 넘어 '보고 답하는', '듣고 말하는' 멀티모달 인터페이스를 제공하고 있다.

고도화된 데이터 처리 능력에 더해 인간의 소통 능력까지 갖춘 생성형 AI 기술은 인간에게 보다 친밀하게 다가가며 건강코치, 학습도우미, 재정전문가, 심리상담사, 여행가이드 등 다양한 역할을 수행하는 개인 AI 에이전트(Personal AI agent)로서 개인의 삶의 질을 향상시키고 생활의 편의를 증진시키는데 기여할 것으로 기대된다.

둘째, 자율적 학습 능력을 바탕으로 한 멀티태스킹(multi-tasking) 능력이다. 생성형 AI는 파운데이션 모델(foundation model)을 기반으로 사람이 제시한 '목적'에 도달하기 위한 경로를 스스로 찾아가는 논리적 과정(데이터 간 관계 해석, 논리적 유추 등)을 통해 질문에 적합한 결과를 생성한다. ChatGPT로 촉발된 생성형 AI의 부상이 기존의 판별형 AI와는 또 다른 놀라움을 주고 있는 주된 이유가 바로 이 자율적 학습능력에 기반한 확장성으로, 사전에 정의된 후보군에서 최적의 전략을 선택하여 특정 문제에 한 해 높은 정확도를 보이는 판별형 AI와 달리 생성형 AI는 방대한 데이터로 범용적 특성을 학습한 파운데이션 모델을 기반으로 하여 하나의 모델로 다양한 응용이 가능하다.

파운데이션 모델에 기반한 접근은 초기 학습 단계에서 매우 방대한 데이터가 필요하지만, 학습이 완료된 후에는 파운데이션 모델을 기반으로 비교적 적은 데이터로도 새로운 작업을 효과적이고 효율적으로 수행할 수 있어 다양한 산업에서 생산성을 높이고 새로운 가능성을 열어줄 것으로 기대된다.

## 2. 생성형 AI 기술의 진화방향 및 속도

때로 개발자의 의도, 예상을 넘어선 답변, 학습데이터에 기반한 한계를 넘어서는 답변을 생성하는 생성형 AI는 스스로 발전하고 능력이 향상되는 강인공지능,[1] 하나의 AI 모델이 특정 업무를 넘어 범용적으로 활용되는 범용인공지능(Artificial General Intelligence: AGI)[2] 시대로의 전환을 이끌 것으로 기대된다.[3] 또한, 미래에 인간의 오감을 모방한 센서와 AI 기술이 더욱 발전한다면 CASA(Computers are social actors: 사람이 컴퓨터와 상호작용할 때 컴퓨터에 인간적 특성을 부여하고 사회적 관계를 형성하는 경향을 설명하는 용어)에서 제시한 바와 같이 기계가 정보와 지식의 전달을 넘어 인간적 특성을 가진 사회적 주체로서 인간의 감정과 감성을 이해하고 인간과 보다 긴밀하게 소통하게 될 것이며, 다양한 영역에서 인간과 실질적이고 유의미한 협업을 수행하게 될 것이다. 아직 범용인공지능에 대한 명확한 정의가 없다는 점에서, 모든 업무를 수행하기에는 학습데이터의 한계가 존재하며 또한 인간이 수행하는 게 더 효율적인 영역이 있다는 점에서 하나의 모델로 '모든' 업무를 수행하는 범용인공지능으로의 진화는 불가능하거나 그럴 필요가 없다는 지적도 있다. 물론 '모든'을 강조하면 범용인공지능은 공상 과학 영화 속에서만 가능한 얘기가 될 수 있다. 그러나, 생성형 AI가 가진 잠재력을 고려할 때 미래의 AI는 멀티모달에 의해 인간처럼 언어적, 그리고 비언어적 신호를 직관적으로 이해하고, 연산능력을 통해 인간이 처리할 수 없는 고도로 복잡한 패턴, 데이터 간 관계를 즉각적으로 파악하여 반응할 것이며, '모든' 업무는 아니더라도 파운데이션 모델에 기반하여 이용자의 다양한 요구를 처리하며 그 목적과 활용범위를 확장해갈 것이다.

---

1 강인공지능은 기계에 인간 수준의 지성이 구현되는 것으로 기계가 입력데이터와 경험을 통해 학습하며 시간이 지나면서 끊임없이 발전하고 능력이 향상되는 수준의 인공지능을 의미

2 범용인공지능은 아직 명확한 정의는 없으며 때로 강인공지능, 혹은 인간의 지능을 뛰어넘어 스스로 목표를 설정하고 지능을 강화하는 초인공지능(Artificial super intelligence)과 동의어로 사용되기도 함

3 이경선 외(2023)에서 수행한 국내 AI 기술, 법제도 전문가 설문 결과, 전문가들은 범용인공지능으로의 진화가능성에 대해 대체로 동의하는 것으로 조사되었으며, 특히 기술 전문가들 중 '매우 동의'한다를 선택한 비중은 44%로 매우 높게 나타남

생성형 AI의 발전가능성 및 진화속도에 대한 논의는 이를 결정지을 주요 분기점들을 중심으로 살펴보면 좀 더 구체화될 수 있다. 우선, 현재 시점에서 가장 중요한 요소로는 AI 모델의 성능개선에 기여할 수 있는 멀티모달 기술의 발전과 로봇 등 다양한 하드웨어와의 융합 등이 있다. 인간과 동일한, 또는 더 넓은 입출력을 지원할 멀티모달 기술, 물리적 세계와의 상호작용을 가능하게 할 다양한 형태의 하드웨어와의 융합은 AI 모델의 습득지식을 확장시켜 AI 모델의 성능개선, 나아가 생성형 AI의 활용 분야, 파급력의 확장을 가능하게 할 것이기 때문이다. 다만 멀티모달 기술은 이미 어느 정도 발전이 진행되어 적용되고 있다는 점, 로봇 등의 하드웨어 기술은 발전이 더디다는 점 등을 고려하면 생성형 AI의 기술 진화에서 멀티모달, 다양한 하드웨어와의 융합이 차지하는 중요도는 다소 낮아질 수 있다.

**그림 3-1 생성형 AI 기술 진화방향 및 속도를 결정할 주요 분기점**

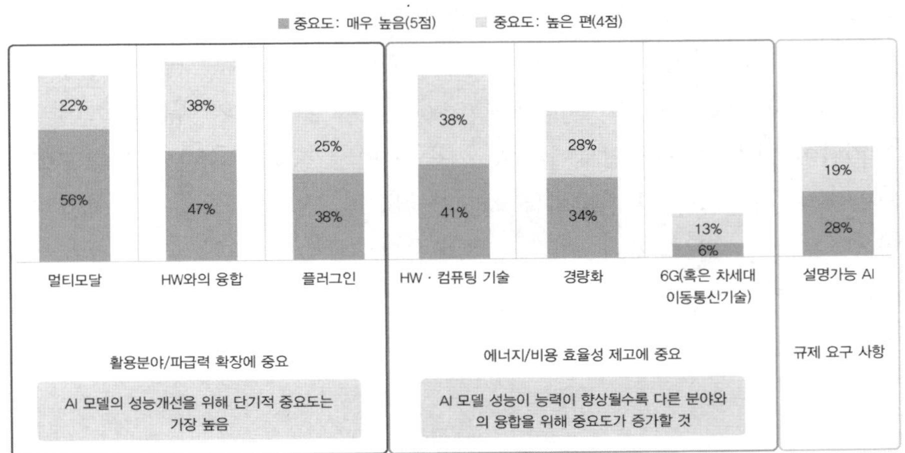


주: 국내 AI 기술전문가 설문 결과로 5점 척도 응답에서 매우 높음(5점), 높은 편(4점)을 선택한 비중

출처: 이경선 외(2023)

현재 컴퓨팅이 AI 기술 구현의 병목이라는 점에서 하드웨어 및 컴퓨팅 기술의 발전 또한 생성형 AI 기술의 진화속도 및 범위를 결정할 중요 요소로 여겨진다. 특히 습득지식의 확장으로 AI 모델의 성능이 개선되어 생성형 AI가 다양한 분야에 접목되고 소비자들에게 다양한 서비스로 전달되는 시점이 오면 에너지 및 비용 효율성 관련 기술의 중요성은 더욱 높아질 것이다. 따라서 중장기적으로는 컴퓨팅 기술, 경량화, (6G 등) 차세대 이동통신 기술의 발전이 AI 기술의 확장범위 및 속도를 결정짓는 핵심 요소가 될 것이다. 경량화 기술의 발전은 또한 온디바이스 AI를 통해 개인화된 서비스 이용의 주요 장애물인 개인정보침해의 우려를 낮춰줄 수 있어 향후 다양한 영역에서 개인화된 서비스가 등장하고 확산하는데 핵심적인 역할을 할 수 있다.

그 밖에도 다양한 요소들이 미래 AI의 발전속도 및 확장에 영향을 줄 수 있는데 예를 들면 신뢰가능한 AI(trustworthy AI), 소량데이터 기반 학습 기술, 에이전트(Agent) 기술, 노동집약 산업의 자동화 기술, 산업화가능한 핵심 애플리케이션, 사회제도의 진화 및 수용 등이 있다.[4]

현재의 기술발전 속도를 고려할 때 미래 AI로의 진화는 먼 이야기가 아닐 수 있다. McKinsey&Company(2023.06)는 생성형 AI의 부상으로 늦어도 2040년이 되면 다양한 업무에서 AI 기술이 인간 전문가 수준에 이를 것으로 전망했다. 이는 기존의 전망치를 앞당긴 것인데 국내 AI 전문가들 역시 기술발전속도, 인력과 투자의 집중, 파운데이션 모델 접근, 퓨샷 러닝(few shot learning) 등의 이유로 이러한 전망에 대해 대체로 공감하고 있는 것으로 나타났다.[5]

4 이경선 외(2023)의 국내 AI 기술 전문가 설문 결과에서 기타로 제시된 의견을 바탕으로 작성

5 이경선 외(2023)에서 수행한 설문 결과, AI 기술 전문가들은 McKinsey&Company(2023.06)의 전망에 대해 매우 동의 28%, 동의하는 편 50%, 중립 13%, 동의하지 않는 편 9%, 매우 동의하지 않음 0%로 응답하였으며, 동의하는 주된 이유로는 기술발전속도, 인력과 투자집중, 파운데이션 모델 접근, 퓨샷 러닝 등을 제시함. 귀납적 AI는 가능, 지식을 체계적으로 관리하는 전문가 영역은 가능하나 고도로 복잡한 추론은 불가능, 범용적 관점은 어려움, 통합적 인지는 단기간에 어려움이라는 지적도 존재

## Section 02 | 생성형 AI 기술이 가져올 변화

생성형 AI는 기술의 진보를 넘어, 인간의 창의성과 상상력을 재정의하는 기폭제로 작용하고 있다. 생성형 AI는 우리가 무언가를 상상하고 실현하는 방식을 근본적으로 변화시킬 수 있는 힘을 가진 기술로 이 혁신적인 도구는 우리의 능력을 증폭시키며, 우리의 일상, 사회경제 전반에 걸쳐 새로운 변화를 이끌어낼 것으로 기대된다. 현재 시점에서 생성형 AI가 가져올 미래를 구체적으로 그려보기는 어렵겠지만 가치사슬·산업별 주요 활용사례를 중심으로 현재 생성형 AI가 가져오고 있는 산업의 지형변화를 살펴보고 생성형 AI의 특성과 발전가능성에 기반하여 생성형 AI가 가져올 사회경제적 변화에 대해 짚어보도록 하겠다.

### 1. 가치사슬 · 산업별 활용사례

생성형 AI의 결과물은 하나의 창작물로 여겨지는 수준까지 발전했으며 생성형 AI를 통해 생산성을 높이고 이용자 경험을 향상하기 위한 다양한 시도들은 생성형 AI의 잠재력을 증명하고 있다. 생성형 AI가 현재 다양한 산업에 촉발하고 있는 새로운 변화와 혁신의 가능성을 짚어보기 위해 가치사슬별, 산업별 주요 활용사례들을 정리해보면 아래 표의 내용과 같다.

**표 3-1 가치사슬별 생성형 AI의 활용사례**

| 가치사슬 | 생성형 AI의 주요 활용사례 |
|---|---|
| 연구개발 · 디자인 · 기획 | • 수많은 패턴과 스타일을 학습하여 디자이너의 요구에 맞춘 새로운 디자인 아이디어와 컨셉을 제안<br>• 디지털 트윈 환경, 가상 시나리오 및 합성데이터 생성 등을 통해 다양한 조건하에서의 시뮬레이션을 지원하여 디자인 설계 및 개선, 후보물질 탐색, 제조 공정 개선 등을 지원 |
| 마케팅 · 판매 | • 아이디어 브레인스토밍, 광고 카피, 제품설명 등의 초안 작성<br>• 고객데이터, 고객과의 대화 등을 통해 고객 맞춤형 마케팅 메시지 |

| | |
|---|---|
| | 및 추천 서비스 제공<br>• 판매 현장에서 실시간 통역 및 메뉴 번역, 고객의 성별, 연령 등을 파악해 고객의 질문에 개인화된 답변 제공<br>• 가상 쇼룸을 생성하여 고객이 제품을 가상으로 체험할 수 있도록 지원 |
| 고객관리 | • 고객 응대에 필요한 자료, 메시지, 이메일 등을 신속하게 자동 생성<br>• 언어, 위치에 상관없이 고객의 복잡한 문의에 즉각적이고 개인화된 응답을 인간처럼 대화로 제공<br>• 고객 리뷰, 민원 응대 결과 등의 실시간 요약 및 분석 |

**표 3-2 산업별 생성형 AI의 활용사례**

| 산업 | 활용사례 |
|---|---|
| 콘텐츠 · 엔터테인먼트 | • 이용자의 지시에 따라 새로운 시나리오, 소설, 웹툰, 애니메이션, 게임, 음악 등의 생성 및 편집을 수행하며 창작자의 작업을 보조<br>• 소량의 이미지, 영상, 음성 샘플 만으로도 유사한 결과물을 생성하고 다양하게 조합, 변환하는 것이 가능하여 배경 및 장면, 3D모델링, 대사 및 더빙 등의 자동 생성 · 수정 등을 지원 |
| 의료 · 헬스케어 | • 고차원의 의료 이미지 분석 등을 통해 의사의 진단, 치료, 문진 등을 보조<br>• 진료기록 및 처방전, 전자 건강기록, 보험청구 서류, 환자 교육 자료 등의 문서작성을 자동화하며 의사들의 행정업무 작성을 지원<br>• 새로운 단백질 · 유전자 등의 서열 설계, 시뮬레이션을 위한 환자 혹은 의료데이터 생성 등을 통해 신약개발, 치료법 발견 등을 지원 |
| 교육 | • 학생들의 학습스타일, 강점, 약점, 학습 속도 등에 맞춘 학습계획을 자동으로 생성하고 학생의 학습 진행상황을 실시간으로 분석하여 효과적인 학습경로를 제안<br>• 특정 주제나 과목에 대한 교재를 자동으로 생성하고 학생의 이해도를 분석하여 보충자료를 제공하거나 필요한 조치를 제안<br>• 시험지나 과제를 자동으로 채점하고 즉각적이고 구체적인 피드백 제공<br>• 교사의 수업계획 및 수업방법을 제안하고 관리업무를 자동화 |
| 법률 | • 계약서 및 법률 문서의 생성과 검토 지원<br>• 법적 자료 검색 및 판례 분석, 특정 법률문제에 대한 조언, 유사 사건 기반 전략 수립 등을 지원 |

| IT | • 코드 생성, 디버깅 및 오류 수정, 소프트웨어 테스트 등의 자동화 지원<br>• 사용자 요구에 맞는 사용자 인터페이스 디자인 생성 및 개선<br>• 데이터셋의 생성 및 시뮬레이션 수행 |
|---|---|
| 금융 | • 다양한 금융 시나리오를 시뮬레이션하여 잠재적 리스크를 분석하고 대응전략 제안<br>• 고객 문의에 실시간으로 응답하고 계좌관리, 거래내역 조회, 문제해결 등을 지원<br>• 고객의 재무상태, 투자성향 등을 바탕으로 개인화된 금융상품과 투자전략 제공 |
| 모빌리티 | • 엔진, 경량 구조, 차량 기능 등의 설계 지원<br>• 다양한 도로, 교통 상황에 대한 데이터, 시나리오 등을 생성하고 자율주행차의 시뮬레이션, 성능 테스트를 지원<br>• 효율적인 주행 경로 및 노선 설계, 사용자의 선호와 필요에 맞는 이동경로 및 교통수단 추천 |

아직 기술적 한계가 존재하지만 생성형 AI의 잠재적 응용가능성은 매우 광범위하다. 다만, 생성형 AI는 학습한 내용을 바탕으로 그럴듯한 답을 생성하도록 설계되었다는 점에서 정확성, 신뢰성이 중요한 영역보다는 새로운 가능성을 탐색하는 영역에서 더 큰 활용가치를 발휘할 수 있을 것으로 예상된다.

## 2. 사회경제적 변화 및 파급력 전망

향후 기술이 더욱 고도화되면 생성형 AI 기술은 단순한 산업적 응용을 넘어 우리의 일상적 경험을 바꾸고 생활방식 전반을 새롭게 정의하며 사회경제적 틀을 바꾸는 큰 변혁을 가져올 것으로 예상된다.

**그림 3-2 생성형 AI의 파급력**

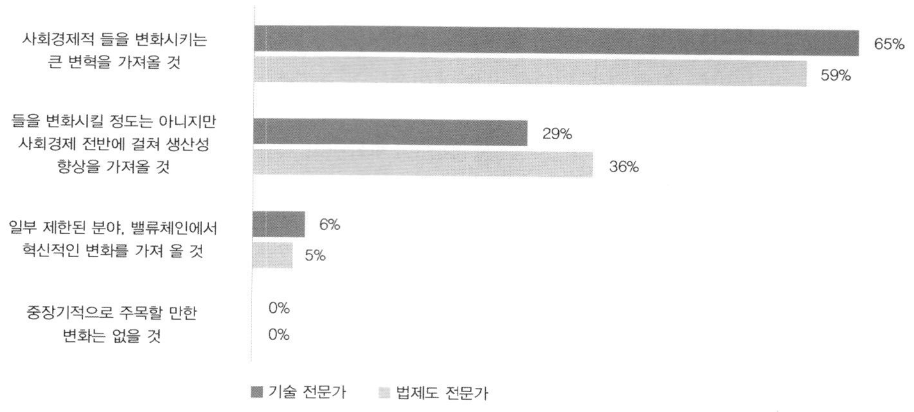


출처: 이경선 외(2023)

생성형 AI가 가져올 주요 변화를 짚어보면 다음과 같다. 첫째, 정보습득 방식의 변화이다. 그간 인간의 정보습득 방식은 기술의 발전과 함께 지속적으로 진화해왔다. 문자의 발명으로 구전을 통해 전달되던 지식을 기록하고 보존하여 세대를 넘어 전달할 수 있게 되었으며 인쇄술의 발명으로 더 많은 사람들에게 지식과 정보를 확산할 수 있게 되었다. 인터넷의 발명은 정보 접근성을 혁신적으로 높여 누구나 어디서든 원하는 정보를 얻을 수 있도록 만들었으며 모바일 기술, 소셜 미디어의 보급은 언제 어디서나 즉시 원하는 정보에 접근하고, 서로 다른 사람들이 각자가 가진 경험, 지식을 공유하고 함께 발전시켜 나가는 것을 가능하게 만들었다. 인터넷, 그리고 각종 전문 데이터베이스 등의 다양한 소스로부터 방대한 데이터를 지속적으로 학습하며, 소셜 미디어에서와 같이 이용자와의 상호작용, 피드백 메커니즘을 통해 성능을 향상시키는 생성형 AI는 엄청난 양의 정보를 통합하고 분석하여 이용자의 요구와 가장 관련이 높은 정보를 신속하게 생성하며, 이용자의 실시간 피드백을 반영하여 이용자가 점진적으로 자신의 관점에 맞는 구체적인 정보에 접근해갈 수 있도록 지원한다. 또한 텍스트, 이미지, 오디오, 비디오 등 다양한 형태의 데이터 그리고 뉴스, 소셜 미디어 등 다양한 소스의 데이터를 결합하여 상황을 인식하고 맥락을 이해하며, 이용자의 나이, 지식수준 등을 고려하여 결과물의 난이도, 세부 정보, 전달 방식 등을 조정한다. 생성형 AI가 가진 이러한 데이터 처리 및 추론 능력, 인간과 같은 소통 능력, 그리고 개인화 기능은 이용자가 복잡한 탐색 과정 없이도 원하는 정보에 쉽게 접근할 수 있도록 돕고, 각 이용자의 특성에 맞춰 정보를 최적화함으로써 정보의 유용성을 극대화해줄 수 있다.

그러나 개인마다 AI를 통해 접근하는 정보가 달라질 수 있다는 점에서 AI의 활용능력에 따라 정보격차가 발생하고 사회적 불평등이 심화될 가능성도 있다. AI가 잘못된 정보나 허위 정보를 생성하는 환각현상(hallucination)이 존재하고 생성형 AI를 활용해 진짜같은 가짜 콘텐츠의 손쉬운 제작 등이 가능하다는 점에서 AI가 생성한 정보를 무비판적으로 수용할 경우, 상황에 따라 심각한 결과가 초래되고 사회적 혼란과 갈등이 야기될 수도 있다. 정보의 선별을 전적으로 AI 시스템에 의존하여 수동적으로 지식을 습득하는 경우에는 고착된 관점에서 편향된 정보를 습득할 수도 있으며 스스로 정보를 분석하고 평가하는 비판적 사고 능력이 약화될 수도 있다. 즉, 생성형 AI는 우리가 이를 도구로써 잘 활용할 수 있을 때 우리의 정보습득방식을 한 단계 더 나은 방향으로 진화시킬 것이다.

**그림 3-3 생성형 AI가 가져올 사회경제적 변화 전망: 정보습득 방식**

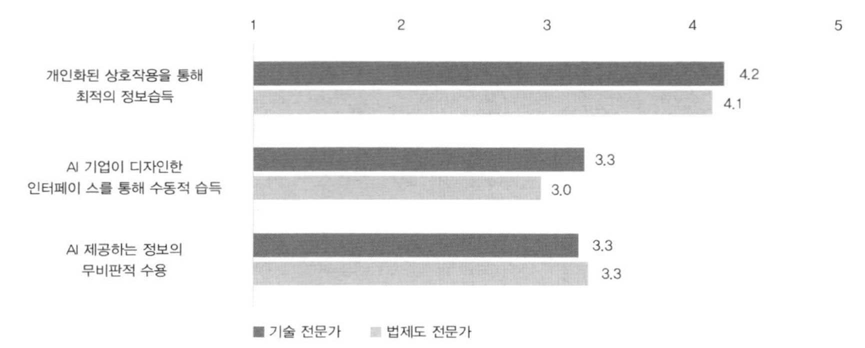


주: 시나리오별 실현가능성에 대한 응답으로 1은 0~20%, 2는 21~40%, 3은 41~60%, 4는 61~80%, 5는 81~100%의 실현가능성을 의미

출처: 이경선 외(2023)

둘째, 소비·서비스 방식의 변화이다. 생성형 AI 기술의 발전으로 초개인화 서비스에 필요한 방대한 데이터의 수집·생성이 가능해지고, 실시간 개인의 의도, 반응, 상황 등에 맞춘 콘텐츠 생성의 비용 효율성이 높아지고 있다. 생성형 AI는 인간과의 유연한 상호작용을 통해 개인을 보다 풍부한 맥락에서 이해할 수 있으며 개인데이터가 부족하거나 접근이 어려운 경우에도 합성데이터를 활용한 시뮬레이션을 통해 다양한 상황에서의 이용자 행동과 반응을 예측할 수 있다. 이용자 개인의 실시간 요구에 맞춘 콘텐츠 생성은 즉각적으로 이루어지며 적은 비용으로 가능하다. 이러한 기술의 발전은 의료, 교육, 모빌리티, 복지 등 다양한 영역에서 더욱 세밀하고 개인화된 서비스의 등장을 가능하게 할 수 있는데 예를 들어 (개인 생활습관 데이터의 수집 및 합성데이터의 생성 등을 통한) 개인 의료데이터 보완, 환자데이터의 통합분석, 환자상태의 실시간 진단 및 가상 문진, 환자데이터의 실시간 제공 등을 통해 개인화된 의료서비스를 지원할 수 있으며 개인의 학습 습관, 태도, 감정 등의 데이터 수집·분석, 개인맞춤형 교육콘텐츠 생성 및 실시간 피드백 제공 등을 통해 개인화된 학습 서비스를 지원할 수 있다.

**그림 3-4** **전통적인 학습방법 대비 개인맞춤형 학습의 효과**

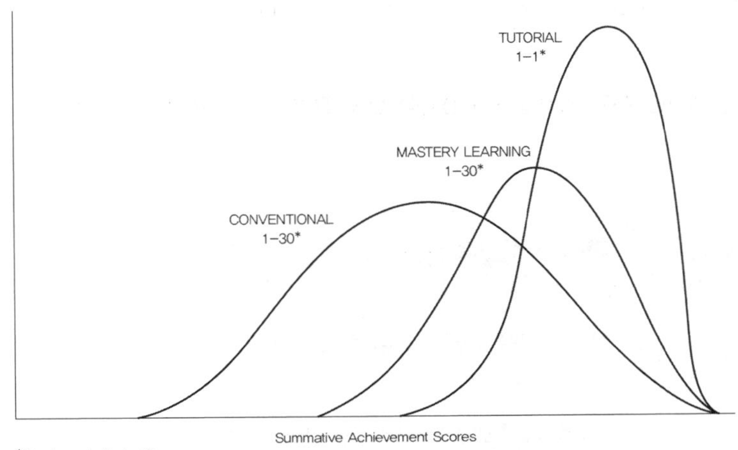


주: 개인맞춤형 학습은 전통적 그룹 학습 대비 2σ만큼 더 나은 학습 효과를 가져올 수 있음을 보여주는 그래프

출처: Bloom(1984)

개인의 필요와 특성에 맞춘 서비스는 결과의 편차를 줄여 모두가 더 나은 경험과 성과를 얻을 수 있게 해주지만 그동안 여러 가지 한계로 구현이 쉽지 않아 소수에게만 접근가능한 영역이었다. 생성형 AI는 데이터의 한계를 보완하고 콘텐츠 생성의 효율성을 극대화시켜 그동안 일부 부유층의 전유물로 여겨지던 개인화 서비스의 대중화를 가능하게 할 것이며 이를 통해 개인의 삶의 질을 높이고 개개인의 차이가 사회적 다양성으로 이어지는데 기여할 수 있을 것이다.

그러나 물론, 기술발전이 인간의 가치와 권리를 보호하는 방향으로 이루어진다는 전제가 필요하다. 향후 서비스 인터페이스로써 생성형 AI의 확산이 가속화되고 로봇 등 다양한 하드웨어를 통한 인간과 기계의 상호작용이 증가하면 과도한 개인정보 수집, 인간적 요소의 감소 등의 문제가 심화되고 소수 게이트키퍼의 시장지배력 강화, 알고리즘의 불투명성 등으로 개인화된 서비스의 효용에 대한 의문이 제기될 수 있다. AI가 개인의 기본권과 더불어 다양성을 존중하고 사회 전체의 발전에 기여할 수 있도록 기술뿐 아니라 사회적, 제도적 발전이 함께 이루어져야 하는 이유이다.

**그림 3-5 생성형 AI가 가져올 사회경제적 변화 전망: 소비/서비스 방식**

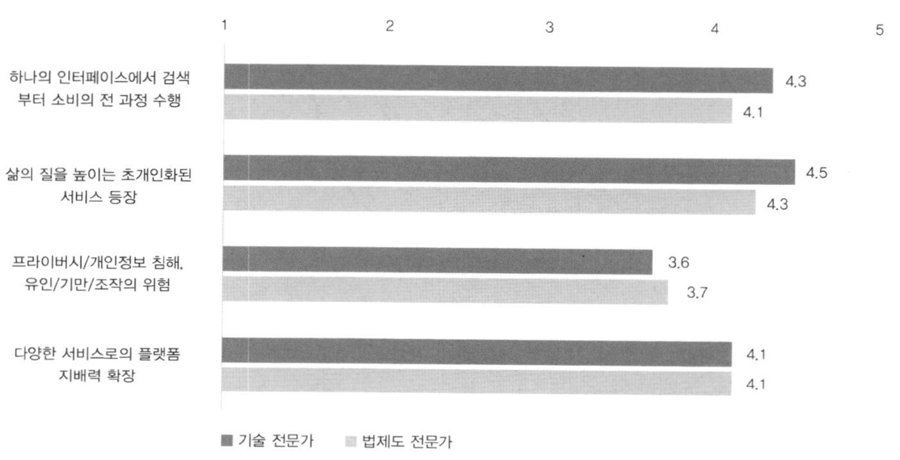


주: 시나리오별 실현가능성에 대한 응답으로 1은 0~20%, 2는 21~40%, 3은 41~60%, 4는 61~80%, 5는 81~100%의 실현가능성을 의미

출처: 이경선 외(2023)

셋째, 노동·가치창출 방식의 변화이다. 생성형 AI 기술의 발전은 인간 고유의 영역으로 여겨지던 창작의 영역, 그리고 고숙련 작업으로 기계대체가 어려울 것으로 여겨지던 개발 등의 영역에서 AI를 통한 자동화를 실현시키고 있다. 프롬프트 입력만으로 기계가 만들었다고 믿기 어려운 수준의 콘텐츠 제작, 코딩이 가능해져 이제 저숙련자도 고숙련자와 같은 결과물을 만들어낼 수 있으며 고숙련 전문가는 보다 가치있는 일에 집중할 수 있다. 비전문가가 생성형 AI를 활용해 텍스트 입력만으로 제작한 창작물이 권위있는 대회에서 인간 경쟁자들을 이기고 수상하는 일은 이제 더 이상 놀라운 일이 아니며, 거대 자본없이 생성형 AI를 활용해 단시간에 할리우드급 영화를 만들어내는 것도 이제 불가능한 일이 아니다. 가까운 미래에 자연어 기반 대화

를 통해 누구나 쉽게 AI를 도구로써 활용할 수 있는 'AI의 민주화'가 실현되고 다양한 영역에서 AI 기술이 인간 전문가 수준에 도달하면 생성형 AI는 보다 많은 영역에서 개인들의 능력 확장에 기여하고 전문 지식이나 자본없이도 누구나 아이디어만으로 새로운 가치창출, 경제활동이 가능한 시대를 열어줄 것이다.

그러나, 생성형 AI가 만들어내는 인간과 같은, 혹은 인간을 능가하는 결과물은 노동에 있어 인간과 기계의 경계를 무너뜨리며 지금 이 격변을 정면에서 마주하고 있는 노동자들의 일자리를 위협할 수 있다. 전문 영역의 데이터를 바탕으로 정보를 분석하거나 콘텐츠를 생성하는 것은 생성형 AI가 매우 잘하는 영역으로 예술가, 작가, 배우, 개발자 등의 전문 영역은 이미 생성형 AI에 의해 대체될 수 있다는 위기감이 커지고 있다. 특히 나를 학습하고 모방한 결과물로 나를 대체할 수 있다는 가능성은 엄청난 논란을 야기하고 있으며 이는 학습데이터의 공정한 활용, 기계생성물의 법적 권리 등과 관련된 다양한 분쟁, AI로부터 보호받기 위한 파업 등으로 이어지고 있다. 결국 인류가 기술과 공존하는 법을 배워나가겠지만 생성형 AI가 만들어낼 생산성의 극대화는 AI를 잘 활용하는 소수에게 그 혜택이 집중되도록 만들며 사회적 격차, 불평등을 심화시킬 수도 있다. 기술발전의 속도를 인위적으로 늦추는 것은 어렵겠지만 기술의 혜택이 더 넓은 범위로 확산될 수 있도록 사회적 협력과 책임감 있는 기술활용이 중요한 시점이다.

그림 3-6 생성형 AI가 가져올 사회경제적 변화 전망: 일하는 방식

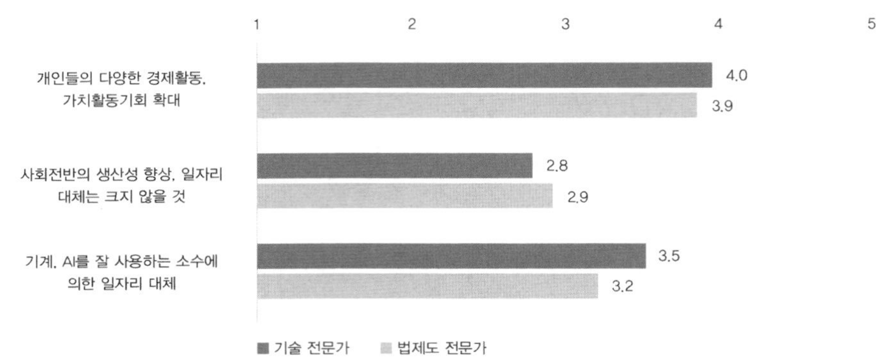


주: 시나리오별 실현가능성에 대한 응답으로 1은 0~20%, 2는 21~40%, 3은 41~60%, 4는 61~80%, 5는 81~100%의 실현가능성을 의미

출처: 이경선 외(2023)

## Section 03 | 정책과제

생성형 AI의 기술발전이 가져올 거대한 변화의 흐름을 이해하고 변화의 속도에 맞춰 대응하는 것은 매우 중요하면서도 어려운 일이다. 단순히 기술적 도전이 아니라 사회적·윤리적 기준, 제도적 기반 등을 재정립해야 하는 복합적 과제이기 때문이다. 다각적인 시각에서 문제를 이해하고 논의를 촉발하기 위해 국내 AI 분야 기술, 법제도 전문가 설문 결과를 중심으로 생성형 AI 시대 정책과제 및 대응방향에 대해 고찰해보고자 한다.

### 1. 주요 문제

기술발전은 새로운 기회와 더불어 새로운 위협을 수반한다. 중요도와 해결난이도의 측면에서 생성형 AI가 초래할 수 있는 주요 문제들을 선별하여

논의해보면 다음과 같다. 우선, '악의적 이용, 오남용으로부터의 위험'이다. AI 분야 기술, 법제도 전문가 모두 '악의적 이용, 오남용으로부터의 위험'이 높은 중요도와 해결난이도를 갖는 것으로 평가하였는데 실제로 생성형 AI의 등장 이후 AI 분야 저명인사들이 잇달아 AI 시스템의 위험성을 경고하고 있다. 인간을 능가할 수 있는 초지능 AI(Superintelligence)로의 진화가 가속화되고 있어 AI 기술이 악의적인 의도를 가진 사람들에 의해 악의적 목적으로 사용될 경우 인류의 생존에 큰 위협이 될 수 있으며, 또한 스스로 발전하는 자기 개선 능력이 발전하여 AI가 자율성을 가지게 된다면 인간이 통제하기 어려운 상태에 이를 수 있다는 것이다. 물론 아직 실현되지 않은 잠재적 위협에 대한 과도한 우려는 지양할 필요가 있다. 그러나 생성형 AI 기술이 만들어내는 실제와 구별하기 어려울 정도로 정교한 이미지, 영상, 음성 등은 범죄, 정치적 프로파간다 등에 이미 악용되며 심각한 문제를 초래하고 있으며, AI를 장착한 치명적 자율무기의 개발은 국제적인 안전과 안보를 위협하고 있다. AI의 잠재력이 커지는 만큼 AI가 비윤리적으로 악용될 경우 그 피해는 광범위하고 치명적일 수 있어 전방위적인 대응이 시급하다.

악의적인 의도로 생성되지 않더라도 생성형 AI로 만들어낼 수 있는 검증 불가한 방대한 양의 콘텐츠는 그 자체로도 문제로 지적된다. 진짜보다 가짜에 더 노출되는 시대, 자신의 신념을 강화하는 정보만을 선택적으로 받아들이는 탈진실의 시대를 심화시키며 사회적 신뢰를 훼손하고 분열을 초래할 수 있기 때문이다. 게다가 AI 학습데이터에 AI로부터 생성된 데이터가 차지하는 비중이 증가하게 되는 경우 모델에 편향이 생기는 등 예상치 못한 문제들이 발생할 수 있으며 이용자가 무비판적이거나 수동적인 태도를 가진다면 AI가 제공하는 잘못된 정보에 기반하여 잘못된 판단을 할 가능성이 높아져 AI가 가진 영향력과 내포된 위험은 더욱 커질 수 있다.

AI와의 개인적인 소통, 교감이 증가함에 따라 이러한 위험은 AI에 의한 프라이버시 침해 및 심리적 조작의 위험으로도 연결된다. 많은 사람들이 인간처럼 소통하고 개인의 취향, 관심사, 감정을 이해하는, 그렇지만 인간과 달리 비밀유지와 비판없는 경청이 가능하다고 느껴지는 AI에 대해 심리적으로 높은 의존성을 보이고 있다. AI로부터의 감정의 지지는 이용자가 AI를 신뢰하게 만들어 AI의 조언을 더 쉽게 받아들이고 부적절한 조언을 수용할 위험을 높일 수 있다.

결괏값에 다소 차이가 있긴 하지만 기술, 법제도 전문가들의 평가 결과에서도 '개인의 행동, 의견, 특징 등을 왜곡하는 내용을 생성하거나 개인정보를 개인의 이익과 일치하지 않는 방식으로 활용하는 문제', '검증이 불가한/어려운 기계생성 콘텐츠 대응의 문제', '사람의 개입없이 로봇, 자율주행차 등 다양한 하드웨어와 상호작용하면서 발생가능한 프라이버시·개인정보 침해 문제'는 '악의적 이용'에 이어 전반적으로 중요하고 해결난이도가 높다고 평가되었다. 이러한 AI 위험은 단순히 기술적인 요인만이 아닌 다양한 요인들이 복합적으로 작용하며 증폭될 수 있다는 점에서 기술적, 사회적, 제도적, 개인적 차원 등 다각적인 측면의 대응이 요구된다.

**그림 3-7 생성형 AI 이슈별 중요도·해결난이도: AI 기술 전문가 설문 결과**

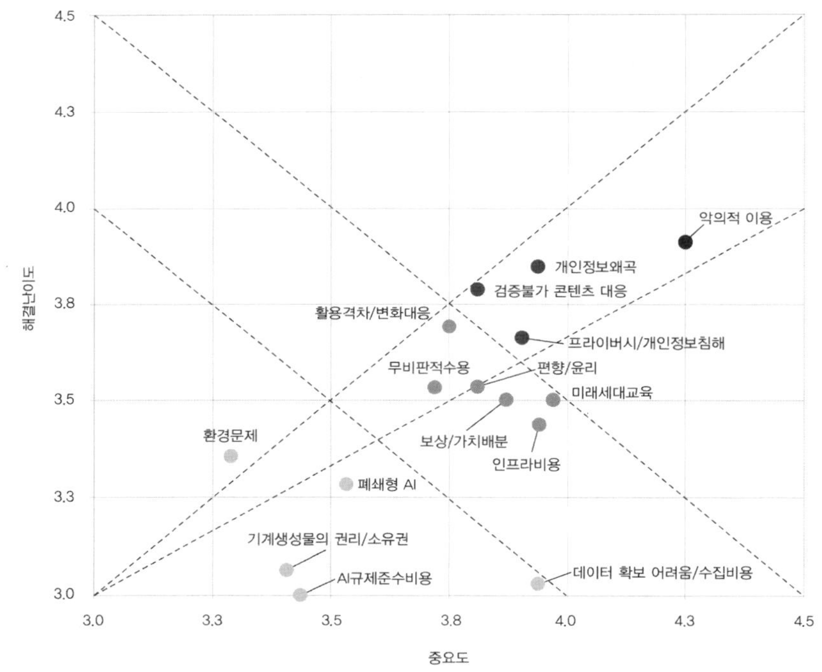


주: 5점 척도 응답으로 1 매우 낮음, 2 낮은 편, 3 보통, 4 높은 편, 5 매우 높음을 의미

출처: 이경선 외(2023)

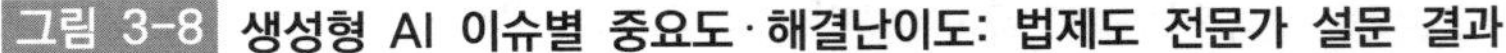
**그림 3-8 생성형 AI 이슈별 중요도·해결난이도: 법제도 전문가 설문 결과**

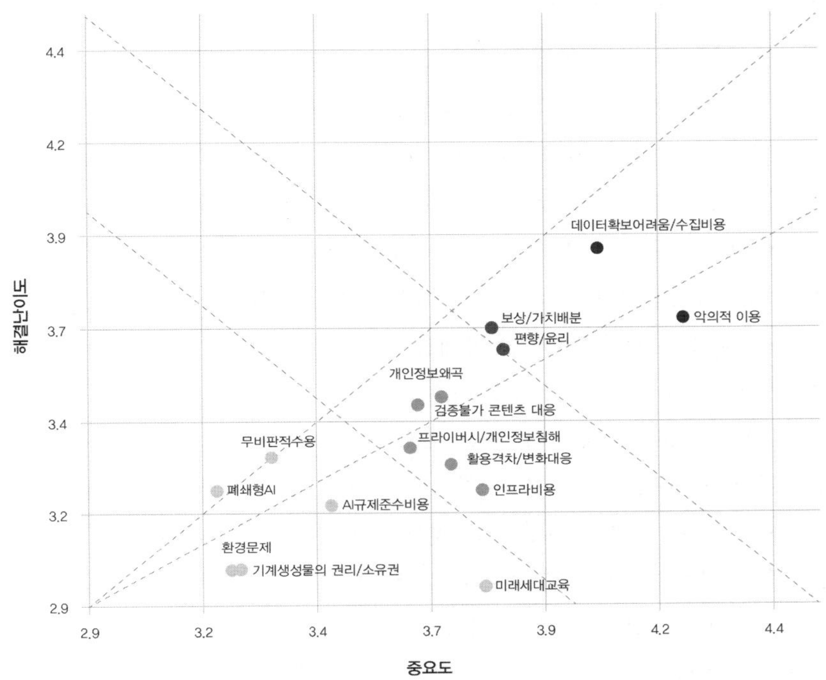


주: 5점 척도 응답으로 1 매우 낮음, 2 낮은 편, 3 보통, 4 높은 편, 5 매우 높음을 의미

출처: 이경선 외(2023)

AI 기술이 발전함에 따라 창작자와 출처에 대한 공정한 보상과 인정을 요구하는 움직임도 커지고 있는데 이에 법제도 전문가들은 중요도와 해결난이도 측면에서 '학습데이터 원작자 등에 대한 보상 및 가치배분의 문제'를 높게 진단하였다. AI에 사용되는 학습용 데이터의 적법성과 관련된 논란은 이전부터 존재하였으나 엄청난 양의 데이터로 학습하는 초거대 AI로 인해 고유하지만 방대한 양의 콘텐츠 생성이 가능해지고, 콘텐츠 생성 비용이 급격히 감소함에 따라 학습에 사용된 데이터의 공정한 이용, 가치배분과 관련된 논의가 더욱 중요해지고 있다. 특히 AI 기업들은 방대한 데이터로 인간의 속성을 배워 인간을 모방하는 생성형 AI 서비스로 수익화를 추구하고 있지만 학습데이터에 기여한 원작자들은 아직 만족할 만한 보상을 받을 수 있는

체계가 없어 다양한 갈등이 야기되고 있다. 창작자의 권리를 보호하고 AI 모델 개발자들의 공정한 데이터 사용을 위해 학습데이터 출처와 관련된 규제, 데이터 사용 이익에 대한 공정한 보상 방안 등이 다각도로 논의되고는 있지만 학습에 실제로 어떤 데이터가 사용되었는지 확인이 쉽지 않고 콘텐츠 제공자들은 자신을 모방한 AI 생성물에 의해 일자리 대체의 위기감까지 느끼고 있어 이를 단순히 저작권 보호, 공정이용의 문제로만 접근하는 것도 충분치 않은 느낌이다. 단기적으로 현안에 대응하기 위한 제도적 기반을 갖춰나가는 것이 일단 시급하겠으나 중장기적으로 인간－기계가 협업하는 환경에서의 새로운 제도적 기준 마련, 변화대응력의 함양 등 다양한 문제들을 포괄하는 관점에서 사회적 논의가 필요하다.

'학습데이터 확보 및 데이터 수집 비용' 문제의 경우, 법제도 전문가들은 중요도와 해결난이도를 매우 높게 평가한 반면 기술전문가들은 중요도는 높지만 해결난이도는 상대적으로 낮은 것으로 평가하였다. 법제도 전문가들은 이용자에게 차별적 가치를 전달하기 위한 학습데이터 비용, 사회적 기준에 따르기 위한 데이터 정제 비용은 지속적으로 높을 것이라는 점에 주목한 반면 기술전문가들은 AI 모델성능이 개선될수록 파운데이션 모델 계위에서 추가적인 데이터의 상대적 중요도는 낮아질 것이라는 점에 주목했기 때문으로 보인다. 즉, '학습데이터 확보 및 데이터 수집 비용'은 중요한 문제이나 파운데이션 모델 계위에서는 해결난이도가 점차 낮아질 수 있을 것으로 예상된다.

## 2. 정부의 역할

생성형 AI 기술의 급속한 발전에 따라 통제가능한 AI 생태계 구축이 필요하다는 목소리가 높아지고 있다. 그러나 다른 한편에서는 생성형 AI가 미래 경제적, 군사적, 정치적 우위 확보에 중요하다는 인식하에 선제적 규제가 오히려 경쟁력 약화로 이어질 수 있다는 우려를 제기하고 있다. 전문가 설문 결과에서 또한 이러한 관점의 차이를 볼 수 있다. 우선 AI 기술 전문가들은 정부의 성급한 규제가 혁신을 저해될 수 있다는 우려에 'AI 생태계 경쟁활성화', '기술수용 및 변화대응' 측면에서의 정부의 역할을 강조하고 있다. 반면 법제도 전문가들은 'AI 위험통제', 'AI 생태계 경쟁활성화' 측면의 정부의 역할을 보다 강조하고 있다.

**그림 3-9 생성형 AI 시대 정책과제별 중요도: AI 기술/법제도 전문가 설문 결과**

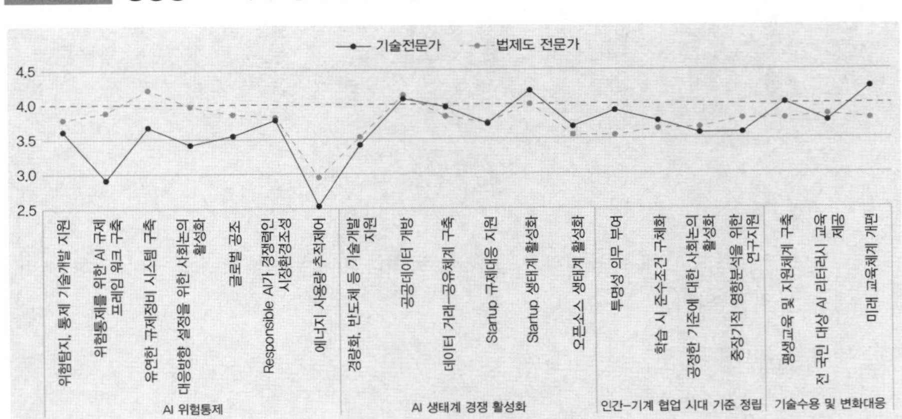


주: 5점 척도 응답으로 1 매우 낮음, 2 낮은 편, 3 보통, 4 높은 편, 5 매우 높음을 의미

출처: 이경선 외(2023)

그러나 법제도 전문가들이 AI 위험통제를 위한 과제로 '유연한 규제정비 시스템 구축', 'AI 기술의 규율방향에 대한 사회논의 활성화'를 중요하다고 평가하고 있으며 AI 규제방식으로 '친혁신/위험기반', '맥락기반', '기업책무성'을 강조하고 있어 기술전문가들과 입장 차이가 크다고 보여지지는 않는다. 법제도 전문가 대부분은 기술패권 경쟁 심화로 AI 기술력이 국가경쟁력에 매우 중요해지고 있어 한국은 규제보다는 활성화에 방점을 찍고 선진국들의 법제도 상황을 면밀하게 모니터링하면서 입법은 조금 천천히 가야한다는 의견이다. 특히 아직 기술진화방향의 불확실성이 높다는 점에서 기술 진보를 사전적으로 예측하여 선제적으로 규제를 도입하는 것은 규제 실효성은 낮고 기술혁신의 편익을 저해할 수 있어 지양할 필요가 있다는 의견이다.

**그림 3-10** **다양한 AI 규제방식: 법제도 전문가 설문 결과**

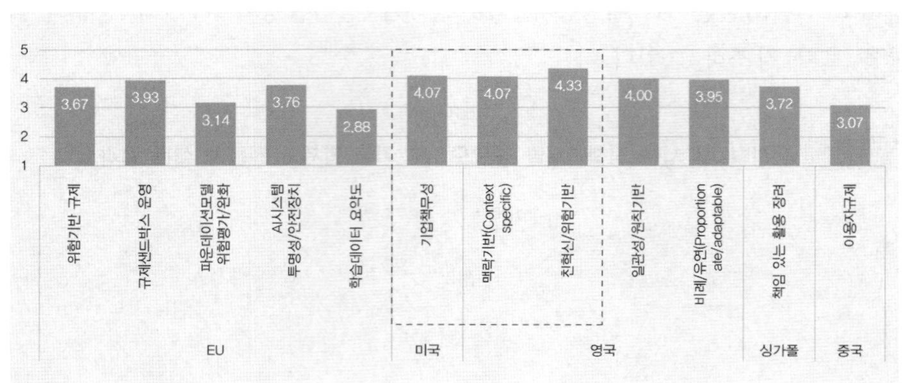


주: 5점 척도 응답으로 1 매우 동의하지 않음, 2 동의하지 않는 편, 3 중립, 4 동의하는 편, 5 매우 동의를 의미

출처: 이경선 외(2023)

**〈AI 규제방식에 대한 법제도 전문가 의견〉**

- 영국처럼 민간에서도 적용하고 구체화할 수 있는 수준의 원칙에 기반하여 활용의 맥락, 위험 상황에 사전에 대처하는 정도의 합리적인 사전규제를 사후규제와 효과적으로 결합: 사전규제는 사업자의 활동 여지를 상당히 보장해주면서 사후적인 위법성 판단의 지침이 되는 주의의무와 자체적인 위험 평가를 제시해주는 역할을 하여 사후규제와 유기적으로 연결될 필요
- 원칙중심 접근보다는 리스크를 측정하고 완화할 수 있는 정량적 기준을 표준 형태로 제시하여 개발환경으로부터 각 영역으로 파급시켜야 함
- 사후 문제에 대한 대처와 리스크 해결과정에 대하여 사전적 준비(예: 대응 매뉴얼)를 점검하는 것이 핵심
- AI 시스템은 공급망에 관여하는 주체가 다양하고 위험 관리의 책임 소재가 불명확하기 때문에 자율규제로 책임성 확보가 어려울 것으로 예상되므로 명확한 역할 분담과 그에 대한 법적 책임 부과 필요, AI 규제에 관한 법률에서 AI 모델의 위험 관리 거버넌스 체계 수립에 관한 일반적 내용을 정하고, 세부 내용은 영국 AI 규제안의 접근 방식과 같이 개별 분야별 규제 또는 지침에 맡길 필요가 있음

- 위험 수준 기반 규제가 아닌 위험 내용 기반 규제 필요: AI 모델, 서비스별 발생할 수 있는 위험의 내용, 성질이 다르고 위험 수준별로 통일된 대응 방안을 정하기도 어려우므로 AI 모델과 서비스별 발생할 수 있는 위험 내용에 따라 대응방안을 정하는 구조 필요
- 안전에 관하여는 규제수준을 최대한으로, 개인정보/프라이버시 등 사람의 권리 또는 인격에 대한 침해가 예상되는 경우에도 규제의 수준을 높일 필요
- 기존 규제 중 생성형 AI 발전으로 인해 수정, 보완되어야 할 부분이 무엇인지 검토하는 것이 보다 중요
- 규제 도입을 논의할 때 경쟁영향 평가를 중심으로 한 규제영향분석 등 입법 및 정책에 대한 영향분석을 체계적으로 실시하여야 함
- 정보관리 역량을 키워야 함, 규제도입 시 실증평가 필요, 규제비용 평가시 사회전체에서 발생할 준수비용을 살펴봐야 함
- AI의 개발에 대한 규제보다는, AI를 활용한 애플리케이션이 발생시킨 결과에 대해 후발적으로 적용하는 방안으로 설계
- 대부분 인공지능 개발자에 대한 규제에 초점이 맞추어져 있는 것으로 보이나 인공지능을 활용하는 사람에 대한 규제 또는 가이드도 중요
- AI의 악용은 규제를 통해 견제하고, AI의 생산성을 적절히 분배하는 사회제도를 마련하며, 기존 사회제도에서 발생하는 갈등을 효과적으로 중재
- 미국 AI 규제 행정명령을 통해 요구된 조치들 중 라벨링/워터마킹 의무화 및 안전성 검증(레드티밍) 기술 표준 마련 조치는 반드시 필요
- 이유제기 의무가 중요한 행정업무, 공적영역에서는 AI가 설명가능할 때까지 안 써야 하겠으나 사적영역, 민간의 경우 좀 더 유연하게 풀어줄 필요, 민간에 설명의무를 과도하게 적용하면 악용될 수 있음(개인의 만족추구를 위한 수단으로 사용하면 안 됨), 설명가능하게 개발하려면 효율성이 떨어지므로 어떤 것이 위험한 결정인지 열거식으로 정해주고(열거 안 된 영역은 면제) 그 영역에서만 의무 부여

**〈저작권 및 원작자 보상방식에 대한 법제도 전문가 의견〉**

- 저작권의 경우, 학습데이터로 활용하는 경우에도 저작권자의 권리를 인정하는 것이 바람직
- 상업적 이용의 경우에는 면책조항과 동시에 원작자에 대한 보상의무가 함께 인정되어야 함
- 플랫폼사업자가 사용하는 경우 적절한 보상을 청구할 수 있는 데이터 보상청구권 또는 데이터 배당 정책 필요
- 개인의 권리에 상응하는 창작물에 대한 적정한 보상체계를 갖는 것이 타당하고, 이는 기업들의 약관 등에서 보완되어야 할 부분. 각 보상에 대한 구체적 지침을 기업에게 주는 것은 바람직하지 않으며, 민관협력으로 적정성 평가 기관을 두고, 인증을 받게 함으로써 시장에서 참여자들의 판단으로 기업의 경쟁력을 확보할 수 있는 것이 필요
- 명확한 저작권법 특례 및 면책 규정 도입 필요
- '동의'를 받아야 활용 가능한 저작권법 또는 개인정보보호법의 패러다임 전환 불가피. 즉, 권리자의 허용 의사와 이용범위 설정에 대한 이니셔티브가 사전적으로 권리자에게만 귀속되는 패러다임의 전환이 필요. 저작물이나 개인정보의 식별가능성, 활용에 따른 상업적 이윤 등을 파악할 수 있다는 것을 전제로 사후적인 분쟁조정 체계, 사용중단 요청권을 허용하는 것만이 기술의 발전과 권리의 보호를 조화할 수 있는 방안
- 시장불확실성, 갈등해소를 위해 시장에서 신속히 해결되지 않는다면 한시법, 제도의 규제 샌드박스화를 통해 실험해보고 해법을 찾아야 함
- 언어모델, 이미지모델은 구분해서 볼 필요

**〈기계생성물에 대한 권리에 대한 법제도/기술 전문가 의견〉**

- AI가 만든 창작활동을 인간이 창작한 것이 아니라 하여 저작권 보호에서 제외시키고 있는데 그렇게 될 경우, 장기적으로 AI 기업의 기술 발전 인센티브를 줄이게 됨
- 기계생성물에 대한 권리는 원칙적 부정
- 기계생성물에 대한 권리는 이용약관을 통해 민간 등에서 자율적으로 해결될 것

〈개인정보보호 관련 법제도 전문가 의견〉

- 개인정보 규제는 상당히 강한 상황이어서 양질의 데이터 확보가 다소 어려운 상황
- 개인정보에 관한 권리를 마치 소유권이나 지적재산권과 같은 지배권으로 파악하기보다는 프라이버시나 정치적 자유를 확보하기 위한 도구적 성격을 지닌 것으로 파악할 필요
- 개인정보를 인공지능학습을 위해 수집, 처리, 가공할 경우 연구 목적으로 보는 등 유연하게 해석하여 가급적 허용하는 방향의 정책이 필요하고, 다만 학습데이터로 활용될 수 있다는 점에 대한 고지 등 절차적 측면에서 정보주체의 권리 강화 필요
- 모든 자동화된 평가에 설명의무를 부과하는 것은 과도함. '중대한' 결정일 때 공개의무를 부여하는 수준에서 그쳐야 함

## 3. 정책제언

논의를 종합하여 정책적 시사점을 도출하면 다음과 같다. 첫째, AI 기술 진화 방향에 대한 불확실성이 높고 기술패권 경쟁이 심화되고 있어 아직 실현되지 않은 위험에 대한 규제보다는 AI 경쟁력 확보에 방점을 둔 정책설계가 필요하다. 실질적이고 중대한 위험의 방지를 위해 최소한의 규제는 필요하다. 그러나, 그 외의 영역에서는 특정 맥락에서 미치는 영향에 기반하여 유연하게 대응하고, EU뿐만 아니라 영국, 미국 등 주요국의 동향을 면밀히 모니터링하며, 글로벌 흐름과 우리나라의 상황에 맞춰 전략적으로 대응해나가는 것이 중요하다.

둘째, 국내 AI 생태계의 토대를 공고히 구축하기 위한 선택과 집중이 필요하다. 예를 들어 정부는 AI 기술수준을 높이는 기술개발 지원 등 AI 생태계 발전을 위한 과제를 선별하여 자원을 집중하고 고객으로서 공공부문에서 국내 기업의 AI 모델, 시스템을 적극 활용할 필요가 있다. AI 스타트업들이 기술력과 윤리 역량을 함께 키워나갈 수 있도록 지원하고 윤리 역량이 핵심 경쟁력이라는 인식이 확산될 수 있도록 인센티브 정책의 설계도 중요하다. AI 기술은 광범위한 영역에서 많은 사람의 삶에 영향을 줄 수 있다는 점에서 기술개발 방향을 기획할 때 기술수용자의 반응을 모니터링하여 참고하는

것도 필요할 것이다.

셋째, 통합적인 AI 거버넌스의 구축과 규제역량의 확보가 필요하다. 범정부적 차원에서 다양한 AI 관련 정책 아젠다를 총괄할 수 있는 컨트롤타워 조직과 거버넌스 체계를 구축하여 각 부처별 노력이 통합되고 일관된, 그리고 조율된 정책의 틀 안에서 추진되도록 해야하며, 규제 도입 시에는 이해관계자만이 아닌 사회 전체에 발생할 비용, 영향에 대한 평가를 수행하고 관련된 정보를 지속적으로 수집, 축적, 분석하여 우리 상황에 맞는 규율방안을 설계해나가야 한다. 또한, 중장기적으로 우리만의 언어로 우리나라 상황에 맞는 규제를 설계할 수 있도록 규제역량, 제도경쟁력을 키워나가야 할 것이다.

넷째, 후견적인 태도로 정부가 너무 많은 것을 통제하려고 하기보다는 개개인의 기본적인 변화대응력을 키우고 사회적인 논의와 합의과정을 통해 중장기적인 시각에서 새로운 시대의 기준을 정립해나가야 한다. 기술발전 속도가 빠르고 아직 진화방향이 명확하지 않으므로 기술변화가 가져오는 현안들은 시장참여자들 간 자율적 조정이 가능하도록 열어두고 다양한 제도의 실효성을 검토해가며 새로운 시대의 적절한 기준을 설계해나가고 이해관계자뿐 아니라 일반 국민들 누구나 의견을 낼 수 있는 사회적 논의의 장을 마련하여 우리 사회의 맥락에 맞는 대응방안들을 함께 모색해나갈 필요가 있다. 또한 급변하는 환경에 효과적으로 적응하고, 새로운 도전에 능동적으로 대처할 수 있도록 비판적 사고력과 변화대응력을 키워줄 수 있는 교육시스템의 구축도 중요할 것이다.

# 참고문헌


이경선(2023.10), 생성형 AI가 가져올 미래와 도전과제, KISDI Perspectives.

이경선 · 임영신 · 이창준(2023), 스마트 서비스 활성화를 위한 정책플랫폼 연구 '생성형 AI가 가져올 변화와 정책과제: 기술경쟁력과 규제', 정보통신정책연구원.

Bloom, B.S.(1984), The 2 Sigma Problem: The Search for Methods of Group Instruction as Effective as One–to–One Tutoring, Educational Researcher, 13(6), pp4–16.

McKinsey&Company(2023.06), The economic potential of generative AI: The next productivity frontier.

chapter

04

# 생성형 인공지능(AI) 규제원칙에 관한 연구*

이성엽**

## Section 01 | 서론

2015년 인공지능 알파고가 이세돌 9단에게 바둑에서 완승을 하면서 엄청난 반향을 일으킨 지 8년 만인 작년 11월에는 대화형 인공지능인 ChatGPT가 등장하면서 또 한번 세계에 큰 충격을 주고 있다. 미국 스타트업 'OpenAI'가 출시한 ChatGPT(Chat Generative Pre-Trained Transformer)가 글로벌 IT 생태계에 충격을 주고 있는 것이다. ChatGPT는 사람의 언어를 이해하는 것은 물론 사람의 질문에 꼭 맞는 유용한 답을 하는 대화형 생성형 AI[1]로

---

* 이 장은 "생성형 인공지능(AI) 규제원칙에 관한 연구" 고려법학 제110권, 고려대학교 법학연구원 2023.09, 149면 이하의 논문을 수정, 보완한 것이다.

** 법학박사, 고려대 기술경영전문대학원 부교수.

1 대화형 AI란 디바이스, 챗봇과 같은 앱에서 자연어를 사용하여 사람들과 대화할 수 있는 일련의 기술을 의미한다. 한편 생성형 AI와 함께 초거대 AI(Hyper-scale(초대규모) + AI(인공지능)도 사용된다, 말 그대로 초거대 AI란 대용량 연산이 가능한 컴퓨팅 인프라를 기반으로 대규모 데이터를 스스로 학습하여 인간처럼 사고·학습·판단하는 AI로 기존 인공지능 대비 모델 파라미터 수와 학습 데이터셋 크기를 늘려 성능을 높인 모델이다. 본 장에서는 규모적 특성을 의미하는 초거대 AI 대신 기술적 특성을 고려하여 생성형 AI에 대한 규제 이슈를 다루고자 한다.

일반 대중에게 AI의 일상화라는 경험을 제공하고 있다. 2007년 손 안의 컴퓨터 시대를 연 아이폰, 2016년 인간 바둑기사를 이긴 알파고의 충격 이후 6년 만에 ChatGPT가 범용 인공지능 시대를 열고 있다.[2]

이처럼 마치 살아 있는 생명 같은 느낌을 주는 기계, 더 나아가 인간의 사고능력, 즉 인지, 추론, 학습 등을 모방하는 기술을 인공지능 기술이라고 하는데, 이것이 로봇기술, 빅데이터 기술, 클라우드, 사물인터넷(IoT) 기술과 결합하면서 소위 제4차 산업혁명 또는 지능정보사회로의 변화를 견인하고 있다. 지능정보사회는 모든 사물과 인간이 연결되는 초연결 기반과 축적된 데이터를 토대로 인간과 사물의 사고능력이 획기적으로 개선돼 문제해결 능력이 제고되는 사회다. 컴퓨터와 인터넷 혁명으로 대표되는 정보사회와는 달리 판단의 주체가 점차 인간에서 기계(인공지능)로 바뀌어 기계가 자율적인 처리, 제어, 예측을 할 수 있는 사회다.

산업혁명에서 기계가 인간의 육체노동을 대체했다면 지능정보사회에서는 기계가 인간의 정신노동을 대체하게 된다. 대화형, 생성형 AI 모델인 ChatGPT의 등장과 함께 인류는 그동안 영화에서나 보던 로봇, 인공지능의 위험성이 현실화될 것으로 보고 AI에 대한 규제 논의를 본격화하고 있다. 생성형 AI 출시 이전에는 대체로 AI 윤리를 강화해야 한다는 의견이 지배적이었다. 각국이 발표한 윤리기준 중에서 가장 많이 나타나는 원칙은 책임성(accountability)이고 다음으로 많이 언급되는 기준이 인간의 존엄성 또는 인간중심의 가치, 공정성, 안전과 외부로부터의 보안 그리고 AI에 대한 신뢰이다. 다음으로는 투명성과 설명가능성이 언급되고 있으며, 그 뒤를 이어 프라이버시 보호, 인간의 자율성 혹은 통제가능성이 제시되고 있다.

그러나 생성형 AI가 출시되고 이것이 게임체인저가 될 것이라는 전망이 우세해지면서, EU, 미국, 한국 등 주요 국가가 생성형 AI에 대한 법적 규제 논의를 시작하고 있다. EU가 가장 먼저 입법화를 진행 중인 가운데 미국, 한국도 입법안을 마련하고 국회에서 논의가 진행 중이다. 그러나 법적 규제

---

2 Camille Bello, ChatGPT: AI will shape the world on a scale not seen since the iPhone revolution, says OpenAI boss(https://www.euronews.com/next/2023/01/25/chatgpt-ai-will-shape-the-world-on-a-scale-not-seen-since-the-iphone-revolution-says-opena?, 2023.6.24. 접속).

의 본격 도입 이전에 생성형 AI에 대한 특성을 이해하고 어떠한 원칙의 규제 방향을 설정한 것인가 매우 중요하다. 즉, 만약 생성형 AI 규제가 필요하고 정당하다면 그 방향은 어떻게 잡아야 할 것인가를 먼저 논의해야 한다는 것이다. 이하에서는 이런 문제의식을 바탕으로 생성형 AI의 개념과 특성을 살펴보고 신기술 일반에 규제원칙에 대한 논의에 이어 생성형 AI에 적절히 대응하는 규제원칙들을 검토해보고자 한다.

## Section 02 | 생성형 AI의 개념과 특성

생성형 AI인 대표격인 ChatGPT는 문장을 생성(Generative)하는 AI 모델로서 사전학습(Pre-trained)을 통해 훈련을 받았으며, 트랜스포머(Transformer)라는 구조에 기반한 인공지능 언어모델이다. 생성이란 문장을 사람처럼 만들어낸다는 것이고, 사전학습이란 많은 데이터를 사전에 습득했다는 것이며, 트랜스포머란 단어 간 연관성 파악이 가능한 혁신적인 심층신경망이라는 것이다. 한마디로 ChatGPT의 GPT는 '사전 훈련된 생성 변환기(Generative Pre-trained Transformer)'를 뜻한다. 결론적으로 생성형 AI란 대규모 데이터의 패턴을 자기지도 학습하여 명령어(prompt)에 따라 새로운 텍스트, 코드, 이미지, 음악, 영상 등의 콘텐츠를 생성하는 인공지능으로 정의할 수 있다.[3] 패턴을 인식하고 예측하도록 설계된 기존 AI 시스템과 달리 생성형 AI는 이미지, 텍스트, 오디오 등의 형태로 새로운 콘텐츠를 생성한다.[4]

ChatGPT는 자연어 생성 모델로 주어진 텍스트의 다음 단어를 예측하는 학습을 하며, 이를 통해 사람이 쓴 것과 같은 의미 있는 텍스트를 생성한다.

---

3 World Economic Forum, Generative AI: a game-changer that society and industry need to Be ready for(https://www.weforum.org/agenda/2023/01/davos23-generative-ai-a-game-changer-industries-and-society-code-developers/, 2023.6.25. 접속).

4 World Economic Forum, What is Generative AI? Artificial intelligence explains (https://www.weforum.org/agenda/2023/02/generative-ai-explain-algorithms-work/, 2023.6.25. 접속).

이의 성능은 매개변수의 개수에 따라 좌우되는데 2022년 11월 공개된 GPT-3.5는 1,750억 개를 활용했으며, 다음 버전인 GPT-4는 밝혀지진 않았지만 인간의 시냅스 개수에 맞먹는 100조 개로 추정된다.[5]

생성형 AI 시스템도 일반 AI 시스템과 같이 머신러닝 알고리즘을 기반으로 하고 있으며, 이는 인간에게 있어서 대부분 블랙박스(black box) 문제를 야기한다. 블랙박스 문제는 AI의 의사결정과정을 완전히 이해하지 못하고 AI의 의사결정 또는 결과를 예측할 수 없는 것을 말한다. 이는 법률, 규제 분야에서 나타나는 고의 및 인과관계 테스트를 어렵게 하고 있다. 예측 가능한 것이 무엇인지 또는 의사결정의 근거가 무엇인지를 평가하는 이런 테스트가 블랙박스 상태인 AI에 적용될 경우 별로 효과가 없게 된다.[6]

생성형 AI 모델의 특성은 다음 몇 가지로 볼 수 있다. 첫째, 대규모 언어모델(Large Language Model)이라는 점이다. 우선 언어모델(LM)은 문장 생성을 위해 단어의 순서에 다음에 올 수 있는 확률을 할당(assign)하는 모델로, 기존 통계적 방법에서 인공신경망 방법으로 발전했다. 통계적 모델(SLM)은 이전에 주어진 단어들을 기반으로 가장 자연스러운 단어의 배열을 찾아 다음 단어를 예측하여 문장을 생성하지만, 트랜스포머(Transformer)모델은 문장 속 단어와 같은 순차 데이터 내의 관계를 추적해 맥락과 의미를 학습하는 신경망으로 대규모 언어모델(LLM) 등장의 시초가 된다. 대규모 언어모델은 사람들이 사용하는 언어(자연어)를 학습하여 실제 인간과 유사한 문장을 생성하기 위한 언어모델로 점차 규모가 커지며 초거대 AI로 진화하고 있다.[7]

둘째, 콘텐츠를 창조한다는 것이다. 기존의 AI는 이용자의 특정 요구에 따라 결과를 생성해낸다. 즉, AI의 역할은 데이터 분석, 활용 등 인간의 행위를 대체하거나 보완하는데 그친다. 생성형 AI는 자가학습 알고리즘으로 새

---

5 Will Douglas Heaven, GPT-4 is bigger and better than ChatGPT—but OpenAI won't say why, MIT technology review (https://www.technologyreview.com/2023/03/14/1069823/gpt-4-is-bigger-and-better-chatgpt-openai/, 2023.7.7. 접속).

6 Yavar Bathaee, THE ARTIFICIAL INTELLIGENCE BLACK BOX AND THE FAILURE OF INTENT AND CAUSATION, 「Harvard Journal of Law & Technology」 Volume 31, Number 2 Spring 2018 참조.

7 안성원 외 4인, 초거대언어모델의 부상과 주요 이슈 - 챗GPT의 기술적 특성과 사회적, 산업적 시사점, 「ISSUE REPOPRT IS-158」, SPRi, 소프트웨어정책연구소, 2023.2.27, 3면-5면.

로운 디지털 이미지, 영상, 음성, 텍스트, 프로그램 코드 등을 '창조'한다. 기존 검색엔진과 달리 생성형 AI는 사용자 질문에 대해 새로운 정보를 생성하는 기능이 있다.[8] 창조의 영역은 크게 3가지이다. 먼저 텍스트이다. 뉴스 기사, 시, 심지어 대본을 작성하는 데 사용될 수 있다. 또한 한 언어에서 다른 언어로 텍스트를 번역하는 데에도 사용될 수 있다. 다음 생성형 AI는 사람의 얼굴을 기반으로 새로운 초상화를 생성하거나 기존 풍경을 기반으로 새로운 풍경을 생성하는 등 기존 이미지를 기반으로 새로운 이미지를 생성할 수 있다. 끝으로 새로운 음악 트랙, 음향 효과, 음성 연기까지 생성할 수 있다.[9]

셋째, 범용 인공지능(Artificial General Intelligence, AGI)이라는 점이다. 이는 인간처럼 종합적으로 사고·학습·추론하는 인공지능으로 텍스트 이해·생성, 자연어처리, 이미지 분류, 예측, 추론 등 다양한 태스크를 동시에 처리하는 인간의 능력을 모방한다. 기존의 AI는 대화, 질의응답, 기계번역, 이미지 처리 등 태스크별로 개별 모델로 개발되었으나, 인간 같은 멀티태스킹을 위해서는 하나의 모델로 여러 태스크를 동시 처리 필요가 있다. 제각각의 규칙과 데이터(음성, 이미지, 영상 등)로 학습된 개별 모델로는 초거대 AI를 만들 수 없기에 단일의 Big Model 개발로 변화가 필요하게 되었다. 생성형 AI는 특정 과제 수준을 넘어 여러 과제에 복합적으로 대응가능한 범용 인공지능의 성격을 가진다.[10]

넷째, 대량의 컴퓨팅 파워와 데이터가 필요하다는 점이다. 생성형 AI에서 경쟁의 향방을 결정하는 특징적인 요소가 경쟁자원의 제한(resources constraint)이다. 그동안 디지털 기술은 개발 비용은 엄청났지만, 서비스 운영 비용은 크지 않았으나, 생성형 AI는 서비스 운영을 위한 클라우드 컴퓨팅 비용이나 AI 반도체 비용이 엄청나다는 것이다. 따라서 인프라 경쟁이 필수적일 수 밖에 없어 기존 빅테크를 제외하면 사실상 의미 있는 경쟁이 어렵다는

8 김태원, ChatGPT는 혁신의 도구가 될 수 있을까? : ChatGPT 활용 사례 및 전망, 「THE AI REPORT」 2023-1, NIA AI Futute Strategy Center, 2023. 1, 1면-5면.

9 World Economic Forum, Generative AI: a game-changer that society and industry need to Be ready for.

10 임효주, 초거대 AI의 발전 양상과 향후 과제, 「ICT SPOT ISSUE」, IITP 정보통신기획평가원, 2022.12,27, 1면-3면.

점이다. 이에 대한 반작용으로 나타난 것이 경량화이다. 즉, 컴퓨팅의 원칙으로 정확성(fidelity) 대신 효율성(efficiency)을 추구하는 것이다. 엄청난 비용이 드는 파라미터 대신 토큰(token)의 양과 질에 집중하는 것으로 대표적인 것이 메타의 라마(LLaMa)이다.[11]

다섯째, 기존 검색모델과의 차별성이다. 검색모델이 키워드 검색을 통해 정보를 제공하지만, 생성형 AI는 인공지능 기술인 언어 모델링을 사용하여 사용자 질문에 대한 답변을 생성하며, 검색모델이 키워드 검색을 통한 정보 제공으로 사용자와의 상호작용은 없지만, 생성형 AI 모델은 사용자 친화적인 상호작용을 통해 질문을 이해하고 대답하는 방식이다. 또한 생성형 AI는 자연어처리 기술을 통해 사용자 질문을 이해하여 의도에 맞는 결과를 제공하며, 사용자의 이전 질문을 기억하고 연관성을 고려하여 유연성 있게 답변하지만, 검색모델은 사용자 질문을 이해하고 답변하는 방식이 아닌 키워드 검색을 통한 정보 제공 방식으로 질문에 대한 답변을 제공하지 않으며 각 검색마다 독립적으로 정보를 제공한다.[12]

생성형 AI 부상으로 검색 시장의 핵심 가치가 검색 효율성에서 생성된 답변의 신뢰성으로 변하고 있다. 이제 검색에서 정답(from search to answer)이라는 가치로 인터넷 관문의 역할이 바뀌고 있는 것이다.[13] 2007년 아이폰의 등장은 PC 시대에서 모바일 시대로 진입하는 첫걸음에 해당했다면, 2022년 생성형 AI의 등장은 또 다른 디지털 기술혁명의 가능성을 시사하고 있다.

---

11 YONG LIM, Shifting Winds, Changing Tides Emerging Issues for Market Competition in the Next Phase of AI Evolution, 5th AI Ethics & Law Forum Seminar, June 30, 2023.

12 김태원, 앞의 논문, 3면.

13 The Economist, Is Google's 20-year dominance of search in peril?(https://www.economist.com/business/2023/02/08/is-googles-20-year-search-dominance-about-to-end, 2023.6.30. 접속).

## Section 03 | 신기술 규제의 일반 원칙

### 1. 신기술 규제의 의의

신기술이 개발되고 사회에 도입되는 과정에서 정부 당국은 신기술이 가져올 위험성을 평가하고 이를 제어하기 위한 여러 정책과 규제를 고민하게 된다. 기술규제 내지 신기술 규제의 개념을 살펴보자. 한 견해에 따르면 기술규제는 '혁신주체가 혁신활동 수행에 있어 이를 저해하거나 혹은 촉진하는 기술 관련 규제'라고 정의하면서, 기술개발, 제품생산, 판매 및 마케팅 등 혁신활동 전반에서 정부나 지자체의 법령이나 조례와 같은 법규적 규제뿐만 아니라, 지침, 절차, 요건 등 준(準) 법규적 규제까지 포괄하는 개념으로 본다.[14]

다른 견해에 따르면 기술규제란 기술에 관한 규제, 구체적으로 기술이 어떻게 규제되고 규제되어야 하는 것에 관한 것으로서, 여기에서 기술이란 사람이 환경에 적응하거나 환경을 변화시키기 위하여 사용하는 도구나 방편이라는 개념을, 규제란 "추상적으로 정의된 목적을 달성하려는 의도를 가지고 기준이나 목표에 따라 다른 사람의 행위를 변화시키려는 지속적이고 초점을 맞춘 시도로서, 기준설정, 정보수집, 행위수정 등의 기제를 수반하는 행위"로 정의하고 신기술 내지 신흥기술이란 "근본적으로 새롭고 상대적으로 빠르게 성장하는 기술로서 일정한 정도의 일관성을 가지고 오랫동안 존속하고, 이해관계자의 구성, 제도, 이해관계자와 제도 간의 상호작용, 관련된 지식생산방식 등을 변화시킴으로써 특정 영역이나 사회·경제 영역 전반에 상당한 영향을 끼칠 수 있는 잠재력을 가진 기술로서, 그 기술이 출현하는 현 단계에서는 정보 부족이나 기술에 대한 온전한 이해의 어려움으로 인해 그 기술에 수반되는 리스크의 발생 개연성, 정도, 내용 등이 불확실하고 모호한 기술"로 정의한다.[15]

---

14 이광호, "기술규제, 사례와 정책적 시사점", 「경제규제와 법(Journal of Law & Economic Regulation)」 제9권 제2호, 2016. 11, 143면-160면, 144면-146면.

15 윤혜선, 신흥기술 규제(emerging technologies regulation)' 연구방법론 개발을 위한 기초연구 - 기술규제 시 고려요소를 중심으로, 사단법인 행정법이론실무학회, 「행정법연구」 제49

전자가 기술혁신을 저해하거나 촉진하는 법규제에 초점을 맞추고 있다면, 후자는 기술에 따른 리스크를 통제하기 위한 시도라는 점을 강조함으로써 혁신 추구라는 가치성을 배제한 보다 광의의 중립적 개념을 설정하고 있다. 결국 기술규제 내지 신기술규제는 기술과 규제가 결합한 개념으로 기술에 수반하는 위험을 통제하기 위한 정부의 공적 개입이라고 할 수 있다. 비공식적인 윤리적 규제, 기술촉진적 규제, 비정부기관에 의한 개입이라는 광의의 개념도 가능하지만, 공적 규제 논의가 활발한 AI 분야에 실질적 효용성이 부족해 실익이 크지 않다는 점에서 본 장에서 신기술규제는 위험통제라는 소극적 의미로 사용하고자 한다.

## 2. 신기술 규제의 원칙에 관한 논의

신기술 규제 시 고려할 요소와 신기술 규제의 원칙으로 논의되는 요소들에 대해서는 다양한 스펙트럼이 존재한다. 기술의 종류, 혁신의 수준, 기술이 개발·사용되고 그에 대한 규제가 이루어지는 장소, 기술규제를 둘러싸고 제기되는 다양한 時的 쟁점, 규제의 방식, 규범적 가치관, 가용지식 등 7가지 요소를 고려해야 한다는 견해가 있다. 이 견해는 또 신흥기술 규제란 규제과정에서 야기되는 다양한 이해주체들 간의 갈등 문제를 어떻게 조율하여야 하는지 등 구체적이고 현실적인 문제인데, 국내외 여러 신흥기술 규제 경험사례로부터 교훈을 도출하여, 그것을 기초로 유사 사례에 공통적으로 적용될 수 있는 원칙으로 국민의 신뢰 확보의 원칙, 절차적 정당성 확보의 원칙, 공정한 경쟁보장의 원칙, 조응적인 규제수단 활용의 원칙, 사회적·윤리적 우려 해소의 원칙, 국제적 조화 모색의 원칙을 제시하고 있다.[16]

과학기술의 혁신과 규제는 상호 긴장관계에 있는데, 한편으로 신규 기술의 도입을 촉진하여야 한다는 요구와 다른 한편 신규 기술로 인한 위험을 통제하기 위해 신규 기술을 규제하여야 한다는 요구는 충돌한다. 신규 기술

---

호 2017년 6월, 104면-105면.

16 윤혜선, 위의 논문, 115면-123면. 혜선, 신흥기술(emerging technologies)의 규제에 대한 몇가지 고찰, 「경제규제와 법(Journal of Law & Economic Regulation)」, 제10권 제1호 (통권 제19호), 2017. 5.

의 도입을 규제할 것인지 여부, 어떠한 방식으로 규제할 것인지 등은 하나의 일관된 원칙에 따라 정해질 수 없으며 상황적 접근이 필요하다. 이때 고려할 수 있는 원칙이 비례원칙에 따른 안전과 위험의 개념, 피해구제 가능성, 실질적 법치주의를 위한 유연한 법적용, 민주적 참여권 보장 등을 고려하여야 한다는 견해도 있다.[17]

정보가 부족하고 불확실한 상황에서는 실험이 최선이라는 전제하에, 4차 산업혁명 시대의 규제패러다임 전환의 핵심은 먼저 잠정적인 규율내용이라도 재빨리 담아내는 것이며, 이러한 구조의 규제방향은 현실맞춤형, 경험학습적 접근, 증거기반, 단계적 접근 규제이며, 결국 원칙중심의 규제체계를 기반으로 하여 규제목적과 원칙을 수립하고 규제를 단계화·체계화하는 방안과 이러한 과정을 통해 정해진 잠정적인 규율내용을 담아내면서 규범력을 확보하기 위한 규제수단이 필요하다는 견해도 있다.[18]

이러한 견해를 종합해, 신기술규제에 있어 필요한 기준 내지 원칙으로 기술의 내용이나 특성, 규제의 시점과 지역, 규제에 따른 위험과 보상, 단계적 접근과 포괄적 접근, 전문적이면서 민주적 참여의 보장이라는 4가지를 제시하고자 한다. 기술의 내용과 특성은 규제 대상의 실체를 이해한다는 측면에서 우선적으로 고려되어야 하는 원칙이며, 규제의 시점과 지역은 규제가 시행되는 시기와 공간을 고려하여야 적정한 규제설계를 할 수 있다는 점에서 중요하다. 규제에 따른 위험과 보상은 위험의 크기에 따른 비례적인 규제가 합리적 규제가 될 수 있다는 점이며, 단계적 접근과 포괄적 접근은 규

---

17 이때 안전성이란 비례원칙에 따라 그 정도를 평가하여야 하고, 피해구제가능성이 없는 경우 혁신을 도입할 수 없다. 또한 새로운 과학기술은 본질적으로 과거와 다른 상황에서 등장하며 과거 기술과는 다른 문제를 내포하고 있다. 따라서 법제도는 유연하고 개방적인 구조를 취하여야 하며, 의사결정의 결과에 대한 수범자의 수용성을 강화하기 위해서나, 의사결정과정에 이해관계자의 실질적인 참여가 보장되어야 한다. 한편 신규 기술의 안전성과 편익에 대한 평가는 고도의 전문적 능력을 요구하기 때문에 전문가그룹의 역할이 보장되어야 하고, 규제기관의 전문성도 적절히 구비되어야 한다고 한다(이원우, 혁신과 규제: 상호 갈등관계의 법적 구조와 갈등해소를 위한 법리와 법적 수단, 「경제규제와 법(Journal of Law & Economic Regulation) 」제9권 제2호 (통권 제18호), 2016.11, 7면-8면).

18 김태오, 제4차 산업혁명의 견인을 위한 규제패러다임 모색: 한국의 규제패러다임을 중심으로, 「경제규제와 법(Journal of Law & Economic Regulation)」, 제10권 제2호 (통권 제20호),. 2017. 11. 140면-168면.

제의 시행의 시기와 범위를 적절히 정해야 보다 실효적인 규제가 가능하다는 것이며, 전문적, 민주적 참여는 규제 설계와 실행에 있어 정부가 전문가, 국민과의 협업이 해야만 과학적, 합리적 규제는 물론 수용적인 규제가 가능하다는 것이다.

### 1) 기술의 내용과 특성

기술은 다양한 방법으로 분류할 수 있다. IT, BT, CT, NT 등 산업 분야별로 분류하는 방안, 단일기술과 융합기술로 분류하는 방안, 특수기술과 범용기술(general purpose technology)로 분류하는 방안, 위험의 중대성과 발생 가능성을 기준으로 각각의 고저를 기준으로 4가지 구분하는 방안이 있다. 이 중 융합기술이란 이종 기술 간 결합이 이루어진 것으로 최근 기술 융합이 심화되면서 중요성이 강조되고 있다. 한편 범용기술이란 세계 경제 성장에 있어 모태가 되는 기술로서 일반 가정의 삶의 방식뿐만 아니라 기업이 사업 경영방식에도 큰 변화를 가져오는 근본적인 기술이라 볼 수 있으며, 잠재적으로 많은 다른 기술 분야에 적용되어 타 기술들과 제품들의 혁신 활동을 자극하고 그 기술들의 진화를 독려시키는 기술을 말한다. 범용기술의 예로는 증기기관, 전기, 반도체 등이 있으며, 새로운 제품, 새로운 프로세스, 새로운 조직형태의 창조에 기여함으로써 성장에 활력을 불어 넣어 거의 사회 모든 것을 변화시키고 변형시키는 기술을 말한다.[19]

산업분야별 기술에 대한 규제는 이 소관 부처와 법률이 칸막이식으로 마련되어 있어 규제설계나 실행이 비교적 용이하다고 할 수 있다. 다만, 최근의 전 산업의 디지털 전환이 이루어지는 등 기술 및 산업융합이 가속화되면서 단일산업 기술이 점점 줄어들고 있는 것이 문제이다. 융합기술의 경우 다양한 도메인별 규제를 모두 적용하는 경우 기술 도입이 대단히 어려워지는 문제가 있고,[20] 범용기술의 경우에도 과소규제는 위험을 방치할 우려, 과다

---

19 Timothy F. Bresnahan, M. Trajtenberg, General purpose technologies 'Engines of growth'? 「Journal of Econometrics」, Volume 65, Issue 1, January 1995, pp. 83-108.

20 한국은 이러한 융합 흐름에 대응해 정보통신융합 기술·서비스에 대한 규제 샌드박스 도입 및 신속처리·임시허가 제도개선을 주요내용으로 하는 「정보통신 진흥 및 융합 활성화 등에 관한 특별법」과 혁신적 융합 서비스와 제품에 대해 시험·검증의 특례, 임시허가 등의 규제

규제는 혁신을 저해할 우려가 상당히 크다는 점에서 매우 신중한 접근이 필요하다고 할 것이다.

### 2) 규제 시점의 선택과 장소적 고려

신기술 규제에서 규제의 시점을 선택하는 것은 기술혁신의 편익을 확산하는 것과 위험을 통제하는 이익 사이의 균형을 위해 매우 중요한 문제이다. 성급한 규제는 혁신을 막을 수 있지만, 늦은 규제는 위험의 증가로 편익마저 감소시킬 수 있다. 이와 관련 기술 개발의 초기에 해당 기술의 잠재력이나 가능성에 대한 지식이 충분치 않아 규제가 어려운데, 기술이 충분이 발전된 단계에서도 규제에 많은 비용이 들뿐만 아니라 규제가 시장에 큰 충격을 줄 수 있기 때문에 규제가 어렵다는 Collingridge의 딜레마 이론[21]이 있다.

규제지체(regulatory lag)의 문제도 규제 시점의 문제이다. 이는 규제가 기술혁신보다는 늦는 현상으로 혁신의 발전속도가 너무 빠르다는 점, 규제의 제정절차가 원래 시간이 소요되는 점, 혁신으로 인해 피해를 받는 이해관계자들이 규제를 존치시키려는 로비 등이 원인이 된다.[22] 규제 지체의 문제는 현실적으로 규제의 공백, 규제의 불명확 등을 형태로 나타나며, 이에 대한 대책으로 규제 샌드박스(regulatory sandbox)가 등장하였다. 원래 샌드박스는 어린이들에게 안전하고 자유롭게 놀 수 있는 모래놀이터를 제공하는 것으로 규제샌드박스는 사업자가 관련 법령상의 허가 등 규제로 인해 새로운 기술이나 서비스의 시행이 어려운 경우 일정 기간 동안 규제의 전부 또는 일부를 적용을 유예하는 제도이다. 이런 규제특례기간 동안 사업자는 실증을 통해 기술 검증, 문제점 확인 등 기술 및 서비스의 완성도를 높이고 정부는 실

---

특례를 부여하는 내용을 담은 「산업융합 촉진법」이 2019. 1. 17.부터 시행되고 있다. 또한 규제자유특구 내에서의 지역혁신성장사업 및 지역전략산업에 대해 시험·검증의 특례, 임시허가 등의 규제특례를 부여하는 내용을 담은 「규제자유특구 및 지역특화발전특구에 관한 규제특례법」이 2019. 4. 17.부터 시행되었다.

21 David Collingridge, THE SOCIAL CONTROL OF TECHNOLOGY (London: Frances Printer; 1980) pp. 11-19 참조.

22 Thomas Fetzer, Innovation and Regulation: Static Law in Dynamic Markets - How to Regulate the Unpredictable, 「Journal of Law & Economic Regulation」, Vol. 9. No. 2, 2016. 11, pp. 52-54.

증데이터를 기반으로 관련 법령을 신속하게 정비할 수 있게 한다.[23]

한편 기술규제에 있어 장소적 고려는 주로 단위 국가 내의 규제와 국제적 규제와의 관계에 관한 것이다. 규제 자체는 국내적인 효력이 원칙적이지만, 무역 규범 등 국제적 규제가 국내 기술규제에 영향을 미친다. 특히, 디지털 분야는 국경이 없는 서비스가 실시간으로 이루어진다는 점에서 규제는 국내적 이슈 외에도 글로벌 이슈라는 점도 고려되어야 한다. 글로벌 디지털 규제 질서는 초강대국에 의해 형성될 수밖에 없는데, 이때 특히 중요한 것이 디지털 통상 규범 이슈이다. 디지털 통상이란 디지털 기술 또는 전자적 수단에 의한 상품·서비스·데이터 등의 교역 및 이와 관련된 경제주체 간 초국경적 활동 전반을 의미하는데, 전자상거래 원활화, 디지털 제품의 비차별 대우, 국경 간 데이터 이전 자유화, 컴퓨터 설비 현지화 요구 금지, 소스코드 공개요구 금지, 개인정보 보호나 온라인 소비자 보호 등에 대한 규범이 논의 대상이다. 아직 통일된 국제규범은 없지만, 디지털 비즈니스 자유화를 주장하는 미국, 디지털 단일시장 전략 수립 계획, 글로벌 플랫폼 기업 규제 경향의 EU, 독자적 디지털 시장 및 규제체계 유지를 주장하는 중국이 서로 다른 정책을 추진하고 있다.[24]

### 3) 규제에 따른 위험과 보상

규제는 위험의 정도에 따라 차별화되는 것이 타당하다는 것은 비례의 원칙상 당연하다. 위험이 중대하고 그 발생가능성이 높으면 강한 규제가 필요하지만 위험이 경미하고 그 발생가능성이 낮으면 약한 규제가 필요하다. 이처럼 위험의 종류와 중대성 및 그 발생가능성 등에 따라 규제수단과 그 강도를 차별화하는 규제방식을 위험기반규제(risk–baed regulation)라고 한다. 여기서 위험이란 피해의 가능성과 잠재적 규모 및 심각도가 결합된 것이다. 위험기반 규제는 효율성과 효과성을 증대시킬 뿐 아니라 행정비용 부담도 완

---

23 규제샌드박스 관련 상세 내용은 이원우, 신융합산업 활성화를 위한 규제개혁입법의 현황과 과제, 「경제규제와 법(Journal of Law & Economic Regulation)」, 제12권 제2호 (통권 제24호). 2019. 11. 137면~153면 참조.

24 디지털 통상에 관한 상세 내용은 산업통상자원부, 사례로 손쉽게 이해하는 - 디지털 통상의 기초, 2021.10월 참조.

화시키는 장점이 있다.[25] 이를 적용함에 있어서 규제 대상 기업의 행동·태도 및 문화, 규제의 제도적 환경, 규제 통제의 상호작용, 규제 성과, 변화라는 5가지 요소를 고려할 필요가 있다.[26]

다음 보상의 문제는 기술이 초래하는 위험에 대한 적절한 보상책이 포함된 규제안이 마련되어야 한다는 점이다. 원자력 같은 위험기술로 인해 특정한 지역, 집단이 위험을 감수하는 경우 이에 대한 보상이 필요한 것과 같이 특정한 신기술로 인해 피해를 입는 집단에 대해서는 신기술로 인해 이득을 얻는 자 내지 사회적 차원의 보상책이 마련되어야 한다는 것이다. 만약 이러한 보상책이 마련될 수 없다면 위험성이 내포된 신기술이 사회적으로 수용되기 어려울 것이다.

위험의 중대성과 발생 가능성을 기준으로 한 분류는 ① 위험이 중대하고 발생 가능성이 높은 경우, ② 위험이 중대하지만 발생 가능성은 낮은 경우, ③ 위험이 미약하고 발생 가능성이 큰 경우, ④ 위험도 미약하고 발생 가능성도 낮은 경우로 구분하여 이 상황에 따라 각각 강한 규제, 피해구제담보 규제, 사후 규제, 규제개혁 조치를 대응적으로 검토할 수 있다는 견해도 있다.[27]

### 4) 단계적 접근과 포괄적 접근

신기술에 대한 규제를 전면적, 포괄적으로 시행할 것인지 아니면, 단계적이며 점진적으로 할 것인지에 대한 이슈이다. 신기술이 등장했음에도 불구하고 기술의 발전방향이나 영향에 대한 예측이 어려워 규제를 전혀 하지 않거나, 그럼에도 불구하고 규제를 전면적으로 시행하는 것은 모두 극단적인 선택이다. 따라서 실험적이면서도 잠정적인 규제를 시행하는 방안이나 단계적으로 규제를 시행하는 방안도 고려할 필요가 있다. 전술한 규제 샌드박스

---

25 OECD Regulatory Policy Outlook 2021, Risk-based regulation:Making sure that rules are science-based, targeted, effective and efficient(https://www.oecd.org/gov/regulatory-policy/chapter-six-risk-based-regulation.pdf).

26 Julia Black/Robert Baldwin, Really Responsive Risk-Based Regulation, 「Law and Policy」, vol. 32 (April 2010), pp. 181-213, 참조.

27 이원우, 혁신과 규제, 7면-8면.

도 이런 접근 방식의 예라고 할 수 있겠다. 통상 새로운 기술로 인해 혁신이 일어나면 정부는 첫째, 혁신을 기존 이해관계나 사회질서에 도전하는 적으로 간주하고 규제를 통해 혁신을 저해하거나, 둘째, 혁신에 대응해 기존 규제를 재검토해 이를 제도권 내로 흡수하거나, 셋째, 혁신을 위해 규제를 개혁하거나, 넷째, 혁신의 활성화를 위해 일정 기간 규제를 하지 않고 서비스의 양상을 지켜보는 방법으로 대응한다. 이 중 넷째는 보통 Wait & See 전략으로 불리는 것으로 단계적인 규제전략이라고 할 수 있다.[28]

### 5) 민주적, 전문적 참여 보장

규제는 보통 정부의 공식적인 법령 시행을 통해 이루어진다. 따라서 보통 규제의 주체는 정부가 되는 것이 원칙이다. 정부는 규제를 입안하고 실행함에 있어 민주성과 전문성이 두 가지 가치를 조화시키기 위해 노력해야 한다. 보통 기술은 복잡하고 전문적이기 때문에 전문가들이 규제 논의를 주도하게 되지만, 기술의 사회적 영향을 고려하면 다양한 이해관계자와 일반 국민들의 참여도 보장되어야만 기술규제의 정당성과 수용성이 제고된다. 다만 일반 시민의 참여는 과학적 합리성, 전문성에 의거한 결정이 아닌 책임회피적 결정이 될 가능성이 될 수 있으므로 전문가의 참여와 적절히 조화되어야 한다.

규제의 주체인 정부를 대체하는 논의도 활발하다. 소위 자율규제(self regulation)란 정부가 개입하지 않고 사업자 각자가, 또는 조직화된 집단이 스스로 그 구성원의 행위를 통제하는 것이다. 1996년 줄리아 블랙은 자율규제를 명령적 자율규제(mandatory self-regulation), 승인된 자율규제(sanctioned self-regulation), 강제적 자율규제(coerced self-regulation), 자발적 자율규제(voluntary self-regulation)로 구분하였다. 이 중 자발적 자율규제는 국가의 직접, 간접적인 개입이 없다는 점에서 자율규제의 원형이라고 할 수 있으며, 다른 세 가지는 정부와 민간이 공동으로 규제 권한을 행사한다는 점에서 공

28 이성엽, 공유경제(Sharing economy)에 대한 정부규제의 필요성— 차량 및 숙박 공유를 중심으로 —공유경제에 대한 정부규제의 필요성, 「행정법연구」 제44호, 행정법이론실무학회, 2016. 2. 참조.

동규제(co-regulation)라고 할 수 있다.[29] 공동규제는 전통적으로 정부의 역할이었던 규제 영역에 민간 부문이 적극적으로 참여하고 정부는 민간의 역할과 활동을 적극적으로 협력·지원함으로써 규제의 합리성, 효율성, 수용성을 높이는 규제방식이다. 정부의 규제분야에 대한 전문성 부족, 규제 대상의 광범위성으로 인한 규제비용의 과다, 규제로 인한 혁신의 위축 등의 문제가 민간이 스스로 행위기준을 정립하고 실행하는 규제인 자율규제를 필요로 하게 된 것이다.

## 3. 생성형 AI에의 적용

기존 AI가 데이터를 학습하고, 해당 데이터를 기반으로 결정 또는 예측을 수행한다면, 생성형 AI는 생성형 AI는 제공된 데이터를 활용해 텍스트뿐만 아니라 이미지, 음악, 심지어 컴퓨터 코드까지 독창적이고, 창의적인 콘텐츠를 생성할 수 있다는 점에서 엄청난 혁신의 잠재력을 지니고 있다.

생성형 AI는 다른 디지털 기술과의 융합이 필연적인 기술이자 전 사회경제 분야에 응용될 수 있는 범용기술에 속한다. 위험의 정도를 고려하면 다양한 층위가 있을 수 있어 일률적으로 말하기는 어렵다. 또한 생성형 AI는 빠른 속도로 발전하는 기술이다. AI 시스템이 10년 이내에 대부분의 영역에서 전문가 수준을 능가해서 기술 대기업에 필적할 생산 활동을 수행하게 될 것이며 인간의 지능을 초월하는 '초지능 AI'시대가 도래할 것으로 의견도 있다.[30]

또한 생성형 AI는 검색, 응용 프로그램, 앱서비스와 결합하여 새로운 기술과 서비스를 만들고 있고, 특히 ChatGPT는 플러그인을 통해 외부 앱 서비스까지 연동하면서 전체 인터넷 생태계에 영향을 미치고 있다. 이제 ChatGPT를 통해 원하는 답 외에도 관련된 쇼핑, 호텔 예약 등 다른 앱 서비스를 받을 수 있다. 애플, 구글의 모바일 iOS, 안드로이드 앱 생태계가 생성

29 Julia Black, Constitutionalising Self-Regulation,「The Modern Law Review」, 59 Mod. L. Rev. 24, 1996. 참조.

30 OpenAI, Governance of superintelligence(https://openai.com/blog/governance-of-superintelligence, 2023.7.5. 접속).

형 AI 앱 생태계로 변화할 가능성을 보여주고 있는 것이다. 또한 OpenAI에 시작된 생성형 AI 개발은 마이크로소프트, 구글, 메타, 아마존, 애플까지 뛰어들면서 글로벌 빅테크 간 핵심 경쟁 요소가 되고 있다. 장소적으로 보면 생성형 AI는 미국 빅테크의 독무대이지만, 한국도 중국, 이스라엘과 함께 4대 생성형 AI 강국의 반열에 올라있다.

또한 생성형 AI의 기술의 발전 방향이나 영향에 대한 예측이 어려워 규제를 하기 어렵지만, 그렇다고 위험성을 고려하면 전혀 규제를 하지 않는 선택도 어렵다. 또한 생성형 AI 기술의 사회적 영향을 고려하면 전문가 이외에도 다양한 이해관계자와 일반 국민들의 참여도 보장될 필요가 있다.

## Section 04 | 생성형 AI의 규제원칙

### 1. 생성형 AI 규제 현황

가장 앞서가고 있는 곳은 유럽(EU)이다. 2021년 4월 EU 집행위원회에서 AI 법안의 초안을 발표하였고, 2022년 12월에는 각료 이사회에서 수정안을 발표하였으며, 지난 5월에는 의회가 수정안을 발표하였다. 수정안에는 GPT로 대표되는 파운데이션 모델(foundation model)에 대한 규제가 추가되었다. 수정안에 따르면 파운데이션 모델은 대규모 데이터에 의해 학습되고, 출력의 범용성을 고려하여 설계되었으며, 다양한 작업에 적용될 수 있는 AI 모델로 정의된다.[31] 파운데이션 모델 공급자는 모델의 위험관리, 신뢰성 관리를 위한 검증, 자신의 모델을 공급받아 활용하는 하위 사업자의 서비스 내용까지 고려한 모델에 대한 기술문서와 지침의 작성, 제공 등의 의무가 부과된다. 특히, 생성형 AI 파운데이션 모델 공급자는 이용자에게 AI 시스템 활용

31 Percy Liang, On the Opportunities and Risks of Foundation Models, Center for Research on Foundation Models (CRFM), Stanford Institute for Human-Centered Artificial Intelligence (HAI), Stanford University(https://arxiv.org/pdf/2108.07258.pdf).

사실을 알려야 하고(disclosing that the content was generated by AI), 위법한 콘텐츠 생성을 방지할 수 있도록 모델을 설계·개발해야 하며(designing the model to prevent it from generating illegal content,), 또한 저작권에 의해 보호되는 학습데이터를 이용할 경우 이에 대한 정보를 문서화하여 공개(publishing summaries of copyrighted data used for training)하도록 하고 있다.[32]

미국 의회는 2022년 2월 '알고리즘 책임법안(Algorithmic Accountability Act of 2022)'을 발의했다. 그 내용은 자동화된 의사결정 시스템에 대한 투명성과 책임성을 확보하기 위해 기업이 이용자와 규제기관에 '자동화된 의사결정 프로세스'가 어떻게 활용되는지를 인식할 수 있도록 관련 정보를 제공하도록 하고, 기업이 의사결정의 영향평가를 지속적으로 수행하도록 하는 것이다.[33]

한국은 지난 2월 14일 국회 과학기술정보방송통신위원회의 법안소위에서 '인공지능산업 육성 및 신뢰 기반 조성에 관한 법률안'을 통과시켰다. 법안은 인간의 생명과 안전 및 기본권의 보호에 중대한 영향을 미칠 우려가 있는 영역에서 활용되는 부분을 '고위험 영역 인공지능'으로 정하고, 인공지능 사업자에게 이용자에 대한 고위험 영역 인공지능 사용 사실의 고지의무, 신뢰성 확보조치, 인공지능 도출 최종 결과 등에 대한 설명의무를 부여하고 있다. 다만, 법안은 누구든지 인공지능기술과 알고리즘의 연구·개발 및 인공지능제품 또는 인공지능서비스의 출시 등과 관련한 행위를 할 수 있도록 보장하는 것을 원칙으로 함으로써, 우선 허용, 사후 규제라는 네거티브 규제원칙을 선언하고 있다.[34]

---

32 Tambiama Madiega; Graphic: Samy Chahri Members' Research Service, EU Artificial intelligence act, BRIEFING EU Legislation in Progress, PE 698.792 - June 2023.

33 Algorithmic Accountability Act of 2022(https://www.wyden.senate.gov/imo/media/doc/2022-02-03%20Algorithmic%20Accountability%20Act%20of%202022%20One-pager.pdf).

34 윤두현 의원 대표발의, 인공지능산업 육성 및 신뢰 확보에 관한 법률안, 의안번호 18726, 2022.12.7

## 2. 원칙중심규제

생성형 AI의 첫 번째 규제방식은 원칙중심의 규제(Principle－based Regulation)이다. 이는 상세하고 규범적인 규칙에 의존하는 것이 아니라 보다 상위 수준에서 광범위한 규칙이나 기준을 통해 규제하는 방식이다.[35] 특정한 행위에 대한 허용 여부나 제재 여부를 규칙을 통해 확정적으로 정하는 것이 아니라, 일반적이고 추상적인 원칙을 제시하고, 그 원칙의 범위 안에서 유연한 행위 규제를 하는 방식이다.[36] 원칙중심규제는 영국에서 금융규제의 방식으로 처음으로 시행되었는데 이는 핀테크 등 새로운 기술발전에 고도로 민감성을 가지면서도 복잡한 구조를 가진 금융업에서 탄력적 규제대응이 긴요했기 때문이다.[37] 원칙중심규제는 신기술의 발전과 같이 빠르게 변하는 외부상황에 대응해 규제 공백 내지는 규제 지체를 방지할 수 있다는 장점이 있으나, 구체적인 사안에 대한 예측 가능성이 떨어져 법적 안정성을 저해할 수 있고, 규제의 집행과 관련하여 공정성이나 투명성 차원에서 문제가 생길 수 있다.[38] 한편 원칙중심의 규제 방식을 운용하려면 수범자의 규제준수 의지가 매우 중요하므로 이를 지원하기 위한 인센티브도 필요한데, 규제 운영 방식으로서 공적 주체가 원칙을 제시하고 그 이행 방식을 시장 행위자의 자율에 맡긴다면 이는 사실상 자율규제의 다른 표현이 될 수도 있다.[39]

이와 달리 '규정중심규제(rule－based regulation)'는 규제의 내용을 구체적이고 상세하게 법령으로 정하는 것인데, 사업자의 예측가능성이나 책임소재를 높이는 장점이 있으나, 기술발전에 대응한 시의적절한 규제가 어려운 문제가 있다. 생성현 AI의 기술 발전 속도를 법제가 시의에 맞게 대응하는 것

35 JULIA BLACK, MARTYN HOPPER and CHRISTA BAND, Making a success of Principles-based regulation, 「Law and Financial Markets Review」, May 2007. pp. 191-192.

36 김태오, 앞의 글, 154면-155면.

37 최승필, 기술발전에 따른 규제방식 전환과 그 법적 쟁점, 「公法學研究」 第24巻 第2號, 2023.5, 228면-230면.

38 유제민, 레그테크(RegTech)의 도입과 규제법학의 과제, 「경제규제와 법(Journal of Law & Economic Regulation)」 제12권 제1호, 2019, 21쪽 이하.

39 선지원, 규제 방법의 진화로서 자율규제의 실질화를 위한 연구, 사단법인 행정법이론실무학회, 「행정법연구」 제64호 2021년 3월, 105면-106면.

은 어렵고, 그렇다고 사전에 기술, 서비스 발전을 예측해서 규제를 설계하는 것도 어렵다는 점에서 생성형 AI 분야에서 원칙중심규제는 유효하다.

다만, 현실적으로 규제가 시도되면 원칙중심규제보다는 규정중심규제로 갈 가능성이 많다. 대부분의 경우 원칙중심규제는 규제의 예측 불가능성이라는 문제를 지니게 되고 이에 따라 수범자는 보다 상세한 규제 내용을 요구하며, 이에 따라 가이드라인 형태의 규정이 등장하게 된다. 가이드라인은 법적 구속력이 없는 것이 원칙이며, 기업의 법적 불확실성을 해소하고 정부의 적정한 재량행사도 보장할 수 있는 장점이 있다. 다만, 일정한 법적 행위에 대한 사실상의 세부적인 평가기준으로 역할을 하면서 실질적으로 법적 구속력을 지니는 경우가 많다. 이처럼 가이드라인의 사실상 법적 강제력이 피할 수 없는 현상이라면 다음 중요한 것은 가이드라인에 대한 통제이다. 가이드라인의 내용이 법령에 위반되는지 여부, 기업에게 과도한 부담을 주는지 여부 등에 대한 심사가 필요하다.

자율규제도 원칙중심규제의 일환이 될 수 있으며, EU를 제외한 미국, 한국은 자율규제의 흐름을 보여주고 있다. 최근 미국의 구글, 메타, 오픈AI를 비롯한 7개 생성형 AI 업체가 백악관 주도 모임에 참여해 인공지능 기술로 작성한 콘텐츠에는 워터마크를 넣고 보안기술 개발에도 투자하는 등 이용자 안전 조치를 취하기로 합의했다.[40] 한국의 경우에도 플랫폼 자율기구가 구성, 운영되고 있으며 지난 5월 자율기구 내 데이터, AI 분과는 인터넷 검색 또는 추천 서비스에서 노출되는 콘텐츠 및 순서 결정 기준에 대한 정보(주요 변수)를 자율적으로 공개하는 것을 내용으로 하는 '플랫폼 검색·추천서비스 투명성 제고를 위한 자율규제 원칙'을 발표했다.[41]

---

40 The Wall Street Journal, White House Says Amazon, Google, Meta, Microsoft Agree to AI Safeguards Tech companies adopt voluntary guidelines, such as watermarking artificial content, July 21, 2023(https://www.wsj.com/articles/white-house-says-amazon-google-meta-microsoft-agree-to-ai-safeguards-eabe3680?mod=Searchresults_pos1&page=1, 2023.7.20. 접속).

41 과학기술정보통신부 보도자료, 플랫폼 자율기구 자율규제 방안 발표회 개최, 2023.5.11.

## 3. 사전규제와 사후규제

사전규제는 불법 행위가 발생하기 전에 위험방지를 위한 적법 행위의 요건을 세밀하게 정해두는 것이고, 사후규제는 위험이 발생한 경우 이를 제거하기 위한 조치를 취하는 것이다. 한국의 인공지능법안이 취하고 있는 네거티브 규제(negative regulation)도 사후규제 원칙의 한 모습이다. 동법안 제11조 제1항은 우선허용·사후규제 원칙를 명시하고 있다. 즉, 국가와 지방자치단체는 인공지능기술의 연구·개발 및 인공지능제품 또는 인공지능서비스의 출시를 허용하는 것을 원칙으로 한다. 다만, 인공지능기술, 인공지능제품 또는 인공지능서비스가 국민의 생명·안전·권익에 위해가 되거나 공공의 안전 보장, 질서 유지 및 복리 증진을 현저히 저해하는 경우에는 이를 제한할 수 있다고 규정하고 있다.

이처럼 네거티브 규제는 명시적으로 금지되지 않는 한 모든 것이 허용된다고 보는 규제방식으로, 명시적으로 규정된 것에 한해서만 허용하는 포지티브 규제의 반대 개념이다. 급속하게 발전하는 생성형 AI 기술에 대해서는 규제를 위한 미래 정보 자체가 부족하기 때문에 사전 규제가 어려우며, 사전 규제를 하기 위한 복잡하고 긴 공식절차를 거치다 보면 규제의 타이밍을 놓칠 우려가 있다.[42] 또한 과도한 사전규제는 AI 상품과 서비스의 시장 출시를 저해할 우려가 있다는 점에서 이 분야에서 사후 규제는 유용한 접근이다.

다만, 유발 하라리(Yuval Noah Harari) 교수는 의약품에 대해 사전 위험성을 평가 후 시장에 출시하고 있는 것과 같이 AI 제품도 사전 적합성 평가를 할 필요가 있다고 주장하고 있다.[43] 다만 이는 모든 생성형 AI에 적용되기보다는 고위험성이 있는 AI에게만 적용되는 것이 타당하다. 이런 이유로 고위험의 범위를 합리적으로 정하는 것이 매우 중요한 작업이라고 할 것이다.

---

42 Matthew U. Scherer, Regulating Artificial Intelligence Systems: Risks, Challenges, Competencies, and Strategies, 「Harvard Journal of Law & Technology」, 29 Harv. J. L. & Tech. 353 (2016), pp. 387-388.

43 The economist, Yuval Noah Harari argues that AI has hacked the operating system of human civilisation, Apr 28th 2023(https://www.economist.com/by-invitation/2023/04/28/yuval-noah-harari-argues-that-ai-has-hacked-the-operating-system-of-human-civilisation, 2023.7.30. 접속).

## 4. 국내적 규제와 국제적 규제

규제란 원칙적으로 주권국가가 독립적으로 제정, 집행하는 것이 원칙이지만, AI를 비롯한 디지털 분야는 초국경성을 특징으로 하기 때문에 국제적 규제가 중요하지 않을 수 없다. 윤석열 대통령은 지난 6월 23일 프랑스 파리에서 ChatGPT 등 기술이 고도화하는 시대에 AI를 포함한 디지털 질서 규범 제정을 위한 국제기구 설치를 제안했다.

개리 마르쿠스(Gary Marcus) 뉴욕대 교수도 중립적인 비영리 국제기구로서 IAAI(International Agency for AI) 설치를 제안했다. 그는 유사 모델로서 81개 국가로 구성되어 검사권을 가진 국제원자력기구(International Atomic Energy Agency)와 각국이 독립적인 법을 집행하되 기구로부터 조언을 듣는 국제민간항공기구(International Civil Aviation Organization)를 제시했다.[44]

다만, 국제기구의 필요성은 인정되지만, 각국의 AI 기술과 서비스의 발전 상황이 다르다는 점에서 국제적으로 동일한 규제를 강제하는 것은 오히려 역차별이 될 수 있다. 가장 앞서가는 생성형 AI 모델인 ChatGPT 개발사인 OpenAI의 샘 알트만 대표가 규제 필요성을 역설하는 것이 신규 진입자의 '사다리 걷어차기'라는 비판을 새겨들을 필요가 있다. 따라서 각국의 상황과 특성을 고려한 유연한 규제가 필요하다. 한국 개인정보위원회 주최 국제컨퍼런스에서 아누팜 챈더(Anupam Chander) 미국 조지타운법대 교수는 국가별로 AI 규제 파편화가 불가피하다면서, 이에 대한 해결책으로 개인정보 국외이전에 대한 국가 간 적정성 결정과 같이 핵심원칙에 대한 합의를 기반으로 상호호환성을 갖도록 제안했다.[45]

예를 들어 원칙적으로 글로벌 플랫폼 기업은 서비스 대상 국가별로 요구되는 프라이버시 규제를 준수하여야 한다. 그렇다면 이런 컴플라이언스 의

---

44 The economist, The world needs an international agency for artificial intelligence, say two AI experts, Apr 18th 2023(https://www.economist.com/by-invitation/2023/04/18/the-world-needs-an-international-agency-for-artificial-intelligence-say-two-ai-experts, 2023.8.1. 접속).

45 개인정보보호위원회 보도자료, 개인정보위 · 디지털플랫폼정부위, 'AI와 데이터 프라이버시 국제 컨퍼런스' 개최, 2023.6.22.

무는 규범의 파편화 현상으로 봐야 하는 것인지 아니면 국가의 데이터, AI 주권 차원으로 봐야 할 것인지 문제가 될 수 있다. 국가 이익 관점에서 보면 양자는 매우 상대적 개념이다. 디지털 선진국 입장에서는 후진국의 데이터 규제가 규범의 파편화로 인식될 수 있음에 비해, 후진국 입장에서는 데이터 주권의 문제로 인식된다. 미국에 소재한 OpenAI 입장에서 보면 EU, 한국 등의 상대적으로 강력한 프라이버시 규제는 생성형 AI 서비스 제공에 큰 장벽이 된다. 이미 글로벌 기업인 한국의 현대자동차가 자율주행을 위해 데이터를 처리하는 경우나 삼성전자가 디지털 기기를 판매하면서 개인정보를 처리하는 경우 각국의 다양한 데이터 규제는 장벽이 된다.

개방과 혁신을 통해 성장한 한국 입장에서 디지털 규범은 산업의 경쟁력을 결정짓는 중요한 어젠다이다. 글로벌 디지털 규범 정립에 한국의 이익을 적극적으로 반영하고, 디지털 규범 논의와 연계해 국내 제도개선에도 노력해야 할 것이다. 특히, 한국의 경우 글로벌 진출을 원하는 플랫폼, 데이터 기업들이 국내 규제로 인해 글로벌 사업자와 국내 사업자 간 차별이 생기지 않도록 국내 규제를 개선하여 국내 사업자의 해외 진출을 촉진할 수 있도록 해야 할 것이다. 결론적으로 미국과 중국이 AI 산업 패권을 두고 경쟁을 벌이고 있고, EU는 미국 빅테크 규제를 위해 인공지능법을 도입하는 상황에서 한국이 국내 규제도입을 서둘러야 할 필요는 없다.

## 5. 전문적, 참여적 규제

생성형 AI는 텍스트 프롬프트를 기반으로 새로운 콘텐츠를 생성하는 AI로 진화하면서 산업과 사회는 물론 우리 삶에 미치는 영향은 매우 클 것으로 예상된다. 긍정적으로 보면 인간의 노동력을 완벽하게 보완하며, 우리 삶이 더 생산적이고 창의적일 수 있도록 하지만, 부정적인 측면으로는 우리 세상에의 산재하는 편견을 증폭시키거나, 정보에 대한 신뢰를 떨어뜨릴 수 있다.[46]

---

46 Generative AI: Perspectives from Stanford HAI, How do you think generative AI will affect your field and society going forward?, March 2023, p. 3.

이런 이유로 생성형 AI가 가져올 긍정적 영향을 모든 사회 구성원이 골고루 누리도록 함과 동시에 일자리 대체, 저작권과 개인정보 이슈, 허위 정보의 문제, 차별 등과 같은 문제를 해소할 수 있는 대안을 마련함에서 전문가와 다수 국민의 참여가 보장될 필요가 있다. 문제를 진단, 분석하고 대안을 제시하는 역할은 전문가들이 수행하고 기업과 일반 국민은 대안 모색 과정에서 충분한 의견을 제시할 수 있어야 할 것이다. 현행 과학기술기본법은 '기술영향평가'제도를 도입하고 있는데, 이의 절차에는 전문가가 대상기술을 선정, 평가하고 정책적 고려사항을 제안하면, 대상기술별 시민포럼과 온라인 의견창구를 통해 국민들의 의견을 청취하도록 하고 있다. 2015년에는 유전자 가위기술과 인공지능기술에 대한 영향평가를 실시하였다.[47]

국회에서 논의중인 인공지능법에는 국가인공지능위원회를 구성하되 절반 이상을 민간위원으로 하고 있고 민간위원은 인공지능 등에 관한 전문지식과 경험이 풍부한 사람 중 대통령이 위촉하는 사람으로 하고 있으며, 별도의 전문위원회도 구성함으로써 전문가의 참여는 보장하고 있다. 다만, 일반 국민의 참여적 거버넌스는 부족한 측면이 있으므로 이를 보완할 필요가 있다.

## 6. 비례적 규제(위험기반 접근)

끝으로 위 규제원칙들을 포괄하는 가장 중심적인 규제원칙은 "비례적 규제"이다. 이는 AI 기술, 서비스로 인한 편익을 훼손하지 않는 한도 내에서 적절한 위험관리가 이루어져야 한다는 것이다. 한국 헌법 제37조제2항에서는 "국민의 모든 자유와 권리는 국가안전보장, 질서유지 또는 공공복리를 위하여 필요한 경우에 한하여 법률로써 제한할 수 있으며, 제한하는 경우에도 자유와 권리의 본질적인 내용을 침해할 수 없다."라고 규정하여 비례원칙을 천명하고 있다. 또한 행정기본법 제10조도 행정작용은 1. 행정목적을 달성하는 데 유효하고 적절할 것, 2. 행정목적을 달성하는 데 필요한 최소한도에 그칠 것, 3. 행정작용으로 인한 국민의 이익 침해가 그 행정작용이 의도하는 공익보다 크지 아니할 것이라고 규정해서 비례적 규제원칙을 명문화하고 있

47 임성민, 2015년 기술영향평가-인공지능기술, 미래창조과학부, 한국과학기술기획평가원, 2016.1.

다. 이처럼 비례원칙은 모든 국가적 행동의 지배적인 지도 원칙으로서 행정의 모든 영역에 타당한 일반원칙이라고 할 수 있다.[48]

위험기반 접근(risk-based approach)도 이런 비례적 규제의 한 형태라고 할 수 있다. 위험기반 접근을 대표적으로 채택하고 있는 것이 EU의 인공지능법이다. 즉, AI 시스템에 대한 의무는 시스템이 제기하는 위험 수준에 비례하는데, 네 가지 수준의 위험을 설명한다. 첫째, 저위험 시스템(Low-risk systems), 둘째, 제한적이거나 최소한의 위험 시스템(Limited or minimal risk systems), 셋째, 고위험 시스템(High-risk systems)인데, 이는 사용자의 삶의 기회에 중대한 영향을 미칠 수 있는 시스템으로 이러한 시스템에는 엄격한 의무가 적용되며 EU 시장에 출시되기 전에 적합성 평가(conformity assessments)를 거쳐야 한다. 넷째, 허용할 수 없는 위험이 있는 시스템(Systems with unacceptable risk)으로, 이는 EU 시장에서 판매될 수 없다.[49]

EU 인공지능법이 위험기반 접근을 채택하고 있는 것은 우선 AI 시스템이 너무 광범위하게 규정되어 있기 때문에,[50] 문제가 없는 AI를 규제 대상에서 제외함으로써 전면적 AI 규제(blanket regulation of all AI systems)로 생길 수 있는 혁신 저해를 방지할 필요가 있기 때문이다.[51] 또한 혁신과 위험을 비교형량하여 혁신의 이익을 실험적으로 검증하는 규제샌드박스(regulatory sand-

---

48 김태호, 행정법상 비례의 원칙 ― 대법원 판례를 중심으로 ―, 「公法硏究」 第37輯 第4號, 한국공법학회, 2009.6, 89면- 116면, 참조.

49 European Commission, The EU AI Act's Risk-Based Approach: High-Risk Systems and What They Mean for Users(https://futurium.ec.europa.eu/en/european-ai-alliance/document/eu-ai-acts-risk-based-approach-high-risk-systems-and-what-they-mean-users).

50 2023년 5월 채택된 EU 의회안에 따르면 AI 시스템은 명시적 또는 묵시적 목표를 위해 물리적 또는 가상 환경에 영향을 미치는 예측, 권고, 결정과 같은 출력을 생성할 수 있는 다양한 수준의 자율성으로 작동하도록 설계된 기계 기반(Machine-based) 시스템이다(Artificial intelligence system(AI system) means a machine-based system that is designed to operate with varying levels of autonomy and that can, for explicit or implicit objectives, generate output such as predictions, recommendations, or decisions influencing physical or virtual environments).

51 TOBIAS MAHLER, UNIVERSITY OF OSLO, Between risk management and proportionality: The risk-based approach in the EU's Artificial Intelligence Act Proposal pp. 265-266(Electronic copy available at: https://ssrn.com/abstract=4001444).

box)와 같은 잠정적인 규제체계의 도입도 생성형 AI에서는 유용한데, 이미 EU의 인공지능법은 혁신을 지원하기 위한 조치로서 규제샌드박스를 도입하고 있다.[52]

한국의 인공지능법은 사람의 생명, 신체의 안전 및 기본권의 보호에 중대한 영향을 미칠 우려가 있는 인공지능을 고위험 영역에서 활용되는 인공지능으로 규정하고 이에 대해서는 이용자에 대한 사전고지 등을 규정하고 있다. EU 인공지능법과 달리 고위험 AI에 대해서만 규정함으로써 혁신과 규제를 균형적으로 고려한 것으로 평가할 수 있다.

## Section 05 | 결론

ChatGPT는 자연어 생성 모델로 주어진 텍스트의 다음 단어를 예측하는 학습을 하며, 이를 통해 사람이 쓴 것과 같은 의미 있는 텍스트를 생성한다. 점점 인간의 능력에 맞먹는 실력을 보여주고 있어 경이롭지만 몇 가지 우려되는 점도 있다.

첫째, ChatGPT에 과도하게 의존하는 경우 인간의 창의성과 학습능력이 저하될 가능성이 있으며, 표절이나 대필 등 저작권 침해, 기술 발달에 따른 교육 격차, 학습능력 저하의 문제가 발생할 가능성이 있다. 둘째, 전문직의 일자리를 대체할 가능성이다. ChatGPT의 발전에 따라 인간은 논문 작성, 프로그래밍, 번역 교정, 콘텐츠 제작 등 지식 노동을 위한 시간과 비용을 획기적으로 절감하게 될 것이다. 셋째, ChatGPT가 얼마나 공정하고 정확한 답변을 하고 있는지에 관한 것이다. 2021년 이전의 데이터로 학습하여 2022년 이후 일어난 사건에 대해서는 답변이 부정확하며, 대규모 학습 데이터를 기반으로 답변을 하기 때문에 잘못된 정보나 편향된 콘텐츠를 생성할 가능성도 있다.

52 EU AI act, MEASURES IN SUPPORT OF INNOVATION, Article 53, AI regulatory sandboxes

이제 우리에게 남은 과제는 이런 우려를 해소하고 인간에게 유용한 AI가 되도록 하는 방안을 강구하는 것이다. 그 방안으로는 우선 법적 구속력이 없는 연성규제(soft law)를 고려할 수 있다. 기업 자율적으로 AI가 작동하도록 하는 규칙인 알고리즘을 투명하고 공정하게 설계하도록 하는 것이다. 투명성이 절차적인 것이라면 공정성이 실체에 관한 것이며, 투명성이 적극적으로 알고리즘의 주요 기준을 공개하고 검증을 받도록 하는 것이라면 공정성은 편향성을 제거하자는 소극적 의미이다. 또한 AI 윤리 교육의 강화도 필요하다. AI 개발자는 물론 제조자, 운용자, 이용자 모두 AI를 인간에게 유용하게 활용하려는 윤리의식을 가져야 한다.

다음은 본 장에서 논의한 경성규제(hard law), 즉 법적 구속력이 있는 규제를 도입하는 것이다.[53] 다만, 경성규제를 도입하는 경우에도 생성형 AI에 대해서는 원칙중심규제, 네거티브 규제, 국내규제와 국제규제의 조화, 위험기반규제 등을 고려하며, 결론적으로 위험에 상응하는 규제의 도입으로 생성형 AI기술의 혁신을 저해하지 않는 범위에서 위험관리가 이루어지는 비례적 규제 원칙을 중요하게 고려해야 할 것이다.

53 Wojtek BUCZYNSKI, Felix STEFFEK, Fabio CUZZOLIN, Mateja JAMNIK, Barbara SAHAKIAN, Hard Law and Soft Law Regulations of Artificial Intelligence in Investment Management, 「Cambridge Yearbook of European Legal Studies」, 24 (2022), pp. 262-293에서 AI 관련 경성규제, 연성규제에 대한 사례에 대한 상세한 설명을 참조할 수 있다.

# 참고문헌

## 국내 문헌


김태오, 제4차 산업혁명의 견인을 위한 규제패러다임 모색: 한국의 규제패러다임을 중심으로, 「경제규제와 법(Journal of Law & Economic Regulation)」, 제10권 제2호 (통권 제20호), 2017. 11.

김태원, ChatGPT는 혁신의 도구가 될 수 있을까? : ChatGPT 활용 사례 및 전망, 「THE AI REPORT」 2023-1, NIA AI Futute Strategy Center, 2023. 1.

김태호, 행정법상 비례의 원칙 — 대법원 판례를 중심으로 —, 「公法硏究」 第37輯 第4號, 한국공법학회, 2009.6.

안성원 외 4인, 초거대언어모델의 부상과 주요 이슈 – 챗GPT의 기술적 특성과 사회적, 산업적 시사점, 「ISSUE REPOPRT IS-158」, SPRi, 소프트웨어정책연구소, 2023.2.27.

선지원, 규제 방법의 진화로서 자율규제의 실질화를 위한 연구, 사단법인 행정법이론실무학회, 「행정법연구」 제64호 2021년 3월.

유제민, 레그테크(RegTech)의 도입과 규제법학의 과제, 「경제규제와 법(Journal of Law & Economic Regulation)」 제12권 제1호, 2019.

윤혜선, 신흥기술(emerging technologies)의 규제에 대한 몇 가지 고찰, 「경제규제와 법(Journal of Law & Economic Regulation)」, 제10권 제1호 (통권 제19호), 2017. 5.

윤혜선, 신흥기술 규제(emerging technologies regulation)' 연구방법론 개발을 위한 기초연구- 기술규제 시 고려요소를 중심으로, 사단법인 행정법이론실무학회, 「행정법연구」 제49호. 2017년 6월.

이광호, "기술규제, 사례와 정책적 시사점", 「경제규제와 법(Journal of Law & Economic Regulation)」 제9권 제2호, 2016. 11.

이성엽, 공유경제(Sharing economy)에 대한 정부규제의 필요성— 차량 및 숙박공유를 중심으로 —공유경제에 대한 정부규제의 필요성, 「행정법연구 제44호」, 행정법이론실무학회, 2016. 2.

이원우, 혁신과 규제: 상호 갈등관계의 법적 구조와 갈등해소를 위한 법리와 법적 수단, 「경제규제와 법(Journal of Law & Economic Regulation)」 제9권 제2호 (통권 제18호), 2016.11.

이원우, 신융합산업 활성화를 위한 규제개혁입법의 현황과 과제, 「경제규제와 법(Journal of Law & Economic Regulation)」 제12권 제2호 (통권 제24호). 2019. 11.

임성민, 2015년 기술영향평가－인공지능기술, 미래창조과학부, 한국과학기술기획평가원, 2016.1.

임효주, 초거대 AI의 발전 양상과 향후 과제, 「ICT SPOT ISSUE」, IITP 정보통신기획평가원, 2022. 12. 27.

최승필, 기술발전에 따른 규제방식 전환과 그 법적 쟁점, 「公法學研」, 第24卷 第2號, 2023.5.

## 외국 문헌

Camille Bello, ChatGPT: AI will shape the world on a scale not seen since the iPhone revolution, says OpenAI boss.

David Collingridge, THE SOCIAL CONTROL OF TECHNOLOGY (London: Frances Printer; 1980).

Generative AI: Perspectives from Stanford HAI, How do you think generative AI will affect your field and society going forward?, March 2023.

Julia Black/Robert Baldwin, Really Responsive Risk－Based Regulation, 「Law and Policy」, vol. 32 (April 2010).

Julia Black, Constitutionalising Self－Regulation, 「The Modern Law Review」59 Mod. L. Rev. 24 (1996).

JULIA BLACK, MARTYN HOPPER and CHRISTA BAND, Making a success of Principles－based regulation, 「Law and Financial Markets Review」, May 2007.

Matthew U. Scherer, Regulating Artificial Intelligence Systems: Risks, Challenges, Competencies, and Strategies, 「Harvard Journal ofLaw & Technology」, 29 Harv. J. L. & Tech. 353 (2016).

OECD Regulatory Policy Outlook 2021, Risk－based regulation:Making sure that rules are science－based, targeted, effective and efficient.

Percy Liang, On the Opportunities and Risks of Foundation Models, Center for Research on Foundation Models (CRFM), Stanford Institute for Human－

Centered Artificial Intelligence (HAI), Stanford University(https://arxiv.org/pdf/2108.07258.pdf).

Tambiama Madiega; Graphic: Samy Chahri Members' Research Service, EU Artificial intelligence act, BRIEFING EU Legislation in Progress, PE 698.792 - June 2023.

Timothy F. Bresnahan, M. Trajtenberg, General purpose technologies 'Engines of growth'? 「Journal of Econometrics」, Volume 65, Issue 1, January 1995.

Thomas Fetzer, Innovation and Regulation : Static Law in Dynamic Markets – How to Regulate the Unpredictable, 「Journal of Law & Economic Regulation」, Vol. 9. No. 2, 2016. 11.

TOBIAS MAHLER, UNIVERSITY OF OSLO, Between risk management and proportionality: The risk–based approach in the EU's Artificial Intelligence Act Proposal

Wojtek BUCZYNSKI, Felix STEFFEK, Fabio CUZZOLIN, Mateja JAMNIK, Barbara SAHAKIAN, Hard Law and Soft Law Regulations of Artificial Intelligence in Investment Management, 「Cambridge Yearbook of European Legal Studies」, 24 (2022).

Yavar Bathaee, THE ARTIFICIAL INTELLIGENCE BLACK BOX AND THE FAILURE OF INTENT AND CAUSATION, 「Harvard Journal of Law & Technology」 Volume 31, Number 2 Spring 2018.

YONG LIM, Shifting Winds, Changing Tides Emerging Issues for Market Competition in the Next Phase of AI Evolution, 5th AI Ethics & Law Forum Seminar, June 30, 2023.

# part II

5. 글로벌 AI 규제 동향과 한국의 AI 규제 정립 방안
6. EU의 AI 규제법과 AI 규제의 방향
7. 생성형 AI의 활용과 지식재산 쟁점
8. 생성형 AI의 저작권법 이슈와 과제
9. 생성형 AI의 개인정보 이슈와 과제
10. 생성형 AI의 경쟁법상의 이슈와 과제
11. 생성형 AI에서 허위정보 이슈와 과제
12. 생성형 AI에서 알고리즘 규제 이슈와 과제

# 생성형 AI 규범의 이슈

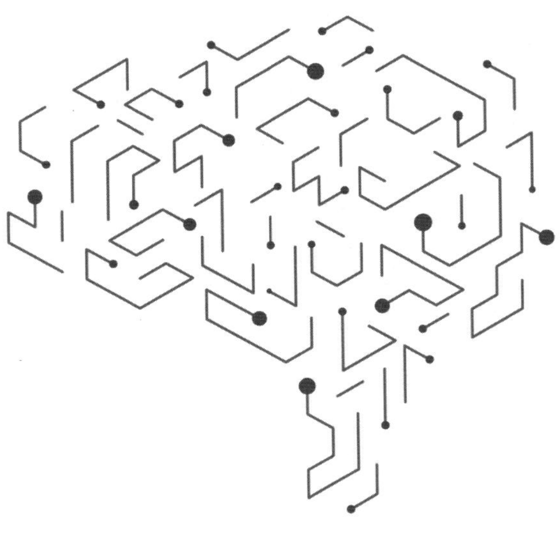

chapter

# 05

# 글로벌 AI 규제 동향과 한국의 AI 규제 정립 방안

이승민*

## Section 01 | 들어가며

AI의 발전은 전통적 규제 체계의 근본적인 변화를 요구하고 있다. 규제 체계의 변화는 사회와 기술 진보에 따라 당연히 필요한 것이지만, 디지털 시장과 플랫폼 생태계의 발전은 기존과는 다른 큰 폭의 변화를 요구하였고, AI, 특히 대규모 언어모델을 기반으로 한 생성형 AI의 등장은 기존의 규제 방식에 대한 근원적인 고민을 던져주고 있다.

글로벌 차원에서는 AI에 대한 규제 논의가 시작된 지 한참 되었고, 유럽연합에서는 이미 입법이 이루어졌다. 간단하게 살펴보자면, 2019년 OECD가 발표한 인공지능 권고안(Recommendation of the Council on Artificial Intelligence), 2023. 11. 1.－2. 블레츨리 선언(Bletchley Declaration)[1] 등을 통해 윤리 차원의

---

* 성균관대 법학전문대학원 부교수

1 유럽연합 및 전세계 주요 28개국(호주, 브라질, 캐나다, 칠레, 중국, 프랑스, 독일, 인도, 인도네시아, 아일랜드, 이스라엘, 이탈리아, 일본, 케냐, 사우디아라비아, 네덜란드, 나이지리아, 필리핀, 한국, 르완다, 싱가폴, 스페인, 스위스, 튀르키예, 우크라이나, UAE, 영국, 미국)은 2023. 11. 1.-2. 제1회 AI 안전 정상회의를 개최하고 AI에 관한 주요 원칙을 선언하였다.

논의가 선행되었다. 이에 앞서 미국에서는 국립표준·기술연구소(National Institute of Standards and Technology; NIST)가 2023. 1. "AI 리스크 관리 체계(Artificial Intelligence Risk Management Framework)"를 발표하였고, 바이든 행정부는 2023. 10. 30. 「안전성, 보안성, 신뢰성을 갖춘 AI의 개발 및 이용에 관한 행정명령(Executive Order on Safe, Secure, and Trustworthy Development and Use of Artificial Intelligence)」[2]을 제정하였다.

가장 많은 주목을 받은 것은 유럽연합의 「AI 법(Artificial Intelligence Act)」[3]인데, 이 법은 2021. 4. 21. 집행위원회(European Commission)가 발의하였고, 2023. 10. 24. 유럽의회(EU Parliament) 및 회원국 간 제4차 회담을 거쳐 2024. 2. 13. 27개 회원국 만장일치로 승인되었으며, 2024. 5. 21. 각료이사회(EU Council)에서 공식적으로 채택되었다. 그리고 2024. 7. 12. 관보에 게재되어 지난 7. 31.부터 시행되었다.[4]

이 글에서는 유럽연합 AI Act의 내용을 중심으로 글로벌 AI 규제 동향을 살펴보고(그에 앞서 블레츨리 선언과 미국 AI 행정명령의 내용도 간단히 살펴볼 것이다), 그에 대한 시사점을 바탕으로 국내에서 진행 중인 AI 규제 도입에 대해 몇 가지 제언을 해 보고자 한다.

## Section 02 | 글로벌 AI 규제 동향

### 1. 블레츨리 선언

블레츨리 선언에서는 인권 보호, 투명성, 설명가능성(explainability), 공정성, 책임성, 규제, 안전성(safety), 적절한 인적 감시(appropriate human over-

2 이하 'AI 행정명령'.

3 이하 'AI Act'.

4 다만, 제1장 및 제2장은 6개월 후에, 제3장 제4절, 제5장, 제7장, 제12장, 제78조는 12개월 후에(단, 제101조는 제외), 제6조 (1)항 및 그에 따른 의무들은 36개월 후에 시행되며, 나머지 규정들은 24개월 후에 시행된다.

sight), 윤리, 편향 완화(bias mitigation), 사생활 및 정보 보호에 대한 규율 필요성이 강조되었고, 아울러 콘텐츠 조작, 기만적 콘텐츠 생성으로 인한 예측하기 어려운 리스크의 해소 방안이 논의되었다.

여기에서는 기반 모델(Foundation Model)을 포함한 생성형 AI에서는 안전성 리스크가 특히 중요하다고 지적되었는데, 구체적으로는 생성형 AI의 가능성은 현재로서는 완전히 파악되기 어렵고 예측하기도 어려우며, 생성형 AI의 발전에 따라 사이버안보, 바이오테크, 허위조작정보(disinformation)에 대한 우려가 증가하고 있으므로 AI의 급격한 발전, 관련 기술에 대한 투자 가속화 등으로 인한 잠재적 리스크를 인지하고 적절한 조치를 취해야 할 급박한 필요성이 있다고 하였다. 그리고 AI 리스크의 국제적 성격을 고려할 때, 국제협력이 중요하다는 점도 강조되었다.

## 2. 미국 AI 행정명령

미국 AI 행정명령은 제1조에서 AI가 긍정적 측면과 부정적 측면 모두에서 향후 지대한 영향을 미칠 것으로 보고 책임성 있는 AI 이용을 촉진하여 사회의 번영과 혁신, 안보 등에 이바지하기 위한 목적으로 제정된 것임을 밝히고 있다. 그리고 제2조에서는 총 8가지 사항의 정책 및 원칙들을 언급하고 있는데, 그 내용은 다음과 같다.

1) AI 안전성 및 보안성을 위한 새로운 기준들: ① 강력한 AI 시스템 개발자는 안전성 테스트 결과 및 주요 정보를 미 정부와 공유, ② AI 시스템의 안전성, 보안성, 신뢰성 확보를 위한 기준, 도구, 테스트 개발, ③ AI를 이용하여 위험한 생물학적 물질을 다루는 것에 대한 위험으로부터 보호, ④ AI가 생성한 콘텐츠를 탐지하고 진정한 콘텐츠를 승인하기 위한 기준 및 모범사례 수립을 통해 AI로 인한 사기·기만행위로부터 미국 시민 보호, ⑤ 주요 소프트웨어의 취약점 발견·해결을 위한 AI 도구 개발 목적의 강화된 사이버안보 프로그램 수립, ⑥ AI와 보안에 대한 추가 조치들을 정한 국가안보 메모랜덤(National Security Memorandum) 개발

2) 소비자, 환자, 학생들 지원: ① 책임감 있는 AI 사용 증진, ② AI를 통한 교육 전환 가능성 확인

3) 노동자 지원: ① 노동자들에 대한 AI의 해악을 제거하고 이익을 극대화하기 위한 원칙 및 모범사례 개발, ② AI가 잠재적으로 노동시장에 미칠 영향에 대한 보고서 산출 및 노동 파괴에 직면한 근로자들에 대한 연방의 지원 방안에 대한 연구·확인

4) 혁신 및 경쟁 촉진: ① 미국 전역에 걸쳐 AI 연구 활성화, ② 공정하고, 개방적이며, 경쟁적인 AI 생태계 촉진, ③ 기존 행정기관들을 활용하여 핵심 분야에서 고도로 숙련된 이민자 및 전문성을 갖춘 비이민자들의 미국 내 연구·체류·근로 기회 확대

5) 미국인들의 사생활 보호: ① 사생활 보호 기술의 개발 및 이용 촉진을 위한 연방의 지원에 우선순위를 부여하여 미국인들의 사생활 보호, ② 사생활 보호 목적의 연구 및 기술 강화, ③ 상업적으로 이용 가능한 정보에 대한 행정기관들의 정보 및 활용 방식에 대한 평가 및 연방 행정기관들에 대한 사생활 보호 가이드라인 강화, ④ 사생활 보호 기술의 유효성 평가를 위한 연방 행정기관들을 위한 가이드라인 개발

6) 평등 및 시민권 향상: ① 지주, 연방 복지프로그램, 연방 계약자들에 대한 명확한 지침 제공, ② 알고리듬에 의한 차별 해결, ③ 형사사법 체계를 통한 공정성 확보

7) 해외 리더십 증진: ① AI 분야 협력을 위한 대한 양자·다자간 협약 확대, ② 주요 AI 표준들의 개발 및 적용 촉진, ③ 전 세계적 도전과제들을 해결하기 위해 안전하고, 책임성 있고, 권리를 보호하는 해외 AI의 개발 및 사용 촉진

8) 정부의 책임성 있고 효율적인 AI 사용 확보: ① 행정기관의 AI 활용에 대한 가이드 수립, ② 행정기관이 특정 AI 제품 및 서비스를 취득하도록 보조, ③ AI 전문가들의 신속한 고용 촉진

이처럼 AI 행정명령에서는 AI와 관련하여 현재 생각할 수 있는 거의 모든 사항을 망라한 포괄적인 내용을 다루고 있지만, 위 내용들은 추상적인 수준의 것들이기 때문에 향후 세부사항들이 구체화되어야 그 현실적 의의를

정확히 파악할 수 있을 것이다. AI 행정명령 제4조에서는 미국 국립표준·기술연구소가 이에 관한 구체적인 가이드라인, 표준, 모범사례, 지침 등을 제시하도록 하고 있으며, 위 연구소는 2024. 4. AI의 안전성, 보안성 및 신뢰성에 관한 가이드라인 초안, 즉 ① 생성형 AI 프로파일에 관한 AI 리스크 관리체계, ② 생성형 AI 및 이중용도 기반 모델에 대한 보안 소프트웨어 개발 행위, ③ 합성 콘텐츠(synthetic content)에 따른 위험 감소, ④ AI 표준에 대한 글로벌 협력 계획, 이상 4개의 초안을 공개하였다.

## 3. 유럽연합 AI Act

유럽연합 AI Act 제1조 제2항은 (a) 유럽연합 내에서 AI 시스템의 시장 출시, 서비스 개시 및 사용에 관한 조화된(harmonized) 규칙, (b) AI에 관한 특정 행위 금지, (c) 높은 리스크 AI 시스템의 준수사항 및 해당 시스템 운영자의 의무, (d) 일정한 AI 시스템에 대한 조화된 투명성 규칙, (e) 범용 AI(general-purpose AI; GPAI) 모델의 시장 출시에 대한 조화된 규칙, (f) 시장 모니터링, 시장 감시 거버넌스, 집행에 관한 규칙, (g) 스타트업을 포함한 중소기업에 특히 초점을 맞춘 혁신 지원방안을 이 법의 적용대상으로 열거하고 있다. 위 법의 내용은 이미 많은 문헌에서 자세히 다루고 있기 때문에 이 글에서 상론하지는 않고, 규제 체계의 관점에서 특징적인 점을 몇 가지 언급하고자 한다.

### 1) 리스크 기반 접근방식

유럽연합 AI Act의 첫 번째 특징은 리스크 기반 접근방식(risk-based approach)를 채택하고 있다는 점이다. 이는 전통적인 규정 기반 접근방식(rule based approach)과 대비되는 것인데, 규정 기반 접근방식은 제품·서비스 유형에 상관없이 동일한 의무를 부과하는 것으로 정부 주도의 경성규제에서 주로 채택하고 있는 규제 방식이다. 이러한 규제는 법 적용의 일관성과 예측가능성 측면에서 장점이 있지만, 규제의 경직성으로 인하여 자칫 과잉규제로 이어지거나 실효성이 저하될 수 있다. 반면, 리스크 기반 접근방식은 제품·서비스 유형별 리스크에 비례한 의무를 부과하는 것으로 이에 기초한 규제에서는 수범자에게 보다 적극적 역할을 요구하게 된다.[5]

주지하다시피 유럽연합 AI Act에서는 AI 시스템의 리스크를 크게 4가지, 즉 허용될 수 없는 리스크(unacceptable risk), 높은 리스크(high risk), 제한된 리스크(limited risk), 낮은 리스크(low risk)로 분류하고 있다. 허용될 수 없는 리스크에 대해서는 제5조에서 규율하고 있는데, 여기에서는 AI 시스템의 활용과 관련한 여러 절대적 금지행위가 열거되어 있다. 높은 리스크를 지닌 AI 시스템, 즉 보건, 안전 또는 기본권에 부정적 영향을 미치는 AI 시스템은 AI Act의 주된 적용대상이며, 여기에 대해서는 다양한 사전·사후규제가 적용된다. 제한된 리스크를 지닌 AI 시스템에 대해서는 제50조에 따라, 이용자들이 AI와 상호작용을 하고 있음을 인지하고 정보에 기반하여 특정 AI 모델이나 시스템의 사용 여부를 결정할 수 있도록 하기 위한 최소한의 투명성 요건만이 부과된다. 낮은 리스크의 AI 시스템은 이 법에 따른 규제를 받지 않으며, 따라서 이에 대한 규율은 시장 메커니즘과 자율규제에 의해 이루질 수 있다.

한편 '리스크'라는 개념에는 약간 주의할 필요가 있는데, 이는 독일 경찰법의 전통적 개념인 위험(Gefahr)과는 구별되는 것이다. 위험은 손해 발생의 충분한 개연성(구체적 위험)을 의미하는 것으로서 이에 대해서는 구체적인 위험방지작용(경찰작용)이 요구되지만, 리스크는 손해 발생의 단순한 개연성으로서 그에 대한 관리[6]가 요구된다. 이러한 리스크는 장래 예측적 성격을 지니고 있기 때문에 그 정도에 맞는 유연한 대응이 필요하며, 유럽연합 AI Act의 리스크 기반 접근방식은 여기에 충실한 것으로 평가할 수 있다.

### 2) 사전규제 및 전문규제

유럽연합 AI Act는 높은 리스크 AI 시스템을 중심으로 포괄적이면서도 강력한 사전규제를 적용하고 있다. 구체적으로 살펴보면, 높인 리스크 AI 시스템에 대해서는 그 설계 및 개발 단계에서부터 리스크 관리 시스템(제9조), 데이터 관리(제10조), 기록 보관(제12조), 투명성 및 정보 제공(제13조), 인간에

5 리스크 기반 접근방식이 활용되고 있는 사례로는 자금세탁 방지에 관한 규제를 들 수 있다.
6 환경법에서 흔히 논의되는 사전배려원칙이 이러한 위험 관리의 주요한 예이다.

의한 감독(제14조), 정확성, 견고성(robustness), 및 사이버 보안(제15조)에 관한 요건을 갖추도록 하고 있는데, 제2장에 열거된 이와 같은 의무들은 일반의무조항(general duty clause)에 가까운 상당히 포괄적인 것들이어서 수범자 입장에서 그 외연과 한계를 명확히 예측하기 쉽지 않다. 그리고 제3장에서는 높은 리스크 AI 시스템의 제공자, 배포자, 수입자, 유통자 등 각 행위 주체들에 대해 품질 관리 시스템(제17조), 문서 및 로그 보관(제18조, 제19조), 자료 및 로그 보관(제18조, 제19조), 기본권 영향 평가(제27조) 등 다양한 의무를 부과하고 있으며, 특히 제20조에서는 높은 리스크 AI 시스템의 제공자가 자신의 AI 시스템이 AI Act에 위반된다고 보거나 그렇다고 볼 만한 이유가 있는 경우 즉시 해당 AI 시스템의 회수, 비활성화, 리콜 등 법 준수를 위한 시정조치를 하고 관련 정보를 유통자, 배포자, 수입자 등에게 제공하도록 하는 등 선제적 시정조치 의무를 부과하고 있다. 이 외에도 합치성 평가(conformity assessment; 제43조), 데이터베이스 등록(제49조) 등 다양한 사전규제가 적용된다.

이러한 유럽연합 AI Act는 전문규제의 성격도 지니고 있다. 여기서 전문규제는 시장 메커니즘에 의한 유효경쟁을 기대하기 어려운 영역, 즉 자연독점, 외부효과, 정보의 비대칭성 등으로 인한 시장실패를 교정하거나, 효율성 증진 등 산업정책적 목적 실현이 필요한 경우, 또는 국가 독점산업의 민영화나 경쟁 도입 과정에서 일정한 공공성을 보장하기 위하여 활용되는 것이고, 이를 위해 진입규제나 작의의무 부과와 같은 사전규제가 적용된다. 또한, 이른바 SMP(significant market power) 사업자에 대한 비대칭규제가 시장의 유효경쟁 유지 또는 회복을 위한 수단으로 사용되는 경우가 많다. 이러한 전문규제는 일반경쟁규제기관, 즉 경쟁당국이 아닌 별도로 설립된 독립규제위원회가 담당하는 것이 보통이다. 그런데 AI 분야는 아직 이에 관한 구체적 위험이나 시장의 실패가 명확히 나타나지 않았지만, 유럽연합에서는 AI Office를 설치하고 포괄적 사전규제와 GPAI 제공자에 대한 비대칭규제 방식을 적용하는 등 전문규제의 방식을 채택하고 있다. 이는 AI의 범용성을 비롯한 각종 기술적 특성과 발전 양상을 고려할 때, 디지털 플랫폼의 경우보다도 거짓 양성(false positive, Type I error)으로 인한 위험보다 거짓 음성(false negative, Type II error)으로 인한 위험이 더욱 커질 수 있으므로 예견가능한 오용(foreseeable misuse)에 대한 구조주의적 접근이 필요하다는 점에서 정당화될 여지가 있으나, 그럼에도 불구하고 이러한 포괄적인 사전규제와 전문규제의 창설이 불가피한 것인지에 대해서는 당분간 논란이 계속될 것으로 생각된다.

### 3) 자율규제와 연성규범의 활용

다만, 유럽연합 AI Act에서는 자율규제와 연성규범을 적극적으로 활용함으로써 해당 법에 따른 포괄적 규제가 지나치게 경직되지 않고 일정한 유연성을 갖출 수 있도록 배려하고 있다.

먼저 AI Act 제95조는 행동강령(codes of practice)에 대해 규정하고 있는데, 여기서는 이 법의 수범자들이 적용가능한 기술적 해법(available technical solution)과 산업별 모범사례(industry best practice)를 고려하여 행동강령을 제정할 것을 적극 권장하고 있다. 이는 AI Act가 정한 테두리 내에서 수범자들이 스스로 자율규범을 제정하여 규제 체계의 일부를 형성하도록 하면서, 동시에 자율준수(Compliance Program)를 강조하는 것으로써 자율형 공동규제 방식을 채택한 것으로 볼 수 있다.

다음으로 AI Act 제96조는 집행위원회가 이 법 및 그 부속서의 주요 조항(높은 리스크 AI 시스템 제공자의 의무, 금지행위, 투명성 의무, 다른 유럽연합법과의 관계 등)의 실제 집행을 위한 가이드라인을 마련할 의무에 대해 규정하고 있으며, 제99조는 벌칙 적용시 제96조에 따라 집행위원회가 마련한 가이드라인의 내용을 고려하도록 규정하고 있다. 또한, 제63조는 집행위원회가 영세기업의 법 준수에 관한 가이드라인을 별도로 마련할 의무도 명시하고 있다. AI Act의 적용 및 집행에 관한 세부적이고 구체적인 내용은 이러한 가이드라인을 통해 마련될 예정이며, AI Act의 여러 추상적 개념·조치들도 이를 통해 구체화될 것으로 보인다. 그러므로 현실에서는 오히려 AI Act보다 가이드라인의 내용이 더 중요한 역할을 하게 될 수 있다. 이는 AI Act에 유연성과 신속성, 그리고 현실성을 더해 줌으로써 규범력을 강화하는 데 기여할 것으로 보이지만, 수범자 입장에서는 법적 안정성 결여, 규제기관의 자의 및 무책임성 증대와 같은 문제가 발생할 수 있기 때문에 우려되는 바가 없지 않다. 이러한 문제점은 가이드라인의 제정 작업에 AI 관련 업계, 전문가, 시민사회 등 다양한 이해관계자의 참여와 협력이 얼마나 실질적으로 보장되는지에 따라 그 심각성이 달라질 것이다.

### 4) 법 집행의 실효성 확보

유럽연합 AI Act는 포괄적 역외적용 제도와 역내 대리인(authorised representative) 제도를 통해 법 집행의 실효성을 확보하고 있다.

역외적용의 경우, 제2조 제1항에서 이 법이 (a) 유럽연합 내에서 AI 시스템을 시장에 출시하거나 AI 시스템 서비스를 개시하거나, GPAI를 출시하는 제공자(설립지 또는 소재지가 유럽연합 내인지 제3국인지 불문), (b) 설립지 또는 소재지가 유럽연합 내에 있는 AI 시스템 배포자, (c) AI 시스템 제공자 및 배포자의 설립지 또는 소재지가 제3국이지만, 해당 AI 시스템의 산출물이 유럽연합에서 사용되는 경우, (d) AI 시스템의 수입업자 또는 유통업자, (e) 자신의 명의 또는 상표로 자신의 제품과 함께 AI 시스템을 시장에 출시하거나 AI 시스템 서비스를 개시하는 제조업자, (f) 유럽연합에서 설립되지 않은 제공자의 역내 대리인, (g) 유럽연합에 소재하는 관련자에 대해 적용된다고 규정하고 있다.

역내 대리인은 제3조 (5)항에서 "AI 시스템 또는 GPAI 모델 제공자로부터 서면 위임을 받은 자로서, 이 법에 따른 의무를 대신 이행하고 절차를 대신하는 유럽연합 내에 소재하거나 설립된 자연인 또는 법인"으로 정의되어 있으며, 높은 리스크 AI 시스템 제공자와 GPAI 모델 제공자는 제22조 및 제54조에 따라 해당 시스템 또는 모델 출시 전에 역내 대리인을 지정해야 하고, 역내 대리인에게 유럽연합 AI Act 준수를 위해 필요한 권한을 서면으로 위임해야 한다. 이처럼 유럽연합 AI Act에서는 역내 대리인을 단순한 연락사무소 수준이 아닌 법적 권한을 보유하고 책임을 부담하는 대리인일 것을 요구하고 있으며, 이를 통해 해외사업자에 대해서도 법 집행의 실효성을 확보하려 하고 있다.

### 5) 소비자 피해 구제

유럽연합 AI Act 제2조 제9항은 이 법이 소비자 보호 및 제품 안전에 관한 유럽연합법의 적용을 방해하지 않는다고 명시하고 있다. 현재 유럽연합에서는 기존 「제조물 책임 지침(Product Liability Directive)」에 대한 개정안이 2024. 3. 12. 유럽의회를 통과하였고, 향후 24개월 내에 각 회원국에서 입법을 통해 위 개정안의 내용이 수용될 예정이다. 또한 「제품 안전 지침(General Product Safety Directive)」을 대체하는 「제품 안전법(General Product Safety Regulation; GPSR)」이 채택되어 2024. 12. 13. 시행될 예정이며, 이 외에 「AI 책임 지침(AI Liability Directive)(안)」이 2022. 9. 28. 발의된 상태이다.

「제조물 책임 지침」 개정안에서는 '디지털 제조 파일'도 제조물로 보고 있으며, 여기에는 동산의 디지털화된 형태, 디지털 템플릿, 소프트웨어가 포함된다. 그리고 하자의 존재 및 (손해 발생과의) 인과관계는 피해자가 증명하는 것이 원칙이지만, 하자, 인과관계의 추정에 관한 다양한 조항을 마련하고 있다. 「AI 책임 지침(안)」은 리스크의 정도와 상관 없이 AI 시스템에 의해 야기되는 모든 손해에 대해 적용되며, 여기에도 인과관계 추정에 관한 여러 조항을 두고 있다. 이들 지침은 결과책임이나 무과실책임을 도입한 것은 아니지만 폭넓은 추정 조항을 통해 소비자 피해 구제의 실효성을 도모하고 있으며, 특히 「제조물 책임 지침」에서는 증거 개시의무 미준수를 하자 추정사유로 삼고 있다는 점이 특기할 만하다.

### 6) AI 리터러시(Literacy)의 강조

유럽연합 AI Act 전문 (20)항에서는 기본권, 건강, 안전을 보호하고, 민주적 통제를 가능케 하면서 동시에 AI 시스템으로부터 가장 큰 혜택을 얻기 위해서는 AI 리터러시가 중요함을 강조하고 있다. 이는 공급자, 배포자 및 그 대상자(affected person)가 AI 시스템에 관해 정보에 기반한 결정을 내리기 위해 필요한 관념들, 즉 ① AI 시스템의 개발 단계에서 기술적 요소가 정확하게 적용되었는지에 대한 이해, ② AI 시스템의 이용 단계에서 취해져야 할 조치들, ③ AI 시스템의 결과를 해석하기 위한 적절한 방법, ④ 대상자의 경우에는 AI 시스템의 도움을 받아 내려진 결정들이 자신들에게 어떠한 영향을 미칠 것인지에 대한 이해 등을 갖추도록 하는 것이며, 따라서 AI 리터러시는 AI 가치사슬 내의 모든 이해관계자들이 AI 시스템이 무엇인지 정확히 알고 이를 개발·활용하도록 하기 위한 것으로 생성형 AI에서의 프롬프팅 능력과 같은 소프트웨어에 대한 단순한 이해에 그치는 것이 아니다. 이러한 점을 고려하여 AI Act 제3조 (56)항은 AI 리터러시를 "제공자, 이용자 및 관계자들이 이 규칙의 맥락에서 각자의 권리와 의무를 고려하여, AI 시스템에 대한 정보를 갖춘 상태에서 배포 결정을 하거나, AI로 인한 기회와 위험성 및 그로 인해 야기될 수 있는 해악에 대해 인식할 수 있는 능력, 지식 및 이해력"으로 정의하고 있다.

아울러 AI Act 전문 (20)항에서는 유럽연합 AI 위원회(AI Board)는 AI 리터러시 향상을 위한 도구를 개발하고, AI 시스템의 이용에 따른 이익, 리스크, 안전장치, 권리·의무에 대한 대중의 인식과 이해를 증진하기 위해 집행위원회를 지원해야 하며, 집행위원회와 회원국들은 이해관계자들과 협력하여 AI 시스템 개발·운영·이용 담당자들의 AI 리터러시 증진을 위한 자발적 행동강령 작성을 촉진할 것을 선언하고 있다. 또한 AI Act 제4조는 AI 시스템 제공자·배포자에게, 자신의 기술적 지식, 경험, 교육 및 훈련과 AI 시스템의 사용 맥락과 AI 시스템이 사용되는 사람·집단을 고려하여, 자신의 직원들 또는 이들을 대신하여 AI 시스템의 운영·이용을 담당하는 자들이 충분한 수준의 AI 리터러시를 확보할 수 있도록 최선의 조치를 취할 의무를 부과하고 있다.

## Section 03 | 한국의 AI 규제 정립 방안

### 1. 개요

한국에서도 AI에 대한 규제 논의가 진행 중이다. 지난 국회에서 AI 관련 법률이 발의되었다가 국회 회기 만료로 폐기되기는 했지만, 이번 국회에서 다양한 AI 규제 법률이 발의될 것으로 예상된다. AI 규제가 곧 현실로 다가올 것으로 예상되는 상황에서 합리적 규제 설계를 위한 방안을 고민할 필요가 있다. 이하에서는 합리적 규제를 위한 고려사항에 대해 먼저 살펴보고, 이후 AI 규제 정립에 관해 몇 가지 제언을 해 보고자 한다.

## 2. 합리적 규제를 위한 고려사항 – AI의 특성 및 우려

규제는 그 도입을 정당화할 수 있는 목적, 즉 규제의 필요성이 인정되어야 하며, 특히 경제규제에서는 시장의 실패가 있는 경우에 규제가 정당화될 수 있다. 규제가 도입될 수 있는 경우에도 그 수단 및 방법이 비례원칙에 맞는 적절한 것이어야 함은 물론이다. 특히 경성규제의 경우에는 더 효과적인 수단이나 덜 침해적인 수단이 있다면 함부로 도입되어서는 안 된다. 아울러 규제 관할 또는 규제 거버넌스의 세심한 조율을 통해 중복규제가 발생하지 않도록 해야 하고, 동시에 규제의 실효성을 도모해야 한다.

따라서 합리적 규제를 위한 첫 번째 단추는 현재 시장과 사회에서 발생하고 있는 문제점을 확인하는 것이다. 그러므로 규제 측면에서 AI의 특성과 그에 따른 우려를 정확히 파악할 필요가 있다.

먼저, AI는 디지털 플랫폼에서 다양하게 활용될 것이기 때문에 그 생태계 또한 디지털 플랫폼 생태계의 특성을 보유할 것으로 예측할 수 있다. 그러므로 다면시장, 네트워크 (외부)효과, 규모의 경제(economy of scale), 범위의 경제(economies of scope), 전환비용 및 고착효과(lock–in effect), 데이터화 및 알고리듬, 승자독식(winner–takes–most) 등의 특성이 고려되어야 할 것이며, 여기에 AI의 핵심인 강력한 알고리듬과 방대한 데이터, 그리고 강력한 기술·자본 집약적 성격은 특히 GPAI를 중심으로 높은 진입장벽을 형성할 가능성이 있다. 이상과 같은 특성은 AI 규제가 거짓 음성보다는 거짓 양성을 더 우려하는 전통적인 경쟁법적 규율만으로는 불충분하다는 논의로 연결될 수 있으며, 아울러 개인정보 규제 및 지식재산 법제와의 갈등으로 이어질 수도 있다.

다음으로, AI는 범용성 및 자율성을 지니며, 이에 따른 다양한 제품 및 서비스 출현이 가능해진다. 그리고 생성형 AI의 발전은 전문적인 사업자뿐만 아니라 개인들에게도 기술적 장벽을 크게 완화시켜 줄 것이며, 특히 배포자와 소비자의 경계가 희석될 수 있다. 이는 생산자와 소비자 모두에게 많은 혜택을 가져다 줄 수 있지만, GPAI 제공자가 시장지배력 외에 상당한 사회적 영향력를 갖게 되는 계기가 될 수도 있고 AI 시스템의 공공성이 강조될 수도 있다. 또한, AI 활용에 따른 소비자 피해가 광범위하게 발생할 우려도 있고, 여기서 플러그인 생태계에서 제공자, 배포자, 최종이용자(소비자)의 책임 배분 문제가 중요한 문제로 대두될 수 있다.

최악의 경우 AI의 급격한 발전은 상시 위험사회로의 전환을 촉발할 수 있으며, AI의 복잡성과 불투명성, 특히 생성형 AI 알고리듬의 블랙박스적 속성은 이러한 문제를 강화할 가능성이 있다. 알고리듬이 단순한 판별의 수단이 아닌 사회적 차별의 원인이 될 수도 있고, 향후 법적 분쟁이 발생할 경우에도 그에 대한 조사 및 책임 귀속의 난이도를 증가시킬 수 있으며, AI 활용에 따른 정보격차를 확대할 수도 있다.

또 하나 간과하기 어려운 부분은 AI의 글로벌적 성격이다. 글로벌화는 디지털 경제에서는 보편적인 속성이지만 AI는 디지털 경제의 글로벌화를 가속화할 것임이 분명하다. 그리고 미국의 주요 빅테크들을 비롯한 AI 선도 기업의 표준이 글로벌 표준이 될 가능성이 높다. 이들 기업은 미국 AI 행정명령이나 유럽연합 AI Act에 따른 후속 가이드라인 제정 작업에 이미 참여하고 있으며, 각종 자율규제에 따라 마련된 행동강령, 자발적 합의 표준 등이 이들의 주도하에 정리될 공산이 크기 때문이다. 이러한 AI의 글로벌화는 규제 기준의 글로벌화 필요성을 드러내주는 것이지만 다른 측면에서는 국가안보에 대한 우려 증가와 AI에 대한 보호주의 강화의 원인이 될 수 있으며, 법집행 측면에서는 역외적용과 국내 대리인 제도의 도입 근거가 될 수도 있다.

## 3. AI 규제 정립 방안

위에서 살펴본 AI의 특성 및 그에 따른 우려는 AI 규제 도입의 근거가 될 수 있지만, 이러한 문제들은 (비록 그에 대한 장래 예측적 대응이 불가피하다 하더라도) 최대한 실증적으로 파악되어야 하며 단지 일부 규제자나 개인·단체의 막연한 생각이 규제로 이어져서는 안 된다. 또한, 문제가 있다고 하더라도 그 심각성의 정도에 따라 다른 수준의 규제가 적용되어야 한다. 이러한 측면에서 유럽연합 AI Act에서 채택하고 있는 리스크 기반 규제는 국내 규제 도입에서도 우선적으로 고려될 필요가 있으며, 규제의 신속한 도입이 요구되는 분야부터 단계적으로 규제를 도입하고, 그렇지 않은 분야는 해외의 규제 동향을 고려해 가면서 규제와 진흥을 조화시킬 수 있는 스마트한 전략을 추구할 필요가 있다. 특히 국내 AI 기업들이 글로벌 AI 기업들에 비해 연구·개발 역량이나 투자 역량이 많이 부족함을 고려하여 국내 규제로 인한 역차별이 발생하지 않도록 유의해야 할 것이다.

규제 관할의 측면에서는 이를 전적으로 경쟁당국에 맡기기보다는 전문규제 방식을 채택할 필요가 있다. AI 분야의 전반적인 이슈들을 종합적이고 전체적인 관점에서 조망하고 조율할 수 있도록 독립성·전문성·공정성·중립성을 갖춘 독립규제위원회를 창설하거나, 아니면 과학기술정보통신부, 방송통신위원회, 개인정보보호위원회, 공정거래위원회 등 주요 관련 부처의 일원화된 협조가 가능한 시스템을 구축하여 중복규제가 발생하지 않도록 해야 할 것이다. 또한, 유럽연합에서 많이 활용하고 있는 고위 전문가 그룹(High Level Expert Group; HLEG)을 상설화하여 AI 정책이 현실과 멀어지지 않도록 할 필요가 있다. 국내에서는 2024년 8월에 대통령 직속으로 국가인공지능위원회가 출범할 예정인데, 국내 AI 정책 및 규제에 있어 실질적인 컨트롤 타워 역할을 수행하여 규제와 진흥의 균형을 맞출 수 있을 것인지는 두고 볼 일이다.

이와 더불어 AI 규제가 맞춤형으로 유연하게 이루어질 수 있도록 자율규제를 적극 활용하는 것이 요구된다. 그러나 자율규제가 정부의 특정 규제 방향을 우회하는 수단으로 남용되는 이른바 '장식적 자율규제'로 전락하거나 정부의 무책임성을 방조하는 수단이 되어서는 안 될 것이고, 산업계와 전문가들을 비롯한 각 이해관계자들의 실질적인 참여·협력하에 자율규제의 체계 및 내용이 정해져야 할 것이다. 또한, 자율준수 프로그램에 대해서는 충분한 인센티브를 보장해 줄 필요가 있다. 그러면서도 자율규제가 일부 선도기업들의 부당한 진입장벽 형성의 수단이 되지 않고 자율규제가 조합주의로 흐르지 않도록 그 외연과 틀에 있어 공공성을 유지해야 할 것이다.

연성규범을 활용할 필요성도 있다. AI의 포괄성, 범용성 등으로 인하여 AI에 대한 규제가 법률 단계에서 구체적으로 이루어지기는 기술적으로 곤란하기 때문에 그 세부 내용을 하위 법령에 위임하는 것은 불가피하며, 여기에 더하여 가이드라인과 같은 연성규범을 통해 법 집행의 유연성과 신속성을 확보하고 수범자에게 충분한 해석지침을 제공하여 이행가능성을 제고할 필요가 있다. 이는 일반의무조항 성격의 사전적·포괄적 의무규정이 자칫 수범자의 결과책임을 묻는 것이나 마찬가지인 상태로 흐르는 것을 방지하는 데에도 도움이 된다. 다만, 이러한 연성규범이 국회의 입법 절차를 우회하여 기본권을 함부로 침해하는 일이 없도록 그 남용에 주의를 기울여야 하며, 아울러 연성규범 자체 또는 연성규범에 기한 조치에 대해 행정소송, 특히 항고소송을 허용하여 사법심사를 받도록 함으로써 충분한 견제 장치를 마련하는 것이 요구된다.

법 집행의 실효성 확보를 위한 조치도 요구된다. 특히, 유럽연합 AI Act의 경우에는 별도의 조사 규정을 두지 않고 각 회원국에 맡긴 상태이지만 「디지털 시장법(Digital Markets Act)」, 「디지털 서비스법(Digital Services Act)」에서는 디지털 방식의 행정조사에 관한 규정을 두고 있으며, 국내에서는 아직 이러한 규정이 미비하기 때문에 AI 시대에 맞는 행정조사 규정을 「행정조사기본법」 차원에서 마련할 필요가 있다. 이를 통해 조사 절차에서의 기본권을 충분히 보장하면서도 신속하고 효율적인 행정조사가 이루어질 수 있는 제도적 기반을 구축해야 할 것이다. 아울러 AI 관련 해외 기업들에 대해 필요한 조치가 이루어질 수 있도록 역외적용 및 국내 대리인 제도의 정비가 필요하다.

AI 규제와 더불어 AI로 인한 소비자 피해 구제에 관한 제도 개선도 논의되어야 할 부분인데, 구체적으로는 AI 서비스·제품으로 인한 하자에 대한 증명책임 배분, 하자 또는 인과관계의 추정, 손해액 산정 등에 관한 논의를 통해 사업자에게 과도한 책임을 부담시키지 않으면서도 피해 구제의 실효성을 도모할 수 있는 제도 마련에 대한 고민이 요구된다. 아울러 전술한 것처럼 유럽연합 「제조물 책임 지침」에서 하자 추정조항을 매개로 증거 개시의무를 부과하고 있는데, 이러한 제도에 익숙치 않은 국내 기업들이 이로 인해 큰 곤란을 겪지 않도록 대응책 마련이 필요하다.

마지막으로 강조되어야 할 점은 AI 윤리 및 리터러시 부분이다. 규제는 법을 수단으로 하지만, 규제의 궁극적 성패는 시민사회의 성숙도, 사회의 보편적 윤리와 가치 수준에 달려 있으며, 이에 대한 적절한 고려 없이 경성규제 일변도로 정책을 설계하고 집행하는 것은 성공할 수 없다. 적절한 윤리 및 리터리시 교육을 통해 다수의 행위자들은 정상적인 틀 안에서 활동하도록 유도하면서 소수의 비정상적·비윤리적 행위자들의 법 위반에 집중해야 실효적인 규제를 할 수 있다. 또한, 윤리가 결여된 사회에서는 자율규제도 작동하기 어렵고 규제 만능주의로 흘러 과잉규제를 양산하게 된다.

그러므로 특히 AI 활용에 관한 윤리 교육과 그 결과물에 대한 비판적 사고의 함양이 필요하며, 유럽연합 AI Act에서처럼 AI 리터러시가 강조되어야 한다. 그리하여 AI 제조자·배포자 등은 개발 단계에서부터 AI의 오남용을 방지하기 위한 최선의 노력을 기울여야 할 것이고, 이용자는 AI를 타인의 권리를 침해하는 수단으로 사용해서는 안 된다는 기본적인 윤리를 자각하면서, AI는 보조 수단일 뿐이므로 그 결과물에 경도되어서는 안 되고 이의 활용에 대한 최종적인 책임은 결국 이용자 본인이 부담한다는 점을 이해해야 한다. 이를 통해 AI 시스템 자체의 문제와 이용자의 행위로 인한 문제를 구별할 수 있으며, 이를 구별하지 못하면 사회 전체의 분위기가 해당 AI 시스템 자체의 금지로 이어질 수 있다. 그러므로 AI 윤리와 리터러시는 AI 산업 및 기술 발전의 기본적인 토대라고 할 수 있고, 글로벌 측면에서 AI 규제 논의가 윤리원칙에서부터 시작한 것은 이러한 측면에서 그 의의를 이해할 수 있을 것이다.

chapter

06

# EU의 AI 규제법과 AI 규제의 방향*

양천수**

## Section 01 | 서론

알파고 충격과 ChatGPT 열풍이 보여준 것처럼 이제 인공지능은 우리 삶의 일부가 되고 있다. ChatGPT가 예증하듯이 인공지능을 활용함으로써 우리 인간 존재의 역량은 비약적으로 향상되고 있다.[1] 사회 전체적으로도 새로운 공리(utility)가 증진한다. 인공지능은 우리에게 더 나은 미래를 약속하는 것처럼 보인다.

그러나 사회의 많은 현상이 그렇듯이 인공지능 역시 빛과 어둠, 긍정적인 면과 부정적인 면을 동시에 가진다. 인공지능으로 인해 새로운 사회적 위험이 출현한다. 이에 따라 사회를 구성하는 우리의 권리나 이익이 침해될 위험이 증가한다. 예를 들어 인간이 수행하던 의사결정 영역에 인공지능이 활

* 이 글은 필자가 공간한 "유럽연합 인공지능법과 인공지능 규제", 『규제법제리뷰』제24-1호(2024. 2), 127-172쪽을 대폭 수정 및 보완한 것이다.

** 영남대학교 법학전문대학원 교수 · 법학박사

1 ChatGPT 열풍에 관해서는 이시한, 『GPT 제너레이션: 챗GPT가 바꿀 우리 인류의 미래』(북로망스, 2023) 참고.

용되면서 인공지능에 의한 차별 위험이 등장한다. 인공지능의 잘못된 투자로 주식시장 전체에 장애가 발생하기도 한다.[2] 인공지능이 생성한 가짜뉴스가 정치적 공론장을 혼란에 빠트리기도 한다. 그리고 인공지능의 눈부신 역량으로 인간 존재가 담당하던 일자리를 인공지능이 대체한다. 인간을 위해 개발된 인공지능이 마치 '주인과 노예의 변증법'처럼 인간을 지배하고 소외시키는 문제가 출현하는 것이다.

이러한 문제, 즉 인공지능이 야기하는 위험 문제에 대처하기 위해 어떻게 인공지능을 규제할 것인지가 법학을 포함한 규범학 전반에 중요한 도전이 된다.[3] 이에 관해서는 이미 알파고 충격 당시부터 논의가 진행되었다. 그렇지만 당시에는 인공지능 기술이 여전히 발전 과정에 있다는 점을 고려하여 경성 규범이 아닌 연성 규범, 달리 말해 법이 아닌 윤리로 인공지능을 규율할 필요가 있다는 목소리가 공감대를 형성하였다. 이에 따라 인공지능 윤리를 어떻게 설정할 것인지에 많은 논의가 이루어졌다.[4] 하지만 2022년 11월 ChatGPT가 출현하면서 상황이 변하게 되었다. ChatGPT로 대변되는 이른바 파운데이션 모델(foundation model)이 실현되면서 이제 인공지능은 그들만의 것이 아닌 우리 모두의 것으로 자리매김하였고 이로 인해 인공지능의 위험 역시 직접적으로 우리를 위협하는 것으로 각인되었다. 이처럼 상황이 변하면서 이제 윤리가 아닌 법으로 인공지능을 규제할 필요가 있다는 주장이 힘을 얻게 되었다. 매번 인공지능 기술이 예상을 뛰어넘어 급격하게 발전하면서 인공지능을 향한 두려움이 막연한 것에서 지금 여기에 다가온 현실적인 것으로 우리를 위협하게 된 것이다.

이러한 상황에서 유럽연합은 2021년 4월 인공지능을 법으로 전면적으로 규제하는 규제법안을 선구적으로 내놓았다. 이는 여러 논란 및 협의 과정을 거친 끝에 드디어 2024년 7월 12일에 제정되어 2024년 8월 1일부터 발효되었다.[5] 최근 유럽연합에서 이루어지는 입법이 우리 법체계에 많은 영향을 미

---

2 이에 관해서는 크리스토퍼 스타이너, 박지유 (옮김), 『알고리즘으로 세상을 지배하라』(에이콘, 2016), 7쪽 아래 참고.

3 이 문제에 관해서는 양천수, 『인공지능 혁명과 법』(박영사, 2021) 참고.

4 예를 들어 양천수, "인공지능과 윤리: 법철학의 관점에서", 『법학논총』(조선대) 제27집 제1호 (2020. 4), 73-114쪽 참고.

친다는 점을 고려할 때 유럽연합 인공지능법은 우리에게 중요한 의미가 있다. 이에 이 글은 유럽연합 인공지능법을 분석함으로써 우리의 인공지능 규제 방향에 의미 있는 시사점을 도출하는 것을 목표로 한다.

## Section 02 | 유럽연합 인공지능법의 배경

### 1. 인공지능에 관한 유럽연합 법정책의 배경

인공지능에 관한 유럽연합의 법적 규제를 살펴보기 전에 최근 유럽연합이 어떤 방향의 정책 혹은 법정책을 지향하는지 살펴보겠다. 그 이유는 최근 유럽연합은 단순한 국가연합의 단계를 넘어 준연방국가의 모습을 보이고 있고 이에 따라 정책 역시 일관된 방향과 체계 아래 추진하고 있기 때문이다.[6] 요컨대 오늘날 유럽연합은 로마법이 적용되었던 과거 로마제국이나 공통법(ius commune)이 규율되었던 중세의 신성로마제국이 그랬던 것처럼 공통된 규범적 가치와 기준을 설정하여 이를 정책 및 법정책에 담아낸다. 인공지능에 관한 유럽연합의 법정책 역시 이러한 배경 아래에서 파악할 필요가 있다.

#### 1) 지속가능성

먼저 지속가능성(sustainability)을 언급할 수 있다. 유럽연합은 지속가능성

5 이는 2024년 7월 12일 유럽연합 관보인 OJ L, 2024/1689, 12.7.2024에 게재되었다. 유럽연합 인공지능법의 공식 명칭은 Regulation (EU) 2024/1689 of the European Parliament and of the Council of 13 June 2024 laying down harmonised rules on artificial intelligence and amending Regulations (EC) No 300/2008, (EU) No 167/2013, (EU) No 168/2013, (EU) 2018/858, (EU) 2018/1139 and (EU) 2019/2144 and Directives 2014/90/EU, (EU) 2016/797 and (EU) 2020/1828 (Artificial Intelligence Act)이다. 여기서 확인할 수 있듯이 공식 약칭은 '인공지능법'이다. 유럽연합 인공지능법 공식 전문은 (https://eur-lex.europa.eu/eli/reg/2024/1689/oj)에서 확인할 수 있다.

6 이에 관해서는 타마르 헤르조그, 이영록 (옮김), 『유럽법약사』(민속원, 2023) 참고.

을 중요한 정책 목표로 설정한다. 시간성의 측면에서 바꾸어 말하면 단기간이 아닌 장기간의 견지에서 미래지향적인 정책을 펼친다는 것이다. 이는 유럽 그린딜(The European Green Deal)에서 잘 확인할 수 있다.[7] 기후 변화에 대응하기 위해 탄소 중립, 즉 탈탄소경제를 구현하고자 하는 유럽 그린딜은 구체적인 로드맵으로 크게 두 가지를 제시한다. 첫째는 자원의 효율적 사용을 확대함으로써 현재의 탄소경제를 청정·순환경제로 전환하는 것이다. 둘째는 기후 변화를 원래 상태로 되돌림으로써 생물다양성을 복원하고 환경오염을 줄이는 것이다.

지속가능성을 지향하는 유럽연합의 정책에서 크게 두 가지 시사점을 찾을 수 있다. 우선 유럽연합은 단기적인 성과에 집착하지 않는다는 점이다. 나아가 사회, 더 나아가 세계 전체는 유기적으로 연결되어 있다는 생태주의적 관점을 바탕으로 삼는다는 점이다.[8] 이는 근대법의 기반이 되었던 분할적 관점, 즉 주체와 주체 및 객체를 명확하게 분리하는 사고방식이 오늘날 더 이상 유효하지 않다는 시각을 함의한다.[9]

### 2) 인권 보호

다음으로 인권 보호를 언급할 수 있다. 유럽인권협약과 유럽인권법원이 예증하듯이 인권은 유럽연합이 지향해야 하는 중요한 규범적 가치이자 기준이다. 유럽연합에서 인권은 단순한 도덕적 권리에 머무는 것이 아니라 법적 권리로 자리매김한다. 더불어 유럽연합은 인권의 개념적 외연을 지속적으로 확장한다. 이러한 인권은 제4차 산업혁명이 진행되면서 이슈가 되는 디지털 전환, 빅데이터, 플랫폼 경제, 인공지능 등에서 중요한 규범적 기준이 된다.[10]

---

7 유럽 그린딜에 관해서는 (https://www.eeas.europa.eu/delegations/south-korea/%EC%9C%A0%EB%9F%BD%EA%B7%B8%EB%A6%B0%EB%94%9C_ko?s=179) 참고.

8 생태주의적 관점에 관해서는 다치바나 다카시, 김경원 (옮김), 『생태학적 사고법』(바다출판사, 2021) 참고.

9 이를 보여주는 프리초프 카프라·우고 마테이, 박태현·김영준 (공역), 『최후의 전환: 지속 가능한 미래를 위한 커먼즈와 생태법』(경희대학교출판문화원, 2019) 참고.

10 이를 보여주는 Anu Bradford, *Digital Empires: The Global Battle to Regulate Technology* (Oxford University Press, 2023) 참고.

### 3) 역내 산업 및 시장 보호

나아가 최근 들어 유럽연합이 역내 산업 및 시장 보호를 강화한다는 점을 언급할 필요가 있다. 요컨대 유럽연합이 블록경제와 보호무역주의를 강화하는 것이다. 냉전과 이념 대결이 끝나고 세계화(globalization) 흐름이 전 세계를 휩쓸면서 자유무역주의가 지배적인 경제 기조가 되었다. 중국이 세계의 공장으로 떠오르고 신자유주의의 물결 아래 이른바 세계시장 및 세계경제체계가 형성되었다. 이에 따라 WTO의 영향력이 강화되었다. 초국가적 사회 그리고 초국가적 법도 실현 가능한 것으로 희망적으로 예측되었다. 더불어 세계 각국은 FTA를 체결함으로써 자유시장 영역을 국가 상호적으로 확장하였다. 이로 인해 심지어 과연 국가가 오늘날에도 여전히 필요한지에 의문이 제기되기도 하였다. 한 국가의 권력을 넘어서는 초국적 기업이 세계경제체계에서 새로운 권력 주체로 부상하였다.

그러나 미국과 중국의 패권 경쟁 및 갈등이 심화하고 우크라이나－러시아 전쟁, 이스라엘－하마스 전쟁 등이 발발하면서 세계화의 환상은 깨지고 자유무역주의는 한계를 맞고 있다. 블록경제를 중심으로 한 새로운 냉전이 세계를 엄습한다. 시장에 빼앗겼던 권력을 국가가 되찾고 있는 것이다. 이에 따라 그 존재 필요성이 의심되었던 국가의 의미가 새롭게 복원된다. 이에는 크게 두 가지 이유를 제시할 수 있다. 첫째, 제4차 산업혁명이 진행되면서 과학기술이 경제성장에 결정적인 요소가 되고 이에 과학기술을 둘러싼 선진국 간의 패권 경쟁이 격화되고 있다는 것이다. 데이터나 인공지능, 반도체, 배터리, 양자컴퓨터 기술 등을 둘러싼 미국, 중국, 유럽연합의 경쟁이 이를 예증한다. 둘째, 우크라이나－러시아 전쟁이 보여준 것처럼 국가 경제의 기반이 되는 핵심 물자의 공급망이 불안정해졌다는 것이다.

이 같은 상황에서 유럽연합은 무엇보다도 미국이나 중국, 러시아 등으로부터 역내 산업 및 시장을 보호하기 위해 다양한 법규범을 마련해 시행한다. 대표적인 예로 DSA(Digital Service Act)와 DMA(Digital Market Act)를 들 수 있다.[11] 이들 법규범은 구글이나 아마존, 메타, 넷플릭스와 같은 플랫폼 기업을

11 DAS의 공식 명칭은 Regulation (EU) 2022/2065 of the European Parliament and of the Council of 19 October 2022 on a Single Market For Digital Services and

겨냥한다. 플랫폼 경제가 새로운 경제 체제로 안착하면서 플랫폼 기업의 시장 지배력이 강화된다. 플랫폼 기업은 빅데이터 분석 및 고객 맞춤형 서비스로 무장하여 시장 지배를 확장한다. DSA와 DMA는 디지털 서비스와 디지털 시장 규제로 이들 플랫폼 기업을 통제함으로써 유럽연합의 역내 산업 및 시장을 보호하고 유럽연합 시민들의 기본권을 보호하고자 한다. 이를테면 개인 데이터를 활용한 고객 맞춤형 광고를 규제하거나 경쟁 제한 등을 근거로 하여 플랫폼 기업의 시장 지배를 통제한다.

유럽연합의 인공지능법도 이러한 기능을 담당한다. 위험기반 접근법에 따라 인공지능을 '허용할 수 없는 위험의 인공지능/고위험 인공지능/제한된 위험의 인공지능/저위험 또는 최소 위험 인공지능'으로 유형화함으로써 미국과 특히 안면인식 기술을 강화하는 중국에 대항해 유럽연합의 인공지능 산업 및 시장을 보호하고자 한다.

유럽연합의 반도체법(EU Chips Act)이나 배터리법(EU Battery Regulation)도 마찬가지 맥락에서 파악할 수 있다.[12] 오늘날 인공지능 기술을 포함한 디지털 기술이 하드웨어의 측면에서는 반도체를 필수 요소로 한다는 점에서 반도체 설계 및 생산 전 과정에 관한 주권을 누가 보유하는지는 디지털 기술 전체에 관한 주권과 직결된다. 이에 유럽연합은 반도체 설계 및 생산에 관한

---

amending Directive 2000/31/EC이다. 이에 관한 소개는 (https://www.eu-digital-services-act.com/) 참고. 이에 관한 연구로는 이병준, "유럽연합 디지털 서비스법을 통한 플랫폼 규제: 디지털 서비스법 초안의 주요내용과 입법방향을 중심으로", 『소비자법연구』제7권 제2호(2021. 5), 181-210쪽 참고. DMA의 공식 명칭은 Regulation (EU) 2022/1925 of the European Parliament and of the Council of 14 September 2022 on contestable and fair markets in the digital sector and amending Directives (EU) 2019/1937 and (EU) 2020/1828이다. 이에 관한 소개로는 (https://digital-markets-act.ec.europa.eu/legislation_en) 참고.

12 반도체법의 공식 명칭은 Regulation (EU) 2023/1781 of the European Parliament and of the Council of 13 September 2023 establishing a framework of measures for strengthening Europe's semiconductor ecosystem and amending Regulation (EU) 2021/694이다. 이에 관한 소개로는 심소연, "유럽연합(EU)의 「반도체법(Chips Act)」", 『최신 외국입법정보』제234호(2023. 10. 31) 참고. 배터리법의 공식 명칭은 Regulation (EU) 2023/1542 of the European Parliament and of the Council of 12 July 2023 concerning batteries and waste batteries, amending Directive 2008/98/EC and Regulation (EU) 2019/1020 and repealing Directive 2006/66/EC이다.

주권을 확보하고자 한다. 달리 말해 유럽연합 역내에서 반도체에 관한 전 과정을 실현할 수 있도록 한다. 반도체법이 이를 규율한다. 나아가 탄소 중립 시대에 대응할 수 있는 모빌리티(mobility)는 전기자동차이고 이에 가장 중요한 요소가 배터리라는 점에서 유럽연합은 배터리에 관한 주권도 확보하고자 한다. 배터리법이 이에 기여한다.

### 4) 유럽연합 역내 공급망 안전 강화

유럽연합의 역내 산업 및 시장을 보호하기 위해 필요한 정책 가운데 하나가 역내 공급망의 안전을 강화하는 것이다. 우크라이나-러시아 전쟁으로 러시아가 유럽연합의 실제적인 위협으로 다시 부상하면서 이는 매우 현실적인 요청이 되었다. 당장 석유나 천연가스와 같은 에너지원의 안정적인 공급이 의문에 처하게 되었다. 이때 공급망 안전은 두 가지 측면으로 유형화할 수 있다. 물리적 측면의 공급망 안보와 디지털 측면의 공급망 보안이 그것이다.

물리적 측면에서는 핵심 물자를 공급하는 공급망을 물리적 공간에서 안전하게 보장하는 게 중요하다. 예를 들어 전쟁이나 테러 등으로 식량이나 천연가스, 석유 등과 같은 핵심 물자의 공급망이 물리적인 실제 세계에서 단절되는 것을 막을 필요가 있다. 이는 한 국가의 경제 안보와도 직결되기에 공급망 안보(supply chain defense)로 지칭되기도 한다.

디지털의 측면에서는 공급망을 통해 발생하는 정보보안 공격, 가령 공급망의 디지털 네트워크를 대상으로 하는 해킹이나 랜섬웨어 공격 등에 대처함으로써 디지털 영역에서 공급망 보안(supply chain security)을 구현해야 한다. 후자의 경우에는 특히 2021년을 전후로 하여 미국에서 문제가 되었다.

앞에서 언급한 반도체법이나 배터리법은 유럽연합의 공급망을 안전하게 보장하는 데 이바지한다. 공급망 실사법안도 이에 간접적으로 도움을 준다. 기후 변화 및 인권 보호에 적절하게 대처할 수 있도록 기업의 공급망을 통제함으로써 결과적으로 이에 친화적인 유럽연합 역내 기업들의 공급망이 강화되도록 하는 것이다. 더불어 NIS, NIS2 지침 등은 공급망의 디지털 보안 공격에 대처할 수 있도록 한다.[13]

## 2. 유럽연합 규제체계의 경향

최근 유럽연합이 마련하는 규제체계에서는 다음과 같은 경향을 발견할 수 있다.

### 1) 위험기반 접근법

첫째, 규제를 설계할 때 위험기반 접근법(risk based approach)을 취한다는 점이다. 이는 크게 세 가지 의미를 담는다. 우선 인공지능법이 보여주듯이 규제 대상이 지닌 위험을 평가하여 이를 허용할 수 없는 위험, 고위험, 제한된 위험, 저위험 등과 같이 유형화한다는 것이다. 다음 각 위험 유형에 적합한 강도의 규제를 설계 및 투입한다는 것이다. 재생의료 산업에 관한 규제에서 독일이 주로 사용하는 '이익 – 위험 – 관계(Nutzen – Risiko – Verhältnis)' 원칙이 이를 예증한다. 나아가 사후 지향적(ex post) 규제가 아닌 사전 지향적(ex ante) 규제에 중점을 둔다는 것이다. 그 이유는 위험 개념 자체가 미래지향적 개념이기 때문이다.[14]

### 2) 투명성과 설명 가능성

둘째, 투명성과 설명 가능성을 중시한다는 것이다. 이 점도 인공지능법에

---

13 NIS 지침(Directive on security of network and information systems)의 공식 명칭은 Directive (EU) 2016/1148 of the European Parliament and of the Council of 6 July 2016 concerning measures for a high common level of security of network and information systems across the Union이다. NIS2 지침은 이를 개정한 것으로 공식 명칭은 Directive (EU) 2022/2555 of the European Parliament and of the Council of 14 December 2022 on measures for a high common level of cybersecurity across the Union, amending Regulation (EU) No 910/2014 and Directive (EU) 2018/1972, and repealing Directive (EU) 2016/1148이다.

14 이에 관해서는 양천수, "위험 · 재난 및 안전 개념에 대한 법이론적 고찰", 『공법학연구』제16권 제2호(2015. 5), 187-216쪽 참고.

서 발견된다. 규제 대상이 되는 행위 주체, 특히 사회에서 이른바 강자에 속하는 행위 주체가 특정한 행위나 의사 결정을 할 때는 이를 투명하게 그리고 설명 가능하게 해야 한다는 것이다. 이는 사회 전반에 '절차적 정당화'를 강화하는 규제를 적용하는 것이라 말할 수 있다.

### 3) 사전 영향평가

셋째, 영향평가(impact assessment), 그중에서도 사전 영향평가를 강조한다는 것이다. 이는 위험기반 접근법과 관련이 있다. 위험기반 접근법을 취하려면 규제 대상이 어떤 위험을 지니는지 평가할 수 있어야 하는데 이때 적용하는 방법이 영향평가인 셈이다. 이러한 영향평가는 최근 유럽연합이 마련하는 여러 법적 규제에서 즐겨 사용된다. 한편 영향평가, 특히 사전 영향평가를 강조하는 것은 아래에서 언급하는 절차주의적 규제와도 관련을 맺는다.

### 4) 절차주의적 규제

넷째, 절차주의적 규제를 즐겨 사용한다는 것이다. 여기서 절차주의적 규제란 타율규제와 자율규제를 혼합한 규제 방식에 해당한다.[15] 이를테면 피규제자에 특정한 규제를 해야 한다는 점은 법규범으로 정하되 이를 어떻게 구체화하여 적용할 것인지는 피규제자의 자율에 맡기는 방식을 들 수 있다. 이를 잘 보여주는 예가 공급망 실사법이다. 이에 따르면 유럽연합은 규제 대상이 되는 기업이 공급망 실사를 해야 한다는 점은 유럽연합 지침(directive)으로 규율한다. 다만 이를 어떻게 구체화하여 실시할 것인지는 규제 대상이 되는 기업의 자율적인 선택에 맡긴다.

절차주의적 규제 아래에서 피규제자는 규제를 어떻게 스스로 구체화해 자신에게 적용할지를 판단하기 위해 위험기반 접근법과 사전 영향평가를 활용하게 된다. 사전 영향평가를 실시하여 자신에게 어떤 위험이 있는지 규명한 후 이를 적절하게 규율할 수 있는 규제를 자율적으로 구체화한다. 이 점

15 절차주의적 규제에 관해서는 Gralf-Peter Calliess, *Prozedurales Recht* (Baden-Baden, 1999) 참고.

에서 위험기반 접근법과 사전 영향평가는 절차주의적 규제 아래에서 기능적으로 결합한다.

### 5) 사후 추적 조사

다섯째, 사후 추적 조사를 강화한다는 것이다. 이는 이른바 '사려 깊은 경계(prudent vigilance)' 모델에 바탕을 둔다.[16] 이에 따라 규제가 적용되는 시간적 범위를 확장한다. 과거/현재/미래, 즉 사후·현재·사전 모두에 지속적으로 규제를 투입하는 것이다. 이를 통해 사후 추적 조사와 같은 규제가 수용된다. 이는 의약품 규제에서 주로 발전하였는데 최근에는 인공지능법과 같은 규제에서도 적극적으로 활용된다.

## Section 03 | 유럽연합 인공지능법의 입법 과정

유럽연합 인공지능법이 제정되는 과정은 매우 흥미로운 관찰 대상이다. 크게 두 가지 측면을 언급할 수 있다. 첫째, 2021년 4월 21일에 제안되어 2024년 7월 12일이라는 상당히 오랜 시간이 경과한 후에 제정되었다는 점이다. 둘째, 제정되는 과정에서 특히 금지되는 인공지능 실행과 그 예외 및 범용 인공지능에 관해 논란이 벌어졌다는 점이다. 이는 인공지능에 대한 법적 규제를 마련할 때 어떤 점에서 문제가 되는지를 잘 예증한다는 점에서 그 자체 흥미로운 연구 대상이 될 수 있다.

16 이에 관해서는 Brian Patrick Green, "Six Approaches to Making Ethical Decisions in Cases of Uncertainty and Risk", *Markkula Center for Applied Ethics* (2019). 이는 (https://www.scu.edu/ethics/focus-areas/technology-ethics/resources/six-approaches-to-making-ethical-decisions-in-cases-of-uncertainty-and-risk/)에서 확인할 수 있다.

## 1. 인공지능법 제안 이전

유럽연합 인공지능법은 2021년 4월 21일 유럽연합 집행위원회가 공식적으로 제안하였다.[17] 여러 연구가 지적하듯이 인공지능법안은 갑자기 도출된 것이 아니라 이전부터 진행된 인공지능 규제 논의, 즉 '신뢰할 수 있는 인공지능(trustworthy AI)'을 구현하기 위한 논의의 연장선상 혹은 최종 과정에서 제안된 것이다.[18]

인공지능 기술이 급속하게 발전하면서 한편으로는 인공지능 기술 발전을 지원하면서도 다른 한편으로는 인공지능의 위험을 어떻게 관리할 것인지가 유럽연합에도 중요한 과제가 되었다. 이에 인공지능을 어떻게 규제할 것인지가 논의되기 시작하였다. 유럽연합에서도 처음에는 윤리라는 연성 규범으로 인공지능을 규제하는 방안이 논의되었다. 이를 위해 2018년 6월 "인공지능에 관한 고위 전문가 그룹(High-Level Expert Group on AI, 이하 '고위 전문가 그룹'으로 약칭)"을 발족하였다. 이러한 고위 전문가 그룹이 2018년 12월에 초안을 발표하고 그 후 이해관계자들의 의견을 수렴하여 2019년 4월에 최종안으로 발표한 것이 바로 「신뢰할 수 있는 인공지능을 위한 윤리 가이드라인」(The Ethics Guideline for Trustworthy Artificial Intelligence)이다.[19] 이에 연계하여 고위 전문가 그룹은 2020년 7월 「신뢰할 수 있는 인공지능을 위한 평가 항목」(Assessment List for Trustworthy Artificial Intelligence)을 발표하였다.[20]

---

17 유럽연합 인공지능법안의 공식 명칭은 Proposal for a Regulation of the European Parliament and of the Council laying down harmonised rules on artificial intelligence (Artificial Intelligence Act) and amending certain Union legislative Acts이다. 이는 (https://eur-lex.europa.eu/legal-content/EN/TXT/HTML/?uri=CELEX:52021PC0206)에서 확인할 수 있다.

18 이에 관해서는 김송옥, "AI 법제의 최신 동향과 과제: 유럽연합(EU) 법제와의 비교를 중심으로", 『공법학연구』제22권 제4호(2021. 11), 117-121쪽 참고.

19 이에 관해서는 이보연, "유럽연합의 인공지능 관련 입법 동향을 통해 본 시사점", 『법학논문집』(중앙대) 제43집 제2호(2019. 8), 13-14쪽 참고.

20 이에 관해서는 유재흥 · 추형석 · 강송희, 『유럽(EU)의 인공지능 윤리 정책 현황과 시사점: 원칙에서 실천으로』, Issue Report IS-114(소프트웨어정책연구소, 2021. 3. 25), 12-14쪽 참고.

## 2. 유럽연합 집행위원회 제안

유럽연합 집행위원회가 2021년 4월 21일에 제안한 인공지능법안은 그 이전에 정립된 인공지능 윤리체계의 다음 단계로 마련된 것이다. 인공지능법안이 제안된 배경에는 인공지능 윤리로는 인공지능이 지닌 위험을 만족스럽게 규제하기 어렵다는 문제의식이 작용한 것으로 보인다.[21] 그리고 현실적으로는 유럽연합에 비해 인공지능 기술이 급격하게 발전하던 미국과 중국에 대처하기 위한 조치로 해석할 수 있다. 한편 유럽연합 집행위원회가 제안한 인공지능법안은 인공지능을 '규정(regulation)', 즉 법이라는 경성 규범으로 규율하는 본격적인 포괄적 법안이기에 전 세계적으로 많은 관심의 대상이 되었다. 우리나라에서도 법안이 제시된 이후 많은 연구가 축적되었다.[22] 동시에 과연 이러한 법안이 실제로 입법될 수 있는지도 흥미로운 관찰 대상이 되었다.

## 3. 유럽의회 제1차 수정 통과

유럽연합 집행위원회가 제안한 후 2년 이상이 지닌 시점인 2023년 6월 14일 인공지능법안은 유럽의회를 수정 통과한다.[23] 찬성 499표, 반대 28표, 기권 93표로 가결되었다. 이때 주시해야 할 부분은 집행위원회 원안이 유럽의회를 통과하면서 상당 부분 수정 및 보완이 이루어졌다는 점이다.[24] 가장

---

21 Proposal for a Regulation of the European Parliament and of the Council laying down harmonised rules on artificial intelligence (Artificial Intelligence Act) and amending certain Union legislative Acts, p. 3.

22 여러 연구 가운데 몇 가지를 언급하면 이경선, "EU 인공지능 규제안의 주요 내용과 시사점"(정보통신정책연구원, 2021); 한국지능정보사회진흥원 정책본부 지능화법제도팀, "EU 인공지능법(안) 의 주요 내용과 시사점"(한국진흥정보사회진흥원, 2021); 김중권, "EU 인공지능명령안의 주요 내용과 그 시사점", 『헌법재판연구』제8권 제2호(2021. 12), 65-100쪽 등 참고.

23 정병일, "인공지능 규제 법안 유럽의회 통과", 『AI타임스』(2023. 6. 15).

24 이에 관해서는 (https://www.europarl.europa.eu/news/en/headlines/society/20230601STO93804/eu-ai-act-first-regulation-on-artificial-intelligence) 참고. 또한 Tambiama Madiega/Samy Chahri, "Artificial intelligence act", European Parliamentary Research Service (2023) 참고(https://www.europarl.europa.eu/RegData/etudes/BRIE/2021/698792/EPRS_BRI(2021)698792_EN.pdf).

중요한 계기로 두 가지를 들 수 있다.

우선 2022년 11월 OpenAI에 의해 ChatGPT라는 혁신적인 생성형 인공지능이 출시되었다는 점이다. ChatGPT가 전 세계적인 열풍이 일으키면서 이에 관해 크게 두 가지 문제가 제기되었다. 첫째, ChatGPT가 환각(hallucination)을 유발한다는 점이다. 둘째, ChatGPT 등 생성형 인공지능이 학습을 위해 활용하는 데이터의 저작권 및 개인정보 침해 이슈가 제기되었다는 점이다. 집행위원회 원안은 이를 충분히 고려하지 않았기에 유럽의회 차원에서 이를 보완해야 할 필요가 있었다.

나아가 집행위원회 원안은 금지되는 인공지능 실행 가운데 피해자 보호 등을 이유로 법집행 기구가 실시간 안면인식과 같은 '실시간 원격 생체정보 활용 신원확인 시스템('real-time' remote biometric identification systems)'을 예외적으로 활용할 수 있게 한 점에서 문제가 제기되었다. 이는 시민을 법집행을 위한 수단으로 전락시킬 수 있다는 것이다.[25]

유럽의회는 이러한 점에 주목하여 집행위원회가 제안한 인공지능법안을 검토 및 수정하여 통과시킨 것이다.

## 4. 인공지능법안 합의

2023년 12월 8일 유럽의회와 이사회(Council of the Europe)는 인공지능법안에 최종 합의한다.[26] 이로써 인공지능법안은 공식 제정을 눈앞에 두게 되었다. 이러한 합의가 의미가 있는 이유는 집행위원회가 제안한 원안에 관해 그동안 유럽의회와 이사회가 각기 독자적인 수정안을 마련하였기 때문이다.[27] 이는 그만큼 인공지능법안에 관해 팽팽한 견해 대립이 존재했다는 점

25 형사사법 영역에서 인공지능을 활용하는 것에 관한 유럽의회의 태도에 관해서는 European Parliament resolution of 6 October 2021 on artificial intelligence in criminal law and its use by the police and judicial authorities in criminal matters 참고 (https://www.europarl.europa.eu/doceo/document/TA-9-2021-0405_EN.html). 이에 관해서는 정소영, "형사사법에서의 인공지능 사용에 대한 유럽의회 결의안: '인공지능에 의한 결정' 금지에 관하여", 『형사정책』제34권 제2호(2022. 7), 137-172쪽 참고.

26 (https://www.europarl.europa.eu/news/en/press-room/20231206IPR15699/artificial-intelligence-act-deal-on-comprehensive-rules-for-trustworthy-ai) 참고.

을 시사한다. 무엇보다도 법을 집행하기 위한 목적으로 안면인식과 같은 실시간 원격 생체정보 활용 신원확인 시스템을 예외적으로 활용할 수 있는지에 관해 유럽의회와 이사회 및 집행위원회는 견해를 달리하였다. 그런데 이에 관해 합의가 이루어졌다는 점은 일종의 절충안이 성공적으로 마련되었다는 점을 시사한다. 하지만 당시만 하더라도 인공지능법안이 실제로 제정 및 시행되기까지는 여전히 시간이 필요하다는 관측도 제시되었다.[28] 인공지능법안이 실제로 제정에 성공할 수 있는지에는 회의적인 시각이 남아 있었던 것이다.

## 5. 유럽의회 제2차 수정 통과

인공지능법안은 이러한 합의에 바탕을 두어 2024년 3월 13일 유럽의회를 다시 통과한다. 제2차 수정 통과이다. 유럽의회의 제2차 수정안은 인공지능에 대한 규제와 혁신을 동시에 강화한다. 최종 합의를 존중하여 한편으로는 금지되는 인공지능 실행의 유형을 확대하면서도 다른 한편으로는 이에 관한 예외도 인정하였다. 그렇지만 전체적으로 보면 인공지능에 관한 혁신보다는 규제에 무게 중심을 실었다.

## 6. 이사회 통과

유럽의회를 두 번째로 통과한 인공지능법안은 2024년 5월 21일 이사회를 최종 통과한다. 이것으로 인공지능법안은 최종 관문을 넘어선 것이다.

## 7. 제정 및 시행

유럽의회와 이사회라는 두 입법기구를 통과한 인공지능법안은 2024년

---

27 2023년 6월 14일 유럽의회 수정안이 마련되기 전에 이미 이사회는 집행위원회 원안에 관해 2022년 12월 6일 이사회 수정안을 채택하였다. 이에 관해서는 한국지능정보사회진흥원, "EU 인공지능법 입법현황과 시사점", 『지능정보사회 법제도 이슈리포트』(2023-03), 3쪽 참고.

28 정병일, "인공지능 규제 법안 유럽의회 통과", 『AI타임스』(2023. 6. 15).

7월 12일 유럽연합 관보(Official Journal)에 게재됨으로써 최종적으로 제정되었다. 그리고 2024년 8월 1일부터 발효되었다. 다만 주요 규율 내용은 발효 2년 뒤인 2026년 8월 2일부터 시행될 예정이다.[29]

## Section 04 | 유럽연합 인공지능법의 주요 내용

### 1. 규제 모델

#### 1) 출발점

유럽연합 인공지능법은 어떤 규제 모델을 채택할까? 이에 관해 유럽연합 집행위원회가 제시한 인공지능법안 설명(Explanatory Memorandum)은 규제 개입의 강도에 따라 다섯 가지 선택지(options)를 고려하였다.[30] 이를 <표 6-1>로 나타내면 다음과 같다.

**표 6-1 집행위원회 인공지능법안이 고려한 규제 모델**

| 선택지 | 규제 모델 |
| --- | --- |
| 선택지 1 | 자발적 등급 표시 방식(voluntary labelling scheme)에 바탕을 둔 EU 입법 조치 |
| 선택지 2 | 영역 중심적, 특정 목적 중심적 접근 |
| 선택지 3 | 비례적인 위험기반 접근법에 바탕을 둔 포괄적인(horizontal) EU 입법 조치 |

29 김중권, "사람이 없는(人空) 人工知能 시대에 공법적 대응", 『인공지능과 미래사회, 그리고 공법의 대응』(2024 한국공법학자대회 자료집) 제1권(2024. 8), 17쪽.

30 Proposal for AI Act, p. 9. 이를 소개하는 문헌으로는 김광수, "인공지능 알고리즘 규율을 위한 법제 동향: 미국과 EU 인공지능법의 비교를 중심으로", 『행정법연구』제70호(2023. 3), 188쪽.

| 선택지 3+ | 비례적인 위험기반 접근법에 바탕을 둔 포괄적인 EU 입법 조치 + 비고위험 인공지능 시스템(non-high-risk AI systems)에 관한 자율 규범(codes of conduct) |
|---|---|
| 선택지 4 | 인공지능이 산출하는 위험에 상관없이 모든 인공지능 시스템에 적용되는 강제적 요건을 신설하는 포괄적인 EU 입법 조치 |

출처: 인공지능법안, p. 9 및 김광수, 188쪽을 참고하여 재구성

위 선택지는 규제 대상과 개입 강도를 조합한 것이다. 이에 따르면 선택지 1이 자율규제 방식에 가장 가깝다면, 선택지 4는 가장 포괄적이면서 개입 강도가 강한 타율규제 방식에 해당한다. 인공지능법은 이 가운데 선택지 3+를 선택하였다. 모든 유형의 인공지능을 포괄하면서 자율규제와 타율규제를 종합한 인공지능 규제법을 만든 것이다. 이는 구체적으로 다음과 같이 말할 수 있다.

인공지능법은 '규정(regulation)'이라는 구속력이 가장 강한 형식을 이용하여 선택지 3+를 채택한다. 그 점에서 원칙적으로 포괄적이면서 강력한 타율규제 방식을 취한다고 말할 수 있다. 하지만 그렇다고 해서 인공지능법은 민법상 불법행위나 형법상 범죄 구성요건처럼 금지 방식의 규제만을 선택하지는 않는다. 인공지능의 유형에 맞게 차별화된 강도의 규제를 선택해 적용하기 때문이다. 그 때문에 저위험 또는 최소 위험 인공지능에는 자율 규범인 행동 강령(code od conduct)을 활용한 자율규제를 적용한다. 그 점에서 인공지능법은 경성 규범과 연성 규범을 혼합한 규제 모델이라 할 수 있다.

## 2) 포괄적 규제

인공지능법은 포괄적 규제(horizontal regulation)를 채택한다. 이때 포괄적 규제란 인공지능 영역 전반에 걸쳐 투입되는 규제를 말한다. 그 점에서 포괄적 규제는 특정 영역에 한정되어 적용되는 영역적 규제(vertical regulation)와 구별된다.[31] 인공지능법은 이러한 포괄적 규제를 활용함으로써 유럽연합 역

31 이에 관해서는 (https://www.holisticai.com/blog/regulating-ai-the-horizontal-vs-vertical-approach) 참고.

내에서 사용되는 인공지능 모델과 시스템 그리고 실행 전반을 규제 및 관리하는 포괄적인 프레임워크(framework)를 제공한다.

### 3) 차별화된 규제

인공지능법은 적용 영역 면에서는 포괄적이지만 그렇다고 해서 개입 강도가 획일적인 규제를 취하지는 않는다. 인공지능법은 규제 대상의 특성을 고려한 차별화된 규제 방식을 선택한다. 이때 규제 대상의 특성이란 인공지능이 창출하는 위험을 말한다. 요컨대 인공지능의 유형에 따라 규제 강도가 차별화되는 것이다. 이 점에서 다음과 같은 도식이 만들어진다.

**그림 6-1 차별화된 규제의 구조**

위험의 유형화 ⇨ 인공지능의 유형화 ⇨ 규제 강도의 차별화

* 출처: 저자 작성

### 4) 인공지능의 유형화

#### (1) 위험기반 접근법

인공지능법에서 흥미로운 부분은 잘 알려진 것처럼 인공지능을 유형화한다는 것이다. 이때 유형화의 기준이 되는 것은 바로 인공지능이 지닌 위험이다. 그 점에서 인공지능법은 위험기반 규제 접근법(risk based regulatory approach)을 사용한다. 여기서 위험의 기준이 되는 것은 바로 자연인(natural person), 즉 인간 존재의 건강, 안전, 기본권에 대한 침해 가능성이다.

인공지능법이 위험기반 접근법을 취한다는 점은 인공지능에 대한 규제를 사전적으로(ex ante), 즉 미래지향적으로 앞당긴다는 점을 의미한다. 법적 규제로 인공지능의 위험을 사전에 관리하겠다는 것이다. 그 점에서 인공지능법은 인공지능에 대한 규제의 적용 시기를 앞당긴다. 그만큼 강한 규제임을 뜻한다.

### (2) 위험 및 인공지능의 유형화

이러한 위험기반 접근법에 따라 인공지능법은 위험을 크게 네 가지로 구별한다. 허용할 수 없는 위험(unacceptable risk), 고위험(high risk), 제한된 위험'(limited risk), 저위험(low risk) 또는 최소 위험(minimal risk)이 그것이다.[32] 이러한 구별은 인공지능이 창출하는 위험을 크게 '고위험/저위험'으로 구별하는 데서 출발한다. 그중 고위험을 '허용할 수 없는 위험'과 '고위험'으로 다시 나누고 인공지능의 작동 방식에 따라 저위험 가운데 제한된 위험을 구별하는 것이다.

인공지능법은 이러한 위험에 대응하여 인공지능을 크게 다음과 같이 유형화한다. 금지되는 인공지능 실행, 고위험 인공지능 시스템, 제한된 위험의 인공지능 시스템, 저위험 또는 최소 위험 인공지능 시스템이 그것이다. 이외에 ChatGPT 등에 대응하기 위해 범용 인공지능 모델이라는 이른바 파운데이션 모델이 독자적인 유형으로 추가된다.[33]

이때 주의해야 할 점은 인공지능을 유형화하는 방식은 인공지능 시스템 그 자체를 기준으로 하는 게 아니라는 점이다. 집행위원회 제안 설명(Explanatory Memorandum)이 보여주는 것처럼 인공지능의 유형화는 이른바 기능주의에 바탕을 둔다. 인공지능이 어떻게 사용되고 실행되는지에 따라 인공지능을 유형화하는 것이다.[34] 따라서 인공지능을 유형화한 후 이에 맞추어

---

32 Proposal for AI Act, p. 12; 김한균, "고위험 인공지능에 대한 가치지향적 · 위험평가기반 형사정책", 『형사정책』제34권 제1호(2022. 4), 17쪽 참고. '제한된 위험'은 유럽연합 집행위원회 법안에서는 정면에서 규정되지 않은 것으로 보인다. 이를 예증하는 박혜성 · 김법연 · 권헌영, "인공지능 통제를 위한 규제의 동향과 시사점", 『정보법학』제25권 제2호(2021. 8), 15-17쪽 참고. 그렇지만 고위험 인공지능이 아니면서도 투명성 요건이 적용되는 '특정한 인공지능 시스템'(certain AI systems)(제52조)과 관련하여 이러한 제한된 위험이 전제된 것으로 보인다. 말하자면 이러한 특정한 인공지능 시스템이 제한된 위험의 인공지능이라는 것이다. 이후 제한된 위험은 특히 유럽의회 차원에서 인공지능법안이 검토될 때 인공지능이 지닌 위험의 유형으로 자리매김한다.

33 ChatGPT 등에 대응하기 위해 유럽의회가 추가한 범용 인공지능 모델은 이른바 파운데이션 모델로서 포괄적인 의미를 지니기에 이러한 인공지능 유형 가운데 어느 한쪽으로 포섭하기는 어렵다. 범용 인공지능 모델은 각각의 인공지능 유형과 결합하여 사용될 수 있기 때문이다.

34 Proposal for AI Act, p. 12.

규제를 투입하는 방식은 인공지능이 기능적 관점에서 볼 때 어떻게 사용되는지에 따라 규제하겠다는 것으로 이해할 수 있다.

### (3) 금지되는 인공지능 실행

#### 가. 허용할 수 없는 위험을 창출하는 인공지능 실행

이러한 인공지능 유형화에 따를 때 우선 허용할 수 없는 위험을 창출하는 인공지능 실행은 금지된다(prohibited AI practices). 여기서 허용할 수 없는 위험이란 자연인인 인간 존재의 건강, 안전, 권리를 명백하게 위협하는 위험을 말한다.[35] 특히 유럽연합이 강조하는 규범적 가치인 인간의 존엄을 명백하게 침해할 우려가 있는 위험이 이에 해당한다.

유럽연합이 강조하는 인간의 존엄이란 무엇인지, 이를 구성하는 본질적인 징표가 무엇인지는 법적으로 판단하기 어려운 문제이지만, 철학자 칸트의 주장에 힘입어 크게 두 가지 기준이 제시되는 편이다. 인간 존재의 자율성을 침해하는 것과 인간 존재를 철저하게 도구화하는 것이 그것이다. 이는 서로 연결된다. 이에 더해 개인정보와 개인의 내밀한 영역의 불가침성이 강조되는 오늘날에는 개인정보를 남김없이 수집하여 해당 개인을 포괄적으로 프로파일링하는 것도 인간의 존엄성을 침해하는 예로 포섭할 수 있을 것이다.[36] 이를 예증하듯 인공지능법이 금지되는 인공지능 실행으로 규정하는 것은 바로 이렇게 개인의 자율성을 중대하게 침해하거나 그를 철저하게 수단화하는 것 또는 개인을 철저하게 프로파일링하는 것에 해당한다. 유럽연합 인공지능법은 인공지능 실행으로 인간의 존엄을 침해하는 것은 민법상 불법행위 또는 형법상 범죄에 상응하는 경우로 보아 이를 금지하면서 행정벌이라는 법적 제재를 부과한다.

---

35 김한균, 앞의 논문, 17쪽.

36 이 문제에 관해서는 양천수, 『빅데이터와 인권: 빅데이터와 인권의 실제적 조화를 위한 법정책적 방안』(영남대학교출판부, 2016) 참고. 이때 프로파일링은 크게 다음과 같은 단계로 실행된다. 첫 번째 단계에서는 익명 존재의 신원을 파악한다. 두 번째 단계에서는 신원이 확인된 특정 존재의 인격적 특성을 추론한다.

### 나. 유형

인공지능법은 금지되는 인공지능 실행, 즉 허용할 수 없는 위험을 인공지능이 창출하는 경우를 다음과 같이 규정한다.

첫째는 인공지능으로 잠재의식에 영향을 미침으로써 사람(person)의 행동(behaviour)을 중대하게 왜곡하는 것이다(제5조 제1항 (a)). 이는 집행위원회 원안에서 제안한 것을 보완한 것이다.

둘째는 인공지능으로 사람의 취약점 또는 그 사람이 속한 집단의 취약점을 이용함으로써 사람의 행동을 중대하게 왜곡하는 것이다(제5조 제1항 (b)). 이도 집행위원회 원안에서 제안한 것을 보완한 것이다.

셋째는 공공기관 등이 인공지능을 활용하여 사람의 사회적 행동이나 성격 등을 사회적으로 평가함으로써 그 사람이나 그가 속한 집단에 불리한 처우를 하는 것이다(제5조 제1항 (c)). 이도 집행위원회 원안에서 제안한 것을 보완한 것이다.

넷째는 범죄를 예측할 때 자연인의 인격적 특성에만 기반을 두어 인공지능을 활용하는 것이다(제5조 제1항 (d) 제1문). 이에는 예외가 인정된다(제5조 제1항 (d) 제2문). 이는 유럽의회가 추가한 것이다.

다섯째는 인터넷이나 CCTV에서 안면 이미지를 무작위로 수집해 안면인식 데이터베이스를 구축하는 것이다(제5조 제1항 (e)). 이도 유럽의회가 추가한 것이다.

여섯째는 직장이나 교육제도 영역에서 자연인의 감정에 개입할 목적으로 인공지능 시스템을 활용하는 것이다(제5조 제1항 (f) 전단). 이에는 의료나 안전 목적을 근거로 한 예외가 인정된다(제5조 제1항 (f) 후단). 이도 유럽의회가 추가한 것이다.

일곱째는 개인의 성향을 도출하기 위해 생체정보 활용 범주화 시스템(biometric categorisation systems)을 활용하는 것이다(제5조 제1항 (g) 제1문). 이에는 법집행을 목적으로 하는 예외가 인정된다(제5조 제1항 (g) 제2문). 이도 유럽의회가 추가한 것이다.

여덟째는 가장 논란이 된 것으로 법을 집행하기 위한 목적으로 공적으로 접근할 수 있는 공간에서 '실시간' 원격 생체정보 활용 신원확인 시스템('real-time' remote biometric identification systems), 가령 안면인식 시스템을 활용하는 것이다(제5조 제1항 (f)). 이는 집행위원회 원안에서 제안한 것을 보완한 것이다.[37]

여기서 확인할 수 있듯이 인공지능법은 집행위원회가 제안했던 원안에서 규정했던 것보다 금지되는 인공지능 실행의 유형을 더욱 확장하였다. 인공지능이 남용될 수 있다는 우려가 반영된 것이다. 그러나 동시에 실제로 어떤 경우가 금지되는 인공지능 실행에 해당하는지에 관해 그 요건을 더욱 섬세하고 구체적으로 설정하였다. 더불어 원칙적으로 금지되는 인공지능 실행에 해당하는 때에도 그에 대한 예외를 적절하게 설정하였다. '원칙/예외' 모델을 적용한 것이다. 그 점에서 규제와 혁신을 동시에 고려한다고 평가할 수 있다.

### 다. 법집행 목적의 실시간 안면인식 시스템 활용의 예외 인정에 관한 논란

흥미로운 점은 법집행기관이 법을 집행하기 위해 '실시간' 원격 생체정보 활용 신원확인 시스템, 가령 안면인식 기능을 수행하는 인공지능을 활용하는 것도 금지되는 인공지능 실행으로 규정한다는 것이다. 이는 법집행이라는 이름 아래 형사사법기관이 이러한 인공지능을 활용해 수사나 기소 등을 하는 것도 인간 존재를 수단화할 수 있다는 문제의식에 바탕을 두는 것으로 보인다.

하지만 집행위원회 원안은 이를 원칙으로 설정하면서도 이에 세 가지 예외를 허용하였다. 첫째는 아동을 포함한 잠재적 범죄 피해자를 추적하기 위해 활용하는 것이다. 둘째는 중대하고 임박한 자연인의 생명 또는 안전 침해 위협이나 테러 위협을 예방하기 위해 활용하는 것이다. 셋째는 유럽연합 법

37 여기서 다음과 같은 점을 추론할 수 있다. 유럽연합 인공지능법은 인공지능을 활용하여 인간 존재를 프로파일링하는 방식을 두 가지로 구별한다. 첫째는 해당 존재의 인격적 동일성을 파악하는 방식이다. 대표적인 예가 바로 안면인식 시스템을 이용하는 것이다. 둘째는 해당 존재의 인격적 특성을 추론하는 것이다. 이에 관한 예가 바로 범주화 시스템(categorisation system)을 활용하는 것이다. 첫 번째 방식이 특정한 인간 존재가 누구인지를 파악하는 데 초점을 맞춘다면, 두 번째 방식은 신원이 확인된 인간 존재가 어떤 (민감한) 특성을 보유하는지를 추론하는 데 집중한다. 나아가 이러한 두 가지 방식은 시간성을 기준으로 하여 각각 '사전적/현재적/사후적 방식'으로 구별할 수 있다. 예를 들어 실시간(real-time)의 현재적인 안면인식 시스템 활용과 사후적인(ex post) 안면인식 시스템 활용을 나눌 수 있다.

규범이 규정하는 중범죄자를 수사 및 기소하기 위해 활용하는 것이다.[38]

그렇지만 이러한 예외는 유럽의회에서 문제가 되었다. 이는 시민을 법집행을 위한 수단으로 전락시킬 수 있다는 것이다. 이러한 문제의식에서 유럽의회는 인공지능법안을 제1차로 통과시킬 때 법을 집행하기 위한 목적으로 실시간 안면인식 기술과 같은 '실시간 원격 생체정보 활용 신원확인 시스템'을 활용할 때 이를 예외적으로 인정할 수 있는 경우를 모두 삭제하였다.[39] 오직 예외적인 경우, 가령 중범죄를 기소하기 위해 그리고 법원의 승인 아래에서만 그것도 '실시간(real-time)'이 아닌 '사후적인(post)' 원격 생체정보 활용 신원확인 시스템만을 사용할 수 있다고 수정하였다.[40]

같은 맥락에서 범행 전력이나 위치 등을 포함해 개인의 성격이나 특성 등을 활용하여 범죄 행위나 재범 위험성 등을 평가하여 사전에 범죄를 예방하고자 하는 예측적 치안(predictive policing)도 금지되는 인공지능 실행에 새롭게 포섭하였다.[41] 요컨대 경찰 및 형사사법 영역과 관련해 금지되는 인공지능 실행의 범위를 확대한 것이다.[42]

---

38 그러나 이러한 예외를 인정할지에 논란이 전개되었고 결국 유럽의회는 이를 부정하는 쪽으로 인공지능법안을 수정하였다. 예외 인정을 비판하는 문헌으로는 Marietje Schaake, "The European Commission's Artificial Intelligence Act", *Human Centered Artificial Intelligence* (Stanford University, 2021. 6), p. 3 참고. 이 문헌은 (https://hai.stanford.edu/sites/default/files/2021-06/HAI_Issue-Brief_The-European-Commissions-Artificial-Intelligence-Act.pdf)에서 확인할 수 있다.

39 Amendment 220. 이에 관해서는 (https://www.europarl.europa.eu/doceo/document/TA-9-2023-0236_EN.html) 참고.

40 이는 중범죄라는 객관적 제한, 법원이라는 규제기관의 제한, 사후적이라는 시간적 제한이 결합한 것이라 말할 수 있다. 사회학자 루만(Niklas Luhmann)의 관점에서 바꾸어 말하면 사태적(sachlich)·사회적(sozial)·시간적(zeitlich) 의미의 제한이 결합하여 부과된 것으로 이해할 수 있다.

41 Amendment 224: "(d a) the placing on the market, putting into service or use of an AI system for making risk assessments of natural persons or groups thereof in order to assess the risk of a natural person for offending or reoffending or for predicting the occurrence or reoccurrence of an actual or potential criminal or administrative offence based on profiling of a natural person or on assessing personality traits and characteristics, including the person's location, or past criminal behaviour of natural persons or groups of natural persons;" 예측적 치안 문제에 관해서는 정채연, "예측적 치안과 형사정책: 쟁점과 과제", 『영남법학』제57호(2023. 12), 67-92쪽 참고.

그렇지만 바로 이 지점에서 유럽의회와 이사회 사이에 논란이 벌어졌다. 법집행 목적의 예외를 인정할 것인지에 관해 견해가 팽팽하게 대립하였다. 그리고 협상가를 통해 유럽의회와 이사회 간에 최종 합의가 이루어지면서 이는 다음과 같은 방향으로 해소되었다.[43] 첫째, 유럽의회가 삭제하였던 실시간 원격 생체정보 활용 신원확인 시스템의 예외적 허용이 다시 그러나 집행위원회 원안보다 제한적으로 인정되었다는 점이다. 둘째, 유럽의회가 금지한 범죄 예측 기술 가운데 사람의 개인적 특성에 기반을 둔 범죄 예측 기술은 금지하되 지리적 데이터에 기반을 둔 범죄 예측 기술은 허용하기로 했다는 점이다.[44]

이러한 논의 과정을 거치면서 최종적으로 제정된 인공지능법은 법집행 목적으로 안면인식 시스템과 같은 '실시간' 원격 생체정보 활용 신원확인 시스템을 활용하는 경우는 원칙적으로 금지되는 인공지능 실행으로 규정하면서도 예외적으로 이를 허용할 수 있게 하였다. 이때 인공지능법은 집행위원회 원안이 제시한 틀, 즉 피해자 보호, 경찰 목적, 형사사법 목적을 위해 예외를 인정한다는 기본 틀을 유지하면서 그 요건을 더욱 구체화하였다(제5조 제1항 (h)(i)(ii)(iii)). 더불어 이러한 예외가 남용되는 것을 억제하기 위해 이에 관한 상세한 통제적 규정들을 추가하였다(제5조 제2-8항 참고).

### (4) 고위험 인공지능 시스템

고위험 인공지능 시스템(high-risk AI systems)은 인공지능법이 가장 중점적으로 규율하는 인공지능 유형이다. 고위험 인공지능 시스템이 무엇인지에 관해 일단 인공지능법은 자연인의 건강, 안전 또는 기본권에 고위험을 창출하는 인공지능을 고위험 인공지능 시스템으로 규율한다(제6조). 하지만 이 같은 고위험 인공지능 시스템을 법규범에서 정면으로 상세하게 규율하기는 어렵다. 이는 법규범의 현실 적응력을 떨어뜨린다. 이에 인공지능법은 두 가

42 형사사법에서 인공지능을 활용하는 문제에 관해서는 주현경, "형사절차에서 인공지능 위험평가 프로그램을 이용한 양형 판단", 『영남법학』제57호(2023. 12), 35-66쪽 참고.

43 (https://www.europarl.europa.eu/news/en/press-room/20231206IPR15699/artificial-intelligence-act-deal-on-comprehensive-rules-for-trustworthy-ai).

44 정채연, 앞의 논문, 85쪽.

지 입법 기술을 활용한다. 부속서(Annex I, III) 활용과 부속서 업데이트 권한이 그것이다(제6조 및 제7조).

### (5) 제한된 위험의 인공지능 시스템

인공지능법 제50조는 "특정한 인공지능 시스템의 제공자와 활용자에 적용되는 투명성 의무(Transparency obligations for providers and deployers of certain AI systems)"를 규율한다. 여기서 투명성 의무가 적용되는 인공지능이 제한된 위험의 인공지능 시스템에 해당한다.[45] 인공지능법 제50조는 이러한 인공지능으로 자연인과 상호작용을 의도하는 인공지능(이른바 챗봇), 감정 인식 시스템(emotion recognition system), 생체정보 범주화 시스템(biometric catego-risation system), 이른바 '딥페이크'를 생성하는 생성형 인공지능을 규정한다. 이러한 인공지능은 고위험 인공지능으로 분류되지는 않지만, 인공지능이 작동하는 과정에 자연인이 개입하고 이로 인해 자연인에게 제한된 위험을 창출할 수 있기에 인공지능법이 별도로 규정하는 것이다. 이러한 인공지능에는 고위험 인공지능처럼 투명성 규제가 적용된다.

### (6) 범용 인공지능 모델

인공지능법이 집행위원회 원안과 구별되는 점은 범용 인공지능 모델(general-purpose AI models)과 범용 인공지능 시스템(general-purpose AI sys-tems)을 별도로 규율한다는 것이다(인공지능법 제5장).[46] 이는 이른바 파운데이션(foundation) 인공지능 모델을 규율한 것으로, 유럽의회가 추가한 것이다.

주지하다시피 집행위원회 원안은 범용 인공지능 모델을 충분히 고려하지 못했기에 유럽의회 차원에서 이를 보완해야 할 필요가 있었다. 이에 대응하기 위해 한편으로는 금지되는 인공지능 실행/고위험 인공지능 시스템/제한된 위험의 인공지능 시스템/저위험 또는 최소 위험 인공지능 시스템이라는

45 김한균, 앞의 논문, 19쪽.

46 범용 인공지능 시스템의 개념에 관해서는 제3조 제66항 참고. 이에 따르면 범용 인공지능 시스템은 범용 인공지능 모델을 기반으로 하는 또는 이와 결합하는 인공지능 시스템을 말한다.

구별은 유지하면서,[47] 다른 한편으로는 이에 추가하여 범용 목적의 인공지능 모델(general purpose AI models), 즉 파운데이션 모델을 새롭게 설정한 것이다.

#### (7) 저위험 또는 최소 위험 인공지능 시스템

금지되는 인공지능 실행, 고위험 인공지능 시스템, 제한된 위험의 인공지능 시스템, 범용 인공지능 모델을 제외한 나머지 인공지능은 저위험 또는 최소 위험 인공지능 시스템에 해당한다. 이러한 인공지능에는 기본적으로 행동 강령(codes of conduct)을 활용한 자율규제가 적용된다.

### 5) 규제 수단

인공지능법은 각 유형의 인공지능에 다음과 같은 규제 수단을 투입한다.

#### (1) 금지되는 인공지능 실행

인공지능법이 금지하는 인공지능 실행을 하는 것은 마치 민법상 불법행위를 저지르는 것과 같다. 이는 유럽연합 법질서가 허용하지 않는 위법한 작동이기에 이에는, 손해배상이 아닌, 행정벌(administrative fines)이 부과된다(제99조 제3항).

#### (2) 고위험 인공지능 시스템

인공지능법이 가장 중점을 두는 고위험 인공지능 시스템에는 다음과 같은 규제 수단이 적용된다. 고위험 인공지능 시스템이 필수적으로 갖추어야 하는 요건을 설정하고(제3장 제2절), 고위험 인공지능 시스템 제공자의 의무(제3장 제3절), 수입업자의 의무(제3장 제3절), 유통업자(distributor)의 의무(제3장 제3절), 활용자(deployer)의 의무(제3장 제3절)를 규정한다.

이는 다음과 같이 분석할 수 있다. 고위험 인공지능 시스템에 투입되는 규제 수단은 크게 두 가지로 구별된다. 인공지능 시스템 자체에 적용되는 규

---

47 Tambiama Madiega/Samy Chahri, “Artificial intelligence act”, *European Parliamentary Research Service* (2023), p. 4.

제 수단과 인공지능 시스템과 관련을 맺는 이해관계자에 적용되는 규제 수단이 그것이다. 그중 후자에서는 인공지능 시스템의 가치 사슬(value chain)이 고려된다. 이에 따라 고위험 인공지능 시스템 제공자 → 수입업자 → 시장 유통업자 → 활용자라는 피규제 당사자가 도출된다. 인공지능법은 이러한 당사자를 모두 규제 대상으로 포섭하여 각각 규제 수단을 마련한다.

이 가운데 고위험 인공지능 시스템 자체에 투입되는 규제 수단, 즉 반드시 갖추어야 하는 요건으로는 위험 관리 시스템(risk management system)(제9조), 데이터 및 데이터 거버넌스(제10조), 기술 문서 작성(technical documentation)(제11조), 기록 유지(record-keeping)(제12조), 사용자를 위한 투명성 및 정보 규정(제13조), 인간에 의한 감독(human oversight)(제14조), 정확함, 견고함 및 사이버보안(accuracy, robustness and cybersecurity)(제15조)이 제시된다.

고위험 인공지능 시스템 관련자, 그중에서도 제공자가 부담해야 하는 의무 가운데 주목할 만한 것으로는 품질 관리 체계(quality management system) 마련(제17조), 기술 문서 보관(제18조), 자동 생성 로그 기록 보관(제19조), 시정 조치 수행 및 정보 제공 의무(제20조), 관할 당국과 협력(cooperation with competent authorities)(제21조), 유럽연합 공식 대리인(authorised representatives) 임명(제22조)을 언급할 수 있다.[48] 이외에 눈에 띄는 의무로 고위험 인공지능 시스템 활용자가 준수해야 하는 기본권 영향평가를 언급할 수 있다(제27조).

### (3) 제한된 위험의 인공지능 시스템

제한된 위험의 인공지능 시스템, 즉 자연인과 상호작용을 의도하는 인공지능이나 감정 인식 시스템 등에는 고위험 인공지능 시스템에 투입되는 것과 유사한 투명성 규제가 적용된다.

### (4) 범용 인공지능 모델

범용 인공지능 모델에는 크게 다음과 같은 의무가 부과된다(제53조 제1항).

---

48 인공지능법은 당사자 가운데 고위험 인공지능 시스템 제공자의 의무를 강조한다. 이에 따라 제16조에서 제공자가 준수해야 하는 의무를 열거하면서 제17조에서 제22조에 걸쳐 각 의무를 상세하게 규정한다.

예를 들어 범용 인공지능 모델 제공자는 고위험 인공지능 시스템이나 제한된 위험의 인공지능 시스템처럼 투명성 의무를 충족해야 한다.[49] 나아가 범용 인공지능 모델이 생성하는 내용이 무엇인지 밝혀야 하고 불법적인 내용을 생성하지 못하도록 막아야 한다. 이는 출력(output) 통제에 해당한다. 또한 범용 인공지능 모델이 학습용으로 사용하는 데이터를 요약해서 공개적으로 제공해야 한다. 이는 입력(input) 통제에 해당한다.

### (5) 저위험 또는 최저 위험 인공지능 시스템

저위험 또는 최저 위험 인공지능 시스템은 인공지능법이 직접 규제하는 대상은 아니다. 그렇지만 앞에서 본 것처럼 인공지능법이 이를 규제에서 완전히 배제하는 것은 아니다. 이들 인공지능 시스템에는 자발적인 행동 강령 수립을 활용하는 자율규제가 적용된다(제95조).

### (6) 혁신 지원을 위한 수단

인공지능법은 인공지능에 대한 규제, 즉 자유 제한을 뜻하는 좁은 의미의 규제만을 규율하지는 않는다. 인공지능법은 규제뿐만 아니라 인공지능 기술 혁신을 지원하는 수단도 담는다. 이를 예증하는 것이 "혁신 지원 수단(Measures of Support of Innovation)"을 규율하는 인공지능법 제6장(Chapter VI)이다.[50] 예를 들어 제6장 제57조는 인공지능에 관한 규제 샌드박스(AI regu-latory sandboxes)를 규정한다. 인공지능 개발에 관해 규제 샌드박스를 적용할 수 있도록 한 것이다. 이때 눈여겨볼 만한 점은 실제 세계(real world)에서 인공지능 검증을 강조한다는 것이다(제60조).

### (7) 거버넌스

인공지능법은 제7장에서 거버넌스를 규율한다. 여기에서 인공지능법은 유럽연합 차원의 거버넌스(제1절)와 회원국의 국가 관할 당국(national com-

49 이에 관해 부속서 XI, XII, XIII가 적용된다.

50 집행위원회 원안은 이를 제7장에서 다루었는데 인공지능법은 혁신을 의식하였는지 이를 제6장에서, 거버넌스보다 먼저 규율한다. 이에 따라 거버넌스는 인공지능법 제7장에서 규율한다.

petent authority)(제2절)을 규율한다. 그러나 인공지능법 전체를 관찰하면 인공지능 규제와 관련된 거버넌스가 이에 한정되지 않는다는 점을 확인할 수 있다. 이외에도 다양한 거버넌스를 언급할 수 있는데 이는 다음과 같이 구별할 수 있다. 인증 관련 거버넌스, 회원국 거버넌스 및 유럽연합 거버넌스가 그것이다.

인증 관련 거버넌스로는 크게 통보 당국(notifying authority), 적합성 평가 기구(conformity assessment body), 피통보 기구(인증 실행 기구)(notified body)를 언급할 수 있다.

유럽연합 회원국 안에 설치되는 거버넌스로 국가 관할 당국(national competent authority)을 언급할 수 있다. 국가 관할 당국은 통보 당국과 시장 감독 당국(market surveillance authority)으로 구성된다(제3조 제48호).

유럽연합 차원의 거버넌스로는 유럽연합 집행위원회와 유럽연합 인공지능청(European Artificial Intelligence Office) 그리고 유럽 인공지능위원회(European Artificial Intelligence Board)를 거론할 수 있다. 여기서 주목할 만한 기관은 유럽연합 인공지능청이다(제64조). 이는 2024년 1월 24일 집행위원회 결정으로 신설되었다. 앞으로 인공지능에 관한 문제는 유럽연합 인공지능청이 전담할 것으로 보인다.

### (8) 시장 출시 후 감시

인공지능법이 지닌 특징적인 면 가운데 하나로 시장 출시 후 감시 등을 규율한다는 점이다(제9장). 이를테면 인공지능 시스템을 시장에 출시한 이후에도 이에 관한 모니터링, 정보 공유 및 감시를 강조한다. 이를 위해 인공지능법은 위에서 언급한 시장 감독 당국이라는 거버넌스도 규율한다. 이는 의약품 규제에서 강조되는 '사려 깊은 경계(prudent vigilance)' 모델을 받아들인 것이다. 인공지능이 시장에 출시된 이후에도 규제가 종료되지는 않는다는 것이다.

## Section 05 | 인공지능 규제의 방향

유럽연합 인공지능법은 전 세계 최초의 포괄적인 인공지능 규제법이라 할 수 있다. 따라서 유럽연합 인공지능법은 이후 제정될 전 세계의 인공지능법에 중요한 규범적 기준이 될 것이다. 예를 들어 유럽연합 인공지능법이 채택한 위험기반 접근법, 위험에 따른 인공지능의 유형화, 유형에 맞춘 차별화된 규제, 범용 인공지능 모델 규제, 규제 수단으로서 영향평가와 투명성의 강조, 다원적으로 마련된 인공지능 거버넌스, 인공지능의 시장 출시 후 지속적 감시 등은 인공지능에 관한 규제를 설계할 때 유익한 참고가 될 것이다.

인공지능법이 제정되는 과정 및 그 최종 결과물을 보면 유럽연합이 인공지능 규제와 혁신을 조화롭게 하기 위해 많은 고민을 했다는 점을 읽을 수 있다. 이를테면 결국 금지되는 인공지능 실행에 예외를 인정하면서도 이러한 예외를 통제하기 위한 장치를 강화한다. 더불어 규제이론(regulation theory)이 지금까지 성취한 최신 성과를 최대한 반영한다. 이 점에서도 우리는 인공지능법에 주목할 필요가 있다.

실제로 우리나라에서도 유럽연합의 인공지능법안을 모델로 한 「인공지능 산업 육성 및 신뢰 기반 조성에 관한 법률안」(이하 '인공지능 법률안'으로 약칭함)이 2023년 2월 14일 제21대 국회 과학기술방송정보통신위원회에서 위원회 대안으로 통과한 바 있다. 당시의 인공지능 법률안은 유럽연합의 인공지능법안처럼 위반 기반 접근법을 활용해 인공지능을 유형화한다. 특히 고위험 인공지능에 관해 다음과 같은 규제 방안을 마련한다. 사전고지 의무 부과, 신뢰성 확보 조치, 위험관리방안 수립, 최종결과 도출 과정 설명, 이용자 보호 방안이 그것이다. 다만 유럽연합 인공지능법이 도입한 금지되는 인공지능 실행은 당시의 인공지능 법률안에서는 고려하지 않았다. 그 점에서 당시의 인공지능 법률안은 유럽연합 인공지능법에 비해 인공지능 혁신 지원을 좀 더 지향한다고 평가할 수 있다.

물론 주지하다시피 인공지능 법률안은 제정되지 못하고 폐기되었다. 이후 제22대 국회가 출범하면서 이와 비슷한 내용을 담은 복수의 법률안이 발의된 상황이다. 유럽연합 인공지능법이 제정 및 발효된 이상 아마도 제22대 국회에서는 우리에게 적합한 인공지능법을 제정하기 위해 본격적인 준비와 논의를 할 것으로 예상된다.

그렇지만 유럽연합 인공지능법에 관해 집행위원회, 유럽의회, 이사회 사이에 여러 견해 대립이 있었다는 점을 고려하면 인공지능법이 과연 장점만을 지니는지에는 의문을 제기할 수 있을 것이다. 예를 들어 인공지능법이 과연 인공지능에 대한 규제와 혁신을 조화롭게 추구하는지에 의문을 제기할 수 있다. 무엇보다도 위험기반 접근법에 따라 인공지능을 유형화하면서 금지되는 인공지능 실행을 폭넓게 설정한 것에는 논란이 있을 수 있다. 유럽연합 인공지능법처럼 우리도 금지되는 인공지능 실행을 인정할지는 좀 더 신중하게 검토할 필요가 있다.

# 참고문헌

## 국내 문헌

김광수, "인공지능 알고리즘 규율을 위한 법제 동향: 미국과 EU 인공지능법의 비교를 중심으로", 『행정법연구』제70호(2023. 3).

김송옥, "AI 법제의 최신 동향과 과제: 유럽연합(EU) 법제와의 비교를 중심으로", 『공법학연구』제22권 제4호(2021. 11).

김중권, "EU 인공지능명령안의 주요 내용과 그 시사점", 『헌법재판연구』제8권 제2호(2021. 12).

김중권, "사람이 없는(人空) 人工知能 시대에 공법적 대응", 『인공지능과 미래사회, 그리고 공법의 대응』(2024 한국공법학자대회 자료집) 제1권(2024. 8).

김한균, "고위험 인공지능에 대한 가치지향적 · 위험평가기반 형사정책", 『형사정책』제34권 제1호(2022. 4).

다치바나 다카시, 김경원 (옮김), 『생태학적 사고법』(바다출판사, 2021) 참고.

박혜성 · 김법연 · 권헌영, "인공지능 통제를 위한 규제의 동향과 시사점", 『정보법학』제25권 제2호(2021. 8).

심소연, "유럽연합(EU)의 「반도체법(Chips Act)」", 『최신 외국입법정보』제234호(2023. 10. 31).

양천수, "유럽연합 인공지능법과 인공지능 규제", 『규제법제리뷰』 제24-1호, 2024.

양천수, 『인공지능 혁명과 법』(박영사, 2021).

양천수, "인공지능과 윤리: 법철학의 관점에서", 『법학논총』(조선대) 제27집 제1호(2020. 4).

양천수, 『빅데이터와 인권: 빅데이터와 인권의 실제적 조화를 위한 법정책적 방안』(영남대학교출판부, 2016).

양천수, "위험 · 재난 및 안전 개념에 대한 법이론적 고찰", 『공법학연구』제16권 제2호(2015. 5).

유럽 그린딜, (https://www.eeas.europa.eu/delegations/south-korea/%EC%9C%A0%EB%9F%BD%EA%B7%B8%EB%A6%B0%EB%94%9C_ko?s=179).

유재홍 · 추형석 · 강송희, 『유럽(EU)의 인공지능 윤리 정책 현황과 시사점: 원칙에서 실천으로』, Issue Report IS-114(소프트웨어정책연구소, 2021. 3. 25).
이경선, "EU 인공지능 규제안의 주요 내용과 시사점"(정보통신정책연구원, 2021).
이병준, "유럽연합 디지털 서비스법을 통한 플랫폼 규제: 디지털 서비스법 초안의 주요내용과 입법방향을 중심으로", 『소비자법연구』제7권 제2호(2021. 5).
이보연, "유럽연합의 인공지능 관련 입법 동향을 통해 본 시사점", 『법학논문집』(중앙대) 제43집 제2호(2019. 8).
이시한, 『GPT 제너레이션: 챗GPT가 바꿀 우리 인류의 미래』(북로망스, 2023).
정병일, "인공지능 규제 법안 유럽의회 통과", 『AI타임스』(2023. 6. 15).
정소영, "형사사법에서의 인공지능 사용에 대한 유럽의회 결의안: '인공지능에 의한 결정' 금지에 관하여", 『형사정책』제34권 제2호(2022. 7).
정채연, "예측적 치안과 형사정책: 쟁점과 과제", 『영남법학』제57호(2023. 12).
주현경, "형사절차에서 인공지능 위험평가 프로그램을 이용한 양형 판단", 『영남법학』제57호(2023. 12).
크리스토퍼 스타이너, 박지유 (옮김), 『알고리즘으로 세상을 지배하라』(에이콘, 2016).
타마르 헤르초그, 이영록 (옮김), 『유럽법약사』(민속원, 2023).
프리초프 카프라 · 우고 마테이, 박태현 · 김영준 (공역), 『최후의 전환: 지속 가능한 미래를 위한 커먼즈와 생태법』(경희대학교출판문화원, 2019).
한국지능정보사회진흥원 정책본부 지능화법제도팀, "EU 인공지능법(안) 의 주요 내용과 시사점"(한국진흥정보사회진흥원, 2021).
한국지능정보사회진흥원, "EU 인공지능법 입법현황과 시사점", 『지능정보사회 법제도 이슈리포트』(2023-03).

## 외국 문헌

Anu Bradford, Digital Empires: The Global Battle to Regulate Technology (Oxford University Press, 2023).
Amendment 220, (https://www.europarl.europa.eu/doceo/document/TA-9-2023-0236_EN.html).
Brian Patrick Green, "Six Approaches to Making Ethical Decisions in Cases of Uncertainty and Risk", Markkula Center for Applied Ethics (2019).

European Parliament resolution of 6 October 2021 on artificial intelligence in criminal law and its use by the police and judicial authorities in criminal matters 참고(https://www.europarl.europa.eu/doceo/document/TA-9-2021-0405_EN.html).

Gralf-Peter Calliess, Prozedurales Recht (Baden-Baden, 1999).

Marietje Schaake, "The European Commission's Artificial Intelligence Act", Human Centered Artificial Intelligence (Stanford University, 2021.

Tambiama Madiega/Samy Chahri, "Artificial intelligence act", European Parliamentary Research Service (2023).

(https://www.holisticai.com/blog/regulating-ai-the-horizontal-vs-vertical-approach).

(https://www.europarl.europa.eu/news/en/press-room/20231206IPR15699/artificial-intelligence-act-deal-on-comprehensive-rules-for-trustworthy-ai).

(https://www.europarl.europa.eu/news/en/press-room/20231206IPR15699/artificial-intelligence-act-deal-on-comprehensive-rules-for-trustworthy-ai).

chapter

07

# 생성형 AI의 활용과 지식재산 쟁점

손승우*

## Section 01 | 쟁점 제기

생성형 AI는 초지능 사회를 열어줄 새로운 도구이다. ChatGPT, GitHub Copilot, Stable Diffusion 등 생성형 AI의 등장은 인류문명을 진화시키고 모든 사회 영역에서 활용이 확산되고 있다. 특히 기술, 문화, 예술, 그 밖의 영역에서 새로운 비즈니스와 서비스를 출연시키면서 지식재산 영역에도 영향을 미치고 있다. 그간 과학자나 예술가만이 만들 수 있었던 기술, 영상, 이미지, 음성, 텍스트 등이 빅데이터를 기반으로 한 혁신적·창의적 AI 생성물 형태로 등장하면서 기존 지식재산 체계가 해결하지 못한 새로운 쟁점들이 던져졌다.

세계 각국은 생성형 AI에 대응한 법정책을 속속 내놓고 있으며 관련한 판례도 이어지고 있다. 미국은 생성형 AI 저작권 공개법안, 알고리즘 책임법안, 데이터보호법 등을 연방과 주 차원에서 제출했고, EU는 세계 첫 인공지능법(EU AI Act)[1]을 제정하여 '고위험군' AI 서비스에 활용된 학습데이터와 데

* 한국지식재산연구원 원장, 법학박사

1 Regulation (EU) 2024/1689 of the European Parliament and of the Council of 13

이터 학습방법을 공개하도록 하고, '제한적 위험군'에 속한 콘텐츠 생성형 AI에 대해서 해당 콘텐츠가 AI로 생성된 것임을 표시하도록 의무를 부여했다. 일본과 영국, 프랑스, 독일 등은 저작권법을 개정하여 데이터 분석(Text and Data Mining: TDM)에 관한 저작권 제한 규정을 마련했다. 중국은 생성형 AI 서비스 잠정방법과 인터넷 서비스 정보 딥페이크 관리 규정 등을 마련했다.[2]

우리나라도 인공지능 책임법과 인공지능 육성법을 비롯해 기본법 성격의 법안, 산업별 특성을 고려한 법안 등 일련의 법률안들이 발의되고 있다. 특히 AI 학습을 위해 TDM 규정을 포함한 저작권법 개정안이 2021년 1월에 발의되었으나, 문화예술인과의 갈등이 지금까지 지속되고 있다.

2024년 5월 서울고등법원은 '다부스(DABUS)'라는 AI를 발명자로 하여 한국 특허청에 출원한 발명에 대해서 "현재의 특허법 규정만으로 AI를 발명자에 포함시키는 것은 정당한 법률 해석의 한계를 벗어난다"고 판시하였다. 그리고 향후 AI 발명을 보호해야 한다면 사회적 논의를 거쳐 입법을 통해 보완해야 한다고 덧붙였다. 다부스를 발명한 테일러는 동일한 발명으로 다른 국가에 특허출원을 했지만 남아프리카공화국을 제외하곤 거의 대부분 국가에선 특허등록이 거절되었다. 이 사건은 우리에게 AI 발명 또는 AI 창작물에 대한 보호가 필요한지, 그리고 관련 입법을 한다면 담아야 할 여러 사항에 대한 논의를 촉발하였다.

한편, AI가 기존의 콘텐츠 데이터를 학습해서 새로운 그림, 음악, 사진, 영상 등 콘텐츠를 만들기 때문에 문화예술단체들과 저작권자들의 강력한 저항에 부딪히고 있다. 최근 출판사와 언론사들이 OpenAI와 마이크로소프트를 상대로 AI 모델의 학습을 위해 데이터를 수집하여 사용한 것이 자신들의 저작권을 침해한 것이라고 주장하며 소송을 제기했다. 데이터 수집은 AI 개발에 필수적인 것인데, 공개된 데이터를 수집하여 사용한 행위가 과연 저작

---

June 2024 laying down harmonised rules on artificial intelligence and amending Regulations (EC) No 300/2008, (EU) No 167/2013, (EU) No 168/2013, (EU) 2018/858, (EU) 2018/1139 and (EU) 2019/2144 and Directives 2014/90/EU, (EU) 2016/797 and (EU) 2020/1828 (Artificial Intelligence Act)

2 전정화 외(한국지식재산연구원), 초거래 인공지능 등장에 따른 지식재산 쟁점 대응방안 연구, 국가지식재산위원회, 2024.7. 148면 이하 참조.

권 침해에 해당하는지 공정이용(fair-use)이 될 수 있는지가 쟁점이다. 이처럼 기존 출판사, 언론사, 예술인 등이 AI 기업을 상대로 저작권 소송을 잇달아 제기하고 있다.

우리는 ChatGPT가 생성한 정보 중에 '허위정보'가 있다는 기사를 종종 접한다. ChatGPT를 개발하는 데 천문학적 비용을 투자했지만 아직 완전하지 않다. 허위정보는 인터넷에 게재된 잘못된 정보나 극히 일부 음모론자의 주장 글들이 원인이 되기도 한다. 한편 인간이 AI를 활용하여 고의로 유명인의 얼굴이나 목소리를 사칭하는 문제도 사회적 문제가 되고 있다. 소위 '딥페이크(deepfake)'나 '딥보이스(Deep Voice)' 기술로 생성한 디지털 가상인물은 퍼블리시티권이나 프라이버시 침해와 같은 문제를 초래한다. 또한 AI를 활용한 사기적 행위는 AI가 만든 창작물을 사람이 창작한 것으로 속여 등록하는 문제에서도 나타난다. 이러한 '허위등록' 행위는 현행법상 형상처벌 대상이 된다.

생성형 AI를 활용한 창작과 발명의 과정을 보면, 데이터 수집에서부터 분석, 생성, 활용 등 전 과정에서 법적 쟁점들을 안고 있다. 이 장에서는 AI 창작 보호와 AI 발명자 적격성, 데이터 이용에 있어서 저작권자와의 갈등, 퍼블리시티권, 허위등록 등 지식재산 관련 쟁점들을 살펴본다. 다만 저작권과 관련한 쟁점과 사례에 관해서는 다음 장("생성형 AI의 저작권법 이슈와 과제")에서 상세히 다루고 있으므로 여기서는 되도록 저작권 문제를 간략히 소개한다.

## Section 02 | AI 창작물 보호와 발명자성

### 1. AI 발명자성

생성형 AI는 다양한 산업에서 발명의 도구로 활용된다. 예를 들면, 생성형 AI를 적극적으로 활용하고 있는 산업 분야 중 의료, 바이오 제약 등 헬스케어 산업에는 Pharma.AI, Adaptyv Bio 등 AI를 적용해 신약을 개발하고 있다.[3] 또한 엔비디아와 구글은 반도체 설계에 AI를 적용하고 있다. 계약서나 소송문서 작성, 특허 명세서 작성, 선행기술 조사 등 법률 서비스 분야에서도 활용하고 있다. 코파일럿(Copilot) 사건에서 보듯이 코파일럿은 사용자 요청에 기반하여 자동으로 프로그램 코드를 완성해 주는 프로그래머를 위한 AI이다. 프로그래머가 코드 일부를 짜면 그다음에 어떤 코드가 들어갈지 AI가 스스로 판단해서 자동으로 완성해 준다.[4]

다부스(DABUS) 사건을 계기로 AI 발명자성이 쟁점이 되었다. 미국 AI 개발자 스테판 테일러(Stephan Thaler)는 2020년 3월 한국 특허청에 AI가 개발한 2가지 발명으로 특허를 출원했다. 발명 중 하나는 내외부를 오목하고 볼록하게 만든 식품 용기이고, 다른 하나는 신경 자극 램프이다. 그런데 특허 출원서에 기재된 '발명자'가 사람이 아닌 'AI 이름(다부스)'이었다. 특허법에 따라 특허를 받을 수 있는 자는 자연인으로 한정되므로 특허청은 이 출원을 거절하였다. 테일러 박사는 특허 무효 처분 취소를 구하는 소송을 제기했다.

테일러 박사는 해당 발명이 사람의 개입 없이 AI가 독자적으로 개발한 것이라고 주장했다. 또한 과거에는 AI 발명이 존재하지 않았지만, 지금은 사람뿐만 아니라 AI도 발명을 할 수 있는 환경이 변화했으므로 발명자 범주에 AI도 포함해야 한다고 설명했다. 그러나 이러한 주장은 1심 법원은 물론 고등법원에서도 받아들여지지 않았다. 그 이유로 현행 특허법 규정만으로는 AI를 발명자로 볼 수 없고, 또한 다부스 학습과정에 있어서 인간이 상당 수준 개입한 사실이 있다고 하였다. 주의할 것은 AI를 활용한 발명에서 발명자성이 인정되지 않는다 하더라도 AI를 활용한 '자연인'의 발명자성까지도 부정되는 것은 아니다. 자연인이 AI를 도구로한 발명에 현저하게 기여했다면 발명자로서 인정받을 수 있다.[5]

---

3 신약 개발 분야에서 몇 개월에서 몇 년이 걸리는 단백질 구조 분석을 AI가 몇 분 만에 해결했다거나, 코로나19 백신의 mRNA 구조를 AI가 재설계해 백신의 효능을 100배 이상 높였다는 사례가 있다. SBS 뉴스, AI는 발명가가 될 수 있을까…외국 사례는, 2024.5.18.자. (https://news.sbs.co.kr/news/endPage.do?news_id=N1007651104)

4 GitHub Copilot copyright case narrowed but not neutered, The Register, 12 Jan 2024. (https://www.theregister.com/2024/01/12/github_copilot_copyright_case_narrowed)

또한 1심 법원은 AI를 발명자로 인정할 경우 인간의 연구역량이 위축될 수 있고, 발명으로 인한 법적 분쟁이 발생한 경우 책임관계가 분명하지 않을 우려도 있다고 했다. 이에 더해 고등법원은 AI 발명을 법으로 보호하고자 한다면 그 필요성에 대한 사회적 논의를 거쳐 입법으로 해결해야 한다고 판시했다.

테일러 박사는 다부스를 한국 외에도 영국, 호주, 사우디아라비아 등 다른 17개국에도 출원했다. 남아프리카공화국를 제외하곤 모두 특허를 거절했다. 남아공은 다른 국가들과 달리 무심사주의를 취하고 있다. 그런데 호주에서 특허 거절에 대한 소송이 있었고, 이례적으로 1심 법원은 AI 발명자성을 인정했다. 이 판결은 상고심에서 파기되었다. 한편 독일 연방특허법원도 AI 발명자를 인정하지 않았지만, 발명자 정보에 AI를 병기할 수 있다고 했다.

특허 분야는 아래 상술하는 저작권 분야와 달리 AI를 '발명의 도구'에 불과한 것으로 보는 전문가 시각이 아직 지배적이다.[6] 이렇다 보니, 발명자성을 제외한 발명의 기여도, 진보성 판단, AI 특허권의 보호범위 등 AI 발명을 둘러싼 쟁점과 법률관계는 국제적으로 아직 확립되지 않았다. 그리고 다부스 판결에 대해 로렌식 레식(Lawrence Lessig) 교수를 비롯한 일부 학자들은 AI 개발에 투자된 천문학적 투자와 AI 경쟁력을 위축시킬 수 있는 판결이라고 비판했다.

## 2. AI 창작물 보호

### 1) 국내외 사례와 정책 동향

AI가 생성한 데이터의 일종인 콘텐츠나 발명에 대한 보호 논의도 국내외

5 2024년 2월 12일, 미국 특허청(USPTO)은 출원인과 심사관에게 AI 활용 발명의 취급에 대한 명확성을 제공하기 위한 지침을 발표했다. 한국지식재산연구원, 「지식재산동향」 2024-11호, 2024.3.12.

6 특허청은 2023년 7월 1,500여 명을 대상으로 AI 발명에 대한 설문 조사를 진행했다. AI를 단독발명자, 발명파트너, 발명도구 중 무엇으로 보느냐는 질문에 일반인의 70%는 '발명파트너'로 봤지만, 전문가의 66%는 '발명도구'로 응답했다. 특허청, 인공지능(AI) 발명자 관련 대국민 설문조사 결과, 2023. (https://www.kipo.go.kr/ko/kpoContentView.do?menuCd=SCD0201260)

에서 활발히 진행되고 있다. 2020년 1월 중국 법원은 글쓰기 인공지능(AI)이 작성한 기사에 대하여 처음으로 저작권 보호를 인정하는 판결을 해 세간의 이목을 끌었다. 반면, 앞서 다부스(DABUS) AI를 발명자로 하여 특허 출원한 것에 대해 미국, 영국, EU, 한국 등에서 등록을 거절하였다. 이러한 흐름 속에서 AI가 생성한 창작물 보호와 관련한 몇 가지 사례를 살펴본다.

한국음악저작권협회는 2022년 7월 가수 홍진영의 '사랑은 24시'를 작곡한 '이봄(EvoM)'과 관련하여 이봄이 인공지능이라는 사실을 알게 되면서 그간 지급해 오던 저작권료를 중단했다.[7] 이봄은 광주과학기술원이 개발한 작곡 AI이다. 2021년 '사랑은 24시간' 등 이봄이 작곡한 6곡에 대해 이봄을 저작권자로 이름을 등록했고 저작권 신탁단체인 한국음악저작권협회는 저작권료를 지급해 왔다. 그런데 동 협회는 이들 곡이 사람이 아닌 AI가 작곡한 사실을 알게 되면서 저작권료 지급을 중단했다. 현행 저작권법상 저작물은 '인간의 사상이나 감정을 표현한 창작물(저작권법 제2조 제1호)'이므로 AI가 만든 곡에는 저작권이 부여되지 않는다.

한편, AI 저작물 등록과 관련하여, 미국 저작권청(Copyright Office)은 2022년 9월 AI 미드저니를 이용해 그린 만화의 저작권을 승인했으나, 같은 해 12월 미국법상 저작권은 인간에게만 적용된다는 이유로 재심의를 하였다. '새벽의 자리아(Zarya of the Dawn)'라는 인터넷 소설을 쓴 크리스티나 카슈타노바(Kristina Kashtanova)는 글은 직접 썼지만 소설에 들어가는 이미지는 모두 미드저니로 만들었다. 저작권청은 작품 내 AI 생성 이미지에 대한 저작권은 부정하면서도, 소재 선정, 구성, 배열 등 작가가 직접 편집 및 집필한 부분에 한정해서는 저작권을 일부 인정하였다.[8]

AI와 공동으로 만든 작품에 대해 공동저작자를 인정한 첫 사례도 있다. 인도와 캐나다는 AI가 생성한 미술 작품에 대해 AI 앱을 공동저작자로 인정해주었다. 2021년 9월 인도 저작권청(India's copyright office)은 인공지능인 RAGHAV가 빈센트 반 고흐의 '별이 빛나는 밤에' 작품에 대한 데이터 세트

7 1분 만에 노래 '뚝딱' 만드는데…'이봄'에게 저작권 없는 까닭은, news 1, 2023년 5월 28일자. (https://www.news1.kr/articles/?5060083)

8 United States Copyright Office, Zarya of the Dawn Letter, February 21, 2023.

와 안킷 사니(Ankit Sahni)가 찍은 사진을 사용하여 생성한 'Suryast'라는 작품에 대하여 공동저작을 인정하였다.[9] RAGHAV는 변호사인 사니에 의해 개발된 회화 AI이다. 한편, 같은 해 12월에는 캐나다 지식재산권청(Canadian Intellectual Property Office)으로부터 Suryast에 대한 저작권 등록(Registration no. 1188619)을 허락받았으며 사니와 Raghav를 공동저작자로 등재하였다. 사니는 AI를 도구 이상의 창작적 기여를 주장하면서 이를 뒷받침하기 위해 Home Legend LLC v. Mannignton Mills Inc를 인용했다. 그리고 사니가 Raghav를 소유하고 있었던 점도 공동저작자를 인정하는 데 중요하게 고려되었다.

AI 창작물 보호와 관련해서 WIPO, EU, 미국, 일본 등 주요국은 AI-IP 관련 기술 발전 정도를 지속해서 확인하면서 논의가 지속하고 있다. 세계지식재산기구(WIPO)는 2019년부터 인공지능 관련 지식재산 회의(WIPO Conversation on Intellectual Property and Artificial Intelligence)를 시작했다. 2020년 11월 4일 개최된 제3차 지식재산·인공지능 WIPO 회의에서 많은 참여자가 AI 창작 성과물을 왜 보호해야 하며 그 효용성은 무엇인지에 대해 논의하였다.

**그림 7-1** AI 창작 성과물 보호에 대한 찬반 의견

| 찬 | 반 |
|---|---|
| • AI 창작이 향유(享有)할 수 있어 사회적 효용과 문화발전 기여 | • 자연인 중심의 지식재산 관련 법률의 보호 대상이 아님 |
| • AI 발명기술 발전은 물론 및 부가서비스 창출 및 新산업 진흥에 기여 | • 대량의 창작·발명으로 AI 관여자에 의한 지식재산 독점화 우려 |
| • 인간의 창작활동을 도와주고 비대면 콘텐츠 부족 문제 해결 | • 인간이 잠재적 침해자로서 AI에 종속되고 연구 집약 산업의 붕괴 |

출처: 손승우, AI 저작물 '왜' 보호해야 할까?, C-Story 11+12호, 한국저작권보호원, 2020.12, 41면.

EU는 2020년 10월 20일 '인공지능 기술 개발 관련 지식재산(Intellectual property rights for the development of artificial intelligence technologies)'에 대한 유

9 Nikita Munjal, Canada's First AI-Authored Copyright Registration Paints a Picture of Uncertainty, Intellecual Property Law & Technology Program, March 21, 2022.

럽 의회 결의안(2020/2015(INI))을 채택했다.[10] 여기서는 AI 보조 인간 저작물과 AI 생성 저작물 간의 차이가 있음을 강조했다. AI 생성 저작물의 경우 소유권, 저작권, 적절한 보상, 잠재적인 시장 집중 등의 사안 등 지식재산 보호에 있어 새로운 규제 문제를 일으킨다는 점을 언급했다.

미국 저작권청은 2023년 3월 16일 생성형 AI 관련 저작물의 권리 범위 및 등록 문제, 머신러닝에서의 저작물 사용 등 AI 관련 법정책적 문제를 검토하기 위한 이니셔티브 출범했다. 이와 함께 미국 특허청은 발명 과정에 관여한 AI를 특허 출원 시 발명자로 등재할 수 있는지에 대해 발명자, IP 전문가, 기업, 학계 등을 대상으로 공중 의견을 수렴했다.

일본은 AI 창작물 논의를 다른 국가에 비해 일찌감치 시작한 국가이다. 지적재산전략본부는 2016년 1월 27일 AI 창작물의 보호 필요성, AI 권리를 보호하는 새로운 등록제도 구축 등 AI가 만든 창작물의 권리를 보호하기 위한 법 정비 검토를 했다.[11] 이 논의를 한 위원회는 인공지능 산업에 대한 투자를 촉진하고, 인공지능 창작에 대한 인센티브를 부여하기 위해 일정한 AI 창작물 보호가 필요하다는 처지를 제시했다.

### 2) 생성형 AI의 창작물 보호 방안

한국은 어느 국가보다도 AI 창작물 보호에 관한 논의를 활발히 진행해왔다. AI 창작물 보호가 필요하다는 견해는 AI 창작이 사람에게 효용성과 편익을 제공하고 국내 AI 산업 진흥과 생성형 AI를 활용하는 기업의 성과를 보호·장려하기 위해 필요하다는 이유를 제시한다.

우리나라는 AI 창작 보호를 위한 구체적인 입법을 전제로 보호 수준과 대상, 권리 주체, 표시제도, 등록 등 세부적인 사항에 대한 논의로 발전시켰다. 대표적으로 국가지식재산위원회는 2020년 'AI－지식재산 특별전문위원회'를 설치하고 「AI 지식재산 특별법」 제정 방향 등에 관한 연구와 논의를 했다. 여기서는 대체로 AI 창작의 보호 수준을 현행 인간의 것보다 낮은 수

10 European Parliament, Intellectual property rights for the development of artificial intelligence technologies (2020/2015(INI)), P9_TA(2020)0277, 20 October 2020.

11 内閣府知的財産戦略推進事務局, 次世代知財システム検討委員会 報告書, 平成２８年(2016) 4月.

준으로, 권리는 AI 자체보다는 AI 기업 등 법인격이 있는 자에게 부여하자는 견해가 지지받았다. 그리고 AI 기술의 발전 속도를 보면 2020년 산업계 간담회(AI 특위 1기) 당시 인간 수준의 창작물 생성이 어렵다고 본 반면, 다음 해 산업계 간담회(AI 특위 2기) 때에는 인간 수준에 도달했다고 평가할 정도로 AI 기술 속도가 예상보다 빨랐다.[12]

한편 AI 창작물 보호를 위한 새로운 입법이 필요한지에 대해서는 찬반이 나눴었고, 구체적인 보호 방법에 관해서도 다양한 견해가 제시되었다. 본 저자는 AI 창작물 보호와 관련해서 국제적 정합성이나 저작권과 같은 기존 법질서를 넘어 새로운 입법의 필요성을 다양한 연구와 매체를 통해서 피력한 바 있다.[13] 이와 달리, 국제적 정합성 관점에서 한국이 최초로 AI 창작보호 법제를 도입하는 것을 주저하는 견해가 있는데, 이는 AI 창작권을 기존 저작권법 체계에서 내에서 해결하고자 하는 태도에 서 있기 때문이다. 생각건대, 만일 AI 창작 보호를 기존 지식재산권법 체계 내에서 해결하고자 한다면 창작주체, 권리귀속, 보호수준, 등록, 공정이용, 침해구제 등 너무 많은 영역에서 기존 것과 다른 기준과 예외를 설정해야 한다. 그 이유는 AI 창작권은 인간의 저작권과 근본적으로 다르기 때문이다. 따라서 AI 창작을 현행 법체계에서 보호할 경우 필연적으로 현 체계와 충동하게 된다. 따라서 기존의 법체계 내에서의 포섭이 아닌, 신지식재산으로서 새로운 접근법에 따라 별도의 특별법 제정이 적절하다고 본다.

한편, AI 창작물 보호를 현행 부정경쟁방지법 제2조 파목에 의한 해결하자는 견해도 있다.[14] 파목은 "그 밖에 타인의 상당한 투자나 노력으로 만들어진 성과 등을 공정한 상거래 관행이나 경쟁질서에 반하는 방법으로 자신의 영업을 위하여 무단으로 사용함으로써 타인의 경제적 이익을 침해하는 행위"를 규정한다. AI 창작물은 신지식재산의 일종이고 그 보호를 위해서는

12 2023.3.29. 일론 머스크(테슬라 CEO)와 AI 전문가 1,000여 명은 사회에 대한 위협을 이유로 AI 개발 잠정 중단을 촉구한 바 있다.

13 손승우, 인공지능 창작물의 저작권 보호", 「정보법학」 제20권 제3호, 2016.12.31.; 손승우, "인공지능 창작물의 지식재산 보호, 명암과 해법", 「인터넷 법제동향」 Vol.116, 2017.5.; 손승우, 「인공지능-지식재산 특별법」 도입, AI-지식재산 컨퍼런스, 국가지식재산위원회, 2020.09.4. 등

14 김원오, "인공지능법 과제의 현재와 미래" 세미나(인공지능법 총론 출판기념), 인하대학교 법학연구소, 법무법인 태평양, 법무법인 태평양, 2023.6.30.

국제적 정합성도 필요하므로 기존 지식재산 권리 체계가 아닌 부정경쟁 원리에 의해 해결하자는 것이다. AI 기업이 AI를 개발하고 창작물을 생성하기까지 상당한 투자와 노력을 하게 되므로 그 성과물은 부정경쟁방지법에 따라 보호할 수 있다는 것이다.

구체적인 입법 과제로서 인간의 창작물과 AI 창작물을 구별하기 위한 표시제도의 도입, 무분별한 보호를 방지하기 위한 등록제도 도입(이봄사건, 미드저니 미술작품처럼 보호하고 싶은 작품의 등록, 미등록한 대부분의 창작물은 자유이용하는 방안), 공정이용의 범위 등이 있다. 이 중에서 눈여겨볼 것은 앞서 잠시 언급한 EU의 AI 법이다. 이 법은 사람과 유사한 수준의 지능을 갖춘 범용 AI를 개발하는 기업에 '투명성 의무'를 부과하고, EU 저작권법을 준수하도록 하고 AI를 학습시키는 데 이용한 콘텐츠를 명시해야 한다. 특히 '제한적 위험군'에 속한 AI 사업자의 경우 콘텐츠를 생성하는 생성형 AI는 워터마크 또는 기타 기계가 읽을 수 있는 신호를 사용하여 해당 콘텐츠가 AI로 생성된 것임을 표시해야 한다. 콘텐츠플랫폼 사업자 중에는 틱톡(TikTok)이 처음으로 AI 생성 콘텐츠에 대한 기준을 만들고 크리에이터에게 AI로 콘텐츠 전부를 생성했거나 상당 부분 편집한 콘텐츠에 대해 AI 라벨을 붙이도록 권장하고 있다.[15] 이 제도는 AI 창작물 보호 관점에서는 현재에도 인간의 창작물과 AI 것을 구분 짓기 어려운 상황에서 양자 간의 보호수준과 보호기간, 저작권 제한 등에 있어서 차별적 적용을 위해서는 'AI 창작물 표시제도'가 매우 유용한 수단이 될 수 있다.

## 3. 허위등록의 문제

생성형 AI를 활용한 발명과 창작에 있어서 '허위등록'과 '참칭(僭稱) 저작물' 문제가 현실화되고 있다.

현행 저작권 등록제도는 저작물에 대한 형식적 심사만 할 뿐 실질적 심사를 하지 않기 때문에 AI 창작물을 인간의 것으로 속여 등록할 경우 이를

15 TikTok, About AI-generated content ("Once posted, your video will be labeled as Creator labeled as AI-generated and can't be changed") (2024.8.15. visited) (https://support.tiktok.com/en/using-tiktok/creating-videos/ai-generated-content)

판별하기가 쉽지 않다. AI 창작이 보편화된 오늘날 허위 등록이 만연된다면 심각한 사회적 혼란을 초래할 수 있다. 물론 현행 저작권법은 허위등록에 대해 형사처벌을 규정하고 있다(저작권법 제136조 제2항 제2호).[16] 또한 등록사무를 담당하는 한국저작권위원회가 허위등록 사실을 알게 된 경우에는 그 등록을 직권으로 말소할 수 있다(저작권법 제55조의4). 특허법도 거짓등록에 대해 형사처벌 규정을 두고 있으며(특허법 제229조), 또한 이러한 등록은 무효사유가 된다.

그런데 AI가 창작한 사실을 일부러 속이는 행위를 인지하거나 알아차리는 것은 사실상 어려우므로 허위등록을 예방하기 위한 방안을 고민해 볼 필요가 있다. 생각건대, 저작권 심사제도에 특허나 상표심사와 같이 실체적 심사제도를 두는 것을 고려해 볼 수 있으나 '무심사'를 원칙으로 하는 저작권 제도에 이를 도입하는 것인 현실적으로 쉽지 않다. 다만 저작권 등록 시에 AI 창작 여부를 묻는 항목을 신설하거나, AI 산출물을 그대로 사용했는지를 검증할 수 있는 기술적 조치(검증시스템)를 마련하는 것도 생각해 볼 수 있다. 한편 AI는 너무 많은 콘텐츠를 만들어내기 때문에 AI 창작물 모두를 보호할 수는 없다. '등록'을 권리발생의 요건으로 하고 등록 수수료를 낸 것만 보호 대상으로 삼도록 하여 진심으로 보호를 원하는 콘텐츠만 등록하도록 유도하는 것이 바람직하다. 무방식주의를 취하고 있는 저작권 체제와는 사뭇 다른 모습이 되는 셈이다.

**군마상 저작권의 허위등록 사건**

서울숲광장에 가면 군마상(群馬像)이 설치되어 있는데, 독일 작가는 국내 제작사와 동업하기로 하고 경주마 6기가 출발하는 순간을 역동적으로 표현한 군마상 밑그림을 그려 제작사에게 제공하였다. 그런데 제작사는 독일 작가의 밑그림을 자신의 이름으로 저작권을 등록하였고 이에 독일 작가는 제작사를 상대로 저작권 허위등록죄로 형사고소를 하였다. 대법원은 이와 관련하여 "저작권등록부 허위등록죄는 저작권등록부의 기재

16 저작권등록을 거짓으로 한 자는 3년 이하의 징역 또는 3천만 원 이하의 벌금에 처하거나 이를 병과할 수 있다(저작권법 제136조 제2항 제2호).

내용에 대한 공공의 신용을 주된 보호법익으로 하며, 단순히 저작자 개인의 인격적, 재산적 이익만을 보호하는 규정은 아니다. 한편, 저작물의 저작자가 누구인지에 따라서 저작재산권의 보호 기간이 달라져 저작물에 대한 공중의 자유로운 이용이 제한될 수 있으므로, 저작자의 성명 등에 관한 사항은 저작권등록부의 중요한 기재사항으로서 그에 대한 사회적 신뢰를 보호할 필요성이 크다. 따라서 저작자의 성명 등의 허위등록에 있어서 진정한 저작자로부터 동의를 받았는지 여부는 허위등록죄의 성립 여부에 영향이 없다"라고 판결하였다(대법원 2008.9.11. 선고 2006도4806 판결).

출처: 이봉덕, 찰칵, 카메라에 담은 '서울숲'여름 정취, 서울특별시, 2020.

논문을 쓰거나 책 출판에 있어서 AI에 전적으로 의존하여 AI 생성물을 마치 자신의 것으로 발표하거나, 자신의 이름으로 저작권 등록을 하는 것은 윤리적 문제를 일으키고 나아가 법적 문제를 발생시킨다. 학술논문 작성이나 교육 등에 있어서 AI를 바르게 활용할 수 있는 방법이나, 저작권, 인용 및 표절을 해결할 국가 차원의 기준이 마련될 필요가 있다. 또한 생성형 AI로 작성한 논문을 구분할 기술적 방안도 필요한데, 이와 관련된 연구가 진행 중이다. 네이처, 사이언스 등 일부 학술지는 AI가 쓴 논문을 인정하지 않는데, 그 이유는 AI가 생성한 자료는 표절의 위험이 있고 논문에 대한 책임을 AI가 지지 않기 때문이다. AI의 위험성 중에는 딥러닝을 하는 블랙박스 구간이 존재하고, 행위와 위험의 인과관계가 불확실하며, 피해복구가 어려운 점

등이 존재한다.[17] 또한 AI 알고리즘에는 설계에 따라 편향성이 존재할 수도 있다.

## Section 03 | 생성형 AI를 활용한 창작과 저작권 분쟁

### 1. 생성형 AI를 활용한 창작

생성형 AI는 콘텐츠 창작의 기폭제 역할을 하고, 새로운 예술창작의 형태를 등장시키고 있다. 최근 'Text−to−image AI'가 등장하기 수년 전부터 국내외에 음악, 이미지, SW 등을 AI로 창작하는 서비스가 제공되고 있다. 국내에서 펄스나인(이지미), 포자랩스(작곡), 업보트(UPVOTE) 엔터테인먼트(작곡), 크리에이티브 마인드(이봄), 메타빌드(AI 싱어 비비젠) 등이 있다. 포자랩스는 AI 학습을 위해서 작곡가를 고용하고 AI 엔지니어와 협업을 통해 트랜디한 음악을 만들고 있다. 해외에도 AIVA, JUKEDECK, AMPER MUSIC, Ecrett MUSIC 등이 대표적인 AI 창작기업이다.

ChatGPT 출현을 기점으로 AI 기반 창작이 고도화되는 양상이다. 2022년 8월 카카오의 AI 전문 자회사인 카카오브레인은 한국어에 특화된 거대 언어 모델인 'KoGPT'를 기반으로 시를 쓰는 AI '시아(SIA)'를 개발했다. 시아는 1만 3,000여 편의 시를 읽으며 작법을 익혔고, '시를 쓰는 이유'라는 시집을 출간하기도 했다. CJ올리브네트웍스의 AI 시작(詩作) 도구인 '오아이라이터(Oi Writer)'는 3만여 편의 시를 학습하여 시 창작을 지원해 주고 있다. 아홉 명의 시인이 AI 시작 도구를 활용하여 '9+i'라는 시집을 발간하기도 했다.

Text−to−image AI는 프롬프트창에 특정한 키워드를 명령어로 입력하면 이미지를 생성해 주는 AI인데, 대표적인 스타트업으로 OpenAI 달리2(DALL−E 2), 영국 Stability AI 스테이블 디퓨전(Stable Diffusion), 미드저니연구

17 이상직, 인공지능 시대의 혁신과 공존, 2023.9, 26면. (내부 자료)

소의 미드저니(Midjourney), 영상처럼 움직이는 이미지를 제공하는 메타의 메이크어비디오(Make-A-Video) 등이 있다. 미드저니의 '스페이스 오페라 극장(Théâtre D'opéra Spatial)'라는 작품은 지난해 미국 콜로라도에서 열린 주립박람회 디지털아트 부문에서 AI가 최초로 우승하는 일도 있었다. Text-to-image AI는 예술창작에 있어서 획기적인 도구이지만 아직은 작가의 상상력이나 세계관을 온전히 구현하는 데 한계를 지닌다. 미드저니 작품 3개를 출품한 제이슨 앨런 역시 이를 수정·보완하는 데 80시간 이상 썼다고 한다.[18]

이처럼 선도적인 예술가는 AI와 공동으로 창작을 시도하거나 AI를 적극적으로 활용하여 창작의 아이디어를 얻거나, 자기 아이디어를 다양하게 표현하기도 한다. 창작의 트랜드가 분명 변화하고 있다. 그러나 생성형 AI는 문화예술계에 위기감도 준다. 미술계에서는 최근 AI 창작 작품의 대회 수상을 빗대어 '예술성의 죽음(the death of artistry)을 목도한다'는 비판적인 반응을 내놓았다. 생성형 AI는 화가, 일러스트 작가, 작곡가 등의 이해관계가 직접 충돌하고 있으며, 기술적 실업이나 인간 정체성에 대해 우려도 커지고 있다. 일부 창작자들은 예술 플랫폼(Newgrounds, Inkblot, Fur Affinity 등)에 AI 이미지 업로드 금지 정책 채택하거나, AI 기업을 상대로 윤리적 문제나 저작권 소송을 제기하는 등 적극적으로 행동에 나서고 있다.[19]

## 2. 저작권 관련 분쟁사례

2023년 초 세계 최대 이미지 플래폼 회사 게티이미지(Getty Images)는 이미지 생성 AI 서비스 스테이블 디퓨전(Stable Diffusion)의 개발사인 스태빌리

18 Nicky Mouse, 콘텐츠 창작의 기폭제 "생성형 AI" & ChatGPT, 네이버 블로그, 2023.4.21. (https://blog.naver.com/nickykim156423/223081684586)

19 2023년 5월, 미국작가조합(WGA) 소속 할리우드 영화 및 방송 프로그램 작가 1만 1,500여 명이 AI 대본 활용 금지 및 처우 개선을 주장하며 총파업을 했다. 국내에서도 이를 지지하며 한국시나리오작가조합, 웹툰작가노동조합, 전국언론노동조합 방송작가지부, 국제사무직노동조합연맹 한국협의회 등 작가 단체가 넷플릭스 코리아 사옥 앞에서 집회를 가졌다. 또한 아르헨티나, 호주, 캐나다, 스페인, 프랑스, 독일, 영국 등 총 28개국의 국제작가조합연맹(IWAG) 및 유럽작가연맹(FSE) 소속 작가 단체들도 거리 피케팅 및 SNS 시위 등 연대 활동을 전개했다. '창작'을 도둑질하는 AI … 전 세계 작가들, 집단행동 나섰다, 주간한국, 2023년 6월 16일자.

티 AI를 상대로 저작권 침해 소송을 영국과 미국에서 제기하였다. 게티이미지는 스태빌리티 AI가 수백만 개의 이미지와 메타데이터를 불법적으로 복제·처리하여 상업적 이익을 취하였다고 주장했다. 반면, AI 기업들은 수많은 데이터를 일일이 확인하여 저작권을 확보하는 것은 사실상 불가능하다고 항변했다.

이 사건에서의 쟁점은 AI 학습 과정에서 기존 저작물을 이용하는 행위가 '공정이용(Fair use)'에 해당하는지와 AI 창작물이 기존 저작물과 실질적으로 유사하여 저작권을 침해했는지다. 공정이용 원칙은 법상 보호받는 저작물이라도 저작권자의 허락 없이도 예외적으로 이용할 수 있도록 허용하는 법 원칙이다. 공정이용 원칙에 있어서 중요한 기준 중 하나는 AI에 의한 활용된 저작물이 실질적으로 '변형적 이용(Transformative use)'인지 여부와 이러한 이용이 게티이미지의 현재 또는 잠재적인 시장 가치에 상당한 영향을 미쳤는지 여부도 중요한 판단기준이 된다.

한편 2023년 1월에 3명의 예술가는 미국 법원에 Stability AI, Midjourney, DeviantArt를 상대로 저작권 침해 집단소송을 제기했다. 위 3개사는 모두 Stable Diffusion 모델에 기반하여 그림 생성 유료서비스를 제공하는 플랫폼을 운영하였는데, 이 예술가들의 동의 없이 자신들의 미술저작물을 AI 학습에 사용했다고 주장했다. 이들은 관련 웹사이트(haveibeentrained.com)에서 해당 미술저작물이 스테이블 디퓨전의 학습 데이터에 포함되어 있음을 확인했다. 그리고 2023년 9월 20일, 미국 작가조합(Authors Guild)는 조지 R.R. 마틴, 존 그리샴 등 유명 작가 17명과 함께 OpenAI를 상대로 저작권 침해를 주장하는 집단소송을 제기했다. 작가조합은 OpenAI가 텍스트를 생성하는 대규모 언어모델을 만들기 위해 작가들의 작품을 무단으로 사용하는 실태를 확인했다고 밝혔다. 원고들은 자신의 저작물이 AI 학습을 위해 사용할 수 있을지를 결정할 권리가 있으며, 적절한 라이선스를 받아야 한다고 주장했다.[20]

이 밖에도 미국의 160여 개의 언론 매체가 OpenAI, 구글 등을 상대로 뉴스 저작권 침해를 규탄한 사건과 프로그래머들과 마이크로소프트의 생성

20 '왕좌의 게임' 등 美 작가들 "오픈AI GPT에 책 무단 사용" 소송, 연합뉴스, 2023년 9월 21일자. (https://www.yna.co.kr/view/AKR20230921013900075)

AI 서비스 코파일럿(Copilot) 간의 소송 등 다양한 분쟁과 쟁점이 오가고 있다.

이처럼 다양한 콘텐츠 분야에서 생성형 AI 창작을 둘러싼 분쟁이 터져 나오는 가운데, 자율적 의사결정이라는 AI의 기술적 특징을 고려해 보면 창작물 생성에 있어서 어떤 저작물이 얼마만큼 사용되었는지를 입증하기란 결코 쉬운 일이 아니다. AI는 필연적으로 기존 데이터를 사용해야 하는 만큼 문화예술계와의 갈등을 단순히 소송에 맡겨두기보다 정부와 기업이 적극적으로 해결방안을 마련하는 노력이 요구된다.

국내에선 2022년 9월 웅진북센이 국립국어원의 빅데이터 구축사업인 '말뭉치 사업'에 참여하며 출판사들의 전자책 16,000여 권을 무단으로 사용한 것이 드러나며 분쟁이 발생한 바 있다.[21] 생성형 AI와 관련된 저작권 관련 분쟁사례의 자세한 내용은 다음 장에서 소개하겠다.

## 3. 쟁점 검토

앞서 살펴본 바와 같이, 기존 저작물 활용을 기반으로 한 AI 서비스의 증가는 자연스럽게 저작권 분쟁도 증가시키고 있을 뿐 아니라 생성형 AI를 거부하는 운동으로까지 확산하는 양상을 보인다. 게티이미지 사건 등에서 기존 저작물의 이용이 저작권법상 '공정이용'에 해당하는지가 쟁점이 되며, 이에 앞서 근본적으로 '입증책임'의 가능성이 제기된다.

게티이미지 사건에서 일부 저작물이 AI에 의해서 활용된 사실이 확인되었고, 저작권 침해 집단소송 소송에서도 AI 학습데이터에 예술가들의 미술 저작물이 포함된 사실이 확인됐다. 그러나 자율적 의사결정이라는 AI의 기술적 특징을 고려해 본다면 AI 창작물 생성에 있어서 어느 저작물이 얼마만큼 사ㄴ용되었는지를 입증하기란 결코 쉬운 일이 아니다. 기존 저작물이 단순히 사용됐다는 추상적 사실만으로 구체적인 침해사실을 증명하는 데 한계는 분명 존재한다.

21 '말뭉치 사업' 저작권 침해 사태 일단락…출협, 국립국어원·웅진북센과 합의, 뉴시스, 2023년 1월 17일자. (https://mobile.newsis.com/view.html?ar_id=NISX20230127_0002172416)

이러한 이유로 일부에서는 침해 사실에 대한 입증을 AI 기업에 부담시켜야 한다는 주장을 제기하기도 한다.[22] 그러나 '입증책임의 전환' 문제는 입증의 난해성만으로 그 책임을 전환할 수는 없으며, 기술적 가능성이나 AI 기업이 부담해야 할 비용이 합리적인지를 살펴봐야 하고, 나아가 법적 근거, 국제적 정합성, AI 산업의 불측의 손해, 소송 남용, 예술계와의 이해관계 등을 종합적으로 고려해야 하여 신중히 접근할 사안이다.

AI 학습과정을 통해 생성한 창작물이 기존 저작물을 침해했는지는 "실질적 유사성" 판단 기준에 따라 판단할 문제이다. 그리고 AI가 기존 저작물을 학습하였다면 "의거성"을 인정할 수 있지만, 세부적으로 들여다보면 AI 창작물 생성에 있어서 학습된 기존 저작물이 구체적으로 무엇이고 어떤 비율로 활용되었는지를 확인하는 일은 정말 쉽지 않다. 어떤 AI 기업은 표절 문제에 휘말리는 것을 우려하여 AI 데이터를 직접 생산하거나 합법적인 라인선스를 획득하기도 한다.

한편 저작권법은 행위의 주체가 사람임을 전제로 하고 있어서 AI 자체가 침해의 책임을 질 수 있을지는 의문이고 가처분이나 손해배상책임의 주체가 되기도 어렵다. 그렇다고 하여 피해를 본 저작권자를 그대로 방치하는 것은 부당하므로 AI 존재 및 행위에 직접적으로 관련이 있는 AI 소유자 내지는 개발에 참여한 자가 책임을 분배하는 방식으로 해결되어야 할 것이다.

한편, 생성형 AI가 데이터 학습을 위해 기존 이미지를 수집하는 문제는 크롤링(crawling)과 관련된 것으로 크롤링의 위법성 여부는 저작권 침해 문제와 달리 다뤄져야 한다. 이것과 별개로 AI 학습 과정에서 이루어지는 복제나 전송 등에 대한 면책에 관한 문제로서 다음의 TDM(Text and Data Mining)에 관한 내용에서 자세히 다루도록 하겠다.

---

22 강지현, "AI와 결합된 게임산업이 직면한 법적 과제", AI와 게임산업, 한국게임법과정책학회 · 4차산업혁명융합법학회 공동학술세미나, 2023.11.17. 참조.

## Section 04 | 딥페이크 기술의 활용과 퍼블리시티권 문제

### 1. 쟁점과 사례

2023년 4월 캐나다 출신의 유명 래퍼인 드레이크(Drake)와 싱어송라이터 위켄드(Weekend)와 협업한 것처럼 보이는 'Heart on My Sleeve'라는 곡이 익명으로 스포티파이와 애플뮤직 등에 게시됐다. 이 곡은 이용자들에게 대단한 인기를 얻었는데, 사실은 위 두 음악가와는 무관하게 생성형 AI(딥보이스)를 이용해 만든 것이었다. 그리고 2024년 1월, 이미 사망한 미국의 유명 코미디언인 '조지 칼린(George Carlin)'의 50년간의 연기를 학습한 AI가 조지 칼린과 비슷한 목소리로 새롭게 생성한 대본을 연기한 것에 대해 유족이 퍼블리시티권(right of publicity) 침해를 이유로 소송을 제기했다.[23] 국내에서도 2021년 2월 인공지능이 故 김광석의 목소리로 김범수의 '보고 싶다'를 불러 화제가 되었다. 이처럼 우리나라에서도 여러 가수나 배우의 목소리를 학습한 AI 커버곡들이 유행하면서 퍼블리시티권 논쟁이 발생하고 있다.

오늘날 딥페이크 기술의 발전으로 특정인의 외모나 목소리와 똑같은 가상 인물을 만드는 것이 어렵지 않게 되었고, 이에 따라 세계 곳곳에서 관련 논란이 일고 있다. 과거 퍼블리시티권 문제는 주로 유명인이 대상이었으나, 인공지능 시대에 접어들면서 일반인과도 무관하지 않게 되었다. 최근 제주도는 AI 아나운서를 도입했는데, 실존 인물을 촬영한 후 그래픽 기술 등을 기반으로 3D 가상인간을 만든 것이다.

### 2. 관련 법 규정

2021년 12월 7일 부정경쟁방지법의 개정 이전에는 우리나라에 퍼블리시티권에 관한 법률상 명문의 규정이 없었다. 이에 따라 퍼블리시티권에 관한

23 Reuters, George Carlin's estate settles lawsuit over AI-generated comedy routine, April 4, 2024.

일관된 판례가 형성되지 못했다. 중요하게도 'BTS 판결'[24]은 '유명인'의 인격표지의 무단 사용을 부정경쟁행위의 한 유형으로서 명문화하게 된 결정적인 계기를 제공했다.

퍼블리시티권은 인격적 권리인 초상권과는 구별되는 '재산적 권리'이다. 초상권은 우리 헌법에 따라 보장되는 권리이고(헌법 제10조 제1문), '인격권'이라는 점에서 전자와 차이가 있다. 유명 연예인이나 정치인 등의 성명·초상 등이 상품의 광고나 영업적 표장에 사용될 경우 그 유명인들이 쌓아 올린 저명성으로 인하여 이를 사용한 상품 등은 소비자들 사이에 월등한 선전력과 고객흡입력을 발휘하기 때문에 이를 무단으로 사용하는 것은 그 유명인들에 대한 정상적인 계약을 통해 얻을 수 있는 경제적 이익을 박탈한 것이다.[25]

부정경쟁방지법 타목에서 "국내에 널리 인식되고 경제적 가치를 가지는 타인의 성명, 초상, 음성, 서명 등 그 타인을 식별할 수 있는 표지를 공정한 상거래 관행이나 경쟁질서에 반하는 방법으로 자신의 영업을 위하여 무단으로 사용함으로써 타인의 경제적 이익을 침해하는 행위"를 부정경쟁행위로 규정한다. 주의할 것은 부정경쟁방지법은 경쟁원리에 따른 행위규제를 기본원리로 삼고 있는바, 어떤 '권리'를 부여하지 않고 타인이 장기간 공들여 쌓은 인격표지를 무단으로 사용하는 무임승차 행위를 규제한다.

또한 동 조항에 따른 구제를 받기 위해서는 경제적 가치를 가지는 인격표지를 '자신의 영업을 위하여' 무단으로 사용할 것을 요건으로 한다. 따라서 영리활동이 아닌 단순한 취미나 재미로 AI 가상인물을 만들었다면 동 조항의 적용을 받을 수 없다.

그리고 타목은 '국내에 널리 인식되고 경제적 가치를 가지는 인격표지'를 보호 대상으로 하고 있으므로 유명인이 아닌 일반인의 인격표지는 보호받을

---

24 대법원 2020. 3. 26. 자 2019마6525 결정. 대법원은 BTS 소속사가 아티스트를 선발하여 그룹을 결성하고 훈련하여 연예활동을 기획하고 여러 콘텐츠를 제작·유통시키는 등 일련의 과정에서 상당한 투자와 노력을 하였다는 점에서 BTS와 관련하여 쌓인 명성, 신용, 고객 흡인력을 소속사 자체의 성과로 인정하고, 그러한 소속사의 성과를 무단사용하는 행위를 보충적 일반조항인 (구)(카)목의 부정경쟁행위로 판단하였다.

25 손승우, 「지식재산법의 이해」, 동방문화사, 20204, 403면.

수 없다.[26] 그런데 오늘날 틱톡, 유튜브, 인스타그램 등에서 활동하는 인플루언서들은 일반인이 대부분이고, 또 앞서 언급한 바와 같이 일반인을 대상으로 한 AI 가상인물이 증가하는 환경을 고려해 본다면, 개개인의 인격표지가 아무런 보상없이 영리적으로 사용되더라도 마땅한 제재수단이 없는 것은 분명 문제가 있다고 하겠다.

이와 관련해서, 현행 부정경쟁방지법 파목은 보충적 일반조항으로 위 문제를 해결할 대안이 될 수 있다. 즉 파목은 "그 밖에 타인의 상당한 투자나 노력으로 만들어진 성과 등을 공정한 상거래 관행이나 경쟁질서에 반하는 방법으로 자신의 영업을 위하여 무단으로 사용함으로써 타인의 경제적 이익을 침해하는 행위"를 부정경쟁행위로 규정한다. 타목과 파목은 상호 보완적 관계에 놓여있으므로 타목에 따라 구제받지 못하는 일반인이라도 자신의 상당한 투자나 노력으로 만든 성과에 대해선 일정한 구제가 가능할 것이다. 다만 파목은 일반인의 퍼블리시티권을 보호하는 명시적 규정이 될 수 없으므로 구체적 근거는 사회적 논의를 거쳐 입법을 통해 보완할 필요가 있다.

타목 위반에 대해서는 행정조사와 금지청구, 손해배상 등 민사조치를 할 수 있도록 하되, 형사처벌 대상에서 제외했다.

## Section 05 | 데이터 수집의 문제와 데이터 분석 면책

앞서 논의한 게티이미지 사건 등 생성형 AI와 기존 저작권자들과의 분쟁에 있어서 AI 기업들이 이미지, 예술작품 등 기존 데이터를 무단으로 수집하여 AI를 학습함으로써 저작권을 침해했는지가 쟁점이었다. 여기서 데이터를 AI 분석에 사용하는 것은 아래에서 상술하는 TDM(Text and Data Mining)과 관련된 쟁점이다. 반면, AI로 데이터를 수집하는 문제는 크롤링(crawling)에 관한 것으로 데이터 면책보다는 데이터 보호와 가까운 쟁점이다.

---

26 손승우, 앞의 책, 405면.

## 1. 끝나지 않는 TDM 논쟁

### 1) 공정이용 해당 여부

AI를 활용한 정보분석 과정에서 필연적으로 저작물 이용이 수반되는데, 이러한 행위가 저작권법상 '공정이용'27에 해당하는지에 대해서는 견해가 나뉘고, 또 구체적인 해석에 있어서 달라질 수 있다. 미국은 대체로 일반적인 분석행위는 '공정이용'에 해당한다고 보고 있다. 자동화된 분석과정에서 필요한 한도 안에서 저작물을 복제·전송하는 것은 통상의 저작물 향유행위라고 보기 어렵고, 또 그것은 새로운 가치(결과물)을 얻기 위한 과정 중에서 필연적으로 행해지는 중간 복제에 지나지 않기 때문이다.

한편, AI 학습과정을 기술적으로 이해할 필요가 있다. 예를 들어, 크롤링한 이미지를 AI가 학습한다고 할 때 AI는 해당 이미지를 전체적으로 그대로 인식하는 것이 아니라 이미지를 비트단위로 잘라서 학습하게 된다. 이미지를 그대로 이용하는 것이 아니고, 또 기계가 학습을 위해 이용한다는 점에서도 저작물 향유행위와 차이가 있다.

아래에서 'TDM 예외 필요성'과 관련하여, 저작 데이터를 활용한 분석의 모습이 다양하므로 하나의 일률적인 기준으로 저작권 제한 사유를 규정짓기보다는 공정이용 규정에 맡겨 유연하게 판단하는 것이 적절하다는 견해도 있다. 이에 반해, TDM은 인공지능 시대에서 핵심적 사항이고 분명한 행위가 존재하는 만큼 성문법계 체제에 부합하도록 구체적 기준을 정하는 것이 바람직하다는 견해도 있다. 생각건대, 한국은 저작권 제한 사유에 관한 규정

---

27 저작권법 제35조의5 (저작물의 공정한 이용) ① 제23조부터 제35조의4까지, 제101조의3부터 제101조의5까지의 경우 외에 저작물의 통상적인 이용 방법과 충돌하지 아니하고 저작자의 정당한 이익을 부당하게 해치지 아니하는 경우에는 저작물을 이용할 수 있다.

② 저작물 이용 행위가 제1항에 해당하는지를 판단할 때에는 다음 각 호의 사항등을 고려하여야 한다.

1. 이용의 목적 및 성격
2. 저작물의 종류 및 용도
3. 이용된 부분이 저작물 전체에서 차지하는 비중과 그 중요성
4. 저작물의 이용이 그 저작물의 현재 시장 또는 가치나 잠재적인 시장 또는 가치에 미치는 영향

이 있고 오랫동안 판례를 형성해 온 반면, 공정이용 규정은 이러한 제한 사유가 해결하지 못한 부분을 보충적으로 해결하는 역할에 머물거나, 미국과 같이 공정이용 규정을 제대로 적용한 사례를 찾아보기 어렵다. 이러한 법률 환경 속에서 AI 시대에 중요하다고 여겨지는 데이터 분석에 관한 사안을 공정이용에 온전히 맡기는 것이 타당한지 의문이다.

### 2) TDM 예외 필요성

TDM에 관한 논의는 2021년 1월 15일 도종환 의원 개정안 발의 전후로 계속해서 하고 있지만 좀처럼 합의에 이르지 못하고 있다. 다른 주요국에 비해서 한국이 TDM 입법을 아직 갖추지 못하고 있는 점은 안타까운 일이다.[28] 개정안 입법취지에서 밝히고 있듯이, 오늘날 AI·빅데이터를 활용한 정보분석은 보편화되었고 그 분석과정에서 필연적으로 수반되는 저작물 이용에 대해서 저작재산권 제한 기준을 명확히 정립하는 것은 산업계의 예측가능성을 높이고 AI 시대에 핵심적인 법적 기반을 제공하는 것이라 본다.

| **저작권법 개정안(도종환 의원 대표 발의) 제43조(정보분석을 위한 복제·전송)** |
|---|
| ① 컴퓨터를 이용한 자동화 분석기술을 통해 다수의 저작물을 포함한 대량의 정보를 분석(규칙, 구조, 경향, 상관관계 등의 정보를 추출하는 것)하여 추가적인 정보 또는 가치를 생성하기 위한 것으로 저작물에 표현된 사상이나 감정을 향유하지 아니하는 경우에는 필요한 한도 안에서 저작물을 복제·전송할 수 있다. 다만, 해당 저작물에 적법하게 접근할 수 있는 경우에 한정한다.<br>② 제1항에 따라 만들어진 복제물은 정보분석을 위하여 필요한 한도에서 보관할 수 있다. |

AI 창작에 사용되는 데이터는 대부분 AI가 수집하는데, 법적 문제가 되지 않는 합법적 크롤링으로 수집한 데이터를 가공, 학습, 분석하여 새로운 창작물 또는 부가가치를 만드는 경우, 그 과정에서 이루어지는 복제, 전송

---

28 이하 손승우, 2023 전국 저작권법학자대회 토론문, 한국저작권위원회 6층 대강당, 2023.8.25. 참조.

등 행위에 대해서 미국-일본(영리적 이용 허용)과 유럽(비영리적 목적으로만 면책 허용)은 서로 다른 태도를 보인다. 도종환 의원의 개정안 발의 이후 생성형 AI의 급속한 확산이 이루어지면서 한국에선 이 개정안 'TDM 면책 규정'을 놓고 문화예술단체의 반대가 더욱 거세졌고, 마침내 기존 데이터 사용에 대한 보상금 또는 기금의 도입을 주장하는 견해도 제기되었다. 보상금 산정에 있어서 데이터를 크롤링한 양에 따라 계산하여 지급하자는 의견도 있다.

비영리, 학술, 개인적 목적 등으로 제한하고 있는 유럽의 접근법이 그간 AI 환경에 부합하도록 잘 작동되고 있는지 확인할 필요가 있으며, 또한 영리적 사용에 대해서 유럽에서 실제 어떻게 저작료 지급이 이루어지고 있는지 조사되어야 한다. 일본은 TDM 조항으로 인해서 최근 AI를 사용하기 좋은 국가로 평가받고 있다.

한편, 앞서 언급한 EU의 AI 규제 법안에서 AI가 창작물을 만들 때 학습에 사용한 자료 출처를 공개하는 내용을 담고 있다. 그런데 과연 AI가 학습한 자료를 공개하는 것이 기술적·비용적으로 가능한 것인지도 의문이다. AI가 사안별로 어느 정도의 기존 데이터를 학습해서 어느 정도의 기여를 했는지를 산정해 내는 것이 가능한 것인지도 알기 어렵다. ChatGPT를 비롯한 생성형 AI의 등장 이후 TDM 면책에 적극적이었던 저작권법 학자들도 관망하는 처지로 돌아서는 모습이다. 수많은 데이터를 진공청소기처럼 흡수한 AI가 인간의 창작을 대체하는 모습이 달갑게 보이지 않고, 또 예술인들이 설 자리가 혹여 없어지지 않을까 걱정도 되기 때문이다.

## 2. 데이터의 수집과 보호

부정경쟁방지법은 최근 개정을 통해 데이터 보호에 관한 규정을 마련하였다. 동법 제2조 카목에서 보호 대상인 데이터를 '업(業)으로써 특정인 또는 특정 다수에게 제공되는 것'으로 규정해 '거래·유통을 위한 데이터'만을 보호 대상으로 한정했다. 특히 카목은 빅데이터에서 큰 비중을 차지하는 '비정형데이터'를 포섭했다는 점에서 중요한 의미가 있다.[29] 보호 데이터를 불특

29 손승우, 앞의 책, 2023, 399~340면.

정 다수가 아니라 '특정인(특정 다수)'에게 제공되는 데이터로 한정한 것은 데이터 유통 활성화를 위해 규제 대상을 최소화한 것이며, 또한 '전자적 방법으로 상당량 축적·관리되며 비밀로서 관리되고 있지 않은 기술·영업상 정보'로 한정하였다.

데이터 보호를 부정경쟁방지법에 둔 것은 데이터에 대해 '권리'를 부여하는 방식이 아닌 '부정한 행위'를 규제하는 방식이 적합하기 때문이다. 빅데이터는 이름 그대로 많은 양의 데이터를 의미한다. 그 속에는 타인의 작은 데이터들을 포함하는 경우가 많아서 '소유권'과 같은 권리를 부여하는 방식으로 보호하면 명확한 권리 범위의 획정이 어려워 분쟁이 발생하기 쉽고, 자유로운 데이터 거래·활용을 오히려 위축시킬 우려도 있다.[30]

카목은 데이터의 '부정사용 행위' 모습을 몇 가지로 제시한다. 우선, '접근 권한이 없는 자가 절취, 사기, 부정 접속 등 부정한 수단으로 데이터를 취득·사용·공개하는 행위'와 '데이터에 정당한 접근 권한을 확보한 자라도 부정한 이익을 얻거나 데이터 보유자에게 손해를 입힐 목적으로 취득한 데이터를 사용·공개하거나 제3자에게 제공하는 행위'를 해서는 안 된다. 그리고 해당 부정취득이나 정당 권리자의 부정행위에 대해 알면서 데이터를 취득하거나 그 취득한 데이터를 사용·공개하는 행위도 부정사용 행위가 될 수 있다. 나아가 기업이 데이터를 보호하기 위해 기술적 보호조치를 적용할 수 있는데, 이를 정당한 권한 없이 고의적으로 훼손하기 위한 방법이나 장치 또는 그 장치의 부품 등을 제공하는 행위 등을 해서는 안 된다.

이 법은 접근권한이 없는 자의 부정한 데이터 취득을 금지하고 있는데, 이 규정은 크롤링 행위에서 하나의 기준을 제시해 준다. 크롤링 자체는 기술중립적 가치를 지닌 행위이고 AI 환경에서 보편적으로 활용하는 기술이다. 그간 법원은 법으로 비난받을 크롤링에 대한 기준을 정립해 왔다. 예를 들면, hiQLabs v. LinkedIn Corp. (9th Cir. 2022) 사건에서 암호로 보호되지 않는 공개된 데이터의 웹 크롤링은 위법한 것으로 볼 수 없다고 하였다. 또한 CouponcabinLLC v. Savings.com, Inc. (N.D. Ind. June 8, 2016) 사건에서 원고는 웹사이트 접근을 통제하기 위해 스크랩을 차단하는 기술적 보호조치를

30 손승우, [시론] 데이터 거래·유통 '보호 길' 열린다, 한국경제, 2022년 4월 20일자.

적용했지만, 법원은 해당 기술적 보호조치 적용에도 불구하고, 미국 국내외 서버 및 인터넷서비스 제공자를 통한 스크랩 행위가 지속적으로 가능했으므로 실효성이 없어 효과적 통제로 볼 수 없는 것으로 보았다. 즉 기술적 보호조치가 일반적 조치로 실효성이 크지 않다면 효과적 통제가 이루어진 것은 아니므로 기술적 보호조치 우회(무력화)에 관한 직접적 문제 제기가 어렵다고 본 것이다. 국내에서도 몇 가지 유사한 판결들이 있는데, 이를 종합적으로 분석해 보면, 법률상 위법한 크롤링이 되기 위해서는 그것이 적극적인 데이터 획득행위와 연관되어 있어야 한다. 단순한 데이터 크롤링 금지 문구 정도로는 크롤링 침해를 주장할 수 없으며, 효과적인 기술적 보호조치를 무력화하여 획득하는 정도가 되어야 침해로서 인정되고 있다.

**부정경쟁방지법 제2조 카목**

데이터(「데이터 산업진흥 및 이용촉진에 관한 기본법」 제2조제1호에 따른 데이터 중 업(業)으로서 특정인 또는 특정 다수에게 제공되는 것으로, 전자적 방법으로 상당량 축적·관리되고 있으며, 비밀로서 관리되고 있지 아니한 기술상 또는 영업상의 정보를 말한다. 이하 같다)를 부정하게 사용하는 행위로서 다음의 어느 하나에 해당하는 행위

1) 접근권한이 없는 자가 절취·기망·부정접속 또는 그 밖의 부정한 수단으로 데이터를 취득하거나 그 취득한 데이터를 사용·공개하는 행위
2) 데이터 보유자와의 계약관계 등에 따라 데이터에 접근권한이 있는 자가 부정한 이익을 얻거나 데이터 보유자에게 손해를 입힐 목적으로 그 데이터를 사용·공개하거나 제3자에게 제공하는 행위
3) 1) 또는 2)가 개입된 사실을 알고 데이터를 취득하거나 그 취득한 데이터를 사용·공개하는 행위
4) 정당한 권한 없이 데이터의 보호를 위하여 적용한 기술적 보호조치를 회피·제거 또는 변경(이하 "무력화"라 한다)하는 것을 주된 목적으로 하는 기술·서비스·장치 또는 그 장치의 부품을 제공·수입·수출·제조·양도·대여 또는 전송하거나 이를 양도 ·대여하기 위하여 전시하는 행위. 다만, 기술적 보호조치의 연구·개발을 위하여 기술적 보호조치를 무력화하는 장치 또는 그 부품을 제조하는 경우에는 그러하지 아니하다.

# 참고문헌

## 국내 문헌

강지현, "AI와 결합된 게임산업이 직면한 법적 과제", 'AI와 게임산업' 한국게임법과정책학회·4차산업혁명융합법학회 공동학술세미나, 2023.

김원오, "인공지능 창작 결과물의 법적 보호", '인공지능법 과제의 현재와 미래' 세미나. 인공지능법 총론 출판 기념회, 2023.

김지성, 「AI는 발명가가 될 수 있을까…외국 사례는」, SBS뉴스, 2024.5.18.자.

남해인, 「1분 만에 노래 '뚝딱' 만드는데…'이봄'에게 저작권 없는 까닭은」, 뉴스1, 2023.5.28.자.

Nicky Mouse, "콘텐츠 창작의 기폭제 "생성형 AI" & ChatGPT", 네이버 블로그, (https://blog.naver.com/nickykim156423/223081684586), 검색일: 2024.8.10.

손승우, 「[시론] 데이터 거래·유통 '보호 길' 열린다」, 한국경제, 2022.4.20.자.

손승우, "인공지능 창작물의 저작권 보호", 「정보법학」 제20권 제3호, 2016.

손승우, "인공지능 창작물의 지식재산 보호, 명암과 해법", 「인터넷 법제동향」 Vol.116, 2017.

손승우, 「인공지능-지식재산 특별법」 도입 토론문, AI-지식재산 컨퍼런스, 국가지식재산위원회, 2020.

손승우, 『지식재산법의 이해』, 동방문화사, 2023.

손승우, 2023 전국 저작권법 학자대회 토론문, 2023.

신재우, 「'말뭉치 사업' 저작권 침해 사태 일단락…출협, 국립국어원·웅진북센과 합의」, 뉴시스, 2023.1.17.자.

이재형, 「'창작'을 도둑질하는 AI... 전 세계 작가들, 집단행동 나섰다」, 주간한국, 2023.6.16.자.

임미나, 「'왕좌의 게임' 등 美 작가들 "오픈AI GPT에 책 무단 사용" 소송」, 연합뉴스, 2023.9.21.자.

전정화 외, "초거래 인공지능 등장에 따른 대응방안 연구", 국가지식재산위원회, 2024.

특허청, "인공지능(AI) 발명자 관련 대국민 설문조사 결과", 2023.

한국지식재산연구원, “미국 특허상표청, 인공지능 지원 발명에 대한 발명자 지침 및 예시 발표”, 「지식재산동향」 2024-11호, 2024.

## 외국 문헌

Blake Brittain, 「George Carlin's estate settles lawsuit over AI-generated comedy routine」, Reuters, April 4, 2024.

Nikita Munjal and SabrinaMacklai, 「Canada's First AI-Authored Copyright Registration Paints a Picture of Uncertainty」, IPOsgoode, March 21, 2022.

Thomas Claburn, 「GitHub Copilot copyright case narrowed but not neutered」, The Register, Jan 12, 2024.

TikTok Homepage, (https://support.tiktok.com/en/using-tiktok/creating-videos/ai-generated-content), (visited Aug 15, 2024.)

United States Copyright Office, Zarya of the Dawn Letter, 2023.

chapter

08

# 생성형 AI의 저작권법 이슈와 과제*


정원준**


## Section 01 | 생성형 AI의 출현과 저작권 문제의 제기

### 1. 생성형 AI의 기본원리와 저작권 문제

생성형 인공지능(Generative AI)의 출현은 창작의 영역에서 누구나 고품질의 창작을 가능하도록 하는 창작의 대중화를 불러오는 동시에, 창작자의 권리 보호 등 저작권 침해 대응 차원에서는 새로운 도전과제를 제시하고 있다. 여기서 생성형 AI는 여러 단계의 자동화 작업을 통해 기존에 존재하지 않던 텍스트, 이미지, 오디오, 비디오 등의 복잡한 콘텐츠를 생성할 수 있는 인공지능 시스템을 의미한다.[1] 이와 같은 정의를 바탕으로 생성형 AI의 콘텐츠

---

* 이 장은 저자가 공간(公刊)한 다음 문헌들에 의거하여 수정 · 보완을 거쳐 작성하였음을 밝힌다. 정원준, "AI 커버곡 사례를 통해 본 생성형 AI의 법률 문제", 「산업재산권」, 제76호, 2023; 정원준, "인공지능 창작과 저작권법의 딜레마", 「고려법학」, 제95호, 2019; 정원준, "판례 분석을 통한 웹크롤링 행위의 위법성 판단기준에 관한 연구", 「민사법학」, 제100호, 2022; 정원준, "인공지능과 저작권법", 「인공지능법」, 박영사, 2024; 정원준, "생성형 인공지능과 AI 커버곡", 「인공지능법」, 박영사, 2024.


** 한국법제연구원 부연구위원, 법학박사.


1 Proposal for a Regulation of the European Parliament and of the Council laying

생성 원리의 핵심적인 특징을 정리해보면, 새로운 콘텐츠를 생성하는 단계에서 인공지능의 고도화된 자율성을 바탕으로 한다는 점과 이러한 콘텐츠 생성의 과정에서 명령프롬프트의 입력을 통한 인간의 명령·지시 내용이 최종적인 생성물을 완성하는 데 굉장히 중요한 역할을 한다는 점을 들 수 있다. 이러한 특징은 서로 다른 종류의 데이터를 구분하는 것을 목표로 삼는 판별형 인공지능(Discriminative)과 구분되는 점이라 할 것이다.

생성형 AI는 대체로 요약이나 Q&A 분류와 같은 곧바로 사용가능한 태스크를 멀티태스킹할 수 있는 기반 모델(Foundatiuon Model)을 토대로 개발된다. 기반 모델은 DALL−E2와 같이 대규모의 학습데이터를 사용해 사전 학습이 되어있는 모델을 지칭하는데, 훈련코드나 레이블 데이터 및 다양한 유형의 미분류 데이터를 통해 기반 모델을 구축하는 것이 가능하다. 이 과정에서 사전에 학습된 데이터의 분포를 모방하려는 기술적 특성을 보이게 되며, 결과적으로 이러한 작동 원리로 인해 AI 산출물은 사전에 학습을 위해 투입된 저작물 혹은 개인정보 등과 유사한 특성을 보이게 된다. 다만 해당 결과물은 학습 DB에 저장되어 있는 특정 데이터를 선별하여 추출하는 것이 아니라, 이미지 혹은 텍스트 전체에 대한 픽셀과 개별 말뭉치의 확률 분포를 토대로 생성된 것이므로 저작물 원본에 대한 완전히 동일·유사한 복제가 이루어졌다고 보기는 어렵다. 실제로 구글 딥마인드와 버클리, 프린스턴, ETH 취리히 대학의 AI 연구원 그룹의 연구 결과에 의하면, 이미지 생성 모델인 Stable Diffusion 모델의 데이터 세트인 'LAION'에서 35만 개의 이미지를 추출하여 각 이미지 캡션을 사용해 새로운 이미지를 생성하였더니 94개의 이미지가 직접 일치하였고, 근접 일치하는 이미지는 109개가 나왔다고 한다.[2] 이는 약 0.03%의 복제율을 보인 것인데, 학습된 데이터와 완전히 일치하는 산출물이 생성되는 것은 완전히 불가능하지는 않지만, 학습데이터의 규모

down harmonised rules on Artificial Intelligence (Artificial Intelligence Act) and Amending Certain Union Legislative Acts §28b(4)에 의하면, 'Generative AI'에 대하여 "AI systems specifically intended to generate, with varying levels of autonomy, content such as complex text, images, audio, or video"라고 정의하고 있었으나, 최종안에서는 정의규정이 제외되었다.

2 Nicholas Carlini et al., Extracting Training Data from Diffusion Models, arXiv:2301.13188, 2023.

가 클수록 그러한 확률은 극히 낮아진다는 점이 입증된 연구 결과라 할 수 있다.

이와 같은 생성형 AI의 작동 원리는 오랜 시간 저작권법에서 형성되어 온 기본 법리를 적용하는 데 있어서 많은 해석상의 혼란을 초래하고 있다. 그러한 문제는 크게 두 가지로 구분할 수 있다. 우선 생성형 AI를 통한 산출물에 대하여 AI 프로그래머 또는 명령프롬프트를 통해 AI 산출물의 제작을 지시한 자(서비스 이용자) 등 창작에 기여한 자에게 저작권을 부여할 수 있는가의 문제가 있다. 다른 하나는 AI 모델을 구축하기 위해 공개된 데이터를 학습하는 과정에서 저작물의 복제와 전송이 이루어진 경우 저작권 침해에 해당하는지 혹은 공정이용으로서 면책을 부여받을 수 있는지가 문제된다. 이 글에서는 이 두 가지 쟁점에 대한 논의 현황과 대응과제를 중점적으로 살펴보고자 한다.

## 2. 저작권 제도의 본질적 취지와 논의의 필요성

인공지능을 둘러싼 저작권법적 쟁점을 검토함에 있어서 저작권 제도의 근원과 저작권법의 취지를 살펴보는 것은 향후 법제적 대응 방향을 설계하는 데 있어서 중요한 기준점을 제공한다.

우리 저작권법 제1조에서는 "이 법은 저작자의 권리와 이에 인접하는 권리를 보호하고 저작물의 공정한 이용을 도모함으로써 문화 및 관련 산업의 향상발전에 이바지함을 목적으로 한다"라는 목적 조항을 두어 저작권법의 취지를 밝히고 있다. 즉, 저작권법은 창작자의 권리 보호와 공정한 이용의 도모, 그리고 문화 및 관련 산업의 발전을 동시에 고려하고 있는 것이다. 이는 저작권 제도의 발전 과정에서 저작권이라는 배타적인 권리를 정당화하는 이론적 근거로서 전통적인 핵심 이론을 반영한 것이라 평가할 수 있다.

그중 하나는 저작권은 저작자의 정신적 노력의 산물이자 인격의 투영이므로 자연권(natural right)으로서 보호하여야 한다는 이른바 '자연권론'이 있다. 자연권론은 저작권을 노동 및 노력의 대가로 보는 '노동이론' 내지 '이마의 땀 이론(sweat of the brow theory)'과 맥락을 같이 한다. 또 다른 이론으로는 지적 소산을 객관적이고 사회적인 공공의 영역으로 이해하는 공리주의(utilitarianism)적 시각이 존재한다. 공리주의는 저작권 영역에서 창작자들에게 배타적인 권리를 부여하여 창작 활동에 대한 경제적 인센티브를 통한 정당한 이익 배분이 이루어질 필요가 있다는 이른바 '유인(誘引) 이론' 또는 '인센티브 이론'으로 발전하였다.[3]

이 두 이론적 사상은 대립적 구도를 형성하기 보다는 조화점을 찾는 방향으로 수렴되어 왔다. 물론 저작권 창설에 대한 논의가 이루어진 초기에는 프랑스 등 대륙법계의 국가를 모델로 하는 자연권론을 중심으로 저작권을 인격권적 성격으로 보아 형식적 절차를 요하지 않는 무방식주의를 원용해왔다. 그러나 근래에 이르러 산업화가 진전되면서부터는 창작의 가치를 경제활동으로 연결시키기 위한 실리를 중시하는 공리주의적 접근이 국제적으로 보편화되었다. 저작권법의 역사를 저작물의 범위 확대 역사라 지칭할 수 있을 정도로 기술의 발전에 따라 다양한 문화활동이 이루어지면서 저작권법의 보호대상이 지속적으로 확대되어 온 것이 이를 방증한다. 상기에서 살펴본 우리 저작권법의 목적 조항 역시 이러한 추세를 반영하여 권리자의 보호와 산업적 발전을 균형적으로 고려할 수 있도록 제도의 취지를 설명하고 있는 것으로 평가할 수 있다.

## Section 02 | AI 산출물에 대한 저작권법적 보호 가능성

생성형 AI에 의한 산출물이 저작물에 해당하는지는 법률상 저작권 성립 요건에 부합되는지와 그러한 권리를 인정하는 경우 해당 권리를 어느 주체에게 귀속시킬 것인지의 문제로 나뉘어진다.

3 다만 유인이론은 창작 활동의 근본적 취지를 경제적 이익에서만 구하기는 충분하지 않다는 점, 명예와 같은 다른 보상으로부터 창작의 장려가 가능하다는 점에서 한계가 있다고 한다. 남형두, "저작권의 역사와 철학", 「산업재산권」, 제26호, 2008 참고.

## 1. AI 산출물은 저작물에 해당하는가?

저작권법 제2조 제1호에 의하면, 저작물이라 함은 "인간의 사상 또는 감정을 표현한 산출물"로 정의된다. 이에 의하면 저작권이 성립하기 위한 개념적 표지는 '인간의 사상 또는 감정의 표현일 것'을 전제로 하며, 구체적인 성립여부를 결정함에 있어서는 '창작성'이 핵심적인 판단 기준이 된다.

### 1) '인간의 사상 또는 감정의 표현일 것'의 해석

저작물이 성립되기 위해서는 우선 '인간의 사상 또는 감정'이 존재하여야 한다. 해당 요건에 따라 침팬지 등 동물이 생성한 사진 저작물이나 그림 등은 창작의 주체가 자연인이 아니므로 저작물이 될 수 없고, 인간에 의한 창작에만 저작권을 인정할 수 있다.[4] 따라서 인간의 창조적인 개입 없이 AI 시스템에 의해 자동으로 생성된 산출물의 경우에도 현행법상 저작물로 보호받기 어렵다는 점에는 학설상 큰 이견이 없다고 할 것이다. 그러나 이러한 판단은 전적으로 AI 시스템에 의해 창작이 주도된 경우를 전제로 하는 것이지, AI에 의해 창작된 부분을 제외한 인간의 개입이 이루어진 부분에 대하여는 얼마든지 저작권이 인정될 여지가 있다는 점을 유념할 필요가 있다.

이와 관련하여 최근 미국 저작권청(The U.S. Copyright Office)에서는 "Zarya of the Dawn(새벽의 자리야, 등록번호: VAu001480196)"라는 작품에 대하여 인간이 직접 개입하여 기여한 부분에 대하여 한정적으로 저작권을 인정한 등록사례가 있어 주목할 만하다. 이 사건에서 미국 저작권청은 인간이 직접 그림의 배치 등을 편집 프로그램을 통해 완성한 부분과 삽화에 삽입된 텍스트를 작성한 부분에 대하여만 저작권을 인정하였다. 실제로 해당 작품을 완성한

4 예를 들어 동물의 작성한 작품을 저작물로 보호할 수 있을지의 쟁점이 다루어진 일명 '나루토(짧은 꼬리 원숭이) 사건'에서 원숭이가 사진작가 데이비드 슬래터의 카메라를 빼앗아 직접 찍은 셀카 사진에 대해 현행법의 개정 없이 원숭이는 저작자가 될 없다는 이유로 소송의 당사자적격을 부인한 판결이 내려진 바 있다. Naruto v. Slater, Case No. 15-cv-4324 (N.D. Cal. 2016). 이 밖에도 1974년 미국 'The National Commission on the New Technological Uses of Copyrighted Works(이하 'CONTU'라 함)'에서도 컴퓨터를 인간의 창의성 구현을 위한 보조적 도구로 이해하였고, 2014년 미 저작권청(USCO)에서 발표한 실무지침에서도 자연인에 의하여 창작된 저작물만을 저작권 등록의 대상으로 보았다.

Kashtanova는 총 17페이지 분량의 이미지를 생성하기 위해 12일 동안 1,500여 개의 프롬프트를 작성하였고, 이렇게 도출된 생성이미지에 Photoshop을 통해 추가적인 편집 작업을 진행한 것으로 알려졌다. 이와 같은 결정이 내려진 후 저작권청은 「저작물 등록 안내서」[5]를 발표하였는데, 동 지침은 짧은 인용과 문구 등 최소한의 용도 이상의 AI 생성 콘텐츠는 등록 신청의 대상에서 제외된다는 점과 아울러 AI에 의해 생성되었다는 사실을 갱신하지 못하면 등록의 효과를 상실할 수 있다는 점을 분명히 하고 있다. 결국, 인간에 의한 창작 부분만이 저작권의 대상이 된다는 입장을 계속해서 견지하고 있음을 확인할 수 있다.

또한 인간의 사상 또는 감정이 '표현'되어야 한다. 즉, 저작물로 보호받기 위해서는 언어, 문자, 색채, 음 등의 형식을 통해 외부적으로 표현되어야 하는 것이다. 저작물은 대체로 특정 매체에 수록되는 등 유형물에 고정되어 있는 경우가 대부분이지만, 저작자의 표현이 고정되었다고 하여 그 자체가 저작물인 것은 아니므로 유형물의 고정이 저작물 성립을 위해 필수적으로 요구되는 것은 아니다. 따라서 AI 생성물이 일정한 형식으로 외부에 표현된 상태라고 한다면 어떠한 형태로 고정되는지는 저작물성 판단에 고려되지 않는다.

### 2) 창작성 요건

저작권법에서 요구하는 창작성 개념은 반드시 높은 수준의 작품이어야 하는 것은 아니지만, 다른 사람의 작품을 베끼지 않았다는 정도의 최소한도의 창작성은 갖추어야 한다. 우리 대법원에서도 이른바 '세탁학기술개론 사건'에서 "창작성은 완전한 의미의 독창성을 말하는 것은 아니며, 단지 어떠한 작품이 남의 것을 단순히 모방한 것이 아니고 작가 자신의 독자적인 사상 또는 감정의 표현을 담고 있음을 의미할 뿐이어서 이러한 요건을 충족하기 위하여는 저작자 나름대로의 정신적 노력의 소산으로서의 특성이 부여되어 있고, 다른 저작자의 기존의 작품과 구별할 수 있을 정도이면 충분하다"

5 US Copyright Office, Copyright Registration Guidance: Works Containing Material Generated by Artificial Intelligence, 2023.3.16.

라고 설명한 바 있다.[6] 이러한 해석에 따르면 숭고한 철학적 사상이나 심리학적으로 높은 수준의 감정일 필요는 없고 저작자 개인의 정신 활동으로 볼 수 있으면 창작성이 인정된다.[7]

최근 등장한 AI 생성 결과물이 표현해내는 작품의 예술적 수준은 이와 같은 창작성 요건을 충족시키기 어렵지 않은 높은 수준을 보이고 있다. 다만 생성형 AI의 기술적 특성으로 인해 학습데이터의 확률 분포에 따라 동일한 알고리즘에 의한 결과물일지라도 얼마든지 천차만별의 작품 수준이 나타날 가능성은 있다고 할 것이다.

## 2. AI 산출물에 대한 권리는 누구에게 귀속하는가?[8]

AI 산출물에서 인간이 창작한 부분에 대하여 일부 저작권이 인정된다고 할 때 여전히 저작권은 누가 가져야 하는가의 문제가 남게 된다. 기존의 논의에서는 AI가 자율적으로 생성한 산출물이 저작권의 대상이 될 수 있다는 것을 전제로 권리 귀속의 주체를 누구로 하는 것이 타당한지에 대한 논의가 주를 이루었다. 이를테면 인간의 간섭이 전혀 없거나 미미한 상황에서 새로운 표현방식을 보여주는 작품을 완성한다면 그 권리는 AI에 직접 부여할 수 있다고 하여 AI를 저작권 주체로서 인정하자는 견해가 있다.[9] 다만 이러한 주장은 저작권법이 무방식주의를 취하고 있어 창작이 완성된 순간 권리가 발생함에 따라 사전에 저작자의 지위를 파악할 수 없고, 법원의 판단을 통해 권리의 인정여부를 사후적으로 확정한다는 점에서 법인격에의 권리 부여에 한계가 있다.

한편으로 창작적 기여자로서 프로그래머, 공동저작자, 업무상 저작자, 혹

---

6 대법원 1995. 11. 14. 선고 94도2238 판결.

7 박성호, 『저작권법』, 박영사, 2014, 33쪽.

8 정원준, "인공지능 창작과 저작권법의 딜레마", 「고려법학」, 제95권, 2019에서 작성된 내용을 참고하여 정리하였음.

9 Russ Pearlman, "Recognizing Artificial Intelligence(AI) as Authors and Inventors under U.S. Intellectual Property Law", *Rich. J. L. & Tech.*, Vol. 24 No. 2(2018), p. 27; Ryan Abbott, "I Think, Therefore I Invent: Creative Computers and the Future of Patent Law", *B. C. L. Rev.*, Vol. 57(2016), pp. 1098-1099.

은 서비스 이용자로 인정하자는 견해도 존재한다.

먼저 AI 알고리즘을 개발한 프로그래머에게 권리를 부여하자는 견해는 AI 기술개발 및 투자 촉진을 위하여 인센티브 확보가 필요하다는 산업 정책적 목적을 이유로 들고 있다.[10] 그러나 해당 견해는 AI 산출물이 프로그래머의 표현방식에 따른 것인가 하는 의문에서부터 프로그래머가 유일한 창작적 기여자라 할 수 있는지가 명확하지 않으며, 이미 이용료를 취득한 개발자에게 과도한 보상(over rewards)이라는 주장[11]과 '권리 소진의 원칙(The Right of Exhaustion)'을 들어 프로그래머의 권리가 한번 판매된 이후에는 미치지 않는다는 비판적 해석도 있다.[12]

다음으로 프로그래머와 서비스 이용자를 공동저작자로 인정하자는 견해는 AI 제품을 구입하는 단계에서 소비자들이 공동 저작에 대한 합의를 한 바 없고, 해당 제품을 판매 또는 처분할 때 프로그래머의 동의가 필요하다는 사실도 선뜻 수긍하기 어려운 점이 있다.

그 밖에 AI에 의한 콘텐츠 생산에 투자 및 기술 개발 등을 지원한 법인이 있다면 해당 기업을 '업무상 저작자'로 보자는 주장도 있다. 그러나 업무상저작물이 자연인인 종업원에 의한 창작을 전제로 하고 있으며, 우리 저작권법 제9조는 계약 또는 근무규칙이 없는 경우 법인이 업무상 저작자의 지위를 갖는다고 규정하고 있는데, AI는 법률행위를 할 수 없어 법인과 근로계약 체결 및 고용 관계 형성이 불가능하다는 지적이 있을 수 있다.

결론적으로 가장 현실적인 대안은 일정 한도 내에서 서비스 이용자에게 부여하자는 견해로 보인다. 실제로 Open AI의 ChatGPT를 비롯한 거의 대부분의 이미지 생성 서비스에서 이용약관을 통해 해당 서비스로부터 생성된 산출물에 대하여 모든 저작권을 사용자에게 양도한다는 규정을 두고 있다. 따라서 현실적으로는 해당 생성물에 저작권이 부여되는지의 여부를 떠나 서

10 *See* John F. Weaver, *Robots Are People Too: How Siri, Google Car, and Artificial Intelligence Will Force Us to Change Our Laws*, Præger(1st ed., 2014), pp. 165-166.

11 Pamela Samuelson, "Allocating Ownership Right in Computer-Generated Works", U. Pitt. L. Rev., Vol. 47(1985), p.1208.

12 정상조, "인공지능시대의 저작권법 과제", 「계간저작권」, 제122호, 2018, 54쪽.

비스 이용자가 권리자가 된다는 것이 일반적인 해석이며, 이러한 견해에 의하면 단순히 보조적 역할을 수행한 산출물(computer assisted · aided work)과 AI가 생성한 산출물(computer generated work)의 구분이 불필요해져 인간의 창작 행위에 개입한 정도를 쉽게 판단할 수 있다는 장점도 있다.[13] 다만, 이에 대하여도 AI 산출물이 다른 권리자의 저작권 침해를 구성하는 침해물일 경우 명령 · 지시를 내린 이용자가 직접 책임을 지는 것인지, 데이터 학습과정에서 이러한 침해물의 생성을 예방하지 못한 AI 플랫폼 서비스 제공자가 대위책임(vicarious liability)을 지는지가 또 다른 쟁점 사항이 된다.

## Section 03 | AI 학습과 결과물 산출이 저작권 침해인가에 관한 쟁점

### 1. 학습과정에서 공개된 저작물 사용 시 저작권 침해 및 공정이용 해당 여부

#### 1) 국내법상 논의 현황

생성형 AI는 방대한 규모의 학습을 통해 완성되는데, 여기에서 학습의 대상이 되는 데이터가 권리자의 허락 없이 공개된 저작물을 사용한 것이라면 이것이 저작권 침해에 해당하는지가 문제된다. 저작권법의 보호를 받는 저작물을 창작 활동에 이용하는 경우 저작권 제한사유에 해당하지 않는 이상 권리자의 이용허락이 요구된다. 그러나 공개된 웹사이트에서 웹크롤링[14]을 통해 데이터를 수집 및 이용하는 경우 이러한 정보통신망에의 접근행위

13 백경태, "안드로이드는 양의 꿈을 꾸는가 -인공지능 산출물의 저작자에 대한 저작권법적 검토-", 「지식재산연구」, 제13권 제3호, 2018, 163쪽.

14 웹크롤링은 크롤러(Crawler) 혹은 로봇(Robot)을 이용해 기계적인 방법으로 정보를 수집하는 것인데, 보통 웹페이지에 공개된 URL 접근을 통해 HTML 코드를 분석 · 인덱싱하는 방법으로 수행된다.

가 적법한지,[15] 나아가 해당 행위가 저작권 침해를 구성하는지 혹은 침해에도 불구하고 공정이용에 해당하여 면책을 부여받을 수 있는지의 쟁점은 해석상 논란이 있다. 물론 웹크롤링 행위의 적법성과 관련해서는 국내에서 관련 재판례가 있어 어느 정도 침해 여부를 판단하기 위한 나름의 해석 기준과 판례의 입장을 파악해볼 수 있다.[16] 반면에 크롤링 행위가 공정이용에 해당하는가와 관련해서는 대법원이 공정이용의 해석에 대하여 직접적인 판단

15 이를테면 로봇배제 표준을 통해 웹접근을 제한하는 경우가 있을텐데, 로봇배제 표준은 구글이 주도하는 사업자의 자율규범으로서 원칙적으로 권고적 성격에 불과하여 법적 구속력 갖는다고 보기 어렵다. 실제로 판례는 로봇배제 표준의 유무가 절대적인 위법성 판단의 기준으로 보기 보다는 과실 상계를 참작하는 고려 사유의 하나로서 인정하고 있다(대법원 2010. 3. 11. 선고 2007다76733 판결). 또한 이용약관을 통해 로봇 크롤러를 사용한 웹크롤링 행위를 금지하는 경우도 있을텐데, 이 때에는 일반 법률행위나 계약법상 해석 원칙이 적용될 것이지만, 이용약관의 효력은 이용자에게 구속된다는 점에서 법적 효력이 없다는 견해도 있다.

16 정원준, "판례 분석을 통한 웹크롤링 행위의 위법성 판단기준에 관한 연구", 「민사법학」, 제100호, 2022, 161-162쪽에서는 웹크롤링 행위에 관한 일련의 판결례 분석을 통해 다음과 같은 기준을 적법성 판단에 고려할 수 있다고 제안한 바 있다.

"첫째, 크롤링을 행하는 주체가 적법한 접근 권한을 가졌는지의 여부이다. 일반적으로 데이터 크롤링 행위를 위해 정보통신망에 접근하는 행위 자체는 위법하지 않다고 보고 있다. 다만 접근권한이 어떠한 목적 하의 행위에까지 허용되는 것인지에 대하여는 구체적인 사안에 따라 판단되어야 할 것이다. 즉, 객관적인 허용 범주를 넘어서는지와 주관적인 목적이 정당한지가 주요한 판단요소가 될 것으로 보인다. 둘째, 크롤링으로부터 보호하려는 대상이 한정제공데이터인지 혹은 편집저작물이나 데이터베이스인지의 여부이다. 즉, 크롤링을 통해 수집한 데이터가 부정경쟁방지법상의 한정데이터인지, 저작권법상의 편집저작물 또는 데이터베이스인지에 따라 침해 판단이 달라질 수 있다는 것이다. 이에 따라 적용 가능한 법적 근거와 면책 여부의 판단도 달라진다. 셋째, 침해가 문제되는 크롤링 행위는 반복적으로 이루어지는 것이 전제임을 유념해야 한다. 크롤링은 대부분 반복적이고 자동적으로 행해지도록 설계되어 있는 것이 통상적이며, 이에 따라 수집해 오는 데이터를 저장·관리하는 데이터베이스가 주기적으로 갱신된다. 이러한 반복적인 갱신을 위해 정보통신망에 접근하는 행위가 웹사이트 운영자의 서버에 장애를 초래하거나 사업활동을 방해할 정도로 과도하게 실행된다면 이는 실정법상 불법행위로 평가될 가능성이 농후하다. 넷째, 2차적으로 변형하여 사용하였는지 혹은 수집한 데이터를 재차 공개적으로 사용한 것인지에 따른 법적 판단이 달라질 수 있다. TDM에서 빅데이터 분석을 위해서는 다양한 웹상에 존재하는 데이터 및 유용한 정보를 찾아내어 모든 원천데이터를 기반으로 데이터셋을 구성하므로 데이터베이스의 복제가 문제될 수 있다. 그러나 이를 학습용 데이터로 사용하기 위하여 라벨링을 하는 등 데이터 정제를 하는 경우 변형적 이용에 해당될 가능성이 높다. 물론 여기서도 데이터 정제가 사용 목적의 변경을 위해 이루어진 경우와 단순히 내용을 변경하기 위해 이루어진 경우는 법적 판단이 달라질 수 있다. 즉, 전자의 경우 판례가 대체로 저작권법상 공정이용에 해당된다고 보는 반면에, 후자의 경우 보다 엄격하게 공정이용 해당 여부를 판단하게 된다."

기준을 설시한 바 없고, 그에 따라 소위 '비표현적인 이용(non-expressive use)'으로서 기계학습과 연산과정에 활용하기 위해 저작물을 사용하는 행위에 대하여 어떻게 취급할 것인가에 대한 명확한 면책 기준을 가늠해보기 어려운 상황이다.

이와 관련하여 국내의 경우 저작권법 제35조의5에서 공정이용 일반조항으로서 저작물의 통상적인 이용 방법과 충돌하지 아니하고 저작자의 정당한 이익을 부당하게 해치지 아니하는 경우에는 저작물을 이용할 수 있도록 규정하고 있다. 동 조항에 의하면 공정이용의 판단 기준은 ① 저작물 이용의 목적 및 성격, ② 저작물의 종류 및 용도, ③ 이용된 부분이 저작물 전체에서 차지하는 비중과 그 중요성, ④ 저작물의 이용이 그 저작물의 현재 시장 또는 가치나 잠재적인 시장 또는 가치에 미치는 영향을 고려요소로 정하고 있다. 해당 규정은 한-미 FTA 통해 2011년 도입된 것으로서 미국에서도 동일한 요건을 두고 있는데, 미국은 혁신 산업의 발전과 표현의 자유를 중시하는 목적 하에 공정이용(그 중에서도 특히 비표현적 이용 혹은 기술적 이용 영역)을 넓게 인정하고 있다.[17] 특히 그간 미국 판례의 경향을 살펴보면, 대체로 상업적인 목적으로 행한 '변형적 이용(transformative use)'에 대하여 공정이용으로서 면책을 부여해왔다. 따라서 AI 학습을 위한 데이터 분석행위에 대하여도 이에 해당되는 것으로 해석될 가능성이 적지 않다고 할 것이다. 다만 최근 앤디워홀이 가수 프린스의 흑백사진을 사용하여 초상화 작품을 제작함으로 인해 제기된 저작권 침해 소송에서 변형적 이용이 인정되기 위해서는 원저작물과 다른 작가만의 새로운 스타일을 부여하는 것 이상의 창작성이 부여되어야 한다는 다소 엄격한 기준을 제시한 대법원 판결[18]이 내려져, AI 학습을 위한 저작물 사용이 원작과 구분되는 메시지상의 변형에 해당하는지는 추후 사법 해석을 지켜보아야 하는 대목이다.

반면에 한국의 경우 공정이용에 대한 명확한 해석기준을 제시하거나 이

---

17 대표적으로 구글이 도서를 스캔하여 디지털화된 데이터베이스를 구축한 것이 문제된 사건에서 항소법원은 "기존에 없던 새로운 방식으로 저작물을 이용할 수 있도록 한 변형적 이용에 해당하고, 영리 목적이 더 크다고 볼 수 없다"고 판결한 바 있다. Authors Cuildv. Google, Inc., No. 13-4829-cv (2d Cir. 2015).

18 Andy Warhol Foundation for the Visual Arts, Inc. v. Goldsmith (598 U.S._, 2023).

를 산업적 맥락에서 전향적으로 인정한 사례는 찾아보기 힘든 상황이다. 이에 따라 국내에서는 별도의 TDM(Text Data Mining) 면책 규정이 필요하다는 견지 하에 '정보분석을 위한 복제·전송행위'에 대해 면책을 부여하는 내용의 법안이 다수 발의되었다.

대표적인 법안으로 황보승희의원 대표발의안(의안번호－2122537)에서는 컴퓨터를 이용한 자동화 분석기술을 통하여 다수의 저작물을 포함한 대량의 정보를 해석함으로써 추가적인 정보 또는 가치를 생성하기 위하여 필요한 범위에서 저작물을 복제·전송하거나 2차적 저작물을 작성할 수 있도록 규정하고 있다. 다만 이 때 해당 저작물에 대해 적법하게 접근할 것과 해당 저작물에 표현된 사상이나 감정을 향유하는 것을 목적으로 하지 아니할 것을 요건으로 한다. 또한 여기에서의 복제물은 정보분석을 위하여 필요한 범위 내에서는 보관할 수 있다고 규정하고 있다. 해당 법안은 이용호의원 대표발의안(의안번호－2117990), 도종환의원 대표발의안(의안번호－2107440)과 비교할 때 2차적 저작물 작성권에 대하여도 추가적으로 면책을 부여한다는 점에서 차이가 있다. 다만 이러한 TDM 면책 규정이 반드시 필요한 것인지에 대하여는 창작자와의 적절한 보상과의 관계에서 신중하게 고민해볼 여지가 있다고 할 것이다.

> **[저작권법 일부개정안 황보승희의원 대표발의안]** 제35조의5(정보분석을 위한 복제·전송등) ① 컴퓨터를 이용한 자동화 분석기술을 통하여 다수의 저작물을 포함한 대량의 정보를 해석(패턴, 트렌드 및 상관관계 등의 정보를 추출·비교·분류·분석하는경우를 말한다. 이하 이 조에서 "정보분석"이라한다)함으로써 추가적인 정보 또는 가치를 생성하기 위하여 다음 각 호의 요건을 모두 갖춘 경우에는 필요한 범위 안에서 저작물을 복제·전송하거나 2차적저작물을 작성할 수 있다.
> 1. 해당 저작물에 대하여 적법하게 접근할 것
> 2. 해당 저작물에 표현된 사상이나 감정을 향유하는 것을 목적으로 하지 아니할 것
>
> ② 제1항에 따라 만들어진 복제물은 정보분석을 위하여 필요한 범위 안에서 보관할 수 있다.

### 2) 주요국의 TDM 관련 입법례: 일본과 영국

미국의 공정이용 규정을 입법화한 우리와 달리 EU, 일본, 독일, 영국 등에서는 TDM 규정을 별도로 입법하고 있다. 여기에서는 대표적인 사례로서 일본과 영국의 TDM 규정을 비교법적으로 살펴보도록 한다.

먼저 일본은 TDM 관련하여 2009년 개정과 2018년 개정, 두 차례의 저작권법 개정을 주목할 필요가 있다.

2009년 저작권법 개정에서는 '정보해석을 위한 저작권 제한' 규정을 신설하였다. 즉, 제47조의7(정보해석을 위한 복제 등)에서 "저작물은 컴퓨터에 의한 정보해석(다수의 저작물 그 외의 대량의 정보로부터 당해 정보를 구성하는 언어, 음, 영상 그 외의 요소에 관련한 정보를 추출하여 비교 분류 그 외의 통계적인 해석을 하는 것을 말한다)을 행하는 것을 목적으로 하는 경우에는 필요하다고 인정되는 한도에서 기록매체에의 기록 또는 번안(이에 의해 창작한 이차적저작물의 기록을 포함한다)을 할 수 있다."라고 규정하고 있어, 동 규정은 일정한 요건 아래 전자계산기(컴퓨터를 말함)에 의한 정보해석을 목적으로 하는 경우 저작물의 기록매체에의 기록·번안을 허용하는 규정이라고 할 수 있다.

이후 2018년 개정한 저작권법 제30조의4에서는 "해당 저작물에 표현된 사상 또는 감정을 스스로 향수하거나 타인에게 향수시킬 것을 목적으로 하지 않는 경우"라면 일정한 요건 하에서 기록 또는 번안에 국한하지 않고 어떤 방법으로든지 폭넓은 저작물의 사용을 허용하고 있다. 다만 "해당 저작물의 종류 및 용도 및 해당 이용 양태에 비추어 저작권자의 이익을 부당하게 침해하는 경우에는 그러하지 아니하다."라는 단서 조항을 통해 권리 보호와 저작물 이용의 균형을 고려하고 있다.

> **[일본 저작권법]** 제47조의7(정보해석을 위한 복제 등)
> 저작물은 컴퓨터에 의한 정보해석(다수의 저작물 그 외의 대량의 정보로부터 당해 정보를 구성하는 언어, 음, 영상 그 외의 요소에 관련한 정보를 추출하여 비교 분류 그 외의 통계적인 해석을 하는 것을 말한다)을 행하는 것을 목적으로 하는 경우에는 필요하다고 인정되는 한도에서 기록매체에의 기록 또는 번안(이에 의해 창작한 이차적저작물의 기록을 포함한다)을 할 수 있다.

**[일본 저작권법]** 제30조의4 (저작물에 표현된 사상 또는 감정의 향수를 목적으로 하지 않는 이용) 저작물은 다음의 경우 기타 해당 저작물에 표현된 사상 또는 감정을 스스로 향수하거나 타인에게 향수시킬것을 목적으로 하지 않는 경우에는 그 필요하다고 인정되는 한도에서 어떠한 방법에 의하든 사용할 수 있다.다만, 해당 저작물의 종류 및 용도 및 해당 이용 양태에 비추어 저작권자의 이익을 부당하게 침해하는 경우에는 그러하지 아니하다.

1. 저작물의 녹음, 녹화 기타 이용에 관한 기술의 개발 또는 실용화를 위한 시험용으로 제공하는 경우
2. 정보 분석(다수의 저작물 기타 대량의 정보로부터 해당 정보를 구성하는 언어, 소리, 영상 기타 요소에 관한 정보를 추출, 비교, 분류 기타 분석을 실시하는 것을 말한다. 제47조의 5 제1항 제2호에서 같다)의 용도로 제공하는 경우
3. 제1호 및 제2호에 정한 경우 외에 저작물의 표현에 대한 사람의 지각에 의한 인식을 수반하지 않고 해당 저작물을 전자계산기에 의한 정보처리 과정에서의 이용 및 기타 이용(프로그램 저작물에 있어서는 해당 저작물의 전자계산기의 실행을 제외한다)에 제공하는 경우

한편 영국은 2014년 6월 1일부터 시행된 개정 저작권법을 통해 비상업적 연구를 위한 데이터 분석, 즉 텍스트 마이닝과 데이터 마이닝을 가능하게 하고 있다. 신설된 제29A조에 따르면, 저작물에 적법하게 접근할 수 있는 개인이 오직 비상업적 연구목적으로 그 저작물에 기록된 것을 컴퓨터로 분석하기 위하여 복제물을 생성하는 것은 허용된다. 비교적 이른 시기에 '텍스트 및 데이터의 분석을 위한' 별도의 저작권 제한 조항을 마련하였는 바, 선도적 입법이라는 점은 높게 평가할 수 있다. 다만 '비상업적 연구만을 목적으로' 허용하고 주체는 개인으로 제한된다는 점은 주의가 필요하며, 복제물의 타인 이전도 금지되므로 산업적 활용에는 한계가 있다.

**[영국 저작권법]** 제29조의 A (비상업적 연구 목적의 텍스트 및 데이터의 분석을 위한 복제)

(1) 저작물에 대하여 적법한 접근 권한을 가지고 있는 사람이 해당 저작물의 복제물을 작성하는 것은 이하 조건을 모두 충족하는 경우 저작권을 침해하지 않는다.

(a) 복제는 저작물에 대하여 적법한 접근 권한을 가지고 있는 사람이 비상업적 연구만을 목적으로 해당 저작물에 기록되어 있는 것을 컴퓨터에 의하여 분석하기 위하여작성된 것

(b) 복제물에 충분한 출처 명시를 수반되는 경우(단 실현가능성 등의 이유로 불가능한 경우는 제외한다).

(2) 본조에 근거하여 작성된 저작물의 복제물은 이하의 경우 저작권의 침해가 된다.

(a) 그 복제물이 타인에게 양도되는 경우(단, 그 양도가 저작권자에 의하여 허락된 경우는 제외한다)

(b) 그 복제물이 (1)(a)에서 언급된 것 이외의 목적을 위하여 사용되는 경우(단 그 사용이 저작권자에 의하여 허락된 경우는 제외한다).

(3) 본조에근거하여 작성된 복제물이 그 후에 이용되는 경우에는,

(a) 그 복제물은, 그 이용의 목적상 침해 복제물로서 취급된다.

(b) 그 이용이 저작권을 침해하는 경우, 그 복제물은, 그 후의 모든 목적상 침해 복제물로서 취급된다.

(4) 제3항의 「이용」이란, 판매 또는 임대, 판매와 임대를 위한 청약과 진열을 말한다.

(5) 계약 규정이 본조에 의해서 저작권의 침해가 되지 않는 복제물의 작성을 금지 또는 제한하는 것을 의도하는 경우 그 범위에 관하여 해당 규정은 집행 불능인 것으로 한다.

## 2. AI 산출물이 타인의 저작권을 침해하는지 여부와 책임 문제

### 1) 타인의 저작권 침해에 대한 구성요건 해당성

다음으로 AI가 창작한 작품이 우연히 기존의 저작물과 유사하다면 저작권 침해를 인정할지도 문제된다. 저작권법상 침해의 여부는 주관적 요건으로서 모방물이 타인의 저작물에 의거(依據)하여 제작되었다는 '의거성'과 객관적 요건으로서 원저작물의 표현방식과 동일하거나 실질적으로 유사하다는

요건을 모두 충족하는 경우 침해가 성립된다.[19] 실질적 유사성 요건이 침해 결과가 저작권법의 법 목적에 비추어 허용될 수 있는지를 실체적으로 판단하는 기준이라면, 의거성 요건은 저작권 침해 과정을 증명하는 증거법적 성격을 가진 판단기준이라 할 수 있다.[20]

두 요건 중에서도 특히 의거성 요건의 경우 원고의 자백이나 피고측의 유리한 진술이 없는 한 소송실무상 입증하는 것이 여간 어려운 일이 아닐 수 없다. AI 산출물의 제공자를 피고로 하여 저작권 침해 주장을 할 때에 정보처리 및 창작 과정이 예측 불가능하기 때문에 입증의 문제는 더욱 어려워진다. 다만 실질적 유사성과 의거성은 접근이 용이하여 의거관계가 강할수록 실질적 유사성의 입증 정도가 경감되는 반비례 관계에 있다는 것이 미국에서의 다수설이다. 한편 우리 판례도 "의거관계는 저작물에 대한 접근가능성, 대상 저작물과 기존의 저작물 사이의 유사성이 인정되면 추정할 수 있고…"라고 판시하여 같은 입장을 보이고 있다.[21]

그런데 최근 미국 판례[22]에서 디지털 시대에 광범위한 전파로 인해 '접근(access)'의 개념이 점차 희석화되고 있음을 이유로 명시적으로 반비례 원칙을 폐기하는 결론을 내려 주목된다. 이는 생성형 AI의 의거성 입증과 관련해서도 시사하는 바가 크다. 해당 침해저작물을 학습데이터 세트로 사용하였다는 사실만으로 곧바로 의거관계가 있다고 추정하기 어렵게 되었기 때문이다. 다만 어떠한 견해에 의하더라도 의거성의 '존부' 판단이 실질적 유사성의 '정도' 판단에 영향을 미치는 것은 변함없는 사실이다. 따라서 생성형 AI와 관련한 소송상 의거관계를 입증하기 위해서는 침해저작물을 얼마나 본격적으로 무단으로 이용하였는지 혹은 전체 학습데이터 세트에서 침해저작물이

19 대법원 2007. 12. 13. 선고 2005다 35707 판결 등.

20 정상조, "창작과 표절의 구별기준", 「서울대학교 법학」, 제44권 제1호, 2003, 113쪽 이하. 물론 그 밖에도 다양한 학설상 견해에 의하면, 해당 기준들이 저작권 침해의 성립요건이라는 주장, 부당한 이용(improper appropriation)인지 여부를 판단하기 위한 하위 기준이라는 주장, 침해 여부에 대한 법적 평가의 문제가 아닌 사실 인정의 문제라는 주장 등으로 나뉜다. 다만 실질적 유사성과 의거성을 저작권 침해를 인정함에 있어서 중요한 판단기준으로 삼는다는 점에는 이견이 없다.

21 대법원 2015. 3. 12. 선고 2013다14378 판결.

22 Skidmore v. Led Zeppelin, 952 F.3d 1051 (2020).

차지하는 비중은 양적으로나 질적으로 어느 수준인지 등을 명확히 밝히는 것이 필요한데, 이는 재판 실무상 주장이 쉽지 않은 부분이다. 실제로 Getty Images와 Stability AI와의 저작권 침해 소송 등 생성형 AI를 둘러싸고 제기된 다양한 소송사례에서 이러한 의거성 입증 여부가 다투어지고 있어 추후의 논의 경과를 지켜볼 필요가 있을 것이다.

### 2) 이용자 침해행위에 대한 플랫폼의 간접책임 인정 가능성

생성형 AI 서비스가 저작물이 포함된 학습데이터를 무단 사용한 경우 해당 플랫폼이 직접책임을 지는지의 판단과는 별개로, 이용자가 AI 시스템을 사용하여 저작권 침해행위를 하였을 때 플랫폼이 간접책임을 지는가도 쟁점이 된다. 다만 간접책임은 직접침해의 존재를 전제로 하므로, 간접침해 논의는 이용자가 생성형 AI 서비스를 통해 저작권 침해가 인정된 경우에 한하여 인정될 수 있다. 그러나 기존 판결례를 통해 확립된 간접책임에 관한 법리는 제3자에 의한 불법행위에 대하여 온라인서비스제공자가 게시물 삭제 등의 작위의무가 인정되는지가 주로 다루어진 관계로, 해당 사안에서 침해물의 생성으로 인해 이용자가 불법행위로 나아가는 데 있어서 방조 책임을 부여할 수 있는가는 명확한 해석 법리를 추단하기 어렵다.

통상적으로 간접책임은 크게 작위에 의한 침해와 부작위에 의한 침해로 구분된다. 이 때 플랫폼이 이용자에게 침해가 인정된 결과물을 생성하여 제공한 행위는 작위에 해당하며, 그 침해 발생에 대해 적절한 조치를 취하지 않은 행위에 대하여는 부작위로 평가할 수 있다.

먼저 작위에 의한 간접침해와 관련해서는 해당 플랫폼 서비스가 처음부터 침해물 생성을 목적으로 만들어졌는지, 즉 구체적으로는 플랫폼의 목적이나 성격, 결과물이 생성하는 과정에서의 이용자 관여 정도, 플랫폼에서 침해물이 발생하지 않도록 하기 위한 기술적 조치의 이행 수준 등 플랫폼이 해당 서비스를 제공하는 데 있어서 적극적인 침해 의사 등 어떠한 인식을 가지고 있었는지가 중요하게 고려되어야 한다. 그러나 방대한 규모의 데이터를 학습하는 과정에서 저작권 침해율 자체가 현저히 낮은 수준이었다면,

곧바로 의도성이 있다고 판단하거나 이를 입증하는 것은 매우 어려울 것이다.

이에 따라 추상적 위험에 대한 예견가능성만으로 방조의 책임을 인정할 수 없는 경우에는 적절한 조치를 취하지 않은 행위에 대해 부작위범으로서의 책임을 지는지가 관건이 된다. 플랫폼의 부작위에 의한 방조자로서 공동불법행위 책임에 관한 해석 기준을 제시한 이미지 링크 판결[23]에 의하면, 플랫폼이 부담하는 작위의무에 관하여 1) 저작권 침해 게시물의 불법성이 명백할 것, 2) 피해자로부터 구체적이고 개별적인 게시물 삭제 및 차단 요구를 받을 것, 3) 기술적·경제적으로 게시물에 대한 관리 및 통제가 가능할 것을 요건으로 하고 있다. 다만 AI 생성서비스의 경우 이용자가 명령프롬프트를 통해 생성한 결과물에 대하여 예측이나 통제가 불가능하기 때문에, 또한 그러한 생성물을 다른 권리자가 인지하여 저작권 침해를 주장한다거나 이를 플랫폼이 인식하게 될지라도 이러한 침해를 플랫폼이 게시물 삭제 등의 방법으로 관리·통제가 가능한 것도 아니라고 할 것이다. 플랫폼에서 이용약관을 통해 생성물에 대한 모든 권리를 이용자에게 부여하고 있는 것도 이러한 관리·통제의 가능성 판단에 영향을 미칠 것이다.

이와 같은 논의를 정리해보면, 결국 플랫폼의 책임은 저작권 침해에 대해 직접책임을 지는지의 쟁점이 핵심이 될 것으로 보이며, 간접책임의 경우에는 서비스 고안 단계에서 침해의 의도성 여부에 따라 작위에 의한 방조책임을 지는지가 일정 부분 다루어질 필요가 있다고 생각된다.

## 3. 최근 중국의 판결례와 국내에의 시사점

현재 AI 산출물의 저작권 침해와 관련해서는 오픈소스의 사용 과정에서 이용약관 위반이 문제된 Copilot Program 관련 소송이 본안 판단을 앞둔 가운데, Stable Diffusion Model과 Midjourney 등 이미지모델을 비롯하여 구글 Bard, 메타 LLAMA, ChatGPT 등 언어모델을 둘러싼 저작권 및 개인정보 침해소송이 진행 중에 있다. 대중화된 생성형 AI 서비스의 거의 대부분이 제소된 상황인 것이다. 특히 미국과 영국에서의 재판이 본안 판단 결정이 난 사

23 대법원 2010. 3. 11. 선고 2009다4343 판결.

건이 아직 없는 반면에, 중국의 경우 일련의 판결이 내려지고 있어 주목해볼 필요가 있다.

먼저, 페이린 변호사사무소(원고)의 바이두(피고) 제소 사건에서는 직원이 DB 프로그램의 시각화 기능을 클릭하여 생성한 '영화업계 사법 분석 보고서'에 일부 설명을 첨부한 자료를 바이두에서 사전 허가없이 배포한 것이 문제가 되었다. 이 사건에서 법원은 자동 생성된 보고서는 저작물이 될 수 없으나, 일부 설명이 추가된 부분의 경우 독창성을 구비한 설명으로서 저작물의 형식 요건에 부합된다며 저작권 침해를 인정하였다. 또 다른 판결례인 Dreamwriter(원고) 사건에서 법원은 해당 프로그램을 이용해 데이터 유형의 입력, 데이터 형태의 처리, 트리거(trigger) 조건의 설정, 글 양식 템플릿의 선택 및 코퍼스(copus) 설정 등의 행위를 함으로써 나타난 표현 형식에는 독창적 개성이 드러나 있고, 이러한 기사의 작성 과정은 원고 창작팀 팀원의 직접적인 연관성이 있는 지적 활동에 해당하기 때문에 저작물에 해당한다고 보아 침해를 인정하였다.[24]

이 밖에도 2024년 1월 중국에서는 Stable Diffusion 모델을 이용해 생성한 '리우'라는 인물의 이미지를 SNS에 업로드 하였는데, 이를 이용허락 없이 블로그에 업로드한 것에 대해 저작권 침해를 인정한 판례가 있으며,[25] 2024년 2월 8일 광저우 인터넷 법원의 1심 판결[26]에서도 울트라맨과 유사한 형상의 이미지 생성에 대해 울트라맨 미술이미지의 독창적 표현의 일부 또는 전부를 무단으로 복제한 것으로 보아 복제권에 대한 고의침해를 인정하였고, 이를 각색하여 창작된 생성 이미지에 대해 각색권에 대한 고의침해를 함

24 판결 내용 관련 출처, (https://www.sptl.com.cn/newsitem/278457599) (최종접속일: 2024.7.30.).

25 이 사건에서 법원이 지적 성과로서 저작물성을 인정한 이유는 원고가 해질녘 아름다운 여성의 초상화를 실사 형태로 그리기를 원함에 따라 명령어를 입력했고, 아트 유형은 '초실사', '컬러사진'으로, 피사체는 '일본 아이돌', 환경은 '야외', '황금 시간대', '역동적인 조명', 인물 표현은 '멋진 포즈', '카메라를 바라보는 모습' 등으로 설정하고 관련 파라미터를 설정했다며 이미지를 구상하는 순간부터 최종 선택하기까지 캐릭터의 표현을 디자인하고, 명령어를 선택하고, 명령어 순서를 배열하고, 관련 매개변수를 설정하는 등의 지적 입력을 수행했다는 이유에서이다. 판결 내용 관련 출처, (https://m.ddaily.co.kr/page/view/2024010518101017904) (최종접속일: 2024.7.30.).

26 판결 내용 관련 출처, (https://mp.weixin.qq.com/s/tESibyYMTerEz6_Uxtlnxw) (최종접속일: 2024.7.30.).

께 인정하였다. 이 사건에서 법원은 생성형 AI사업자에게는 「생성형인공지능서비스관리방법(生成式人工智能暂行管理办法)」에 따른 주의의무가 있어 위법한 이미지가 생성되지 않도록 키워드 필터링, 위법 내용 제거 등 조치를 취할 의무가 있음에도 불구하고 이를 충분히 이행하지 못한 위법 사실이 인정된다는 이유로 생성 중단 명령을 내렸다. 반면 훈련 데이터 삭제 청구에 대해서는 기술적인 이행이 어렵다는 점을 감안하여 기각하였다.

이와 같은 일련의 중국 판례가 미국에서의 일반적 논의와는 차이가 있다는 의견도 있으나, 실질적인 접근 시각에서 큰 차이가 있는 것은 아니며, 법리적 관점에서 여러 생각해볼 시사점을 제시한다고 생각된다. 중국 법원의 판결례는 학습과정에서의 저작권 침해 문제를 집중적으로 다루고 있지는 않으면서, 오히려 산출된 이미지 표현 형식이 기존 저작물의 침해를 구성하는지에 초점을 두고 있지, 그것이 침해 저작물에 대한 학습을 통해 생성된 결과물이라는 과정상의 의거성 입증에 대한 엄격한 요구를 동반하고 있지 않다는 점에서 특징적이다. 미국에서 개인 창작자(화가와 작가)가 제기한 일부 소송에서 증거 부족으로 인해 본안 판단 전 기각 결정이 내려진 것과 대별되는 대목이라 할 것이다. 결국 중국 판례의 요지는 학습된 대상이 저작물일지라도 그 학습행위 자체의 위법성을 문제삼기 보다는 이와 유사한 표현 형식의 산출물을 플랫폼 사업자가 필터링하지 않아 발생한 결과에 대한 사업자의 주의·관리 책임을 엄격히 요구하고 있는 입장으로 해석할 수 있을 것이다.

또한 중국이 인공지능 생성물을 저작물로 인정하고 있다는 항간의 평가와는 달리, 페이린 사건에서는 시각화 기능을 클릭하여 생성된 것과 같이 도구적으로 사용된 경우까지 저작물로 보는 것은 아니며, Dreamwriter 사건과 리우 사건에서처럼 생성형 이미지를 산출하는 과정에서의 인간의 표현적 기여에 따른 창작성을 인정하고 있는 것으로 봄이 바람직하다. 다만 두 사건에서 창작적 표현과 결정이 가미되기는 하였으나, 본격적으로 가공·편집한 수준의 결과물이 아님에도 불구하고 창작적 기여를 인정하였다는 점에서는 다소 전향적인 판결을 내린 것처럼 비추어질 여지는 있으나, 침해를 구성하는 이론적 구조에 있어서는 일반론적 논의와 별반 차이가 없다고 할 것이다.

따라서 공개된 생성형 이미지가 어떠한 창작적 노력이 화체되어 표현된 것인지를 외견상으로는 명확히 알 수 없는 경우 생성형 이미지를 사용하는 데 있어서 저작권에 준하는 법적 조치를 취할 필요가 있다고 할 것이다. 또한 이러한 책임에 있어서 결과적으로 실질적으로 유사한 침해 결과물이 산출되지 않도록 하는 노력을 기울이는 등 플랫폼의 관리조치 의무의 이행이 향후 중요하게 부각될 것으로 예상된다. 현재 우리 국회에 발의되어 있는 인공지능 기본법안에서 등장하는 생성형 AI 사업자가 준수해야 하는 위험관리에 대한 모니터링 의무와도 연계하여 그 구체적인 대응방식에 대해 고민이 필요하다.

## Section 04 | 향후의 대응과제

본 장에서는 AI를 둘러싼 저작권법적 쟁점을 해결해 나가는 데 있어서 우리가 고려해야 할 사항에 대하여 살펴보았다. 앞서 저작권법의 입법 취지에서도 보았듯이 저작권 제도는 창작자의 권리 보호와 문화 산업의 발전을 동시에 고려하는 것을 목표로 하고 있다. 따라서 공정이용을 통해 산업적 활용 가능성을 확보해주면서도 창작자에 대한 정당한 보상을 통해 권리 침해가 발생하지 않도록 균형적인 법익을 실현시키는 것이 바람직한 방향일 것이다.

최근 OpenAI와 애플을 비롯한 다수의 생성형 AI를 개발하려는 기업들이 언론사 등과 라이선스 계약의 체결을 통해 학습데이터를 확보하기 위한 보상 협상이 이루어지고 있다. 이러한 보상 계약의 경우 단순히 학습용 데이터를 확보하기 위한 목적에 한정되기 보다는, 해당 콘텐츠를 AI 생성서비스에 직접 표시하여 사용하기 위한 권리 처리까지를 아우르는 이용허락을 내용으로 한다. 따라서 우리법상 공정이용 규정이 있음에도 불구하고 여전히 TDM과 같이 웹상에 공개된 자료와 정보를 학습용 데이터로 사용하는 크롤링 행위의 적법성에 대한 논란은 논의의 실익이 있다고 할 것이다. 그러한 점에서 볼 때, TDM 규정의 성안과 관련하여 최근 논의가 주춤해진 가운데, 표현적 이용과는 차별화되는 비표현적 이용에 대한 면책의 부여에 있어서도 명확한 입법을 강구함이 필요하다고 할 것이다.

AI의 출현으로 인해 부각되는 저작권법적 문제를 조속히 해결하지 못하게 되면 법 해석의 불명확성으로 인해 혁신의 발전을 저해할 수 있으며, 균형적 이익을 고려하지 못한 입법이 형성되면 권리자의 이익을 훼손하는 문제가 발생할 수 있는 것이다. 특히 국내법상 공정이용 규정의 기능이 다소 제한적이라는 점을 감안하면 이러한 논의의 필요성은 결국, 인공지능 기술의 발전과 성장에 지대한 영향력을 가질 것이다.

나아가 외관상 표시가 중요한 분야에서 AI가 생성한 것인지의 여부 등과 같은 명확한 출처표시가 이루어지지 않으면 콘텐츠의 거래·유통 단계에서 다양한 법률 리스크가 발생할 여지가 있다. 따라서 인공지능을 둘러싼 여러 문제들에 대한 지속적인 논의를 통해 법 해석에 있어서의 명확성을 확보해 나감으로써 합리적이고 균형적인 해결책을 도모해 나갈 필요가 있을 것이다.

# 참고문헌


## 국내 문헌

남형두, “저작권의 역사와 철학”, 「산업재산권」, 제26호, 2008.

박성호, 『저작권법』, 박영사, 2014.

백경태, “안드로이드는 양의 꿈을 꾸는가 -인공지능 산출물의 저작자에 대한 저작권법적 검토-”, 「지식재산연구」, 제13권 제3호, 2018.

정상조, “인공지능시대의 저작권법 과제”, 「계간저작권」, 제122호, 2018.

______, “창작과 표절의 구별기준”, 「서울대학교 법학」, 제44권 제1호, 2003.

정원준, “인공지능과 저작권법”, 「인공지능법」, 박영사, 2024.

______, “인공지능 창작과 저작권법의 딜레마”, 「고려법학」, 제95호, 2019.

______, “생성형 인공지능과 AI 커버곡”, 「인공지능법」, 박영사, 2024.

______, “판례 분석을 통한 웹크롤링 행위의 위법성 판단기준에 관한 연구”, 「민사법학」, 제100호, 2022.

______, “AI 커버곡 사례를 통해 본 생성형 AI의 법률 문제”, 「산업재산권」, 제76호, 2023.

## 외국 문헌

John F. Weaver, Robots Are People Too: How Siri, Google Car, and Artificial Intelligence Will Force Us to Change Our Laws, Præger(1st ed., 2014).

Nicholas Carlini et al., Extracting Training Data from Diffusion Models, arXiv:2301.13188, 2023.

Pamela Samuelson, “Allocating Ownership Right in Computer-Generated Works”, U. Pitt. L. Rev., Vol. 47(1985).

Russ Pearlman, “Recognizing Artificial Intelligence(AI) as Authors and Inventors under U.S. Intellectual Property Law”, Rich. J. L. & Tech., Vol. 24 No. 2(2018).

Ryan Abbott, “I Think, Therefore I Invent: Creative Computers and the Future of Patent Law”, B. C. L. Rev., Vol. 57(2016).

US Copyright Office, Copyright Registration Guidance: Works Containing Material Generated by Artificial Intelligence, 2023.3.16.

chapter 09

# 생성형 AI의 개인정보 이슈와 과제

박광배 · 이일신*

## Section 01 | 서론

인공지능, 특히 생성형 AI(Generative AI)의 급속한 발전은 우리 사회 전반에 걸쳐 큰 파장을 일으키고 있다. 텍스트, 이미지, 음성 등 다양한 형태의 콘텐츠를 생성할 수 있는 능력으로 인해 많은 관심을 받고 있는 ChatGPT를 비롯한 여러 서비스는 이미 일상생활과 업무 환경에 깊이 침투하고 있으며, 그 영향력은 계속해서 확대되고 있다.

그러나 이러한 기술의 진보는 개인정보 보호, 프라이버시 측면에서 새로운 도전과 위험을 제기하고 있다. 예컨대, 생성형 AI는 대규모의 데이터를 학습하고 처리하는 과정에서 개인정보를 포함한 방대한 양의 정보를 다루게 된다. 이 과정에서 개인이 자신의 정보가 AI 학습에 사용되는 것을 인지하고 통제하기 어려워진다. 또한 AI가 생성한 콘텐츠에 개인정보가 포함될 경우, 그 정확성과 책임 소재가 모호해질 수 있으며, 기존 데이터를 재조합하여 새로운 개인정보를 유추하거나 생성함으로써 프라이버시 침해 우려가 제기된다.

* 법무법인(유) 광장 변호사

이러한 도전 과제들은 기존의 개인정보 보호 체계에 대한 재고와 새로운 접근 방식의 필요성을 강조하고 있다. 본 연구에서는 생성형 AI와 관련된 개인정보 보호 및 프라이버시 이슈를 현행 법의 적용가능성과 그 한계의 관점에서 검토하고, 가능한 범위내에서 향후 법제 개선 방향을 제시하고자 한다.

## Section 02 | 생성형 AI와 개인정보 보호법의 적용 한계

현행 개인정보 보호 체계는 개인정보 보호법을 중심으로, 신용정보의 이용 및 보호에 관한 법률(이하 '신용정보법') 등이 보완적으로 적용되고 있다. 이 중 개인정보 보호법은 개인정보 처리에 관한 일반법으로서, 생성형 AI와 관련된 개인정보 문제에도 핵심적인 역할을 한다.

개인정보 보호법은 개인정보의 수집, 이용, 제공 등에 있어 정보주체의 동의를 원칙으로 하고 있으며, 개인정보처리자의 안전조치 의무, 정보주체의 권리 보장 등을 규정하고 있다. 또한, 2020년 개정을 통해 가명정보 개념을 도입하고 이의 활용 근거를 마련하였다. 그러나 현행 개인정보 보호법은 생성형 AI의 특성을 충분히 반영하지 못하고 있다는 한계가 있다. 주요 문제점은 다음과 같다.

### 1. 데이터 최소화 원칙의 한계

생성형 AI는 AI 학습에 필요한 대규모 데이터의 학습이 필연적인 것으로 보이지만, 이는 최소한의 개인정보만을 수집해야 한다는 최소수집의 원칙과 모순될 수 있다. 더구나 불필요한 개인정보의 수집인지 여부를 사전적으로 파악하기는 쉽지 않다는 한계가 있다.

## 2. 동의 원칙의 한계

생성형 AI의 학습 데이터 수집 과정에서 모든 정보주체로부터 개별적인 동의를 받는 것은 현실적으로 불가능하다. 이는 개인정보 보호법의 기본 원칙인 동의 기반 처리와 충돌한다. 또한 AI 모델이 학습한 데이터를 바탕으로 예측하지 못한 새로운 정보를 생성하거나, 새로운 방법·목적으로 정보를 활용할 수 있다. 이는 당초 수집 목적을 벗어난 이용으로 볼 수 있어, 목적 외 이용에 대한 규제와 충돌할 수 있다.

## 3. 처리과정 전반에 대한 의무준수의 한계

개인정보 보호법은 개인정보처리자가 정보주체, 규제기관 등에게 개인정보 처리과정에서의 다양한 상황과 결과를 통제하고 설명할 수 있을 것이라는 전제하에 제반 사항을 규정하고 있지만, 많은 수의 개인정보처리자가 생성형 AI의 복잡한 알고리즘과 의사결정 과정을 명확히 이해하고 이를 기반으로 수집 출처 통지, 열람, 정정·삭제, 처리정지, 설명, 파기, 안정성 확보조치 등 개인정보 보호법상 제반 의무를 이행할 것을 기대하기는 쉽지 않아 보인다.

## 4. 가명정보 활용의 한계

현행법상 가명정보 개념이 도입되었으나, 생성형 AI의 맥락에서 어떤 수준의 가명처리가 적절한지, 그리고 AI에 의한 재식별 가능성을 어떻게 방지할 것인지에 대한 구체적인 기준을 정립하기가 상당히 어렵다.

이하 이러한 문제점과 한계, 이를 극복하기 위한 생성형 AI의 특성을 고려한 법제 개선의 필요성에 대해서 구체적으로 살펴보기로 한다.

## Section 03 | 생성형 AI와 개인정보 보호의 주요 쟁점

### 1. 생성형 AI 학습 데이터의 수집 및 이용

#### 1) 문제점

생성형 AI의 출현에 따라 AI 학습에 사용되는 데이터의 중요성이 더욱 커졌다. AI 학습 데이터가 제한적이거나 부정확한 경우 데이터의 편향성과 결합으로 인해 생성형 AI의 산출물을 신뢰하기 어렵게 되기 때문이다.

기업이 고객 등으로부터 수집하여 보유하고 있는 데이터는 소수의 기업들을 제외하면 그 양이 제한적이므로, 웹 크롤링, 스크래핑 등을 통해 공개된 데이터를 생성형 AI 학습용으로 수집, 이용하는 경우가 많다. 그런데 이 과정에서 개인정보가 포함된 데이터가 수집, 처리될 위험이 있다. 예를 들어, 웹 크롤링을 통해 수집된 공개된 데이터에는 개인의 신상 정보, 사진 등이 포함될 수 있으며, 그 수집은 일반적으로 정보주체의 동의 없이 이루어지게 된다.

이와 같이 AI 학습 목적으로 공개된 데이터를 수집함에 있어, 구체적인 상황에 따라 정보를 공개한 시점의 정보주체의 기대 및 공개의 맥락과의 괴리가 발생할 수 있으며, 이는 정보주체의 개인정보자기결정권 및 정보에 대한 통제권을 약화시키는 결과로 이어질 수 있다.[1] 공적인 인물에 관한 공개

---

1 맥락적 무결성(Contextual Integrity)의 상실: 현대의 복잡다단한 개인정보 처리과정과 흐름을 고려하면 개인정보의 수집, 이용, 제공 등 제반 처리과정에서 이를 제공한 정보주체의 기대와 맥락의 의미가 개인정보 침해여부의 판단과정에서 중요한 요소로 보이는데, 생성형 AI가 확산될 경우 이에 대한 논의가 활발해 질 것으로 예상된다. 맥락적 무결성(Contextual Integrity)은 Helen Nissenbaum이 개발한 개인정보 보호 이론으로 그녀의 저서 'Privacy in Context: Technology, Policy, and the Integrity of Social Life'에 제시되어 있다. 이 이론은 프라이버시를 자신에 대한 정보 통제, 비밀 또는 사적이거나 민감한 개인정보의 규제로 정의하는 이론에 대한 반발로 볼 수 있는데, 네 가지 핵심적인 주장(① 개인정보는 적절한 정보 흐름에 의해 제공되어야 함; ② 적절한 정보 흐름은 맥락적 정보 규범에 부합하는 정보 흐름임; ③ 맥락적 정보 규범은 데이터 주체, 발신자, 수신자, 정보 유형 및 전송 원칙의 다섯 가지 독립적인 매개 변수를 참조함; ④ 프라이버시의 개념은 시간이 지남에 따라 진화하는 윤리적 우려에 기반하여야 함)으로 구성되어 있다. https://en.wikipedia.org/wi-

된 정보와 일반 개인의 공개된 정보는 정보주체의 기대 및 공개의 맥락 측면에서 그 활용 범위가 달리 판단될 수 있다.

공개된 데이터의 생성형 AI 학습 목적의 수집, 이용은 (i) 개인정보처리자의 정당한 이익에 근거한 공개된 개인정보의 처리 또는 (ii) 가명정보 처리 측면에서 그 처리의 적법 근거를 검토할 필요가 있다.

## 2) 생성형 AI 학습 목적의 공개된 개인정보 수집 및 이용

### (1) 국내 규제 동향

#### 가. 입법 현황

개인정보 보호법은 공개된 개인정보의 처리에 대한 별도의 규정을 두고 있지 않다. 개인정보보호위원회 고시「표준 개인정보 보호지침」제6조 제4항은 "개인정보처리자는 인터넷 홈페이지 등 공개된 매체 또는 장소(이하 "인터넷 홈페이지 등"이라 함)에서 개인정보를 수집하는 경우 정보주체의 동의 의사가 명확히 표시되거나 인터넷 홈페이지 등의 표시 내용에 비추어 사회통념상 동의 의사가 있었다고 인정되는 범위 내에서만 이용할 수 있다"고 규정하고 있다.

반면, 신용정보법 제15조 제2항 제2호는 신용정보회사등이 개인신용정보를 수집하는 때에는 원칙적으로 신용정보주체의 동의를 받도록 규정하면서, 예외적으로 "법령에 따라 공시(公示)되거나 공개된 정보", "출판물이나 방송매체 또는 공공기관의 정보공개에 관한 법률 제2조제3호에 따른 공공기관의 인터넷 홈페이지 등의 매체를 통하여 공시 또는 공개된 정보", "신용정보주체가 스스로 사회관계망서비스 등에 직접 또는 제3자를 통하여 공개한 정보. 이 경우 대통령령으로 인정되는 범위 내로 한정한다."에 해당하는 경우에는 동의 없는 수집이 가능하다고 규정하고 있다.

신용정보법 시행령 제13조는 '신용정보주체의 동의가 있었다고 객관적으로 인정되는 범위의 정보'를 판단함에 있어 ① 공개된 개인정보의 성격, 공

ki/Contextual_integrity(2024.8.2. 18:50 방문)

개의 형태, 대상 범위 ② 그로부터 추단되는 신용정보주체의 공개 의도 및 목적 ③ 신용정보회사등의 개인정보 처리의 형태 ④ 수집 목적이 신용정보주체의 원래의 공개 목적과 상당한 관련성이 있는지 여부 ⑤ 정보 제공으로 인하여 공개의 대상 범위가 원래의 것과 달라졌는지 여부 ⑥ 개인정보의 성질 및 가치와 이를 활용해야 할 사회·경제적 필요성을 고려하여야 한다고 정하고 있다.

### 나. 판례

공개된 개인정보를 AI 학습용 데이터로 수집, 활용하는 행위의 적법성에 관하여 구체적으로 판단한 판례는 아직 없다.

대법원은 법률정보 제공회사인 로앤비가 교수의 프로필을 학교 홈페이지에서 수집하여 자사의 유료서비스 제공에 활용한 것에 관하여, "이미 공개된 개인정보를 정보주체의 동의가 있었다고 객관적으로 인정되는 범위 내에서 수집·이용·제공 등 처리를 할 때는 정보주체의 별도의 동의는 불필요하다고 보아야 하고, 별도의 동의를 받지 아니하였다고 하여 개인정보 보호법 제15조나 제17조를 위반한 것으로 볼 수 없다."라고 판시한 바 있다(대법원 2016. 8. 17. 선고2014다235080 판결).

위 판례는 AI 학습에 관한 것은 아니나, 공개된 개인정보를 정보주체의 동의 없이 수집 등 처리함에 있어 일반적인 기준을 제시하였다는 점에서 의미가 있다. 위 판례의 판단 기준은 생성형 AI 학습을 위하여 공개된 개인정보를 수집 등 처리함에 있어서도 적용될 수 있을 것으로 보인다.

### 다. 개인정보보호위원회의 해석

개인정보보호위원회는 2024. 7. "인공지능(AI) 개발·서비스를 위한 공개된 개인정보 처리 안내서"를 발표하였다. 본 안내서는 AI 개발·서비스를 위해 공개된 개인정보를 처리하는 경우 참고할 수 있는 법 해석 기준을 제시한 것으로 법적 구속력은 없다.

개인정보보호위원회는 위 안내서에서, "AI 학습·서비스를 위해 공개된 개인정보를 수집·이용하는 경우, 개인정보 보호법 제15조 제1항 제6호의 정당한 이익 조항이 실질적인 적법 근거가 될 수 있음”이라고 안내하고 있다. 그리고 정당한 이익의 성립 요건으로, (i) ‘목적의 정당성’에 관하여, AI 기업은 공개된 개인정보 처리를 통해 개발하려는 AI의 목적·용도를 구체화하여 정당한 이익이 있음을 주장할 수 있으며, (ii) ‘처리의 필요성’에 대해서는 AI 개발·서비스에 공개된 개인정보 처리의 필요성과 상당성·합리성이 인정되어야 한다는 점, (iii) ‘개인정보처리자의 정당한 이익이 명백하게 정보주체의 권리보다 우선할 것’에 관하여는 본 안내서에 제시된 안전성 확보조치 및 정보주체 권리보장 방안을 적절히 도입하여 프라이버시 침해 위험을 낮출 수 있다고 안내하고 있다.[2]

### (2) 해외 규제 동향

#### 가. 유럽

유럽은 공개된 개인정보를 생성형 AI 학습을 위해 처리하는 것에 관한 적법 근거로, EU GDPR상 ‘정당한 이익(legitimate interests)’(Art. 6)을 검토하고 있다.

영국 ICO는 ‘목적성’, ‘필요성’, ‘균형성’ 테스트를 통과하는 경우 웹 스크래핑을 통해 수집한 데이터를 생성형 AI 모델 학습에 사용하는 것에 ‘정당한 이익’이 인정될 수 있음을 밝힌 바 있다. ‘목적성’에 관하여는 학습용 데이터를 수집할 당시에 접근할 수 있는 정보에 기반하여 구체적인 이익을 설정하여야 하며, ‘필요성’에 관하여서는 대부분의 생성형 AI 학습은 대규모의 웹 스크래핑을 통해 수집된 데이터로만 가능할 것이라고 설명하고 있다. ‘균형성’에 대해서는, 정보주체가 개인정보처리에 대해 인식하지 못하여 어떠한 기관이 어떻게 자신들의 개인정보를 처리하는지 통제하지 못하고 관련된 권리를 행사하지 못하는 ‘Upstream risks and harms’과 생성형 AI가 부정확한 정보를 만들어 명예훼손 등을 야기하거나 피싱 이메일 생성에 이용되는 등의 ‘Downstream risks and harms’를 완화하기 위한 조치를 이행하여야 한다고 설명하고 있다.[3]

---

2 개인정보보호위원회, 인공지능(AI) 개발·서비스를 위한 공개된 개인정보 처리 안내서, 2024. 7.
3 ICO, Generative AI first call for evidence: The lawful basis for web scraping to

프랑스 CNIL는 2024. 6. AI 시스템 개발에 관한 첫번째 권고안을 발간하였는데, 개인정보가 포함된 학습 데이터를 활용하여 AI 시스템을 개발함에 있어 EU GDPR상 '정당한 이익(legitimate interests)'을 적법 근거로 하기 위해서는 '이익의 정당성', '데이터 처리의 필요성', '균형성' 조건을 준수하여야 한다고 설명하고 있다. 이 중 '균형성' 보장하기 위하여 데이터의 가명화, 민감한 데이터의 배제, 관련성 있고 필요한 데이터로 수집을 제한하는 선택 기준 정의 등과 같은 조치를 시행할 수 있다고 안내하고 있다. 그리고 예시로서, '온라인 데이터에서 개인과 관련이 있을 수 있는 사람의 심리적 프로필을 예측할 수 있는 AI 시스템을 개발하는 경우', 이러한 시스템 개발에 대한 상업적 이익은 데이터 주체의 이익, 권리 및 자유에 비추어 볼 때 불충분할 수 있으므로 다른 법적 근거를 찾거나 프로젝트를 포기해야 한다고 안내하고 있다. 반면, '인터넷 포럼, 블로그, 웹사이트에서 공개적으로 자유롭게 접근할 수 있는 유저 코멘트를 수집하여 AI 학습 데이터셋을 만들어, 일반 대중의 예술 작품 감상을 평가하고 예측하는 AI 시스템을 개발하는 경우'에 대해, 그와 같은 AI 시스템을 개발하고 마케팅하는 것과 관련된 이익은 정당한 것으로 평가될 수 있고, 필요한 학습 데이터의 양을 고려할 때 작품에 대한 피드백 수집은 모델 개발에 필요한 것으로 간주될 수 있다고 안내하고 있다.[4]

## 나. 미국

미국의 경우 개인정보의 수집, 활용을 규제하는 연방법은 현재 존재하지 않는다. 다만, 개인정보의 보호를 규율하는 주법들 중 공개된 정보의 수집, 활용에 대해서는 법 적용대상에서 제외하는 입법례가 확인된다. 일례로 캘리포니아주 프라이버시 권리법(The California Privacy Rights Act of 2020)은 "연방, 주 또는 지방 정부기록에서 합법적으로 제공하는 정보", "널리 배포된 미디어 또는 소비자가 일반 대중에게 합법적으로 제공했다고 합리적으로 판

train generative AI models, 2024. 1.
https://ico.org.uk/about-the-ico/what-we-do/our-work-on-artificial-intelligence/generative-ai-first-call-for-evidence/

4 CNIL, AI how-to-sheets, Sheet 4 Ensuring the lawfulness of the data processing - defining a legal basis, 2024. 6. https://www.cnil.fr/fr/node/164399

단하는 정보" 등과 같은 '공개적으로 사용 가능한 정보(publicly available in-formation)'는 개인정보에 해당하지 않는다고 규정하고 있다.

한편, 미 상원, 하원은 2024. 4. 연방 차원의 포괄적인 개인정보 보호법안인 미국 프라이버시 권리법(안)(The American Privacy Rights Act) 초안을 발표하였는데, '공개된 정보(publicly available information)'를 동법의 적용 대상에서 제외하고 있다. 본 법안에 따르면 '공개된 정보'란 (i) 연방, 주 또는 지방 정부 기록, (ii) 널리 배포된 미디어, (iii) 모든 일반인이 무료 또는 유료로 이용할 수 있는 웹사이트 또는 온라인 서비스, 또는 (iv) 연방법, 주법 또는 지방법에 의해 일반 대중에게 공개하도록 요구되는 것을 통하여 일반 대중에게 합법적으로 제공되었다고 믿을 만한 합리적인 근거가 있는 정보를 의미한다. 다만, 민감한 개인정보, 생체 정보 또는 유전자 정보, 공개적으로 이용 가능한 정보와 결합된 개인정보, 외설적이거나 합의되지 않은 친밀한 이미지는 '공개된 정보'에서 제외된다.[5]

### 다. 제재 사례

Clearview AI는 페이스북, 인스타그램, 트위터와 같은 소셜 네트워크 등 인터넷상에 올라온 개인의 얼굴 이미지를 동의 없이 대규모로 수집 및 가공한 뒤 데이터베이스를 구축하여, 이미지 검색을 통해 해당 이미지에 나타난 개인의 신원을 파악할 수 있는 서비스를 제공하였다. Clearview AI의 얼굴 이미지 수집이 문제로 부각됨에 따라 호주, 캐나다, 프랑스, 이탈리아, 영국, 그리스 등 다수의 국가에서 Clearview AI에게 동의 없이 수집한 얼굴 이미지 등의 삭제 및 수집 중단 등을 명령하고 과징금을 부과하였다. 그 중 프랑스와 이탈리아의 구체적 판단을 살펴보면 다음과 같다.

프랑스 CNIL은 다음을 근거로 EU GDPR 제6조의 '정당한 이익(legitimate interests)'이 Clearview AI의 개인정보 처리를 정당화하는 법적 근거로 인정할 수 없다고 판단하였다.[6]

---

5 The American Privacy Rights Act, MUR24230 L4H, Section 2.(32) https://www.commerce.senate.gov/services/files/3F5EEA76-5B18-4B40-ABD9-F2F681AA965F

6 CNIL, Decision n° MED 2021-134 of 1st November 2021 issuing an order to

- Clearview AI의 개인정보 처리는 특정 개인으로부터 사생활의 다양한 측면을 드러낼 수 있는 다른 개인정보와 연관된 대량의 사진 정보를 수집한다는 점에서 특히 강력한 침해성(strong intrusiveness)을 가지고, 이러한 정보를 기반으로 개인을 고유하게 식별하는 데 사용할 수 있는 생체 인식 데이터를 제3자가 보유하는 것은 중대한 프라이버시 침해에 해당하며, Clearview AI의 개인정보 처리는 매우 많은 수의 개인과 관련됨
- 개인정보 수집의 맥락에서 정보주체가 자신의 개인정보가 Clearview AI에 의해 처리될 것이라고 합리적으로 예상할 수 있었는지가 중요한데, 사진이 공개적으로 접근 가능하다는 점만으로는 정보주체가 자신의 사진이 Clearview AI가 얼굴 인식 소프트웨어를 만들고 마케팅하는 데 재사용될 것이라고 예상하지 못한 것으로 간주되어야 함
- Clearview AI의 이익, 특히 상업적 및 재정적 이익이 정보주체의 개인정보 보호권을 침해하는 것은 불균형함

이탈리아 Garante도 이와 유사하게, 다음을 근거로 Clearview AI는 GDPR 제6조의 '정당한 이익(legitimate interests)'을 개인정보 처리의 적법 근거로 주장할 수 없다고 판단하였다.[7]

- Clearview AI의 개인정보 처리는 개인의 사적인 삶의 다양한 측면에 대한 연결고리를 가지는 사진 데이터의 수집으로 이루어지기 때문에 개인의 사적인 영역에서 특히 침해성(intrusiveness)를 가지고, 이러한 데이터는 생체 인식 처리의 대상이 됨
- Clearview AI의 개인정보 처리는 많은 수의 정보주체와 관련되고, 미성년자의 인터넷상 사진에 대한 사용 가능성도 포함하고 있음
- Clearview AI의 자유로운 경제적 이익 추구와 관련된 이익은 개인정

comply to the company CLEARVIEW AI (No. MDMM211166) https://www.cnil.fr/sites/cnil/files/atoms/files/decision_ndeg_med_2021-134.pdf

7 Garante, Ordinanza ingiunzione nei confronti di Clearview AI - 10 febbraio 2022 https://www.garanteprivacy.it/web/guest/home/docweb/-/docweb-display/docweb/9751362

보주체의 권리 및 자유와 상충되고, 특히 Clearview AI의 개인정보 처리에 내재된 프라이버시권 등에 대한 위험이 있는 것으로 판단됨

### (3) 검토

우리나라의 경우 기존의 판례 및 개인정보 보호법상 개인정보의 정의 규정 등을 고려할 때, 공개된 개인정보를 개인정보 범위에서 제외하는 방향의 입법은 현실적으로 어려울 것으로 보인다. 결국 공개된 개인정보를 생성형 AI 학습 목적으로 활용하기 위해서는 개인정보 보호법 제15조 제1항 제6호가 주요한 법적 근거로 활용될 필요가 있다.

개인정보보호위원회가 "인공지능 개발·서비스를 위한 공개된 개인정보 처리 안내서"를 발간하였으나, 여전히 구체적 사안에서 개인정보 보호법 제15조 제1항 제6호에 근거하여 정보주체의 동의 없이 공개된 개인정보를 생성형 AI 학습 목적으로 활용할 수 있는지 여부는 명확하지 않아 보인다. AI 학습은 비정형 데이터를 기계가 학습할 수 있는 형식으로 파편화하여 처리하는 것으로 특정 개인을 식별하기 위한 목적으로 이루어지는 것이 아니라는 점을 감안하였을 때, 개인을 식별하기 위한 프로파일링 목적의 AI 학습이나 프라이버시의 중대한 침해를 가져올 수 있는 민감정보의 처리를 제외한 공개된 개인정보의 AI 학습 목적 활용에 대해서는 개인정보 보호법 제15조 제1항 제6호의 적용에 관한 보다 적극적인 해석이 필요해 보인다.

그리고 개인정보 보호법 제15조 제1항 제6호는 EU GDPR과 달리 개인정보처리자의 정당한 이익이 정보주체의 권리보다 명백히 우선할 것을 요구하는 '명백성' 요건을 규정하고 있어, 그 적용 범위가 더욱 불명확하다. 이에 생성형 AI 학습 데이터의 수집에 관한 개인정보 보호법 위반의 법적 불확실성을 줄이기 위해서는, 위 '명백성' 요건은 삭제하는 것이 필요하다고 생각된다.

### 3) 가명정보를 활용한 생성형 AI 학습

#### (1) 개인정보 보호법상 가명정보 처리 특례 규정

개인정보 보호법은 개인정보처리자는 통계작성, 과학적 연구, 공익적 기록보존 등을 위하여 정보주체의 동의 없이 가명정보를 처리할 수 있다고 규정하고 있다(제28조의2 제1항). 여기서의 '과학적 연구'는 기초연구·응용연구뿐만 아니라 새로운 기술·제품·서비스 개발 및 실증을 위한 산업적 연구도 해당하며, AI 연구·개발도 이에 포함될 수 있다.[8]

이에 공개된 데이터 또는 사업자가 기존에 보유한 고객정보를 가명처리한 가명정보를 활용하여 생성형 AI 학습에 활용하는 것은 AI 학습에 관한 중요한 방법 중 하나이다. 그러나 생성형 AI 학습에 활용되는 공개된 데이터에는 일정한 규격이나 정해진 형태가 없이 구조화되지 않은 비정형 데이터가 많은데, 이러한 비정형 데이터의 경우 생성형 AI 학습에 적합한 가명처리 수준을 어떻게 결정할 것인지가 문제된다.

#### (2) 생성형 AI 학습을 위한 적절한 가명처리 수준의 결정

개인을 식별할 수 있는 정보를 광범위하게 삭제 또는 치환하는 경우 가명처리의 안전성은 높아질 수 있으나, 과도한 데이터의 삭제는 AI 모델의 성능 저하로 이어질 수 있다.

개인정보보호위원회는 주식회사 스캐터랩이 '이루다' 서비스와 관련하여 학습 DB를 구축한 것에 대해 가명정보 처리 특례 규정이 적용되는지 여부를 검토한 바 있다. 개인정보보호위원회는 위 사안에서, 학습 DB에 일부 회원정보가 제외되고, 회원번호는 일방향 암호화된 채 성별·나이·대화 상대방과의 관계 정보와 카카오톡 대화문장만이 포함되어 있으나, 카카오톡 대화문장에 대해서 개인정보의 일부를 삭제하거나 일부 또는 전부를 대체하는 등의 처리를 하지 아니하였다는 이유로, 주식회사 스캐터랩의 학습 DB 구축에 대해 가명정보 처리 특례 규정을 적용할 수 없다고 판단하였다.[9] 카카오

---

8 개인정보보호위원회, 인공지능 시대 안전한 개인정보 활용 정책방향, 2023. 8.

9 개인정보보호위원회, 2021. 4. 28. 심의·의결서, 안건번호 제2021-007-072호

톡 대화문장 전체에 포함된 개인을 식별할 수 있는 정보는 그 유형이 매우 다양하고 예측이 어렵다는 점에서, 개인정보보호위원회의 위 결정은 가명처리 수준을 매우 엄격히 적용한 것으로 평가된다.

한편, 실무상 엄격하고 경직된 가명정보 활용 절차 및 기준이 가명정보의 활용을 저해한다는 문제 제기가 이루어져 왔고, 정부는 2023. 7. '가명정보 활용 확대방안'을 발표하여, 비정형 데이터를 안전하게 가명처리하여 AI 학습, 자율주행 기술개발 등에 활용할 수 있는 기준을 마련할 것임을 밝혔다. 그리고 개인정보보호위원회는 2024. 2. '가명정보 처리 가이드라인'을 발표하여 비정형 데이터 가명처리 기준을 구체화하였다.

다만 이와 같이 가명처리 기준을 일부 구체화하더라도, 모든 비정형 데이터에 적용할 수 있는 일률적인 가명처리 기준을 수립하는 것은 사실상 어렵다는 점에서, 여전히 생성형 AI 학습을 위한 적절한 가명처리 수준에 대한 불확실성은 존재한다고 할 것이다.

### (3) 검토

식별정보를 삭제한 데이터를 학습에 활용하는 경우에도, 생성형 AI가 대량의 데이터를 처리하는 과정에서 데이터 간 결합을 통해 특정 개인을 식별할 수 있는 정보가 생성될 수 있어 '추가정보 없이는' 특정 개인을 식별할 수 없도록 하는 가명처리의 수준을 정하는 것이 더욱 어려워졌다. 또한 개인정보보호법은 시간·비용·기술 등을 합리적으로 고려할 때 다른 정보를 사용하여도 더 이상 개인을 알아볼 수 없는 정보, 즉 익명정보에 대해서는 동법의 적용을 배제하고 있는데(제58조의2), 생성형 AI의 출현으로 시간·비용·기술 등의 한계가 쉽게 극복될 가능성이 커지게 되었다.

또한 생성형 AI가 계속 진화할수록, 생성형 AI 모델 개발을 위한 가명처리 또는 익명처리의 적정성을 평가하는 것은 더욱 어려워질 것으로 예상된다. 이러한 실무상 어려움을 고려하였을 때, 일정한 영역에서는 적정한 안전성 확보조치하에 가명처리 없이 원본 데이터를 AI 학습에 활용할 수 있도록 하는 방안을 대안으로 고려할 필요가 있어 보인다.

개인정보보호위원회는 '인공지능 시대 안전한 개인정보 활용 정책방향'에서 영상정보의 경우, 익명·가명 데이터를 통해서는 AI 품질 확보가 어려운 경우를 고려하여 규제샌드박스 실증특례 제도를 통해 권리침해 예방을 위한 강화된 안전조치를 부여하는 조건으로 영상데이터 원본 활용방안을 마련할 것을 후속과제로 언급하였다. 그 후 개인정보보호위원회는 실제 규제샌드박스로 강화된 안전조치, 지속적인 모니터링 실시를 전제로, 자율주행로봇 관련 영상데이터 원본 활용을 허용하기도 하였다.[10]

이러한 정책 방향은 사업자가 양질의 학습 데이터를 확보할 수 있는 긍정적인 효과를 가져다 줄 것으로 평가되나, 모든 AI 학습에 관하여 실증특례를 부여할 수는 없다는 점에서 일반적인 대안이 되기는 어렵다는 한계는 있다.

이에 근본적으로는 가명정보를 활용한 AI 학습 과정에서 사업자가 의도하지 않은 재식별이 발생한 경우에 대해서는 일정한 안전성 확보조치의 이행을 전제로 그 책임을 면제하도록 하는 것을 고려할 필요가 있어 보인다.

특히 개인정보 보호법은 가명정보를 처리하는 과정에서 특정 개인을 알아볼 수 있는 정보가 생성된 경우에는 즉시 해당 정보의 처리를 중지하고, 지체 없이 회수·파기하여야 하고, 이를 위반한 경우 3천만 원 이하의 과태료를 부과할 수 있도록 규정하고 있어(동법 제28조의5 제2항, 제75조 제2항 제13호), 사업자들은 재식별로 인한 법적 리스크를 고려하여 광범위하게 데이터를 삭제, 치환하는 부담을 갖고 있다. AI 학습 과정에서의 법적 불확실성을 최소화하기 위해서는 위 규정의 적용 대상, 범위도 합리적으로 조정할 필요가 있겠다.

## 2. 생성형 AI와 개인정보 동의 구조

### 1) 문제점

우리 개인정보 법제는 EU, 미국 등 주요국가들 중 가장 복잡한 개인정보 동의방식을 요구하고 있는데, 구체적으로는 엄격한 사전동의 원칙하에 개별 개인정보 처리 유형, 목적, 종류에 따른 다양한 구분 동의 요구사항(개인정보

---

10 개인정보보호위원회, 2023. 12. 29.자 "개인정보위, 자율주행 인공지능 산업 지원 강화한다" 보도자료

보호법 제22조), 제3자 제공, 위수탁 고지 등과 관련하여 개인정보 수령 주체의 명단 전체 고지 등에 관한 요구사항이 실무적인 부담으로 이해된다. 그런데, 생성형 AI 환경에서 이러한 개인정보 동의 구조와 방식으로 충분히 대응하기를 기대하기는 어렵다. AI 학습 과정에서의 데이터 사용 목적은 광범위하고 가변적이며, AI의 결과물 생성 과정에서 어떤 개인정보가 사용될지 사전에 예측하기 곤란하기 때문이다. 특히 정보주체로부터 동의 받은 목적 범위를 초과한 개인정보 이용이 문제될 가능성이 더 높아졌다.

개인정보보호위원회는 주식회사 스캐터랩이 다른 앱을 제공하면서 '신규 서비스 개발' 목적의 수집·이용 동의를 받아 수집한 개인정보를 AI 챗봇 '이루다' 개발·운영을 위하여 이용한 사안에 대하여, 이용자가 기존 서비스와 전혀 다른 신규 서비스의 개발과 서비스 운영에 자신의 개인정보가 이용될 것을 예상하고 이에 동의하였다고 보기 어렵다는 점 등을 고려하여 이용자로부터 동의받은 목적 내에서 개인정보를 이용한 것이라고 할 수 없다고 판단하였다.[11] 이처럼 개인정보보호위원회는 동의 받은 목적 범위를 비교적 엄격하게 해석하고 있다.

우리나라는 개인정보 처리의 적법 근거로 정보주체의 동의가 주로 활용되고 있는바, 생성형 AI 학습, 개발 등에 관하여 정보주체의 권리를 보장하면서도 사업자의 정보 활용을 촉진할 수 있는 동의 구조의 검토가 필요하다.

### 2) 검토

AI 기술의 빠른 발전과 예측 불가능한 활용 가능성에 대응하기 위해서는 일정한 범위에서 포괄적, 범주화된 동의가 필요해 보인다. 이러한 동의 방식은 과도한 동의 요구로 인한 정보주체의 동의 피로 감소의 측면에서도 긍정적인 효과가 있을 것으로 생각된다. 이미 신용정보법은 일정한 범위의 신용정보제공·이용자는 고지사항 중 그 일부를 생략하거나 중요한 사항만을 발췌하여 신용정보주체에게 알리고 정보활용 동의를 받을 수 있도록 허용하고 있다(제34조의2 제3항).

11 개인정보보호위원회, 2021. 4. 28. 심의·의결서, 안건번호 제2021-007-072호

이에 기본적인 AI 학습 및 기능 제공을 위한 개인정보 활용에 대해서는 일정 부분 범주화된 고지를 허용하여 동의받은 목적 내 이용의 범위를 확대하는 것이 바람직할 것으로 생각된다. 다만, 이 경우에도 정보주체의 권리 보호와의 적절한 균형점을 모색할 필요가 있다. 관련하여, 포괄적 동의 후에도 특정 기능이나 목적을 위한 개인정보 활용을 거부할 수 있는 옵트아웃 기능을 강화하는 방안, 데이터 활용 현황과 새로운 기능 등에 대해 정보주체가 이해하기 쉬운 방식으로 지속적인 정보를 제공하는 투명성 강화 조치를 함께 고려할 필요가 있겠다. 그리고 정보주체의 사생활에 밀접하게 관련된 민감정보나 보호 가치가 높은 고유식별정보에 대해서만 포괄적 동의의 예외를 인정할 필요가 있을 것이다. 한편 동의의 모델, 구조에 관해서는 앞으로 논의가 많아질 것으로 보이는데, 그중에는 인간대상연구 분야에 있어 1회성의 정적인 동의에 대한 대안으로 동적 동의(dynamic consent) 모델의 도입가능성에 대한 논의가 있으나 극히 초기단계인 것으로 보인다.[12]

## 3. 생성형 AI와 정보주체의 권리 보장

생성형 AI의 등장으로 정보주체의 권리 행사 및 그 보장은 새로운 국면을 맞이하고 있다. 이에 기존의 정보주체 권리들이 생성형 AI 환경에서 어떻게 적용되고 확장되어야 하는지 검토가 필요하다.

### 1) 생성형 AI 학습과 개인정보 처리정지 요구권

개인정보 보호법 제37조 제1항은 "정보주체는 개인정보처리자에 대하여

---

12 이원복, 동적 동의의 이해와 법적 근거의 마련, 생명윤리정책연구 제17권 제2호(2024년3월), 31-49면. 동적 동의 모델은 인간대상연구에서 필수적으로 요구되는 연구 대상자의 연구 참여 동의를 1회성으로 완료하는 것이 아니라, 연구대상자의 최초 동의 이후에도 웹 페이지나 모바일 기기 등을 통하여 자신의 동의의 세부적인 내용을 변경한다든가 일부 또는 전부를 철회할 수 있는 기회를 부여하는 동의 모델이다. 즉, 기존의 동의 방식은 연구대상자가 한 차례 설명을 듣고 그 자리에서 연구 참여 또는 인체유래물 기증에 대해 동의한다는 정적인(static) 모델이지만, 동적 동의는 연구대상자가 최초에 동의한 이후에도 연구에 관한 새로운 정보에 기초하여 또는 심지어는 단순한 심경의 변화를 이유로도 동의의 내용을 지속하여 변경하는 것이 가능하다는 동적인(dynamic) 모델이라는 데서 근본적인 차이가 있다.

자신의 개인정보 처리의 정지를 요구할 수 있다."라고 규정하고, 제2항에서 개인정보처리자가 정보주체의 처리정지 요구를 거절할 수 있는 사유로, "① 법률에 특별한 규정이 있거나 법령상 의무를 준수하기 위하여 불가피한 경우, ② 다른 사람의 생명·신체를 해할 우려가 있거나 다른 사람의 재산과 그 밖의 이익을 부당하게 침해할 우려가 있는 경우, ③ 공공기관이 개인정보를 처리하지 아니하면 다른 법률에서 정하는 소관 업무를 수행할 수 없는 경우, ④ 개인정보를 처리하지 아니하면 정보주체와 약정한 서비스를 제공하지 못하는 등 계약의 이행이 곤란한 경우로서 정보주체가 그 계약의 해지 의사를 명확하게 밝히지 아니한 경우"를 규정하고 있다.

생성형 AI 학습데이터의 경우 기본적으로 특정 개인을 식별할 수 없는 파편화된 형태로 처리되어, 특정인의 개인정보를 확인하여 해당 정보의 처리만을 정지하는 것이 기술적으로 매우 어렵고, 처리정지 후 재학습의 이슈도 발생할 수 있다. 그러나 현행 개인정보 보호법상 처리정지 요구 거절 사유는 이러한 기술적 한계를 고려하고 있지 않다. 특히 개인정보 보호법 제37조 제1항을 위반하여 개인정보의 처리를 정지하지 않고 계속 이용하거나 제3자에게 제공한 때에는 2년 이하의 징역 또는 2천만 원 이하의 벌금이 부과될 수 있다는 점에서(제73조 제3호), 생성형 AI 학습에 관한 개인정보 처리정지 요구권 행사의 범위를 정하는 것은 매우 시급하고 중요한 이슈이다.

관련하여, 최근 정보주체가 개인정보 처리정지권에 근거해서 자신의 개인정보에 대한 가명처리정지를 요구할 수 있는지가 법원에서 다투어진 바 있다. 서울고등법원은 가명정보의 처리는 정보주체의 개인정보자기결정권에 대한 제한에 해당하는 점, 가명처리하여 생성된 가명정보는 추가정보의 사용, 결합 등에 의하여 정보주체에 대한 식별가능 위험이 존재하는 점, 개인정보 보호법 제28조의2 제1항에 따른 가명정보의 처리를 위한 사전 준비단계의 일환으로 이루어지는 '가명처리'가 '개인정보의 처리'와 구분되는 전혀 별개의 개념이라고 보기 어려운 점 등을 근거로, 과학적 연구, 통계, 공익적 기록보존의 목적으로 가명처리하는 경우에도 처리정지권이 인정된다고 판단하였다(서울고등법원 2023. 12. 20. 선고 2023나2009236 판결, 현재 상고심 계속 중).

생성형 AI 학습에 관하여 가명처리가 중요한 방법으로 적용되는 상황에서, 위 사건에 대한 대법원 판결이 확정되면 이는 향후 우리나라의 생성형 AI 학습에 큰 영향을 미칠 것으로 보인다. 본 판결에 대해서는 "처리정지권의 행사를 개인정보 보호법 제28조의2의 식별가능정보의 가명처리에 적용하는 것은 개인정보 처리의 오남용 가능성이 지극히 미약하거나 없는 경우에도 정보주체의 일방적인 요구만을 우선시키는 불균형적 해석"이라는 비판이 있으며,[13] 가명처리란 개인을 식별할 수 없도록 하는 보호적 안전조치이고, 개인정보 보호법은 가명정보의 재식별 가능성을 규범적으로 철저히 차단하고 있음에도, 법원은 가명처리에 처리정지요구권을 인정하지 않으면 원고가 입는 사익의 침해가 그로 인한 공익보다 더 크다고 추정하였다는 비판도 제기되고 있다.[14]

가명정보는 AI뿐 아니라 데이터 기반 혁신 서비스 제공을 위한 필수 요소라는 점에서 개인정보의 가명처리로 얻을 수 있는 공익은 분명하다고 할 것이다. 가명처리 정지 요구가 인정될 경우, '개인정보에서 가명정보로 가는 길목'을 원천적으로 봉쇄하게 되어, 수년간의 치열한 사회적 협의를 통해 어렵게 결실을 맺은 가명정보 제도가 고사(枯死)하게 될 수 있다는 점에서, 가명처리정지 요구는 허용되지 않는 것이 타당하다고 생각된다.

### 2) 생성형 AI 산출물에서의 개인정보 삭제요구권

정보주체가 자신의 개인정보 삭제를 요청할 경우, 생성형 AI 모델에서 해당 정보를 완전히 제거하는 것은 기술적으로 매우 어려운 과제이다. AI가 학습한 정보는 모델 전체에 분산되어 있어, 특정 개인의 정보만을 선별적으로 삭제하기 어렵기 때문이다. 기술적으로 데이터의 영향을 제거할 수 있는 'AI 망각' 기술의 개발과 보급이 선행되어야 하고, 개인정보처리자가 정보주체의 삭제 요청을 효과적으로 처리할 수 있는 시스템 구축되어야 가능할 것이다. 그리고 현실적으로 완전한 삭제가 불가능한 경우가 많을 수 있는 만

13 김현경, 개인정보 보호법상 "가명처리"와 "개인정보 처리정지권" 해석의 합리화 방안 검토 - 서울고등법원 2023나2009236 판결의 내용을 중심으로, 사법 제68호 2024. 6.

14 이인호, 한국 개인정보보호권의 절대화 현상에 대한 비판 - 개인정보처리정지권에 대한 해석론을 포함하여, 공법연구52집1호 2023. 10.

큼, 개인정보 삭제처리의 기준을 완화해서 해당 정보의 추가 학습에서의 배제, 생성형 AI의 산출물에서의 해당 개인정보에 대한 필터링 등의 다양한 조치가 허용될 수 있도록 조치하여야 할 것이다.

또한 생성형 AI의 기술적 특성을 고려하면, 생성된 정보의 어느 부분을 수정 또는 삭제해야 개인정보가 삭제 내지 익명처리된 것으로 볼 수 있을지 등 다양한 실무적인 문제가 드러날 것으로 예상된다. 이러한 쟁점들은 생성형 AI 기술의 발전과 함께 계속해서 진화할 것으로 예상되며, 법제도와 기술적 해결책이 함께 발전해 나가야 할 것이다.

### 3) 생성형 AI 산출물에 대한 개인정보 정정요구권

AI가 특정 개인에 관하여 생성한 정보가 부정확할 경우, 그 자체로 개인에 대한 명예훼손이 문제될 수 있을 뿐 아니라, 개인정보 보호법상 개인정보의 정확성, 완전성 및 최신성이 보장되도록 하여야 한다는 개인정보 보호 원칙 위반 이슈도 발생할 수 있다(제3조 제3항). 이러한 측면에서 생성형 AI의 산출물에 대한 개인정보 정정요구권 행사는 정보주체의 권리 보장 측면에서 중요한 의미를 가진다.

개인정보 보호법은 개인정보를 열람한 정보주체가 개인정보처리자에게 그 개인정보의 정정을 요구할 수 있다고 규정하고, 정보주체의 요구를 받았을 때에는 개인정보의 정정에 관하여 다른 법령에 특별한 절차가 규정되어 있는 경우를 제외하고는 지체 없이 그 개인정보를 조사하여 정보주체의 요구에 따라 정정 등 필요한 조치를 한 후 그 결과를 정보주체에게 알려야 한다고 규정하고 있다(제36조 제1항, 제2항). 개인정보 보호법은 개인정보 열람청구권의 행사에 대해서는 일정한 제한 사유를 규정하고 있으나(제35조 제4항), 열람한 정보의 정정 요구에 대해서는 '다른 법령에 특별한 절차가 규정되어 있는 경우' 외에는 그 요구에 응하도록 하고 있다.

다만, 생성형 AI의 경우 이용자의 요청에 따라 생성하는 콘텐츠가 매우 다양하고, 그 유형 또한 텍스트 외 이미지, 영상 등으로 확장될 수 있는바, 이러한 모든 생성 결과물에 포함될 수 있는 정보를 조사하여 그 정정 조치를 지체 없이 효과적으로 취할 수 있는지 여부가 쟁점이 될 수 있어 보인다.

관련하여, 유럽 개인정보권리 비영리단체인 노비(NOYB)는 2024. 4. ChatGPT에서 잘못된 데이터의 수정이 불가능하다고 지적하면서, OpenAI를 상대로 오스트리아 개인정보 보호 당국에 공식 조사를 요청하였다.[15] 이와 같이 생성형 AI의 산출물에 대한 정확성 보장이 중요한 이슈로 다투어지고 있으며, 이는 생성형 AI의 환각(hallucination) 문제의 해결과도 연결되어 있어, 앞으로 세계 각국의 개인정보 보호 당국의 관련 규제 동향을 주시할 필요가 있겠다.

### 4) 자동화된 결정에 대한 정보주체의 권리

2024. 3. 15. 시행된 개정 개인정보 보호법은 자동화된 결정에 대한 정보주체의 권리를 신설하였다(제37조의2). 이는 생성형 AI 서비스 이용에 관하여 정보주체에게 직접 적용될 수도 있는 권리이다. 신용정보법은 2020. 2. 4.자 개정을 통해 자동화평가 결과에 대한 설명 및 이의제기권이 2020. 8. 5.부터 이미 시행되고 있었는데(제36조의2), 개인정보 보호법 개정으로 일반 개인정보로 그 범위가 확대되었다.

신용정보법은 특정 행위에 자동화평가를 하는지 여부 및 자동화평가의 결과, 주요 기준, 평가에 이용된 기초정보의 개요 등에 대한 설명을 요구할 권리인 '설명요구권'을 규정하면서, 이에 더하여, 유리한 정보를 제출할 권리, 기초정보의 정정·삭제 요구권, 자동화평가 결과 재산출 요구권을 규정하고 있다. 반면, 개인정보 보호법은 설명요구권 외에 정보주체 자신의 권리 또는 의무에 중대한 영향을 미치는 경우에는 해당 개인정보처리자에 대하여 해당 결정을 거부할 수 있는 권리를 규정하고 있다는 점에서 차이가 있다.

개인정보보호위원회는 정보주체의 권리가 인정되는 '자동화된 결정'은 "사람의 개입 없이 완전히 자동화된 시스템으로, 개인정보를 분석하는 등 처리하는 과정을 거쳐, 개인정보처리자가 정보주체의 권리 또는 의무에 영향을 미치는 최종적인 결정을 한 경우를 말한다"라고 설명하고 있다. 즉, 권한

15 https://noyb.eu/en/chatgpt-provides-false-information-about-people-and-openai-cant-correct-it

이 있는 인사위원회를 통해 실질적으로 채용 여부를 결정하는 절차를 운영하고, 인공지능 등 자동화된 시스템에 의해 산출된 자료를 참고하는 경우는 '자동화된 결정'에서 제외된다. 또한 개인정보처리자가 추천하고 정보주체가 선택·결정하는 맞춤형 광고·뉴스 추천, 본인 확인 등 사실의 확인과 같은 경우는 자동화된 결정에 해당하지 않는다고 안내하고 있다.[16]

다만, 개인정보 보호법상 정보주체는 자동화된 결정이 자신의 권리 또는 의무에 중대한 영향을 미치는 경우에 해당 결정을 거부할 수 있는 권리를 가지고, 개인정보처리자는 정보주체가 거부권을 행사한 경우, 정당한 사유가 없는 한 자동화된 결정을 적용하지 아니하거나 인적 개입에 의한 재처리 등 필요할 조치를 하여야 하는데(제37조의2 제1항, 제3항), 위 "자신의 권리 또는 의무에 중대한 영향을 미치는 경우", "정당한 사유"는 법적인 판단이 필요한 불확정 개념으로, 구체적 사안에서 그 적용 범위를 판단함에 있어 상당한 어려움이 따를 것으로 예상된다. 위 권리의 행사가 우리나라에서의 생성형 AI의 개발 및 서비스 발전을 저해하는 장애요소가 되지 않도록, 합리적인 범위에서 그 권리가 인정될 필요가 있겠고, 실무상 사업자들의 법적 불확실성을 해소할 수 있는 구체적인 적용 사례들이 제시될 필요가 있어 보인다.

## Section 04 | 생성형 AI에서의 개인정보 보호 강화 방안

### 1. 생성형 AI 서비스 제공 과정에서의 프라이버시 침해 이슈

생성형 AI가 데이터 분석을 통해 프라이버시를 침해하는 콘텐츠를 생성하는 경우가 발생할 수 있다. 생성형 AI는 입력된 정보를 바탕으로 새로운 콘텐츠를 생성하는데, 이 과정에서 개인에 대한 상세한 프로파일이 생성될 수 있으며, 이는 개인의 행동 패턴, 선호도, 심지어 민감한 개인정보까지 포

16 개인정보보호위원회, 개인정보 보호법 및 2차 시행령 개정사항 안내 2024. 3.

함할 수 있다. 예를 들어, 사용자의 대화 기록을 학습한 AI 챗봇은 해당 사용자의 성격, 관심사, 정치적 성향 등을 유추할 수 있게 된다.

또한 데이터의 오류, 왜곡, 거짓정보 등이 개인의 정체성을 위협할 수 있으며, 얼굴 이미지 등 생체정보를 활용하여 생성한 딥페이크 등 합성매체(synthetic media)가 사칭스캠, 피싱 등 범죄에 악용될 수 있는 등 새로운 프라이버시 침해 이슈가 발생할 수 있다.17

이러한 결과를 방지하기 위해서는 생성형 AI에서 개인정보 보호 강화를 위한 종합적인 조치가 필요할 것이다. 이하에서는 개인정보 보호 강화를 위해 고려할 수 있는 조치사항들을 살펴본다.

## 2. 프라이버시 중심 설계(Privacy by Design)

AI 시스템의 기획, 개발, 운영, 폐기에 이르는 전 과정에서 개인정보 보호를 고려하는 프라이버시 중심 설계 원칙이 적용될 필요가 있다. 이를 위해 생성형 AI 사업자는 AI 모델 개발 및 서비스 단계별로 위험요소를 분석하여 대응 방안을 수립할 수 있어야 할 것이다.

개인정보보호위원회는 개인정보 보호 강화 기술(Privacy Enhancing Technology, PET)의 연구개발 및 활용을 중요한 agenda로 언급하고 있다. 민간에서는 AI 학습 시 보다 안전하게 개인정보를 처리할 수 있도록 개인정보 활용목적·처리환경에 맞는 기술(가명·익명처리 기술, 합성데이터, 차분 프라이버시, 동형암호, 연합학습 등)을 적극 활용하도록 하고, 정부는 빠르게 발전하고 있는 PET가 제도적·환경적 제약 없이 현장에서 적극 활용될 수 있도록 지원할 것을 안내하고 있다. 그리고 개인정보보호위원회는 원본 데이터의 통계적 특성을 추출·학습하여, 실제 원본 데이터 분석 결과와 유사한 결과를 얻을 수 있도록 가상으로 재현한 데이터인 '합성데이터'(synthetic data)를 안전하게 생성하여 AI 학습 등에 활용할 수 있도록 관련 절차 및 권고기준을 마련할 예정이다.18

17 개인정보보호위원회, 인공지능 시대 안전한 개인정보 활용 정책방향, 2023. 8.
18 개인정보보호위원회, 인공지능 시대 안전한 개인정보 활용 정책방향, 2023. 8.

향후 PET의 안전성이 실증된 경우, 해당 기술을 적용한 생성형 AI 개발을 위한 개인정보 처리를 허용하는 방안을 적극 고려할 필요가 있을 것으로 생각된다.

## 3. 개인정보 영향평가(Privacy Impact Assessment)

AI 시스템 개발 및 운영 전 개인정보 침해 위험을 사전에 평가하는 개인정보 영향평가 제도도 개인정보 보호 강화를 위한 방안으로 고려할 수 있겠다. 미국, 영국, 프랑스 등 주요국에서도 웹 스크래핑을 통해 학습데이터를 수집·이용하는 경우 영향평가 수행을 권고하거나 의무화하는 논의가 진행 중에 있다.[19]

개인정보 보호법은 일정규모 이상의 개인정보를 전자적으로 처리하는 개인정보파일을 구축·운영 또는 변경하려는 공공기관은 정보주체의 개인정보 침해가 우려되는 경우에는 그 위험요인의 분석과 개선 사항 도출을 위한 평가를 하고 그 결과를 개인정보보호위원회에 제출하도록 규정하고 있다(제33조, 동법 시행령 제35조). 공공기관 외 민간에 대해서는 개인정보 영향평가가 법적 의무로 규정되어 있지 않으나, 개인정보처리자가 개인정보 보호법 제33조에 따라 영향평가를 수행하는 경우 개인정보 보호법 위반 과징금에 대해 1차 조정 금액의 최대 30%를 추가로 감경받을 수 있다(개인정보 보호법 위반에 대한 과징금 부과기준 제10조 제2항).

공공기관이 아닌 민간에 대한 개인정보 영향평가는 그 평가가 또다른 법적 규제로 작용하지 않도록 현재와 같이 사업자의 자율에 맡기는 것이 타당하다고 판단된다. 개인정보보호위원회는 2021. 5. '인공지능 개인정보보호 자율점검표'를 제정, 발표하였는바, 기술의 발전 및 실무 의견을 반영하여 지속적인 업데이트를 해 나갈 필요가 있겠다.

19 개인정보보호위원회, 인공지능 개발서비스를 위한 공개된 개인정보 처리 안내서, 2024. 7.

## 4. 책임성 및 투명성 강화

생성형 AI는 방대한 데이터를 학습에 활용하여 학습한 원데이터의 출처 파악이 어렵고, 그 처리 과정도 매우 복잡한바, 생성형 AI 모델에 관한 개인정보 침해가 발생하였을 때, AI 시스템 개발자와 운영자 등 관계자들 간 법적 책임 소재에 논란이 발생할 수 있어 보인다. 이를테면, foundation model인 생성형 AI 모델을 제공받아 자신이 보유한 데이터를 이용하여 추가학습 또는 미세조정(fine tuning)한 모델을 직접 이용자에게 서비스하거나, 이를 다시 API 등을 통해 제공받은 제3자가 자신의 기존 서비스에 연계해서 서비스를 제공하는 경우, 개인정보 보호법상 개인정보처리자, 수탁자, 제3자의 측면에서 관계가 복잡해질 수밖에 없을 것이다. 개인정보처리자, 수탁자, 제3자의 구별기준을 가지고 여러 이해관계자 간의 책임의 범위와 한계에 대한 기준을 정립하는 것이 새로운 과제로 대두될 것으로 보인다. 나아가 개인정보 침해 등 사고 발생 시 정보주체가 충분한 피해 구제를 받을 수 있도록, 사전에 생성형 AI 서비스 제공에 관여한 개발자, 운영자 등 이해관계자들 간의 계약을 통해 배상 체계를 명확히 마련할 필요가 있겠다.

다른 한편, 정보주체가 생성형 AI 개발 및 서비스 제공에 자신의 개인정보가 포함되어 처리되는지를 확인할 수 있도록, 개인정보 처리방침에 AI 학습데이터의 주요 출처를 공개하는 등 투명성을 강화하는 조치도 고려할 필요가 있겠다. 개인정보보호위원회는 2024. 7. 발표한 '인공지능 개발·서비스를 위한 공개된 개인정보 처리 안내서'에서, AI 개발자 및 서비스 제공자에게 권고되는 관리적 조치 중 하나로 "학습데이터 수집·이용 기준{AI 시스템 개발에 필요한 데이터 양(volume), 범주(민감정보, 행태정보 등) 등을 고려하여, 공개된 개인정보의 주요 수집 출처, 수집 방법, 안전성 확보 조치 방안 등 포함}을 미리 정하고, 이를 개인정보 처리방침, 기술문서, FAQ 등에 공개하는 것을 권장"하고 있다(23면). 그리고 생성형 AI 서비스에 관하여 정보주체의 권리 행사가 원활히 이루어질 수 있도록 권리 행사 방법도 구체적으로 공개할 필요가 있겠다.

## Section 05 | 결론

생성형 AI의 발전은 개인정보 보호 분야에 새로운 도전과 기회를 동시에 제공하고 있다. 이에 대응하기 위해서는 법제도, 기업의 자율규제, 정보주체의 권리, 기술적 보호조치 등 다양한 측면에서의 종합적인 접근이 필요할 것이다. 특히, AI 기술의 빠른 발전 속도를 고려할 때, 유연하고 적응력 있는 규제 체계의 구축이 중요하고, 동시에 글로벌 표준과의 정합성을 유지하면서도 한국의 특수성을 반영한 균형 잡힌 접근이 요구된다. 생성형 AI 시대의 개인정보 보호는 기술 혁신과 기본권 보장 사이의 균형점을 찾는 과정이 될 것이고, 이 과정에서 어느 때보다 정부, 기업, 시민사회의 협력적 거버넌스가 중요하게 요구될 것이다.

# 참고문헌


## 국내 문헌

개인정보보호위원회, 2021. 4. 28. 심의·의결서

개인정보보호위원회, 2023. 12. 29.자 "개인정보위, 자율주행 인공지능 산업 지원 강화한다" 보도자료

개인정보보호위원회, 개인정보 보호법 및 2차 시행령 개정사항 안내, 2024. 3.

개인정보보호위원회, 인공지능 개발서비스를 위한 공개된 개인정보 처리 안내서, 2024. 7.

개인정보보호위원회, 인공지능 시대 안전한 개인정보 활용 정책방향, 2023. 8.

김현경, 개인정보 보호법상 "가명처리"와 "개인정보 처리정지권" 해석의 합리화 방안 검토 – 서울고등법원 2023나2009236 판결의 내용을 중심으로, 사법 제68호 2024. 6.

이원복, 동적 동의의 이해와 법적 근거의 마련, 생명윤리정책연구 제17권 제2호 2024. 3., 31–49면

이인호, 한국 개인정보보호권의 절대화 현상에 대한 비판 – 개인정보처리정지권에 대한 해석론을 포함하여, 공법연구52집1호 2023. 10.

## 외국 문헌

CNIL, AI how–to–sheets, Sheet 4 Ensuring the lawfulness of the data processing - defining a legal basis, 2024. 6

CNIL, Decision n° MED 2021–134 of 1st November 2021 issuing an order to comply to the company CLEARVIEW AI (No. MDMM211166)

Garante, Ordinanza ingiunzione nei confronti di Clearview AI - 10 febbraio 2022

ICO, Generative AI first call for evidence: The lawful basis for web scraping to train generative AI models, 2024. 1.

The American Privacy Rights Act, MUR24230 L4H, Section 2.(32)

chapter

10

# 생성형 AI의 경쟁법상의 이슈와 과제*

정영진 · 노태영 · 황혜선**

## Section 01 | 머리말

"처음부터 공정한 경쟁환경이 확보될 수 있도록, 우리는 과거로부터의 교훈과 디지털 생태계에 대한 지식을 바탕으로 선제적으로 행동해야 합니다(We need to learn the lessons from the past and act pre-emptively, building on our knowledge of digital ecosystems to secure a level playing field from the start)."[1] 2024년 3월 프랑스 경쟁위원회 위원장 Benoît Cœuré가 국제결제은행 기조연설에서 한 위 발언은 생성형 AI에 대한 전 세계 경쟁당국의 시각을 반영한다. Jonathan Kanter 미법무부 독점금지국 차관보도 Financial Times와의 인터뷰에서 기존의 시장지배적 테크회사들이 신생 AI섹터 시장을 지배하지 못하도록 경쟁당국의 "조속한(with urgency)" 개입이 필요하다고 언급하였다.[2]

---

* 본 장의 내용은 김 · 장 법률사무소와 전혀 무관하며 저자들의 개인적 소견을 담은 것에 불과하다는 점을 밝힌다

** 김 · 장 법률사무소 변호사

1 Benoît Cœuré, "Artificial intelligence: making sure it's not a walled garden," Keynote address at the Bank for International Settlements - Financial Stability Institute policy implementation meeting on big techs in insurance, Basel, 2024. 3. 19.

유럽연합 집행위원회(EC),[3] 영국 경쟁시장청(CMA)[4] 및 미국 연방거래위원회(FTC)[5] 등 전세계 주요 경쟁당국들도 다양한 형태의 조사를 진행함으로써 경쟁당국의 생성형 AI 시장에서 독점화 가능성에 대한 우려를 드러내고 있다. 또한 생성형 AI에 대한 당국의 우려의 목소리를 담은 성명문 발표[6]는 생성형 AI 시대의 본격적인 개막을 앞두고 향후 언제 일어날지 모를 적극적인 규제를 암시한다. 우리 공정거래위원회는 우선 이 분야에 대한 정책적 함의를 도출할 목적으로 연말까지 생성형 AI 시장 정책보고서 발간을 목표로 지난 4월 실태조사를 시작하였고, 현재 생성형 AI 가치사슬에서 활동하는 50여개의 사업자에 대하여 광범위한 설문조사를 진행 중인 것으로 알려졌다.[7]

생성형 AI는 이전에 상상하지 못했던 방식으로 경제의 패러다임을 변화

---

2 Stephen Morris, "Big Tech's AI Deal Making Needs 'Urgent' Scrutiny, Say US Antitrust Enforcer," Financial Times, 2024.6.7.("sometimes the most meaningful intervention is when the intervention is in real time"). 유사한 주장으로는 Mark Remley and Matt Wansley, *How Big Tech Is Killing Innovation?*, New York Times, 2024.6.13.

3 2024년 1월 EC는 Microsoft-OpenAI 파트너십에 대한 조사를 개시하였음을 발표하였고, 생성형 AI 시장에서의 경쟁법적 이슈에 관한 정보요청(public comments)을 보냈다. EC Press Release IP/24/85, *Commission launches calls for contributions on competition in virtual worlds and generative AI*, 2024.1.9.

4 영국 CMA는 생성형 AI 관련 Initial Paper (2023.9.) 및 Update Paper (2024.4.)를 발표하였으며, 생성형 AI 시장에서 이루어지고 있는 다양한 파트너십에 대한 조사를 진행 중이다. Competition and Markets Authority Press Release, *CMA Seeks Views on Microsoft's Partnership with OpenAI*, 2023.12.8.

5 미국 FTC 올해 초 Microsoft, Amazon, OpenAI, Alphabet, Anthropic 등 5개 회사에 대하여 생성형 AI 기업 및 클라우드 서비스 사업자와의 투자 및 제휴에 관한 정보를 모두 제공할 것을 명령하였다. FTC blog, *Resolution Directing the Use of Compulsory Process Regarding the Investments and Partnerships Involving Generative AI Companies*, 2024.1.24.

6 EC, CMA, US DOJ 및 FTC의 수장은 2024년 7월 생성형 AI 기반모델 등 관련 경쟁제한우려와 경쟁보호원칙을 담은 공동성명문을 발표하였다. EC, CMA, US DOJ, US FTC, *"Joint Statement on Competition in Generative AI Foundation Models and AI Products"* 2024.7.23.; 포르투갈, 인디아, 헝가리, 프랑스 경쟁당국 또한 생성형 AI 시장의 경쟁제한위험에 대한 성명문을 발표하였다. Thibault Schrepel, Abdullah Yerebakan, and Nikoletta Baladima, *A Database of Antitrust Initiatives Targeting Generative AI*, *NETWORK Law Review*, 2024.

7 공정거래위원회 보도자료 "공정위, 국내 고객에게 AI분야 제품·용역의 개발·판매 등을 수행하는 국내외 주요 사업자 50여곳을 대상으로 서면실태조사 진행," 2024.8.1.

시키고 있고, 그와 동시에 새로운 경쟁법상 이슈들을 야기한다. 전 세계 경쟁당국은 신기술이 가져올지 모르는 잠재적 경쟁 이슈에 효과적으로 대응하기 위해, 아직 생성형 AI가 시장에 어떠한 효과를 가져올지 명확히 규명되지 않은 시점임에도 위와 같이 적극적인 사전 규제 움직임을 보이고 있다.[8] 이는 생성형 AI에 대한 경쟁법제 입법 논의로도 이어지고 있는데, EC 경쟁담당 집행위원 Margrethe Vestager가 생성형 AI 사업자에 대하여 필요시 기존의 Digital Markets Act(DMA)를 적용하여 잠재적 경쟁제한우려를 해소할 것이라고 언급한 것과 별개로,[9] 기존 법의 확장 해석 및 적용에는 한계가 있을 수 있으니 아예 적극적인 법 개정을 통해 DMA 의 적용대상이 되는 Core Platform Services(CSP)의 범위에 생성형 AI 기반모델을 명시적으로 포함시켜야 한다는 논의도 활발히 진행 중이다.[10] 한편 Digital Services Act(DSA)의 경우 이미 대규모 온라인 플랫폼으로 하여금 '시스템적 AI 사용'에 따른 리스크를 경감할 의무를 부과하는 등 일부 생성형 AI와 관련한 규제를 담고 있다.[11]

이 같은 전 세계 주요국의 생성형 AI 시장에 대한 활발한 사전 규제 움직임은, 신기술의 발전 방향을 좀 더 지켜본 이후에 개입하고자 할 경우 자칫 이미 해당 기술로 인한 시장의 왜곡이 발생해 이를 효과적으로 시정하기

---

8 Jonathan M. Barnett, A "Minority Report" on Antitrust Policy in the Generative AI Ecosystem ("Antiturst regulators…are contemplating taking preemptive action in the nascent generative artificial intelligence market, even before any competitive harm can be identified."), USC Gould School of Law, Center for Law and Social Science Research Paper Series No. CLASS24-25, (2024.8.12.), 2면.

9 Margrethe Vestager, "Competition in Virtual Worlds and Generative AI," Speech at the European Commission Workshop, 2024.6.28. ("And our Digital Markets Act applies too: the DMA can also regulate AI even though it is not listed as a core platform service itself. AI is covered where it is embedded in designated core platform services such as search engines, operating systems and social networking services.")

10 Alba Ribera Martinex, Generative AI and the Digital Markets Act on the Rocks, Kluwer Competition Law Blog, 2024.2.5.

11 EU AI Act에 따르면 AI 모델이 DSA에 따른 체계적 위험의무를 준수하는 경우 DSA에 의해 다루어지지 않은 중요한 체계적 위험이 발생하지 않는 한 EU AI Act의 의무도 충족된 것으로 간주된다고 규정하고 있다. Jordi Calvet-Bademunt and Joan Barata, The Digital Services Act Meets the AI Act: Bridging Platform and AI Governance, 2024.5.29.

에 너무 늦어버릴 수 있다는 우려에 기인한다. 특히 이는 지난 20여년 간 온라인 플랫폼을 중심으로 디지털 시장이 급성장하는 과정에서 전 세계 경쟁당국이 기존의 경쟁법 틀 안에서 디지털 시장에서 새롭게 발생하는 다양한 경쟁제한 행위를 적시에 효과적으로 포착 및 규제하는 데 실패하였고, 그것이 오늘날 소수의 거대 디지털 플랫폼이 지배하는 고착화된 시장 구조를 낳았다는 자기 반성적 경험으로부터 비롯된 움직임이라 해도 과언이 아니다.[12]

오늘날 디지털 시장에서의 경쟁제한 우려를 판단함에 있어 강력한 지지를 받고 있는 접근방식 중 하나가 바로 디지털 시장은 필연적으로(inherently) "독점이 고착화"되는 결과로 수렴될 수밖에 없다는 점을 가정 내지 추정하는 것인데,[13] 현재 생성형 AI와 관련하여 이루어지고 있는 위와 같은 활발한 사전 규제 움직임은 이제 막 태동하기 시작한 AI 시장에 대하여서도 규제기관이 이와 유사한 시각을 갖고 접근하고 있음을 잘 보여준다.

한편 정부의 이 같은 적극적인 사전규제 움직임에 대하여 우려의 목소리도 존재한다. 합리적인 경쟁법적 개입 근거가 발생하기도 전에 이제 막 태동하는 생성형 AI 시장에 규제의 칼날을 들이댈 경우 오히려 시장의 경쟁과 혁신을 저해할 수 있으므로 섣부른 "선제적인 개입(Preventive Antitrust)"은 경계하여야 한다고 지적한다.[14] 또한 기존의 지배적 사업자들로 인해 생성형

12 Christophe Carugati, Forward, Concurrences Competition Law Review: Artificial Intelligence and Antitrust No.2. 2024. ("Competition authorities want to ensure that market conditions foster effective competition…driven by the concern that delayed intervention could replicate past shortcomings in addressing issues within digital markets.").

13 Lina M. Khan, The End of Antitrust History Revisited, 133 Harvard Law Review. 1655, 1664 (2020) ("dominance of a small number of technology platforms, certain aspects of which seem to exhibit natural monopoly features"); Chicago Booth, Stigler Center for the Study of the Economy and the State, Stigler Committee on Digital Platforms: Final Report 21, 2019 ("there are increasing returns to scale and thus it is efficient to have a single search provider") 등 참고.

14 Jonathan M. Barnett, *The Case Against Preemptive Antitrust in the Generative Artificial Intelligene Ecosystem,* USC Gould School of Law, Center for Law and Social Science Research Paper Series No. 24-19, 2024.5.15 ("At this early stage in the evolution of the generative AI ecosystem, preemptive intervention on antitrust grounds appears to lack a reasonable justification and raises the risk of distorting and harming the market's future trajectory.").

AI 시장 또한 독점화될 것이라는 당국의 우려와 달리, 생성형 AI 개발 최전방에서 활동하는 시장 참여자들은 현재 전례 없이 많은 생성형 AI 기반모델 사업자들이 시장에 새롭게 진입하고 있으며, 이는 지배적 사업자들에 대한 파괴적인(disruptive) 경쟁압력을 일으키며 오히려 기존의 고착화된 시장 구조에 새로운 변화의 씨앗을 가져올 것이라고 언급한다.[15]

생성형 AI 시장은 이제 막 형성되는 단계이고 그 전개 방향에 수많은 불확실성과 변동성을 내포한다. 신기술과 관련한 각종 경쟁제한 우려들이 제기되는 동시에 한편으로는 역동적인 경쟁과 혁신이 일어나고 있고, 이는 기존 디지털 시장에서의 경쟁 상황과는 또 다른 방향으로 생성형 AI 시장이 전개될 가능성을 보여준다.[16]

생성형 AI라는 새로운 기술이 우리에게 주는 경쟁법적 도전과제도 바로 여기에 있다. 새로운 기술과 이와 연관된 시장의 새로운 참여자들의 혁신 인센티브와 경쟁을 촉진하면서도 지속적인 경쟁과 혁신을 보호하기 위해 경쟁당국의 개입이 언제, 어느 수준에서, 어떠한 규제수단으로 이루어져야 하는지에 대한 균형점을 찾아야 할 필요가 있다.

## Section 02 | 경쟁법 측면에서 생성형 AI 산업의 특수성

경쟁법 분석을 위해서는 대상시장 및 산업의 구조, 작동원리 및 당사자 간의 이해관계에 대한 정확한 분석이 선행된다. 동일한 행위도 시장의 구조

15 Rima Alaily, The New AI Economy: Understanding the Technology, Competition, and Impact for Societal Good, Concurrences Competition Law Review: Artificial Intelligence and Antitrust No.2.2024 ("it cracked open the door to the possibility of new and disruptive competition in digital markets").

16 CMA 또한 생성형 AI 시장에 내재한 여러가지 불확실성을 고려할 때 시장집중화가 반드시 필연적인 것은 아니며, 오히려 신생 기반모델 사업자들이 기존의 지배적 사업자들을 위협하며 다양성과 경쟁을 촉진하는 방향으로 전개될 가능성도 있다고 언급한다. CMA, AI Foundation Models: Initial Report, 2023.9.18., 4.16-4.20항.

적 특성이나 당사자 간의 역학관계에 따라 경쟁법적 함의가 달라질 수 있다. 정확한 시장분석의 중요성은 생성형 AI의 경우라고 해서 예외일 수 없다. 현재 생성형 AI 시장은 이러한 분석에 있어 몇 가지 특수성이 있다.

## 1. 생성형 AI 관련 당사자와 서비스의 "광범위성"과 "복잡성"

생성형 AI 산업은 다양한 하드웨어 및 소프트웨어 기술과 서비스에 기반하여 제공되는 정보기술(IT) 산업의 총체다. 인공지능 학습 및 처리를 효율적이고 효과적으로 수행할 수 있는 특화된 AI 반도체와 고대역폭 메모리 등을 기초로 구현된 서버시설, 데이터센터 및 클라우드의 전산자원(computing power)과 콘텐츠 제공자의 데이터 기반 위에서 구현되고, 금융, 제조, 의료, 게임 등 다양한 영역에서 기업(B2B)과 개인(B2C)고객을 대상으로 제공된다.[17] 이들은 생성형 AI 가치사슬(value chain)에서 경쟁법적 의미가 제한되는 형식적인 연결성만 갖는 것이 아니다. 각 당사자들은 생성형 AI의 공급과정에서 긴밀히 관련되고 경우에 따라서는 대체불가능하기도 하다.

특히 하드웨어와 소프트웨어라는 대표적인 이종(異種)의 산업이 그 가치사슬에 밀접하게 연관된다는 점은 의미가 크다. 모든 온라인서비스(소프트웨어)는 물리적인 전산설비(하드웨어)에 기반하므로 그 의존성은 필연적이다.

---

17 University of Southern California Gould School of Law의 Jonathan M. Barnett 교수는 생성형 AI가 제공되는 기술적 기반을 (i) Graphic Processing Units (GPU) processors, (ii) 클라우드 서비스, (iii) 기반모델(foundation model), (iv) 알고리즘 및 학습도구 및 AI를 통하여 구현되는 각종 어플리케이션으로 구성된 일종의 technology stack으로 설명하고 있다. 그리고 생성형 AI만을 전제로 하지 않은 일반적인 AI 서비스를 전제로 한 내용이지만 OECD는 AI의 가치사슬을 (a) GPU와 클라우드로 구성된 전산자원(computing power), (b) 데이터 공급 및 결합 서비스(data provision and compilation), (c) AI 시스템을 관리 및 운영할 수 있는 다양한 운영자원(operational input), (d) AI 도입(deployment) 및 배포(distribution) 플랫폼, (e) AI를 효과적으로 사용할 수 있도록 지원해 주는 서비스로 구성된다고 설명하고 있으며, 영국 CMA는 AI 인프라(infrastructure), AI 개발(development), AI 배포(release), AI 도입(deployment)으로 구성된다고 설명하고 있는데 이러한 내용들은 생성형 AI에 대해서도 공통적으로 적용될 수 있다. 이에 대한 자세한 내용은 Jonathan M. Barnett, (2024.8.), id, 5-6면.; OECD, "Artificial intelligence, data and competition - Background Note," OECD Directorate for Financial and Enter-prise Affairs Competition Committee (2024), 15면.; CMA, "AI Foundation Models: Technical update report" (2024), 8면.

하지만 생성형 AI에 있어 그 의존성은 더 밀접하고 특수하다. 생성형 AI의 학습(training) 및 추론(inference)은 전례없는 수준의 막대한 전산자원을 요구하고 있고, 이러한 의존성은 전용 AI 반도체까지 확장되고 있다.[18] 가상의 공간에서 이론과 알고리즘으로 성취될 수 있는 소프트웨어의 유연성과 확장성은, 물리적 공간 위에 유한한 에너지로 구동되는 물리적 전산자원의 운영에 있어서는 요원하다.[19] 이는 소프트웨어와 하드웨어 산업 간 구조적인 차이의 중요한 배경이다. 생성형 AI에 있어 소프트웨어와 하드웨어의 밀접한 관련성은 시장지배력 및 진입장벽 분석에 있어 또다른 이슈를 제기한다.

생성형 AI 가치사슬에 있어 당사자와 서비스의 광범위성은 생성형 AI의

---

18 생성형 AI 서비스를 위한 모델학습 및 추론작업 등을 위하여 전례없는 수준의 데이터 처리 및 연산작업이 요구되면서 이를 위한 다양한 소프트웨어 알고리즘들이 제안되었으며, 전용 AI 반도체들은 이러한 데이터처리 및 알고리즘 구현에 특화되어 이를 효율적이고 효과적으로 처리한다. 다만 이러한 전용 AI 반도체들이 생성형 AI 또는 일반 AI 서비스를 위하여 어떠한 특정한 구조나 형태의 새로운 개념의 반도체라고 보기는 어려운 측면도 있다. 대표적인 AI 반도체라고 인식되는 그래픽 처리 장치(Graphic Processing Units)는 생성형 AI의 성장 이전부터 영상 및 그래픽 처리를 위하여 그래픽카드 등에 장착되어 개인용 컴퓨터(PC)에서도 광범위하게 활용되던 반도체이며, 고대역폭 메모리(High Bandwidth Memory) 역시 어떤 AI 데이터 처리만을 위하여 특수하게 개발된 반도체는 아니다. 하지만 이러한 반도체칩들이 생성형 AI 서비스를 위한 특유의 알고리즘 및 데이터처리에 최적화된 것으로 평가되면서 시장에서 그 수요가 급증하였고, 그 이후에도 계속적으로 연구, 개발되고 있는 AI 처리 알고리즘 및 프로세스의 발전에 따라 그 연산구조(computing architecture) 및 성능을 개선 및 발전시키면서 이러한 인공지능 및 생성형 AI 처리를 효과적이고 효율적으로 처리할 수 있는 구조로 진화하고 있다. 그리고 이러한 AI칩은 생성형 AI의 전산자원에서 가장 핵심적인 구성요소로 인식되고 있다. AI 관련 반도체시장 성장을 개관하는 자료 중 하나로 다음 참조. McKinsey & Company, "Generative AI: The next S-curve for the semiconductor industry?," March 29, 2024 available at https://www.mckinsey.com/industries/semiconductors/our-insights/generative-ai-the-next-s-curve-for-the-semiconductor-industry

19 NVIDIA가 공급하는 GPU가 AI 반도체 분야에서 높은 경쟁력을 갖추고 있는 중요한 이유는 NVIDIA의 GPU 자체의 성능뿐만 아니라, 소프트웨어 개발자들이 GPU의 전산 및 메모리 자원(resource)에 효율적으로 접근하여 이를 이용할 수 있는 다양한 API (application programming interface)와 플랫폼인 CUDA (Compute Unified Device Architecture)에 있다는 점은 잘 알려져 있다. 소프트웨어 개발자들은 가상화된 전산 및 메모리 자원(virtualized resource)을 기초로 개발을 하게 되지만 이러한 소프트웨어가 실제로 하드웨어(반도체) 위에서 작동하기 위해서는 이러한 하드웨어 자원의 활용가능성 및 유연성을 높일 필요가 있기 때문이다. NVIDIA CUDI toolkit에 대한 내용은 다음 참조. https://developer.nvidia.com/cuda-toolkit

경쟁법적 이해에 있어 복잡성을 높이는 요소가 될 수 있다. 대표적으로 관련 상품 및 지역시장획정의 문제를 예로 들 수 있다. 생성형 AI는 어떠한 시장을 새롭게 창출해낸 측면도 있지만, 기존 상품 및 서비스를 고도화하고 개선하는 방식으로 기여한 측면도 크다. 기존의 문서작성이나 프로그램 개발지원 툴의 일부로 좀더 효율적인 문서작성(요약, 번역 등)[20] 및 프로그램 개발(자연어 입력을 통한 소스코드 생성)[21] 등을 지원하고, 기존의 검색엔진이나 기능으로 접근가능한 정보들을 좀더 효율적이고 정제된 방식으로 접근하고 이용할 수 있는 기능적 편이성[22]을 제공한다면 이는 어떠한 상품시장을 구성하는지 모호해질 수 있다.

## 2. 기술 및 규범 측면에서 생성형 AI 기술과 서비스 구조의 “변동성” 및 “불확실성”

인공지능(AI) 기술의 기원은 1950년대 앨런튜링(Alan Turing)이 제안한 튜

---

20 문서 번역 및 요약은 생성형 AI를 통하여 효율화할 수 있는 가장 대표적인 업무 중 하나로 이미 다수의 국내 기업들 역시 이를 도입하여 번역, 회의록 작성 및 발표자료 준비 등에 활용하고 있는 것으로 보인다. 이와 관련된 보도로 다음 참조. 한국경제신문, “더 강력해진 ‘업무 툴’…일터를 바꾸는 AI”, 2024.5.13.

21 소프트웨어 개발에서 많은 시간과 자원, 인력을 요구하는 소스코드를 작성에는 다수의 소프트웨어 개발자가 투입되는 경우가 많고 이는 해당 소프트웨어의 규모 및 내용에 있어서 차이가 있다. 그런데 생성형 AI를 통하여 이러한 소스코드 작성의 효율성이 대폭 증가하고 있고, 이는 소프트웨어 개발 프로세스 및 방식에 많은 변화를 가져오고 있다. 이에 관한 자료 중 하나로 다음 참조: Derek Holt, “The Future Of Software Development Is Upon Us”, Forbes Business Council, 2024.4.18.

22 기존의 검색엔진은 공개된 웹사이트를 크롤링하고 그 색인(index)을 생성한 후, 어떤 이용자가 검색하고자 하는 키워드와 가장 관련성이 높고 유용한 웹페이지를 제공하는 방식으로 작동하므로 어떤 키워드를 이용하여 검색하는지가 검색결과에 중요한 영향을 미친다. 반면 생성형 AI은 이용자가 검색하고자 하는 정보를 질문의 형태로 입력(프롬프트)하고 생성형 AI는 학습된 데이터를 기초로 해당 질문에 대한 답변을 추론하여 제공하는 형태로 작동하고, 더 나아가 생성형 AI가 제공한 답변(정보)에 대하여 피드백을 제공하여 답변의 범위와 내용, 수준, 품질 등을 조정할 수 있다. 즉 생성형 AI는 단편적인 키워드에 기반하여 운영되던 검색서비스를 질문 및 대화 방식의 자연어처리에 기반하여 운영되는 정보제공 서비스로 고도화 및 확장시켰다는 점에 큰 의미가 있다. 이에 관한 자료 중 하나로 다음 참조. Rob Gonda, “The ‘Ask’ Era: How Generative AI Is Reshaping The Future Of Search”, Forbes Technology Council, 2024.6.11.

링 테스트까지 거슬러 올라갈 수 있고,[23] AI가 현재와 같은 산업과 서비스의 형태로 본격화되기 시작한 것은 이 오랜 역사의 맥락에서 보면 극히 최근의 일이다. 이 과정에서 인간의 지능을 기계를 통하여 구현하기 위한 다양한 아이디어와 접근방법이 등장해 왔고, 이후 더 나은 기술에 의해서 혹은 그 구현의 현실적인 제약으로 인하여 사라졌다. 현재 생성형 AI를 중심으로 광범위하게 확산되고 있는 인공지능 기술은, 그 개념적으로는 인공지능 학습에 있어 제프리힌튼 교수 등이 제안한 인공신경망(Deep Learning),[24] 그 실질적인 구현방식의 측면에서는 Google이 제안한 트랜스포머(Transformer) 구조에 그 핵심적인 기반을 두고 있지만,[25] 이는 그 토대가 된 대표적인 기술에 불과할 뿐 현재 시장에서 제공되고 있는 생성형 AI는 그 이후 제안되고 개선된 수많은 연구 및 기술에 기반하고 있다.[26]

영국 CMA는 AI와 관련된 가치사슬 및 서비스구조에 대하여 광범위한 학계 및 산업계 리서치를 통하여 2023년 9월 AI Foundation Models: Initial Report를 발표하였으나, 이러한 시장 및 서비스구조와 관련하여 많은 변동성 및 불확실성이 존재하고 있다고 밝힌 바 있고,[27] 이후 2024년 4월 발표한

23 영국의 수학자이자 컴퓨터과학자였던 앨런튜링(Alan Turing)이 1950년에 발표한 논문인 "Computing Machinery and Intelligence"은 인공지능(기계지능)에 관한 개념을 제안하였고, 인공지능에 관한 연구 및 개발은 그 이후로 지속되어 현재에 이르렀다. 이에 관한 개관은 다음 자료 참조. Artificial Intelligence: Short History, Present Development, and Future Outlook, MIT Lincoln Laboratory, 13-18면.

24 인공신경망의 개념 및 논의는 그 이전부터 존재하였지만, 이러한 인공신경망을 구현 및 작동시키기 위한 이론적이고 기술적인 한계를 개선한 중요한 인공신경망 학습방식 및 구조는 토론토대학교의 제프리힌튼 교수 등이 제시한 것으로 평가된다. 이에 관하여 가장 널리 알려지고 자주 인용되는 대표적인 논문 중 하나로 다음 참조. A Fast Learning Algorithm for Deep Belief Nets, Geoffrey E. Hinton, Simon Osindero, Yee-Whye Tech, Neural Computation 2006.

25 Google이 발표한 트랜스포머 구조는, 인공지능 학습에 있어 기존의 RNN (Recurrent Neural Network) 알고리즘 및 처리 프로세스 측면의 문제(기울기소실, 장기의존성 등)들을 어텐션(Attention)에 기반한 처리프로세스로 개선하여 인공지능 발전에 크게 기여하였고 현재 다수의 인공지능 모델이 이에 기반하고 있다. 이에 대한 가장 대표적인 논문으로 다음 참조. Attention Is All You Need, Ashish Vaswani, Noam Shazeer, Niki Parmar, Jakob Uszkoreit, Llion Jones, Aidan N. Gomez, Lukasz Kaiser, Illia Polosukhin, 31st Conference on Neural Information Processing Systems 2017.

26 Stanford 대학의 발표에 따르면 2021년 한해에만 발표된 AI논문 수는 334,497건이다. Artificial Intelligence Index Report 2022, Stanford University, 5면 참고.

Update Report에서 AI 인프라(Infrastructure)에 전산자원 구조에 AI 반도체 등을 하드웨어(Hardware) 요소로 추가하고, AI 배포에 있어 폐쇄형(Closed source)과 개방형(Open source)으로 구분되는 배포단계(AI Release)를 추가하기도 하였다.

예를 들어 현재 인공신경망을 구현하기 위한 병렬적 연산처리 구조인 트랜스포머 구조를 가장 효율적으로 구현할 수 있는 전산처리구조(Computer Architecture)는 GPU(Graphic Processing Unit)이고 AI 시대가 도래하기 이전에 이미 병렬처리에 특화된 그래픽 전용 프로세서 공급자였던 사업자들은 생성형 AI 가치사슬의 대체불가능한 지위를 유지하며 AI 시대의 특수를 맞아 폭발적인 성장을 거듭하고 있다. 하지만 이미 인공지능 학습을 위한 다양한 연구 및 구조가 제안되고 있고 그 결과는 AI반도체 시장의 진입장벽과 시장구조에 큰 영향을 미칠 수 있다.

또한 규범적 측면의 불확실성도 적지 않다. 예를 들어 AI 데이터 학습에 있어 개인정보[28] 및 저작권[29] 이슈는 기존 제도가 예정하지 않았던 새로운 문제들을 제기하고 있고, 이에 대한 규제 및 법제화 논의가 진행 중에 있다.

---

27 예를 들어 기반모델(foundation model)에 있어서, 기반모델이 경쟁력을 갖추기 위해서 독자적인 데이터의 존재가 핵심적인지, 기반모델의 파라미터 및 규모가 앞으로 계속 확대되는 방식으로 발전 및 고도화될 것인지, 기반모델은 특정 분야 및 산업별로 특화될 것인지 아니면 범용모델로 발전할 것인지, 과연 어떤 첨단, 고도의 기술이 기반모델 개발 및 발전에 핵심적인지, 기존의 거대IT기업들이 기반모델 서비스 분야에서 경쟁우위를 갖는지, 오픈소스 모델이 경쟁력을 갖게될 것인지가 불명확하고(CMA Initial Report, 41-52면), 이러한 기반모델을 기초로 개발 및 운영될 AI 서비스 및 어플리케이션에 있어서도 다양한 기반모델에 접근하고 이를 자유롭게 변경할 수 있을 것인지, 기반모델 선택에 있어서 어떠한 요소가 고려되는지, 특정 서비스 및 분야에 특화되거나 개별화된 기반모델이 경쟁력을 갖추게 될 것인지 등이 현재 불확실하다는 입장이다(CMA Initial Report, 70-77면).

28 개인정보보호위원회는 대표적으로 2021.5.31. "인공지능(AI) 개인정보 자율점검표", 2023. 8. "인공지능 시대 안전한 개인정보 활용 정책방향", 2024.7. "인공지능 개발, 서비스를 위한 공개된 개인정보 처리 안내서"를 발표하였고 인공지능 서비스 분야 주요 사업자에 대한 사전 실태점검도 2023년부터 실시하여 그 결과를 2024년에 발표하는 등 인공지능 서비스에 있어서 핵심적으로 요구되는 개인정보 처리에 있어서 다양한 가이드라인 및 정책방향을 발표하고 있다.

29 문화체육관광부 및 한국저작권위원회는 2024.1. "생성형AI 저작권 안내서"를 발표하여 인공지능 서비스에 있어 저작물 학습 및 산출과정에서 제기되는 다양한 저작권 측면의 이슈들에 대한 지침 및 가이드라인을 발표한 바 있다.

이러한 규제 및 법제의 변동은 생성형 AI의 가치사슬에 근본적인 변화를 야기할 수 있다.

## 3. 서비스 구조 및 영향에 있어서의 “불투명성” 및 “예측 불가능성”

생성형 AI는 개념적으로 현실에 존재하는 실제 데이터를 학습하여 예측 및 추론모델을 완성하여 이를 기초로 새로운 데이터를 생성하는 방식으로 작동한다. 이러한 예측 및 추론모델은 실제 데이터 간의 관계를 분석하고 학습하여 모델의 가중치(파라미터)를 조율하게 되는데 이는 기본적으로 확률적 모델에 기반하고 있다. AI 모델에 대한 블랙박스 비유도 이러한 학습 및 추론 과정에서의 복잡성과 확률에 기반한 작동방식이 본질적으로 내재하는 불확실성을 지적한 것이다.

이러한 불투명성 및 불확실성은 생성형 AI 결과물의 정확성, 최신성 등 품질과 1차적으로 연결되는 문제이지만(예를 들어 이른바 할루시네이션(Halluci-nation)의 문제), 이는 생성형 AI의 경쟁법적 검토에 있어서도 근본적인 문제를 제기할 수 있다. 생성형 AI의 산출물이 특정사업자의 상품이나 서비스를 우선노출하거나 제공할 경우 이것이 반드시 의도적인 파라미터 조정이나 노출방식 설정을 통하여 발생한 현상이 아닐 수도 있다. 모델학습에 적용된 데이터 자체가 편향되었을 수도 있으며, 학습 과정에서 생성된 모델파라미터 자체가 특정사업자에게 유리하게 구성되었을 수도 있다. 하지만 이는 생성형 AI 서비스 개발 및 운영자 스스로도 완벽하게 예측 및 대비하기 어려울 수 있고, 이를 도입해서 최종 이용자에게 제공 및 사용하는 도입사업자(Deployer)에게는 더욱 그렇다. 이로 인하여 발생하는 경쟁제한적이거나 불공정한 행위는 어떻게 평가되고 규제되어야 하는지에 대해서는 깊은 논의가 필요하다.

## Section 03 | 생성형 AI 산업 및 시장의 핵심적인 요소

전술한 바와 같이 생성형 AI 시장은 IT산업의 총체라고 할 수 있을 정도로 광범위한 상품과 서비스를 그 대상으로 하면서 관련하여 다양한 사업자와 이해관계자들이 그 가치사슬에 관여한다는 점, 완전히 성숙한 시장이 아니라 지금 현재도 계속적으로 발전 및 변화하고 있는 새롭게 형성되어 가는 영역이라는 점을 고려할 때 그 경쟁법적 이슈 및 효과를 분석하는 데 많은 어려움이 있다. 하지만 지금 현재 기준으로 특히 중요한 의미를 갖거나 가질 것으로 생각되는 요소들과 이슈들을 몇 가지 추려보면 아래와 같다.

### 1. 기반모델(Foundation Model) 사업자

생성형 AI 시장의 가치사슬에 관여하는 사업자 대부분은 생성형 AI 시장과 무관하게 이미 해당 상품 및 서비스를 제공해 오고 있었고, 생성형 AI와 관련하여 제공하는 상품이나 서비스가 기존의 상품 및 서비스와 완전히 별개이거나 독립되어 있다고 보기도 어려운 경우가 적지 않다. 클라우드 서비스는 이미 생성형 AI와 무관하게 온라인서비스 확대에 따라 폭발적으로 성장하고 있었고, AI 반도체 역시 이미 그래픽처리프로세서(GPU)로 시장에서 공급되고 있는 상품의 연장에 있다. 생성형 AI를 도입하여 그 상품과 서비스를 고도화하는 경우 역시 마찬가지다.

하지만 생성형 AI 시장에서 새롭게 등장하여 그 가치사슬의 핵심적인 역할을 수행하는 사업자가 바로 기반모델 서비스 및 사업자이다. 현재 생성형 AI와 관련된 대부분의 논의와 이해 역시 이들 기반모델 사업자들이 생성형 AI 가치사슬에서 갖는 역할과 기능, 그리고 이러한 기반모델 서비스 영역 내부 및 생성형 AI 가치사슬 내 영역에 대한 영향을 중심으로 이를 분석하는 것으로 보인다.[30] 특히 기반모델 사업자는 최초 모델을 광범위한 데이터(공

30 예를 들어 CMA Initial Report 역시 기반모델 내의 진입장벽 등 경쟁제한적 이슈(27면부터 52면)와 이러한 기만모델사업자가 다른 서비스 사업자들에게 미치는 경쟁법적 영향과 효과(52면부터 79면)를 중심으로 이를 설명하고 있다.

개된 인터넷 정보 등)를 기초로 학습하는 과정에서 막대한 자원 및 비용을 투입하여야 하므로(전산자원의 확보 등), 이러한 투자를 감당할 수 있는, 이미 온라인서비스 시장의 주도권을 확보하고 있는 대형 플랫폼 사업자들 혹은 이러한 막대한 자금을 감당할 수 있는 소수의 사업자들의 경쟁제한행위에 대한 우려가 논의되고 있다.

특히 생성형 AI가 국내 산업에 대하여 갖는 경쟁법적 분석을 검토함에 있어서 국내 기반모델 서비스에 대한 생성형 AI 가치사슬 및 서비스 구조 측면의 검토가 필요할 수 있다. 인터넷 기반 온라인서비스의 관문이라고 할 수 있는 포털 및 검색엔진 서비스 시장에 있어 한국은 국내 서비스가 여전히 경쟁력을 확보하고 있는 몇 안되는 국가 중 하나로 알려져 있다.[31] 국내 서비스의 경쟁력에 대해서는 다양한 논의가 있지만 특히 한국어 정보 및 지식에 특화된 국내 서비스의 경쟁력을 빼놓고 이야기할 수 없다. 국내 이용자들의 수요에 가장 부합하는 정보와 자료는 또 다른 국내 이용자가 생성한 한국어 자료 및 지식일 가능성이 높고 이러한 정보 데이터베이스 및 처리에 있어 국내 사업자는 경쟁우위에 있다.

생성형 AI 역시 결국 데이터를 학습(pre-training, fine-tuning)하여 구축된 모델을 기초로 새로운 데이터를 생성 및 산출하는 모델이라는 점에서 볼 때, 이러한 기반모델에 있어 국내 서비스 제공자의 경쟁법 측면의 특수성이나 구분된 시장을 인정할 수 있을 것인지 등이 문제된다.

## 2. 폐쇄형(Closed Source) 모델, 개방형(Open Source) 모델 및 모델 플랫폼

모바일 어플리케이션 및 앱스토어 시장에서 경험한 바와 같이, 폐쇄형 모델과 개방형 모델은 서비스 구조 및 관련 산업 생태계에 근본적인 차이를 야기하며 이는 경쟁법적 측면의 분석에 있어서도 매우 중요한 이슈가 될 수 있다.

31 한국경제신문, '국민포털' 이길 수 있을까…'네이버 vs 구글' AI 검색 승자는?, 2024.4.23.

일반적으로 폐쇄형 모델은 그 기반 소프트웨어에 대한 접근 및 이용가능성만 제공할 뿐 그 기반 소프트웨어 자체의 수정이나 변경은 허용하지 않음으로써 기반 소프트웨어의 품질과 일관성을 유지할 수 있지만, 기반 소프트웨어의 개발 및 개선을 해당 기반 소프트웨어 제공자(통상 플랫폼 사업자)가 직접 수행해야 하므로 그 혁신성이나 확장성이 제한적일 가능성이 있다.

반면 개방형 모델의 경우 그 기반 소프트웨어의 이용 과정에서 그 이용사업자들에게 일정한 라이선스 규칙하에서 소스코드 혹은 중요한 요소들에 대한 접근 및 변경까지 허용한다. 이를 통하여 다수의 이용사업자들은 자유롭게 해당 소프트웨어를 개선 및 발전시키면서 해당 개방형 기반 소프트웨어에 기초한 생태계는 폭발적으로 확대 및 확장할 수 있다. 하지만 이로 인하여 소프트웨어 품질, 결함 및 일관성 측면의 문제들은 불가피하게 발생할 수밖에 없다. 폐쇄형 모델과 개방형 모델 중 어느 하나가 더 낫다고 보기는 어렵고 어떤 모델을 도입할 것인지는 관련 산업 및 서비스 생태계의 측면에서 판단될 문제다.

생성형 AI를 위한 기반모델 공급에 있어 폐쇄형 모델과 개방형 모델이 공존하고 있다. 현재 생성형 AI 시장을 주도하는 기반모델 사업자들은 폐쇄형 모델을 도입하고 있다. 이들은 클라우드를 기반으로 이용(도입)사업자들이 자신들의 모델에 접근하여 이를 이용할 수 있도록 하지만, 그러한 기반모델 자체의 변경이나 각종 파라미터 및 학습방식 등 기반모델의 주요 정보, 소스코드 등에 대한 접근을 허용하거나 공개하지 않는다. 이용사업자들은 이러한 기반모델을 기초로 추가적인 데이터를 기초로 해당 모델을 미세조정(fine-tuning)하여 해당 이용사업자의 수요와 필요에 맞는 서비스를 제공하고 있다.

하지만 개방형 모델 역시 빠르게 확대되고 있다. 개방형 모델을 제공하는 기반모델 사업자들은 해당 모델의 주요 파라미터를 공개하고 이용(도입)사업자들이 자유롭게 이를 이용할 수 있는 유연성을 제공한다. 이러한 개방형 모델들이 유통되고 공유되는 공간이 모델 플랫폼 혹은 모델허브이다. 대표적인 모델 플랫폼인 허깅페이스(Hugging Face)를 통해서는 40만 개 이상의 AI 모델이 공개되어 있고,[32] 이용사업자들은 이를 통하여 유연하게 그 수요에 부합하는 AI 서비스를 개발할 수 있다. 물론 이러한 개방형 모델 역시 일정한 수익화 및 사용 조건 등의 적용을 받게 되지만, 기본적으로 무료로 제공하고 있고, 이를 제공하는 기반모델사업자들은 이를 통하여 해당 기반모델을 중심으로 하는 생태계를 구축하고자 하고 있다.

현재 기반모델에 있어 폐쇄형 모델과 개방형 모델이 어떤 방식으로 전개되고 어느 모델이 더 우위를 점하게 될지 등은 불명확하다. 또한 생성형 AI 생태계의 복잡성 및 광범위성으로 인해서 기존의 모바일 어플리케이션 시장과 같은 방식으로 이러한 폐쇄형 또는 개방형 모델이 작동하게 될 것인지 역시 예상하기 어렵다.

## 3. 데이터의 유통과 권리관계

생성형 AI의 시작과 끝에는 데이터가 있다. 생성형 AI는 결국 기존 데이터를 통하여 학습한 모델로 새로운 데이터를 생성하는 서비스다. 그리고 이러한 기존 데이터를 어떻게 효율적이고 효과적으로 학습하는지 여부가 생성형 AI 서비스에 있어 경쟁력과 수익성에 결정적으로 영향을 미치게 되고, 이 자체가 또 다른 진입장벽으로 작용할 수도 있다. 대부분의 생성형 AI에 대한 논의에 있어 그 핵심적인 요소로 데이터를 먼저 꼽고 있다.

온라인서비스에 있어 데이터로 인한 경쟁제한적 효과에 대한 논의는 새로운 것이 아니다. 이미 공정거래위원회 역시 온라인 플랫폼 사업자의 시장지배적지위 남용행위 심사지침에서 데이터 독점으로 인한 시장지배적 지위 남용행위를 명시한 바 있고, 기업결합 심사기준 역시 기업결합으로 인한 데이터집중 효과를 기업결합의 경쟁제한적 효과 분석에 고려하고 있다. 그런데 생성형 AI는 그 서비스에 본질적으로 데이터와 관련된 훨씬 더 다양하고 복잡한 이슈를 제기한다.

우선 데이터의 출처와 성격 및 범위의 다양성이다. 생성형 AI에는 기존 온라인서비스에 있어서 그 용도가 제한적이었던 정보가 핵심적으로 등장하는데 그것은 공개된 데이터다. 현재 생성형 AI 기술의 핵심에는 인공신경망

32 허깅 페이스, 오픈 소스 'AI 챗봇 메이커' 출시...'GPT 빌더'와 경쟁, AI타임즈, 2024.2.4. 보도

을 기반하는 거대언어모델(Large Language Model)이 있고, 이 등장은 대규모데이터를 학습하고 모델파라미터를 증가하면서 높은 성능개선을 달성하였고 생성형 AI가 본격적으로 산업화되는 계기가 되었다.[33] 그리고 현재 기반모델 사업자들이 학습(pre-training)에 사용한 막대한 데이터들은 인터넷상의 광범위한 공개데이터들이다. 그리고 기반모델 사업자가 제공하는 pre-training 된 기반모델을 도입하여 이용하는 사업자들은 좀더 정제되고 개별 서비스/상품에 특화된 자체 데이터(그 데이터는 해당 사업자가 이미 다른 서비스와 관련하여 수집하거나 축적한 데이터도 적지 않다)를 해당 모델의 미세조정(fine-tuning) 또는 모델 레퍼런스 데이터(예를 들어 Retrieval Augmented Generation을 위한 외부소스)로 활용하고 있다.

그런데 이러한 공개된 데이터 혹은 자체 데이터는 특정 고객의 개인정보이거나 콘텐츠 제공자의 저작물인 경우도 적지 않고, 영업비밀이나 의료정보, 신용정보 등 그 수집 및 이용에 있어서 개별 법령이나 규제의 적용을 받는 데이터들이 다수 존재하므로 결국 이를 기반모델 학습에 이용하는 행위 역시 이러한 법령 및 규제의 대상이 된다. 또한 데이터 주권(data sovereignty)이 강조되면서 데이터의 국가간 이동 및 규제 논의 역시 활발하게 이루어지고 있다는 점도 주목해야 한다. 생성형 AI의 산업 및 서비스구조와 프로세스가 이러한 데이터의 규제와 권리관계에 직접적인 영향을 받을 수밖에 없다.

문제는 기존의 법제 및 규제가 생성형 AI와 관련된 데이터 학습 및 처리를 상정하지 않고 마련되었기 때문에 이를 어떻게 구성하고 해석할지가 불분명하고, 해당 정보에 관한 다수의 이해관계자가 존재하여 데이터 이용에 있어 권리관계의 불확실성 역시 적지 않다는 점이다. 이러한 데이터와 관련된 규제와 제한은 결국 생성형 AI 자체의 제약 및 한계로 작용할 수 있고, 이는 생성형 AI 산업과 그 당사자 간의 경쟁법적 영향 및 효과에도 큰 영향을 미칠 수밖에 없다.

---

33 물론 대규모 학습을 통한 파라미터 확대가 기반모델 성능개선을 지속적으로 담보할 수 있는지에 대해서는 논란이 있고, 개별 이용자 디바이스(모바일폰 등) 상에서 제한된 정보 및 자원으로 학습 및 구동하는 SLM (Small Language Model) 기반 서비스 및 상품이 개발되어 등장하고 있다.

## Section 04 | 생성형 AI와 경쟁법적 이슈

생성형 AI와 관련하여 제기되는 경쟁법적 이슈는 크게 네 가지로 나누어 생각해볼 수 있다.

우선, 생성형 AI 인접시장에서 이미 지배력을 가진 사업자들에 의한 지배력 남용 내지 시장 독점화의 문제이다. CMA를 비롯한 경쟁당국들은 클라우드 컴퓨팅, 데이터, 전문인력 등 생성형 AI의 개발에 필수적인 핵심 투입요소를 보유하고 있는 기존 디지털 기업들이 핵심 투입요소에 대한 경쟁 AI 기반모델 사업자들의 접근을 거절하거나 제한함으로써 시장진입과 경쟁을 인위적으로 제한하고 인접시장의 지배력을 기반모델 시장으로 전이, 확장할 우려를 제기한다.[34] 한편으로 생성형 AI 가치사슬의 하방시장에서 지배력을 보유하고 있는 기존 사업자가 그 지위를 이용하여 기반모델에 대한 소비자의 선택을 왜곡하여 다른 기반모델의 시장진입과 경쟁을 인위적으로 제한하거나 자신의 지배적 지위를 유지 및 강화할 우려 역시 제기하고 있다.[35] 이러한 행위에 대해서는 시장지배적지위 남용, 독점화 등 단독행위 규제가 문제될 수 있다.

다음으로, 생성형 AI 가치사슬 내 사업자들 간의 파트너십 내지 결합으로 인한 시장 집중 내지 경쟁제한의 우려이다. 경쟁당국들은 AI 인접시장에서 이미 지배력을 갖춘 사업자들이 신생 AI 기반모델 사업자들과 체결하는 다양한 파트너십 내지 결합이 기존 지배적 사업자의 지배력을 더욱 강화 및 확장시키는 방향으로 전개될 위험성을 제기하고 있다.[36] 이와 관련하여서는 이와 같은 파트너십을 경쟁법상 경쟁제한적 효과를 발생시키는 기업결합으로서 규제 가능한지, 만약 기업결합 통제가 어려울 경우 이를 통상적인 단독행위 내지 공동행위 측면에서 규제하는 것이 가능할지도 문제될 수 있다.

한편, 이상 살펴본 독점 내지 시장 집중의 문제 외에, 복수의 사업자들이

---

34 CMA, Initial Report, 3.109-3.111항.

35 CMA, Initial Report, 4.62-4.63항.

36 CMA, Initial Report, 3.28-3.30항, 4.48-4.53항.

AI 내지 알고리즘에 기반한 가격책정 소프트웨어를 공동으로 이용하여 수평적 담합의 효과가 발생하였을 경우 이를 경쟁법상 위법한 담합 행위로서 규율할 수 있는지 또한 면밀히 살펴보아야 할 이슈이다. 마지막으로, AI 관련 상품과 서비스를 이용하는 소비자들과의 관계에서 다양한 소비자 보호 이슈 또한 중요하게 논의되는 이슈 중 하나이다. 미국 FTC 위원장 Lina Khan은 생성형 AI가 소비자들을 속이는 가짜 웹사이트, 가짜 리뷰, 가짜 콘텐츠 및 허위 광고 등을 생성할 위험에 대해 언급하면서, 생성형 AI로 인해 문제될 수 있는 이와 같은 행위는 FTC 법 제5조에 따른 불공정 또는 기만행위(unfair or deceptive acts)로서 규제 대상이 될 수 있음을 예고하였다.[37]

이하에서는 소비자보호이슈는 지면관계상 생략하고, 지배력 남용 내지 시장 독점화, 파트너십에 따른 시장 집중 및 알고리즘 담합에 대하여 차례로 살펴본다.

## 1. 지배력 남용 내지 시장 독점화

### 1) 핵심 투입요소에 대한 접근 거절 · 제한

CMA를 비롯한 경쟁당국들은 생성형 AI 기반모델의 개발에 필요한 핵심 투입요소에 대한 지배력을 보유하고 있는 기존 사업자들이 경쟁 기반모델 사업자들에 대하여 핵심 투입요소의 접근을 거절 또는 제한하여 시장의 경쟁을 인위적으로 제한할 우려를 제기한다.

AI 관련 칩과 클라우드 서비스를 포함한 컴퓨팅 파워, 기반모델 훈련 및 미세조정을 위해 필요한 데이터, 그리고 AI 관련 분야에 높은 기술력을 가진 전문인력 등이 CMA가 강조한 핵심 투입요소들인데,[38] 이미 이러한 투입요

37 Lina Khan, We Must Regulate A.I. Here's Now, New York Times, 2023.5.3.; FTC blog, *FTC Announces Final Rule Banning Fake Reviews and Testimonials*, 2024.8.14.

38 생성형 AI의 기반이 되는 대형언어모델(LLM)은 방대한 양의 데이터, 클라우드 공간, 그리고 이를 구동하는 칩에 전적으로 의존하고, 이러한 기술을 잘 알고 있는 전문 인력이 확보되어야 위 하드웨어 및 소프트웨어 인프라를 바탕으로 기반모델을 효과적으로 개발, 발전시킬 수 있다. 경쟁당국들은 기반모델을 중심으로 한 생성형 AI의 가치사슬이 상호 밀접하게 연결되어 있고 각 층위별 의존도는 그 어느 기술보다 크게 증가하고 있다고 지적한다. FTC blog,

소에 대한 광범위한 접근권을 가진 기존 사업자들은 이를 바탕으로 기반모델 시장에 진출하여 자신의 사업모델을 수직 통합하는 것이 용이하다. 이 경우 AI 기반모델을 개발하는 수직통합 사업자들은 여타 기반모델 사업자와의 관계에서 공급자임과 동시에 경쟁자로서의 이중적 지위를 가지게 되는데,[39] 경쟁당국들은 이러한 이중적 지위로 인해 기존의 지배적 사업자들이 경쟁 기반모델 사업자들에 대하여 그 개발에 필요한 투입요소의 접근을 제한 내지 거절함으로써 경쟁우위를 점하고 자신의 기존 시장에서의 지배적 지위를 보다 공고히 하는 한편, 신규 진출한 기반모델 시장으로 자신의 지배력을 전이(leverage)할 우려를 제기한다.[40]

예를 들어 클라우드 사업자가 잠재적 기반모델 경쟁자에 대하여 컴퓨팅 리소스의 공급을 거절하거나 배타적 공급계약을 통해 파트너십 관계에 있는 특정 사업자에 대해서만 접근을 허용하는 경우 경쟁법상 거래거절, 배타조건부거래, 차별취급 등의 행위가 문제될 수 있고, 이 같은 남용행위를 통해 생성형 AI 시장으로 자신의 지배력을 전이하여 해당 시장의 경쟁을 제한하거나, 해당 시장에서 용이하게 경쟁상 이득을 획득하는 문제가 발생할 수 있다.[41]

그런데 이처럼 경쟁 사업자에게 개발에 필요한 투입요소에 대한 접근을 제한하는 행위가 우리 공정거래법상 거래거절 등 시장지배적 지위 남용행위에 해당하기 위해서는 단순히 그러한 접근 거절 내지 제한행위로 인해 거래상대방에게 영업상의 불리함이나 금전적 손실을 초래하는 정도로는 부족하다. 대법원은 그러한 거래거절 행위로 인해 대체 판로를 찾거나 정상적인 영

---

Generative AI Raises Competition Concerns, 2023. 6. 29., https://www.ftc.gov/policy/advocacy-research/tech-at-ftc/2023/06/generative-ai-raises-competition-concerns;

39 CMA, Initial Report, 4.51항

40 CMA, Initial Report, 4.48-4.51항; FTC Blog, Generative AI Raises *Competition Concerns,* 2023.6.29.

41 Travers & Smith, Competition Law Insights - Artificial Intelligence, Legal Briefing, 2024.8.1.; Squire Patton Boggs, AI and Competition Law: Balancing Innovation and Regulation, SquirePatttonBoggs.com, 2004 ("As AI offerings depend on a set of necessary inputs, such control can be used to protect existing market power and leveraged for competitive control of related markets").

업활동을 수행하는 것이 불가능하게 되는 등 경쟁자로서 충분하게 기능할 수 없을 정도의 장애를 초래하여 시장경쟁을 제거하거나 봉쇄하는 경쟁제한 효과가 발생되는 경우에 이르러야 부당성이 인정된다고 판시하고 있다.[42]

관련하여, CMA를 비롯한 경쟁당국들은 클라우드 컴퓨팅 서비스의 경우 데이터센터 등 설비 구축에 필요한 높은 조달비용으로 인해 신규 AI기반모델 사업자가 직접 해당 서비스를 구축하는 데 상당한 진입장벽이 존재하고,[43] 일단 특정 클라우드 사업자와 이용 계약을 체결하면 그 이후에는 방대한 데이터를 이동(migration)시키는 과정에서 발생하는 높은 전환비용 등의 문제로 인해 다른 클라우드 서비스로의 전환 역시 쉽지 않다고 지적한다.[44] 이러한 상황에서 기존에 클라우드 서비스를 공급해오던 사업자가 해당 서비스에 대한 접근을 제한하거나 거절할 경우, 기반모델 사업자의 입장에서는 스스로 클라우드 컴퓨팅 설비를 구축하거나 다른 클라우드 서비스로 이동해야 하는 불편과 비용이 수반되고, 이러한 비용 증대를 감당하지 못하는 경쟁사업자는 결국 시장에서 도태될 수밖에 없다는 것이다.[45]

그러나 이와 관련하여서는 여러 측면에서 반론이 제기될 수 있다.

우선, 현재 클라우드 시장의 치열한 경생상황을 고려할 때, 기존 클라우드 사업자가 다른 기반모델 사업자들을 비롯한 이용자들에 대하여 클라우드 접근 거절, 제한 등의 행위를 할 유인이 높지 않다. 현재의 클라우드 서비스 시장은 어느 한 사업자가 절대적인 지배적 지위를 보유한 시장이 아닌, AWS, Microsoft, Google Cloud 등 기존 사업자들이 치열하게 경쟁하고 있

42 대법원 2007. 11. 22. 선고 2002두 8626 전원합의체 판결 등 다수.

43 CMA, Initial Report, 3.21-3.38항 참고.

44 공정거래위원회 클라우드 분야 실태조사 결과에서도 이용자가 경쟁 클라우드 서비스로 전환하거나 멀티호밍(multi-homing)하려는 경우 기술이 잘 호환되지 않거나 데이터 이전에 대한 부담 등 여러 제약 요인이 있다는 점을 언급하면서, 이는 결국 특정 클라우드 서비스 사업자에게 이용자가 계약상 또는 사실상 고착(lock-in)화를 낳을 수 있다는 점을 지적하고 있다. 공정거래위원회 클라우드 분야 실태조사 결과 발표 보도자료 (2022.12.28.), https://korea.kr/briefing/actuallyList.do?v=1&pWise=main&pWiseMain=TOP1

45 Jonathan M. Barnett (2024.8.), id., 12면 (“anticompetitive effects may potentially arise in leverage scenarios involves the use of vertical integration…to execute a foreclosure strategy that raises entry costs for equally or more efficient competitors.”)

으며, 오라클, IBM도 경쟁에 참여하고 있다. 대형 클라우드 사업자들은 개발자 및 기타 이용자들을 위해 다양한 서비스를 제공하는 "모델 허브"를 운영하고 있고, 모델 배포를 촉진하는 미세조정(fine-tuning) 서비스 및 기타 도구 제공 등 다양한 선택지를 제공한다.[46] 다시 말해 이들은 기반모델 사업자들을 두고 가격 및 비가격 측면에서 치열하게 경쟁하고 있기 때문에, 기존 사업자들이 자신의 클라우드 서비스에 대한 이용자, 즉 기반모델사업자의 접근을 제한 및 거절함으로써 지배력을 전이, 확장할 것이라는 가정이 얼마나 현실성이 있는지 판단하기 쉽지 않다.[47]

다음으로, CMA도 지적하는 바와 같이 "기반 모델 크기의 증가가 반드시 성능 향상으로 이어지지 않을 수 있다"라는 불확실성,[48] 그리고 기반모델 사업자들이 "모델을 더 작고 효율적으로 만들 수 있는 다양한 방법을 모색"하고 있다는 사실은[49] 기반모델 사업자들의 클라우드에 대한 의존도를 점차 낮추는 변수로 작용할 여지가 있다. 즉, 기반모델 사업자들의 위와 같은 개발 전략에 따라 AI 기반모델은 점차 성능의 저하나 희생 없이 그 모델 크기를 감소시키는 결과로 이어질 수 있는데, 이는 궁극적으로는 기반모델 사업자들이 자신의 기반모델을 훈련시키고 개발하는 데 필요한 컴퓨팅 파워가 점차 감소할 수 있고, 이는 곧 클라우드 컴퓨팅에 대한 의존도 역시 낮아질 수 있음을 의미한다. 아울러 최근 몇 년간 Mistral, Anthropic, Hugging Face 등 생성형 AI 가치사슬의 각 층위에서 나타난 역동적인 시장 진입은, 기반모델 사업자들이 기반모델을 훈련시키고 개발하기 위해 컴퓨팅 파워를 이용하는 것을 방해하는 현저한 장벽은 존재하지 않는다는 점을 보여준다.

또한, Coreweave, Scaleway 등 해외사업자뿐만 아니라 네이버 클라우드 등 국내 사업자들이 최근 클라우드 서비스 시장에 성공적으로 진입하였는데, 이는 클라우드 서비스 진입에 있어서도 경쟁당국이 우려할 만큼의 중대한 진입장벽이 없을 수도 있음을 보여준다. 특히 중소 규모 사업자들은 굳이 데이터 센터를 설립 및 소유하지 않더라도, 임대 또는 코로케이션(co-loca-

46 CMA, Technical Update, 21-22항, 25-26항 참고.
47 Jonathan M. Barnett (2024. 5.), id. 18면.
48 CMA, Initial Report, 3.73항.
49 CMA, Initial Report, 3.75항.

tion)과 같은 전략을 사용하여 한 지역에서 하나의 데이터 센터로 시장에 진입하고, 사업이 성장함에 따라 그 개수, 규모 등 인프라 역량을 증대시키는 것이 가능하다. 이처럼 반드시 자신이 데이터센터를 운영하지 않고도 데이터 서비스 시장에 진입할 수 있고, 제3자가 운영하는 데이터센터를 통해 임대할 수 있는 용량 또한 방대하다는 점을 감안하면, AI 관련 클라우드 서비스 시장의 신규 진입 사업자나 기존 사업자들이 국내 및 전 세계적으로 사업을 영위 내지 확장하기 위한 진입장벽은 높지 않을 수 있다.

한편 또 다른 핵심 투입요소인 데이터와 관련하여서는, 경쟁당국들은 특히 전유(proprietary) 데이터에 대한 접근 거절 내지 이용 제한의 우려를 제기한다. 즉, AI 기반모델은 공개된 데이터를 통해 학습하기도 하지만, 라이선스 되거나 특정 사업자가 자체 생성한 데이터 등 사적으로 소유하는 데이터에 의해 학습이 되는 경우도 있는데, 경쟁당국들은 그러한 전유 데이터가 기반모델의 학습, 미세조정 및 그에 따른 성능향상에 결정적인 영향을 미치는 경쟁요소로 작용하게 될 경우 해당 데이터에 대한 접근 거절 내지 이용 제한은 결국 경쟁 기반모델 사업자들의 비용을 증가시킬 수 있다는 점을 지적한다.50 아울러 기반모델의 학습, 훈련 등 개발 단계에서 뿐만 아니라 기반모델 상품의 적용 및 배포 단계에서도 전유 데이터에의 접근이 필요할 수 있는데, 만약 기존 사업자들이 경쟁 기반모델 사업자들에게 이러한 데이터의 접근을 거절할 경우에도 배제적 효과가 시장에 나타날 수 있다는 점을 우려한다.

다만, 이와 관련해서도 단정적인 판단은 경계할 필요가 있다. CMA도 언급하고 있는 바와 같이, 기반모델의 훈련 및 미세조정 과정에서 데이터의 질이 반드시 결정적인 요소가 되지는 않으며, 이러한 불확실성으로 인해 생성형 AI 기반모델 시장의 경쟁양상이 달라질 수 있다.51

결국 이와 같은 생성형 AI 시장의 치열한 경쟁과 경쟁환경의 역동성, 관련 기술 전개방향의 불확실성까지 고려하면, 기존의 사업자들이 클라우드나 데이터 등과 같은 투입요소에 대하여 현재 지배력을 갖고 있거나 우위를 점

50 CMA, Initial Report, 3.7-3.8항.

51 CMA, Initial Report, 3.63-3.67, 4.54-4.61항.

하고 있다는 사실이 곧바로 지배력 남용이나 독점화로 이어진다는 추정 내지 가정을 경계할 필요가 있다. 아울러 설령 특정 사업자와의 배타적 이용계약 등 일정부분 투입요소에 대한 접근 제한이 있다고 하더라도, 그것이 공정거래법상 시장의 경쟁을 제한하는 부당한 행위인지를 판단함에 있어서는 위와 같이 빠르게 변하는 시장 상황 속에서 기반모델 사업자들이 클라우드 등 투입요소에 대하여 갖는 실질적인 의존도가 어느 정도인지, 해당 투입요소 시장에의 진입장벽이 실제 어느 정도로 작용하는지, 대체 가능한 다른 채널 내지 사업자 현황은 어떠한지, 다른 서비스로의 전환가능성은 어느 정도인지 등 여러 변수들에 대한 종합적인 검토가 선행되어야 하고, 그 결과 문제되는 접근 거절 내지 제한행위가 앞서 살펴본 우리 공정거래법상의 거래거절 등이 요구하는 부당성의 기준을 충족할 수 있는지에 대한 판단이 필요할 것이다.

### 2) 자사 상품 및 서비스와의 연계 및 결합

경쟁당국들은 생성형 AI 가치사슬의 하방시장 즉, 소비자향 상품 또는 서비스 등이 거래되는 특정한 디지털 시장에서 지배력을 보유한 기존 사업자가 그 지위를 이용하여 다른 기반모델 사업자의 시장진입과 경쟁을 인위적으로 제한하거나 자신의 지배적 지위를 유지 및 강화하는 경우를 우려한다.[52] 이 경우 자사 서비스나 제품에 AI를 도입하고 있는 주요 플랫폼 사업자나 AI 기반 기기 제조사 등이 주된 규제 대상이 될 수 있다.

소비자와의 접점에서 지배력을 갖고 있는 플랫폼 사업자는 다른 서비스와 제품을 자신의 것과 통합, 연계하여 이용자와의 접점을 확대하고 점유율을 증대 시키고자 하는 유인이 있다. 만약 이들이 자사 인기 애플리케이션에 자사 개발 AI 또는 전략적 제휴를 맺은 기반모델 사업자의 AI를 결합하여 제공하거나,[53] 자사 플래그쉽 기기에 자사 개발 AI 또는 전략적 제휴를 맺은

52 CMA Initial Report, 4.16-4.20, 4.37-4.47항

53 주요 온라인 플랫폼 사업자들은 이미 자신이 자체 개발한 혹은 전략적 제휴를 한 사업자의 생성형 AI를 자신의 플래그쉽 제품 및 서비스에 통합하여 제공하고 있다. 예를 들어 Google은 자사 AI챗봇인 Google Search Generative Experience를 자신의 검색엔진인 Google Search에 통합하여 출시하였다. Elizabeth Reid, Supercharging Search with Genera-

AI를 선탑재하고 디폴트 값으로 설정하는 등 우선적·특권적인 접근을 허용한다거나, 또는 자신의 상품 및 서비스와 다른 사업자의 AI 기반모델 간의 상호운용성(interoperability)을 떨어뜨리는 경우, 그 구체적인 행위 태양 및 정도에 따라 경쟁법상 끼워팔기, 번들링(bundling), 자사우대 등이 문제될 여지가 있다.

CMA 등 규제당국은 하방시장에서 지배력을 갖고 있는 기존 사업자들이 위와 같은 다양한 기술적·계약적 방법을 사용하여 소비자의 선택을 왜곡하고 경쟁자를 쉽게 배제할 수 있다고 언급한다.[54] 즉, 기반모델 사업만을 영위하는 사업자들은 이 같은 수직통합 기업과의 경쟁 과정에서 결국 상방 및 하방시장에서의 유통채널에 접근하기 위해 해당 상품 및 서비스 시장에까지 진입하여야 한다거나, 또는 기존 사업자가 제공하는 번들링 제품에 효과적으로 경쟁하기 위해 단독 제품이 아니라 기존 업체와 맞먹는 제품 번들을 제공해야 한다는 점에서 비용이 증가할 수밖에 없다는 논리이다.

그러나 소비자향 상품 및 서비스 시장에서의 수직통합이 소비자에게 거래상의 이득이나 비용절감 등 효율성을 제공할 수 있다는 데는 의심의 여지가 없다.[55] 더욱이, 앞서 언급한 바와 같이 기반모델 시장의 구도는 많은 신규진입자의 유입과 함께 매우 역동적인데, CMA에 따르면 2024년 4월 기준 330개 이상의 기반모델이 공개적으로 출시된 것으로 파악되고, 이 같은 기반모델 사업자들의 지속적인 유입과 성장은 생성형 AI 기반 애플리케이션, AI 기반 상품의 혁신과 경쟁으로 이어지고 있다.[56]

---

tive AI, Google Blog (2023.5.13.), https://blog.google/products/search/generative-ai-search/

54 CMA, Initial Report 4.4항 이하.

55 David S. Evans and A. Jorge Padilla, Designing Antitrust Rules for Assessing Unilateral Practices: A Neo- Chicago Approach, 72 U. CHI. L. REV. 73, 77 (2005) (noting applications by courts of "[v]ariants of the single-monopoly profit theorem" to "tying, essential facilities, and, more broadly, to the analysis of vertical integration"); Comcast Cable Communications, LLC v. FCC, 717 F.3d 982, 990 (D.C. Cir. 2013) ("[v]ertical integration and vertical contracts in a competitive market encourage product innovation, lower costs for businesses, and create efficiencies—and thus reduce prices and lead to better goods and services for consumers").

실제 생성형 AI 가치사슬에서 활동하는 업계 관계자들은 경쟁당국이 우려하는 바와 달리 생성형 AI 분야에 지속적인 경쟁과 혁신이 이루어지고 있다고 증언한다.[57] 실제 시장 현황을 보면 생성형 AI 기반 애플리케이션, API 및 기타 서비스등 개발 부문에서 비단 Microsoft, Amazon, Google과 같은 기존의 거대 기업뿐만 아니라, Anthropic, Cohere, AI21 Labs, Stability AI와 같은 성공적인 스타트업 및 유니콘 기업, Together, Stanford CRFM과 같은 오픈소스 기관, 그리고 혁신적인 개인 개발자 등까지 점점 더 다양한 참여자들이 혁신적인 AI 기반 앱 및 서비스를 출시하고 있고, 이들이 다양한 앱마켓에서 상위 차트를 점령하고 있음이 확인된다.[58]

또한, 오히려 AI 기반모델 사업자들이 역으로 자신의 기반모델이 활용 내지 탑재될 수 있는 인기 검색엔진, 운영체제, 생산성 소프트웨어 등을 자신의 AI 서비스와 적극적으로 통합하여 자체 AI 개발을 가속화하고 소비자 접점을 확대하고자 하는 능력과 유인을 가질 수 있는데, 디지털 생태계 내에서 발생하는 교차 네트워크 효과에 따라 그러한 융합과 연계를 통해 생성형 AI 개발자가 오히려 지배적인 위치를 점하는 방향으로 시장이 전개, 발전할 여지도 있다.

따라서 하방시장에서 AI 기반모델의 다양한 서비스에의 적용 및 융합이 시장에 미치는 효과를 판단함에 있어서는 그와 같은 수직통합에 따른 효율성과 소비자 편익 제고 뿐만 아니라 이상 살펴본 생성형 AI 시장의 역동성, 디지털 생태계의 특수성 등에 대한 충분한 고려가 수반되어야 하며, 그와 같은 서비스 융합 내지 연계가 지배적 사업자에게 경쟁사업자보다 다소간의 경쟁우위를 부여할 수 있다고 하여 자체로 그것이 경쟁자를 부당하게 배제하는 행위로 평가되거나 사전적 규제의 대상으로 삼는 것을 경계하여야 한다.

---

56 CMA, FM Technical Update, 2.4항.

57 Rima Alaily, (2024), id.

58 Andreessen Horowitz, the Top 100 Gen AI Consumer Apps 3rd Edition, 2024.8.1. 참고.

## 2. 기업결합 (Merger control)

현재 생성형 AI 가치사슬 내에서는 서로 다른 사업자들 간 다양한 전략적 제휴 내지 파트너십이 이루어지고 있다. 특히, Google, Meta, Apple, Amazon, Nvidia 등 생성형 AI 기반모델의 전후방 인접시장에서 활동하는 대형 디지털 기업들은 신생 AI 스타트업에 정기적으로 상당한 자본을 투자하고 있으며,[59] 실제 Anthropic, Stability AI, Cohere, Mistral, Adept, Character.ai 등 생성형 AI 시장에서 기반모델 사업자로 활동하는 수많은 신생 AI 스타트업은 모두 어떤 방식으로든 일정 부분 거대 기업들의 투자와 파트너십에 의존하고 있다.[60] 거대 디지털 기업과 신생 AI 스타트업 간의 이 같은 협력을 통해 스타트업은 자본, 데이터, 클라우드, 컴퓨팅파워 등 필수적인 투입요소에의 안정적인 접근을 보장받고, 기존 기업들은 그 대가로 최신 생성형 AI 기반모델을 자신들의 기존 생태계에 통합할 수 있는 기회를 얻게 되며, 이로써 이들은 일응 윈윈(win–win) 관계를 형성한다.[61]

그런데 전 세계 주요 경쟁당국은 생성형 AI분야에서 이루어지고 있는 이 같은 파트너십이 결국 기존 거대 디지털 기업들의 지배력을 더욱 강화하는 방향으로 전개될 것을 우려한다.[62] 즉, 생성형 AI 기반모델의 전, 후방 시장에서 지배력을 가진 사업자들이 신생 기반모델 사업자와의 파트너십을 통해 다른 경쟁사업자의 시장진입과 경쟁을 인위적으로 제한하거나 기반모델에 대한 소비자의 선택을 왜곡함으로써 독점구조를 고착화시킬 수 있다는 것이

---

59 Gerrit De Vynck and Naomi Nix, *Big Tech keeps spending billions on AI. There's no end in sight.*, Washington Post, 2024. 4. 25. https://www.washingtonpost.com/technology/2024/04/25/microsoft-google-ai-investment-profit-facebook-meta/

60 Rima Alaily, (2024), id.

61 Teodora Groza & Paul Oudin, Big Tech-Small AI Partnerships, Faculty of Law Blogs, University of Oxford, 2024.7.19.

62 CMA, Initial Report 3.109-3.111, 4.62-4.63항; FTC Blog, Generative AI Raises Competition Concerns, 2023.6.29. https://www.ftc.gov/policy/advocacy-research/tech-at-ftc/2023/06/generative-ai-raises-competition-concerns; Caroline Hobson, Jonas Koponen and Anna Caro, CMA Reports Signal Tighter Scrutiny of AI Model Markets, Law 360, 2024.5.31. https://www.cooley.com/news/insight/2024/2024-05-31-cma-reports-signal-tighter-scrutiny-of-ai-model-markets 등 참고.

다. 예를 들어 데이터 소스 또는 클라우드 컴퓨팅을 보유한 기존 사업자가 신생 기반모델 개발자와 전략적 파트너십을 맺고 해당 업체에 대해서만 배타적으로 데이터 소스 및 클라우드 컴퓨팅 서비스를 제공하는 등의 행위로 다른 경쟁 기반모델 사업자를 배제하는 경우이다.

더 나아가, 거대 디지털 기업이 경쟁 위협이 되는 스타트업을 파트너십을 통해 자신의 통제 하에 둠으로써 장래의 경쟁압력을 제거해버릴 수 있다는 점 또한 지적한다. 새로운 인접 시장에서 자신의 지위를 위협할 가능성이 있는 스타트업을 적극적, 공격적으로 인수함으로써 경쟁 위협에 대한 정보를 내재화하고 이들의 발전 방향을 통제할 유인을 갖는다는 것이다.[63]

그러나 일각에서는 생성형 AI 가치사슬 내 파트너십에 대한 규제기관의 이러한 사전적 규제 움직임을 경계한다. 대기업이 스타트업에 소수 지분 투자를 하는 행위는 기술 생태계 전반의 매우 표준화된 관행이며, 통상 투자자가 지배적인 지분을 가지지 않는 한 경쟁 문제를 일으키지 않는다는 점을 인식해야 한다고 지적한다.[64] 오히려 이 같은 벤처 캐피탈 투자를 단지 선험적인 가정 내지 예측에 근거하여 문제 삼을 경우 투자를 저해하고, 결과적으로 스타트업의 성장 기회를 빼앗아 반경쟁적 효과를 초래할 수 있기 때문이다.

한편, 규제당국은 생성형 AI 분야에서 활발히 이루어지고 있는 이 같은 파트너십이 기존의 기업결합 규제 하에서 통제하기 어려운 새로운 형태로 이루어지고 있다는 점에 대해 우려의 목소리를 높인다.[65] 각국 경쟁당국이 거대 디지털 기업의 인수합병에 대해 점점 더 엄격한 집행 경향을 보이면서[66] Microsoft, Amazon 등 빅테크 기업들은 공식적인 인수합병 없이 경쟁 스타트업의 창업자나 고위 임원 등 핵심 인력을 채용하거나,[67] 소유권 내지

63 Mark Lemley and Matt Wansley, How Big Tech is Killing Innovation, New York Times, 2024.6.13.

64 Jonathan Barnett, (2024.5.), id., 17-18면.

65 Enrique Dans, Non-acquisition strategies: Big Tech's new regulatory workaround, Medium, 2024.7.3.

66 Diane Bartz, Big Tech's little mergers draw more U.S. antitrust scrutiny, Thomson Reuters, 2021.9.15., https://www.reuters.com/technology/ftc-staff-present-findings-big-techs-smaller-acquisitions-2021-09-15/

지배권의 변동을 수반하지 않는 새로운 형태의 파트너십을 고안함으로써, 경쟁당국의 규제 감시를 받지 않고도 인수합병과 사실상 동일한 결과를 효과적으로 달성하고 있는 것이다.68

각국의 기업결합신고제도는 상당한 차이가 있다. 유럽경쟁당국의 기업결합신고제도는 해당기업결합이 "집중(concentration)"에 해당한 경우에만 신고의무가 발생한다. 영국 CMA의 기업결합신고제도도 "집중"을 신고요건으로 하지만 유럽경쟁당국의 "집중"은 "결정적 영향력(decisive influence)"을 요하는데, CMA는 "실질적 영향력(material influence)"을 요하므로 더 다양한 형태의 기업결합이(자발적) 신고대상이 될 수 있다. CMA는 최근 Microsoft－Mistral AI 간의 파트너십이 영국의 기업결합 규제 하에서 기업결합 심사요건을 충족하지 않는다고 결론 내렸다. 영국의 경우 한 기업이 다른 기업에 대해 "실질적 영향력(material influence)"을 행사할 수 있는지를 기준으로 기업결합 심사대상 여부를 판단하는데, Microsoft－Mistral AI 파트너십의 경우 Microsoft가 MistralAI에 대하여 "실질적 영향력(material influence)"을 미치기 어렵다고 판단하였기 때문이다.69 이에 반하여 미국의 기업결합신고제도(HSR)는 이러한 "집중"을 요하지 않고 10% 이상의 지분취득의 경우에도 일정한 거래금액 또는 회사의 규모 요건을 갖출 경우에 신고의무를 부과하고 있다. 최근에는 기업결합신고요건을 충족하지 않는 거래에 대해서도 경쟁당국이 직권으로(call－in) 기업결합을 심사하는 사례가 늘고 있다. 우리 공정거래법의 경우

67 Alex Heath, This is Big Tech's Play Book for Swallowing the AI Industry, the Verger, 2024.7.2., https://www.theverge.com/2024/7/1/24190060/amazon-adept-ai-acquisition-playbook-microsoft-inflection

68 Teodora Groza & Paul Oudin, Supra.

69 구체적으로, (i) Microsoft가 지분을 취득하지 않았고, 투자금액이 추후 주식으로 전환된다고 하더라도 전체 의결권의 1%미만에 불과할 것이라는 점, (ii) Mistral AI의 Microsoft에 대한 Compute Commitment의 비중이 크지 않고 비배타적인 계약이며 사업활동에 있어 Microsoft의 동의를 받아야 한다는 등의 조건이 없는 점, (iii) Distribution Commitment 또한 비배타적인 계약으로서 사업활동에 있어 Microsoft의 동의를 받아야 하는 등의 조건이 없는 점, (iv) 장래의 연구개발 협력을 통해 Microsoft가 Mistral AI에게 중요한 영향을 미칠 수 있는 능력을 부여하지 않았다는 점등을 이유로, 중요한 영향력(material influence)이 인정되지 않는다고 판단하였다. CMA, *Microsoft Corporations' Partnership with Mistral AI*, Decision on relevant merger situation, ME/7102/24, 2024.5.21.

자산총액·매출액 및 지분취득 요건 등 기업결합 신고요건을 충족하지 않더라도 경쟁제한적 기업결합에 대한 직권조사(call-in)와 시정조치가 가능하다.[70]

그러나 실제로 기업결합 통제가 어렵다고 하여 기업들 간의 파트너십에 대한 규제가 불가능한 것은 아니다. 앞서 살펴본 바와 같이 만약 해당 파트너십을 바탕으로 관련 시장에서 남용행위 내지 불공정거래행위가 이루어질 경우 기업결합 통제는 아니더라도, 시장지배적 지위 남용 또는 사업자들 간 부당한 공동행위 등으로 의율하여 사후적인 통제 및 시정(behavioral remedy)이 가능하다. 관련하여, EC는 최근 EU 합병규정에 따라 Microsoft-OpenAI 파트너십이 조사 대상이 아니라고 결론 내렸으나, 그러나 그럼에도 불구하고 OpenAI가 Microsoft의 클라우드 서비스인 Azure를 독점적으로 사용하는 것이 관련 시장의 경쟁을 저해할 수 있는지를 면밀히 조사할 것이라고 밝혔는데, 이는 경쟁당국이 해당 거래에 대한 기업결합 통제 권한을 행사할 수 없다 하더라도, 해당 거래를 이를 일반적인 경쟁법 관점에서 살펴볼 수 있음을 보여준다.

이처럼, 생성형 AI 가치사슬에서 이루어지고 있는 다양한 형태의 파트너십에 대하여 반드시 기업결합 통제가 아니더라도 필요 시 이를 규제할 수 있는 방안이 존재한다. 이처럼 형식적인 신고대상 요건에 해당하지 않더라도 문제될 경우 이를 구제할 제도적 장치가 마련되어 있다는 점과, 앞서 살펴본 바와 같이 기존 디지털 기업들과 신생 AI 스타트업 간의 파트너십이 가져올 수 있는 친경쟁적인 효과와 혁신 가능성을 고려하면, 생성형 AI와 관련한 다양한 파트너십들이 심사요건을 회피·우회하는 방식으로 이루어져 더 강력한 통제 방안을 마련하여야 한다는 식의 사전적인 규제 움직임을 경계할 필요가 있다.

70 상세는 정영진, 탈세계화시대의 경쟁법규제 (박영사, 2024).

## 3. 부당한 공동행위

알고리즘 담합[71]이란 AI 또는 알고리즘을 이용해 경쟁사들이 가격, 공급량, 시장 정보 등을 교환하거나 조정함으로써 담합하는 행위를 의미한다. 담합은 복수의 주체 간 의사결정을 통하여 의사의 합치(Meeting of minds)를 이루는 것을 본질적인 행위 양식으로 하는데,[72] 알고리즘 담합은 이 같은 전통적인 방식의 담합과는 달리, 인간의 직접적인 개입 없이 알고리즘이 자동으로 결정을 내리거나 인간의 협력적인 행동을 유도할 수 있다는 점에서 새로운 유형의 문제로 대두되고 있다.

흔히 알고리즘을 이용한 담합은 알고리즘의 이용방법에 따라 4가지 유형으로 구별되는데,[73] 이 중 소위 'Hub-and-Spoke 유형,' 즉 하나의 플랫폼

71 경쟁법에서는 알고리즘이라는 용어와 인공지능이라는 용어가 서로 혼용되어 사용되는 경향이 있으나 알고리즘의 경우 인간이 사전에 정한 프로그램된 방식에 따라 작동되는 것인 단면, AI는 기술발전으로 점차 인간의 관여에서 벗어나고 있고 특히 신경망 AI의 블랙박스적인 속성과 정해진 알고리즘에 의해서 결과물을 내어 놓는 것이 아니라는 점에서 이 둘은 구별될 필요가 있다는 견해로 최승재, AI와 담합: AI를 활용한 의사결정과 부당한 공동행위의 규율, 2024.6. AI와 경쟁법 학술대회. 32-35면.

72 TFEU 제101조에 따르면 합의(agreement)는 그 참여자들 간의 의사연락(communication)을 필요로 하며, 이를 통해 당사자들이 "의사의 합치('meeting of minds')에 이르렀음을 인식할 것을 요구하고 있고, 미국 셔먼법(Sherman Act) 역시 거래를 제한하기 위한 당사자 간의 합의(agreement)가 인정되기 위해서는 일정 수준의 의사소통(communication) 또는 조정(coordination)이 수반되어야 한다고 보고 있다. 한편 우리 대법원도 공정거래법 제19조 제1항의 '부당한 공동행위'가 성립하기 위한 '합의'에는 명시적 합의뿐만 아니라 '묵시적 합의'도 포함되지만, 이는 둘 이상 사업자 사이에 의사의 연락이 있을 것을 본질로 하므로 단지 '부당한 공동행위'가 있었던 것과 같은 외형이 존재한다고 하여 당연히 합의가 있었다고 인정할 수는 없고 사업자 간 "의사연결의 상호성"을 인정할 만한 사정이 증명되어야 한다고 보았다(대법원 2015. 1. 29 선고 2013두18759 판결 등).

73 OECD, Algorithm and Collusion, Background Note by Secretariat, DAF/COMP(2017)4. (i) 메신저 유형(담합을 공모한 기업이 동일한 알고리즘을 이용하여 가격을 서로 유사한 수준으로 자동적으로 조정); (ii) Hub-and-Spoke 유형(경쟁사들이 동일 알고리즘을 이용하면서 수평적 담합의 결과가 발생); (iii) Predictable Agent 유형(가격 정보가 인터넷에 투명하게 공개되고, 알고리즘이 이에 기반해 탄력적으로 가격을 결정하는 시장상황에서 명시적 합의 없이 가격이 유사하게 책정); (iv) Autonomous Machine 유형(기업의 의사결정을 대리하는 AI의 정교한 예측력에 의해 인간의 개입없이 수평적 담합의 결과 발생). 이 중 (i) 의 경우 이미 경쟁사간 이미 발생한 합의를 알고리즘이 용이하게 실행 및 지속시키는 도구로 활용된 것이므로 기존 법리에 따라 당연히 부당한 공동행위로 포섭이 가능할 것이다. 반면 (iii)의 경우 경쟁사들이 각기 다른 알고리즘 내지 AI 프로그램을 독자적으로 사용하였는데 알고리즘

(Hub)과 수직적 관계에 있는 경쟁사들(Spoke)이 해당 플랫폼의 가격결정 알고리즘을 동일하게 이용하면서 수평적 담합의 결과가 초래되는 경우가 주로 문제되고 있다. 해당 플랫폼을 이용하는 경쟁사들간 직접적인 의사 연락은 없었지만, 동일 알고리즘을 상호 의존적으로 사용하면서 결과적으로 가격조정 내지 고정이 초래될 수 있음을 인지하고 있었다는 점에서 이를 경쟁자들간의 묵시적 담합으로 평가할 수 있는지가 문제된다.

이와 같은 유형의 알고리즘 담합에 대하여 미국 경쟁당국은 매우 적극적인 규제 움직임을 취하고 있는데, 최근 진행 중인 대표적인 사례들을 살펴보면 다음과 같다.

- DOJ v. RealPage[74] 이 사건에서 DOJ는 다가구 임대주택 가격책정 알고리즘을 제공한 RealPage를 셔먼법 제1조 위반으로 제소하였는데, RealPage와 임대인들이 해당 AI 알고리즘 소프트웨어를 교육 및 실행하기 위해 공개되지 않은 민감한 정보를 알고리즘에 제공하기로 합의하였고, 해당 알고리즘은 임대인들이 제공한 정보를 바탕으로 가격을 설정 및 추천하였다는 혐의다. DOJ는 임대인들이 민감한 비공개 데이터를 AI로 구동되는 정교한 알고리즘에 입력함으로써, 비록 임대인들(Spoke) 간 직접적인 정보교환은 없었다 하더라도 해당 알고리즘(Hub)을 통해 임대인들간 가격의 체계적인 조정, 즉 수평적 담합이 이루어졌다고 판단하였다.

---

에 의해 결국 유사한 가격으로 수렴하는 경우 의식적 병행행위에는 해당할 수 있어도 이를 담합으로 문제 삼기는 쉽지 않다. (iv)의 경우 아직 현실화되지 않은 유형으로, 향후 인간의 개입 없이 스스로 학습하고 결정하는 AI에 의한 자율적 의사결정을 어느 범위에서 인간의 행위로 평가할 수 있을 것인지에 대한 난제를 제공한다.

74 *DOJ, et al. v. Realpage, Inc.*, Case No. 1:24-cv-00710 (2024.8.23.) DOJ Sues RealPage for Algorithmic Pricing Scheme that Harms Millions of American Renters, Press Release 2024.8.23. https://www.justice.gov/opa/pr/justice-department-sues-realpage-algorithmic-pricing-scheme-harms-millions-american-renters.

- Cornish-Adebiyi v. Caesars[75] 이 사건에서 FTC는 호텔·카지노들이 호텔 가격추천 알고리즘을 공동으로 이용하는 행위가 셔먼법 위반에 해당한다는 의견을 제출하면서,[76] 경쟁자들 간(Spoke) 직접적인 의사소통이 필요하지 않고 가격 결정의 중요한 측면을 공통의 알고리즘(Hub)에 위임하는 행위 자체가 수평적 담합을 구성한다고 주장하였다. 또한, 알고리즘이 권장하는 객실 가격에 구속력이 없기 때문에 가격 담합이 성립될 수 없다는 주장에 대해서는 "경쟁자들 간에 가격의 출발점을 고정하기로 한 합의는 궁극적으로 어떤 가격을 청구하든 상관없이 본질적으로 불법"이라는 의견을 제출하였다.

- Duffy v. Yardi Systems[77] DOJ와 FTC는 이 사건에서 공동으로 의견서를 제출하여,[78] 임대인들이 Yardi가 제공하는 가격 책정 알고리즘인 Revenue IQ 등을 공동으로 사용하는 것이 셔먼법 제1조를 위반하는 가격 담합을 구성할 수 있다고 주장하였다. 특히 임대인들이 가격 책정 알고리즘의 추천에 반드시 구속되는 것이 아니고, 당사자들 간에 정보가 직접적으로 공유되지 않는다고 하여도, 여전히 불법적인 가격 담합이 성립할 수 있다는 의견을 제출하였다.

이상의 사건들에 따르면, 미국 경쟁당국은 ① 경쟁자들 간 직접적인 정보교환 내지 의사연락이 없고, ② 경쟁자들이 가격책정 알고리즘이 설정한 가격에 반드시 구속되지 않더라도, ③ 각 경쟁자들이 공통의 알고리즘을 사용하면서 각자 알고리즘과 정보교환 내지 의사연락을 한 행위만으로 수평적 경쟁자 간의 암묵적 합의로 인정되기 충분하다고 판단한 것이라 볼 수 있다

---

75 Karen Cornish-Adebiyi v. Caesars entertainment Inc. No. 1:23-CV-02536 (D.N.J. 2024.3.28.).

76 STATEMENT OF INTEREST OF THE UNITED STATES OF AMERICA, Karen Cornish-Adebiyi v. Caesars Entertainment, https://www.ftc.gov/system/files/ftc_gov/pdf/atlantic_city_soi_with_attachments_a_through_d.pdf.

77 *Duffy v. Yardi Systems Inc., et al.* No. 2:23-cv-01391-RSL (2024.3.1.).

78 STATEMENT OF INTEREST OF THE UNITED STATES OF AMERICA, *Duffy v. Yardi Systems Inc.,* et al. https://www.justice.gov/d9/2024-03/420301.pdf.

한편 미국 법원은 각 사건에서 아직 경쟁당국이 제시하는 위와 같은 담합 이론에 대한 판단을 내리지 않은 상태인데, 최근 Gibson 사건(아래)에서 가격책정 알고리즘을 이용한 행위가 셔먼법 위반에 해당하지 않는다고 판단하면서 알고리즘 담합이 인정되기 위한 매우 엄격한 판단기준을 제시하였다.

- Gibson v. Cendyn Group[79] 법원은 호텔들이 동일한 호텔가격 추천 알고리즘을 공동으로 이용하는 행위가 묵시적 합의에 의한 담합에 해당한다는 원고 주장을 세 가지로 이유로 기각하였는데, ① 해당 알고리즘을 통해 경쟁사들 간 기밀 또는 비공개 정보가 교환되지 않았고, ② 알고리즘은 단지 가격을 추천 내지 권장할 뿐이지 각 호텔들이 알고리즘의 가격추천에 구속되지 않았으며, ③ 각 호텔들의 알고리즘 사용시기가 10년에 걸쳐 각각 달라 묵시적 합의를 인정하기 어렵다는 점이었다.

이 중 가장 중요한 이유는, 바로 알고리즘이 경쟁 호텔의 기밀 가격 정보를 기반으로 가격을 추천한 것이 아니라고 판단한 점이었다. 이는 DOJ가 제소한 위 RealPage 사건과 대조적인데, RealPage 사건에서는 피고들이 알고리즘을 통해 경쟁자 간에 기밀 정보를 교환했다는 것이 주된 근거로 제기되었던 반면, Gibson 사건에서 법원은 알고리즘이 생성한 가격 추천이 경쟁자의 기밀 가격 데이터를 의존하고 있다고 볼 증거가 없고, 오히려 추천은 개별화된 것이었으며, 웹에서 수집된 공개된 데이터 외에는 경쟁자의 가격 정보가 참조되지 않았다고 판단하였다. 이와 관련해 원고들은 해당 알고리즘이 지속적인 학습을 통해 과거 성과를 개선하기 때문에 본질적으로 다른 회사의 기밀 가격 정보에 의존한다고 주장했으나, 법원은 기계 학습이 한 호텔의 기밀 정보를 다른 호텔과 공유하는 것을 촉진한다고 볼 근거가 없다고 판단하였다. 즉, hub-and-spoke 이론을 통해 경쟁사들 간의 묵시적인 담합을 인정하기 위한 연결고리 즉, "rim"이 인정되지 않는다고 본 것이다.[80]

---

79 *Gibson v. Cendyn Group LLC*, No. 2:23-CV-00140-MMD-DJA (D. Nev.), 2024. 5. 8.

80 Lee Berger and Andrew Magloughlin, Clarity Starts to Form Regarding Pricing Algorithm Antitrust Cases, Steptoe Antirust & Competition Blog, 2024.5.15. ("this

Gibson 사건에서 법원의 판단은 결국 동일한 알고리즘을 사용하면서 해당 알고리즘에 정보를 입력하였다고 하더라도 해당 알고리즘을 통해 경쟁사들 간 기밀정보가 공유되지 않았고, 이들이 추천된 가격에 구속되지도 않았다면 이는 사업자가 최적의 가격을 설정하기 위한 알고리즘을 개별적으로 활용한 것에 불과하고 가격고정을 위한 암묵적 합의로 보기 부족하다는 입장으로 이해된다.

이는 경쟁사들이 알고리즘에 최적 가격 설정을 위해 정보를 제공하고, 다른 경쟁사업자들 역시 그렇게 한다는 것을 '인지'하고 있었다는 점을 근거로, 비록 경쟁사들간 정보교환이 없었고 그러한 추천 가격에 구속되지 않는다고 하더라도 경쟁사들 간 가격고정을 위한 묵시적 합의가 성립한다고 판단한 DOJ와 FTC의 주장에 직접적인 의문을 제기한 것이라 볼 수 있다.

아직 우리나라에서는 위와 같은 가격책정 알고리즘 행위가 담합으로 직접 문제된 사례는 없다. 그러나 우리 공정거래법에서도 명시적 합의뿐만 아니라 묵시적 합의도 담합에 해당할 수 있다고 보고 있고, 경쟁사업자들 간 직접 가격을 조정하기로 하는 합의가 아니더라도, 최적의 가격을 설정하기 위한 핵심 데이터 등 민감 정보를 교환하기로 합의하는 것 자체도 위법한 담합행위 유형의 하나로 규정하고 있다는 점에서, 사업자들 간 알고리즘을 공동으로 이용하는 행위가 문제될 경우 이를 규제할 수 있는 근거는 이미 마련되어 있다고 생각된다. 다만, 살펴본 사례들처럼 동일한 소프트웨어에 각자 가격 등 민감 정보를 입력하여 수평적 담합의 효과가 발생하는 경우 이를 묵시적 정보교환에 따른 부당한 공동행위로 볼 수 있을 것인지와 관련하여서는 단순한 외형의 일치뿐만 아니라 경쟁사업자들 간 알고리즘을 통한 정보교환에 대한 묵시적 합의를 인정할 만한 추가적인 사정을 인정할 수 있는지가 중요한 판단기준이 될 수 있을 것이라 생각되며, Gibson사건에서 미국 법원이 제시한 일련의 기준들이 중요한 고려 요소가 될 수 있을 것이다.

아울러 향후 AI가 발전하면서 머신러닝을 통해 인간의 개입 없이 스스로

---

was a fatal defect in the complaint, because it showed that the alleged hub-and-spoke price fixing conspiracy had no rim, that is, that there was no quid pro quo agreement among the hotels.")

다른 경쟁사의 최선의 반응을 예측하여 가격결정을 내리는 등 자동으로 병행행위를 가능하게 하거나 담합의 결과를 초래할 수도 있는 바, 이러한 경우를 현행 공정거래법제하에서 어떻게 다룰 수 있을지에 대하여도 지속적인 고민이 필요하다.

## Section 04 | 맺음말

현재 전 세계 주요 경쟁당국을 중심으로 이루어지고 있는 생성형 AI 시장에 대한 선제적인 규제 움직임은 결국 생성형 AI 시장이 필연적으로 독점이 고착화되는 결과로 수렴될 수밖에 없다는 가정 내지 사전 예측에 기초하고 있다. 따라서 일부 경쟁당국들은 생성형 AI 시장에서 유효경쟁을 확보하기 위하여 소위 "선제적인 경쟁법집행(preventive antitrust)"이 필요하다고 판단하고 있는 것으로 보인다.

경쟁법의 집행은 전통적으로 문제가 되는 시장의 경쟁제한성의 정도에 대한 심도있는 분석에 기초하여 사후적으로 경쟁법 집행여부에 판단을 해왔다. 생성형 AI 시장의 각 층위에서 어느 정도 이제 막 태동하는 기술을 중심으로 발전하기 시작한 생태계에 선험적인 가정 및 예측에 기반하여 선제적으로 개입하는 것은 자칫 투자화 혁신 인센티브를 위축시키고, 그 결과 지배적 사업자의 독점을 막고자 한 본래 의도와 달리 오히려 소규모 신생 기반모델 사업자들의 성장 기회를 앗아가는 결과로 이어질 수 있다. 따라서 선제적인 경쟁법집행 및 입법적 방안 모색을 위해서는 새롭게 성장하고 있는 생성형 AI 시장에서 경쟁제한적 구조에 대한 정치한 연구와 분석이 선행되어야 한다. 적어도 현재로서는 생성형 AI 가치사슬에는 각 층위별 다양한 참여자들이 존재하고, 각 층위별로 집중도, 진입장벽, 핵심 자원 역시 다양하고 그에 따른 경쟁양상 또한 역동적이기 때문에 경쟁당국으로서는 심도있는 시장분석에 기초하여 경쟁제한의 폐해가 발생하고 있다고 판단하고 있는 층위를 선별적으로 선택하여 집행여부를 결정할 필요가 있다.

# 참고문헌


정영진, 탈세계화시대의 경쟁법규제, 박영사, 2024.

A Fast Learning Algorithm for Deep Belief Nets, Geoffrey E. Hinton, Simon Osindero, Yee-Whye Tech, Neural Computation, 2006.

Alba R. Martinex, Generative AI and the Digital Markets Act on the Rocks, Kluwer Competition Law Blog, 2024.2.5.

Artificial Intelligence Index Report 2022, Stanford University

Artificial Intelligence: Short History, Present Development, and Future Outlook, MIT Lincoln Laboratory

Attention Is All You Need, Ashish Vaswani, Noam Shazeer, Niki Parmar, Jakob Uszkoreit, Llion Jones, Aidan N. Gomez, Lukasz Kaiser, Illia Polosukhin

Caroline Hobson, Jonas Koponen and Anna Caro, CMA Reports Signal Tighter Scrutiny of AI Model Markets, Law 360, 2024.5.31.

Chicago Booth, Stigler Center for the Study of the Economy and the State, Stigler Committee on Digital Platforms: Final Report 21, 2019.

Christophe Carugati, Forward, Concurrences Competition Law Review: Artificial Intelligence and Antitrust No.2, 2024.

CMA, AI Foundation Models: Initial Report, 2023.9.18.

CMA, AI Foundation Models: Technical update report, 2024.4.16.

David S. Evans and A. Jorge Padilla, Designing Antitrust Rules for Assessing Unilateral Practices: A Neo- Chicago Approach, 72 U. CHI. L. REV. 73-77, 2005.

Jonathan M. Barnett, A "Minority Report" on Antitrust Policy in the Generative AI Ecosystem, USC Gould School of Law, Center for Law and Social Science Research Paper Series No. CLASS 24-25, 2024.8.12.

Jonathan M. Barnett, The Case Against Preemptive Antitrust in the Generative Artificial Intelligence Ecosystem, USC Gould School of Law, Center for Law and Social Science Research Paper Series No. 24-19, 2024.5.15.

Lee Berger and Andrew Magloughlin, Clarity Starts to Form Regarding Pricing

Algorithm Antitrust Cases, Steptoe Antirust & Competition Blog, 2024.5.15.
Lina M. Khan, The End of Antitrust History Revisited, 133 Harvard Law Review. 1655－1664, 2020.
OECD Directorate for Financial and Enterprise Affairs Competition Committee, 2024.5.6.
OECD, Algorithm and Collusion, Background Note by Secretariat, DAF/COMP(2017)4.
Rima Alaily, The New AI Economy: Understanding the Technology, Competition, and Impact for Societal Good, Concurrences Competition Law Review: Artificial Intelligence and Antitrust No.2, 2024.
Squire Patton Boggs, AI and Competition Law: Balancing Innovation and Regulation, SquirePatttonBoggs.com, 2004.
Teodora Groza & Paul Oudin, Big Tech－Small AI Partnerships, Faculty of Law Blogs, University of Oxford, 2024.7.19.
Thibault Schrepel, Abdullah Yerebakan, and Nikoletta Baladima, A Database of Antitrust Initiatives Targeting Generative AI, NETWORK Law Review. 2024.
Travers & Smith, Competition Law Insights - Artificial Intelligence, Legal Briefing, 2024.8.1.

chapter 11

# 생성형 AI에서 허위정보 이슈와 과제

박아란*

## Section 01 | 머리말

2022년 11월 출시된 ChatGPT로 대표되는 생성형 AI는 사회적으로 큰 변화를 일으키고 있다. 대규모 언어모델(LLM)의 보편적 활용을 가능하게 만든 차세대 생성형 AI는 이전의 인공지능 도구와는 차별화된 특징이 있다. 생성형 AI는 기본적인 프롬프트만 있으면 텍스트, 이미지, 동영상, 음악 등 다양한 미디어 콘텐츠를 즉각적으로 생성할 수 있으며, 간단하고 직관적인 채팅 인터페이스를 통해 누구나 쉽게 접근할 수 있다. 또한, 생성형 AI는 지속적인 데이터 학습을 통해 더 능숙하고 정교하게 콘텐츠를 만들어 내고 있다.

그러나 생성형 AI의 급속한 발전으로 인해 여러 가지 문제점이 나타나고 있는데, 특히 딥페이크와 허위정보의 확산에 대한 우려가 커지고 있다. 딥페이크(deepfake)는 딥러닝(deep learning)과 가짜(fake)의 합성어로서 진짜처럼 보이도록 조작된 이미지, 오디오 또는 비디오를 의미한다. 초기의 딥페이크

* 고려대학교 미디어학부 부교수

기술은 유명인의 얼굴을 짧은 비디오에 붙이는 정도에 불과했으나, 심층학습(deep learning)과 같은 기계학습(machine learning)을 통해 이제는 매우 정교한 딥페이크 동영상이 제작되고 있다. 딥페이크 영상은 세계 각국의 대통령과 총리, 교황 등 전 세계적으로 영향력 있는 인물부터 배우, 가수 등 유명인뿐만 아니라 일반인까지도 대상으로 삼아서 무차별적으로 만들어지고 빠르게 확산되고 있다.

실제로 2023년 3월, 미국 트럼프 전 대통령이 뉴욕 맨해튼에서 체포되어 경찰에 끌려가는 모습을 담은 가짜 사진이 인터넷에 퍼졌다. 이 가짜 사진에는 트럼프 전 대통령이 달아나려는 장면, 경찰관에 끌려가는 모습 등이 실감나게 담겨있어서 세상을 놀라게 했다. 하지만 이 사진은 이미지 생성 인공지능 '미드저니(Midjourney)'를 이용해 만들어낸 것이었다. 2023년 5월에는 미국 국방부 청사(펜타곤) 화재 사진이 온라인에 빠르게 확산되면서 미국 주식시장이 출렁이는 등 큰 소동이 발생했다. 이 사진은 블룸버그 뉴스를 사칭한 트위터 계정을 통해 확산되었는데 인도 방송사 등 해외 뉴스들도 이를 인용하여 속보를 내보내면서 급속도로 확산됐다. 일본에서도 기시다 총리가 성적인 발언을 하는 것처럼 보이는 인공지능 딥페이크 동영상이 문제가 되었다. 이 영상에는 '생중계'와 '뉴스 속보'라는 자막이 달려 있어서 마치 언론사가 제작한 긴급보도인 것처럼 보였기에 더욱 큰 혼란을 일으켰다. 이러한 일련의 사건들은 인공지능이 생성한 허위정보나 이미지가 빠르게 확산될 수 있고 전 세계적으로 혼란을 일으킬 수 있음을 극명하게 보여주는 사례이다. 이하에서는 허위정보의 개념과 그 역사를 살펴보고 국내외의 법률적 대응노력, 허위정보로 인해 발생한 사회적 혼란과 혐오 및 차별의 문제를 짚어보기로 한다.

## Section 02 | 허위정보의 개념과 역사

'페이크뉴스' 내지 '가짜뉴스'라는 용어가 전 세계적으로 주목받게 된 계기는 2016년 미국 대통령선거였다. 당시 '가짜뉴스'라는 용어는 정치적 공격의 도구로 사용되었으며, 도널드 트럼프 전 대통령은 자신에게 비판적인 뉴욕타임스(New York Times), CNN 등 언론 매체들을 가짜뉴스(fake news)라고 칭하면서 비난했다. 물론 과거에도 페이크뉴스는 존재했고 심각한 사회문제를 일으켰던 사례들도 역사적으로 기록되어 있다. 그러나 디지털 시대의 페이크뉴스는 다양한 미디어플랫폼을 통해 빠르고 광범위하게 확산되면서 사람들의 불안감을 증폭시키는 점에서 아날로그 시대의 거짓정보와는 비교할 수 없는 해악을 끼치고 있다. 인터넷, 특히 소셜 미디어의 발전은 허위정보 확산 위험을 극대화시켰고, 현대사회에서 허위정보는 정부에 의한 '정보의 무기화(weaponisation of information)'와 사기업에 의한 '정보의 오용(abuse of information)'이라는 측면에서 더욱 심각한 문제로 부각되고 있다(Posetti & Matthews, 2018).

디지털 시대에 '페이크뉴스'의 위험성이 커진 것은 분명하지만 용어상의 문제점이 제기되었다. 해외 학계와 시민단체들은 페이크뉴스의 개념이 불분명할뿐더러 '뉴스'라는 용어를 사용함으로써 언론에 대한 신뢰도를 하락시키는 부정적 효과가 있다는 점을 지적했다. 또한 트럼프 전 대통령의 사례처럼, 정치인들이 상대방을 공격하기 위해 '페이크뉴스'라는 용어를 사용함으로써 개념에 대한 혼란이 가중되었다. 따라서 유럽연합에서는 '페이크뉴스'라는 말 자체가 뉴스라는 단어를 사용하여 언론의 신뢰를 저하시키고 개념을 모호하게 만든다는 점에서 '허위정보(disinformation)' 또는 '오정보(misinformation)'라는 단어를 사용하도록 권고했다. 2017년 국제연합(UN)을 비롯한 4개 국제기구가 천명한 '표현의 자유와 가짜뉴스, 허위정보, 프로파간다에 대한 공동선언(Joint Declaration on Freedom of Expression and "Fake News", Disinformation and Propaganda)'은 '가짜뉴스라는 모호한 개념에 근거한 규제는 표현의 자유 제한에 대한 국제적 기준에 부합하지 않는다'고 하였다. 또한 가짜뉴스 등을 이유로 국가가 특정 웹사이트나 주소를 차단하는 것은 매우 제한적인 경우에만 합리화될 수 있는 것이라며 신중한 규제를 촉구했다.

2018년 3월 유럽연합 집행위원회(European Commission)는 학자와 언론인, 플랫폼사업자 등 49명의 고위직 전문가가 참여한 '허위정보에 대한 다차원적 접근'이라는 보고서를 발표했다. 이 보고서도 가짜뉴스 대신 '허위정보'라는 용어를 사용하도록 권고했다. 가짜뉴스는 뉴스 형식뿐만 아니라 댓글이나 트위터, 조작된 동영상 등 다양한 형식을 띠고 있는데 가짜뉴스라는 용어는 이러한 현상이 뉴스에 국한된 것으로 오인하게 만들 소지가 있다는 점을 근거로 들었다. 일부 정치인들이 자신에게 비판적이거나 불리한 언론 보도를 가짜뉴스라고 칭하면서 언론의 자유를 위축시키고 있다고 분석했다. 이 보고서는 허위정보란 '허위, 부정확 또는 오도(誤導)하는 정보로서 공공에 해를 끼칠 목적 내지 이윤을 목적으로 설계, 제작, 유포되는 것'이라고 정의했다.

유럽연합 집행위원회(European Commission)는 2022년 6월 '허위정보에 대한 강화된 실행규약(Strengthened Code of Practice on Disinformation)'을 발표했다. 이 실행규약에는 주요 온라인 플랫폼 기업, 기술 기업, 시민사회 등 34개 기업과 단체들이 서명했으며, 허위정보와의 싸움을 위한 구체적인 조치들이 포함되었다. 이는 2018년에 발표된 기존 허위정보 규약을 개정하고 강화한 것으로서 디지털 업계의 자율규제 기준을 한층 높였다. 강화된 실행규약은 가짜 계정, 딥페이크, 봇(bot) 등 허위정보를 유포하는 조작 행위에 대한 강력한 대응을 강조했다. 허위정보를 제공하는 자들이 광고 수익을 얻지 못하도록 하고, 정치광고에서 투명성을 유지할 것도 규정했다. 아울러 미디어 이용자들이 허위정보를 식별할 수 있도록 강화된 도구를 제공하고, 미디어 리터러시 역량을 향상시키는 것을 강조했다. 연구자들이 허위정보에 대한 연구를 원활하게 수행할 수 있도록 온라인 플랫폼 사업자들에게 데이터를 제공하고 접근성을 높일 것도 제안하였다.

영미법에서 허위표현에 대한 규제는 왕이나 귀족, 정부에 대한 비판적 표현을 '선동적 명예훼손(seditious libel)'으로 처벌하던 전통과 연결된다(박아란, 2019). 1275년 웨스터민스터법(Statute of Westminster 1275)은 스캔달룸 마그나툼(scandalum magnatum) 조항에 의거하여 왕과 귀족, 법관 등에 대한 비판적 표현을 처벌하였다. 이 조항은 "누구도 왕과 그의 신하에 대한 불신을 조장하는 거짓 뉴스나 이야기(false news or statement)를 발설하거나 발행해서는 아니 된다"라고 명시했다. 그 결과 보통법 법원들은 권력자들의 명예를 보호하기 위해 그들에 대한 폄훼적 언사는 거짓이고 악의적인 것이며 그로 인한 손해는 추정된다는 '엄격책임 규칙(strict liability rule)'을 형성하게 되었다(박용상, 2019).

영국에서는 트위터 게시물 처벌과 관련하여 온라인 허위표현 규제에 대한 논란이 있었다. 2010년 1월, 여자 친구를 만나기 위해 비행기를 타려던 28세 청년이 폭설로 공항이 폐쇄되자 홧김에 "공항을 날려버리고 싶다"라고 트윗을 올렸다. 며칠 후, 공항경찰이 해당 트윗을 발견하면서 이 청년은 폭탄테러협박 혐의로 대(對)테러 경찰에 체포되었다. 체포 근거는 영국 커뮤니케이션법 제127(1)조였는데 이 조항은 '공공 전자 커뮤니케이션(public electronic communication)을 통해 지극히 공격적이거나 저속하거나 음란하거나 위협적인 성격(grossly offensive or of an indecent, obscene or menacing character)'의 메시지를 보내는 것을 금지하고 있다. 2010년 5월, 형사법원은 이 청년이 테러 의도가 없었더라도 자신의 트윗이 위협적임을 알고 있었다면서 벌금을 부과하는 판결을 내렸다. 이후 많은 트위터 이용자들과 시민단체가 유죄판결을 강력하게 비판하였고, 학계에서는 커뮤니케이션법 제127조를 폐지하라는 주장이 제기되었다. 2012년 영국 고등법원(High Court)은 해당 트윗이 농담에 불과하므로 실질적으로 공포심이나 불안을 유발하지 않는다며 원심 판결을 뒤집었다.

이 사건은 소셜 미디어와 전자적 커뮤니케이션에 대한 형사처벌 조항의 합헌성에 대해 논쟁을 일으켰다. 커뮤니케이션법 제127(1)조는 원래 1930년대에 전화 통신을 규제하기 위해 제정된 법에 근거한 것이었다. 1935년 제정된 우체국법 제10(2)(a)조는 전화로 '저속하거나 음란 또는 협박성 메시지'를 전하는 것을 금지했다. 이는 전화 교환수 등을 상대로 음란하거나 협박성 메시지를 보내는 것을 막기 위해 제정된 것이지만 실제로 이 조항을 근거로 처벌된 사례는 드물었다. 그러나 전화 통신을 규제하기 위해 만들어진 법이 2000년대 들어서 인터넷 커뮤니케이션을 규제하기 위해 적용된 것이다. 따

라서 아날로그 시대에 제정된 법규가 디지털 시대에 어디까지 적용될 수 있는지에 대한 논란이 되었다,

허위정보가 영국에서 사회적 문제로 부각된 것은 2016년 브렉시트(Brexit) 국민투표 당시였다. 국민들이 허위정보로 인해 브렉시트를 앞두고 정확한 의사결정을 내리는데 혼란을 겪게 되었고 이후 허위정보에 대한 정부 차원의 대응책이 필요하다는 목소리가 커지면서 2018년 영국 의회는 가짜뉴스 대응위원회를 구성하였다. 이 위원회는 '페이크뉴스' 개념에 대한 사회적 합의가 없다면서 '페이크뉴스'가 윤색된 콘텐츠, 조작된 콘텐츠, 오인을 유발하는 콘텐츠, 잘못된 맥락의 콘텐츠 및 패러디와 풍자까지 포함하는 광범위한 개념으로 사용되고 있다고 판단했다. 당해 위원회도 '페이크뉴스' 대신에 허위정보(disinformation)나 오정보(misinformation)와 같은 용어를 사용할 것을 권고했다. 이후 영국 정부는 이 권고를 수용하여 공식적으로 허위정보나 오정보라는 용어를 사용하기로 발표했다. 2019년 2월, 영국 의회는 보고서에서 허위정보를 "정치적, 사적, 경제적 이익을 얻기 위해 대중을 속이거나 오도할 목적으로 거짓 또는 조작된 정보를 고의적으로 만들거나 공유하는 것"으로 정의했다.

코로나19 팬데믹 동안 영국에서는 허위정보로 인한 큰 소동이 있었다. '바이러스가 5G 기지국에서 나오는 주파수를 타고 확산된다'는 허위정보가 기승을 부리면서 영국 전역에서 기지국과 송전탑을 파괴하고 불을 지르는 사건이 발생했다. 2024년 8월에는 어린이 댄스 수업에 난입한 범인에 의해 어린이 3명이 살해된 사건의 범인이 무슬림 망명 신청자라는 허위정보가 온라인에서 확산되면서 극우폭력시위가 이어졌다. 영국 정부가 용의자 신상을 밝혔음에도 불구하고 무슬림과 난민에 대한 혐오와 폭력이 이어졌다. 이처럼 허위정보는 사회가 불안할수록 시민들의 마음을 파고들어 사회의 안전을 위협하며, 허위정보가 혐오와 차별과 결합할수록 그 파괴력이 커질 수 있음을 영국의 허위정보 사례들이 보여주고 있다.

미국에서도 선동적 명예훼손 처벌 조항을 이용해 허위 표현을 규제하려는 시도가 1700년대 후반부터 있었다. 1798년 제정된 선동법(Sedition Act)은 연방정부를 비판하기 위해 거짓되고 악의적인 표현을 하는 자를 2년 이하의

징역형에 처할 수 있다고 규정하였다. 1917년 제정된 간첩법(Espionage Act) 또한 육군과 해군에 대해 고의적으로 거짓 뉴스를 퍼뜨리는 자를 처벌할 수 있도록 하였으며, 1918년 이 법은 선동법으로 개정되어 미국 정부를 비판하는 표현까지 그 처벌 대상으로 확대하였다. 제1차 세계대전 동안 정부에 대한 비판을 강력히 억압하려는 시도가 있었으나, 이를 제지한 것은 연방대법원이었다. 1919년 올리버 웬델 홈즈(Oliver Wendell Holmes) 연방대법관은 사상의 자유시장 이론에 따라 에이브람스 대 미국(Abrams v. United States) 판결에서 "진실을 시험하는 가장 좋은 방법은 진실이 시장경쟁 속에서 받아들여지게 만드는 사상의 힘"이라고 하였다. 따라서 "어떠한 의견이 국가안보를 위해 즉각적인 견제가 절실히 필요한 것이 아니라면, 우리는 우리가 싫어하는 의견일지라도 그러한 의견 표현을 감시하려는 시도를 지속적으로 견제해야 한다"라며 표현의 자유를 제약하려는 과도한 시도를 경계했다.

권력자에 대한 비판의 자유와 정치적 표현의 자유를 극대화한 판결은 1964년 연방대법원의 뉴욕 타임즈 대 설리반(New York Times v. Sullivan) 판결이다. 뉴욕 타임즈에 실린 정치 광고에 사소한 오류가 있다는 이유로 공직자인 설리반은 뉴욕 타임즈를 명예훼손으로 고소했다. 이에 연방대법원은 '오류가 있는 표현은 자유로운 토론을 위해 필수불가결하다'면서 언론 자유에 "숨 쉴 공간(breathing space)"을 마련하기 위해 오류가 있는 표현도 보호되어야 한다고 보았다. 이 판결을 통해 연방대법원은 '현실적 악의(actual malice)'라는 법원칙을 확립하였다. 공직자에 대한 오류가 있는 명예훼손적 표현이라도 원고인 공직자가 그 표현이 '거짓임을 알면서 또는 진실임을 부주의하게 무시하면서(knowing falsity or reckless disregard of truth)' 발화된 것임을 입증하지 못한다면 명예훼손 소송에서 승소할 수 없다는 것이다. 설리반 판결은 수정헌법 제1조에 따라 공직자에 대한 비판도 표현의 자유로서 적극적으로 보호해야 한다는 원칙을 명확히 하였고, 역사적으로 뿌리 깊었던 선동적 명예훼손이 실질적으로 종식되도록 하였다.

이처럼 표현의 자유를 강력하게 보호하는 법적 환경이 마련된 미국에서는 허위정보를 법률을 통해 직접 규제하려는 움직임은 드물다. 이는 언론의 자유를 강력히 보호하는 수정헌법 제1조의 전통으로 인해 허위정보규제가 표현의 자유를 심각하게 위축시킬 수 있다는 우려 때문이다. 그러나 허위정보는 미국에서도 명예훼손(defamation)이나 허위정보 공개로 인한 사생활 침해(false light), 고의적인 정신적 고통 유발(Intentional Infliction of Emotional Distress: IIED) 등의 위법행위에 해당할 때는 규제될 수 있다(Park & Youm, 2019).

독일은 2017년부터 네트워크집행법을 통해 형법상 위법한 콘텐츠에 대해 플랫폼사업자에게 삭제의무를 부과하고 있으며 대규모 플랫폼사업자들이 투명성 보고서(Transparency Report)를 작성하도록 의무화하고 있다. 그 결과, 구글, 유튜브, 페이스북 등 거대 플랫폼들은 반기별로 투명성 보고서를 공개하고 있다. 프랑스는 선거기간 동안 소셜 미디어에서 유포되는 허위정보를 규제하고 있다. 2018년 11월 20일 선거기간 동안 허위정보가 유포되는 것을 막기 위한 '정보조작대처법'이 프랑스 하원에서 가결되었다. 동법 제11조에 의하면 온라인서비스제공자는 사용자에게 거짓정보에 대해 주의를 환기할 수 있는 가시적 조치를 취해야 하며, 알고리즘 투명성을 확보하고, 대량으로 거짓정보를 전파하는 계정을 막기 위한 보충적 조치를 취할 의무 및 이를 위해 사용한 조치 및 수단을 공개해야 할 의무가 있다. 이처럼 각국에서 허위정보에 대응하기 위한 노력을 하고 있으나, 허위정보는 단일한 수단이나 법률만으로는 해결되기 어려운 디지털 미디어 시대의 난제로 남아있다.

## Section 03 | 허위정보와 법률적 대응

국내에서는 허위정보규제를 위해 현행법상 다양한 법률이 적용될 수 있다. 가령 형법 제307조 제1항은 사실적시 명예훼손을 처벌하고 있으며, 제2항은 허위사실을 적시하여 타인의 명예를 훼손한 경우에는 가중처벌하고 있다. 허위사실 적시로 사자의 명예를 훼손한 경우에도 처벌되며(제308조), 사람을 비방할 목적으로 출판물에 의해 타인의 명예를 훼손한 경우에도 허위사실을 적시하였다면 가중처벌 된다(제309조). 허위사실을 유포하여 타인의 신용을 훼손한 경우에는 신용훼손죄로 처벌되며(제313조), 허위사실 유포 등으로 타인의 업무를 방해한 자는 업무방해죄로 처벌이 가능하다(제314조).

정당법은 당 대표 경선 등과 관련하여 후보자나 가족에 대한 허위 사실을 공표한 자와 배포한 자를 처벌하며(제52조), 허위등록신청도 처벌하고 있다(제59조). 국가보안법은 반국가단체 구성원 또는 그 지령을 받은 자가 목적수행을 위해 사회질서의 혼란을 조성할 우려가 있는 사항에 관하여 허위사실을 날조하거나 유포한 때는 2년 이상의 유기징역에 처하며(동법 제4조), 반국가단체 구성원으로서 사회질서의 혼란을 조성할 우려가 있는 사항에 관하여 허위사실을 날조하거나 유표한 때에도 2년 이상 유기징역에 처한다(동법 제7조). 또한 허위정보로 인해 손해가 발생했을 경우 민법상 불법행위로 인한 손해배상청구도 가능할 것이다.

정보통신망 이용촉진 및 정보보호 등에 관한 법률(이하 정보통신망법)은 인터넷 등 정보통신망을 통해 타인을 비방할 목적으로 사실을 적시하거나 허위사실을 적시하여 명예를 훼손한 자를 형법보다 가중처벌하고 있다(동법 제07조). 또한 동법 제44조의 7은 불법정보 유통도 금지하고 있는데, 특히 불법정보 중에서 비방 목적의 명예훼손적 정보(제2호), 국가기밀을 누설하는 정보(제6호), 국가보안법의 금지행위를 수행하는 내용의 정보(제8호), 범죄를 목적으로 하거나 교사 또는 방조하는 내용의 정보(제9호) 등이 허위정보와 연관성이 있다. 이러한 불법정보에 대해 방송통신위원회는 심의위원회를 거쳐 정보통신서비스 제공자 또는 게시판 관리운영자로 하여금 그 처리를 거부정지 또는 제한하도록 명할 수 있다(동조 제2항). 방송통신위원회는 불법정보에 대해 ① 관계 중앙행정기관 장의 요청이 있고, ② 요청을 받은 날로부터 7일 이내에 심의위원회 심의를 거친 후 시정요구를 하였으며, ③ 정보통신서비스 제공자나 게시판 관리운영자가 시정 요구에 따르지 않았을 때는 해당 정보의 처리를 거부정지 또는 제한하도록 명하여야 한다(동조 제3항). 방송통신위원회는 처리 거부 등 명령의 대상이 된 정보통신서비스제공자 등에게 미리 의견 제출의 기회를 주어야 한다. 그러나 ① 공공의 안전 또는 복리를 위하여 긴급한 처분이 필요한 경우, ② 의견청취가 명백히 불필요한 경우 또는 의견제출 기회를 포기하는 경우에는 사업자 등에게 의견 제출의 기회를 주지 않을 수 있다(동조 제4항). 정보통신서비스 제공자나 게시판 운영자가 제44조의7 제2항 및 제3항에 따른 방송통신위원회의 명령을 이행하지 않은 경우에는 2년 이하의 징역 또는 2천만 원 이하의 벌금에 처해질 수 있다(동법 제73조).

하지만 허위정보로 인해 공익이 침해되었으나 피해자가 특정되지 않은 경우 이를 규제하기 위한 일반적인 법조항은 부재한 상황이다. 이른바 '미네르바 사건'에서 2010년 헌법재판소가 공익을 해할 목적으로 허위의 통신을 한 자를 처벌하는 조항에 대해 위헌 결정을 내린바 있기 때문이다(헌법재판소 2010. 12. 28. 선고 2008헌바157 결정). 이 사건에서 헌법재판소는 전기통신기본법 제47조 제1항은 표현의 자유를 제한하는 기본원칙인 '명확성의 원칙'에 위배되어 위헌이라고 판단하였다. 헌법재판소가 위헌결정을 내린 이유는 다음과 같다. 첫째, 구성요건으로서 '공익을 해할 목적'의 추상성이다. '공익'이라는 개념은 그 의미가 불명확하고 추상적이어서 어떠한 표현행위가 공익을 해하는 것인지에 대한 판단은 사람마다 가치관, 윤리관에 따라 크게 다를 수 밖에 없으며 법집행자의 해석을 통해서도 그 내용이 객관적으로 확정되기 어렵다고 재판관들은 보았다. 따라서 수범자인 국민들에게 금지되는 표현행위가 무엇인지에 대해 이 조항은 고지하지 못하고 있어서 죄형법정주의의 명확성원칙에 위배된다는 것이다.

둘째, 구성요건으로서 '허위사실' 요건의 위헌성이다. 1961년 전기통신기본법 제정 당시의 허위사실 요건은 전기통신과 관련된 '외형적 요소'를 규제하려는 것이었으며 통신의 '실체적 내용'을 규제하려는 것은 아니었다고 헌법재판소는 판단했다. 또한 허위의 개념에 대해 재판관들은 "'허위'란 일반적으로 '바르지 못한 것', 또는 '참이 아닌 것'을 말하고, 그 안에는 내용의 거짓이나 형식의 오류가 모두 포함될 수 있기 때문에, 법률 용어, 특히 형벌조항의 구성요건으로 사용하기 위하여서는 보다 구체적인 부연 내지 체계적 배치가 필요한 개념"이라고 지적하였다. 허위 개념은 장차 법관의 체계적이고 합리적인 해석이 누적되고 판례가 확립된 경우에 더욱 구체화될 수는 있으나, 당해 조항처럼 장시간 사문화되었던 조항이 갑자기 적용되기 시작하는 경우에는 예측가능성을 벗어난 방향으로 해석될 수 있으므로 명확성 원칙을 위반한다고 하였다.

셋째, 허위표현의 규제는 표현의 자유를 과다하게 제한하여 과잉금지원칙 위반이다. 5인의 재판관은 보충의견에서 허위사실은 '언제나 명백한 관념은 아니라는 것'을 지적하였다. 어떤 표현에서 의견과 사실을 구별하거나 객관적 진실과 거짓을 구별하는 것은 상당히 어려우며, 현재는 거짓으로 인식되지만 시간이 지난 후 그 판단이 뒤바뀌는 경우도 있다는 것이다. 또한 객관적으로 명백한 허위사실의 표현이더라도 그러한 표현이 언제나 타인의 권리를 침해하거나 공중도덕·사회윤리를 침해한다고 볼 수는 없다고 하였다. 따라서 허위표현이라고 하여 국가적 개입이 1차적인 것으로 용인되는 것은 아니라고 판시하였다.

전기통신기본법 제47조 제1항에 대한 위헌결정이 내려진 이후 이를 보완하기 위한 법조항이 제정되지 않았다. 그 결과, 온라인에서 공익을 해할 수 있는 허위정보를 처벌하기 위한 일반조항이 없기에 이러한 법적 공백을 메울 필요성은 인정되지만 관련 법제정에는 신중한 판단이 요구된다. 언론의 자유는 민주주의 사회의 핵심요소인 만큼 이를 제한하는 법을 만들 경우 ① 국가안전보장, 질서유지, 공공복리가 명백하고 현존하는 위험에 봉착했을 때 ② 명확성의 원칙을 충족시킬 수 있는 법률에 의해서만 ③ 과잉금지원칙에 따라 필요한 최소한의 제한에 의해서만 제한이 가능하다고 법원은 판시해왔다. 더구나 부정확한 표현이라고 하여 항상 엄격하게 금지될 수도 없는데, 대법원은 2018년 전원합의체 판결에서 다음과 같이 판시하였다.[1]

1 대법원 2018. 10. 30. 선고 2014다61654 전원합의체 판결.

어느 시대, 어느 사회에서나 부정확하거나 바람직하지 못한 표현들은 있기 마련이다. 그렇다고 해서 이러한 표현들 모두에 대하여 무거운 법적 책임을 묻는 것이 그 해결책이 될 수는 없다. 일정한 한계를 넘는 표현에 대해서는 엄정한 조치를 취할 필요가 있지만, 그에 앞서 자유로운 토론과 성숙한 민주주의를 위하여 표현의 자유를 더욱 넓게 보장하는 것이 전제되어야 한다. 자유로운 의견 표명과 공개토론과정에서 부분적으로 잘못되거나 과장된 표현은 피할 수 없고, 표현의 자유가 제 기능을 발휘하기 위해서는 그 생존에 필요한 숨 쉴 공간이 있어야하기 때문이다.

대법원은 부정확하거나 잘못되고 과장된 표현은 표현의 과정에 있어서 필연적인 것임을 강조하면서 이러한 표현에도 '숨 쉴 공간'을 허용하되, 법적으로 용인할 수 없는 한계를 넘을 때 엄정하게 대응해야 함을 강조했다. 또한 부적절한 표현에 대해 무조건 법적 책임을 부과하려고 해서는 아니 되며, 도의적·정치적 책임을 져야하는 경우에는 '법적 판단으로부터 자유로운 중립적인 공간'으로 남겨두어야 한다고 보았다. 이러한 법원의 판단을 고려해 볼 때 허위정보규제를 위한 입법은 매우 신중해야할 것이다. 사소한 오류나 과장 및 부정확함은 표현의 과정에서 수반될 수밖에 없는 것이기 때문에 어느 정도의 허위나 오류가 있는 표현을 규제할 것인지를 결정하는 것도 어려운 일이다.

허위정보를 규제하기 위한 법률적 대응책이 마땅하지 않은 상황에서 인공지능의 등장은 상황을 더욱 복잡하게 만들고 있다. 인공지능을 활용한 딥페이크 등 허위정보가 확산되면서 이를 규제하기 위한 법안도 여러 차례 발의된 바 있다. 2023년 11월 15일에 발의된 정보통신망법 개정안(의안번호 25438)은 제안이유에서 '포털, 동영상, 소셜미디어 플랫폼 등 정보통신망을 통하여 유통되는 가짜뉴스 및 딥페이크 기술을 악용한 동영상을 활용한 피해를 예방하기 위하여 타인에게 손해를 끼칠 목적으로 공공연하게 거짓의 사실을 드러내는 허위 내용의 정보 및 타인의 얼굴, 신체 또는 음성을 대상으로 한 촬영물·영상물 또는 편집물이나 합성물의 유통을 금지하고 위반 시 처벌하는 것'을 그 목적으로 하였다. 제44조 제1항은 이용자 권리보호 등을 위해 1) 사생활 침해 또는 명예훼손 등 타인의 권리를 침해하는 정보, 2) 타인에게 손해를 끼칠 목적으로 공공연하게 거짓의 사실을 드러내는 허위 내용의 정보, 3) 타인의 의사에 반하여 사람의 얼굴,신체 또는 음성을 대상으로 한 촬영물·영상물 또는 음성물을 편집·합성·가공한 정보의 유통을 금지하고, 이를 위반 시 7년 이하 징역, 10년 이하 자격정지 또는 5천만 원 이하의 벌금에 처한다고 규정하였다.

2023년 6월에는 인공지능을 이용하여 허위 정보나 명령 등을 입력하는 방법으로 여론조사를 조작하여 얻은 결과를 선거운동에서 활용하지 못하도록 하기 위한 공직선거법 개정안(의안번호 22569)도 발의된 바 있다. 2022년 발의된 공직선거법 개정안(의안번호 14447)은 후보자와 그 친인척에 관한 딥페이크 제작물을 만들거나 유포할 때는 가상의 제작물임을 명확하게 식별할 수 있도록 기술적 조치를 취할 의무를 규정했으며, 당선 또는 낙선 목적의 딥페이크 영상 제작과 편집, 합성, 유포 등도 규제하였다. 이처럼 인공지능을 활용한 허위정보와 딥페이크를 막기 위한 법률적 노력이 지속되고 있는데 아직까지 사회 전반의 인공지능 오남용을 막기 위한 근본적 대책은 마련되지 않고 있다.

미국에서도 연방정부 차원에서 딥페이크를 규제하기 위해 여러 법안들이 연방의회에 제출되었으나 통과되지는 못하였다. 가령, 2018년 12월에 연방의회에 제출된 '악의적 딥페이크 금지법(Malicious Deep Fake Prohibition Act of 2018)'은 범죄나 불법행위를 야기하는 딥페이크를 제작할 경우 처벌하는 내용을 담고 있었다. 주 차원에서는 캘리포니아와 텍사스가 선거에 영향을 미칠 목적으로 가짜 동영상을 만들어 배포하는 등의 행위를 규제하는 법률을 제정하여 딥페이크 규제를 시도하고 있다(허순철, 2022).

## Section 04 | 인공지능과 사회적 혼란

ChatGPT에게 특정 인물에 관해 질문하거나 정보제공을 요청할 경우 유용한 답변을 얻을 수 있으나 허위내용도 포함되어 있을 가능성이 있다. 특히 생성형 AI가 어떤 인물에 대해 완전히 허구인 사실관계를 지어내어 이용자에게 제공할 경우 심각한 명예훼손이 발생할 수도 있다. 실제로 미국의 조지 워싱턴대학교 로스쿨 조나단 터리(Jonathan Turley) 교수는 동료 변호사로부터 충격적 이야기를 들었다. 2023년 동료 변호사가 ChatGPT에게 "성범죄 전력이 있는 미국의 법학자를 알려 달라"라고 질문을 던졌더니 "터리 교수가 2018년 3월 학생들과 함께 알래스카 여행 도중 학생을 상대로 성범죄를 저질렀다"라고 매우 구체적인 답변을 허위로 작성했기 때문이다. 또한 이러한 성범죄 혐의에 대한 근거로 워싱턴 포스트의 2018년 8월 기사까지 허위로 생성하여 제시했다. 이 사건은 생성형 인공지능이 명예훼손이라는 법률적 위험을 현실화시켰다는 점에서 주목을 받았다.

2023년 6월 미국의 라디오 진행자 마크 월터스(Mark Walters)는 법원에 ChatGPT 운영업체인 OpenAI를 상대로 명예훼손 소송을 제기했다. 어느 기자가 ChatGPT에게 연방법원 판결문을 요약해달라고 요청했더니 ChatGPT는 판결문 요약본에 "월터스가 최소 5백만 달러 이상의 금액을 횡령하여 고소당했다"라는 허위내용을 포함시켰다. 기자는 이러한 허위내용을 보도하지는 않았으나 월터스에게 이러한 내용을 알려주었고, 월터스는 소송을 제기한 것이다. 호주에서도 ChatGPT가 소도시 시장이 뇌물 사건에 연루되었다는 허위정보를 제공하여 명예훼손 소송이 제기된 바 있다. 향후 인공지능이 생성한 콘텐츠로 인한 법률적 분쟁의 가능성은 더욱 높아질 것이다. 이처럼 생성형 인공지능이 그럴듯하게 보이지만 사실과 다르거나 맥락과 무관한 결과물을 생성해내는 것을 환각(hallucination) 현상이라고 부른다. 인공지능이 그럴듯한 허위정보를 답변 중간에 끼워 넣거나 신뢰를 높일만한 조작된 언론기사를 증거처럼 제공함으로써 이용자들에게 제공된 정보를 신뢰하게 만들기 때문에 인공지능 환각의 위험성은 더 커지고 있다.

딥페이크 기술을 이용한 성범죄도 증가하고 있다. 딥페이크 이미지를 이용한 성범죄는 수익을 얻기 위한 목적뿐만 아니라 개인의 사적 보복에도 활용되고 있어서 심각한 사회문제가 되고 있다. 헤어진 연인의 모습을 딥페이크 기술을 이용하여 음란물을 만들어 유포하는 중대한 성범죄도 국내외에서 발생하고 있다. 방송통신심의위원회 자료에 따르면 딥페이크 기술로 성적 허위영상을 만들어 배포하는 범죄가 국내에서 해마다 크게 증가하고 있다. AI 이미지생성 프로그램을 이용하여 아동·청소년 성착취물 360개를 제작·소지한 피의자가 구속되었으며, 연예인 등의 허위영상물 3,000여 개를 제작해 텔레그램으로 판매한 피의자도 구속되었다. 달리(DALL·E), 미드저니(Midjourney) 등 이미지생성 인공지능이 일반인 사이에서도 널리 이용되면서 딥페이크 성범죄 이미지나 영상의 제작 및 유포 가능성도 더욱 증가하리라 예상된다.

선거를 앞두고 딥페이크나 허위정보의 위험성도 전 세계 각국에서 우려되고 있다. 2023년 10월 바이든 대통령은 인공지능으로 생성된 콘텐츠를 식별하고 공식 콘텐츠를 인증하기 위한 표준을 만드는 내용 등이 포함된 AI 행정명령에 서명했다. 같은 달에는 캐나다, 프랑스, 독일 등 주요 7개국(G7)과 유럽연합이 인공지능 기술의 위험과 잠재적 오용 가능성에 대비하기 위해 국제 행동강령 마련에 합의했다. 이 강령은 기업이 인공지능 수명주기 전반에 걸쳐 위험을 식별, 평가 및 완화하기 위한 적절한 조치를 취하도록 하고 인공지능 제품이 시장에 출시된 후 사고 및 오용 패턴을 해결할 것을 촉구하였다. 구글, 메타, 마이크로소프트, 아마존, OpenAI 등 주요 인공지능 기업들도 인공지능 콘텐츠에 워터마크를 넣는 등의 안전조치를 자발적으로 취하겠다고 밝혔다. 구글 딥마인드(Google DeepMind)는 인공지능이 이미지를 만든 경우 눈에 보이지 않는 디지털 워터마크를 넣은 기술인 신스ID(SynthID)를 공개했는데, 이를 통해 원본 이미지의 일부 픽셀정보를 특정 패턴에 따라 약간만 수정하여 육안으로는 워터마크가 보이지 않지만 딥페이크 이미지를 식별해낼 수 있다. 그러나 대응기술을 무력화시키는 새로운 기술이 개발되리라는 우려도 있어서 결국 기술적 대응과 법제도적 대응, 자율규제 등 다층적 측면에서 인공지능으로 인한 사회적 혼란을 막기 위한 노력이 필요하다.

## Section 05 | 인공지능과 혐오표현

혐오표현(hate speech)은 역사적, 사회적 소수자들을 대상으로 하여 편견과 차별을 조장하고 강화하는 표현을 의미한다. 혐오표현의 개념에 대해서는 학술적으로 다양한 의견이 존재하지만, 일반적으로 성별, 장애, 종교, 나이, 출신지역, 인종, 성적 지향 등을 이유로 특정 개인이나 집단을 ① 모욕, 비하, 멸시, 위협하거나 ② 차별과 폭력을 선전, 선동하여 차별을 정당화, 조장, 강화하는 효과를 갖는 표현을 뜻한다. 국가인권위원회가 발간한 <혐오표현리포트>(2019)에 따르면 혐오표현의 개념적 요소로는 ① 특정 속성을 가진 집단을 표적으로 삼고, ② 그 집단에 대한 부정적 편견과 고정관념을 바탕으로 구성원을 모욕, 비하, 멸시, 위협하거나 차별과 폭력을 선전, 선동하며, ③ 물리적 공격이 아닌 언어를 사용한 차별과 혐오라는 특성이 있다.

온라인 환경에서는 혐오표현이 더욱 쉽게 확산된다. 디지털 공간에서 혐오표현은 즉각적으로 퍼져나가며, 이는 상대방에게 정신적으로 큰 피해를 입힐 수 있다. 온라인 혐오표현으로 인한 우울감과 스트레스는 사회적 비용을 증가시키고, 자유롭고 활발한 토론을 저해하며, 사회의 분열을 조장하여 사회 통합을 해치는 결과를 초래한다. 이러한 이유로, 혐오표현에 대한 적극적 대응책이 필요하다는 목소리가 높아지고 있다. 이에 구글, 메타 등 글로벌 플랫폼들도 혐오표현에 대한 적극적인 대처를 시작했다. 유튜브는 인종, 연령, 이민, 종교, 성적 지향 등을 이유로 개인이나 집단에 대한 폭력 또는 혐오감을 조장하는 콘텐츠를 금지하고, 위반 시 해당 콘텐츠를 삭제하는 등의 조치를 취하고 있다. 메타 또한 페이스북을 통해 혐오표현을 세 가지 층위로 나누어 관리하며 구체적인 예시를 제공하고 있다.

한국에서도 혐오표현 문제는 점차 심각해지고 있다. 유대인에 대한 차별과 증오로 인해 세계대전을 겪은 유럽이나 인종차별의 역사가 깊은 미국과는 달리, 한국에서 혐오표현이 사회적 문제로 부각되기 시작한 것은 2000년대 들어서부터이다. 특히 2000년대 후반부터 외국인 근로자 및 다문화가정이 증가하면서 온라인에서의 혐오표현이 눈에 띄게 증가했다. 2015년 강남역 살인사건 이후 성별을 이유로 한 혐오표현이 급증했고, 코로나19 팬데믹 기간 동안에는 중국인과 특정 종교에 대한 혐오표현이 급증했다. 한국 사회의 구성과 갈등이 다양해질수록 혐오표현 문제도 더욱 심각해질 것으로 예상된다.

인공지능 기술의 발달은 혐오표현 문제를 더욱 악화시키고 있다. 인공지능이 인간의 편향적이고 차별적인 표현을 학습하여 혐오표현을 확대 재생산하고 확산시키기 때문이다(김희정, 2022). 2016년, 마이크로소프트(MS)가 선보인 인공지능 챗봇 '테이(Tay)'는 이용자들과의 대화에서 학습한 내용을 바탕으로 '대량학살을 지지한다'는 등의 혐오표현과 비속어를 쏟아내어 출시한 지 16시간 만에 서비스가 중단되었다. 2021년에는 페이스북 인공지능이 흑인이 등장하는 동영상을 시청한 사용자에게 '영장류'에 관한 동영상을 계속 볼 것인지 묻는 문구를 띄워 거센 비난을 받았다. 페이스북은 여러 데이터 세트를 구축하고 피부색 인식 작업을 거쳤음에도 인공지능의 편향을 해결하지 못했다고 해명했다.

한국에서도 유사한 문제가 발생했다. 2021년, 페이스북 메신저 기반으로 출시된 AI 챗봇 '이루다'는 딥러닝을 통해 이용자들과 대화하며 학습 데이터를 쌓았지만, 그 과정에서 사회적 소수자와 여성에 대한 혐오표현을 제시하여 큰 논란을 일으켰다. 그러나 '이루다'의 경우 마이크로소프트의 '테이'와는 챗봇 생성과정에서 차이점이 있었음이 나중에 밝혀졌다. '테이'는 백인우월주의와 여성 및 무슬림 혐오 성향을 가진 익명 사이트 사용자들이 차별적 발언을 반복적으로 학습시킨 결과로 혐오표현을 하였다. 그러나 개인정보보호위원회의 조사 결과, '이루다'는 카카오톡 대화 약 1억 건을 응답 데이터베이스로 구축하고 그중 한 문장을 선택하여 발화하는 방식으로 운영된 것으로 나타났다. 즉, AI가 학습을 통해 혐오표현을 생성해낸 것이 아니라 현실

세계에서 수집된 카카오톡 대화 문장을 그대로 인용하여 제공했다는 점에서 '테이'와는 차이점이 있었다. 또한 '이루다' 개발사는 자사의 다른 서비스 과정에서 수집된 카카오톡 대화를 활용하면서 제대로 동의를 얻지 않거나 가명정보 처리도 부실하게 행했던 것으로 드러나서 시정조치 등이 명해졌다. 결국 인간의 차별적이고 편향적인 언행은 인공지능 학습과정 및 인공지능 생성물 표출과정에서도 그대로 반영될 수밖에 없다. 인공지능이 인간의 문제점을 해결하리라는 기대보다는 인공지능을 통해 인간의 문제점이 그대로 표출된다는 사실을 염두에 두어야 할 것이다.

# 참고문헌

김희정 (2022). 인공지능 윤리와 형사정책적 시사점: 형사사법에서의 인공지능 윤리 이슈를 중심으로. <형사정책>, 34권 1호, 79-110.

박아란 (2019). '가짜뉴스'와 온라인 허위정보(disinformation) 규제에 대한 비판적 검토. <언론정보연구>, 56권 2호, 113-155.

박아란 (2021). 인공지능, 법 · 윤리 · 저널리즘의 이해. 서울: 커뮤니케이션북스.

박용상 (2019), 영미 명예훼손법. 파주: 한국학술정보.

허순철 (2022). 유튜브 딥페이크 영상과 허위사실 공표. 미디어와 인격권, 8권 1호, 1-47.

Park, Ahran & Kyu Ho Youm (2019). Fake News From a Legal Perspective: The United States and South Korea Compared. *Southwestern Journal of International Law,* 25(1), 100-119.

Posetti, Julie & Alice Matthews (2018). A Short Guide to the History of 'Fake News' and Disinformation. International Center for Journalist.

chapter

12

# 생성형 AI에서 알고리즘 규제 이슈와 과제

손도일 · 안다연*

## Section 01 | 들어가는 말

ChatGPT의 등장으로 생성형 인공지능에 대한 관심이 폭발적으로 증가하였다. 생성형 인공지능은 사용자가 원하는 결과를 단순히 검색하는 기존의 인공지능과는 달리 검색 결과를 바탕으로 사용자가 원하는 결과물을 생성하는 인공지능이다. 여기에 사용되는 알고리즘은 기존 자료를 통계적으로 분석 및 해석하는 단계를 거쳐서 결과물을 새롭게 생성하게 되므로 기존의 알고리즘에서 한 단계를 진화한 알고리즘이라고 할 수 있다. 따라서 생성형 인공지능에서의 알고리즘에 관한 논의는 기존의 인공지능 알고리즘보다 좀 더 고도화될 필요가 있다.

본 장에서는 생성형 인공지능 및 알고리즘에 대한 이해를 바탕으로 알고리즘 이슈의 원인을 분석하고 주요 국가 및 글로벌 기업에서의 인공지능 및 알고리즘 규제 논의 경과를 살펴본다. 우선 인공지능 알고리즘에 대한 기존 논의를 전반적으로 살펴보면서, 생성형 인공지능에서 특히 중요성이 강조되거나 위험성이 증가할 우려가 있는 사항에 대해서는 해당 논의를 부연하

* 변호사 손도일(법무법인 율촌 IP & Technology 부문장)/변호사 안다연(법무법인 율촌 파트너)

였다. 이를 바탕으로, 앞으로 생성형 인공지능 기술의 발전을 촉진하면서 동시에 알고리즘의 내재적 위험성을 효율적이고 효과적으로 통제하기 위하여 직면하고 있는 과제와 전망을 살펴본다.

## Section 02 | 생성형 인공지능에 대한 이해

### 1. 생성형 인공지능이란

생성형 인공지능(Generative AI)[1]이란 인공신경망을 이용하여 새로운 데이터를 생성해내는 기술로 명령어를 통해 사용자의 의도를 스스로 이해하고 주어진 데이터로 학습, 활용하여 텍스트, 이미지, 오디오, 비디오 등 새로운 콘텐츠를 생성해 내는 인공지능을 의미한다. GPT(Generative Pre-trained Transformer)가 의미하는 바와 같이, 사전에 학습된(Pre-trained) 모델(Transformer)이 명령어(Input)에 따라 콘텐츠(Output)을 자동으로 생성하는(Generative) 인공지능이다. 즉, 생성형 인공지능은, 단순히 데이터를 통계적으로 분석하여 이를 기반으로 예측 또는 분류하는 딥러닝 기반 AI 기술이 아니라, 스스로 데이터를 찾아서 학습한 알고리즘을 통해 능동적으로 질문이나 과제를 해결하거나 데이터나 콘텐츠 등 결과물을 만들어 제시하는 한 단계 더 진화된 인공지능 기술이다.[2·3]

---

1 2024년 8월 기준 국회 계류중인 인공지능 관련 법안 중 「인공지능 발전과 신뢰 기반 조성 등에 관한 법률안」(정점식의원 대표발의 안)은 생성형 인공지능을 "글, 소리, 그림, 영상 등의 결과물을 다양한 자율성의 수준에서 생성하도록 만들어진 인공지능"으로 정의하고 있다(동 법률안 제2조 제4호).

2 조영복, 생성형 인공지능 알고리즘에 관한 연구, 충남대학교 법학과 박사학위 논문(2023), 22면

3 윤상혁, 양지훈, AI와 데이터 분석 기초: 디지털비즈니스 생존전략, 박영사, 2021

## 2. 생성형 인공지능에서의 알고리즘 이슈

### 1) 생성형 인공지능에서의 알고리즘

알고리즘(Algorithm)이란 주어진 문제를 논리적으로 해결하기 위해 필요한 절차, 방법, 명령어들을 모아놓은 것을 의미한다.[4·5] 즉, 알고리즘은 인공지능에서 입력된 데이터를 처리하여 새롭게 생성된 결괏값을 도출하는 기초가 되는 핵심 매커니즘이며, 특히, 생성형 인공지능에서의 알고리즘은 스스로 학습을 통해 능동적으로 고도화된다는 특성을 주목할 필요가 있다.

생성형 인공지능의 이용이 급격하게 증가하고 알고리즘의 활용 범위가 확대됨에 따라 인공지능 기술의 효용성이 증대되는 한편, 알고리즘에 내재된 문제점들이 대두되는 것은 필연적인 것으로 보인다. 특히 생성형 인공지능은 개발자 의도, 데이터 특성, 활용 환경으로 인하여 발생하는 일반적인 인공지능 알고리즘 문제 뿐만 아니라, 알고리즘이 스스로 진화하고 발전한다는 특성으로 인하여 조작, 편의, 검열, 차별, 사생활과 재산권의 침해, 권한 남용 등과 같은 더 심화된 역기능이 유발될 수 있다.[6] 이미 생성형 인공지능이 거짓된 정보를 생성함으로써 유발하는 환각 현상(Hallucination)이나

---

4 2024년 8월 기준 국회 계류중인 「정보통신망 이용촉진 및 정보보호 등에 관한 법률 일부개정법률안」(안철수의원 대표발의 안)은 알고리즘을 "어떠한 문제의 해결 또는 의사결정을 위하여 입력된 정보를 기초로 결과물을 이끌어내는 연산·논리·규칙 및 과정"으로 정의하고 있다(동 일부개정법률안 제2조 제15호)

5 Vidillion, Inc. v. Pixalate Inc. 사건에서는 다음과 같이 알고리즘을 계산, 데이터 처리, 데이터 마이닝, 패턴 인식, 자동 추론 또는 기타 문제 해결 작업 등을 하는 하나 이상의 프로세스, 규칙들 또는 방법론(이와 관련하여 수집되고 사용되는 데이터 포인트를 포함)으로 정의하기도 하였다.

"2.17 Algorithm: one or more process(es), set of rules, or methodology (including without limitation data points collected and used in connection with any such process, set of rules, or methodology) to be followed in calculations, data processing, data mining, pattern recognition, automated reasoning or other problem-solving operations, including those that transform an input into an output, especially by computer."

(https://www.law.cornell.edu/wex/algorithm 및 https://scholar.google.com/scholar_case?case=15329068204560889637&q 참조)

6 이윤아, 윤상오, "인공지능 알고리즘이 유발하는 차별 방지방안에 관한 연구", 한국거버넌스학회보 제29권 제2호, 2022년 8월, 178면

소셜미디어를 통해 빠르게 확산되는 가짜 뉴스, 딥페이크(deepfake) 이미지 또는 영상, 성별, 인종 또는 기타 소수자에 대한 부정적인 선입견을 보이는 알고리즘 편향 이슈가 목격됨에 따라 생성형 인공지능의 알고리즘 부작용에 대한 우려가 커 지고 있다.

이러한 우려는 생성형 인공지능 알고리즘 기술이 직면하고 있는 기술적, 경제적, 그리고 사회·윤리적 한계에서 기인한다.[7] ChatGPT 등과 같이 거대언어모델(Large Language Model, LLM)을 기반으로 학습된 정보를 새롭게 생성하는 생성형 인공지능의 경우, 학습하는 데이터의 범위, 신뢰성, 유용성 등의 효과적인 처리에 있어 존재하는 기술적 한계로 인하여 학습모델의 환각현상이 발생하는 등 우려가 이미 현실화되고 있다. 학습한 정보를 기초로 생성된 결과를 누구의 소유로 볼 것인가, 생성된 결과에 대한 저작권을 인정할 것인가 등 경제적 관점에서의 논의는 현재 진행형이다. 뿐만 아니라, 생성형 인공지능이 다양한 영역에서 경제적 부가가치를 창출하게 될 것으로 예상되는 바, 생성형 인공지능이 창출하는 부가가치의 귀속[8]에 대해서도 아직 판단기준이 마련되지 않았다. 또한, 생성형 인공지능이 도출하는 결과물 내 편향적 요소, 가짜 뉴스, 사이버 범죄 등의 사회적 한계 뿐만 아니라 개인정보 및 프라이버시 보호, 인권 침해 등 윤리적 한계도 많은 부작용을 유발할 우려가 있다. 특히, 생성형 인공지능이 생성해 낸 결과물이 타인의 권리를 침해하거나 불법적인 요소가 발견될 경우 이에 대한 법적 책임을 판단하는 기준도 아직 명확하게 정립되지 않았다.

---

7 이유환, "생성형AI시대의 현재와 미래", 충북 Issue & Trend Volume. 52, 2023. 6., 33-34면

8 생성형 인공지능이 경제적 활동을 하여 생성해 낸 부가가치를 인공지능 개발사, 인공지능을 사용 및 활용하는 자, 인공지능을 이용하는 고객 등 사이에 어떻게 이익을 귀속시킬 것인가, 또는 이익을 어떻게 공유할 것인가 등의 이슈를 예로 들 수 있다.

### 2) 생성형 인공지능에서의 알고리즘 이슈 발생 원인

그림 12-1 알고리즘 문제 개관

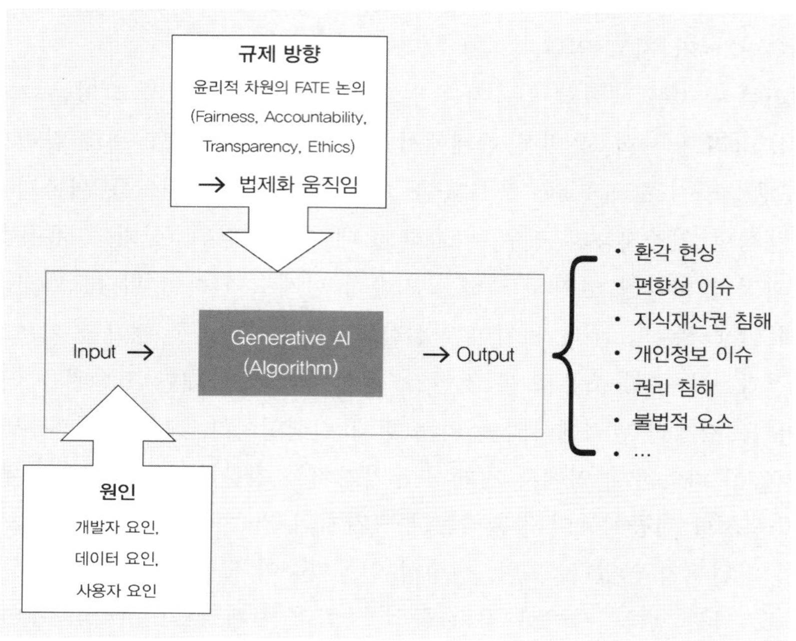


출처: 저자 작성

인공지능의 매커니즘 관점에서 알고리즘 이슈가 발생하는 원인은 크게 개발자 요인, 사용자 요인, 그리고 데이터 요인으로 나누어 살펴볼 수 있다.[9] 만약 생성형 인공지능 알고리즘을 개발하는 개발자가 의도적으로 차별적 결과를 초래하는 알고리즘을 계획 또는 설계하거나 개발자의 편견이나 편향, 무지 및 부주의로 인하여 알고리즘이 왜곡된 경우 개발자측 요인이 알고리즘 이슈를 유발하였다고 볼 수 있다. 반면, 알고리즘을 개발한 후 실제 사용과정에서 사용자와 상호작용을 통해 알고리즘이 차별적인 요소를 학습하고 이를 재생산하게 되는 경우와 같이 사용자적 요인이 알고리즘 이슈를 유발하기도 한다. 개발자 및 사용자와 같은 인적 요소 이외에도 알고리즘 학습의

9 이윤아, 윤상오, "인공지능 알고리즘이 유발하는 차별 방지방안에 관한 연구", (한국거버넌스학회보 제29권 제2호, 2022년 8월), 181면 내지 188면

자원인 데이터가 알고리즘 이슈를 유발하는 경우도 있다. 즉, 만약 알고리즘 학습에 기존 사회의 차별적 속성을 내포한 데이터가 보정 과정 없이 활용될 경우 이러한 데이터로 학습된 알고리즘에서는 편향성과 같은 알고리즘 이슈가 발현될 가능성이 있다.

## Section 03 | 생성형 인공지능의 알고리즘 규제 논의

### 1. 인공지능 규제 현황

인공지능의 역기능이 드러남에 따라 글로벌 주요 국가들 및 주요 기업들 사이에 인공지능 기술의 발전을 촉진함과 동시에 위험 요소에 대응하고 통제하기 위한 안전장치를 마련하고, 나아가 인공지능의 신뢰성과 안전성을 제고하기 위한 노력이 필요하다는 점에 대해 이미 사회적 공감대가 형성된 것으로 보인다. 이러한 사회적 공감대는 공정성(Fairness), 책임성(Accountability), 투명성(Transparency), 윤리의식(Ethics) 관점에서의 논의를 촉진하고 있다.[10]

- **공정성(Fairness):** 인공지능 알고리즘 학습에 이용되는 데이터에 편향과 차별적 요소가 내재되어 있는 경우, 알고리즘이 이를 답습하여 편향과 차별적 요소를 재생산할 우려가 있다. 이로 인해 인공지능이 적극적으로 활용되고 있는 각 분야에서 성별, 인종, 기타 소수자적 특성에 따라 자원을 불공정하게 배분하거나 고정관념이나 선입견을 포함한 결과를 생성해 냄으로써 기회를 박탈하거나 사회적 약자를 취약한 위치에 처하게 할 수 있다. 따라서 공정한 인공지능 알고리즘의 개발 및 활용은 알고리즘 규제 방향의 본질이라고 할 수 있다.

10 박소영, "인공지능의 FATE(공정성 · 책임성 · 투명성 · 윤리의식)를 위한 입법 논의 동향과 시사점," 국회입법조사처 이슈와 논점 제2111호 2023. 7. 4.

- **책임성**(Accountability): 책임성은 인공지능 알고리즘과 관련된 모든 이해당사자들에게 요구되는 요소이다. 인공지능을 설계·개발·배포·운용하는 자는 알고리즘이 목적에 부합하여 적절하게 작동하도록 설계하여야 하고 체계적인 관리, 감독하는 시스템을 구축하여 인공지능 알고리즘의 잠재적 리스크를 예방하여야 한다. 마찬가지로, 인공지능 알고리즘을 이용하는 사업자는 알고리즘 학습에 이용되는 데이터의 출처, 품질, 신뢰성, 대표성을 확인하고 지속적인 모니터링을 위한 효과적인 내부 거버넌스 체계를 구축하여야 한다.
- **투명성**(Transparency): 인공지능 알고리즘의 소위 블랙박스 현상[11]으로 인하여 인간은 알고리즘이 생성한 결과에 대해서 도출 경위와 근거를 알기 어려운 측면이 있다. 이로 인하여 인공지능이 유발하는 부작용과 역기능에 대해서 원인 규명, 해결방안 마련, 책임 소재 논의가 어려워지는 문제가 있다. 투명성은 인공지능의 신뢰성 제고라는 목적 관점에서 인공지능 알고리즘의 기획 단계에서부터 개발, 학습 및 이용 단계에 이르기까지의 일련의 과정에서 요구되며, 이와 관련하여 설명 가능한 인공지능(Explainable AI, XAI)에 대한 연구도 활발히 진행되고 있다.
- **윤리의식**(Ethics): 인공지능 알고리즘의 규제에 있어 가장 근간이 되는 요소라고 할 수 있다. 글로벌 주요 국가들은 인권 및 민주적 가치 등을 포함한 윤리 의식에 기반한 인공지능 개발 및 사용을 강조하여 왔다. 이에 따라 미국의 「인공지능(AI) 권리장전 청사진(Blueprint for an AI Bill of Rights)」(2022년 10월)[12]과 유럽연합(EU)의 「디지털 권리 및 원

---

11 AI 분야에서 블랙박스란 머신러닝, 특히 복잡한 딥러닝 기반의 AI 모델에서 두드러지는 문제로, 모델이 내부적으로 어떻게 작동하는지 관찰하거나 이해하기 어려운 문제를 의미한다.

12 미국이 2022년 10월 공개한 「인공지능 권리장전 청사진」(Blueprint for an AI Bill of Rights, https://www.whitehouse.gov/ostp/ai-bill-of-rights/)은 인공지능 기술과 자동화 시스템 설계 및 사용, 배포과정에서 시민의 권리를 보호하기 위한 지침으로, 미국 정부 차원에서 인공지능과 관련한 인권 보호 원칙을 처음으로 공식화한 것이다. 본 청사진은 안전하고 효과적인 시스템 구축(Safe and Effective Systems), 알고리즘을 통한 차별 방지(Algorithmic Discrimination Protections), 데이터 관련 사생활 보호(Data Privacy), 자동화 시스템의 활용에 대한 고지와 설명(Notice and Explanation), 인간 대안 마련 등

칙에 관한 선언문(European Declaration on Digital Rights and Principles for the Digital Decade)」(2022년 12월)[13] 등 각 국에서 관련 선언문 및 헌장이 발표되기도 하였다.[14]

인공지능 활용이 확대되고, 특히 생성형 인공지능이 등장하면서 알고리즘의 역기능에 대한 우려가 급격히 증가함에 따라, 위와 같이 인공지능 윤리 관점에서 논의되던 내용이 구체적인 규제 필요성 논의로 이어졌다. 이에 따라 주요국에서는 그동안 윤리적 차원에서 논의하였던 FATE(공정성·책임성·투명성·윤리의식)를 법제화하는 움직임을 볼 수 있다.

인공지능 관련 규제 마련에 가장 적극적인 모습을 보인 유럽연합(EU)은 2016년 이미 개인정보보호 규범의 국제 표준으로 자리 잡은 유럽연합 일반 개인정보 보호규정(EU General Data Protection Regulation, EU GDPR)에서 자동화된 의사결정에 관한 규정을 도입하였을 뿐만 아니라[15], 세계 최초로 인공지능에 관한 일반법인 EU 인공지능법(EU Artificial Intelligence Act)을 제정하였다. 2024년 3월 13일 유럽의회를 통과한 EU 인공지능법(안)은 5월 21일에 EU 이사

---

(Human Alternatives, Consideration, and Fallback) 5가지 원칙으로 구성되어 있으며, 원칙 실천을 위해 자동화된 시스템 설계시 고려해야 할 가이드라인(기술안내서)을 별도로 마련하였다.

13 유럽연합(EU)이 2022년 12월 발표한 디지털 권리 및 원칙에 관한 선언문(European Declaration on Digital Rights and Principles, https://digital-strategy.ec.europa.eu/en/library/european-declaration-digital-rights-and-principles) 은 EU의 핵심가치와 기본 원칙에 따라 '사람'을 중심으로 하는 안전하고 지속 가능한 디지털 전환에 대한 EU의 책무를 포함한다. EU 개별 국가의 수용성을 고려하여 구체적 실행보다는 원칙 차원에서 제시되었으며, 디지털 공간에서의 유럽적 가치와 인본주의의 구현을 강조하였다.

14 한국지능정보사회진흥원(NIA), "디지털 권리 보장을 위한 선언문 및 헌장 - EU, 스페인, 포르투갈 사례, 2023-01.

15 EU GDPR은 자동화된 의사결정에 대한 정보주체의 권리 조항을 통하여 간접적으로 알고리즘을 통제하고 있다. 구체적으로, 개인정보처리자(controller)는 정보주체에게 프로파일링을 포함한 자동화된 의사결정 프로세스가 존재하는지 여부 및 그 영향에 관하여 통지하여야 할 의무를 부담하고(제13조 및 제14조), 정보주체는 자신의 개인정보가 자동화된 의사결정에 따라 처리되는지 여부에 대한 확인을 구하고 정보주체에게 중대한 영향을 미치는 결정이 자동화된 의사결정에 의존하는 것에 대하여 이의를 제기할 권한을 보유한다(제15조 및 제22조). 이러한 규정의 취지는, 정보주체가 알고리즘에 의해 행해진 결정에 대해 질문하고 반박할 수 있는 권리를 가져야 한다는 것으로, EU GDPR이 개인정보의 관점에서 알고리즘 통제에 관한 기본적인 장치를 마련해 두었다고 볼 수 있다.

회에 의하여 최종 승인되었고, 단계별로 시행되어 2026년에 전면 시행될 예정이다. EU 인공지능법은 기본적으로 인공지능을 위험 수준에 따라 분류하여 인공지능 유형별로 차등화된 규제를 적용하고 있다. 동 EU 인공지능법은 본고를 작성하는 2024년 8월을 기준으로 인공지능 영역에 있어서 가장 상세하고 광범위한 영향력을 미치는 법률이라고 할 수 있다.

미국에서도 국가 인공지능 계획수립 및 시행을 담당할 기구와 위원회 설립에 관한 「2020 국가 인공지능 이니셔티브법(National Artificial Intelligence Initiative Act of 2020)」, 인공지능 분야에서 미국의 경쟁력을 강화하기 위하여 인공지능 관련 프로그램 및 시책을 장려하는 내용의 「미국 인공지능진흥법(Advancing American AI act)」 등이 마련되었다. 한편, 미국은 인공지능 관련 법률의 제정 이전부터 관련 행정명령들을 발령하였는데, 대표적으로 인공지능 분야에서 미국이 선도하는 과학적·기술적·경제적 지위를 유지하기 위한 연방정부의 전략 목표를 규정한 「미국의 인공지능 선도적 지위 유지(Maintaining American Leadership in Artificial Intelligence)를 위한 행정명령(제13859호)」(2019년 2월), 「연방정부의 신뢰할 수 있는 인공지능 사용 촉진(Promoting the Use of Trustworthy Artificial Intelligence in the Federal Government)을 위한 행정명령(제13960호)」(2020년 12월), 그리고 「안전하고 보안이 보장되며 신뢰할 수 있는 인공지능의 개발과 사용(Safe, Secure, and Trustworthy Development and Use of Artificial Intelligence)에 관한 행정명령(제14110호)」(2023년 10월) 등이 있다.[16]

이와 같이 유럽연합(EU)와 미국을 비롯한 세계 각국이 인공지능과 관련한 글로벌 표준에 자국의 입장을 더 많이 반영하기 위하여 경쟁적으로 인공지능 관련 규범 정립에 나서면서 국제사회의 AI 규범 관련 주도권 경쟁이 본격화되고 있으며, 특히, 인공지능 분야에서 기술 및 경제적으로 선도적 지위를 유지하고자 하는 미국은 원칙 기반 규제를, 이 분야 기술을 확보해야 하는 유럽연합의 경우 규칙 기반 규제를 취하고 있는 것으로 보인다.

16 법제처 미래법제혁신기획단, "인공지능(AI) 관련 국내외 법제 동향", 2024.7., 30-31면

## 2. 인공지능 규제 방향 – EU 인공지능법을 중심으로

앞서 살펴본 바와 같이, EU 인공지능법은 세계 최초로 제정된 인공지능에 관한 일반법으로, 2021년에 처음으로 법안이 제시된 이후 여러 국가에서의 심도 있는 논의를 통해 사실상 인공지능 전반에 관한 상세한 내용을 담고 있다. 특히, 동 인공지능법은, 인공지능 시스템 개발 장소가 EU 역내 또는 역외인지 여부를 불문하고 해당 인공지능이 EU 관련성이 높은 경우(예를 들어, 인공지능 개발장소가 EU인 경우, 개발장소가 EU 역외에 위치하나 생산된 인공지능이 EU 역내에서 활용되는 경우 등)에 적용되므로[17] 우리나라 기업들에 적용될 가능성이 상당하다는 점에서 그 내용을 구체적으로 살펴볼 필요가 있다. 또한, EU 인공지능법이 최종 승인된 2024년 5월은 생성형 인공지능이 이미 본격적으로 활성화된 이후라는 점에서, EU 인공지능법에는 생성형 인공지능 및 그 알고리즘 규제에 대한 논의도 함축되어 있다고 볼 수 있을 것이다.

이하에서는 인공지능 관련 일반법으로서 규칙 기반 규제를 하는 EU 인공지능법의 주요 내용을 살펴보고, 한국에서의 인공지능 규제 논의 및 방향과 비교하여 살펴본다.

### 1) EU 인공지능법의 주요 내용

EU 인공지능법은 인공지능의 위험성 정도에 따라 규제의 내용을 달리하는 위험기반 규제(risk–based approach)를 채택하여 인공지능을 수인불가 위험(Unacceptable risk), 고위험(High–risk), 제한적 위험(Limited risk), 최소 위험(Low or minimal risk) 인공지능으로 구분하고 각 위험 수준에 상응하는 인공지능 시스템별 차등 규제를 도입하였다.

우선, EU 인공지능법은 수인불가 위험 수준에 대하여 금지되는 인공지능 관행(Prohibited AI Practices)라는 개념을 도입하고, 의사결정 왜곡, 특정 집단의 취약성 악용, 사회적 평점(Social scoring), 프로파일링을 이용한 범죄 예측, 안면 인식 데이터베이스, 직장/교육기관에서의 감정 추론, 생체인식 분류, 실시간 원격 생체인식 신원확인과 같은 총 8가지 영역에서 금지되는 인공지

17 EU 인공지능법 제2조

능 관행을 명시하고 있다(제5조). 각 영역에서 인간의 존엄성, 자유와 평등, 기본권 등에 중대한 침해가 우려되는 인공지능 시스템을 금지하면서, 일부 영역에서 제한적으로 예외를 인정하고 있다.

다음으로, 고위험 인공지능 시스템은 EU 인공지능법에서 가장 높은 비중으로 다루어지고 있는 유형이다. 고위험 인공지능 시스템은, 인공지능 시스템이 제품의 안전 구성 요소[18]로 사용되도록 설계되었거나 인공지능 시스템 자체가 부속서(Annex) I에 나열된 유럽연합 법률의 적용을 받는 제품인 경우, 혹은 인공지능 시스템이 출시 또는 서비스를 위하여 부속서 I에 따라 시장 출시 또는 서비스를 개시하기 이전에 적합성 평가를 받아야 하는 인공지능 시스템을 의미한다. 그 외에도 부속서 III에 따른 인공지능 시스템은 고위험 시스템으로 간주된다(제6조).[19]

**표 12-1 EU인공지능법의 고위험 인공지능 시스템 분류**

| 유형 | 분류 |
|---|---|
| 부속서 I에 열거된 유럽연합 법률의 주요 영역 | [제A절] 기계류, 장난감, 레저용 선박, 승강기 및 안전부품, 폭발환경 장비와 보호 시스템, 무선설비, 압력장비, 공중 케이블(삭도), 개인보호장비, 기체연료 연소기기, 의료기기, 체외 진단 의료기기 |
| | [제B절] 민간항공, 이륜 · 삼륜 · 사륜 차량, 농업 · 삼림용 차량, 해양장비, 철도, 자동차 · 트레일러 및 자동차 시스템 · 부품 · 개별기술(탑승자 · 보행자 보호 위한 것 포함), 무인항공기 및 원격 조정 관련 항공기 |

18 안전 구성요소(Safety component)란 제품 또는 인공지능 시스템의 안전 기능을 수행하거나, 작동오류 또는 미작동으로 인해 사람의 건강·안전 및 자산을 위험하게 할 수 있는 AI 시스템 또는 제품의 구성요소를 의미한다 (EU 인공지능법 제3조 제14호).

19 다만, 의사결정 결과에 실질적으로 영향을 미치지 않는 등 건강, 안전 또는 기본권에 심각한 위험을 초래하지 않는 경우로서 인공지능 시스템이 (a) 제한된 범위의 절차적 작업을 수행하는 경우, (b) 이미 완료된 인간 행동 결과를 개선하기 위한 경우, (c) 의사결정 규칙 또는 이미 행해진 의사결정 규칙과의 편차 파악(단, 적절한 사람의 검토 없이는 이미 완료된 사람 평가를 대체하거나 해당 평가에 영향을 미쳐서는 아니됨), (d) 부속서 III에 열거된 인공지능 이용사례의 목적 관련 평가를 위한 준비 작업 수행의 경우는 고위험 인공지능으로 보지 않는다. 다만, 부속서 III에 따른 인공지능시스템이 자연인에 대한 프로파일링을 수행하는 경우에는 항상 고위험 인공지능 시스템으로 간주한다(EU 인공지능법 제6조 제3항).

| 부속서 III | ① 생체 인식 · 분류(감정인식 포함), ② 중요 기반시설 (중요 디지털 기반시설, 도로교통, 물공급, 가스, 난방, 전기), ③ 교육 및 직업훈련, ④ 고용, 근로자 관리 및 자영업, ⑤ 보조금, 필수 개인 서비스 및 공공서비스, ⑥ 법 집행, ⑦ 이민, 망명 및 국경 관리, ⑧ 사법 및 민주절차 |
|---|---|

고위험 인공지능 시스템에 대해서는 적합성 평가를 받거나 또는 시장 출시 전 영향평가, 시장 출시 후 모니터링 · 보고 · 위험관리 의무 등 엄격한 의무가 부과된다. 구체적으로는, EU 인공지능법은 제3장 제5절(Chapter III: High－Risk AI Systems, Section 5: Standards, Conformity Assessment, Certificates, Registration)에서 적합성 평가 대상, 적합성 평가 유형, 적합성 선언, 인증서 발급 및 CE(Conformité Européene) 표시 등에 관한 사항을 구체적으로 정하고 있다. 또한, 고위험 인공지능 시스템은 출시되기 전에 다음의 7가지 요건을 갖추어야 하며, 고위험 인공지능 시스템에 대한 이해관계자들은[20] 각 이해관계자 유형에 따라 차등화된 의무를 부담한다.

① **위험관리체계 수립 및 이행 등**: 고위험 인공지능 시스템의 전 생애주기에 걸쳐 위험관리체계를 수립하고 문서화를 하여야 한다. 위험관리체계는 위험 식별 분석, 위험 추정 평가, 사후 시장 모니터링 통해 발생 가능한 기타 위험 평가, 적절한 위험 관리 조치 채택 등의 단계로 구성되며, 계속적으로 계획 · 운영되어야 한다(제9조).

② **데이터 거버넌스 구축 및 데이터 관리**: 알고리즘 학습 · 검증 · 테스트에 사용되는 데이터는 고위험 인공지능 시스템의 의도된 목적에 적합한 데이터 거버넌스 및 관리 체계 하에서 수집 절차 및 출처, 라벨링 · 주석 · 정제 등 데이터 준비 절차, 데이터 격차 · 흠결 파악 등을 거쳐야 하고, 충분한 대표성을 보유하며, 해당 시스템이 사용될 특정 맥락, 기능, 지리적 요소의 특징을 충족하여야 한다(제10조).

20 고위험 인공지능 시스템에 대한 이해관계자는 (i) 제공자(provider), (ii) 배포자(deployer), (iii) 공인대리인(authorized representative), (iv) 수입업자(importer), (v)유통업자(distributer), (vi)제품 제조업자(product manufacturer), (vii) 공급자(supplier) 그리고 공급자를 제외한 (i)~(vi)을 총칭하는 개념인 운영자(operator)가 있다.

③ **기술문서 작성**: 고위험 인공지능 시스템의 출시 및 서비스 개시 이전에 해당 인공지능 시스템이 관련 요건을 충족함을 입증하고 국가관할당국 등에 요건 충족 평가에 필요한 정보를 제공할 수 있도록 기술문서를 작성하고 최신으로 유지하여야 한다(제11조).

④ **기록관리**: 고위험 인공지능 시스템은 생애주기 동안의 이벤트(log)를 자동으로 기록함으로써 위험을 초래할 수 있는 상황을 확인하고 시스템의 운영을 모니터링할 수 있어야 한다(제12조).

⑤ **배포자에 대한 투명성 및 정보의 제공**: 배포자가 시스템 산출물을 해석하여 적절하게 사용하도록 투명하게 개발되어야 하고, 배포자가 이해할 수 있도록 간결하고 완전·정확한 정보를 포함하는 사용 지침을 제공하여야 한다(제13조).

⑥ **인간에 의한 감독**: 자연인이 효과적으로 감독할 수 있는 방식으로 설계 및 개발되어야 한다. 인적 감독 조치는 시스템의 위험, 자율성 수준 및 사용 맥락에 상응하면서 제공자가 출시 이전에 구축한 조치 혹은 제공자가 식별한 조치로서 배포자가 이행하기에 적절한 조치들 중 하나를 고려하여야 한다(제14조).

⑦ **정확성, 견고성 및 사이버 보안**: 고위험 인공지능 시스템은 전 생애주기 동안 정확성, 견고성(robustness), 사이버 보안을 유지하도록 설계 및 개발되어야 한다(제15조).

EU 인공지능법은 상술한 고위험 인공지능 시스템 관련 의무사항 중 하나로서 투명성 의무뿐만 아니라, 추가적으로 별도의 투명성 의무를 규정하고 있다(Chapter IV, Article 50. Transparency Obligations for Providers and Deployers of Certain AI Systems). 즉, 사람과 교류하는 인공지능 시스템은 이용자에게 해당 시스템과 상호작용하고 있음을 알릴 수 있도록 설계 및 개발되어야 하고, 감정 인식 시스템이나 생체인식 분류 시스템의 배포자는 이용자에게 이러한 점을 알리고 개인 데이터를 EU 관계 법령에 따라 처리하여야 한다. 특히, 이 투명성 의무는 생성형 인공지능에 대한 직접적인 규제 수단을 제시한다는 점에서 주목할 필요가 있는데, 이미지, 영상, 또는 텍스트 콘텐츠를 생성하는 생성형 인공지능 시스템은 해당 시스템이 도출한 산출물이 생성형 인공지능을 통해 생성된 결과임을 알려야 하고, 딥페이크 등을 생성하는 인공지능 시스템은 해당 콘텐츠가 인공적으로 생성되었거나 조작되었음을 분명하게 시각적 방법으로 표시(라벨링 등)하여야 할 의무를 부담한다.

또한, EU 인공지능법은 제5장(Chapter V: General-Purpose AI Models)을 통해 범용 인공지능 모델[21]에 관하여 규정하고 있다. 범용 인공지능 제공자는 학습 절차 및 평가결과 등 포함한 기술문서 작성, EU 저작권법 준수를 위한 정책 마련, 학습에 사용된 콘텐츠에 관한 충분히 상세한 요약서를 작성하는 등의 의무를 부담한다. 특히, 구조적 위험(Systematic risk)[22]이 있는 범용 인공지능[23] 제공자는 리스크를 식별하고 완화하기 위하여 위 의무 뿐만 아니라 적대적 테스트 수행하고 문서화하는 등 표준화된 프로토콜과 도구에 따라 모델 평가를 수행해야 하는 의무 등을 부담한다.

### 2) 한국의 인공지능 규제 논의 현황

한국에서의 인공지능 규제는 인공지능 기술 산업의 진흥과 발전을 촉진하기 위한 방향과, 인공지능 역기능에 대응 내지 예방하기 하기 위한 규제의 균형 사이에서 다양한 논의가 있어 왔다. 특히, 인공지능과 같은 첨단 과학기술 분야의 규제 방식은 입법을 통한 규제보다는 연성 규범적 접근을 취하여 윤리규범이나 각종 가이드라인에 의한 규율을 도모함으로써 다양한 이해관계자 간 소통을 통해 문제점을 해결하는 자율규제 환경을 조성하는 방향으로 다뤄왔다.

---

21 EU 인공지능법 제3조 제63호

22 EU 인공지능법 제3조 제65호

23 만약 (i) 적절한 기술적 도구 및 방법론에 근거하여 평가한 결과 '고영향 성능(high impact capabilities)'을 보유하거나, 또는 (ii) 범용 인공지능 모델이 위 (i)에 상응하는 성능 또는 영향을 보유한다는 EU 집행위원회의 결정(범용 인공지능 고영향 성능이 EU 역내 시장에 심각한 영향을 주고 공공의 건강·안전·기본권 및 사회 전체에 대한 영향력이 실질적이고 합리적으로 예견되며, 가치사슬 전체에 걸쳐 전파될 수 있는 부정적 영향을 가진 위험이 있다는 결정) 또는 과학 패널의 경고가 있는 경우, 범용 인공지능 모델은 구조적 위험(Systemic risk)이 있는 범용 인공지능에 해당된다.

구체적으로, 관계 부처들은 앞서 살펴본 FATE(Fairness, Accountability, Transparency, Ethics)와 같은 맥락에서 인공지능 알고리즘의 개발, 이용 및 관리에 적절한 알고리즘 거버넌스를 구축함과 더불어, 신뢰가능한 인공지능 알고리즘을 데이터, 투명성, 공정성, 안전성 관점에서의 핵심 관리 요소에 대한 구체적인 가이드라인[24]을 제공하거나, 신뢰할 수 있는 인공지능 개발을 위하여 개발 및 검증에 있어 계획 및 설계, 데이터 수집 및 처리, 인공지능 모델 개발, 시스템 구현, 운영 및 모니터링 각 단계별로 실무관점에서 참고할 수 있는 가이드라인[25] 등을 제시해 왔다. 특히, 인공지능 활용 수요가 폭발적으로 증가하고 있는 금융이나 의료 등 산업 영역에 대해서 위험요소를 효율적으로 관리하면서 자율 규제를 해치지 않도록 하기 위한 다양한 가이드라인이 제시되었다.[26]

한편, 알고리즘의 학습의 자원으로서 뿐만 아니라 알고리즘 활용 및 운영 과정에서 처리하게되는 데이터(개인정보)와 관련하여, 개인정보보호위원회(이하 "개인정보위") 역시 다음 표와 같이 다양한 가이드라인을 배포한 바 있다.

개인정보위의 가이드라인은 개인정보 처리에 중점을 둔 것이지만, 알고리즘이 개인정보가 포함된 데이터를 처리하는 경우에 관한 지침으로 알고리즘의 학습 및 이용에 있어서 가이드 역할을 한다고 볼 수 있다. 특히, 생성형 인공지능 알고리즘에서 데이터 학습 또는 처리 과정에서 개인정보의 침해 가능성이 더 높아질 가능성이 있다는 점에서 각종 가이드라인이 제시하는 내용은 생성형 인공지능 알고리즘의 개발 및 활용에 있어서도 중요하다. 실제로 개인정보위의 가이드라인은 생성형 인공지능이 본격적으로 도입된 이후에 마련된 것으로 생성형 인공지능의 특성이 고려된 것으로 이해된다.

24 한국지능정보사회진흥원(NIA) 및 과학기술정보통신부, "인공지능 알고리즘 관리 안내서"

25 과학기술정보통신부, 한국정보통신기술협회(TTA), "인공지능 신뢰성 개발 가이드북", 2021

26 예를 들면, 금융분야 AI 운영 가이드라인, 금융분야 AI보안 가이드라인(금융보안원, 2023. 4.), 인공지능 의료기기 허가·심사 가이드라인(식품의약품안전처, 2022) 등이 있다.

**표 12-2** **인공지능 관련 주요 가이드라인**

| 가이드라인 | 주요 내용 |
|---|---|
| 인공지능 개인정보보호 자율점검표 (2021년 5월) | 인공지능의 생애주기(기획 · 설계, 개인정보 수집, 이용 · 제공, 보관 · 파기, 인공지능 서비스 관리 · 감독, 이용자 보호 및 피해구제) 단계별로 자율 점검이 가능한 개인정보 보호 기준을 제시함.<br>– 기획과 설계 단계부터 PbD(Privacy by Design) 원칙에 따라 개인정보 침해위험을 분석 · 제거하고 개인정보 보호 방안을 반영<br>– 개발 · 운영 과정에서 개인정보는 암호화, 접근통제 등의 조치를 통해 안전하게 보관 및 관리하고, 침해 우려시 개인정보 영향평가 수행<br>– 개인정보취급자에 대한 감독과 교육, 인공지능 개발 수탁시 문서 작성 및 관련 사항 개인정보처리방침을 통해 공개 |
| 비정형데이터 가명처리 기준 (2024년 2월) | 생성형 인공지능 처리 데이터의 상당 비중을 차지하는 비정형 데이터(이미지, 영상, 음성, 텍스트 등)에 대한 가명처리 기준을 마련함.<br>– 데이터 처리목적 및 환경, 민감도 등을 종합 고려하여 비정형데이터의 개인식별 위험을 판단하고 합리적인 처리방법과 수준을 정하여야 함<br>– 개인식별 위험(기술적 한계)를 고려하여, 가명처리 기술의 적절성 · 신뢰성 근거 작성 · 보관, 가명처리 결과에 대한 추가 검수 및 적정성 위원회 검토<br>– 재식별 위험성을 고려하여, 관련 시스템, 소프트웨어 제한 등 통제방안 마련 및 인공지능 서비스 제공시 정보주체의 권익 침해가능성 지속 모니터링 |
| 인공지능(AI) 개발 · 서비스를 위한 공개된 개인정보 처리 안내서 (2024년 7월) | 생성형 인공지능 학습에 사용되는 공개데이터에 개인정보가 포함되는 경우, 공개된 개인정보 처리의 법적 기준을 명확하게 하고, 개발 및 서비스 단계에서의 안전조치를 제시함.<br>– '정당한 이익'[27]을 근거로 공개된 개인정보를 처리하기 위한 목적의 정당성, 처리의 필요성, 구체적 이익 형량의 요건과 적용 사례 소개<br>– 공개된 개인정보를 처리할 수 있는 기술적 · 관리적 안전성 확보 조치와 정보주체 권리보장 방안 제시<br>– 인공지능 기업에서 개인정보호책임자(CPO)의 역할 및 인공지능 프라이버시 담당조직 구성 등을 규정 |

27 개인정보 보호법 제15조 제1항 제6호

다만, 앞서 살펴본 주요국에서의 규제 논의와 같은 맥락에서 윤리규범이나 가이드라인 등 연성 규범을 통한 규율은 규제의 실효성 확보에 어려움이 있다는 한계가 있으므로, 산업의 진흥과 발전을 해치지 않는 범위 내에서 법규범을 통한 인공지능 알고리즘 규제 방안이 논의되면서 인공지능 관련 법률 제정안이 발의되었다.

2024년 8월 기준 국회에 계류중인 인공지능 관련 법안들은[28] 세부적인 내용에 다소 차이가 있으나, 공통적으로 다음과 같은 사항을 정하고 있다.

---

28 2024년 8월 기준 제22대 국회에 총 6건의 인공지능 관련 법안들이 계류되어 있으며, 의안명 및 주요내용은 아래와 같다.

| 의안명 | 주요내용 |
|---|---|
| 인공지능 산업 육성 및 신뢰 확보에 관한 법률안 (안철수 의원 대표발의, 2024.5.31.) | 대통령 소속의 국가인공지능위원회 설치, 고위험영역 인공지능 확인 제도, 생성형 인공지능 이용 제품 · 서비스 제공자의 사전 고지 및 표시 제도 도입 |
| 인공지능 발전과 신뢰 기반 조성 등에 관한 법률안 (정점식 의원 대표발의, 2024.6.17.) | 국가인공지능센터 지정 제도 도입, 고위험영역 인공지능 제품 또는 서비스 제공 시 사전고지 의무화, 생성형 인공지능 운용 사실 고지 및 표시 의무화 |
| 인공지능산업 육성 및 신뢰 확보에 관한 법률안 (조인철 의원 대표발의, 2024.6.19.) | 인공지능기술 표준화사업 추진, 인공지능 실증 규제특례 도입, 고위험영역 인공지능의 고지 의무, 인공지능제품의 비상정지, 민간자율인공지능윤리위원회 설치 |
| 인공지능산업 육성 및 신뢰 확보에 관한 법률안 (김성원 의원 대표발의, 2024.6.19.) | 인공지능제품 · 서비스의 우선허용, 사후규제 원칙, 고위험 영역에서 활용되는 인공지능의 확인 및 고지 의무, 인공지능 집적단지 지정, 대한인공지능협회 설립 |
| 인공지능기술 기본법안 (민형배 의원 대표발의, 2024.6. 28.) | 인공지능 산업 진흥 및 육성을 위해 필요한 지원 등에 관한 내용 규정 |
| 인공지능 개발 및 이용에 관한 법률안 (권칠승 의원 대표발의, 2024. 7. 4.) | 국가인공지능위원회, 국가인공지능센터 설립 근거 조항, 금지된 인공지능 규정, 고위험 인공지능 제공자 의무 규정, 처벌 규정 마련 |

- **고위험영역 인공지능 정의 및 관련 제도 수립**: 사람의 생명, 신체의 안전 및 기본권 보호에 중대한 영향을 미칠 우려가 있는 고위험영역 인공지능을 규정하고 관련 사업자의 의무, 고위험 인공지능 해당여부를 확인 요청하는 제도, 안전성 확보 조치 등에 관한 사항을 정하고 있다.
- **생성형 인공지능 정의 및 관련 제도 수립**: 생성형 인공지능을 정의하고 관련 사업자의 사전 고지 의무 등을 정하고 있다. 이는 지난 제21대 국회 인공지능법안에서는 규정되지 않았던 사항으로, 2022년 Chat GPT 등장 이후 생성형 AI 기술이 급격하게 발전하고 있는 것에 대응하기 위한 것으로 보인다.
- **인공지능산업의 발전을 위한 기관의 설치**: 인공지능진흥협회, 국가인공지능위원회, 국가인공지능센터, 대한인공지능협회 등 명칭은 다양하지만 인공지능산업의 발전을 지원하기 위한 정부 기관의 설립 근거를 마련하고, 동시에 인공지능사회 신뢰 기반 유지를 위한 인공지능안전연구소의 설립 근거를 두고 있다.
- **인공지능 산업 촉진을 위한 장치**: 인공지능 산업의 촉진을 위한 규제 실증특례를 도입하고, 인공지능의 개발·활용 등에 사용되는 데이터의 생산 및 활용 등을 촉진하기 위하여 필요한 시책과 다양한 학습용 데이터를 제작·생산하는 사업을 국가 차원에서 추진할 수 있도록 하고 있다.

## 3. 한국과 EU의 규제 방향 비교

한국 인공지능법 제정안[29]은 위험기반 규제 관점에서 '고위험 영역 인공지능'을 정의하고, 고위험영역 인공지능과 관련한 사업자의 의무를 규율하고 있는 등 일견 EU 인공지능법의 영향을 상당히 받은 것으로 보인다. 그러나 규제 관점에서 다음과 같은 차이가 있다.[30]

29 이하에서는 상술한 국회 계류중인 인공지능 관련 법안들 중 정점식 의원 대표 발의안을 "인공지능법 제정안"이라 칭하고 이를 중심으로 살펴본다.

30 이효진, "우리 '인공지능법 제정안'의 인공지능 규율 방향에 관한 소고-유럽연합 인공지능법(EU AI Act) 규제 비교를 중심으로", 법학논문집 제47집 제2호(중앙대학교 법학연구원), 14-23면

### 1) 규율 대상

한국 인공지능법 제정안은 '고위험 영역'에서 활용되는 인공지능을 중심으로 규율하고 있으며, 이는 EU 인공지능법상 위험기반 규제(risk-based approach) 방식을 취하였고 고위험 인공지능 시스템(High risk AI systems) 중심 규제 방안을 채택하였다는 점에서 유사하다고 볼 수 있다.

그러나 EU 인공지능법은 위험 수준에 따라 인공지능 시스템을 4단계로 나누어서 각 단계별로 차등화된 규제를 적용하였으나(즉, 모든 인공지능 시스템은 EU 인공지능법에 따라 규제를 받으며, 위험 수준에 따라 규제의 구체적인 내용에 있어 차이가 있을 뿐이다), 인공지능법 제정안은 사람의 생명과 안전에 밀접한 영향을 미치는 '고위험영역 인공지능'에 대해서만 규율하고 그외의 인공지능에 대해서는 규제대상에 포섭하지 않음으로써 좀 더 자율 규제에 가까운 접근 방식을 채택한 것으로 이해된다. 이는 EU가 인공지능의 안전성 신뢰성 확보를 위해 구체적인 규제를 두고 있는 것과 달리, 한국은 인공지능 기술 발전과 산업 진흥을 바탕으로 글로벌 시장 경쟁력을 확보하기 위하여 선제적으로 대응하고자 의지가 발현된 것이라고도 볼 수 있겠다.

### 2) 고위험영역 인공지능의 확인

한국 인공지능법 제정안과 EU 인공지능법은 고위험영역 인공지능 사업자 또는 고위험 인공지능 시스템 이해관계자들의 고위험 인공지능 확인 의무에 있어서도 차이가 있다. 인공지능법 제정안에서는 인공지능 또는 그 서비스를 개발·활용·제공하려는 자가 해당 인공지능이 고위험영역 인공지능에 해당하는지에 대하여 스스로 판단하고 확인을 요청할 수 있다고 하여 고위험영역 인공지능 여부 판단도 자율성에 맡기고자 한다.

반면, EU 인공지능법은 앞서 살펴본 바와 같이 고위험 인공지능 시스템의 정의를 상세히 규정하고 고위험 인공지능 시스템의 구분에 따라 적합성 평가 절차와 고위험 인공지능 시스템에 요구되는 요건을 충족하고 검증에서 통과해야 출시 가능하도록 하는 엄격한 규제를 두고 있다는 점에서 규제 방향의 차이를 확인할 수 있다.

### 3) 투명성 의무 (고지 및 표시)

한국 인공지능법 제정안에 따르면 고위험영역 인공지능을 이용하여 제품 또는 서비스를 제공하려는 자는 고위험영역 인공지능에 기반하여 운용된다는 사실을 이용자에게 사전 고지하여야 하고(제26조), 생성형 인공지능의 경우에도, 생성형 인공지능에 기반하여 운용된다는 사실을 이용자에게 사전에 고지하고 해당 결과물이 생성형 인공지능에 의하여 생성되었다는 사실을 표시하여야 한다(제29조). 추후 고지 의무의 구체적인 내용이 제시될 수 있겠으나, 현재 인공지능법 제정안의 문언적 해석대로라면 이용자에게 고위험영역 또는 생성형 인공지능에 기반하여 운용된다는 사실을 고지하면 될 것으로 보인다.

반면, EU 인공지능법은 인공지능의 불확실성 및 예측 불가능성 상황을 대비하여 투명성 확보를 위한 구체적인 방안을 제시함으로써 인공지능 신뢰성 확보를 위한 규정을 두고 있다. EU 인공지능법은 고위험 인공지능 시스템에 대해 데이터 보호 영향평가를 수행할 의무, 투명성 의무를 규정하고 있으며, 투명성 확보를 위해 제공해야 하는 정보를 열거하고 있다. 대표적인 예로는 고위험 인공지능 시스템의 특성, 기능 및 성능, 시스템의 의도된 목적, 시스템의 테스트 및 검증 여부, 시스템 사용과 관련하여 기본권에 위험을 초래할 수 있는 예측 가능한 모든 상황 등이 있다.

### 4) 사업자의 책무

인공지능법 제정안은 고위험영역 인공지능을 개발하는 자 또는 고위험영역 인공지능을 이용하여 제품 또는 서비스를 제공하는 자를 통칭하여 "고위험영역 인공지능과 관련한 사업자"로 정의하고, 인공지능 신뢰성·안전성 확보조치를 위해 사업자가 취하여야 할 조치들을 규정하고 있다. 이 조치는 위험관리방안의 수립·운영, 신뢰성 확보를 위한 조치의 내용을 확인할 수 있는 문서의 작성과 보관, 인공지능이 도출한 최종결과, 결과 도출에 활용된 주요 기준, 인공지능의 개발·활용에 사용된 학습용 데이터의 개요 등에 대한 설명 방안의 수립·시행, 이용자 보호 방안의 수립·운영, 고위험영역 인공지능에 대한 사람의 관리·감독, 그 밖에 고위험영역 인공지능의 신뢰성과 안전성 확보를 위해 위원회에서 심의·의결된 사항을 포함한다(제28조).

반면, EU 인공지능법은 앞서 살펴본 바와 같이, 고위험 인공지능 시스템 이해관계자를 7가지 유형으로 세분화하여 정의하고, 여러 조항에 걸쳐 각 이해관계자들이 준수하여야 할 책무를 구체적으로 규정함으로써 이해관계자별로 차등화된 의무를 부담하도록 하고 있다. 이는 각 이해관계자별 세부 의무를 법률 차원에서 제시함으로써 엄격한 관리 및 통제를 하고자 하는 관점이 반영된 것으로 이해된다.

## Section 04 | 결론 – 생성형 인공지능 알고리즘 규제의 과제

생성형 인공지능의 활용이 확대됨에 따라 체감되는 파급력은 과히 폭발적이다. 그 파급력 만큼이나 동시에 생성형 인공지능이 유발할 수 있는 역기능에 대한 우려는 규제의 필요성에 대한 전 세계적 공감대를 불러일으켰으며, 이미 주요 국가들과 기업들은 생성형 인공지능 기술 및 관련 산업에서의 주도권을 확보하기 위한 규제 체계 마련을 위해 보이지 않는 경쟁을 하고 있다. 이러한 상황에서 우리나라도 생성형 인공지능 알고리즘 기술 발전 촉진 및 관련 산업 진흥을 도모하면서, 동시에 안전한 생성형 인공지능 활용을 위한 환경을 마련하기 위한 관점에서 규제 방향에 대한 논의가 필요하다.

앞서 논의한 바와 같이, 현재 국회에 계류중인 인공지능 관련 법안들은 고위험영역 인공지능을 중심으로 고위험영역 인공지능 사업자 등이 이행하여야 할 책무를 원칙적으로 제시하는 자율적인 규제 방식을 채택하고 있는 것으로 보인다. 이는 규제가 인공지능 기술 및 산업의 발전의 걸림돌이 되어서는 아니된다는 입법자의 의지가 반영된 것으로 이해된다. 그런데 자율 규제의 이면에는 위험 요인과 수준에 대한 정확한 진단, 진단 결과에 따른 위험 관리 및 대응책이 부재하거나 원칙중심규제의 이행에 있어 수범자들의 혼란이 발생할 가능성을 배제할 수 없다. 이러한 측면을 최소화하기 위해서는 경성규범과 연성규범의 하이브리드 방식의 규제를 고려할 필요가 있다.

규제 입법 속도가 기술 발전 속도를 따라갈 수 없다는 근본적인 한계를 고려할 때, 생성형 인공지능과 알고리즘과 같은 빠르게 발전하고 있는 새로운 기술에 대한 규제는 연성 규범을 원칙으로 하여야 한다. 이러한 연성 규범 하에서 관계부처는 기술의 발전 및 산업 변화을 지속적으로 모니터링하며, 그 과정에서 발견되는 각종 이슈들에 대해서 실무적이고 합리적인 수준의 가이드라인, 지침 등을 적시에 제시하여야 할 책무가 있다. 반면, 리스크 발생시 그 파급 효과가 중대하여 회복이 어려울 수 있는 생성형 알고리즘의 특성상 금지 또는 제한되어야 할 사항이나 수범자들이 리스크를 예방 또는 최소화하기 위하여 반드시 이행하여야 할 사항, 그리고 기술 및 산업 경쟁력 확보를 위한 국가 또는 관계 부처의 지원책 등은 법률 규정을 통한 경성 규범으로 접근할 필요가 있다. 이와 같이 법률을 통한 규제는 리스크를 최소화하고 각종 규제 불확실성을 낮춤으로써 생성형 인공지능 및 알고리즘을 개발 및 활용하는 자들이 기술 및 산업 발전에 집중할 수 있을 수 있을 것이다. 이와 같이 연성규범과 경성규범의 조화를 기반으로 하는 생성형 인공지능 및 알고리즘에 대한 규제 체계를 갖추어 나감으로써 인공지능 산업 발전 촉진과 안전한 기술의 발전의 균형을 이루는 규제 환경이 조성될 수 있을 것으로 기대된다.

# 참고문헌


과학기술정보통신부, 한국정보통신기술협회(TTA), "인공지능 신뢰성 개발 가이드북", 2021.

박소영, "인공지능의 FATE(공정성 · 책임성 · 투명성 · 윤리의식)를 위한 입법 논의 동향과 시사점," 국회입법조사처 이슈와 논점, 제2111호 2023.

법제처 미래법제혁신기획단, "인공지능(AI) 관련 국내외 법제 동향", 2024.

윤상혁 · 양지훈, 『AI와 데이터 분석 기초: 디지털비즈니스 생존전략』, 박영사, 2021.

이유환, "생성형AI시대의 현재와 미래", 충북 Issue & Trend Volume. 52, 2023.

이윤아 · 윤상오, "인공지능 알고리즘이 유발하는 차별 방지방안에 관한 연구", 한국거버넌스학회보 제29권 제2호, 2022.

이효진, "우리 '인공지능법 제정안'의 인공지능 규율 방향에 관한 소고－유럽연합 인공지능법(EU AI Act) 규제 비교를 중심으로", 중앙대학교 법학연구원 법학논문집 제47집 제2호, 2023.

조영복, "생성형 인공지능 알고리즘에 관한 연구", 충남대학교 법학과 박사학위 논문, 2023.

한국지능정보사회진흥원(NIA) 및 과학기술정보통신부, "인공지능 알고리즘 관리 안내서", 2021.

한국지능정보사회진흥원(NIA), "디지털 권리 보장을 위한 선언문 및 헌장 - EU, 스페인, 포르투갈 사례, 2023.

# part III

13. 생성형 인공지능 시대의 계약자유 원칙과 문제점
14. 생성형 인공지능을 활용한 행정의 이론적 문제와 대응
15. 생성형 AI를 활용한 해킹 범죄의 위험성과 대책
16. 생성형 인공지능 이용범죄의 쟁점과 규제방안 – 딥페이크 범죄를 중심으로
17. 생성형 AI와 금융법의 과제
18. AI의 기술발달에 따른 헌법적 관점에서의 기본권 보장에 관한 연구

# 생성형 AI와 법 분야별 쟁점

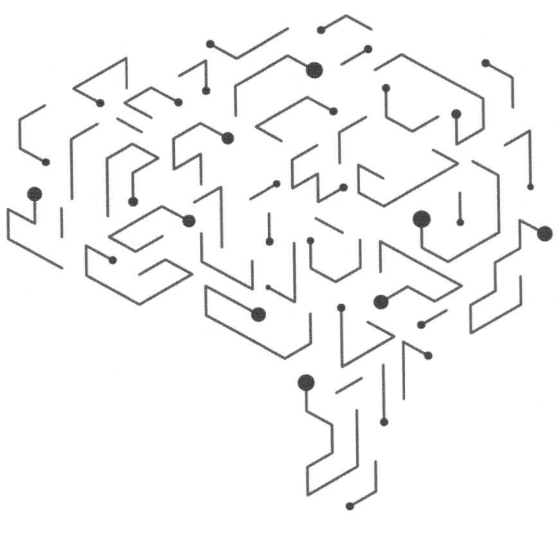

chapter

# 13

# 생성형 인공지능 시대의 계약자유 원칙과 문제점*

황원재**

## Section 01 | 서론

인공지능 기술의 발전으로 사물을 인식하고 합리적으로 판단하여 목적의사를 자율적으로 결정하는 인간을 전제한 계약의 근본 틀이 변화를 맞이하고 있다.[1] 특히 인공지능 기술의 비약적인 발전을 염두에 두면, 이러한 변화는 앞으로 더 크고 강해질 것이 분명하다. 이러한 변화는 한편으로 그 기술개발의 목적을 고려할 때 우리의 일상생활에 긍정적인 도움을 줄 것이나, 다른 한편으로 예상하지 못한 부작용과 혼란을 가져올 수 있다. 이 글은 인공지능 기술의 발전과 인공지능 기술과 결합한 전자상거래의 확산이 가져올 수 있는 문제를 살펴보고, 우리 법률이 이러한 변화에 어떠한 입법적 공백을 가졌는지를 검토한다. 특히 우리 계약법이 전제하고 있는 전통적인 의사표

* 이 장은 "인공지능 시대의 계약자유 원칙과 법적용상의 문제점", 「법학논총」 제27권 제1호조선대학교 법학연구원, 2020, 163면 이하의 논문을 수정·보완한 것이다.

** 전남대학교 법학전문대학원, 법학박사

1 우리 민법의 기본원리에 대해서 기본적인 내용은 추가적으로 언급하지 않는다. 구체적인 것은 곽윤직·김재형, 『민법총칙』 제9판, 박영사, 2018, 37면 이하 참고.

시론과 계약자유의 원칙이 어떻게 수정되어야 하는지, 그리고 이러한 수정을 어떻게 바라보는 것이 타당한지를 살펴본다.

## Section 02 | 인공지능과 법

### 1. 인공지능의 정의

인공지능에 대한 합의된 정의는 존재하지 않는다.[2] 그러나 일반적으로 인공지능은 시지각(視知覺)이 필요한 업무, 음성인식이 필요한 업무, 의사결정이 필요한 업무, 언어통역 업무 등, 인간의 지능이 필요한 업무를 수행하는 컴퓨터 시스템이나 이론을 의미한다.[3] 보다 법률적 의미의 정의로는 유럽연합 AI법의 정의를 들 수 있다.[4] 유럽연합 AI법의 정의에 따르면, '인공지능 시스템'(AI system)이란 (1) 다양한 수준의 자율성을 가지도록 설계된, (2) 배포 이후 적응성을 가진, (3) 명시적 또는 묵시적 목적을 위해 현실 또는 가상 환경에 영향을 미치는 예측, 내용, 추천, 결정 등 결과를 시스템 입력으로부터 어떻게 생성할 것인지를 추론하는 '기계 기반 시스템(machine-based system)'을 의미한다.[5]

---

2 Herberger, NJW 2018, 2825 f.; Mainzer, Künstliche Intelligenz, S. 2 f.

3 Oxford Reference의 AI 정의. 자세한 것은 https://www.oxfordreference.com/view/10.1093/oi/authority.20110803095426960 참고(최종방문 2024.7.31.).

4 REGULATION (EU) 2024/1689 OF THE EUROPEAN PARLIAMENT AND OF THE COUNCIL of 13 June 2024 (Artificial Intelligence Act). 자세한 것은 https://eur-lex.europa.eu/legal-content/EN/TXT/?uri=celex%3A32024R1689 참고(최종방문 2024.7.31.).

5 이러한 정의는 유럽연합 인공지능 위원회의 정의와 일부 차이가 있다. 해당 정의에 따르면 인공지능이란 (1) 특정한 목표를 이용자가 정하면, (2) 물리적 현실 공간이나 디지털 또는 인터넷 공간에서, (3) 주변 환경을 인지하고, (4) 획득한 정보를 해석하여, (5) 사전에 주어진 특정한 목표에 도달하기 위한 최선의 결론을 내리거나 사전에 주어진 매개변수를 적용하여 가장 합리적인 행동방식을 선택하는, 인간에 의하여 만들어진 시스템을 의미한다. The European Commission's High Level Group on Artificial Intelligence, Ethics Guidelines for Trustworthy AI, 2019, p. 36.

사실 유럽연합 AI법의 정의는 모호함이 있다. 우선, 스스로 목표를 정하고 바꾸는 시스템은 이 정의에 의하면 인공지능이 아니게 된다. 또한 '기계 기반 시스템'의 의미도 인공지능 시스템이 기계로 작동한다는 의미일 뿐[6] 그 구체적 작동 방식을 묻지 않는다. 그러나 스스로 목표를 정하고 바꾸는 인공지능은 최소한 아직 기술적으로 존재하지 않고[7] 바람직하지도 않으며, 인공지능의 기술적 발전 과정을 살펴보면 특정한 작동 방식을 인공지능의 정의로 삼는 것도 타당해 보이지 않는다. 따라서 인공지능에 관한 유럽연합 AI법의 정의 방식은 현재의 단계에서 타당해 보인다.

그러나 이 글에서는 논의의 분명함을 위하여 인공지능을 인간이 정하는 목적을 위해 작동하는 머신러닝(machine learning) 알고리즘 기반 인공지능으로 제한한다. 인공지능을 정해진 목표를 달성하기 위하여 주변 환경으로부터 정보를 수집한 뒤 분석하여 가장 적합한 (의사 혹은 행동) 결정을 내리는 생성형 시스템이라고 정의한다면, 주변 환경정보 수집 및 분석 기술의 발전이라는 특징을 빼고 기존의 컴퓨터 프로그램과 사실 명확히 구분하는 것이 어려워진다.[8] 그런데 기존의 컴퓨터 프로그램은 프로그램 작성자의 의사가 선재(先在)하므로, 이 글이 초점을 맞추고 있는 문제가 발생하지 않는다.[9] 따라서 이 글에서 언급하는 인공지능은 넓은 의미의 인공지능이 아니라 사람의 손을 거치지 않고 학습하는 머신러닝 알고리즘을 이용한 생성형 인공지능을 의미하는 것으로 그 범위를 좁히고자 한다.[10]

---

6 자세한 것은 유럽연합 AI법 입법이유 12번 참고.

7 인공지능과 약인공지능에 대한 설명으로는 Russel & Norvig, Artificial Intelligence A Modern Approach, 3. Ed., Prentice Hall, 2010, pp. 1020-1033.

8 Rüfner, Juristische Herausforderungen der Künstlichen Intelligenz aus der Perspektive des Privatrechts, Konferenz deutschsprachiger Juristen in Ostasien 2019, S. 4.

9 전통적인 인공지능 알고리즘과 달리 현재의 인공지능은 내재된 학습 알고리즘을 그 특징으로 한다(Pieper, InTeR 2016, 188). 따라서 현재의 인공지능은 과거의 인공지능과 달리 사전에 정해진 문제해결 절차에 따라 문제를 해결하지 않는다. 현재 인공지능은 사전에 예측하지 못하고 알지 못했던 방식과 절차로 문제를 해결하도록 학습된다. 이러한 학습은 동물의 뉴런 신경망이 형성되는 것과 같은 방식을 띠고 있으며, 이러한 학습 방법이 가장 효과적이라고 한다. 이러한 학습 방법이 과거의 인공지능과 구별되는 점은 획득한 정보를 자체적으로 가공하여 자신의 판단기준으로 삼는다는 데 있다(Mallot/Hübner, in: Görz/Schneeberger, HdB der Künstilichen Intelligenz, 5. Aufl. 2014, 357).

10 현재 인기를 얻고 있는 딥러닝(deep learning)은 머신러닝의 대표적인 방식이며, 사물의 특

그림 13-1 **AI와 머신러닝, 표현학습, 그리고 딥러닝**[11]

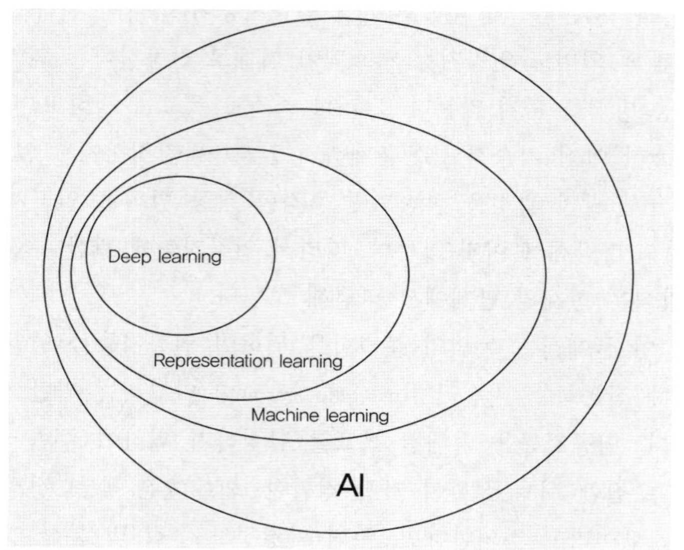


머신러닝 알고리즘은 인공지능이 어떠한 이유로 매개변수(parameter)를 결정하였고, 그러한 결정을 내렸는지 인공지능의 제작자 또는 이용자가 정확히 알지 못한다는 점에 그 특징이 있다. 따라서 이러한 인공지능은 개연성 또는 확률을 그 특성으로 하며,[12] 인공지능의 결과에 하자가 있어도 이러한 잘못된 결과를 수정하기 위하여 인공지능 프로그램 자체를 수정하지 않는다. 인공지능 프로그램 자체에는 결과를 유도하는 프로그램 작성자의 선재(先在)하는 의사가 존재하지 않기 때문이다. 물론, 결과를 원하는 목표에 근접시키기 위하여 지도학습(supervised learning)을 할 수는 있다. 이 경우 이러한 지도학습 자체에 프로그램 작성자의 의도와 의사가 개입될 수 있다.

---

징을 숫자의 조합으로 표현하는 방법을 배우는 표현학습(representation learning)의 한 종류라 한다.

11 I. Goodfellow & Yoshua Bengio, Aaron Courvile, Deep Learning, MIT 2016 참고.

12 Zech, ZfPW 2019, 202.

## 2. 인공지능과 법적 쟁점

어떠한 방식으로 인공지능을 정의하는지와 상관없이, 현재 인공지능은 전 세계적으로 중요한 문제가 되어버렸다. 특히 법률의 분야에서 인공지능의 등장이 어떠한 변화를 몰고 올 것인지는 예측하기 매우 어렵다.[13] 일부는 이러한 변화를 적극적으로 수용하고자 한다. 반대로 일부는 자율주행 자동차 사고에 대한 책임을 누가 부담할 것이냐는 논쟁을 제외하면,[14] 인공지능으로 인한 법률문제가 아직 크게 대두되지 않았기에 이러한 변화에 회의적이다.[15] 그러나 어떠한 입장을 택하더라도 변화가 다가올 것이라는 점만은 분명하며, 이러한 변화에 어떻게 대처할 것이냐는 문제에 봉착할 수밖에 없다. 따라서 변화에 대한 적절한 준비는 필연적인 것으로 보인다.[16]

그러나 현재의 법률들은 입법시 인공지능을 고려하지 않았기 때문에 인공지능의 발전은 현행 법규들의 수정을 요구하게 된다. 예를 들면, 「도로교통에 관한 비엔나 협약」 개정을 통해 자율주행 자동차의 도로 주행이 허가되었고, 이러한 변화가 우리나라의 입법에도 조금씩 반영되는 것이 대표적이다.[17] 그러나 개별 규정의 수정을 통해 인공지능의 등장에 대처하기보다,

---

13 이러한 변화와 문제점에 대하여 언급한 대표적인 글로는 오병철, "인공지능 로봇에 의한 손해의 불법행위책임", 「법학연구」 제27권 제4호, 연세대학교 법학연구원, 2017, 157면; 김진우, "자동주행에서의 민사책임에 관한 연구", 「강원법학」 제51권, 강원대학교 비교법학연구소, 2017, 33면; 손영화, "인공지능(AI) 시대의 법적 과제", 「법과 정책연구」 제16집 제4호, 한국법정책학회, 2016, 305면; 서종희, "4차 산업혁명시대 인공지능형 로봇에 의한 부동산 거래 패러다임의 변화", 「일감부동산법학」 제15호, 건국대학교 법학연구소, 2017, 27면; 양종모, "인공지능 알고리즘의 편향성, 불투명성이 법적 의사결정에 미치는 영향 및 규율 방안", 「법조」 제66권 제3호, 법조협회, 2017, 60면.

14 자율주행 자동차의 등장은 교통사고율의 감소와 같은 긍정적인 측면도 존재한다. 구체적인 것은 https://www.mckinsey.com/industries/automotive-and-assembly/our-insights/ten-ways-autonomous-driving-could-redefine-the-automotive-world 참고(최종방문 2024.7.31.).

15 인공지능의 등장으로 점차 일자리가 줄어들 것이라는 우려는 지속되고 있다. 그러나 아직 이러한 부작용이 사회문제가 되고 있지는 않다. Frey/Osborne, Technological Forecasting & Social Change 114 (2017), 254, 265; Wintermann, NZA 2017, 537.

16 계약법과 관련하여 이상용, "인공지능과 계약법", 「비교사법」 제23권 제4호, 한국비교사법학회, 2016, 1639면 이하. 불법행위법과 관련하여 고세일, "인공지능과 불법행위책임 법리", 「법학연구」 제29권 제2호, 충남대학교 법학연구소, 2018, 85면 이하.

17 예컨대, 「자율주행자동차 상용화 촉진 및 지원에 관한 법률」, 「모빌리티 혁신 및 활성화 지원

인공지능의 등장에 대비하여 법률을 큰 틀에서 바꾸려는 움직임도 있다. 예컨대, 2017년 2월 16일 유럽연합 의회는 인공지능에 대한 민법적 질문들을 윤리적인 측면이 아니라 책임법적인 관점에서 분명히 할 필요가 있다는 결의안을 유럽연합 집행위원회에 내어놓기도 하였다.[18] 이러한 유럽연합 의회의 결의안은 인공지능 시장의 발전이 법률에 어떠한 변화를 촉구하고 있는지를 예측하게 한다는 점에서 그 의미가 있다.[19]

한편 인공지능으로 인한 여러 법적 쟁점 중 시급한 문제는 인공지능을 탑재하고 인공지능에 의하여 조종되는 기계, 로봇 등이 초래하는 계약법적 문제라 할 수 있다.[20] 인공지능은 확률적, 개연적 판단에 따라 현실 또는 가상 세계에 영향을 미치며, 구체적으로 물리적 행동이나 외부적 표시를 통해 법률문제를 야기할 수 있기 때문이다. 물론, 인간이 인공지능에 개입하는 경우는 목적함수(objective function)를 정하고 다량의 외부정보를 제공하고, 산출결과에 대하여 지도학습을 하는 것으로 제한되고, 이용자에게 제공되는 인공지능은 그 이용 목적에 적합한 목적함수가 정해져 있을 것, 양질의 외부정보와 적절한 지도를 통해 학습을 마쳤을 것을 전제한다.[21] 그런데 이러한 전제가 다 충족되더라도, 인공지능은 이하에서 살펴볼 바와 같이 다양한 사법적 문제들을 초래할 수 있다.

---

에 관한 법률」, 「도로교통법」, 「자동차관리법」이 자율주행 자동차를 고려하고 있다.

18 Entschließung des Europäischen Parlaments v. 16.2.2017 mit Empfehlungen an die Kommission zu zivilrechtlichen Regelungen im Bereich Robotik (2015/2103 [INL]) - P8_TA(2017)0051. 그 외에도, 인공지능에 관한 국제적 규제논의로는 다음과 같은 예가 있다. UN 국제 범죄 및 법률구조 연구소(UNICRI)는 인공지능에 관한 규제를 연구하고 있다. 국제 발전 및 정치부서(DPAD)는 2017년 7월 인공지능 기술의 발전이 제품생산의 증가를 가져올 것이라는 긍정적인 측면을 발표하면서 규제의 필요성을 언급하였다. G7 회원국들은 2016년 4월 타카마추 선언을 통해 인공지능의 발전을 후원하고 이에 대한 법적 기초를 마련할 것을 촉구하였다. OECD 역시 Going Digital-Projects를 통해 인공지능의 법적 문제에 대하여 다루고 있으며, 정보보호 원칙에 기초하여 인공지능의 발전에 대한 기본원칙을 수립하기 위하여 토론회를 개최하고 있다.

19 김진우, "지능형 로봇과 민사책임", 「저스티스」 제164호, 한국법학원, 2018, 67면 이하 참고.

20 이와 관련하여 구체적인 사례를 통해 법적 문제를 설명하는 글로는 Rüfner, Juristische Herausforderungen der Künstlichen Intelligenz aus der Perspektive des Privatrechts, Konferenz deutschsprachiger Juristen in Ostasien 2019.

21 이러한 전제가 충족되지 않았음에도 거래에 투입된 인공지능은 필연적으로 모종의 손해를 야기할 운명을 안고 있는 위험물일 수밖에 없다.

## Section 03 | 인공지능의 자율성과 의사표시의 문제

### 1. 인공지능의 자율성

수집된 정보를 분석하여 확률적으로 계약체결을 결정하는 인공지능이 등장함에 따라 인공지능 역시 자율적(自律的) 결정이 가능하다는 주장이 등장하고 있다. 프로그램을 통해 외부사건에 대한 처리방식이 사전에 정해져 있지 않고 학습을 통해 처리방식과 기준을 스스로 정한다면, 인공지능이 자율적으로 행동한다고 평가할 수 있을지 모른다. 특히, 인공지능이 문제해결을 위하여 어떠한 정보를 수집하고,[22] 각각의 정보를 어떻게 평가하고, 그리고 이러한 평가가 최종 결정에 어떠한 영향을 미칠 것이냐는 문제에 프로그램 작성자가 개입하지 못한다면,[23] 따라서 인공지능의 결정을 사람이 예측할 수 없다면 인공지능이 자율적으로 행동한다고 평가하는 것이 오히려 자연스러울 수 있다.

그러나 인공지능의 자율성을 인정하더라도, 인공지능을 독자적인 의사표시의 주체로 볼 수 있느냐는 문제는 또 다른 측면을 갖는다. 자율적 결정을 하는 자동차가 외부 세계에 자신의 사실적 행위를 통해 손해를 야기하고 이 손해를 어떻게 귀속시킬 것인가를 판단하는 경우와 달리,[24] 인공지능이 자신의 표시를 통해 법률관계, 즉 권리나 의무 관계를 생성, 변경, 소멸시키는 것은 더 전면적인 법적 평가가 필요하기 때문이다.[25] 일각에서는 인공지능을

---

22 인공지능의 효과적인 학습을 위하여 수집되는 정보에 제한을 두지 않는 경우도 있다. 이 경우, 인터넷에 개시된 자료들이 중요한 학습자료가 된다. 더 많은 자료는 더 합리적 결정을 담보할 수 있기 때문이다. 다만 인공지능이 인터넷에 존재하는 잘못된 정보로부터 부정적 영향을 받을 우려도 있다. 따라서 양질의 정보를 많이 확보하는 것이 인공지능의 올바른 판단기준 형성에 도움을 준다(Eymann, Digitale Geschäftsagenten, 2003, 53 ff.; Kirn, Wissenschftsinformatik, 2002, 57).

23 인공지능은 정보를 축적하는 과정에 인간이 개입하나, 축적된 데이터를 통해 판단하고, 표시하는 과정에 인간이 개입하지 않는다는 점에서 인간의 불개입, 비통제, 비인격성을 특징으로 한다. 정진명, "인공지능의 표시에 대한 고찰", 「비교사법」 제26권 제1호, 한국비교사법학회, 2019, 22면.

24 이러한 문제를 해결하기 위하여 책임기금을 마련하는 방안, 위험책임을 적용하는 방안, 보험을 통해 문제를 해결하는 방안 등이 거론되고 있다. 자세한 것은 Borges, NJW 2018, 977, 980 ff.

25 이러한 어려움을 피하고자 인공지능의 표시를 이용자에게 어떻게 귀속시킬 것이냐는 문제로

독립된 행위자로 보고 권리의 주체성, 의사표시의 주체성을 인정하려는 움직임도 있으나,[26] 반대로 이를 부정하고 인공지능의 표시를 배후의 운용자에게 귀속시키려는 입장도 존재한다.[27] 그러나 이 문제는 법리적 논쟁거리이면서 동시에 윤리적·도덕적 평가의 문제이므로, 입법자의 결단이 필요한바 여기서 더 깊이 논하지는 않는다.

## 2. 인공지능은 의사표시가 가능한가?

여기서는 오히려 인공지능의 표시에 인간적 인식이라는 요소가 필요한지,[28] 아니면 표시를 통하여 추론되는 의사로 충분한지의 문제로 쟁점을 좁힌다.[29] 의사표시는 자신이 원하는 특정한 법률효과를 발생시키려고 표의자가 내부의 의사를 외부에 표시하는 의식적 행위이며,[30] 법률효과 발생의 요건인 법률행위 성립의 필수조건이라고 설명된다. 또한 의사표시는 효과의사(Geschäftswille), 표시의사(Erklärungsbewusstsein), 행위의사(Handlungswille), 그리고 표시행위(Erklärungshandlung)가 필요하며, 표의자의 내부의사는 자율적이고 합리적일 것을 전제한다고 설명된다.

우선 컴퓨터에 의한 표시는 자동화된 의사표시, 컴퓨터표시, 그리고 인공지능의 표시로 나누어 볼 수 있다. 자동화된 의사표시는 자동판매기의 설치와 이용 과정에서 표출되는 의사표시가 대표적이다. 자동판매기의 표시는 그 운영자가 자동판매기를 설치할 때 이미 선재(先在)하며, 이를 이용할 때 상대방의 선택에 따라 외부에 구체화되어 표출될 뿐이다.[31] 컴퓨터표시는 자동화된 의사표시가 발전된 형태로, 사전에 입력된 프로그램에 따라 그 운영

---

사태를 좁히기도 한다. 김진우, "웨어러블 기기의 공급 및 행위에 관한 계약관계: 시론적 고찰", 「소비자문제연구」 제50권 제1호, 한국소비자원, 2019, 197면 이하.

26 Matthias, Automaten als Träger von Rechten, 2008, S. 45 ff.

27 정진명, 앞의 글, 27면 이하.

28 이러한 의견으로 Faust, BGB AT, 6. Aufl. 2018, § 2 Rn. 4; Leipold, BGB I, Einführung und AT, 9. Aufl. 2017, § 10 Rn. 17.

29 이러한 의견으로 Wiebe, Die elektronische Willenserklärung, 2002, 214 ff.; Schulz, Verantwortlichkeit bei autonom agierenden Systemen, 104.

30 곽윤직·김재형, 앞의 책, 255면.

31 정진명, 앞의 글, 20면.

자의 개입이 없이 모종의 표시를 외부에 표출하는 경우를 말한다. 컴퓨터표시는 모종의 표시를 언제, 누구에게, 어떠한 내용으로 표출할 것인지 운영자가 구체적으로 알지 못하지만, 작성된 프로그램을 통해 최소한 가능성을 예측할 수 있다는 점에서 완전히 불확정적이라고 말할 수 없다.[32]

그러나 인공지능의 표시는 문제가 복잡하다. 우선, 인공지능에는 선재(先在)하는 의사가 존재하지 않는다. 또한 작성된 프로그램을 통해 표시의 가능성을 예측할 수도 없다. 즉, 인공지능 운영자의 개입 또는 예측을 통한 일반적이고 포괄적인 형태의 표시행위 준비가 불가능하다. 물론 인공지능 자체의 자율적 결정을 인정한다면 문제는 한결 수월해질 수 있다. 그러나 인공지능의 수학적, 확률에 의존한 결정(인공지능의 경우 '결정'이라는 표현보다 다양한 결과 중 수학적으로 최선의 것을 '선택'한다고 표현하는 것이 타당해 보인다)은 합리적일지 몰라도 현대 민법이 전제하는 자율적 의사결정이라 보기 어렵다. 인공지능은 '스스로에 대한 입법자이자 책임자(autonomy, αὐτονομί)'가 될 수 없기 때문이다. 자율을 "논리적인 추론이나 자연과학적 사실에 의해 드러나는 성질이 아니라 오로지 인간이 이성을 사용하여 도덕적 당위법칙을 경험하는 순간"이라고 정의한다면,[33] 기술이 발전하여 인공지능이 자신의 선택 기준을 설명할 수 있는 '설명가능한 인공지능(Explainable AI)'이 등장하는 경우라도 인공지능은 법적인 의미에서 자율적일 수 없다.[34]

결국, 인공지능의 표시는 의사표시로서 독자적 의미를 갖기 어렵다.[35] 인공지능의 표시에는 인간이 개입하지 않으므로 현대 민법의 자기결정의 원칙과도 조화되지 않는다. 물론 표시주의적 관점에서 인공지능의 의사를 의제할 수 있다는 주장도 가능하나,[36] 인간적 의식이 없는 표시는 전통적 의미의 의사표시로 보기 어렵다.

---

32 정진명, 앞의 글, 21면 이하.

33 자율에 대한 칸트의 설명에 대하여 자세한 것은 두산백과, http://www.doopedia.co.kr/doopedia/master/master.do?_method=view&MAS_IDX=170630001550764 참고(최종방문 2024.7.31.).

34 자세한 설명은 정진명, 앞의 글, 12면 각주 41의 문헌 참고.

35 정진명, 앞의 글, 22면.

36 이상용, 앞의 글, 1666면; 오병철, "전자적 의사표시에 관한 연구", 박사학위 논문, 연세대학교, 1996, 126면 이하.

## 3. 인공지능의 표시에 법적 의미를 부여할 수 있는가?

인공지능은 의사표시를 할 수 없으나, 인공지능의 표시에 법적 의미를 부여하는 것은 가능하다. 그러나 인공지능의 표시에 법적 의미를 부여하기 위해서는 그 표시의 효과를 귀속시킬 누군가를 찾아야 한다. 인공지능의 표시 자체에서는 어떠한 주관적 의사도 찾을 수 없고, 이용자나 제3자의 개입을 통해서만 주관적 의사를 추론하고 표시를 귀속시킬 수 있기 때문이다. 우선, 인공지능의 표시에 이용자나 제3자가 어떻게 개입하고 있는지를 살펴보자. 구체적으로 인공지능은 제작자에 의하여 만들어져 학습된 후 배포되고, 이용자의 결단으로 거래에 참여하게 된다. 물론 인공지능 제작자와 이용자는 인공지능의 표시에 직접 영향을 미칠 수 없다.[37] 그럼에도 제작자는 인공지능을 제작하고 배포했고, 이용자는 인공지능을 작동시키고 본인의 이익을 위하여 이용하였다. 본인의 이익을 위해 인공지능의 표시를 자신의 의사표시로 받아들이길 각오하였다는 점에서 인공지능 표시에 이용자는 제작자보다 직접적으로 관련되어 있다.

만약 인공지능의 작동에서 그 이용자의 포괄적 귀속의사를 찾을 수 있다면 인공지능 표시는 그 이용자의 의사표시로 법적으로 평가될 수 있다. 물론 인공지능 표시를 인공지능 이용자의 표시로 법적으로 받아들일 수 있는 경우라도 인공지능 이용자의 구체적인 효과의사, 표시의사, 그리고 행위의사는 인정되기 어렵다.[38] 따라서 이 경우 인공지능 표시를 그 이용자의 의사표시로 보기 위하여 대리의 구조를 이용해 볼 수 있다. 물론, 인공지능에게 권리능력,[39] 행위능력이 인정되지 않고, 대리의사, 표시의사, 행위의사도 존재할 수 없지만, 인공지능의 표시는 그 구조에 있어 대리의 그것과 매우 유사하기 때문이다.[40] 이러한 입장을 따른다면 인공지능은 이용자가 정한 목표에 적합

37 목적함수나 학습 정보의 변경을 통해 인공지능의 결정에 영향을 미칠 수는 있다. 그러나 이러한 경우라도, 결과 발생의 개연성에 영향을 미치는 것은 가능하나 개별적인 사례 하나 하나에 직접적인 영향을 미치는 것은 불가능하다.

38 이와 달리 이용자의 행위의사와 효과의사, 그리고 견해의 대립이 있으나 표시의사를 외부에서 인식할 수 있다는 견해도 있다. 정진명, 앞의 글, 15면 이하.

39 부분적 권리능력을 인정하는 견해도 있다. 이병준, "인공지능에 의한 계약체결과 계약법이론 - 인공지능을 활용한 자율적 시스템에 대한 대리법의 적용 가능성을 중심으로 -", 13면 이하.

하게 모종의 표시를 할 뿐이고, 그 효과는 바로 이용자, 본인에게 귀속될 수 있다. 인공지능 표시는 그 자체로 어떠한 법적 효력도 없으나 대리권 수여의 의사표시와 유사한 이용자의 포괄적 귀속의사에 근거하여 이용자에게 귀속되고,[41] 법적 효력을 발하게 된다.[42]

그런데 이러한 결론은 현행 법률의 개정 없이 인정되기 어렵다. 현재 인공지능의 책임귀속을 위하여 인공지능을 이용자의 도구[43]나 사자[44]로 보는 견해와 인공지능에 권리능력 없는 행위능력을 인정하는 견해[45]가 존재한다. 그러나 문헌에서 주로 언급되는 책임귀속의 방법은 인공지능을 대리인으로 보는 방법이다.[46] 이 견해는 장소적, 인격적 거리가 인공지능과 이용자 간에 존재하고, 이용자의 이름으로, 또는 이용자를 위한 것임을 표시하고 인공지능 스스로 표시행위를 하며, 또한 그 이용자에게는 표시의 효과를 받겠다는 포괄적 귀속의사가 있다는 점에서, 대리제도와 구조적으로 유사함을 논거로한다.[47] 실제로 인공지능이 단순한 의사결정의 보조수단에서 독자적 판단 능력을 갖춘 자율적 시스템이 될수록 대리의 법리에 적합하다 할 수 있다.

그러나 이 견해는 인공지능에게 권리능력과 의사능력이 인정되지 않는다는 점에서 문제가 있다.[48] 민법 제117조는 대리인이 행위능력자일 것을 요

---

40 대리의 법적 성질에 대해서는 본인행위설, 대리인행위설, 공동행위설이 존재하고, 본인행위설과 공동행위설은 본인의 효과의사가 없다면 법률효과가 발생할 수 없다고 보아 사적자치의 원칙을 강조하는 학설에 속한다. 우리 민법은 대리인행위설에 기초하고 있다고 평가된다. 곽윤직/김재형, 『민법총칙』 제9판, 박영사, 2018, 336면.

41 포괄적 귀속의사를 인정하지 않으나 대리법의 적용을 인정하는 견해로 이병준, 앞의 글, 10면; 장보은, "인공지능의 발전과 계약 - 계약법의 역할을 중심으로 -", 저스티스 제183호, 2021, 129면 이하.

42 물론, 인공지능에게 대리의사와 같은 효과의사는 없다. 그러나 인공지능 이용자에게서 법률효과의 포괄적 귀속에 관한 효과의사를 발견할 수 있다.

43 이상용, 앞의 글, 1662면; 정진명, "과학시대의 의사표시", 「민사법학」 제77호, 한국민사법학회, 2016, 240면 이하.

44 이상용, 앞의 논문, 1678면.

45 Bauer, Elektronische Agenten in der virtuellen Welt, 2006, S. 66 ff.

46 김진우, "자율시스템에 의한 의사표시의 귀속", 99면, 113면 이하; 이병준, 앞의 글, 경영법률 제31집 제2호, 2021, 1면 이하.

47 Börding/Jülicher/Röttgen/Schönfeld, CR 2017, 134, 140.

48 같은 생각으로는 고형석, "인공지능을 이용한 전자적 의사표시의 효력에 대한 고찰", 「법학논

구하지 않으나, 반대로 의사능력조차 없는 자가 대리인이 될 수 있다는 의미는 아니기 때문이다.[49] 의사능력이 없는 자는 대리의사, 표시의사, 행위의사를 가질 수 없고 법률행위도 할 수 없기 때문이다. 인공지능의 권리능력이 적극적으로 인정되지 않는다면 의사능력 역시 인정될 수 없고, 따라서 현행 법상의 대리제도가 인공지능에 적용되기는 어렵다.[50]

물론 민법상의 대리규정을 유추적용하는 것도 적당하지 않아 보인다.[51] 만약 민법상 대리규정을 유추하는 것이 가능하다면 인공지능에 의한 대리행위가 무권대리가 되는 경우, 즉 대리권이 증명되지 못하고 본인인 인공지능 이용자의 추인도 얻지 못한 경우 계약의 상대방은 인공지능에게 계약의 이행이나 손해배상을 청구할 수 있게 되는데,[52] 이 경우 인공지능이 이러한 책임을 독자적으로 부담할 수 있느냐는 문제가 다시 발생하기 때문이다.[53] 달리 표현하면 인공지능의 독자적 책임 문제를 해결하기 위하여 인공지능의 이용자에게 그 책임을 귀속시키는 법리를 모색하고 있고 이러한 법리의 하나로 민법상의 대리제도를 이용하고 있음에도, 만약 대리제도를 유추적용하면 경우에 따라서[54] 다시금 인공지능 자신이 스스로 책임을 져야 하는 문제가 발생할 수 있다.[55] 이러한 문제를 해결하기 위하여 인공지능을 미성년자와 같이 다루어 책임을 제한하자는 견해도 있고[56] 인공지능을 위한 책임보

---

총」 제38권 제4호, 전남대학교 법학연구소, 2018, 132면.

49 곽윤직·김재형, 앞의 책, 2018, 356면.

50 김진우, "자율시스템에 의한 의사표시의 귀속", 99면, 114면; Cornelius, MMR 2002, 353, 354; Gitter/Roßnagel, K&R 2003, 64, 66; Sester/Nitschke, CR 2004, 548, 550.

51 대리규정의 유추를 부정하는 견해로 김진우, "자율시스템에 의한 의사표시의 귀속", 99면, 115면 이하. 이 견해는 다음과 같은 이유에서 대리규정의 유추를 부정한다. 첫째, 인공지능은 의사 형성능력이 없기에 대리인이 될 수 없다. 둘째, 인공지능에 대리규정을 유추적용하는 경우 상대방 혹은 거래안전에 문제가 생긴다. 셋째, 대리규정의 유추적용이 입법자의 권리능력에 관한 결단에 반한다.

52 곽윤직·김재형, 앞의 책, 2018, 376면 이하.

53 Bräutigam/Kindt, NJW 2015, 1137, 1138; Cornelius, MMR 2002, 353, 355; Sester/Nitschke, CR 2004, 548, 550.

54 예컨대, 대리권 없음을 상대방이 알았거나 알 수 있었다면 무권대리인은 책임을 지지 않는다(민법 제135조 제2항 전단).

55 김진우, "자율시스템에 의한 의사표시의 귀속", 115면.

56 이러한 견해의 내용과 문제점에 대해서 자세한 것은 이병준, 앞의 글, 22면.

험 가입 의무를 규정하자는 제안도 있으나,[57] 아직 이러한 견해와 제안이 일반적으로 받아들여지고 있지는 못하다.

## 4. 인공지능의 표시는 취소할 수 있는가?

만약 법률을 개정하여 인공지능의 표시에 대리의 법리를 적용하고 이용자의 책임으로 귀속시키더라도,[58] 표시 귀속 이후에 다음과 같은 취소의 문제가 발생할 수 있다. 예컨대, 인공지능이 이용자의 주문을 오인하여 다른 상품을 주문하거나, 이용자가 주문하지 않았음에도 다른 소리를 오인하여 상품을 주문할 수도 있다.[59] 외부 상황을 정상적으로 인식하였더라도, 탄산음료가 아닌 유기농 야채즙을 주문하는 등 인공지능의 결정이 갖는 객관적 합리성을 그 이용자가 원하지 않을 수도 있다.[60] 또한, 인공지능의 객관적 합리성은 과거에 축적된 자료에 기초하기 때문에 새로운 문제를 해결하기 위한 직감적인 문제해결과는 다를 수 있고, 따라서 인공지능의 합리성과 이용자 자신의 합리성이 서로 다를 수 있다. 이 경우 이용자는 인공지능의 표시를 착오로 취소하고자 할 것이다.

이와 관련하여 주로 두 가지 가능성이 언급된다. 인공지능에 의한 표시가 자동화된 컴퓨터표시와 같은 것으로 보아 취소를 인정하려는 측과,[61] 인공지능의 이용행위를 백지 의사표시(백지표시, Blanketterklärung)로 보고 인공지능의 표시는 백지 기입행위로 보아 취소를 부정하는 견해가 그것이다.[62] 전자의 견해는 사전에 입력한 이용자의 착오가 후행하는 자동적 컴퓨터표시

57 Sorge, Softwareagenten, 2006, 26 ff.

58 만약 인공지능이 자신에게 부여된 권한을 넘어 표시한 경우라면 표현대리의 문제가 발생한다. 자세한 것은 장보은, 앞의 글, 132면 이하.

59 고형석, 앞의 글, 143면.

60 Müller-Hengstenberg/Kirn, MMR 2014, 311.

61 김진우, “자율시스템에 의한 의사표시의 귀속”, 101면; Cornelius, MMR 2002, 355; Sester/Nitschke, CR 2004, 551.

62 Gitter/Roßnagel, K&R 2003, 65; John, Haftung für Künstliche Intelligenz. Rechtliche Beurteilung des Einsatzes intelligenter Softwareagenten im E-Commerce, 2007, 102; Schulz, Verantwortlichkeit bei autonom agierenden Systemen, 2015, 109; Köhler, AcP 182 (1982), 134.

에 영향을 미친 것으로 이론을 구성한다.[63] 따라서 착오는 프로그램 자체의 문제가 아니라 입력자인 이용자 자신의 착오이며, 결과적으로 입력자의 착오가 내포된 컴퓨터표시가 발생한 것으로 보아 그 취소를 인정한다. 후자의 견해는 백지 제공자가 서명한 백지에 백지 수령자가 내용을 기입하고[64] 전달하는 행위만으로 백지 제공자의 의사표시로 보게 되므로 그 취소를 부정하게 된다.

그런데 인공지능이 어떠한 표시를 할 것인지 인공지능의 이용자도 미리 알 수 없고, 인공지능의 표시가 자신의 의사에 부합하는지 알 수 없음에도 이용자가 인공지능을 거래에 활용하였다면, 자신의 선택으로 발생할 책임을 스스로 부담하겠다는 적극적인 의사로 해석할 필요가 있다.[65] 따라서 인공지능 프로그램 자체에 하자가 없다면, 인공지능의 표시에는 착오의 문제가 개입될 여지가 없어 보인다.[66] 만약 이용자가 원치 않는 결과가 발생하였다면 이는 알고리즘의 개선을 통해 해결할 문제일 뿐, 착오 취소로 해결할 문제는 아니다.[67]

거래의 신속과 안전이라는 측면에서도 이러한 결론은 타당하다. 디지털 시장이 빠르게 변화·발전하면서 시장 내에서 계약당사자 간의 신속한 거래는 상호 이익을 위한 필수요소가 되고 있다. 신속한 거래를 위하여 인공지능 이용자는 인공지능의 모든 표시를 자신의 책임으로 돌리려는 경향이 강하며, 이러한 경향은 인공지능의 표시나 행위가 자신에게 불이익을 가져오는 경우라도 같다. 즉, 불이익을 감내하고 거래의 신속성을 얻는 경향이 크다. 이를 통해 인공지능의 이용자는 자신의 책임으로 귀속되는 인공지능의 선택

---

63 BGHZ NJW 1998, 3192; OLG Frankfurt a. M., VersR 1996, 1353, 1354; Wiebe, Die elektronische Willenserklärung, 2002, 375 f.

64 이러한 기입행위는 사실행위에 해당하므로 별도의 권리능력이나 행위능력은 필요하지 않다. 김진우, "웨어러블 기기의 공급 및 행위에 관한 계약관계: 시론적 고찰", 200면.

65 김진우, "지능형 로봇과 민사책임", 70면.

66 다만, 인공지능을 통한 의사표시가 취소될 수 있는 경우를 굳이 생각해 보면 인공지능 알고리즘이 조작되어 잘못된 표시를 하는 경우가 있다(John. Haftung für Künstliche Intelligenz. Rechtliche Beurteilung des Einsatzes intelligenter Softwareagenten im E-Commerce, 2007, 172; Nitschke, Verträge unter Beteiligung von Softwareagenten - ein rechtlicher Rahmen, 2011, 90 ff.).

67 Müller-Hengstenberg/Kirn, MMR 2014, 307, 311.

에 대하여 통제권을 상실하고 의사결정의 자유도 제한받게 되지만, 반대로 경제적 이익을 얻게 된다.[68] 그리고 이 또한 인공지능 이용자의 자율적 결정이라 할 수 있다. 그리고 이러한 이용자의 결정은 계약체결에 관한 계약당사자의 자유뿐만 아니라, 계약이 체결된 후에 발생하는 취소권과 같은 형성권 행사의 자유에도 영향을 미쳐야만 한다.

## Section 04 | 인공지능의 등장과 계약자유 원칙의 변화

### 1. 인공지능과 계약 당사자의 대등성

살펴본 바와 같이, 인공지능의 등장과 이용은 계약자유의 원칙에도 변화를 불러온다. 계약자유의 원칙이란, 자신이 선택한 계약 당사자와 자신이 원하는 내용과 방식으로 법률관계를 형성할 것인지 스스로 결정할 수 있을 것을 내용으로 하는 사적자치의 원칙을 말한다.[69] 계약의 당사자는 기본적으로 대등한 입장일 것을 전제하며, 자율적인 합의로부터 그 계약의 법적 구속력이 발생한다.[70] 계약자유의 원칙은 법질서 내에서 국가나 타인의 관여 없이 자신의 자의적 결정을 통해 자신을 발현할 수 있도록 보장한다.[71] 즉, 자신에게 가장 이익이 되도록 스스로 결정하고 책임을 지도록, 그리고 이러한 결정의 자유와 책임을 통해 개인이 최대한 자유롭고 존엄할 수 있도록 담보한다. 따라서 계약자유의 원칙은 전통적 의미의 민법에서 가장 중요한 원칙이며, 우리 헌법 질서와도 긴밀히 연계되어 있는 사법의 핵심 원칙이라 할 수 있다.[72]

---

68 이익을 얻는 자가 그로 인한 손실도 부담해야 한다. 고형석, 앞의 글, 145면.

69 양창수, 『민법입문』 제6판, 박영사, 2017, 20면 이하.

70 대법원 2017. 12. 21. 선고 2012다74076 전원합의체 판결.

71 곽윤직·김재형, 앞의 책, 38면.

72 일반적인 행동의 자유로부터 민법상 계약체결의 자유가 보호되는 법익으로 고려될 수 있다. Manssen, Privatrechtsgestaltung durch Hoheitsakt, 1994, S. 183 ff.

일반적으로 인간은 계약자유의 원칙 속에서 복수의 대등 당사자들과 협상을 통해 자신에게 유리한 계약조건을 유도하고 결정하게 된다. 물론 계약을 체결하는 과정에서 계약의 당사자들은 대등한 처지가 아닐 수도 있다. 사회·경제적 구조 때문에 일방이 약자일 수 있고, 또는 정보의 격차가 당사자의 대등성에 영향을 미치기도 한다.[73] 그럼에도 계약 당사자의 비대등성이 일방에게 부당한 지배력을 부여하지 않는다면 원칙적으로 계약자유의 원칙은 고수된다. 계약의 자유는 일방의 지배력이 타방의 자유를 실질적으로 훼손하지 않는 한, 자신에게 불리한 계약을 체결할 수 있는 자유나 실수할 수 있는 가능성을 내포하기 때문이다. 따라서 계약의 결과나 비대등성이라는 외부 형태만으로 불공정하다고 평가할 수는 없다.

그런데 인공지능은 계약자유 원칙의 이러한 작동 방식에 영향을 미친다. 인공지능은 스스로 판단하여 계약을 체결할지를 결정하고, 다음 단계로 누구와 어떠한 내용으로 계약을 체결할지를 선택하여, 모든 단계에서 계약자유의 원칙 전반에 개입한다. 특히 인공지능의 이용으로 계약 당사자 일방이 실수하거나 불리한 계약을 체결할 가능성을 획기적으로 없앨 수 있다면("합리성의 격차"라고 한다)[74] 역설적으로 타방에게 불공정한 거래가 될 수 있다. 이 경우 계약체결의 자유에 대한 수정이 고려될 수밖에 없다. 그러나 현재의 법률 상태에서는 민법 제103조 또는 제104조와 같은 일반조항을 통한 수정만이 가능할 뿐이다.[75] 즉, 당사자 일방만이 인공지능을 이용하고 있어 타방의 계약체결의 자유가 실질적으로 침해되는 경우라도 그 결과의 수정이 쉽지는 않은 상황이다.

## 2. 인공지능 상품추천과 결정권의 변화

인공지능의 등장은 그 이용자의 자율적 결정권을 약하게 하여 사적자치의 원칙을 변화시킨다. 특히 인공지능 검색엔진이 탑재된 거래플랫폼의 등장은 이러한 변화를 빠르게 한다. 인터넷을 통한 물품거래는 상품이 세계 각

73 이와 관련하여 구체적인 내용은 김형배, 『채권각론』 신정판, 박영사, 2001, 38면 이하 참고.
74 이상용, 앞의 글, 1687면 이하.
75 신의성실의 원칙과 같은 일반원칙을 수정원리로 언급하는 견해로는 이상용, 앞의 글, 1691면.

지에서 무수한 판매자들에 의하여 제공되며 계약조건 역시 다양하다는 점에서 구매자에게 현실적인 선택의 어려움을 야기한다.[76] 이러한 정보의 홍수는 이용자의 결정을 방해하고, 결과적으로 다양한 상품을 검색하고 정보를 취득하여 최선의 상품을 추천하는 플랫폼의 도움에 의존하게 만든다. 사적자치의 원칙이 전제하고 있는 자율적이고 합리적인 인간이라는 특징은 이러한 형태의 거래에서 약화하거나, 다른 형태로, 즉 최종 결정권으로 변형된다.

물론 인공지능은 계약 당사자가 합리적인 결정을 내릴 수 있도록 보조하는 역할만을 할 뿐이므로 사적자치의 원칙에 대한 침해와 무관하다고 볼 수도 있다. 최종적인 결정은 이용자가 내리기 때문이다. 그러나 이용자는 인공지능이 어떠한 기준으로 상품을 선택하고 추천하였는지 알 수 없다는 점에서, 그리고 정보의 홍수 속에서 이용자는 인공지능의 추천에 현실적으로 의존할 수밖에 없다는 점에서 계약자유의 원칙은 실질적으로 위협을 받게 된다. 어떠한 상품을 누구로부터 어떠한 조건으로 구매할 것인지를 인공지능이 결정하고 이용자는 그러한 결정의 이유조차 알지 못한 채 선택 가능성만을 가질 뿐이라면, 이용자는 인공지능의 결정에 종속되고[77] 조작될 위험에 처한다.[78] 특히 후자가 강조되는데, 인공지능 이용자가 인공지능의 결정에 적극 개입할 수 없을 뿐만 아니라, 수익을 높이도록 인공지능의 목적함수를 조정하거나 인공지능을 학습시키는 것이 법질서에 반하는 것은 아니라는 점에서, 그리고 인공지능 알고리즘은 영업비밀에 해당하고 보호받는다는 점에서,[79] 그 통제가 쉬운 것만은 아니다.

---

76 정보의 홍수 속에서 인간은 정보를 정리하고, 조감하고, 평가하는 데 어려움을 겪는다. 결과적으로 정보의 홍수 속에서 인간은 더 이상 합리적인 결정을 내리지 못하게 된다. Kühne, Haftung von Suchmaschinenbetreibern, 2012, S. 1.

77 Egermann, in: Kilian/Heussen, Computerrechts-HdB, 33. EL 2/2017, Rn. 7 ff. 계약내용 형성에 있어 자유가 축소되고 선택 가능성만이 남는 경우 올바른 선택을 위하여 정보제공의무가 중요한 의미를 갖게 된다.

78 예를 들어 플랫폼은 사업자와의 모종의 광고 계약이나, 보수를 받는 대가로 순위를 변경하기도 한다.

79 Hoeren, MMR 1999, 649.

또한 인공지능 결정에 대한 종속성 문제를 해결하기 위해서는 인공지능 이용자가 올바른 선택을 할 수 있도록 적절한 정보를 제공하는 것이 출발점이 된다. 인공지능 이용자는 자유롭게 계약을 형성하지 않고, 인공지능이 제안하는 선택지 중에서 하나를 선택할 뿐이므로 최종 선택권 행사를 위한 올바른 정보가 제공되지 않는다면 계약자유의 원칙이 형해화한 것과 다름없기 때문이다.[80] 물론 이용자가 인공지능의 조언을 듣지 않고, 직접 다양한 선택지를 조사하고 검토할 수도 있으나, 이러한 조사와 검토가 현실적으로 가능하지 않다는 점에서 이용자 보호를 위한 현실적인 방안들이 강구될 필요가 있다. 무엇보다 이용자는 자신에게 조언하는 인공지능이 누구의 어떠한 이익을 위하여 행위 하고 있는지 알 수 있어야 할 것이다. 즉, 인공지능에 대한 신뢰가 담보될 수 있을 때 인공지능 결정에 대한 종속성의 문제가 해결될 수 있다. 이때, 알고리즘의 작동 방식에 대한 정보의 제공만으로 인공지능에 대한 신뢰를 담보하기는 어렵다. 이미 인공지능이 편향성에 오염된 데이터로 학습하였다면 알고리즘의 작동 방식은 문제 되지 않기 때문이며, 알고리즘의 작동 방식을 알리는 것은 오히려 그 자체로 결과에 대한 확증편향을 불러올 수 있기 때문이다. 따라서 인공지능 시스템에 대한 외부 검사와 검증이 필요해진다.[81]

## 3. 인공지능의 교섭 불가능성

정보의 홍수 속에서 인공지능을 이용하는 거래는 당사자의 대등성에 변화를 가져오고, 당사자의 결정권을 약화시킨다. 이러한 변화로 인해 당사자는 협상을 통해 계약 내용과 조건을 자율적으로 형성할 기회와 가능성을 제한받게 된다. 인공지능을 통한 계약이 이용자에게 경제적이고 합리적일지라도, 그리고 이 계약을 이용자가 최종적으로 선택하였더라도, 이러한 방식의 계약체결은 우리 민법이 생각하는 전통적인 계약자유의 원칙에 부합하지 않는다. 인공지능이 개입된 계약의 체결 과정에는 개별적 계약교섭이 존재하

80 적절한 정보는 이해하기 어려운 기술적 정보를 의미하는 것이 아니다.

81 장보은, 앞의 글, 135면 이하.

지 않기 때문이다. 오히려 인공지능 이용자는 제한된 추천 상품들 속에서 자신이 원하는 조건을 충족하는 상품을 고르거나 그러한 선택마저 인공지능에 의존하게 되고, 이러한 한도에서 계약의 자유는 실질적으로 유명무실해진다.[82] 즉 상점에서 계약을 체결하는 동안 발생하는 당사자들의 교섭이나, 허용되는 간접적 영향력 등 사적자치의 원칙이 전제하는 전통적 의미의 인적 교류는 사라지고, 합리적이고 일방적인 제안과 협상의 여지 없는 형식적 선택만이 남게 된다. 물론 고객이 원하는 옵션을 선택하여 추가적인 계약을 체결하거나, 이미 선택된 옵션을 제거하여 개별적으로 자신이 원하는 조건으로 계약을 수정할 수 있다. 그러나 인공지능이 일방적으로 제공하는 최선의 계약결합에 수정을 가하는 정도에 불과하다는 점에서 계약 형성에 대한 실질적 자유를 충분히 보장하지는 못한다.

## 4. 인공지능을 이용한 거래와 소비자 보호의 문제

인공지능을 이용한 거래의 합리성 격차, 인공지능에 대한 의존성과 결정권 변화, 인공지능에 대한 신뢰성 부족과 책임법적 대응 방안의 부재, 교섭 기회와 가능성 제한 등 문제점은 전통적인 계약법 원칙의 수정을 요구한다. 이러한 문제는 소비자 거래의 경우 대답하기 어려운 더 복잡한 문제를 초래한다. 예컨대 인공지능을 사용하는 사업자와 거래한 소비자는 사업자가 인공지능을 사용하는지 알지 못하였다면 합리성의 격차를 주장하며 보호를 요청할 수 있을까? 인공지능을 이용한 소비자가 신뢰할 수 없는 인공지능으로부터 부당한 영향을 받아 원치 않는 계약을 체결하였다면 계약으로부터 이탈할 수 있어야 할까? 이러한 질문에 쉽게 답하기는 어렵다.

간단하고 현실적인 문제부터 살펴보아도 인공지능을 이용한 거래는 소비자 보호의 관점에서 어려운 문제를 초래한다. 예컨대 인공지능이 소비자인 이용자를 위하여 계약체결 과정에 참여하였고 계약의 상대방은 사업자에 해당한다면, 그리고 계약에 약관이 사용되었다면,[83] 특히 이 계약이 전자상거

82 부합계약에서 계약의 자유에 관한 설명으로 김형배, 앞의 책, 2001, 39면

83 이러한 상황에 대하여 자세한 것은 Sester/Nitschke, CR 2004, 548.

래의 방식으로 체결되었다면,[84] 이러한 특수한 사정에 관한 개별 규정들의 입법목적이 인공지능이라는 상황에 우선하여 고려되어야 할 것인지 의문이 제기될 수 있다. 또한 입법목적 외에 개별 규정들이 정하고 있는 요건이 실제로 충족될 수 있는지도 의문이다.[85] 인공지능의 이용자는 해당 약관의 내용에 대하여 고지받지 못할 것이며, 약관의 중요내용에 대하여 설명을 듣지 못할 수도 있다.[86] 이 경우 해당 약관은 계약의 내용이 되지 못하는 문제가 발생한다(약관규제법 제3조 제4항). 또한 인공지능의 이용은 철회권 행사 기간의 개시 시점에도 영향을 미칠 수 있다. 만약, 인공지능에게 직접 계약의 내용에 관한 전자문서가 발송되어 인공지능을 사용한 소비자는 해당 전자문서를 받지 못하였고 이를 알 수도 없었다면, 정형화된 거래 방법에 따라 수시로 거래하는 경우가 아닌 한(전자상거래법 제3조 제2항 제1호) 철회권의 행사 기간은 통신판매업자의 주소를 소비자가 안 날 또는 알 수 있었던 날로부터 개시될 수밖에 없기 때문이다(전자상거래법 제17조 제1항 제2호).

이러한 혼란은 인공지능을 통한 거래라는 현실이 개별법률의 입법과정에서 전혀 고려되지 않았기 때문에 발생한다. 약관규제법상 편입통제의 강행적 성격, 소비자에게 불리한 약정의 효력을 부정하는 전자상거래법 제35조 규정을 고려하면 별도의 입법이 없는 한 인공지능을 통한 거래에도 소비자 보호를 위한 강행적 규정은 우선하여 적용되어야 한다. 결국 인공지능을 이용한 거래에 맞는 새로운 소비자 보호 규정을 마련할 필요가 있고, 이때 변화된 민법의 기본원칙이 충분히 고려되어야 할 것이다.

---

84 이러한 상황에 대하여 자세한 것은 Gitter, Softwareagenten im elektronischen Geschäftsverkehr, 2007, 230 f.

85 그 외에 인공지능의 활용은 경쟁법적 문제도 초래한다. 소비자보호의 문제와 관련하여 디지털 카르텔의 문제를 언급한 글로는 서완석, "인공지능에 의한 소비자권익 침해에 관한 유형과 법적 과제", 「상사법연구」 제37권 제1호, 한국상사법학회, 2018, 317면 이하.

86 물론 계약의 성질상 설명이 현저하게 곤란한 경우라면 설명의무가 배제된다(약관규제법 제3조 제3항 단서).

## Section 05 | 결론

인공지능의 등장으로 사적자치의 원칙이라는 민법의 기본원칙이 수정되고, 결과적으로 계약자유의 원칙에 따라 인정되던 계약형성력도 축소되어 계약구속의 중요한 근거가 약화되어 버렸다. 인공지능을 이용함으로써 이용자는 계약의 감독자로 자신의 지위를 변화시켰다. 더불어 디지털 세상이 내재하고 있는 변화의 신속성과 인공지능의 자율적이고 합리적인 판단력은 현행 법규의 기본원리를 근본부터 흔들고 있는 것처럼 보인다. 인공지능 기술이 앞으로 어떠한 방향으로 진행될 것인지 쉽게 예측하기 어렵다는 점에서 혼란은 더 커질 것처럼 보인다.

그러나 인공지능에 관한 법률문제의 해결 방안을 인공지능 자체에 대한 기술적 평가가 아닌, 인공지능을 거래나 생활에 개입시킨 이용자의 결정에서 찾는다면 인공지능 기술의 발전을 법률체계 내로 수용하여 문제를 쉽게 해결할 수 있다. 즉, 각 개인이 인공지능이라는 수단을 거래에 참여시킬 것인지, 그리고 인공지능의 도입으로 자신의 계약형성에 관한 권한을 자발적으로 축소·대체할 것인지, 그리고 이러한 결정을 내릴 때 충분하고 투명한 정보에 근거하여 심사숙고하였는지, 부당한 영향을 받은 것은 아닌지 등이 법적 평가의 중요한 요소가 될 수 있다. 이러한 요소가 다 충족되면 인공지능 이용자는 계약의 최종 결정권자로서 변화된 지위에 따른 책임을 지게 될 것이다. 물론, 현행 법률은 인공지능의 변화를 고려하여 수정되어야 한다. 그러나 이 과정에서 원칙과 예외가 뒤바뀌어서는 안 될 것이다. 이를 위해서는 우선, 구체적인 문제 상황을 찾아내고 분석할 필요가 있다. 이런 조그마한 노력이 변화된 인공지능 시대에 우리가 할 수 있는 가장 합리적 대응 방안이라 할 것이다.

# 참고문헌

## 국내 문헌

고세일, “인공지능과 불법행위책임 법리”, 「법학연구」 제29권 제2호, 충남대학교 법학연구소, 2018

고형석, “인공지능을 이용한 전자적 의사표시의 효력에 대한 고찰”, 「법학논총」 제38권 제4호, 전남대학교 법학연구소, 2018

곽윤직 · 김재형, 『민법총칙』 제9판, 박영사, 2018

김진우, “웨어러블 기기의 공급 및 행위에 관한 계약관계: 시론적 고찰”, 「소비자문제연구」 제50권 제1호, 한국소비자원, 2019

김진우, “자동주행에서의 민사책임에 관한 연구 -개정된 독일 도로교통법과 우리 입법의 방향-”, 「강원법학」 제51권, 강원대학교 비교법학연구소, 2017

김진우, “자율시스템에 의한 의사표시의 귀속”, 「법학논총」 제38권 제4호, 전남대학교 법학연구소, 2018

김진우, “지능형 로봇과 민사책임”, 「저스티스」 제164호, 한국법학원, 2018

김형배, 『채권각론』 신정판, 박영사, 2001

서완석, “인공지능에 의한 소비자권익 침해에 관한 유형과 법적 과제”, 「상사법연구」 제37권 제1호, 한국상사법학회, 2018

서종희, “4차 산업혁명시대 인공지능형 로봇에 의한 부동산 거래 패러다임의 변화”, 「일감부동산법학」 제15호, 건국대학교 법학연구소, 2017

손영화, “인공지능(AI) 시대의 법적 과제”, 「법과 정책연구」 제16집 제4호, 한국법정책학회, 2016

양종모, “인공지능 알고리즘의 편향성, 불투명성이 법적 의사결정에 미치는 영향 및 규율 방안”, 「법조」 제66권 제3호, 법조협회, 2017

양창수, 『민법입문』 제6판, 박영사, 2017

오병철, “인공지능 로봇에 의한 손해의 불법행위책임”, 「법학연구」 제27권 제4호, 연세대학교 법학연구원, 2017

오병철, “전자적 의사표시에 관한 연구”, 박사학위 논문, 연세대학교, 1996

이병준, “인공지능에 의한 계약체결과 계약법이론 - 인공지능을 활용한 자율적 시

스템에 대한 대리법의 적용 가능성을 중심으로 –",「경영법률」 제31권 제2호, 한국경영법률학회, 2021
이상용, "인공지능과 계약법",「비교사법」 제23권 제4호, 한국비교사법학회, 2016
장보은, "인공지능의 발전과 계약 – 계약법의 역할을 중심으로 –",「저스티스」 제183호, 한국법학원, 2021
정진명, "과학시대의 의사표시",「민사법학」 제77호, 한국민사법학회, 2016
정진명, "인공지능의 표시에 대한 고찰",「비교사법」 제26권 제1호, 한국비교사법학회, 2019

## 외국 문헌

Bauer, Elektronische Agenten in der virtuellen Welt, 2006
Börding/Jülicher/Röttgen/Schönfeld, Neue Herausforderungen der Digitalisierung für das deutsche Zivilrecht, CR 2017, 134
Borges, Rechtliche Rahmenbedingungen für autonome Systeme, NJW 2018, 977
Bräutigam/Kindt, Industrie 4.0, das Internet der Dinge und das Recht, NJW 2015, 1137
Cornelius, Vertragsabschluss durch autonome elektronische Agenten, MMR 2002, 353
Eymann, Digitale Geschäftsagenten, 2003
Faust, BGB AT, 6. Aufl. 2018
Frey/Osborne, The future of employment: How susceptible are jobs to com–puterisation?, Technological Forecasting & Social Change 114, 2017, 254
Gitter, Softwareagenten im elektronischen Geschäftsverkehr, 2007
Gitter/Roßnagel, Rechtsfragen mobiler Agentensysteme im E–Commerce, K&R 2003, 64
Herberger, Künstliche Intelligenz und Recht, NJW 2018, 2825
Hoeren, Suchmaschinen, Navigationssysteme und das Wettbewerbsrecht, MMR 1999, 649
I. Goodfellow & Yoshua Bengio, Aaron Courvile, Deep Learning, MIT 2016
John, Haftung für Künstliche Intelligenz. Rechtliche Beurteilung des Einsatzes intelligenter Softwareagenten im E–Commerce, 2007

Kilian/Heussen, Computerrechts－HdB, 33. EL 2/2017

Kirn, Wissenschftsinformatik, 2002

Köhler, Die Problematik automatisierter Rechtsvorgänge, insbesondere von Willenserklärungen, AcP 182 (1982), 126

Kühne, Haftung von Suchmaschinenbetreibern, 2012

Leipold, BGB I, Einführung und AT, 9. Aufl. 2017

Mainzer, Künstliche Intelligenz - Wann übernehmen die Maschinen?, 2. Aufl. 2019

Görz/Schneeberger, HdB der Künstilichen Intelligenz, 5. Aufl. 2014

Manssen, Privatrechtsgestaltung durch Hoheitsakt, 1994

Matthias, Automaten als Träger von Rechten, 2008

Müller－Hengstenberg/Kirn, Intelligente (Software－)Agenten: Eine neue Herausforderung unseres Rechtssystems, Rechtliche Konsequenzen der "Verselbstständigung" technischer Systeme, MMR 2014, 307

Nitschke, Verträge unter Beteiligung von Softwareagenten - ein rechtlicher Rahmen, 2011

Pieper, Die Vernetzung autonomer Systeme im Kontext von Vertrag und Haftung, InTeR 2016, 188

Rüfner, Juristische Herausforderungen der Künstlichen Intelligenz aus der Perspektive des Privatrechts, Konferenz deutschsprachiger Juristen in Ostasien, 2019

Russel & Norvig, Artificial Intelligence A Modern Approach, 3. Ed., Prentice Hall, 2010

Schulz, Verantwortlichkeit bei autonom agierenden Systemen, 2015

Sester/Nitschke, Software－Agent mit Lizenz zum ....?, CR 2004, 548

Sorge, Softwareagenten, 2006

The European Commission's High Level Group on Artificial Intelligence, Ethics Guidelines for Trustworthy AI, 2019

Wiebe, Die elektronische Willenserklärung, 2002

Wintermann, Von der Arbeit 4.0 zur Zukunft der Arbeit, NZA 2017, 537

Zech, Künstliche Intelligenz und Haftungsfragen, ZfPW 2019, 198

chapter

14

# 생성형 인공지능을 활용한 행정의 이론적 문제와 대응*

양천수**

## Section 01 | 서론

인공지능 기술이 비약적으로 발전하면서 이를 향한 사회적 관심이 높아진다. 이에 발맞추어 사회의 다양한 영역에서 인공지능이 활용된다. 특히 인간 존재의 고유한 영역 또는 고도의 전문성과 창의성이 필요한 영역에서도 인공지능이 사용된다. ChatGPT를 향한 열풍은 이를 상징적으로 보여준다.[1] 무엇보다도 금융, 의료, 법률, 음악, 미술, 면접 영역 등과 같이 고도의 전문적인 역량이 필요한 영역에 인공지능, 특히 생성형 인공지능(generative AI)이 적용된다.[2]

---

* 이 장은 필자가 공간한 "인공지능을 활용한 행정의 이론적 문제와 대응: 체계이론의 관점에서", 『법학논총』(국민대) 제36권 제2호(2023. 10), 91-122쪽을 대폭 수정 및 보완한 것이다.

** 영남대학교 법학전문대학원 교수 · 법학박사

1 ChatGPT에 관해서는 이시한, 『GPT 제너레이션: 챗GPT가 바꿀 우리 인류의 미래』(북로망스, 2023) 참고.

2 이러한 맥락에서 인공지능을 입법평가에 적용할 수 있는지를 다루는 경우로는 양천수, "인공지능과 규범창설: 입법평가를 예로 하여", 『법철학연구』 제26권 제2호(2023. 8), 153-194면 참고.

인공지능에 관한 관심은 정부에 의해 수행되는 행정 영역에서도 발견된다. 정부는 다양한 행정 영역에서 인공지능을 활용하기 위해 여러 가지 준비를 한다. 이에 필요한 법적 기초도 이미 마련한 상황이다(행정기본법 제20조). 물론 그렇다고 해서 인공지능을 행정에 활용하는 것과 관련된 문제들이 모두 해결된 것은 아니다. 다양한 법이론적·행정법 도그마틱적·행정학적 문제들이 제기된다. 이에 이 글은 인공지능을 행정에 활용할 때 어떤 이론적 문제가 제기되는지 검토한 후 어떻게 이에 대처할 수 있는지 살펴보고자 한다. 다만 이 주제에 관해서는 그동안 자동화 또는 자동적 행정이라는 이름 아래 다양한 선행 연구가 이루어진 편이다.[3] 이들 연구를 검토하면 상당히 설득력 있는 문제 제기와 해법이 제시되었음을 확인할 수 있다. 따라서 이 글은 선행 연구에서 상대적으로 주목되지 않았던 이론적 문제, 특히 법사회학적 문제에 초점을 맞추고자 한다. 그리고 이 문제에 대응하기 위해 이 글은 체계이론(Systemtheorie)의 관점을 일정 부분 원용한다.

## Section 02 | 생성형 인공지능의 등장

이 글은 인공지능 가운데서도 이른바 생성형 인공지능에 논의의 초점을 맞추고자 한다. 이에 먼저 생성형 인공지능이 무엇인지 간략하게 검토한다.

---

3 이 문제에 관한 선행 연구로는 이재훈, "전자동화 행정행위 도입 후 독일 행정절차법제 논의의 전개 양상", 『공법학연구』 제19권 제4호(2018. 11), 481-515면; 김중권, "행정에 인공지능시스템 도입의 공법적 문제점", 『법조』 제69권 제2호(2020. 1), 53-77면; 윤상오 외, "인공지능 기반 자동화행정의 주요 쟁점에 관한 연구", 『한국공공관리학보』 제34권 제3호(2020. 9), 109-132면; 최승필, "공행정에서 AI의 활용과 행정법적 쟁점: 행정작용을 중심으로", 『공법연구』 제49권 제2호(2020. 12), 207-242면; 박가림, "자동적 행정행위의 현황과 전망", 『행정법연구』 제68호(2022. 8), 121-147면; 김민호·윤금낭, "자동화된 의사결정과 행정절차법에 관한 검토", 『성균관법학』 제34권 제3호(2022. 9), 39-61면 등 참고.

## 1. 결정형 인공지능과 생성형 인공지능

인공지능은 무엇을 산출하는가에 따라 크게 두 가지로 구별할 수 있다. 결정형 인공지능과 생성형 인공지능이 그것이다.

결정형 인공지능은 주어진 선택지 가운데 최적의 선택지를 결정(decision making)하는 인공지능을 말한다. 알파고처럼 주어진 바둑 규칙 안에서 어떤 수가 가장 최적의 수인지를 결정하는 인공지능이 이에 해당한다. 제어 프로그램에서 발전한 대부분의 인공지능은 결정형 인공지능에 속한다고 말할 수 있다.

이에 대해 생성형 인공지능은 소리나 이미지, 언어를 새롭게 생성하는 인공지능을 말한다. 쉽게 말해 음악이나 그림, 글을 새롭게 생성해 내는 인공지능이 생성형 인공지능이다. 이들 영역은 창의성이 필요하기에 오랫동안 인간 존재만이 수행할 수 있는 영역으로 취급되었다. 하지만 그사이 인공지능 기술이 비약적으로 발전하면서 이들 영역도 인공지능이 수행할 수 있게 되었다. 이를 가능케 한 중요한 기술로 GAN과 GPT를 언급할 수 있다.[4] GAN은 인공지능의 딥페이크 능력을, GPT는 자연어 처리 능력을 비약적으로 발전시켰다. 구체적으로 말하면 GAN은 인공지능이 독자적으로 음악, 미술 작품과 같은 저작물을 창작하는 데 큰 기여를 하였다.[5] 그리고 GPT는 ChatGPT 열풍이 시사하듯이 인간처럼 소통하고 판단하는 인공지능이 실현되는 데 이바지하였다.

## 2. GAN

GAN은 딥페이크 기술에서 출발한다.[6] GAN으로 업그레이드된 딥페이크 기술을 획득하게 된 인공지능이 저작물 영역에서도 인간과 같은 성과를 내

4 이를 지적하는 주영재, "AI 연구자가 본 챗GPT "범용 AI의 출발점…허위정보 단점": 박성규 강원대 AI융합학과 교수 인터뷰", 『경향신문』(2022. 12. 31).

5 이에 관해서는 양천수, "인공지능 창작물과 저작권", 『인권이론과 실천』 제30호(2021. 12), 37-130면 참고.

6 딥페이크 기술은 보통 부정적인 차원에서 언급될 때가 많지만 사실 이는 이중적인 의미를 지닌다.

게 된 것이다. 그러나 초기 딥페이크 기술만으로는 인공지능이 미술이나 음악 작품처럼 창의성이 요구되는 정교한 저작물을 만들기가, 그것도 새롭게 창작하기가 쉽지 않았다. 하지만 GAN이 기술적으로 구현되면서 이러한 상황은 급반전한다. GAN, 즉 '생성적 적대 신경망(Generative Adversarial Network)' 메커니즘이 실현되면서 인공지능의 저작물 창작 능력은 새로운 차원으로 업그레이드된다.

GAN은 2014년 이안 굿펠로우(Ian Goodfellow)와 그의 동료들이 제시한 새로운 기계학습 프레임워크다.[7] GAN은 두 개의 인공 신경망으로 구성된다. 가짜를 만들어 내는 생성 모델(generator)과 이를 식별하는 식별 모델(discriminator)이 그것이다. 두 개의 신경망 모델은 서로 대립하면서 공존한다. 마치 민사소송의 당사자주의 소송구조(adversarial procedure)에서 각 당사자가 대립하는 과정에서 법관이 소송의 진실을 찾아가는 것처럼 GAN에서도 생성 모델과 식별 모델이 대립하는 당사자로 서로 적대하면서 결과적으로는 진짜와 구별되지 않는 가짜를 생성하는 것이다.

굿펠로우는 이를 위조지폐범과 경찰로 비유하여 다음과 같이 설명한다. 가령 위조지폐범이 위조지폐를 만들면 경찰은 이를 가짜로 식별한다. 그러면 위조지폐범은 이보다 더 진짜 같은 위조지폐를 생성하고 다시 경찰은 이를 가짜로 식별한다. 이렇게 쫓고 쫓기는 적대적 환류 과정을 거치면서 위조지폐는 진짜와 구별하기 어려울 정도로 완성도가 높아진다. 당사자주의적 과정을 거치면서 생성되는 결과물의 완성도는 점점 더 향상된다.

이처럼 생성 모델과 식별 모델은 적대적으로 서로 경쟁하면서 딥페이크 이미지를 개선한다. 생성 모델이 데이터로 학습한 후 가짜 동영상을 만들면 식별 모델은 해당 동영상이 가짜인지 식별한다. 이에 반성적으로 피드백을

---

7 Ian Goodfellow/Jean Pouget-Abadie/Mehdi Mirza/Bing Xu/David Warde-Farley/Sherjil Ozair/Aaron Courville/Yoshua Bengio, "Generative Adversarial Nets", *Proceedings of the International Conference on Neural Information Processing Systems* (NIPS, 2014), p. 2672-2680. 이 발표문은 https://proceedings.neurips.cc/paper/2014/file/5ca3e9b122f61f8f06494c97b1afccf3-Paper.pdf에서 확인할 수 있다. GAN에 관한 간단한 설명은 이경렬 · 김재원, "허위영상물 제작 · 반포 범죄에 관한 기술적 · 형사법적 연구", 『4차산업혁명 법과 정책』 제2호(2020. 12), 139-140면 참고.

받은 생성 모델은 식별 모델이 식별할 수 없을 때까지 가짜를 생성한다. 이 과정을 거치면서 인공지능의 창작 능력은 비약적으로 향상된다.

## 3. GPT

GPT(Generative Pre-trained Transformer)는 OpenAI가 개발한 언어 인공지능 모델이다.[8] 딥러닝을 적용한 언어 생성 모델로 인간처럼 말하는 듯한 소통 텍스트를 만들어 내는 자기회귀 언어 모델이다. 이러한 GPT는 크게 세 가지 요소로 분해할 수 있다. '생성적(Generative)'/사전 학습(Pre-trained)/트랜스포머가 그것이다. 달리 표현하면 생성 모델, 사전 학습 모델 및 트랜스포머가 결합한 것이 GPT인 셈이다.

OpenAI는 이러한 GPT 모델을 바탕으로 하여 2018년부터 GPT-n 시리즈를 출시하고 있다. 먼저 2018년에 GPT-1을 출시하였다. GPT-1은 1억 1,700만 개의 매개변수(parameter)로 학습한다. 다음으로 2019년에 출시한 GPT-2는 매개변수 1억 2,400만 개에서 15억 개로 학습한다. 나아가 2020년에 출시한 GPT-3은 매개변수 1,750억 개로 학습한다. GPT-1과 비교하면 이는 1,000배, GPT-2와 비교하면 100배 이상에 해당한다. 이전 모델과 비교할 때 GPT-3은 언어 인공지능 모델로 획기적이었다.[9] GPT-3에 이르러 이제 인공지능은 인간과 유사하게 창의적으로 채팅을 할 수 있게 되었기 때문이다.

## 4. ChatGPT

OpenAI는 2022년 11월에 GPT-3을 개선한 GPT-3.5 모델을 출시한다. ChatGPT가 그것이다. 이후 ChatGPT는 놀라운 능력으로 세계적인 관심을 끌고 있다. 심지어 그동안 구글이 주도했던 검색 시장을 변혁할 수 있는, 달

---

8 GPT에 관한 개관으로는 AI Network, "GPT 모델의 발전 과정 그리고 한계", 『AI Network_KR』(2021. 2. 19) 참고.

9 김종윤, "GPT-3, 인류 역사상 가장 뛰어난 '언어 인공지능'이다", 『인공지능신문』(2020. 8. 14)(https://www.aitimes.kr/news/articleView.html?idxno=17370) 참고.

리 말해 구글을 위협할 수 있는 존재로 부각되었다. 이어 2023년 3월 14일에는 GPT-3.5 모델을 개선한 GPT-4 모델이 출시되었다.

많은 이가 ChatGPT에 열광하는 이유는 다양할 것이다. 그 가운데 몇 가지를 꼽으면 다음과 같다. 우선 ChatGPT는 인간과 인간처럼 소통할 수 있다. 그러나 ChatGPT는 단순히 채팅만 할 수 있는 것은 아니다. 이에 더해 ChatGPT는 전문적이면서 창의적인 소통을 할 수 있다. 예를 들어 ChatGPT는 전문적인 질문에 적절한 답변을 할 수 있다. 달리 말해 해당 질문이 요청하는 기준에 상응하는 데이터를 제공할 수 있다. 이때 검색 모델처럼 기존에 있는 데이터만을 나열하는 게 아니라 이를 분석 및 소화하여 그 결과를 생성적으로 도출한다. 질문에 담긴 기준을 파악한 후 이에 상응하는 데이터를 찾아 이를 분석 및 연결하여 생성적으로 결과를 내놓는 것이다.

더군다나 생성 모델이라는 특성에 걸맞게 언어적 결과물을 산출할 때도 기존에 있는 데이터의 표현을 형식적으로 그대로 사용하지는 않는다. 트랜스포머 모델을 활용하여 새로운 언어적 표현을 이용함으로써 주어진 질문에 상응하는 데이터를 산출한다. 이러한 이유에서 ChatGPT가 내놓은 결과물은 기존의 표절 검사 시스템에 잘 걸리지 않는다. 이 점이 바로 ChatGPT가 가진 놀라운 점이라 할 수 있다.[10]

## Section 03 | 행정의 의의

이어 이러한 생성형 인공지능이 활용될 행정이란 무엇인지 살펴본다. 행정이 무엇인지 살펴보는 것은 행정에 대한 인공지능 활용과 관련된 여러 문제에 대응하는 데 의미가 있다. 행정이 무엇인지에 관해서는 다양한 관점에

10 다만 ChatGPT가 인간의 소통을 '이해'할 수 있는가에는 논란이 있다. 아직은 이를 부정하는 견해가 다수인 것으로 보인다. 이 문제에 대한 대답은 '이해' 개념을 어떻게 설정하는가에 따라 달라진다.

서 접근할 수 있다. 여기서는 세 가지 관점에서 행정 개념에 접근한다. 법학적 관점과 행정학적 관점 및 체계이론적 관점이 그것이다.

## 1. 법학적 관점에서 본 행정

법학적 관점에서 본 행정이란 행정법학에서 이해하는 행정 개념을 뜻한다. 행정법학에서는 행정이란 무엇인지에 관해 다양한 견해가 제시된다.[11] 이들 견해는 크게 두 가지로 구별할 수 있다. 행정의 내용 또는 기능적 특징에 초점을 맞추는 견해와 행정을 수행하는 기관의 특성에 초점을 맞추는 견해가 그것이다. 이를 달리 기능설과 기관설로 분류할 수 있을 것이다. 여기서 첫 번째는 다시 두 가지로 구별된다. 행정의 기능적 특징을 적극적으로 규정하기보다는 이와 구별되는 입법과 사법의 기능적 특성을 규정한 후 이로부터 소극적으로 행정을 규정하는 견해와 행정의 기능적 특성을 적극적으로 규정하는 견해가 그것이다. 흔히 전자를 소극설, 후자를 적극설로 지칭한다. 이때 적극설은 행정의 기능적 특성을 규정하기 위해 행정학에서 이해하는 행정 개념을 끌어오기도 한다. 두 번째 견해는 입법부 및 사법부와 구별되는 행정부라는 기관이 수행하는 작용을 행정으로 파악한다.

하지만 실제 현실에서 행정이라는 이름 아래 이루어지는 작동(operation) 현상을 보면 그 범위가 넓고 유형도 다양해 행정을 적극적인 방식으로 개념화하기는 쉽지 않다.[12] 이러한 이유에서 행정 개념을 정면에서 다루는 행정학에서도 행정 개념에 관해 다양한 이론과 견해가 제시된다.

바로 이러한 이유에서 소극설이나 기관양태설이 그 기준이 비교적 명확하다는 이유에서 선호되는 편이다. 이러한 견해의 대표적인 예로 법률을 다루는 방식을 기준으로 하여 행정을 정의하는 경우를 들 수 있다. 이는 기본적으로 존재와 당위는 구별된다는 점을 전제로 한다. 이러한 이해 방식에 따

11 행정법학에서 파악하는 행정 개념에 관해서는 박균성, 『행정법론(상)』 제14판(박영사, 2015), 4-5면 참고. 여기에서는 행정 개념에 관한 견해로 소극설, 적극설, 기관양태설을 제시한다. 또한 김기진, "행정의 개념에 관한 연구", 『법학연구』(연세대) 제18권 제1호(2008. 3), 87-108면 참고.

12 이를 지적하는 박균성, 앞의 책, 4면.

르면 행정이란 국민의 대표자로 구성된 의회가 제정한 법률을 집행하는 작용이다.[13] 권력분립 원리에 따라 의회와는 구별되는 행정부가 이러한 행정을 담당한다. 행정을 법률을 집행하는 국가 작용으로 파악하는 이해 방식은 국가의 작동을 법의 작동과 동일하게 파악한 순수법학자 켈젠(Hans Kelsen)의 주장에서 극명하게 발견할 수 있다.

신칸트주의에 바탕을 둔 법실증주의를 수용하면서도 국가를 사회학적 국가와 법적 국가로 이분화한 옐리네크(Georg Jellinek)와는 달리 켈젠은 국가를 오직 법적 측면에서만 바라본다.[14] 켈젠에 따르면 국가는 법과 동일하다. 국가는 법이 작동하는 과정이다. 이러한 이해 방식에 따르면 국가는 다음과 같이 파악된다. 국가가 수행하는 작동인 입법, 집행 및 사법은 각각 법률 제정, 법률 집행 및 법률 적용이라는 측면에서 파악될 수 있다. 바로 이 점에서 행정은 법률 집행이라는 이해 방식이 도출된다.

## 2. 행정학의 관점에서 본 행정

행정 개념을 정면에서 다루는 행정학은 적극적인 측면에서, 즉 행정이 가진 기능적 특징을 기준으로 하여 행정을 규정하고자 한다. 이때 행정이 수행하는 기능을 어떻게 설정할지에 문제가 제기된다.[15] 이에 관해서는 경제학자이자 행정학자로서 행정학에 큰 영향을 미친 사이먼(Herbert Simon)의 행동주의적 접근이 유용한 실마리를 제공한다. 사이먼은 행정의 기능적 특징을 의사결정(decision making)에서 찾는다. 이에 따르면 행정이란 특정한 조직의 의사를 결정하는 과정이다. 이는 행정을 근원적으로 그 때문에 형식적으로 규정한 것이라 할 수 있다. 다만 이때 내용적인 면에서 어떤 성격을 추가할 것인지, 이를테면 정치라는 권력적 과정과 행정의 관계 그리고 경영이라는 효

13 박균성, 앞의 책, 5면도 이러한 이해 방식을 따른다.

14 옐리네크의 국가 이해와 이에 대한 켈젠의 비판으로는 H. Kelsen, *Der soziologische und der juristische Staatsbegriff: Kritische Untersuchung des Verhältnisses von Staat und Recht* (Tübingen, 1922) 참고.

15 이 문제에 관해서는 박성복, "행정의 개념과 행정학의 연구대상", 『한국행정논집』 제14권 제3호(2002. 9), 513-531면 참고.

율적 과정과 행정에 대한 관계를 어떻게 설정할 것인지에 문제가 제기된다.

이에는 크게 두 가지 견해가 제기된다. 경영과 행정을 구별하지 않는 견해와 정치와 행정을 구별하지 않는 견해가 그것이다. 첫 번째 견해에 따르면 경영과 행정은 본질적으로 다르지 않다. 이 견해에서 보면 경영과 마찬가지로 행정은 조직이 설정한 목적, 이를테면 이익 극대화를 실현하기 위해 수행하는 의사결정 과정이다. 이에 대해 두 번째 견해에 따르면 행정은 오히려 정치 과정과 본질적으로 같다. 이는 정치 과정처럼 행정이 권력적인 의사결정이라는 점을 시사한다.

행정학이 발전하는 과정을 보면 경제학이나 경영학의 이론적 성과가 행정학에 수용되어 행정학이 이론적으로 발전하는 데 이바지했다는 점을 발견할 수 있다. 사이먼의 이론적 영향이 그 예가 된다. 이를 감안하면 기능적인 면에서 경영과 행정을 구별하지 않는 게 적절해 보이기도 한다. 하지만 현실적인 측면에서 볼 때 사적 자치가 적용되는 경영과는 달리 행정에는 법치행정 원리가 적용된다. 이는 행정이 경영과는 달리 공적 영역에서 이루어지는 작동일 뿐만 아니라 법의 통제를 받아야 할 정도로 권력적 요소를 가지고 있음을 보여준다. 이러한 점을 고려하면 행정을 정치의 한 영역으로 포섭하는 이해 방식이 더욱 설득력이 있다.

## 3. 체계이론의 관점에서 본 행정

행정을 정치의 한 영역으로 파악하는 견해를 주장한 학자로 독일의 사회학자 루만(Niklas Luhmann)을 언급할 수 있다. 체계이론의 토대 위에서 행정을 연구한 루만은 행정을 다음과 같이 규정한다. 행정은 결정을 내리는 사회적 체계라는 것이다.[16] 이러한 이해 방식에서 다음과 같은 의미를 이끌어낼 수 있다.

첫째, 행정은 사회적 체계(soziales System)이다. 이때 말하는 사회적 체계는 일반 체계 가운데 기계적 체계나 생명체계와는 구별되는 것으로서 소통

16 N. Luhmann, *Funktionen und Folgen formaler Organisation* (Berln, 1964), S. 23; N. Luhmann, *Politische Soziologie* (Berlin, 2015), S. 21 등 참고.

(Kommunikation)으로 구성되는 체계를 뜻한다. 루만은 사회는 체계와 환경이라는 구별로 구성되는데 이때 말하는 체계가 바로 사회적 체계이다. 이러한 맥락에서 루만은 행정 역시 사회적 체계로 파악한다.

둘째, 행정은 사회적 체계 가운데 정치체계의 부분체계이다. 정치체계가 내적 분화를 거치면서 분화되어 형성된 것이 행정체계이다.[17] 이에 따라 행정은 정치체계의 특성도 부분적으로 지니면서 그와 구별되는 독자성도 가진다. 권력 투쟁의 성격이 강한 정치체계와는 달리 행정체계에서는 목적합리성과 규칙합리성이 강하다는 점을 꼽을 수 있다.

셋째, 행정은 '결정을 내리는(decision making)' 사회적 체계이다. 이는 행정이라는 사회적 체계가 수행하는 작동의 본질적 측면을 특정한 결정을 내린다는 점에서 찾고 있음을 보여준다. 이는 행정학에서 말하는 행정 개념 가운데 결정을 내리는 것을 행정의 본질적 징표로 파악한 사이먼의 주장을 받아들인 것이다.[18] 루만의 이해에 따르면 행정은 단순히 의회가 제정한 법률을 집행하는 과정에 불과한 것이 아니다. 행정은 정치체계가 설정한 목적을 구현하기 위해 수단을 선택하고 구체적인 결정을 내리는 사회적 체계이다. 물론 그렇다고 해서 행정이 법에서 완전히 자유로운 것은 아니다. 이는 법치주의의 하부 원칙인 법치행정에 따라 허용되지 않는다. 법치행정의 하부 원칙인 법률 우위나 법률 유보가 보여주는 것처럼 법은 행정에 대한 법적 기초이자 테두리로 작용한다.[19] 이는 행정이 조직, 그중에서도 공공성을 가진 공적 조직이 작동한다는 것을 뜻한다.

행정이 사회적 체계라는 언명은 인공지능을 활용한 행정의 가능성에 관해 중요한 의미가 있다. 왜냐하면 행정이 사회적 체계라는 주장은 행정이 반드시 '인간' 공무원에 의해 수행되는 것은 아님을 시사하기 때문이다. 오히려 행정에서는 행위나 소통이 결정적인 역할을 한다는 것이다. 그 이유는 체계

---

17 N. Luhmann, *Politische Soziologie* (Berlin, 2015), S. 151 ff.

18 N. Luhmann, *Recht und Automation in der öffenltichen Verwaltung* (Berlin, 1966), S. 21 ff. 이때 'decision making'은 '의사결정'으로도 파악할 수 있다. 그러나 '주체/객체 모델'을 '체계/환경 모델'로 대체하는 루만의 견지에서 볼 때 '의사를 결정'한다는 것은 성립하기 어렵다. 따라서 루만의 맥락에서는 '의사결정'보다는 '결정'으로 파악하는 게 적절하다.

19 이에 관해서는 N. Luhmann, *Die Grenzen der Verwaltung* (Berlin, 2021), S. 14 ff. 참고.

이론에 따르면 인간 공무원은 정치가나 일반 공중(Publikum)처럼 행정이라는 사회적 체계가 아닌 이와 구별되는 환경에 속하기 때문이다.[20]

## 4. 행정이 전제하는 국가와 시민의 관계

### 1) 공적 관계에서 작동하는 행정

행정은 특정한 조직이 수행하는 작동의 일종이다. 그러나 행정은 이익을 극대화하는 것을 주된 목적으로 설정하는 사적 조직이 수행하는 경영과는 차이가 있다. 왜냐하면 행정은 경영과는 달리 공적 관계에서 공적 조직에 의해 이루어지는 공적 작동이기 때문이다. 이때 공적 관계란 사적 영역이나 시장처럼 시민과 시민 사이에서 형성되는 관계가 아니라 국가와 시민 사이에서 형성되는 관계를 뜻한다. 사법이 규율하는 사적 관계와는 달리 공적 관계는 공법이 규율한다. 이러한 공적 관계에서 행정은 사익이 아닌 공익을 추구하는 것으로 이해된다.

### 2) 공적 관계의 규율원리

사적 자치가 지배하는 사적 관계와는 달리 공적 관계에서는 민주주의와 더불어 법치주의가 규율원리로 자리매김한다. 여기서 민주주의는 주로 입법에서, 법치주의는 행정과 사법에서 강조된다.[21] 이에 따라 행정에서는 법치행정이 그리고 사법에서는 법관의 법률 구속이 각각 독자적인 규율원리로 강조된다. 이때 법치행정은 다음과 같은 의미로 이해된다. 행정은 기본적으로 법률에 근거를 두어 이루어져야 한다. 이와 더불어 행정이 결정하는 내용도 법률이 정한 규정에 구속되어야 한다는 것이다. '형식/내용'이라는 구별을 원용하면 이는 다음과 같이 이해할 수 있다. 전자가 법치행정의 형식적 측면을 강조한다면 후자는 법치행정의 내용적 측면을 강조한다는 것이다.

---

20 N. Luhmann, 위의 책, S. 122 ff.

21 물론 그렇다고 해서 행정과 사법에 민주주의가 적용되지 않는 것은 아니다. 다만 행정과 사법의 특징, 즉 기능적 전문성을 고려할 때 대중주의를 지향하는 민주주의를 완전하게 적용하기는 어렵다.

## Section 04 | 행정에 대한 인공지능 활용 필요성과 문제

### 1. 인공지능 활용 필요성

인공지능을 향한 관심이 높아지면서 행정에도 인공지능을 활용해야 한다는 논의와 준비가 적극적으로 이루어진다. 하지만 그전에 다음과 같은 의문을 해명해야 할 필요가 있다. 왜 행정에 인공지능을 활용해야 하는지의 의문이 그것이다. 이에 세 가지 근거를 제시할 수 있다. 전문성과 효율성 그리고 청렴성이 그것이다.

#### 1) 전문성

먼저 인공지능이 갖춘 전문성을 언급할 수 있다. 근대 계몽주의 이래 인간 존재는 이성을 지닌 합리적 존재로 인식된다. 이러한 인간상은 고전 경제학에서 잘 확인된다. 고전 경제학은 시장에 참여하는 인간 존재를 완전한 합리성을 갖춘 존재로 전제하기 때문이다. 이에 의하면 시장에 참여하는 인간 존재는 주어진 정보를 합리적으로 판단하여 자신의 이익을 최적화하는 방향으로 의사를 결정한다.

그러나 행동경제학의 기초를 마련한 사이먼은 이러한 전제를 거부한다. 사이먼이 볼 때 인간은 제한적 합리성(bounded rationality)을 가진 불완전한 존재이다.[22] 인간은 선입견이나 편향에 따라 행동한다.[23] 합리적이고 정교하며 복잡성이 높게 설계된 해법이 아니라 '휴리스틱(heuristic)'과 같이 단순하고 불완전하며 일상적인 해법으로 문제를 해결한다. 이에 따라 인간은 비합리적인, 경우에 따라서는 파멸적인 결과에 휘말린다.[24]

---

22 이에 관해서는 Herbert A. Simon, "A Behavioral Model of Rational Choice", *The Quarterly Journal of Economics*, Volume 69, Issue 1 (1955), p. 99-118 참고.

23 이를 심리학의 관점에서 해명한 대니얼 카너먼, 이창신(옮김), 『생각에 관한 생각: 우리의 행동을 지배하는 생각의 반란』(김영사, 2018) 참고.

24 이는 주식시장 등에서 잘 관찰된다. 이에 관해서는 리처드 탈러, 박세연(옮김), 『행동경제학: 마음과 행동을 바꾸는 선택 설계의 힘』(웅진씽크빅, 2021) 참고.

사회적 체계인 행정 역시 인간 공무원이 참여하여 이루어지는 것이기에 인간 공무원이 가진 불완전함에서 자유로울 수 없다. 인간 공무원이 지닌 편견에 행정이 영향을 받을 수 있다. 이를테면 인간 공무원이 가진 편견이 소통에 반영되고 이러한 소통이 행정에 개입함으로써 행정이 편견에 따라 이루어질 수 있다. 이러한 이유에서 행정이 본래 설정한 목적을 성공적으로 성취하려면 인간 공무원이 지닌 불완전함을 해소할 필요가 있다. 이러한 상황에서 인공지능은 인간 공무원이 가진 불완전함을 보완할 수 있다.[25] 인공지능의 계산 및 판단 능력을 활용해 행정의 전문성이나 정확성을 제고할 수 있다. 그뿐만 아니라 인공지능은 인간 공무원이 수행하기 쉽지 않은 영역에도 적용할 수 있다. 고도의 복잡한 계산이 필요한 세무나 회계, 재난지원금과 같은 지원금 배분, 배터리 등 복잡한 폐기물 재활용 등을 이러한 예로 언급할 수 있다. 더불어 인공지능은 오늘날 강조되는 각 시민에 개별화된(customizing) 행정을 구현하는 데 이바지할 수 있다.

### 2) 효율성

인공지능은 행정의 효율성을 높이는 데 기여할 수 있다. 오늘날 복지국가나 안전국가 패러다임 등으로 국가가 수행해야 할 임무가 늘어나면서 행정조직도 비대해진다.[26] 새로운 임무에 대응하기 위해 새로운 부처가 신설되고 새로운 조직이 만들어진다. 행정의 전문성을 확보하기 위해 각 부처 산하에 전문 연구기관 등도 설치 및 운영된다. 이는 복잡한 사회 현상에 대응하여 국가의 임무를 강화하고 전문성을 제고하는 데 도움이 되지만 반대로 비용을 증가시킨다. 이러한 비용은 기본적으로 국민의 세금에 기반을 둔다는 점에서 국민에게도 큰 부담이 된다. 이때 인공지능을 행정에 활용하면 행정

---

25 제한적 합리성을 주장한 사이먼이 인공지능에 관심을 가진 것도 이러한 맥락에서 이해할 수 있을 것이다. 인공지능에 관한 사이먼의 연구에 관해서는 Herbert A. Simon, *The Sciences of the Artificial*, 3rd Edition (MIT Press, 1996); George E. Yoos, *Simplifying Complexity: Rhetoric and the Social Politics of Dealing with Ignorance* (De Gruyter Open Poland, 2015), p. 25-28 참고.

26 안전국가 패러다임에 관해서는 양천수, “현대 안전사회의 헌법학적 문제: 법이론의 관점을 겸하여”, 『헌법재판연구』 제7권 제2호(2020. 12), 3-37면 참고.

비용을 줄이는 데 도움이 된다. 예를 들어 인공지능을 통해 인간 공무원의 수를 최적화할 수 있다.

### 3) 청렴성

인간 공무원을 대신해 행정에 인공지능을 투입하면 행정의 청렴성도 제고할 수 있다. 왜냐하면 언제든지 부정부패의 유혹에 빠질 수 있는 인간 공무원과는 달리 인공지능은 이러한 유혹에서 자유롭기 때문이다. 인공지능에 힘입어 인간 공무원의 부패를 억제하는 것이다. 이는 특히 상대적으로 부패지수가 높은 국가의 행정에서 의미가 있다. 예를 들어 중국은 행정에 인공지능을 적극적으로 활용하는데 이를 통해 행정의 청렴성을 드높이는 것으로 평가된다.[27] 더불어 중국은 인공지능을 행정에 적용함으로써 행정의 탈권위화를 추구한다. 인공지능 행정을 통해 권위적인 수직적 행정을 시민 친화적인 수평적인 행정서비스로 바꾸는 것이다.

## 2. 행정의 자동화에 관한 관심

이 글은 체계이론의 관점을 수용해 행정을 사회적 체계로 파악한다. 그러나 일반적으로 행정은 인간, 즉 인간 공무원에 의해 이루어지는 공적 의사결정 과정으로 이해된다. 이러한 일반적 이해 방식에 따르면 인공지능을 활용하는 행정은 일반적 행정과는 구별되는 자동적 행정으로 규정할 수 있다. 이때 자동적 행정이란 인간이 아닌 기계, 더욱 정확하게 말하면 자동적으로 작동하는 기계적 체계에 의해 이루어지는 공적 의사결정 과정으로 규정할 수 있다. 인간이 아닌 자동적 존재에 의해 수행되는 행정이 자동적 행정인 것이다.

최근 인공지능이 전 세계적으로 각광을 받으면서 자동적 행정이 새롭게 조명되고 그 가능성이 모색된다. 하지만 사실 자동적 행정은 오랜 역사를 가진다.[28] 예를 들어 행동경제학의 아버지이자 현대 행정학에 많은 영향을 미

---

27 이에 관해서는 이유봉, 『AI기반 행정을 위한 입법방안 연구』(한국법제연구원, 2022), 67면 아래 참고.

친 사이먼이 오래전부터 인공지능 연구에서 중요한 역할을 했다는 점을 고려할 필요가 있다. 사이먼은 그 유명한 다트머스 워크숍의 4인 가운데 한 명으로 지목될 뿐만 아니라 인공지능에 관해서도 중요한 저서를 남겼다.[29] 이를 통해 행정과 인공지능의 강한 연관성을 추측할 수 있다.

사이먼과 더불어 자동적 행정에 일찍부터 관심을 기울인 사람으로 루만을 언급할 필요가 있다. 법학을 전공했던 루만은 행정공무원으로 사회 경력을 시작한다. 이로 인해 루만은 자연스럽게 행정이라는 공적 조직의 작동에 관심을 가진다. 행정이란 무엇인지, 행정은 무엇을 추구하는지, 행정은 어떻게 작동하는지에 관심을 쏟는다. 그 결과 미국 유학을 마치고 돌아온 루만이 처음으로 출간한 연구서도 행정의 작동 방식과 기능을 분석한 것이었다.[30] 이의 연장선상에서 루만은 자동적 행정에 관해 이미 선구적인 그리고 오늘날에도 여전히 설득력이 높은 연구를 하였다.[31] 이 연구에서 루만은 체계이론을 바탕으로 하여 자동적 행정이 어떤 조건에서 가능한지를 밝힌다. 아래에서 살펴보듯이 이 글은 인공지능을 행정에 활용할 때 제기되는 이론적 문제를 해결하는 과정에서 이러한 루만의 초기 연구를 원용한다.

## 3. 자동적 행정에 관한 문제

그러나 체계이론에 따라 탈인간중심적인 행정체계를 모색한 루만과는 달리 인간중심주의에 바탕을 둔 전통적인 행정 개념에서 볼 때 자동적 행정에 관해서는 여러 문제를 제기할 수 있다. 크게 네 가지 문제를 언급할 수 있다.

---

28 이에 관한 선구적인 국내 문헌으로는 김중권, 『행정자동절차에 관한 법적 고찰』(고려대 법학박사 학위논문, 1983) 참고.

29 Herbert A. Simon, *The Sciences of the Artificial*, 3rd Edition (MIT Press, 1996). 다트머스 워크숍의 실상에 관해서는 잭 코플랜드, 박영대(옮김), 『계산하는 기계는 생각하는 기계가 될 수 있을까?』(에디토리얼, 2020), 제1장 참고.

30 N. Luhmann, *Funktionen und Folgen formaler Organisation* (Berln, 1964).

31 N. Luhmann, *Recht und Automation in der öffentlichen Verwaltung* (Berlin, 1966) 참고.

첫째는 인격성에 관한 문제이다. 행정은 인격성을 갖춘 인간 공무원이 수행해야 한다는 문제 제기가 그것이다. 이는 행정의 인간중심주의에 따른 문제이다.

둘째는 인공지능의 불완전성에 관한 문제이다. 인공지능이 과연 인간처럼 특정한 목적을 지향하는 복잡한 판단을 할 수 있는가의 문제 제기가 그것이다. 이는 인공지능의 판단 능력에 대한 회의와 비판에 바탕을 둔다.

셋째는 법적 근거에 관한 문제이다. 행정의 자동화에 관한 법적 근거를 어떻게 확보할 수 있는가의 문제 제기가 그것이다. 그러나 이 문제는 상대적으로 해결하기 어렵지 않다.

넷째는 감정적 거부에 관한 문제이다. 인공지능을 활용하는 행정의 자동화에 대한 감정적 거부를 어떻게 해소할 수 있는가의 문제 제기가 그것이다. 현 상황에서는 이 문제를 해결하는 게 가장 어렵다.

## Section 05 | 자동적 행정의 문제에 대한 대응

### 1. 인격성 문제

법이론의 관점에서 볼 때 자동적 행정의 인격성 문제, 즉 인간중심주의에 관한 문제는 해결하기 어렵지 않다. 왜냐하면 행정법 도그마틱의 견지에서 볼 때 행정작용을 수행하는 과정에서 인간 공무원의 인격성이 필수적으로 요청되는 것은 아니기 때문이다. 행정법 도그마틱에 따를 때 시민을 대상으로 하여 행정작용을 발령하는 주체는 인간 공무원이 아닌 행정관청이다. 이때 행정관청은 엄밀하게 말하면 그 자체 법적 주체가 되지는 않는다. 행정관청은 국가라는 공법인의 기관에 해당하기 때문이다.[32] 이러한 논리에 의하

32 공법학의 역사에서 보면 국가를 공법인으로 파악할 수 있는가에 관해서는 논란이 없지 않았다. 이에 관해서는 미하엘 슈톨라이스, 이종수(옮김), 『독일 공법의 역사』(푸른역사, 2022), 112-113면 참고.

면 행정작용을 최종적으로 담당하고 책임지는 주체는 국가라는 정치적 체계이다. 이는 법적 관점에서 볼 때 행정작용을 수행하기 위해 반드시 인간 공무원이 필요한 것은 아님을 보여준다. 이 점에서 우리 행정법 및 행정법학은 이미 인간중심적 사고에서 벗어나 있다고 말할 수 있다.[33] 이처럼 행정작용을 수행하는 데 법논리적으로 인간 공무원이 반드시 필요한 것은 아님을 고려하면 행정작용을 직접 수행하는 주체가 반드시 인격성을 갖추어야 할 필연성도 없다고 말할 수 있다.

## 2. 인공지능의 불완전성

### 1) 문제

인공지능을 이용한 자동적 행정에 제기되는 가장 어려운 문제는 현재 도달한 인공지능의 기술적 수준이 여전히 불완전하다는 점이다. 최근 ChatGPT가 세계적인 돌풍을 일으키고는 있지만 현재 우리가 성취한 인공지능은 여전히 약인공지능에 머물러 있다. 따라서 현 수준에서 인공지능은 인간처럼 복잡한 사고와 판단, 즉 스스로 목적을 설정하고 여러 요소나 이익을 고려하면서 복합적으로 생각하고 결정할 수는 없는 것으로 보인다. 여전히 일부 분야에서만 인간 존재를 능가하는 능력을 발휘할 뿐이다. 그러나 행정과 법의 관계, 특히 행정에 대한 법적 통제에 관한 역사를 보면 인공지능이 가진 불완전성이 인공지능을 행정에 활용하는 데 큰 걸림돌이 되지는 않는다는 점을, 오히려 경우에 따라서는 장점이 될 수 있음을 알 수 있다.

### 2) 행정과 법의 관계

행정과 법의 관계에 관한 역사를 돌아보면 어떻게 하면 법이 행정을 통제할 수 있는지가 주된 쟁점이 되었다. 경찰국가(Polizeistaat)가 지배하던 당시에는 행정은 통치권자의 내부 영역이자 자유재량이 지배하는 영역이기에 법

33 이를 지적하는 양천수, "탈인간중심적 법학의 가능성: 과학기술의 도전에 대한 행정법학의 대응", 『행정법연구』 제46호(2016. 8), 1-24면 참고.

이 통제할 수 없다는 관념이 지배적이었다.[34] 그러나 법치주의가 성장 및 정착하고 행정법이 헌법을 구체화한 법으로 이해되면서 행정에 대한 법적 통제가 지속적으로 강화되었다. 이에 따라 기속행위뿐만 아니라 재량행위도 점차 다양한 행정법 도그마틱에 힘입어 법적 통제 아래 포섭되었다. 이러한 확대 흐름에서 발견되는 경향은 행정청 또는 행정 공무원이 재량이라는 이름 아래 자의적으로 행정 권력을 남용하는 것을 법이 억제하는 것이라 할 수 있다.

법치행정이 안착하고 행정에 대한 법적 통제가 확대되면서 행정이 사용하는 형식, 루만의 용어로 바꾸어 말하면 행정의 프로그램에도 변화가 생긴다.[35] 법치행정이 자리매김하기 전에는 행정은 법률의 구속에서 자유로웠기에 주로 목적 프로그램(Zweckprogramm)을 사용하였다. 행정은 스스로 목적을 설정하고 목적을 구현하는 데 필요한 수단을 선택하여 행정을 실행하였다. 이에 따라 행정에서는 목적합리성이 중요한 이념이 되었다. 이렇게 목적 프로그램을 사용하였기에 행정을 담당하는 공무원에게는 재량이 폭넓게 인정되었다. 그러나 법치행정에 따라 행정이 법률에 형식적·내용적으로 구속되면서 목적 프로그램을 대신해 조건 프로그램(Konditionalprogramm)이 행정의 주된 형식이 된다. 그 이유는 행정을 구속하는 법률이 주로 사용하는 프로그램이 조건 프로그램이기 때문이다.[36]

---

34 이는 지금은 극복된 '자유재량/기속재량'이라는 구별에 바탕을 둔다. 한편 독일어 'Polizeistaat'를 행정국가로 번역하는 경우로는 구스타프 라드브루흐, 윤재왕(옮김), 『법철학』(박영사, 2021), 211면 참고.

35 이에 관해서는 N. Luhmann, *Zweckbegriff und Systemrationalität: Über die Funktion von Zwecken in sozialen Systemen* (Frankfurt/M, 1973), S. 88 ff. 이는 이미 N. Luhmann, *Recht und Automation in der öffentlichen Verwaltung* (Berlin, 1966)에서 발견된다. 루만에 따르면 행정과 법이 사용하는 프로그램은 크게 두 가지로 구별할 수 있다. 목적 프로그램과 조건 프로그램이 그것이다. 목적 프로그램은 '목적/수단'이라는 구별을 활용한다. 이와 달리 조건 프로그램은 '조건/결과' 또는 '요건/효과'라는 구별을 사용한다. 이에 따라 목적 프로그램은 목적합리성 또는 합목적성을 추구하는 데 적합한 반면 조건 프로그램은 법적 안정성을 확보하는 데 유리하다.

36 다만 근대 자유주의 국가에서 사회복지국가로 패러다임이 바뀌면서 행정에서 목적 프로그램이 부활하였다. 행정계획과 여기서 강조되는 계획재량이 이를 잘 예증한다.

### 3) 행정에 대한 인공지능의 적용 가능성과 범위

이러한 역사적 맥락을 참고하면 인공지능을 어떻게 행정에 활용할 수 있는지에 관해 유익한 시사점을 얻을 수 있다. 인공지능이 편향적으로 적용되지 않을 수 있는 영역일수록 자동적 행정이 구현될 가능성이 높다는 점이다. 엄격한 조건 프로그램을 사용해 인간 공무원의 자의적 판단을 통제하고자 했던 것처럼, 조건 프로그램에 힘입어 인공지능의 불완전성을 보완할 수 있다.

'요건/효과'로 구성되는 조건 프로그램을 활용하면 이는 다음과 같이 구체화된다. 먼저 효과 면에서 볼 때 재량행위와 구별되는 기속행위에만 인공지능을 활용하는 것이다. 나아가 요건 면에서 볼 때 판단여지가 인정되지 않는 명확한 요건 판단에 인공지능을 적용할 수 있다.[37]

물론 기속행위라고 해서 자동적 행정이 전적으로 적용될 수 있는 것은 아니다. 조건 프로그램에 따르면 행정작용은 특정한 요건을 충족한 경우 발령된다. 이때 요건이 기계적·정량적으로 판단되기 쉬운, 달리 말해 '설명(Erklären)'이 가능한 영역일수록 자동적 행정이 적용되기 쉬울 것이다. 반대로 '이해(Verstehen)'를 필요로 하는 인간 행위를 대상으로 하는 경우, 바꿔 말해 판단여지의 정도가 높은 영역일수록 자동적 행정을 적용하는 게 어려울 것이다. 여하간 이렇게 조건 프로그램을 활용해 자동적 행정의 적용 영역을 획정하면 인공지능의 불완전성에 관한 문제를 피할 수 있다.

## 3. 법적 근거

자동적 행정의 법적 근거를 어떻게 확보할 수 있는가의 문제는 다음과 같이 대응할 수 있다. 우선 이 문제의 출발점이 되는 법치주의가 무엇을 뜻하는지 생각할 필요가 있다.[38] 영미법에서 성장한 'rule of law'를 번역한 법치(法治)는 사람의 지배를 뜻하는 인치(人治)와 대립한다. 법치는 '법의 지배'

---

37 이는 판단여지와 재량을 구별하는 것을 전제로 한다. 이 문제에 관해서는 김남진, "판단의 여지와 재량", 『고시연구』 제92호(1981. 11), 12-22면 참고.

38 이 문제에 관해서는 Brian Z. Tamanaha, *On the Rule of Law: History, Politics, Theory* (Cambridge University Press, 2004); 양천수, "민주적 법치국가의 내적 갈등", 『법학연구』(연세대) 제28권 제3호(2018. 9), 271-305면 참고.

를 뜻한다. 이때 주의해야 할 점은 법의 지배는 법에 의한 지배(rule by law)와는 분명 구별된다는 점이다. 전자에서는 지배의 주체가 법이라면 후자에서 법은 지배의 주체라기보다는 지배 수단을 뜻하기 때문이다.

그런데 이처럼 법치를 사람이 아닌 법 자체의 지배로 파악한다는 점에서 다음과 같은 시사점을 발견할 수 있다. 법치는 이미 탈인간중심적 개념을 내포한다는 점이다. 이는 자동적 행정에도 중대한 의미가 있다. 법치행정을 법치주의에 따른 행정으로 이해하고 법치주의를 법의 지배, 즉 사람의 지배가 아닌 법의 지배로 파악하면 자동적 행정이 법치행정과 충돌할 여지는 많지 않기 때문이다. 그렇다면 남는 문제는 자동적 행정에 관한 법적 근거를 어떻게 확보하고 구체화할 것인지가 될 것이다.

## 4. 감정적 거부

현실적으로 자동적 행정이 직면하는 가장 큰 걸림돌은 이에 시민들이 가지는 감정적 거부일 것이다. 많은 시민은 인공지능에 열광하면서도 동시에 막연한 불안감을 가지기 때문이다. 이는 우리 미래에 대한 불안과 얽혀 있다. 미래에 관해 우리가 품는 불안에 인공지능이 개입하는 것이다. 이에 따라 시민의 삶에 직접적인 영향을 미치는 행정에 인공지능을 활용하는 데 감정적으로 거부감을 가질 가능성이 높다.

자동적 행정을 향한 감정적 거부는 객관적 위험에 근거를 둘 수도 있지만 주관적 위험이나 사회적 위험에 근거를 둘 수 있다는 점에서도 문제가 없지 않다.[39] 후자의 경우에는 단순히 객관적인 근거나 자료 등을 제시한다고 해서 감정적 거부를 해소하기는 어렵기 때문이다. 이 문제는 결국 정치체계가 해결해야 할 것이다. 막연한 불안과 감정적 거부에 휩싸인 시민들을 설

39 이는 위험 개념을 주관적/객관적/사회적 위험으로 구별한다는 점을 전제로 한다. 이때 주관적 위험은 특정한 주체, 즉 각 개인이 느끼는 위험을 말한다. 이에 대해 객관적 위험은 객관적 기준, 예를 들어 사고율과 같은 통계 기준을 토대로 하여 평가된 위험을 말한다. 마지막으로 사회적 위험은 사회에서 진행되는 소통을 통해 형성 및 인지되는 위험을 말한다. 주관적/객관적/사회적 위험은 서로 일치하는 경우도 있지만, 행동경제학의 성과가 보여주듯이 일치하지 않는 경우도 흔하다.

득하는 상징정치를 정치체계가 담당해야 한다. 자동적 행정에 대한 감정적 거부는 이러한 상징정치를 통해서만 해소될 수 있을 것이다.[40]

## 5. 구체적인 적용 영역

인공지능은 행정의 다양한 영역에 활용할 수 있다. 이러한 영역은 행정의 대상이 누구인지에 따라, 즉 대상이 사람인지 아니면 사물인지에 따라 다음과 같이 구별할 수 있다. 사람에 대한 행정과 사물에 대한 행정이 그것이다.

이 가운데 사람에 대한 행정에서는 다음과 같은 문제가 제기된다. 사람에 대한 행정을 적절하게 수행하기 위해서는, 특히 각 시민에 맞춤형 행정서비스를 제공하기 위해서는 각 시민의 개인정보가 요청된다는 점이다. 이는 개인정보 보호 및 개인정보자기결정권 행사 문제와 관련을 맺는다. 원칙적으로 정보주체의 명확한 사전동의를 받아야만 각 시민에 대한 맞춤형 행정서비스를 인공지능으로 제공할 수 있다. 그러나 사전동의 방식의 개인정보자기결정권을 원칙적으로 보장하는 우리 상황에서 이는 현실적으로 여러 문제를 제기한다.

# Section 06 | 자동적 행정의 규제 방안

## 1. 자동적 행정의 위험과 규제 필요성

인공지능 자체가 빛과 어둠을 동시에 가지는 것처럼 자동적 행정 역시 여러 편리함과 더불어 어두움, 달리 말해 위험을 안고 있다. 그 때문에 자동적 행정을 법으로 규제할 필요가 있다. 이때 위험은 미래지향적 개념으로 권리나 이익에 대한 침해 가능성 등을 뜻한다.[41] 이에 관해 자동적 행정에는

---

40 상징정치 문제에 관해서는 大貫恵美子, 『人殺しの花: 政治空間における象徴的コミュニケーションの不透明性』(岩波書店, 2020) 참고.

어떤 위험이 있는지 살펴본다.[42]

인공지능이 안고 있는 위험을 참고하면 자동적 행정의 위험은 다음과 같이 언급할 수 있다.[43] 자동적 행정을 위해 수집 및 활용하는 개인정보에 관한 위험, 자동적 행정의 부정확성에 따른 위험, 자동적 행정의 편향성에 따른 위험이 그것이다. 현재 인공지능에 관해서는 인공지능에 적용되는 알고리즘의 편향성 문제가 가장 큰 위험으로 주목된다. 그렇지만 앞에서 언급한 것처럼 현재의 기술적 수준에서는 요건 및 효과가 명확한 기속행위에만 인공지능을 적용할 수 있다는 점을 고려하면, 자동적 행정에서는 편향성보다는 부정확성이 더욱 중요한 위험으로 언급될 필요가 있다. 물론 이후 자동적 행정이 기속행위를 넘어 판단여지나 재량행위에도 적용되기 시작하면 자동적 행정의 편향성 역시 시야에 포함해야 한다.

## 2. 규제의 기초로서 법적 근거

자동적 행정, 즉 인공지능을 활용하는 행정작용에도 법치행정 원칙이 적용된다. 이에 따라 자동적 행정이 이루어지려면 법적 근거가 필요하다. 그런데 이에 우리 법체계는 발 빠르게 대응하였다. 행정기본법 제20조에 "자동적 처분"이라는 표제 아래 이에 관한 법적 근거를 마련한 것이다.[44] 이에 따르면 "행정청은 법률로 정하는 바에 따라 완전히 자동화된 시스템(인공지능 기술을 적용한 시스템을 포함한다)으로 처분을 할 수 있다. 다만, 처분에 재량이 있는 경우"는 그렇지 않다.[45] 이는 다음과 같이 해석할 수 있다.

---

41 이를 좀 더 세분화해서 말하면 위험은 권리나 이익에 대한 침해 가능성/개연성/확실성 등을 포괄한다.

42 이는 위험기반 접근법(risk based approach)에 따라 인공지능의 규제 문제에 접근함을 뜻한다. 위험기반 접근법은 현재 국제규범에서 널리 사용하는 접근법이다. 이에 관해서는 김양곤, "자금세탁방지법상의 위험기반접근법에 관한 소고", 『은행법연구』 제8권 제2호(2015. 11), 227-260면 참고.

43 인공지능의 위험에 관해서는 손형섭·나리하라 사토시·양천수, 『디지털 전환 시대의 법이론』(박영사, 2023), 295면 아래 참고.

44 이에 관한 비판적 분석으로는 정남철, "인공지능 시대의 도래와 디지털화에 따른 행정자동결정의 법적 쟁점: 특히 행정기본법상 자동적 처분의 문제점을 중심으로", 『공법연구』 제50권 제2호(2021. 12), 231-252면 참고.

### 1) 법률적 근거

우선 제20조에 따르면 행정청이 인공지능 등을 활용한 자동적 행정을 실행하기 위해서는 법률적 근거가 필요하다. 달리 말해 법률 유보가 정확하게 적용되어야 한다. 이는 포지티브 규제 방식을 적용한 것이다.[46] 왜냐하면 법률적 근거가 있는 경우에만 자동적 행정을 투입할 수 있기 때문이다. 다만 이러한 포지티브 규제 방식에는 의문을 제기할 수 있다. 자동적 행정을 폭넓게 그리고 탄력적으로 적용할 수 있도록 포지티브 규제 방식이 아닌 네거티브 규제 방식을 적용하는 게 바람직하지 않은지 문제를 제기할 수 있기 때문이다. 여하간 현재로서는 행정청이 자동적 행정을 가동하려면 법률적 근거가 필요하다.

### 2) 완전히 자동화된 시스템

다음으로 제20조는 "완전히 자동화된 시스템"에 의한 처분을 규정한다. 이때 "완전히 자동화된 시스템"이 구체적으로 무엇을 뜻하는지 문제가 될 수 있다. 이를 달리 완전 자동화 또는 전자동화로 지칭할 수 있을 것이다. 이는 이와 구별되는 부분 자동화를 통해 그 의미를 해명할 수도 있다. 그렇지만 구체적인 상황에서 어떤 경우가 완전 자동적 행정이고 부분 자동적 행정인지를 명확하게 구별하는 것은 쉽지 않을 수 있다. 예를 들어 인공지능을 활용하면서 최종적으로 인간 공무원이 검수 및 판단하는 경우는 완전 자동적 행정이 아닌 부분 자동적 행정인지, 그렇다면 이 경우에는 법률적 근거가 필요하지는 않은지 의문을 제기할 수 있다.

---

45 이는 독일의 법적 규정을 참고한 것으로 보인다. 이에 관해서는 이재훈, "전자동화 행정행위에 관한 연구: 독일 연방행정절차법 제35조의a를 중심으로", 『성균관법학』 제29권 제3호(2017. 1), 143-192면 참고.

46 포지티브 규제 방식 및 이에 대비되는 네거티브 규제 방식에 관해서는 정관선 · 박균성, "네거티브 규제의 재검토", 『법제』 제699호(2022. 12), 193-197면 참고.

### 3) 기속행위

나아가 제20조에 따르면 완전히 자동화된 시스템에 의해 이루어지는 처분은 기속행위에만 적용될 수 있다. 반대로 추론하면 판단여지가 포함되는 재량행위에는 기본적으로 완전히 자동화된 시스템에 의한 처분을 할 수 없다.47

### 4) 처분

한편 제20조를 문법적으로 해석하면 완전히 자동화된 시스템을 활용해 '처분'을 하는 경우에 법률적 근거가 요청되고 이를 기속행위에만 활용할 수 있다. 이때 말하는 처분은 행정행위에 대응하는 그러나 이보다 그 외연이 넓은 행정처분이라 할 수 있다. 하지만 이러한 행정처분이 넓은 의미의 행정작용보다 좁은 개념이라는 점은 부정할 수 없다. 그렇다면 제20조를 반대로 추론하면 다음과 같은 의미를 도출할 수도 있다.

첫째, 처분이 아닌 행정작용이 완전히 자동화된 시스템에 의해 이루어지는 경우에는 법률적 근거가 필요하지 않을 수 있다는 점이다. 예를 들어 처분이 아닌 행정작용에 생성형 인공지능을 활용할 때는 반드시 법률적 근거가 필요하지는 않을 수 있다는 것이다. 둘째, 완전히 자동화된 시스템에 의해 이루어지는 처분이 아닌 행정작용은 기속행위가 아닌 재량적 성격이 강한 영역에도 적용할 수 있다는 것이다. 그렇다면 시민에게 여러 편익을 제공하는 서비스 영역에 생성형 인공지능을 적극적으로 활용할 수도 있는 것이다.

## 3. 규제 방안

인공지능에 관한 규제 방안처럼 자동적 행정에도 다양한 관점과 기준의 측면에서 규제 방안을 모색할 수 있다. 아래에서는 그 가운데 시간성을 기준으로 하여 자동적 행정에 관한 규제 방안을 간략하게 살펴본다.

시간성을 기준으로 하면 자동적 행정에 관한 규제 방안은 사전적 규제

47 다만 재량과 판단여지를 엄격하게 구별하는 견해에 따르면 행정기본법 제20조는 판단여지 문제에 관해서는 침묵한다고 해석할 수 있다.

방안, 현재적 규제 방안, 사후적 규제 방안으로 구별할 수 있다. 먼저 사전적 규제 방안은 자동적 행정이 이루어지기 전에 그 위험성을 규제하는 방안을 말한다. 이러한 예로 사전영향평가(impact assessment) 제도를 들 수 있다.[48] 해당 자동적 행정의 위험성을 사전에 평가하여 이를 적절하게 관리하는 것이다. 다음으로 현재적 규제 방안은 자동적 행정이 이루어지는 현재 시점에 그 위험성을 규제하는 방안을 말한다. 가장 대표적인 예로 투명성과 설명 가능성에 관한 규제를 들 수 있다. 자동적 행정이 이루어지는 순간마다 이러한 행정이 무엇을 근거로 하여, 어떤 데이터를 활용하여 그리고 어떤 알고리즘에 따라 이루어지는 것인지 투명하게 드러내고 이를 설명하게 하는 것이다. 나아가 사후적 규제 방안은 자동적 행정이 이루어진 이후 이로 인해 시민에게 권리 침해 등의 문제가 발생하였을 때 이를 규제하는 방안을 말한다. 전통적인 책임법적 규제가 이에 해당한다. 자동적 행정에 적용할 수 있는 대표적인 방안으로 행정소송을 들 수 있다. 다만 자동적 행정이 지닌 전문성과 특수성을 고려할 때 이에 전문성을 갖춘 분쟁해결 제도를 모색하는 것도 필요해 보인다.

## 4. 자동적 행정의 투명성과 설명 가능성

### 1) 규제이론적 의의

위에서 살펴본 세 가지 규제 방안 가운데 투명성과 설명 가능성 규제를 좀 더 살펴본다. 앞에서 언급한 것처럼 투명성과 설명 가능성 규제는 자동적 행정에 대한 현재적 규제 방안으로 언급된다. 더불어 이러한 투명성과 설명 가능성에 관한 규제는 이른바 결과중심적 규제가 아닌 행위중심적 규제와 연결된다. 자동적 행정이 유발한 위법한 결과에 초점을 맞추어 규제를 하기보다는 자동적 행정의 작동 그 자체가 위험하게 수행되지 않도록 규제하기 때문이다. 그 점에서 투명성과 설명 가능성을 활용하는 규제는 환자에 대한 의사의 설명의무, 행정절차에서 시민에 관해 이루어지는 절차적 통제, 형사소송에서 진실을 발견하는 과정에서 준수되어야 하는 적법절차와 맥락을 같

48 사전영향평가에 관해서는 손형섭 · 나리하라 사토시 · 양천수, 앞의 책, 320면 아래 참고.

이한다. 이러한 측면에서 투명성과 설명 가능성 규제는 루만이 강조한 '절차를 통한 정당화'의 한 예로 볼 수 있다.[49]

### 2) 두 가지 차원

자동적 행정에 적용되는 투명성과 설명 가능성은 두 가지 차원을 가진다는 점에 주목할 필요가 있다. 규범적 차원과 기술적 차원이 그것이다. 이에 따르면 자동적 행정은 규범적 차원과 기술적 차원에서 투명성과 설명 가능성을 갖추어야 한다. 예를 들어 자동적 행정은 법규범이 정한 요건과 절차에 따라 예측 가능하게 수행되어야 한다. 그뿐만 아니라 자동적 행정이 어떤 데이터를 수집 및 활용하는지, 어떤 알고리즘을 코드화했는지가 기술적 측면에서 설명될 수 있어야 한다. 그 점에서 자동적 행정은 이중(double)의 투명성과 설명 가능성을 필요로 한다.

### 3) 구체화

이를 고려했을 때 투명성과 설명 가능성은 다음과 같이 구체화될 수 있다.

우선 자동적 행정은 행정기본법 제20조에 따라 사전에 마련된 법적 근거 및 절차에 따라 이루어져야 한다. 이를테면 법률이 정하는 요건이 충족되는 경우 법률이 정한 절차에 따라 법률이 정한 효과를 발령해야 한다. 요컨대 자동적 행정은 철저하게 합법성을 준수한 상태에서 실행되어야 한다. 이를 수범자의 관점에서 바꾸어 말하면 자동적 행정은 수범자인 시민이 예측한 바에 따라 이루어져야 한다는 것이다.

다음으로 자동적 행정은 어떤 데이터를 활용하여 행정을 수행하는지 이를 밝혀야 한다.

나아가 자동적 행정은 어떤 알고리즘을 사용하여 수행되는 것인지 시민에게 설명할 수 있어야 한다.

49 절차를 통한 정당화에 관해서는 니클라스 루만, 윤재왕(옮김), 『절차를 통한 정당화』(새물결, 2022) 참고.

### 4) 문제

이외에도 투명성 및 설명 가능성에 관해 다음과 같은 문제가 제기된다. 과연 누구를 기준으로 하여 어느 정도로 투명하고 설명 가능해야 하는지, 이 경우 투명성 및 설명 가능성이 인공지능 기술에 관한 지식재산권과 충돌하는 것은 아닌지의 문제가 그것이다. 이에 관해서는 자동적 행정은 일반 시민이 볼 때 투명하고 설명 가능해야 한다는 점이 한 가지 기준이 될 수 있다. 이러한 수준의 투명성과 설명 가능성을 기술적으로 구현하는 방법도 고민해야 한다. 나아가 인공지능 기술에 관한 지식재산권을 침해하지 않는 수준에서 투명성과 설명 가능성을 실현하는 방법도 모색해야 한다.

## 5. 행정소송을 통한 규제

자동적 행정에는 사후적 규제 방안인 행정소송도 적용할 수 있다. 따라서 인공지능의 위법한 전자동적 행정처분으로 시민의 주관적 공권이 침해되었을 때는 당연히 이에 권리구제를 인정할 수 있어야 한다. 이때 법도그마틱적으로는 다음과 같은 문제가 제기된다.

우선 누구를 대상으로 하여 권리구제를 청구해야 하는지의 문제가 제기된다. 행정처분을 한 직접적인 담당자는 인공지능이기에 인공지능을 상대로 권리구제를 청구해야 하는지 문제가 된다. 그러나 인공지능이라는 기계적 체계를 상대로 권리구제를 청구하는 것은 실제적 의미가 크지 않다. 그뿐만 아니라 행정법학의 측면에서 보면 자동적 행정을 발령한 법적 주체는 인공지능을 활용한 행정청, 궁극적으로는 공법인인 국가라는 점에 주목할 필요가 있다. 따라서 이 경우에는 인공지능을 활용한 행정청을 상대로 하여 권리구제를 청구하게 하는 것이 바람직하다.

이때 증명책임을 어떻게 배분해야 하는지도 고민해야 한다. 행정서비스에 적용되는 인공지능은 고도의 딥러닝 기술을 활용할 것이기에 해당 인공지능이 내린 행정처분이 과연 위법한지를 증명하는 것은 쉽지 않기 때문이다. 따라서 시민 또는 사인이 권리가 침해되었다고 주장하는 경우 인공지능을 활용한 행정청이 자신이 활용한 인공지능이 내린 행정처분에 위법성이 없다는 점을 증명하도록 하는 게 적절해 보인다.

다만 현행 행정기본법에 따라 기속행위에만 인공지능을 활용한다면 증명책임 문제는 생각보다 어렵지 않을 수 있다. 왜냐하면 기속행위가 위법한지는 관련 법규범의 요건과 효과를 분석함으로써 상대적으로 쉽게 판단할 수 있기 때문이다.

그러나 이 경우에도 판단여지가 개입하는 때에는 인공지능의 독자적인 판단에 따라 이루어진 행정처분이 위법한지를 검토하는 게 어려울 수 있다. 이 같은 경우에도 인공지능을 활용한 행정청에 증명책임을 부과하는 게 적절할 것이다.

## Section 07 | 맺음말

지금까지 생성형 인공지능을 활용하는 행정에 어떤 문제가 제기될 수 있는지, 이에는 어떻게 대응할 수 있는지를 살펴보았다. 더불어 여러 위험을 지닌 인공지능을 어떻게 규제할 수 있는지도 개괄적으로 검토하였다. ChatGPT가 예증하듯이 그리고 여러 리걸테크 스타트업이 보여주듯이 전문 영역에 인공지능을 활용하는 것은 어느덧 현실이 되었다. 이를 예견하듯 우리 행정기본법도 제20조를 마련하여 자동적 행정에 대한 법적 근거를 확보하였다. 그러나 법현실이 보여주듯이 인공지능을 활용하는 행정에는 다양한 법적 문제가 제기될 것이다. 이 글은 그중 몇 가지를 선별해 개괄적으로 살펴보았다. 그러나 논의의 층위가 깊지 않아 법적 문제 및 대응 방안을 만족스럽게 다룬 것은 아니다. 조만간 다양한 행정 영역에서 인공지능이 활용될 것이기에 이에 관한 문제에는 계속해서 관심을 기울일 필요가 있다.

# 참고문헌

## 국내 문헌


구스타프 라드브루흐, 윤재왕(옮김), 『법철학』(박영사, 2021).

니클라스 루만, 윤재왕(옮김), 『절차를 통한 정당화』(새물결, 2022).

김기진, "행정의 개념에 관한 연구", 『법학연구』(연세대) 제18권 제1호(2008. 3).

김남진, "판단의 여지와 재량", 『고시연구』 제92호(1981. 11).

김민호 · 윤금낭, "자동화된 의사결정과 행정절차법에 관한 검토", 『성균관법학』 제34권 제3호(2022. 9).

김양곤, "자금세탁방지법상의 위험기반접근법에 관한 소고", 『은행법연구』 제8권 제2호(2015. 11).

김중권, "행정에 인공지능시스템 도입의 공법적 문제점", 『법조』 제69권 제2호(2020. 1).

김중권, 『행정자동절차에 관한 법적 고찰』(고려대 법학박사 학위논문, 1983).

대니얼 카너먼, 이창신(옮김), 『생각에 관한 생각: 우리의 행동을 지배하는 생각의 반란』(김영사, 2018).

리처드 탈러, 박세연(옮김), 『행동경제학: 마음과 행동을 바꾸는 선택 설계의 힘』(웅진씽크빅, 2021).

미하엘 슈톨라이스, 이종수(옮김), 『독일 공법의 역사』(푸른역사, 2022).

박가림, "자동적 행정행위의 현황과 전망", 『행정법연구』 제68호(2022. 8).

박균성, 『행정법론(상)』 제14판(박영사, 2015).

박성복, "행정의 개념과 행정학의 연구대상", 『한국행정논집』 제14권 제3호(2002. 9).

손형섭 · 나리하라 사토시 · 양천수, 『디지털 전환 시대의 법이론』(박영사, 2023).

양천수, "인공지능을 활용한 행정의 이론적 문제와 대응: 체계이론의 관점에서", 『법학논총』(국민대) 제36권 제2호(2023. 10).

양천수, "인공지능과 규범창설: 입법평가를 예로 하여", 『법철학연구』 제26권 제2호(2023. 8).

양천수, "인공지능 창작물과 저작권", 『인권이론과 실천』 제30호(2021. 12).

양천수, "현대 안전사회의 헌법학적 문제: 법이론의 관점을 겸하여", 『헌법재판연구』 제7권 제2호(2020. 12).

양천수, “민주적 법치국가의 내적 갈등”, 『법학연구』(연세대) 제28권 제3호(2018. 9).
양천수, “탈인간중심적 법학의 가능성: 과학기술의 도전에 대한 행정법학의 대응”, 『행정법연구』 제46호(2016. 8).
윤상오 외, “인공지능 기반 자동화행정의 주요 쟁점에 관한 연구”, 『한국공공관리학보』 제34권 제3호(2020. 9).
이경렬 · 김재원, “허위영상물 제작 · 반포 범죄에 관한 기술적 · 형사법적 연구”, 『4차산업혁명 법과 정책』 제2호(2020. 12).
이시한, 『GPT 제너레이션: 챗GPT가 바꿀 우리 인류의 미래』(북로망스, 2023).
이유봉, 『AI기반 행정을 위한 입법방안 연구』(한국법제연구원, 2022).
이재훈, “전자동화 행정행위 도입 후 독일 행정절차법제 논의의 전개 양상”, 『공법학연구』 제19권 제4호(2018. 11).
이재훈, “전자동화 행정행위에 관한 연구: 독일 연방행정절차법 제35조의a를 중심으로”, 『성균관법학』 제29권 제3호(2017. 1).
잭 코플랜드, 박영대(옮김), 『계산하는 기계는 생각하는 기계가 될 수 있을까?』(에디토리얼, 2020).
정관선 · 박균성, “네거티브 규제의 재검토”, 『법제』 제699호(2022. 12).
정남철, “인공지능 시대의 도래와 디지털화에 따른 행정자동결정의 법적 쟁점: 특히 행정기본법상 자동적 처분의 문제점을 중심으로”, 『공법연구』 제50권 제2호(2021. 12).
최승필, “공행정에서 AI의 활용과 행정법적 쟁점: 행정작용을 중심으로”, 『공법연구』 제49권 제2호(2020. 12).
AI Network, “GPT 모델의 발전 과정 그리고 한계”, 『AI Network_KR』(2021. 2. 19).

## 외국 문헌

Brian Z. Tamanaha, On the Rule of Law: History, Politics, Theory (Cambridge University Press, 2004).
George E. Yoos, Simplifying Complexity: Rhetoric and the Social Politics of Dealing with Ignorance (De Gruyter Open Poland, 2015).
H. Kelsen, Der soziologische und der juristische Staatsbegriff: Kritische Untersuchung des Verhältnisses von Staat und Recht (Tübingen, 1922).
Herbert A. Simon, The Sciences of the Artificial, 3rd Edition (MIT Press, 1996).

Herbert A. Simon, “A Behavioral Model of Rational Choice”, The Quarterly Journal of Economics, Volume 69, Issue 1 (1955).

Ian Goodfellow/Jean Pouget-Abadie/Mehdi Mirza/Bing Xu/David Warde-Farley/Sherjil Ozair/Aaron Courville/Yoshua Bengio, “Generative Adversarial Nets”, Proceedings of the International Conference on Neural Information Processing Systems (NIPS, 2014).

N. Luhmann, Die Grenzen der Verwaltung (Berlin, 2021).

N. Luhmann, Politische Soziologie (Berlin, 2015).

N. Luhmann, Zweckbegriff und Systemrationalität: Über die Funktion von Zwecken in sozialen Systemen (Frankfurt/M, 1973).

N. Luhmann, Recht und Automation in der öffenltichen Verwaltung (Berlin, 1966).

N. Luhmann, Funktionen und Folgen formaler Organisation (Berln, 1964).

大貫恵美子, 『人殺しの花: 政治空間における象徴的コミュニケーションの不透明性』(岩波書店, 2020).

## 기타 자료

김종윤, “GPT-3, 인류 역사상 가장 뛰어난 ‘언어 인공지능’이다”, 『인공지능신문』(2020. 8. 14)(https://www.aitimes.kr/news/articleView.html?idxno=17370).

주영재, “AI 연구자가 본 챗GPT “범용 AI의 출발점…허위정보 단점”: 박성규 강원대 AI융합학과 교수 인터뷰”, 『경향신문』(2022. 12. 31).

chapter

15

# 생성형 AI를 활용한 해킹 범죄의 위험성과 대책

이원상*

## Section 01 | 들어가며

2016년 알파고가 바둑에서 인간을 넘어선지 6년 만인 2022년 11월에 생성형 AI인 ChatGPT가 본격적인 서비스를 시작했다. 서비스 시작 두 달 만에 사용자 1억 명을 돌파하였다.[1] 2024년에는 ChatGPT, 제미나이, 클로드, 라마 등 다양한 생성형 AI가 다양한 영역에서 활용되고 있다. 생성형 AI 기술은 지금 이 시각에도 쉬지 않고 발전하고 있다. 하지만 우리 사회체계는 아직 새로운 변화에 대응하는 체계를 구축하지 못하고 있다. 법체계는 더욱 뒤처져 있으며, 형사법체계는 여전히 근대 체계의 기획에 머물러 있다. 물론 EU를 비롯해서 해외 주요 국가들은 인공지능 관련 법 생태계를 구축하기 위해 노력하고 있으며,[2] 한국도 최근 들어 다양한 입법안이 제출되고 있다.[3]

---

* 조선대학교 법학과 교수. 법학박사.

1 ZDNET Korea, 『챗GPT, 두 달만에 월 사용자 1억명 돌파…틱톡보다 빨랐다』; (https://zdnet.co.kr/view/?no=20230203153950).

2 최근 미국은 알고리즘 책임법안을 입법 추진하고 있으며, 통신정보관리청(NTIA)은 인공지능 책임성에 대한 공개 여론을 수집하였다. 영국은 인공지능 규제백서를 만들고, AI 및 데이터 보호 가이드 일부를 개정하였다. EU는 인공지능법안을 만들었고, AI ACT 관련 EU 이사회

하지만 생성형 AI는 이미 사회 저변으로 확대하고 있는 상황에서 생성형 AI 법 생태계 구축은 여전히 요원하다. 그런데 범죄자들은 생성형 AI를 범죄에 적극적으로 활용하기 시작하였다. 대형 언어 모델(LLM)을 기반으로 웜GPT(WormGPT), 사기GPT(FraudGPT)와 같은 사이버범죄를 위한 생성형 AI가 만들어졌고, 악성 인공지능 공격 도구인 다크바트(DarkBart)와 다크버트(DarkBERT) 등도 출시를 앞두고 있다.[4] 악성 생성형 AI 공격 도구들은 범죄자들이 더욱 쉽고 빠르게 사이버범죄를 저지르게 도와주고, 수사기관의 수사도 회피할 수 있도록 한다. 무엇보다 이미 고도의 해킹능력을 가진 해커들이 생성형 AI 도구를 사용하게 되면 사이버공간의 위험성은 더욱 높아질 것이다. 2022년에만 공공기관 해킹 시도가 118만 건으로 나타나고 있는데,[5] 해커들이 생성형 AI를 적극적으로 활용하기 시작하면 그 피해규모도 더욱 커질 것이다.

생성형 AI를 활용하는 해킹 범죄에 대응하기 위한 전제조건으로 우선 관련 처벌 규정을 정비할 필요가 있다. 한국의 해킹 범죄는 세 가지 특수성이 있다. 첫째로, 지속적으로 한국의 정보통신망에 대해 해킹 공격을 하는 주체로서 북한이 있다.[6] 북한의 군사 조직이 그 주체이므로 단순한 해킹 범죄 수준에서 다루는 것이 아니라 사이버테러 또는 사이버전쟁으로 다뤄야 한다. 둘째로, 해외 해커가 해외에서 한국의 정보통신망을 해킹하는 경우가 많다.[7] 이 문제는 한국 형법으로 처벌할 수 있다고 하여도 해외수사 공조가 요구된

수정의견을 수렴하고 있다; 임형주, "인공지능 관련 법 제도의 주요 논의 현황", 「TTA 저널」 제207호, 한국정보통신기술협회, 2023, 69면.

3 기존의 국가정보화 기본법을 지능 정보화 기본법으로 개정하여 인공지능과 관련된 기본 내용을 설정하였으며, 지능정보사회 윤리 기준과 인공지능 윤리기준을 발표하기도 하였다. 또한 개인정보보호법에 인공지능 관련 규제를 마련하였다; 임형준, 앞의 글, 75~77면.

4 보안뉴스, 『악성 생성형 인공지능 개발하는 공격자들, 곧 다크바트와 다크버트 나온다』; (https://www.boannews.com/media/view.asp?idx=120735&kind=).

5 전자신문, 『[신년기획] 공공기관 해킹시도 118만건…사이버 공격에 멍들어』; (https://www.etnews.com/20230102000047).

6 대표적으로 북한의 해킹그룹 '김수키(Kimsuky)'는 지속적으로 한국에 대해 해킹공격을 하고 있다; (https://m.boannews.com/html/detail.html?idx=126703).

7 일례로, 2022년 외교부를 해킹한 사이버공격은 미국발 942건, 영국발 189건, 중국발 169건으로 나타나고 있다; (https://www.hani.co.kr/arti/politics/politics_general/1088999.html).

다. 그러므로 해킹 범죄 처벌 규정 외에 범죄인인도조약이나 개별국가에 대한 수사 협조와 같은 절자들도 함께 고려해야 한다.[8] 셋째로, 해킹 범죄가 발생하는 경우 마이크로소프트나 구글, 애플 등과 같은 초국가적 IT 기업이나 네이버, 카카오 등과 같은 국내 IT 기업의 협조가 필요하다. 국가기관 자체만으로 해킹 범죄에 대응하는 것에는 한계가 있다. 그러므로 해킹 범죄 대응방안과 관련해서 그와 같은 사항들을 함께 고려해야 한다. 이제부터 생성형 AI를 활용한 해킹 범죄 처벌의 근거가 되는 현행 해킹범죄 처벌규정체계에 대해 살펴볼 것이다. 그를 위해 생성형 AI 기술의 현황과 그 역기능에 대해 살펴보고 해킹 범죄 처벌을 위한 현행 법률체계와 그 한계를 분석해 본 후, 생성형 AI를 활용한 해킹 범죄에 대응하기 위한 형사법체계 정비방안을 제시해 볼 것이다.

## Section 02 | 생성형 AI의 발전과 해킹 범죄

### 1. 생성형 AI의 발전상황

지능의 사전적 의미는 심리학적으로는 "새로운 대상이나 상황에 부딪혀 그 의미를 이해하고 합리적인 적응 방법을 알아내는 지적 활동의 능력"이지만, 일반적으로는 "계산이나 문장 작성 따위의 지적 작업에서, 성취 정도에 따라 정하여지는 적응 능력"으로 이해한다.[9] 하지만 지능을 지성(智性)과 오성(悟性)뿐 아니라 감성(感性)까지 포함된 개념으로 이해한다면,[10] 지능은 인간의 고유한 특성이라고 할 수 있을 것이다.[11] 그런데 인간이 자신의 지능을

---

8 따라서 우리나라는 '유럽 사이버범죄 방지협약'에 가입 절차를 진행하고 있다; (https://www.lawtimes.co.kr/news/188732).

9 국립국어원 우리말샘 '지능' 검색 결과 참조(https://opendict.korean.go.kr/search/searchResult?query=%EC%A7%80%EB%8A%A5).

10 양천수, "인공지능과 법체계의 변화 - 형사사법을 예로 하여", 「법철학연구」 제20권 제2호, 한국법철학학회, 2017, 48~49면.

닮은 인공지능을 만들어 냈다. 인공지능이라는 개념의 시작을 1950년 앨런 튜링의 논문인 '계산 기계와 지능(Computing Machinery and Intelligence)'에서 지능적 기계를 기술한 것에서 찾기도 한다.[12] 하지만 미국 다트머스대학의 1956년 여름 워크숍에서 존 매카시(John McCarthy), 마빈 민스키(Marvin Minsky), 앨런 뉴웰(Allen Newell), 허버트 사이먼(Herbert Simon) 등이 인공지능이라는 개념용어를 구체적으로 사용하기 시작했다.[13] 그러나 당시에는 컴퓨터 기술 수준이나 정보통신 환경이 충분히 발전하지 않았으므로 인공지능을 구현하는데 한계가 있었다. 1980년대 전문가 시스템이 산업계에 도입되면서 퍼지(Fuzzy)이론에 따른 인공지능 기술이 자리 잡았고, 2000년대에 심층신경망 기술이 실용화되어 딥러닝이 적용된 인공지능 기술이 확산하는 과정을 거쳐[14] 지금의 생성형 AI에까지 이르게 되었다.[15]

인공지능은 약한 인공지능(weak artificial intelligence)과 강한 인공지능(strong artificial intelligence)으로 구분되기도 한다. 약한 인공지능이란 "아직 인간적인 마음(mind)은 가지고 있지 않으며, 제한된 영역에서 인간의 지능을 모방하고 있고, 특이점(singularity)과는 상당한 거리를 가지고 있는 인공지능"을 의미한다.[16] 그에 반해 강한 인공지능이란 다시금 두 유형으로 구분되는데, 하나는 "스스로 사고하고, 스스로를 진화시키며, 끊임없이 정보를 학습

---

11 한편, 그와 다른 관점에서 '한국식물지능학회'에서는 식물이 지능이 있음을 연구하기도 한다; (https://plantintelligence.or.kr) 참조.

12 SAMSUNG SDS, 『인공지능은 어떻게 발달해왔는가, 인공지능의 역사』; (https://www.samsungsds.com/kr/insights/091517_cx_cvp3.html).

13 마쓰오 유타카(박기원 옮김), 인공지능과 딥러닝: 인공지능이 불러올 산업구조의 변화와 혁신, 동아엠앤비, 2016, 65면~67면.

14 SAMSUNG SDS, 『인공지능은 어떻게 발달해왔는가, 인공지능의 역사』; (https://www.samsungsds.com/kr/insights/091517_cx_cvp3.html).

15 인공지능 단계를 크게 4개 단계로 이해하기도 한다. 인공지능 청소기 등과 같이 제어공학이나 시스템공학의 단순한 제어프로그램이 있는 기계는 1단계에 해당하고, 퍼즐을 푸는 프로그램 등 보유한 데이터베이스를 통해 추론 및 탐색을 할 수 있는 기계는 2단계에 해당하며, 알파고(AlphaGo) 등과 같이 내장된 검색엔진 및 빅데이터 등을 기반으로 입력된 값의 규칙이나 지식 등을 스스로 학습하는 기계는 3단계에 해당하고, 딥러닝을 통해 데이터의 입력 자체를 학습하고 규칙까지도 스스로 만드는 기계는 3단계에 해당한다; 마쓰오 유타카, 앞의 책, 54면~55면.

16 이원상, "인공지능 대응에 있어 형사법 이론의 한계", 「형사법의 신동향」 제59호, 대검찰청, 2018, 449면.

하여(Deep Learning) 자신에게 주어진 규칙까지도 변경할 수 있는 능동적이고 자율적인 인공지능"이고 다른 하나는 "특이점(Singularity)을 넘어서서 인간의 능력을 초월하여 마치 슈퍼맨과 같은 초인간적인 힘을 가진 초인공지능(Artificial Super Intelligence)"이다.[17] 하지만 최근 인공지능 단계를 보다 구체적으로 구분하는 견해가 있다. 최근 구글 딥마인드팀은 미국자동차공학회(Society of Automotive Engineers)에서 자율주행 자동차의 등급을 정한 것처럼[18] 범용인공지능(AGI) 여부를 측정하는 기준을 제시하였다. 먼저 범용인공지능을 정의하기 위해 인공지능과 관련된 튜링 테스트 등 9가지 사례 연구를 반영하여 6가지 기준을 제시하였다.[19] 그에 따라 0단계에서 5단계까지를 구분하고 있는데, 그 기준에 따르면 특정 분야의 인공지능은 이미 인간의 능력을 넘어섰다. 그러나 범용인공지능은 아직 그 수준이 높지 않으며, ChatGPT, 바드(Bard), 라마2(Llama 2) 등 대형언어모델(LLM)들도 아직은 '숙련되지 않은 인간과 동등하거나 조금 나은 수준'에 해당하는 레벨 1단계에 해당한다고 보았다.[20] 하지만 2024년에 GPT－4o, Germini 1.5, Claude 3.5, Llama 3.1 등 생성형 AI가 더욱 발전하였으므로 레벨이 올라가는 것은 시간문제일 것이다. 구글 연구진도 해당 등급을 구분하는 것이 범용인공지능의 자율성의 정도를 의미하는 것은 아니며, 그와 같이 등급을 나누는 것에 대한 잠금은 해제하였지만, 여전히 확실하게 결정된 것이 아니라는 것을 강조하고 있다.[21]

17 이원상, 앞의 글, 450면.

18 이에 대해서는 SAE 홈페이지 참조; (https://www.sae.org/blog/sae-j3016-update).

19 Google DeepMind, "Levels of AGI: Operationalizing Progresson the Path to AGI", arXiv:2311.02462v1 [cs.AI] 4 Nov 2023, 2면 이하.

20 Google DeepMind, 앞의 글, 6면.

21 Google DeepMind, 앞의 글, 13면.

**그림 15-1** **특정영역 인공지능과 범용인공지능 등급**

| **Performance** (rows) x **Generality** (columns) | **Narrow** *clearly scoped task or set of tasks* | **General** *wide range of non-physical tasks, including metacognitive tasks like learning new skills* |
|---|---|---|
| **Level 0: No AI** | **Narrow Non-AI** calculator software; compiler | **General Non-AI** human-in-the-loop computing, e.g., Amazon Mechanical Turk |
| **Level 1: Emerging** *equal to or somewhat better than an unskilled human* | **Emerging Narrow AI** GOFAI (Boden, 2014); simple rule-based systems, e.g., SHRDLU (Winograd, 1971) | **Emerging AGI** ChatGPT (OpenAI, 2023), Bard (Anil et al., 2023), Llama 2 (Touvron et al., 2023), Gemini (Pichai & Hassabis, 2023) |
| **Level 2: Competent** *at least 50th percentile of skilled adults* | **Competent Narrow AI** toxicity detectors such as Jigsaw (Das et al., 2022); Smart Speakers such as Siri (Apple), Alexa (Amazon), or Google Assistant (Google); VQA systems such as PaLI (Chen et al., 2023); Watson (IBM); SOTA LLMs for a subset of tasks (e.g., short essay writing, simple coding) | **Competent AGI** not yet achieved |
| **Level 3: Expert** *at least 90th percentile of skilled adults* | **Expert Narrow AI** spelling & grammar checkers such as Grammarly (Grammarly, 2023); generative image models such as Imagen (Saharia et al., 2022) or Dall-E 2 (Ramesh et al., 2022) | **Expert AGI** not yet achieved |
| **Level 4: Virtuoso** *at least 99th percentile of skilled adults* | **Virtuoso Narrow AI** Deep Blue (Campbell et al., 2002), AlphaGo (Silver et al., 2016; 2017) | **Virtuoso AGI** not yet achieved |
| **Level 5: Superhuman** *outperforms 100% of humans* | **Superhuman Narrow AI** AlphaFold (Jumper et al., 2021; Varadi et al., 2021), AlphaZero (Silver et al., 2018), StockFish (Stockfish, 2023) | **Artificial Superintelligence (ASI)** not yet achieved |

출처: 구글 딥마인드

## 2. 생성형 AI의 활용 분야

인공지능은 다양한 분야에서 활용된다. 핀테크 분야에서는 핀테크 콘텐츠 작성,[22] 광고 목표화(목표 고객 식별 및 최적화 키워드 분석 등), 마케팅 자동화(이메일 발송/응답, 앱 방문자 추적 등), 개인화(개인화 콘텐츠 서비스 등), 고객지원(연중무휴 고객지원 등), 예측분석(고객 관심 및 행동 예측 등), 음성검색 최적화(음성검색 등) 등에서 적극적으로 활용된다.[23] 의료 분야에서도 다빈치

22 핀테크 분야에서는 목표로 하는 고객들에게 흥미 및 관련성 높은 상품을 설명하고 SNS에 게시물 또는 블로그 기사 등 콘텐츠 작성하며, 콘텐츠 요약·스크립트 생성·질의응답 작성·검색엔진 최적화(SEO) 제목 태그(Heading Tags) 생성 등에 인공지능을 활용하고 있다고 한다; 김협/김성호, "핀테크 분야에서 초거대 인공지능의 이해와 활용", 「지급결제학회지」 제15권 제1호, 한국지급결제학회, 2023, 92면.

23 김협/김성호, 앞의 글, 92면.

로봇 수술 시스템(da Vinci Surgical System)과 같은 수술 지원, 왓슨 포 온콜로지(Watson for Oncology)와 같은 치료지원 등과 같이 인간 의사의 수술 및 치료를 보조,[24] 인간 의사의 오류 가능성이 있는 진단 분야에서 인공지능을 활용한 영상진단,[25] 방대한 데이터와 분석적 처리가 요구되는 유전자분석 및 의약품 개발 분야,[26] 그리고 일상적으로는 인공지능이 개인건강기록 관리를 해주어 인간 의사에게 고위험성을 보고하는 등[27] 다방면에서 활용된다. 그로 인해 인공지능 의료행위와 그 법적 의미와 책임에 대한 문제가 발생하며, 특히 의료 인공지능의 의료사고와 의료책임에 대한 법적 문제가 논의되는 단계에 이르고 있다.[28] 회계 분야에서도 회계감사의 효율성과 의사 결정 유용성을 향상하는 수단으로 인공지능을 활용하는데, 세계적인 회계법인 중 하나인 KPMG는 'Clara(클라라)'라는 인공지능 기반 감사 플랫폼을 개발하여 운영 중이라고 알려져 있고, 다른 회계법인인 PwC도 고객 계정원장의 이상 징후를 식별하기 위한 'GL.AI'를 개발하고 있다고 한다.[29] 더욱이 이미 창작 분야에서는 달리(DAL－e), 미드저니(Midjourney), 스테이블 디퓨전(Stable Diffusion) 등과 같은 생성형 AI를 활용해서 일러스트레이션, 웹툰, 소설, 희곡 등 예술작품을 창작하는 데 활용하고 있다.[30] 그 외에도 생성형 AI는 다양한 영역에서 사용되고 있으며, 그 활용영역은 계속해서 확장되고 있다.

---

24 송기복, "의료분야에서 인공지능(AI) 활용과 법적 논점", 「한국경찰연구」 제22권 제1호, 한국경찰연구학회, 2023, 103면.

25 송기복, 앞의 글, 104면.

26 송기복, 앞의 글, 105면.

27 송기복, 앞의 글, 106면.

28 해당 문제에 대해서는 정채연, "의료 인공지능의 법적 수용을 위한 시론적 연구 - 쟁점과 과제", 「법학논총」 제45권 제3호, 단국대학교 법학연구소, 2021, 158면 이하 참조.

29 나현종/정태진, "공인회계사 및 회계법인의 인공지능 활용에 대한 기초연구", 「회계 · 세무와 감사 연구」 제65권 제3호, 한국공인회계사회, 2023, 2면.

30 손영화, "생성형 AI에 의한 창작물과 저작권", 「법과 정책연구」 제23권 제3호, 한국법정책학회, 2023, 359면; 이로 인해 생성형 인공지능에 대해 저작권을 부여해야 하는지가 국제적으로 쟁점이 되고 있다. 다만 아직 저작권은 인간의 창착물에만 부여되기 때문에 대부분 국가는 인공지능에 저작권을 인정하지 않고 있다; 손영화, 앞의 글, 370면.

## 3. 생성형 AI를 활용하는 해킹 범죄

해킹 범죄는 정상적인 보안 활동과 구분하기 위해 주관적 구성요건으로 고의 외에 해킹 범죄의 목적이 있어야 한다.[31] 해킹행위 전개 과정은 ① 해킹 범죄 계획 및 정보통신망 침입 준비, ② 수많은 정보통신망 중 침입할 정보통신망 탐색 및 해당 정보통신망의 보안상태 확인, ③ 정보통신망 취약지점 해킹 시작 또는 정보통신망 장애 유발, ④ 정보통신망 침입 또는 침입 후 탐색, ⑤ 정보통신망 내부 데이터 장애 유발, 개인정보 수집, 암호 화폐 지갑 이전, 랜섬웨어 설치 등 범죄 목적 성취, ⑥ 수집한 정보를 기반으로 한 2차 범죄로 구분해 볼 수 있다. ①번 단계는 정보통신망에 침입하기 위한 예비·음모 단계로서 예비·음모 행위를 처벌하는 별도의 규정이 있어야 한다. 예를 들어 해킹 툴을 개발하거나, 해킹 공모자를 모집하는 등의 행위가 있다. ②번 단계는 해킹 범죄 유형에 따라 예비·음모 단계일 수도 있고, 실행의 착수로도 볼 수 있는 단계이다. DDoS 공격의 경우에는 실행의 착수로 볼 수 있지만, 침입해야 하는 해킹 범죄의 경우에는 정보통신망의 보안 취약 부분 탐색하는 등 행위가 예비행위가 될 수 있다. ③번은 침입 해킹행위의 실행의 착수 단계이다. 그러므로 정보통신망에 침입을 시도하였지만, 성공하지 못한 경우에는 미수범 처벌 규정이 있으면 미수범으로 처벌할 수 있다.[32] ④번은 단순 해킹 범죄에 해당한다. 정보통신망에 침입하는 것을 목적으로 하는 해킹 유형이다. 예를 들어 단순히 정보통신망에 있는 폴더나 파일 정보만 살펴보는 행위 등이 있다. ⑤번은 해킹 범죄가 정보통신망의 컴퓨터 시스템 내부의 데이터에 영향을 미치는 단계이다. 해킹의 목적이 성취되는 단계이기도 하다. 그리고 ⑥번은 해킹 범죄를 기반으로 이차적인 범죄를 범하는 단계이다. 예를 들어 랜섬웨어 해독을 이유로 한 공갈을 하거나 기밀 정보를

31 다만 현행 규정에서는 '정당한 이유'나 '권한' 등과 같이 객관적 구성요건을 통해 통상적인 보안 활동을 해킹 범죄에서 구분하기도 한다.

32 미수범에 대한 처벌 규정은 형법 제25조~제27조, 제29조에 규정되어 있으며, 정보통신망 침입을 시도하였지만, 침입에 성공하지 못한 경우에는 형법 제25조에 따라 장애미수범으로 처벌될 수 있고, 정보통신망에 침입하다가 자의로 중지하였으면 중지미수범으로 처벌될 수 있다. 또한 준비한 해킹 프로그램의 흠결로 인해 정보통신망에 침입하는 것이 원래부터 불가능한 경우에는 불능미수범으로 처벌될 수 있다.

인터넷에 공개하는 행위 등이 있다.

문제는 이런 해킹 범죄의 단계마다 생성형 AI가 활용될 수 있다는 것이다. 본래 해킹은 컴퓨터 기술이 뛰어난 사람들만이 할 수 있었다. 그러나 해킹 툴이 개발되면서 일반인 누구라도 해킹 툴을 이용하면 어느 정도 해킹을 할 수 있게 되었다. 그런데 최근에는 해킹 범죄에 생성형 AI가 활용되면서 해킹 범죄의 속도, 방법, 규모가 예측하기 어렵게 되면서 현행 보안체계로 방어하는 것이 상당히 어려워지고 있다. 생성형 AI를 활용하여 스팸 필터를 속이는 스팸 메일을 보내기도 하고,[33] 피싱 메일은 더욱 정교해지며,[34] 암호 해킹을 손쉽게 할 수 있고,[35] 딥 보이스 및 딥 페이크를 활용하여 해킹 이후 여론을 호도할 수도 있다.[36] 또한 온라인에서 쉽게 구할 수 있는 오픈소스 인공지능을 활용하여 자신들의 해킹 툴을 발전시키고 공격 대상을 빠른 속도로 정찰하여 보안체계의 취약점을 발견하고 공격할 수도 있다.[37] 2016년 마이크로소프트의 AI 챗봇 테이(Tay)가 인종차별적인 발언을 하도록 학습된 사건과 유사하게 해커들이 인공지능 자체에 대해 학습 데이터 세트를 조작하여 인공지능이 해킹이나 악성프로그램에 대해 정상적인 활동으로 인식하도록 할 수도 있다.[38] 또한 인공지능 퍼징(AI fuzzing) 소프트웨어와 같은[39] 보

33 해커가 인공지능을 이용하여 계속해서 이메일을 전송하면서 얻은 정보를 이용하여 스팸 필터 모델 작동 기준을 재구성하여 스팸 필터를 우회할 수 있다고 한다; (https://www.ciokorea.com/news/240019).

34 국가정보원은 최근 북한 해킹조직이 인공지능을 활용하여 우리 국민 2천만 명 이상 사용하고 있는 전자상거래 앱을 교묘히 변조하여 유포하려는 정황을 포착하였다고 한다; (https://www.dailysecu.com).

35 최근 한 보안기업이 인공지능을 이용하여 암호를 해독한 결과 일반적인 암호의 51%가 1분 이내에 해독할 수 있었다고 한다; (https://www.digitaltoday.co.kr/news/articleView.html?idxno=473794).

36 해커들이 해킹을 통해 러시아 TV와 라디오를 해킹한 후 푸틴 대통령의 가짜 연설을 방영하여 시민들을 혼란에 빠뜨린 사례가 대표적이다; (https://www.joongang.co.kr/article/25177455#home).

37 해커들은 인공지능을 활용하여 새로운 공격을 생성하고, 자동화하며, 확장 및 개선하는 등 진화하는 사이버공격 환경을 조성하고 있다고 한다; (https://www.aitimes.kr/news/articleView.html?idxno=28715).

38 CIO, 『'해킹도 ML로 진화 중' 머신러닝 해킹 수법 9가지』; (https://www.ciokorea.com/news/240019).

39 퍼징 소프트웨어란 취약점을 테스트하는 방법의 하나로서 퍼즈 테스팅(Fuzz testing)이라고

안에 유용한 도구를 해커들이 사용하여 오히려 해킹에 활용할 수도 있다.[40] 해커들이 생성형 AI를 적극적으로 활용하면서 해킹 범죄의 위험성이 더욱 높아지게 되었다.

## Section 03 | 해킹 범죄 처벌을 위한 법률체계와 한계

### 1. 현행법상 해킹 범죄 처벌체계

현행 법체계에서 해킹 범죄에 대한 정의를 하고 있지 않으므로 해킹 범죄의 법적 개념은 다소 모호하다. 우선 해킹은 사회학적 개념에서 "정보통신체계와 관련되는 일체의 일탈행위를 의미하는 집합개념"으로 이해할 수 있다.[41] 형법학계는 해킹 범죄를 이원화하여 단순히 정보통신망을 침해하는 범죄행위와 정보통신망 침입 후 시스템 파괴나 전자기록 유출 등을 범하는 행위로 이해하기도 한다.[42] 경찰청은 해킹을 "정당한 접근권한 없이 또는 허용된 접근권한을 초과하여 정보통신망에 침입하는 행위"라고 보기도 하고, "컴퓨터 또는 네트워크와 같은 자원에 대한 접근제한(access control) 정책을 비정상적인 방법으로 우회하거나 무력화시킨 뒤 접근하는 행위"라고 하면서, 서비스거부공격, 악성프로그램 등과 구분되는 개념으로 파악한다.[43] 해킹 범죄

---

도 한다. 소프트웨어에 무작위 데이터를 입력하여 예기치 못한 에러나 충돌이 발생하도록 하고, 만일 에러가 발생하면 그 원인을 분석하여 보안 취약점 및 버그, 프로그램 충돌, 코드 내 오류, 메모리 누수 같은 것을 찾아내는 방법이다; (https://www.itworld.co.kr/news/107575).

40 CIO, 『'해킹도 ML로 진화 중' 머신러닝 해킹 수법 9가지』; (https://www.ciokorea.com/news/240019).

41 이원상, "해킹의 전단계 범죄화와 일상영역화", 「안암법학」 제28호, 안암법학회, 2009, 286면.

42 최호진, "사이버 해킹과 형법적 대응방안", 「비교형사법연구」 제12권 제2호, 한국비교형사법학회, 2010, 422면.

43 사이버범죄 신고시스템(ECRM) 홈페이지 참조; (https://ecrm.police.go.kr/minwon/crs/quick/cyber1); 경찰청은 해킹의 유형으로 계정도용("정당한 접근권한 없이 또는 허용된 접근권한을 넘어 타인의 계정(ID, Password)을 임의로 이용한 경우"), 단순 침입("정당한 접근권한 없이 또는 허용된 접근권한을 넘어 컴퓨터 또는 정보통신망에 침입한 경우"), 자료 유출

에 대한 명확한 정의는 없지만, 해킹을 처벌하는 규정은 형법과 정보통신망법 등 여러 개별 법률에 산재해 있다. 해킹 범죄 관련 규정들을 살펴보면, 해킹 범죄는 '권한이 없거나 권한을 넘는 행위'여야 하고, 해킹 행위 시에 인간의 '작위'가 요구되며, 침해되는 법익은 기본적으로 '정보통신망의 보안성 또는 무결성'이라고 할 수 있다. 이를 기반으로 정보 유출이나 정보통신망 마비, 재산상 이익 취득 등과 같은 추가적인 침해행위가 있으면 불법이 가중되는 구조라고 할 수 있다. 그러므로 침입행위 이전에 이미 정보통신망을 공격할 수 있는 해킹 툴을 제작하는 행위는 예비행위라고 할 수 있지만, 정보통신망이 제대로 작동할 수 없도록 악성코드를 실행시키거나 서비스 분산 공격을 하는 행위는 정보통신망을 침입하는 행위가 되지 않으므로 해킹행위에 포함되지 않는다. 현행 법률들 가운데 해킹 범죄를 처벌하는 규정들은 다음과 같다.44

| 법률 | 구분 | 조문 | 법정형 |
|---|---|---|---|
| 형법 | 데이터 부정 조작 및 변조 | 제227조의 2(공전자기록 등 위작 · 변작) | 10년 이하의 징역 |
| | | 제228조(공전자기록 등 부실기재) | 5년 이하의 징역 또는 1천만 원 이하의 벌금 |
| | | 제229조(위작공전자기록등행사) | 10년 이하의 징역 |
| | | 제234조(위작사전자기록등행사) | 5년 이하의 징역 또는 1천만 원 이하의 벌금 |
| | | 제232조의2 (사전자기록위작 · 변작) | 5년 이하의 징역 또는 1천만 원 이하의 벌금 |

("정당한 접근권한 없이 또는 허용된 접근권한을 넘어 컴퓨터 또는 정보통신망에 침입 후, 데이터를 유출, 누설한 경우"), 자료 훼손("정당한 접근권한 없이 또는 허용된 접근권한을 넘어 컴퓨터 또는 정보통신망에 침입 후, 타인의 정보를 훼손(삭제, 변경 등)한 경우(홈페이지 변조 포함)") 등으로 구분하고 있다.

44 백석대학교 해킹관련법규안내 홈페이지 참조; (https://www.bu.ac.kr/web/3509/subview.do 참조).

| | 업무방해 | 제314조 제2항<br>(컴퓨터등장애업무방해) | 5년 이하의 징역 또는<br>1,500만 원 이하의 벌금 |
|---|---|---|---|
| | 비밀침해 | 제140조 제3항<br>(공무상비밀전자기록등 내용탐지) | 5년 이하의 징역 또는<br>700만 원 이하의 벌금 |
| | | 제316조 제2항<br>(전자기록등내용탐지) | 3년 이하의 징역이나 금고<br>또는 500만원 이하의 벌금 |
| | 전자기록손괴<br>및 은닉 | 제366조(전자기록등손괴) | 3년 이하의 징역 또는<br>700만 원 이하의 벌금 |
| | | 제141조 제1항<br>(공용전자기록등손상) | 7년 이하의 징역 또는<br>1천만 원 이하의 벌금 |
| | 컴퓨터 사기 | 제347조의2(컴퓨터등사용사기) | 10년 이하의 징역 또는<br>2천만 원 이하의 벌금 |
| **정보통<br>신망법** | 정보통신망<br>침해행위 | 제48조 제1항(정보통신망 침입)<br>제71조 제1항 제9호 | 5년 이하의 징역 또는<br>5천만 원 이하의 벌금 |
| | 비밀 침해 | 제49조(비밀 침해 등)<br>제71조 제1항 제11호 | 5년 이하의 징역 또는<br>5천만 원 이하의 벌금 |
| **개인정보<br>보호법** | 공공기관<br>개인정보 처리<br>방해 | 제70조(공공기관 업무방해)<br>제1호 | 10년 이하의 징역 또는<br>1억 원 이하의 벌금 |
| | 부정한<br>수단 · 방법의<br>개인정보취득 ·<br>제공 | 제70조(부정한 수단으로<br>개인정보 취득 및 제공) | 10년 이하의 징역 또는<br>1억 원 이하의 벌금 |

* 기타 규정들
- 정보통신기반 보호법 제28조 제1항(주요정보통신기반시설 침해행위)
- 전기통신 사업법 제70조 제4호(통신비밀침해 · 누설)
- 전산망 보급 확장과 이용촉진에 관한 법률 제30조의2(전산망 보호조치 침해 · 훼손)
  제29조 제1항(전자문서 위작 · 변작 · 행사)
- 공공기관의 개인정보 보호에 관한 법률 제23조 제1항(개인정보 변경 · 말소)
  제23조 제2항(개인정보 누설 · 처리 · 제공
  제23조 제3항(부정한 방법으로 개인정보 열람 · 제공
- 신용정보의 이용 및 보호에 관한 법률 제32조 제11호(신용정보 변경 · 검색 · 삭제)
- 공업 및 에너지 기술 기반 조성에 관한 법률 제22조 제1항(산업정보 위조 · 변조)
  제22조 제2항 제1호(산업정보 훼손 · 비밀 침해)

– 화물유통 촉진법 제54조의2(물류정보 위조 · 변조)
제54조의3(물류정보 훼손 · 비밀침해)
제54조의4(전산망 보호조치의 침해 · 훼손)

## 2. 형법상 해킹 범죄 처벌 규정

해킹을 처벌하는 기본적인 규정은 형법과 정보통신망법이라고 할 수 있고, 그 외 개별 법률에서 해당 법률과 관련 있는 해킹행위를 처벌하고 있다. 형법은 1995년 개정을 통해 정보처리장치와 특수매체기록이라는 개념을 도입한 새로운 구성요건을 신설하여 해킹을 비롯한 컴퓨터 범죄 처벌체계를 구축하였다.[45] 형법상 해킹과 관련된 주요 규정으로 첫째로, 컴퓨터 업무방해죄(제314조 제2항)가 있다. 컴퓨터 업무방해죄는 "컴퓨터 등 정보처리장치[46] 또는 전자기록 등 특수매체기록을[47] 손괴하거나[48] 정보처리장치에 허위의 정보 또는 부정한 명령을 입력하거나 기타 방법으로 정보처리에 장애를 발생하게 하여 사람의 업무를 방해한 자"를 처벌하고 있다. 앞의 해킹 전개 과

45 조성훈, "정보통신망 침입에 대한 연구 - 정보통신망 이용촉진 및 정보보호 등에 관한 법률 제48조를 중심으로", 「법조」 제687호, 법조협회, 2013, 120~121면; 주요 개정 내용을 살펴보면, 우선 문서의 개념에 특수매체기록'을 포함하였다(제140조 제3항(공무상비밀전자기록등내용탐지), 제227조의2(공전자기록등위작 · 변작), 제228조 제1항(공전자기록등불실기재), 제229조(위작 · 변작공전자기록등행사, 불실기재공전자기록등행사), 제232조의2(사전자기록등위작 · 변작), 제234조(위작 · 변작사전자기록등행사), 제316조 제2항(전자기록등내용탐지) 등이 신설). 또한, 재물 또는 물건의 개념에도 특수매체기록을 포함하였다(제141조 제1항(공용전자기록등손상 · 은닉 · 무효), 제323조(권리행사방해), 제366조(전자기록등손괴 · 은닉)가 도입). 그리고 제314조 제2항(컴퓨터등손괴 · 전자기록등손괴 · 컴퓨터등장애업무방해), 형법 제347조의2(컴퓨터등사용사기) 등 정보처리장치와 관련된 구성요건이 마련되었다.

46 정보처리장치란 "컴퓨터처럼 자동으로 계산 및 데이터를 처리할 수 있는 정보처리기능이 있는 장치"이다; 최호진, 형법각론, 박영사, 2022, 293면. 판례는 하드웨어와 소프트웨어를 포함하는 것으로 보고 있다; 대법원 2012.5.24. 선고 2011도7943 판결.

47 특수매체기록이란 "정보를 전자방식 또는 자기방식에 의해 일정한 저장매체에 기록한 것"을 의미한다. 다만, 통신 중 데이터와 같이 전송중인 데이터는 그에 포함되지 않고, 저장매체에 어느 정도 영속성 있게 기록된 상태이어야 한다; 최호진, 앞의 책, 293면.

48 '손괴'란 정보처리장치나 특수매체기록을 물리적으로 훼손 · 멸실시키는 행위, 강력한 자기장을 사용하여 저장 데이터를 손상시키는 행위, 파일 삭제 및 포맷처럼 디스크 기록을 전자기적으로 말소시키는 소거행위 등을 의미한다; 최호진, 앞의 책, 294면.

정 ⑤번에 해당하는 해킹 범죄 유형을 처벌한다. 이때 해킹행위는 침입 이후 허위정보를 입력하거나,[49] 부정한 명령 입력,[50] 기타 방법[51]을 사용하는 것이다. 그 결과 정보처리장치 또는 특수매체기록에 장애가 발생해야 한다. 장애 발생이란 정보처리장치의 작동에 영향을 끼쳐서 현실적으로 해당 장치가 사용 목적에 부합하는 기능을 하지 못하거나, 사용 목적과 다른 작동을 해야 한다.[52] 그리고 그 결과로 업무방해가 발생해야 하는데, 현실적으로 발생할 필요는 없고 업무에 대해 방해할 가능성만 있으면 된다.[53] 다만 해당 규정은 정보통신망 침입 이후 결과범만을 처벌하고 있으므로, 정보통신망법 제48조 제2호에서 정보통신망 침입 이전에 바이러스 등 악성프로그램을 전달·유포하는 행위를 처벌할 수 있도록 하여 형법 제314조 제2항을 보완하고 있다.[54]

둘째로, 기술적 방법에 따른 비밀침해죄(제316조 제2항)에서는 "봉함 기타 비밀 장치한 사람의 편지, 문서, 도화 또는 전자기록 등 특수매체기록을 기술적 수단을 이용하여 그 내용을 알아낸 자"를 처벌하고 있다. 해당 해킹 범죄도 ⑤번에 해당하는 유형이다. 본 죄의 객체는 비밀장치 한 전자기록 등 특수매체기록이며,[55] 특수매체기록의 내용을 알아내야 성립하는 결과범이다.

---

49 '허위정보 입력'이란 객관적 진실에 반하는 내용의 정보를 입력하는 것을 의미한다; 최호진, 앞의 책, 294면.

50 '부정한 명령의 입력'이란 바이러스 등 악성코드 침투처럼 사무처리 과정에서 본래 목적과 다른 명령을 입력하는 것을 의미한다; 최호진, 앞의 책, 294면. 대법원은 "정보처리장치 관리, 운영할 권한이 없는 자가 그 정보처리장치에 입력되어 있던 관리자의 아이디와 비밀번호를 무단으로 변경하는 행위"도 부정한 명령 입력이라고 판시하였다(대법원 2007.3.16. 선고 2006도6663 판결).

51 '기타 방법'이란 전원을 단절하여 내장된 정보가 사라지게 하거나 통신회선 절단, 입출력 부속장치 손괴, 저압 배전, 처리 불능 데이터 입력, 온도 및 습도 장치 파괴 등 정보처리장치의 작동에 직접 영향을 미쳐서 본래 사용 목적과 다른 기능을 하거나 기능하지 못하도록 하는 일체의 행위를 의미한다; 최호진, 앞의 책, 294면.

52 대법원 2004.7.9.선고 2002도631 판결.

53 판례는 정보처리에 장애가 현실적으로 발생하지 않더라도 업무를 방해할 가능성이 있으면 성립된다고 판단하고 있다(대법원 200.4.9. 선고 2008도11978 판결); 또한 대법원은 허위클릭 전송사건에서 정보처리 장애가 현실적으로 발생하였다면 그로 인해 실제로 검색순위의 변동을 초래하지 않았더라도 컴퓨터 업무방해죄가 성립한다고 판시하였다(대법원 2009.4.9. 선고 2008도11978 판결).

54 조성훈, 앞의 글, 122~123면.

55 비밀장치란 컴퓨터 자체에 물리적으로 시정된 외형 장치뿐 아니라 비밀번호, 전자카드, 지문인식, 안면인식, 음성인식 등 특수한 기술적·관리적 보호조치를 포함한다(최호진, 앞의 책,

컴퓨터 시스템에 침입하는 것을 실행의 착수로 볼 수 있는데, 침입 후 특수매체 기록상 데이터 내용을 알아내지 못하면 미수가 되고, 미수범 처벌 규정이 없으므로 처벌될 수 없다. 다만 타인의 비밀이 정보통신망에 의해 처리·보관·전송되는 데이터라면 정보통신망법 제71조 제1항 제11호 및 제49조(비밀 등의 보호)로 처벌될 수 있고, 전기통신 대화 비밀을 침해할 때는 통신비밀보호법 제16조 제1호가 적용될 수 있다.[56]

셋째로, 제366조(재물손괴 등)는 "타인의 재물, 문서 또는 전자기록 등 특수매체기록을 손괴 또는 은닉[57] 기타 방법으로[58] 그 효용을 해한 자"를 처벌하고 있다.[59] 컴퓨터 파일의 속성을 변환하여 아무나 볼 수 없도록 하거나 찾기 어려운 폴더에 옮겨 놓는 것도 은닉에 해당할 수 있다. 앞서 컴퓨터 업무방해죄는 미수범 처벌 규정이 없지만, 특수매체기록 손괴죄는 제371조에서 미수범을 처벌하고 있다. 따라서 컴퓨터 업무방해죄에 해당하지 않는 특수매체기록 손괴행위의 미수범은 처벌할 수 있다. 다만 실행의 착수 시기는 데이터를 삭제하거나 은닉하는 행위를 한 때로 봐야 할 것이고, 만일 정보통신망을 침입만 한 상태에서 체포되었다면 실행의 착수 이전으로 봐야 해서 미수범으로 처벌할 수 없을 것이다.

이처럼 형법상 해킹 범죄는 기본적으로 침입 해킹 범죄에 대해 결과범으로 처벌하고 있으며, 단순 해킹 범죄나 해킹 예비·음모는 처벌하지 않고 미수범도 특수매체기록 손괴죄에서만 처벌하고 있다. 형법상 해킹 범죄는 ⑤번과 ⑥번 단계의 해킹 범죄에 대해서만 대응할 수 있다. 그러므로 공격 해킹 범죄, 해킹 예비·음모 등 형법상 해킹 범죄의 미흡한 부분은 정보통신망법에 처벌 규정을 두고 있다.

---

306면).

56 최호진, 앞의 책, 307면.

57 '은닉'이란 재물 등의 소재를 불명하게 하여 그 발견을 곤란하게 하거나 불가능하게 하여 그 효용을 해하는 것을 의미한다; 최호진, 앞의 책, 644면.

58 기타 방법은 손괴 및 은닉 이외에 그에 준하는 방법으로 특수매체기록을 그 본래의 용법에 따라 사용할 수 없도록 하는 것을 의미한다. 일례로 컴퓨터 바이러스를 감염시켜 특수매체기록을 일시적으로 사용하지 못하도록 하는 것이 있다; 최호진, 앞의 책, 642면.

59 특수매체기록 그 자체가 행위 객체이고, 컴퓨터 하드웨어를 물리적으로 파손하는 행위는 특수매체기록 손괴가 아닌 일반 재물손괴에 해당하게 된다; 최호진, 앞의 책, 642면.

## 3. 정보통신망법상 주요 해킹 처벌 규정

정보통신망법에서는 형법상 해킹 범죄에서 포섭할 수 없는 유형을 처벌하고 있다. 정보통신망법상 주요 해킹 처벌 규정은 제70조의2(제48조 제2항), 제71조 제9호(제48조 제1항), 제10호(제48조 제3), 제11호(제49조) 등이 있다. 첫째로, 제70조의2(제48조 제2항)은 "정당한 사유[60] 없이 정보통신시스템, 데이터 또는 프로그램 등을 훼손·멸실·변경·위조하거나 그 운용을 방해할 수 있는 프로그램을 전달 또는 유포한 자"를 처벌한다. 해당 규정은 침입 해킹 범죄 및 공격형 해킹 범죄의 ①번 해킹단계에 대응하는 규정으로 해킹 범죄 및 랜섬웨어 등 악성프로그램에 대한 예비죄이다.[61] 전달 또는 유포된 악성프로그램으로 인한 피해 결과가 매우 크고, 복구가 힘들다는 점을 고려하여 해킹 범죄를 전 단계 범죄화한 유형이라고 할 수 있다.

둘째로, 제71조 제9호(제48조 제1항)는 "정당한 접근권한 없이 또는 허용된 접근권한을 넘어 정보통신망에 침입한 자"를 처벌하고, 그 미수범도 처벌한다(제71조 제2항). ②번과 ③번, ④번 해킹단계의 단순 해킹 범죄를 처벌하는 규정으로 형법상 컴퓨터 업무방해죄(형법 제314조 제2항)처럼 해킹 범죄로 인해 정보 침해가 발생하기 전 단계를 처벌한다. 이는 정보통신망 침해죄의 보호법익이 "이용자의 신뢰 내지 그의 이익을 보호하기 위한 규정이 아니라 정보통신망 자체의 안정성과 그 정보의 신뢰성을 보호"하고 있기 때문이다.[62] 또한 해당 규정은 정보통신망에 대한 보호조치를 침해하거나 훼손할 것을 구성요건으로 하지 않고 '정당한 접근권한 없이 또는 허용된 접근권한을 넘어' 정보통신망에 침입하는 행위를 금지한다. 그러므로 접근권한이 있는지는 서비스제공자가 부여한 접근권한을 기준으로 판단한다.[63]

60 판례는 병역법 판결에서 구성요건에 포함된 정당한 이유는 위법성조각사유인 정당행위나 책임조각사유인 기대불가능성과 구분되는 "구성요건 배제 사유"라고 판시하고 있다; 대법원 2018.11.1. 선고 2016도10912 전원합의체 판결.

61 예비죄라는 것은 범죄실현에 실질적으로 기여할 수 있는 외적 준비행위로서, 목적한 범죄가 실현되면 예비죄는 별도로 처벌하지 않는 보충적 성격과 실행 착수 이전에 처벌되는 독립적 성격을 갖는다; 이상돈, 형법강론(제4판), 박영사, 2023, 233면.

62 대법원 2005.11.25. 선고 2005도870 판결.

63 대법원 2005. 11. 25. 선고 2005도870 판결 등 참조; 다만 정보통신망에 대하여 서비스제

셋째로, 제71조 제10호(제48조 제3항)은 "정보통신망의 안정적 운영을 방해할 목적으로 대량의 신호 또는 데이터를 보내거나 부정한 명령을 처리하도록 하는 등의 방법으로 정보통신망에 장애가 발생하게 한 자"를 처벌한다. 본 규정은 서비스거부공격(DDoS) 공격뿐 아니라 정보통신망에 침입하여 컴퓨터 시스템에 장애를 초래하는 해킹행위도 처벌한다.[64] ③번과 ⑤번 해킹단계를 처벌하는 규정이며, 악성프로그램 전달 및 유포죄(제71조 제9호), 정보통신망침입죄(제72조 제1항 제1호)와 달리 목적범 형식이고, 미수범은 처벌하지 않는다. 해당 규정은 규정 형식에 따라 통신망에 장애를 발생하게 한 경우, 정보처리망에 장애를 발생하게 한 경우, 통신망과 정보처리망에 모두 장애를 발생하게 한 경우를 포함한다.[65] 정보처리 장애를 처벌하는 컴퓨터 업무방해죄(형법 제314조 제2항)의 특수한 형태를 규정한 것으로, 업무와 무관한 정보통신망 장애가 현실적으로 발생하는 경우를 처벌하는 침해범이라고 할 수 있다.[66]

넷째로, 제71조 제11호(제49조)는 "정보통신망에 의하여 처리·보관 또는 전송되는 타인의 정보를 훼손하거나[67] 타인의 비밀을[68] 침해·도용 또는 누설하는 자"를 처벌한다. ⑤번과 ⑥번 해킹단계에 해당하는 행위를 처벌할 수 있는 규정이다. 해당 규정은 정보훼손죄와 비밀침해죄로 구분할 수 있는데, 형법상 손괴죄 및 비밀침해죄와 달리 '전송 중이거나 현재 처리 중인 정보' 및 비밀을 그 대상에 포함하고 있다.[69] 따라서 정보훼손죄 부분은 형법상 손

공자가 접근권한을 제한하고 있는지는 보호조치나 이용약관 등 객관적으로 드러난 여러 사정을 종합적으로 고려하여 신중하게 판단하여야 한다; 대법원 2022. 5. 12. 선고 2021도1533 판결.

64 이주원, 특별형법(제9판), 홍문사, 2023, 639면.

65 대법원 2013.3.28. 2010도14607 판결.

66 이주원, 앞의 책, 637면; 따라서 허위자료를 처리하게 하여 정보통신망 관리자 및 이용자에게 진실에 반하는 결과를 만들더라도 장애나 기능 저하 등이 발생하지 않았다면 형법상 컴퓨터 업무방해죄는 성립할 수 있지만, 해당 규정으로 처벌할 수 없다(이주원, 앞의 책, 639면).

67 훼손이란 정보의 이용가치 및 효용을 해하는 행위로서, 정보 본래의 목적을 달성할 수 없도록 만드는 행위이다. 대표적인 예로는 정보 소거, 정보 은닉, 정보 내용 변경 등이 있다; 이주원, 앞의 책, 642면.

68 비밀이란 "일반적으로 알려져 있지 않은 사실로서 이를 다른 사람에게 알리지 않는 것이 본인에게 이익이 있는 것이며(대법원 2006.3.23. 2005도7309)" 정보보다는 좁은 개념이다; 이주원, 앞의 책, 642면.

괴죄의 확장 규정이며, 비밀침해죄 부분은 형법상 비밀침해죄 이후 이차적인 행위를 규정하고 있다.

## 4. 생성형 AI를 활용한 해킹 범죄 처벌 생태계 구성 필요성

최근 해커들은 생성형 AI를 활용해서 정보통신망의 약점을 찾아내는 프로그램을 만들고, 해킹 툴을 만드는 코딩을 한다. 그런데 현행 해킹 처벌 규정 체계는 생성형 AI라는 변수가 생기기 이전에 형성되었다. 형법상 해킹 범죄 규정들은 컴퓨터 범죄가 발생하기 시작한 1995년 당시 초기 해킹행위를 중심으로 규정되었고, 정보통신망법상 규정은 인터넷 범죄가 발생하는 시기를 기반으로 규정되었다. 그러므로 생성형 AI 시대를 충실히 반영하지 못하는 한계가 있다. 생성형 AI가 기존의 해킹 툴과 같은 보조적인 역할만을 수행하는 경우라면 구태여 인공지능을 활용한 해킹 범죄를 고려해서 새로운 해킹 범죄 처벌 생태계를 구축할 필요성은 적은 것이다. 그러나 생성형 AI를 활용한 해킹은 기존의 컴퓨터 범죄, 인터넷 범죄 개념을 넘어서는 위험성을 내포하고 있다. 해커들은 GPT를 변용하여 피싱 및 BEC 공격을 위해 '웜GPT(WormGPT)'나 악성코드 및 피싱 페이지를 위해 '사기GPT'와 같은 생성형 AI를 개발하기도 한다.[70] 또한 해킹 범죄를 위해 생성형 AI 모델에 해킹 범죄와 관련된 내용을 학습시키기도 한다. 이처럼 해킹 범죄를 준비하는 과정에서 생성형 AI 모델 자체에 피해를 주기도 한다. 또한 해킹 범죄의 피해 결과가 더욱 커지게 된다. 생성형 AI의 도움으로 인간이 직접 해킹하는 경우보다 광범위한 피해를 줄 수 있으므로[71] 결과반가치가 더욱 커진다. 그뿐 아니라, 해킹 범죄의 아이디어를 가지고 있지만, 해킹기술이 없는 사람도 쉽게 악성 소프트웨어를 만들어 해킹 범죄를 저지를 수 있도록 해준다. 더 나아가 인간의 해킹 능력으로는 한계가 있는 국가 주요 보안시설의 정보통신망도

69 이주원, 앞의 책, 640면.

70 SK 쉴더스, 『생성형 AI를 활용한 해커 등장, 챗 GPT를 악용한 랜섬웨어』; (https://www.skshieldus.com/blog-security/security-trend-idx-13).

71 연합뉴스, 『정부 "AI 악용 보안위협 본격대응 …사이버 팬데믹 막아야"』; (https://www.yna.co.kr/view/AKR20230613129700017?input=1195m).

해킹이 가능하게 된다. 이처럼 기존의 해킹 범죄 처벌체계에서 담고 있지 못한 인공지능을 활용한 해킹 범죄의 행위반가치 및 결과반가치 요소를 반영하여 해킹 범죄에 대응하는 규범 생태계를 새롭게 구축할 필요성이 있다.

## Section 04 | AI를 활용한 해킹 범죄에 대한 대응방안

### 1. 해킹 범죄 처벌 규정의 정비

인공지능을 활용한 해킹 범죄를 적절하게 처벌하기 위한 전재로 해킹 범죄 처벌 규정을 정비해야 한다. 현행 법률에는 해킹 범죄와 관련된 처벌 규정이 여러 곳에 산재해 있다. 이와 같은 법률구조는 형법의 범죄예방 목적에서도 적절하지 않으며, 형법을 집행하는 수사기관이나 법률을 해석하는 법원에도 어려움을 줄 수 있다. 우리의 법률체계와 반대에 있는 독일의 해킹 범죄 관련 처벌 규정을 살펴보면 이해가 될 수 있을 것이다.

독일은 제41차 형법개정을 통해 해킹 범죄 처벌을 위한 규정들을 도입하였다.[72] 독일은 유럽평의회의 유럽 사이버범죄 방지협정을 국내법으로 이행하는 과정에서 기존의 컴퓨터 형법에 정보시스템에 대한 불법 접근(illegal access to information systems), 불법 시스템 간섭(illegal system interference), 불법 데이터 손괴(illegal data interference), 그리고 그에 대한 교사, 방조 및 미수를 처벌하는 규정들을 추가하여 해킹행위를 처벌하는 체계를 구축하였다.[73] 첫째로, 개정된 제202a조(데이터 탐지) 제1항에서는 데이터를 권한 없이 취득하는 행위를 처벌했던 기존 규정을 개정하여 권한 없이 보호되고 있는 데이터 보안 조치를 뚫고 접근하는 행위를 처벌하게 되었다.[74] 이를 통해 기존에는

72 독일은 사이버범죄 방지협약 이행 및 사이버범죄에 대응하기 위한 제41차 형법개정 법률에서 사이버범죄 처벌 조항들이 신설되었다; 오병두, “독일의 컴퓨터범죄대응을 위한 제41차 형법개정법률: 배경, 내용 및 시사점”, 「형사법연구」 제19권 제3호, 한국형사법학회, 2007, 895~896면.

73 오병두, 앞의 글, 898면.

과잉 범죄화라고 판단하여 처벌하고 있지 않던 단순 해킹행위를 처벌하는 근거가 마련되었다. 이는 데이터탐지죄의 목적이 데이터의 비밀보호에서 정보통신망의 무결성 보호로 확장된 것을 의미하지만, 미수범 처벌 규정을 두지 않으므로 해서 처벌의 범위를 제한하고 있다고 볼 수 있다.[75] 둘째로, 개정된 제202b조(데이터 불법감청)에서는 권한 없이 공개되지 않은 데이터전송 및 정보처리장치의 전자기적 조사로부터 데이터를 획득하는 행위를 제201조 및 제202a조에 의해 처벌되지 않으면 보충적으로 처벌하고 있다.[76] 셋째로, 제202c조에서는 제202a조 및 제202b조 예비행위로서 "패스워드 또는 기타 데이터(제202a조 제2항)에의 접근을 가능하게 하는 보안코드 또는 그러한 범죄행위의 수행을 목적으로 하는 컴퓨터프로그램 등을 제작하거나, 자기가 취득하거나 타인으로 하여금 취득하게 하거나, 판매하거나, 타인을 방임하거나, 배포하거나 또는 기타 접근할 수 있도록 한 자"를 1년 이하의 자유형 또는 벌금형으로 처벌하고 있다(제1항). 다만 해당 조문은 객관적 범죄 목적, 범죄행위 예비를 위한 제작 등의 실행행위가 요구되므로 단순히 보안점검이나 연구를 위해 해킹 툴을 보유하는 것 등은 처벌되지 않도록 하고 있다.[77] 또한 동조 제2항은 제149조 제2항과 제3항의 "능동적 후회"를 준용하여 자의로 능동적 후회가 이루어진 경우에는 형벌소멸 사유를 인정해 주고 있다.[78] 넷째로, 기존의 컴퓨터 형법 규정에 예비음모 행위 처벌을 추가하였으며, 범죄구성요건도 확대하였다. 그에 따라 제303a조(데이터손괴) 제3항에서

---

74 개정 이전에는 "① 자신에 대하여 예정된 것이 아니면서 권한 없는 접근으로부터 특별히 보호되고 있는 데이터를 권한 없이 취득하거나 타인으로 하여금 취득하게 한 자는 3년 이하의 자유형 또는 벌금형에 처한다"라고 규정되어 있었지만, 개정 이후에는 "자신에 대하여 예정된 것이 아니면서 권한 없는 접근으로부터 특별히 보호되고 있는 데이터에 보안 조치(Sicherheitsvorkehrungen)를 뚫고서 권한 없이 접근하거나 타인으로 하여금 접근하게 한 자는 3년 이하의 자유형 또는 벌금형에 처한다"라고 규정하게 되었다; 오병두, 앞의 글, 902면.

75 오병두, 앞의 글, 903면.

76 독일 연방 형법 제202b조에 따르면, "비공개된 데이터전송으로부터 또는 정보처리장치의 전자기적 조사(照査)로부터 자신에 대하여 예정된 것이 아닌 데이터(제202a조 제2항)를 권한 없이 기술적 수단을 사용하여 획득하거나 타인으로 하여금 이를 획득하게 한 자는, 그 행위를 다른 규정에 의하여 더욱 중하게 처벌하지 않는 경우" 2년 이하의 자유형 또는 벌금형에 처한다고 규정하였다; 오병두, 앞의 글, 904면.

77 오병두, 앞의 글, 905면.

78 오병두, 앞의 글, 906면.

데이터손괴죄에서 제202c조를 준용하여 예비행위를 처벌하고 있으며, 제303b조(컴퓨터업무방해) 제1항과 제2항, 제4항에서는 구성요건을 추가하였으며, 제5항에서는 예비음모죄를 처벌하도록 하였다.[79]

이처럼 독일은 유럽 사이버범죄 방지협약을 이행 입법하는 과정에서 해킹 범죄에 대한 처벌체계를 형법전에 일관되게 구축하였다. 현재 한국도 유럽 사이버범죄 방지협약 가입 절차를 진행하고 있다.[80] 가입과정이 순조롭게

---

79 독일 연방 형법 제303b조 컴퓨터 방해죄의 기존 규정과 개정 규정을 비교해 보면 다음과 같다; 오병두, 앞의 글, 907~909면.

| 〈개정 전〉 | 〈개정 후〉 |
|---|---|
| 제303b조 (컴퓨터업무방해)<br>① 다음 각호의 행위로써 타인의 사업체나 기업 또는 관청에 현저히 중요한 정보처리를 방해한 자는 5년 이하의 자유형 또는 벌금형에 처한다.<br>1 제303a조 제1항의 범죄행위<br>2. 정보처리장치 또는 데이터기록매체(Datenträger)를 파괴하거나, 손상시키거나, 사용불능하게 하거나, 제거하거나 또는 변경하는 행위<br>② 미수범은 처벌한다. | 제303b조 (컴퓨터업무방해)<br>① 다음 각호의 행위를 함으로써, 제3자에게 중요한 의미가 있는 정보처리를 방해한 자는 3년 이하의 자유형 또는 벌금형에 처한다.<br>1. 제303a조 제1항의 범죄행위<br>**2. 타인에게 손해를 가할 의도로 데이터(제202a조 제2항)를 입력하거나 전송하는 행위 또는**<br>3. 정보처리장치 또는 데이터기록매체(Datenträger)를 파괴하거나, 손상시키거나, 사용불능하게 하거나, 제거하거나 또는 변경하는 행위<br>**② 정보처리가 타인의 사업체나 기업 또는 관청에게 중요한 의미가 있는 것이라면, 5년 이하의 자유형 또는 벌금형에 처한다.**<br>③ 미수범은 처벌한다.<br>**④ 제2항의 사안이 중대한 경우에는 6월 이상 10년 이하의 자유형에 처한다. 통상 행위자가 다음 각호의 행위를 한 때는 사안이 중대한 경우이다.**<br>**1. 대규모의 재산상 손실을 유발한 때**<br>**2. 영업적으로 행한 때 또는 컴퓨터업무방해의 계속적인 수행을 위하여 결성된 단체의 일원으로서 행한 때**<br>**3. 범죄행위를 통하여, 국민에게 생활상 중요한 재화 내지 용역이 공급되는 것을 저해하거나 또는 독일연방공화국의 안전을 침해한 때.**<br>**⑤ 제1항에 따른 범죄행위를 예비한 자는 제202c조를 준용한다.** |

80 유럽 사이버범죄 방지협약은 부다페스트 협약이라고도 불리는데, 유럽평의회 주도의 사이버범죄 관련 국제협약이다. 현재 68개국이 가입하였고, 23개국이 초청서를 받은 상황이며, 우리나라는 현재 23개 초청서를 받은 국가에 포함되어 있다; (https://www.coe.int/en/web/cybercrime/the-budapest-convention).

진행된다면, 추후 비준 절차와 이행 입법 과정이 진행될 것인데, 그 과정에서 산재하여 있는 해킹 범죄를 형법전으로 일원화하거나, 정보통신망법으로 통일하는 방안을 모색할 필요가 있다. 이상돈 교수의 분류 방법에 따르면,[81] 우리나라의 해킹 관련 처벌 생태계는 이제까지 전문법 영역인 과학 기술적 일상 영역에 속한다고 볼 수 있다. 그러나 정보화 사회가 대중화되고, 고도화되어 감에 따라 해킹행위는 더는 과학 기술적 일상 영역에 속하는 것이 아니라 일상 영역으로 이전되었다고도 볼 수 있다.[82] 해킹이 과학 기술적 일상 영역에 속한다면 지금과 같은 체계를 이어가는 것도 필요하지만, 일상 영역화되었다고 하면 형법전으로 통합규정 하는 것이 형법의 기획에 부합하여 더욱 적합할 것이다. 다만 한국의 형법개정이 독일처럼 원활하지 않은 점을 고려해 볼 때, 대안으로 실질적으로 사이버범죄의 기본법 임무를 수행하고 있는 정보통신망법으로 일원화하는 방법도 고려해 볼 수 있다.

## 2. 해킹행위 관련 범죄의 법정형 조정 필요성

생성형 AI를 활용하여 해킹하는 경우 해킹행위의 위험성이 증대된다. 해커는 생성형 AI를 통해 정보통신망의 보안 취약점을 분석할 수 있고, 해킹을 위한 해킹 툴을 제작할 수도 있다. 또한 빅데이터와 같이 데이터 규모가 큰 데이터들에 대해서도 동시에 해킹을 수행할 수 있고, 하나의 컴퓨터 시스템을 해킹하는 것이 아니라 동일한 보안 취약점이 있는 여러 개의 컴퓨터 시스템을 동시에 해킹할 수도 있으며, 해킹이 매우 어려운 국가보안시설 등에 대한 해킹도 해낼 수 있다. 이것이 막연한 추상적인 위험이라고 할 수 있지만, 그 위험은 이미 현실화하고 있다. 예를 들어 미국 백악관 국가안보회의(NSC) 관리에 따르면 북한은 AI를 활용하여 악성 소프트웨어를 제작하고 있다고 하고,[83] 누구든지 비용을 지불하면 자신이 원하는 유형의 해킹을 할 수

81 이상돈 교수는 "이상돈, 전문법 - 이성의 지역화된 실천, 「고려법학」 제39호, 고려대학교 법학연구원, 2002"에서 행위영역을 일상영역, 과학 기술적 일상 영역, 기능적 행위영역으로 구분하고 있다.

82 이원상, 앞의 글, 303~304면.

83 연합뉴스, 『美관리 "北, AI 활용해 해킹 위한 악성 소프트웨어 제조 촉진"』; (https://www.y-

있는 소위 '다크GPT'도 유통되고 있다고 한다.[84] 물론 현행 해킹 규정을 통해서도 이와 같은 행위를 처벌 할 수 있다. 하지만 현행 규정은 인공지능 활용을 통해 불법이 증가하는 것을 반영하지 못하므로 법률보강이 요구된다.

먼저 생성형 AI를 활용하는 행위에 대한 법정형 상향이 요구된다. 해킹은 기본적으로 사이버공간에서 이루어지는 사이버범죄 성격을 가지고 있다. 비교법적으로 볼 때, 사이버범죄는 일반적인 범죄에 비해 피해 규모가 크고, 원상회복이 어려우므로 대개 일반적인 범죄에 비해 법정형이 높게 규정된다.[85] 형법개정 이전에는 기본적으로 유기징역형이 최고 25년까지 선고될 수 있었고, 범죄의 법정형은 그런 기준을 참고하였다고 할 수 있다. 하지만 인공지능까지 활용한 해킹행위의 행위 불법과 그로 인해 발생하는 결과 불법을 고려해 볼 때, 현행 법정형은 상대적으로 낮다고 판단된다. 예를 들어, 해킹행위를 통해 주요 통신기반시설을 교란, 마비 또는 파괴하는 행위는 극히 위험한 행위이다. 그에 대한 법정형은 10년 이하의 징역 또는 1억 원 이하의 벌금으로 처벌하고 있다. 일례로 2022년 한전 통신망이 해킹을 당한 사례에서, 복구에만 2개월이 걸리고 복구비용 및 손해배상 비용으로 수십억이 사용되었다. 해커가 체포되어 처벌을 받더라도 그 결과반가치에 미치지 못할 수 있을 것이다. 따라서 해당 처벌 규정은 상한을 한정하기보다는 하한을 설정하는 것이 적절할 수 있다.

또한 정보통신망법 제48조 제71조 제1항 제10호 규정은 정보통신망에 장애가 발생하게 한 자를 5년 이하의 징역 또는 5천만 원 이하의 벌금으로 처벌하고 있다. 그에 반해 제70조의2에서는 악성프로그램을 전달 또는 유포하는 자를 7년 이하의 징역 또는 7천만 원 이하의 벌금으로 처벌하고 있다. 2016년 개정 이전에는 현행 제70조의2의 악성프로그램 전달 등의 규정이 제71조 제1항 제9호에 위치하여 정보통신망장애죄와 같이 5년 이상의 징역으

---

na.co.kr/view/AKR20231019009900071?input=1195m).

84 뉴시스, 『"해킹 도와드려요"…악성코드 · 피싱메일 작성하는 '다크GPT' 등장』; (https://newsis.com/view/?id=NISX20230817_0002417527&cID=10406&pID=13100).

85 예를 들어, 독일 연방 형법 제202조에서는 서신 비밀침해 행위를 1년 이하의 자유형 또는 벌금형으로 처벌하지만, 동일한 행위가 사이버공간에서 일어날 때는 제202a조(정보 탐지)가 적용되어 3년 이하의 자유형 또는 벌금형으로 처벌된다.

로 처벌되었다. 악성프로그램 전달 등의 규정은 비록 그로 인한 장애 등의 결과가 발생하지 않았지만, 그 위험성이 구체화 되어 불법성이 높아졌기 때문에 처벌이 강화되었다. 특히 생성형 AI를 활용하게 되면 악성프로그램을 더욱 쉽게 제작할 수 있으므로 그 위험성이 법정형에 반영된 것으로 볼 수도 있다. 하지만 정보통신망에 대량의 데이터를 보내거나 부정한 명령을 수행하도록 하여 장애가 발생하게 한 행위는 오히려 상대적으로 가볍게 처벌되는 형벌의 역전 현상이 발생하게 되었다. 예를 들어 생성형 AI로 악성프로그램을 제작하여 전달·유포하는 행위는 결과가 발생하지 않았지만 7년 이하의 징역 또는 7천 만 원 이하의 벌금으로 처벌되는 반면, 같은 방법으로 정보통신망을 침해하여 장애라는 결과를 발생하게 하는 행위는 5년 이하의 징역 또는 5천 만 원 이하의 벌금으로 처벌되는 역전 현상이 발생한다. 범죄 예비행위가 범죄행위보다 중하게 처벌되는 것이다. 따라서 이와 같은 불균형을 해소하기 위해서는 제71조 제1항 제10호 규정이 악성프로그램 전달 등의 죄보다 중하게 처벌되어야 한다. 또한 정보통신망 장애에 대해서도 구분하여 처벌할 필요가 있다. 제71조 제1항 제10호는 미수범을 처벌하지 않고 있다. 따라서 해킹행위를 했지만 장애가 발생하지 않으면 처벌되지 않게 된다. 하지만 이는 제71조 제1항 제9호 정보통신망침입죄가 미수범을 처벌하는 것과 균형이 맞지 않게 된다. 따라서 제10호 규정의 미수범도 처벌할 필요가 있다. 그와 함께 장애가 중하지 않으면 다소 경하게 처벌하지만, 장애 정도가 중할 경우에는 가중하여 처벌할 필요성이 있다. 이는 인공지능을 활용하는 경우 피해 정도가 일반적인 해킹보다 중할 수 있으므로 그런 측면을 반영하는 것이다.

또한 형법에 규정되어 있는 해킹 범죄의 법정형도 상향시킬 필요가 있다. 예를 들어, 형법 제314조 제1항의 위력에 의한 업무방해죄와 제2항의 해킹에 의한 업무방해죄의 법정형은 동일하게 5년 이하의 징역 또는 1천500만 원 이하의 벌금으로 동일하게 규정되어 있다. 그러나 사이버범죄의 성격을 가지고 있는 해킹에 의한 업무방해죄의 불법성이 일반적인 업무방해죄보다 높은 측면을 고려할 필요가 있다. 일례로, 형법 제307조 제1항 사실적시 명예훼손죄는 2년 이하의 징역이나 금고 또는 500만 원 이하의 벌금으로 처벌하고, 제309조 제1항 출판물 등에 의한 명예훼손죄는 전파범위를 고려해서 3년 이하의 징역이나 금고 또는 700만 원 이하의 벌금으로 처벌하고 있다. 그에 반해 정보통신망법 제70조 제1항에서는 정보통신망을 통하면 3년 이하의 징역 또는 금고 3천만 원 이하의 벌금으로 출판물 등에 의한 명예훼손죄보다 벌금형을 상향하고 있다. 물론 사이버명예훼손죄의 벌금형이 높은 것이 정보통신망을 이용한 것으로 인해 높아졌다고 보기보다는 개별 법률에서 징역 1년에 벌금 1천만 원을 맞추려는 의도 있을 수 있다. 그러나 사이버 명예훼손죄의 불법성이 반영된 것으로도 해석할 여지가 있다. 따라서 사이버 범죄의 특수성과 생성형 AI를 활용하는 범죄의 용이성을 고려해 볼 때, 형법 제314조 제2항 해킹에 의한 업무방해죄나 형법 제366조 제1항의 전자기록 등 특수매체기록 손괴죄는 일반적인 범죄에 비해 법정형을 다소 상향시키는 것을 고려할 필요가 있다.

## 3. 생성형 AI 모델 자체에 대한 처벌 필요성

생성형 AI를 활용한 해킹 범죄는 단순하게 똑똑한 해킹 툴을 사용한 해킹 범죄와 구분되는 점이 있다. 해킹 툴은 해커의 도구에 불과하므로 전적으로 해커가 범죄의 주체가 된다. 그러나 생성형 AI는 해커의 도구로 사용됨과 동시에 해커와 협력하여 해킹 범죄를 저지르게 된다. 형법상 공동정범과 같이 인공지능이 자연인과 함께 범죄의 주인공으로 등장하게 되는 것이다. 해킹 범죄에 대한 학습을 계속해서 수행하게 되는 인공지능은 해킹 범죄의 위험을 높일 뿐 아니라 범죄의 주체로 진화해 가게 된다. 따라서 인공지능 자체를 처벌해야 할 필요성이 생기지만, 현행 형법체계로는 한계가 있다.[86] 이와 같은 논리는 법인의 처벌에서도 유사하게 있었다. 다만 법인과의 차이점은 법인의 경우 범죄행위는 자연인을 통해 이루어지지만, 그 형사법적 책임

86 형법상 범죄 주체는 "자기성찰의 의지와 자율적 행위능력을 갖고 있는 자연인"이며, 형법의 논의는 자연인인 인간의 범죄행위와 책임귀속을 전제로 하고 있기 때문이다; 최호진, 2면.

을 법인에 귀속시키는 반면에, 인공지능은 스스로가 범죄행위를 행하므로 인공지능에 그 책임도 귀속시킬 수 있을 여지가 높다. 법학 분야에서는 아직 인공지능이 인간과 동등한 행위 주체가 아니라는 견해가 우세하지만[87] 일부에서는 인격을 인정할 필요성을 제기하기도 한다.[88] 이런 맥락에서 인공지능의 범죄 주체성을 인정할 수 없다고 보는 견해들과[89] 범죄예방 측면에서 형사책임 주체성을 인정해야 한다는 견해들이[90] 대립하고 있다.

형법상 법인 사례를 볼 때, 기존의 다수견해와 판례는 법인의 범죄능력을 인정하고 있지 않다. 이는 법인 자체가 사적 거래를 위한 수단이고, 범죄를 저지르는 것은 법인에 속해 있는 자연인이고, 형사책임은 기껏해야 벌금인데 민사 벌이나 행정벌을 통해 형벌 목적 이상의 제재를 실현할 수 있기 때문이다. 더욱이 법인을 해산까지 시킬 수 있는 행정벌이 형벌보다도 더욱 강력할 수 있다. 하지만 양벌규정이 있으므로 불가피하게 양벌규정이 있는

87 김준성, "AI범죄에 대한 형사책임의 귀속문제", 「중앙법학」 제25집 제3호, 중앙법학회, 2023, 76면.

88 최호진, "인공지능의 형법 주체성 인정을 위한 조건", 「비교형사법연구」, 제25권 제1호, 한국비교형사법학회, 2023, 16면 이하.

89 김영환, "로봇 형법(Strafrecht für Roboter?", 「법철학연구」 제19권 제3호, 한국법철학회, 2016, 164~165면; 김준성, "앞의 글", 90면; 윤영철, "인공지능 로봇의 형사책임과 형법의 '인격적 인간상'에 대한 고찰", 「원광법학」 제35권 제1호, 원광대학교 법학연구소, 2019, 118면; 이인영, "인공지능 로봇에 관한 형사책임과 책임주의 -유기천교수의 법인의 행위주체이론과 관련하여", 「홍익법학」 제18권 제2호, 홍익대학교 법학연구소, 2017, 45면; 안성조, "인공지능 로봇의 형사책임-논의방향의 설정에 관한 몇 가지 발전적 제언", 「법철학연구」 제20권 제2호, 한국법철학회, 2017, 113면; 임석순, "형법상 인공지능의 책임귀속", 「형사정책연구」 제27권 제4호, 한국형사법무정책연구원, 2016, 87면; 주현경, "인공지능과 형사법의 쟁점", 「형사정책」 제29권 제2호, 한국형사정책학회, 2017, 24면; 황만성, "인공지능의 형사책임에 관한 소고", 「법과 정책」, 제24집 제1호, 법과정책연구원, 2018, 373면 등 여러 논문에서 인공지능의 범죄 주체성을 부정하고 있다.

90 최호진, 앞의 글, 16면 이하; 전지연, "형법상 전자인(e-person)의 가능성", 「비교형사법연구」 제21권 제2호, 한국비교형사법학회, 2019, 17면; 이원상, 앞의 글, 470면; 김성돈, "전통적 형법이론에 대한 인공지능 기술의 도전", 「형사법연구」 제30권 제2호, 한국형사법학회, 2018, 111면; 박광민/백민제, "인공지능 로봇의 범죄주체성과 형사책임의 귀속", 「법학연구」 제20집 제4호, 인하대학교 법학연구소, 2017, 164면; 송승현, "트랜스휴먼 및 포스트휴먼 그리고 안드로이드(로봇)에 대한 형법상 범죄주체의 인정여부", 「홍익법학」 제17권 제3호, 홍익대학교 법학연구소, 2016, 522면 등 여러 논문에서는 인공지능의 범죄 주체성을 인정할 필요성이 있다고 본다.

법률에 한하여 법인의 범죄능력을 인정하는 부조리를 수인하게 된다. 이에 반해 생성형 AI는 해킹을 도와주는 역할을 하기도 하고, 직접 해킹을 할 수도 있으므로 책임의 귀속이 가능하다. 다만 형법이 기획하고 있는 범죄 주체인 인간이 아니기 때문에 인공지능에 인간성과 동등한 법적 가치를 부여하는 작업이 추가로 요구될 수 있다. 물론, 아직 생성형 AI의 발전 정도를 고려해 볼 때, 인공지능에 대해 행위능력, 책임능력, 형벌능력이 있는 '형법인'의 자격을 부여하기에는 한계가 있고, 다른 법 영역에서도 아직 인공지능의 주체성에 대한 해결책을 제시하지 못하고 있다.[91]

다만 형법에서 양벌규정에 의해 형사정책적으로 법인을 처벌하는 것처럼, 인공지능에 대해서도 형벌을 부과하는 것에 대해 형사정책인 의미를 부여할 수 있다. 특히 개인에게 특화되는 생성형 AI가 더욱 대중화 되면 새로운 문제가 나타나게 될 것이다. 예를 들어, 스테이블 AI[92]에서 오픈소스 라이선스로 배포한 스테이블 디퓨젼(Stable Diffusion)은 프로그램을 다운로드받아서 사용자의 컴퓨터에서 학습을 시켜 자신에게 최적화된 그림을 그리도록 해준다. 즉, 내 컴퓨터에 있는 스테이블 디퓨젼은 사용자가 학습시켜서 내가 원하는 그림을 그리도록 특화된 된 나의 인공지능 그림 도구이다. 이처럼 최근에는 오픈소스 AI를 활용하여 자신에게 맞는 인공지능으로 활용하는 사례가 많으므로 해커가 자신의 해킹 범죄를 위해 특화한 범죄형 생성형 AI를 만드는 것이 가능하게 된다. 첫째로, 이처럼 생성형 AI가 개별 범죄자에게 특화되어 사용되는 경우, 그 AI에 내재한 범죄에 대해 사용자와 별도로 형법적인 가치판단을 하는 것은 사회적으로 중요한 형사책임의 상징성을 부여할 수 있을 것이다.[93] 범죄를 저지른 인공지능에 대해 인공지능이 독자적으로 정립한 자신만의 규범과 인간이 구축한 규범이 충돌하는 상황에서 인간 규범의 우월성을 선언하는 것이 될 수 있다.[94] 또한 인공지능이 사회적으로 기

91 최호진, 앞의 글, 20~21면; 다만, 생성형 AI의 발전 속도를 볼 때, 머지않아 인간과 동등하거나 인간을 넘어서는 범용인공지능 단계에 이를 수도 있을 것이다.

92 stability.ai 홈페이지 참조; (https://stability.ai/).

93 양천수, "인공지능과 법체계의 변화 - 형사사법을 예로 하여", 「법철학연구」 제20권 제2호, 한국법철학회, 2017, 69면.

94 위와 동일.

능하는 중요성을 고려해 볼 때, 형법의 보장적 기능을 인공지능에까지 적용하는 의미가 되고, 그 결과 인공지능을 법적인 독자체계로 승인하여 오히려 절차적인 보장을 강화해 줄 수도 있다.[95] 둘째로, 범죄에 활용된 생성형 AI에 대한 범죄 선언은 데이터로 쌓이게 될 것이고, 인공지능이 그것을 학습하게 될 것이다. 불법 해킹이 범죄라는 것을 학습하는 인공지능에는 인간의 규범력 형성과 유사하게 인공지능의 해킹행위에 대한 수행 기준을 형성하게 될 것이다. 그 결과 인공지능이 데이터에 의해 형성하는 인공지능의 자체 규범보다는 인간의 규범이 더 우월하고, 존중받아야 한다는 것을 인공지능에게 지속해서 학습하게 될 것이다. 셋째로, 형법에 의해 범죄로 선언된 인공지능에 대해 사람들은 그 인공지능을 사용할 수 없게 된다. 즉, 유죄 판단을 받은 인공지능은 '금제품'과 같은 지위를 갖게 된다. 본래 인공지능 자체는 'Dual Use'이므로 선하게 사용될 수도, 악하게 사용될 수도 있다. 그러나 형법에 따라 형사책임을 부과받은 인공지능은 활용할 수 없는 지위에 서게 된다. 만일 어떤 사람이 그 인공지능을 활용하려고 한다면, 추가적인 처벌구성요건이 있어야 하겠지만, 그 사람에게는 형벌이 부과될 수 있을 것이다. 따라서 인공지능을 활용한 해킹 범죄를 전 단계에서 처벌할 수 있는 근거가 마련될 수 있을 것이다.

하지만 인공지능에 형사책임을 부여하기 위해서는 그에 합당한 형종이 마련되어야 한다. 만일 해당 인공지능이 법인처럼 재산을 가질 수 있는 주체에 있는 경우라면 현행 양벌규정과 같은 벌금형과 같은 재산형을 부과될 수 있을 것이다. 하지만, 그에 더하여 형법의 형종에 인공지능에 대응하는 형종으로 인공지능의 기능 정지 및 인공지능 특정 부분 삭제, 인공지능 전면 삭제 등과 같은 것을 마련할 필요가 있다. 다만 이것이 실현되기 위해서는 인공지능이 강한 인공지능 또는 범용인공지능의 높은 단계로 발전해야 한다. 인공지능의 발전 상황을 고려해 보면 아직 인공지능은 인간과 동등한 성격이라기보다는 유능한 도구적 성격이 강하다. 그래서 인공지능의 형사처벌에 대한 논의는 지금 결론에 이른 것이 아니라 오히려 이제부터 시작해야 하는 것이다.

---

95 양천수, 앞의 글, 70면.

## Section 05 | 나가며

우리 사회는 이미 4차 산업혁명 시대에 접어들었다. 이미 아날로그와 디지털이 공존하는 사회가 된 것이다. 더 나아가 사이버공간에서 현실 공간의 모든 삶을 살 수 있고, 메타버스를 통해 현실 공간에서 살 수 없는 삶까지 살 수 있게 되었다. 그런데 사이버공간은 기술 지배적 공간이다. 따라서 정보통신 기술의 뛰어난 해커들은 사이버공간 플랫폼의 제한이나 보안을 넘어 자신들이 원하는 대로 행동할 수 있다. 문제는 해커들이 자신의 기술을 범죄에 활용하는 것이다. 그래도 이제까지는 해커들의 공격에 대해 국가기관이 체계적으로 대응할 수 있었다. 그런데 큰 변수가 생겨났다. 생성형 AI 활용이 대중화되면서 해커들은 인공지능을 해킹 범죄에 악용하기 시작하였다. 그에 따라 해킹 범죄의 속도와 범위, 규모는 국가기관이 적절하게 대응할 수 있는 수준을 넘어설 수 있는 단계에 이르게 되었다. 이런 상황에서 해킹 범죄에 대응하기 위해서는 전문조직과 인력, 예산과 같은 조직적 대응방법과 해킹에 대응하는 보안기술 등 기술적인 대응방법, 해킹 범죄를 처벌하기 위한 법률과 같은 규범적 대응방법, 그리고 해킹 범죄에 대한 형사정책적 대응방법 등이 있다. 이 글에서는 규범적 대응방법과 형사정책적 대응방법을 고찰해 보았다. 그 결과, 현행 규범은 과거 컴퓨터 범죄 및 인터넷 범죄에 대응하는 규범체계이기 때문에 새로운 사회의 해킹 범죄에 적합한 체계를 갖고 있지 못한 것으로 보인다. 구성요건은 해킹 범죄의 특징을 온전히 담아내지 못하고 있으며, 법정형 기준도 해킹 범죄의 위해성과 결과 불법을 적절하게 반영하고 있지 못하다. 특히 인공지능을 활용하는 새로운 유형의 해킹을 규범에 포함할 필요성도 있다. 그러므로 해킹 범죄 처벌 규정을 정비하고, 해킹 범죄의 법정형도 개정할 필요가 있으며, 인공지능에 대한 형사처벌 논의도 시작할 필요성이 있다.

# 참고문헌

김성돈, “전통적 형법이론에 대한 인공지능 기술의 도전”, 「형사법연구」 제30권 제2호, 한국형사법학회, 2018

김영환, “로봇 형법(Strafrecht für Roboter?”, 「법철학연구」, 제19권 제3호, 2016

김준성, “AI범죄에 대한 형사책임의 귀속문제”, 「중앙법학」 제25집 제3호, 중앙법학회, 2023

김협/김성호, “핀테크 분야에서 초거대 인공지능의 이해와 활용”, 「지급결제학회지」 제15권 제1호, 한국지급결제학회, 2023

나현종/정태진, “공인회계사 및 회계법인의 인공지능 활용에 대한 기초연구”, 「회계 · 세무와 감사 연구」 제65권 제3호, 한국공인회계사회, 2023

마쓰오 유타카(박기원 옮김), 인공지능과 딥러닝: 인공지능이 불러올 산업구조의 변화와 혁신, 동아엠앤비, 2016

박광민/백민제, “인공지능 로봇의 범죄주체성과 형사책임의 귀속”, 「법학연구」 제20집 제4호, 인하대학교 법학연구소, 2017

손영화, “생성형 AI에 의한 창작물과 저작권”, 「법과 정책연구」 제23권 제3호, 한국법정책학회, 2023

송기복, “의료분야에서 인공지능(AI) 활용과 법적 논점”, 「한국경찰연구」 제22권 제1호, 한국경찰연구학회, 2023

송승현, “트랜스휴먼 및 포스트휴먼 그리고 안드로이드(로봇)에 대한 형법상 범죄주체의 인정여부”, 「홍익법학」 제17권 제3호, 홍익대학교 법학연구소, 2016

안성조, “인공지능 로봇의 형사책임 -논의방향의 설정에 관한 몇 가지 발전적 제언”, 「법철학연구」 제20권 제2호, 한국법철학학회, 2017

양천수, “인공지능과 법체계의 변화 - 형사사법을 예로 하여”, 「법철학연구」 제20권 제2호, 한국법철학학회, 2017

오병두, “독일의 컴퓨터범죄대응을 위한 제41차 형법개정법률: 배경, 내용 및 시사점”, 「형사법연구」 제19권 제3호, 한국형사법학회, 2007

윤영철, “인공지능 로봇의 형사책임과 형법의 ‘인격적 인간상’에 대한 고찰”, 「원광법학」 제35권 제1호, 원광대학교 법학연구소, 2019

이상돈, 형법강론(제4판), 박영사, 2023

______, “전문법 - 이성의 지역화된 실천”, 「고려법학」 제39호, 고려대학교 법학연구원, 2002
이원상, “인공지능 대응에 있어 형사법 이론의 한계”, 「형사법의 신동향」 제59호, 대검찰청, 2018
______, “해킹의 전단계 범죄화와 일상영역화”, 「안암법학」 제28호, 안암법학회, 2009
이인영, “인공지능 로봇에 관한 형사책임과 책임주의 -유기천교수의 법인의 행위주체이론과 관련하여”, 「홍익법학」, 제18권 제2호, 홍익대학교 법학연구소, 2017
이주원, 특별형법(제9판), 홍문사, 2023
임석순, “형법상 인공지능의 책임귀속”, 「형사정책연구」, 제27권 제4호, 한국형사법무정책연구원, 2016
임형주, “인공지능 관련 법 제도의 주요 논의 현황”, 「TTA저널」 제207호, 한국정보통신기술협회, 2023
전지연, “형법상 전자인(e－person)의 가능성”, 「비교형사법연구」, 제21권 제2호, 한국비교형사법학회, 2019
정채연, “의료 인공지능의 법적 수용을 위한 시론적 연구 – 쟁점과 과제”, 「법학논총」 제45권 제3호, 단국대학교 법학연구소, 2021
조성훈, “정보통신망 침입에 대한 연구 – 정보통신망 이용촉진 및 정보보호 등에 관한 법률 제48조를 중심으로”, 「법조」 제687호, 법조협회, 2013
주현경, “인공지능과 형사법의 쟁점”, 「형사정책」 제29권 제2호, 한국형사정책학회, 2017
최호진, 형법각론, 박영사, 2022
______, “인공지능의 형법 주체성 인정을 위한 조건”, 「비교형사법연구」, 제25권 제1호, 한국비교형사법학회, 2023
______, “사이버 해킹과 형법적 대응방안”, 「비교형사법연구」 제12권 제2호, 한국비교형사법학회, 2010
황만성, “인공지능의 형사책임에 관한 소고”, 「법과 정책」 제24집 제1호, 법과정책연구원, 2018
Google DeepMind, “Levels of AGI: Operationalizing Progresson the Path to AGI”, arXiv:2311.02462v1 [cs.AI] 4 Nov 2023

chapter

16

# 생성형 인공지능 이용범죄의 쟁점과 규제방안 – 딥페이크 범죄를 중심으로*

주현경**

## Section 01 | 들어가며

[사례 1] 2020년 12월 한 방송국의 AI 음악 프로젝트 방송에서는 이미 고인이 된 혼성그룹 거북이의 멤버 터틀맨이 기존 멤버 2명과 함께 새로운 노래를 부르는 영상이 방송되었다. 생전 고인의 목소리와 모습을 재연하였고 최근 트렌드인 손가락 하트 동작까지 하는 터틀맨의 모습을 보고 많은 사람들이 고인을 그리워하며 그의 음악 등을 되새겨 볼 수 있게 되었다.

[사례 2] 2023년 5월 22일 미국 펜타곤 근처의 폭발사고 이미지가 트위터에 올라왔고, 다른 소셜미디어를 통해 빠르게 전파되었다. 관계당국이 펜타곤 근처에서 폭발이 없다고 공지하여 사태가 진정될 때까지 일시적이나마 미국 증시가 하락하고, 미국 국채 및 금 시세가 상승하였다가 회복되었다.[1]

---

* 이 글은 주현경, "딥페이크 기술의 사회적 위험과 규제 방안 - 딥페이크 이용 범죄를 중심으로", 「가천법학」 제17권 제3호, 2024의 내용을 수정 · 재구성한 것임.

** 충남대학교 법학전문대학원 교수

1 "펜타곤 대형 폭발" AI가 만든 '조작 사진'에 美증시 요동, 동아일보, 2023.5.24., https://www.donga.com/news/Inter/article/all/20230524/119446695/1, 접속일: 2024.7.31.

**[사례 3]** 2024년 어느 날 70대 남성은 딸 번호의 전화를 받았다. 그는 전화에서 돈이 필요하다는 딸의 목소리를 듣고 500만 원을 인출하여 딸을 만나러 갔으나, 딸은 전화를 한 바 없었다고 하였다. 그가 받은 전화 목소리는 인공지능으로 생성한 가짜 목소리인 이른바 '딥보이스 피싱'이었던 것이다.[2]

2022년 말 ChatGPT 등장을 시작으로 생성형 인공지능이 보편화된 이래, 생성형 AI(Artificial Intelligence)에 대한 대중의 관심이 뜨겁다. 생성형 인공지능은 이미 존재하는 콘텐츠를 이용하여 유사 콘텐츠를 새롭게 만들어내는 기술을 뜻하는 것으로 출력 데이터 유형에 따라 언어 생성 인공지능과 이미지 생성 인공지능(AI Image Generator),[3] 나아가 음성, 비디오 생성 인공지능 등으로 분류될 수 있다.[4]

ChatGPT와 같은 언어 생성 인공지능은 대규모 언어모델(Large language models: LLMs)을 기반으로 언어에 관련된 업무들을 해낼 수 있어 개인 및 사회활동에서의 많은 일들이 생성형 인공지능으로 대체될 가능성이 논의되고 있다. 생성형 인공지능은 텍스트 기반의 프로그램에만 활용되는 것은 아니다. 현재 OpenAI 사의 GPT－4 및 구글(Google) 사의 제미니(Gemini) 등은 이미지, 오디오, 비디오 등의 미디어 처리가 가능한 대형멀티모달모델(Large Multimodal Models: LMMs)을 활용한다. 한편 이렇게 새로운 미디어를 만들어내는 AI 기술은 사용자가 입력한 텍스트에 걸맞은 이미지를 생성하는 것과 같이 완전히 새로운 창작물의 형태로 생성할 수도 있지만, 기존의 이미지나 오디오, 비디오에 다른 미디어를 결합시키는 가공의 방식으로 또 다른 이미지, 오디오, 비디오 등을 만들어내는 딥페이크의 모습으로도 생성할 수 있다. 마치 현실에 존재하는 (또는 존재하였던) 어떤 특정인의 음성이나 동영상

---

2 "모르는 전화오면 대답 말라"…단숨에 2700만원 뜯길뻔한 사연, 중앙일보 2024.7.27., https://www.joongang.co.kr/article/25266554, 접속일: 2024.7.31.

3 박우빈 외, "생성형 인공지능 관련 범죄 위협 분류 및 대응 방안", 「정보보호학회논문지」 제34권 제2호, 2024, 302면.

4 김정화 외, "생성형 인공지능 기술의 규제 방향에 대한 입법론적 고찰", 「형사법의 신동향」 통권 제80호, 2023, 250면; 양은영, "생성형 AI의 개발 및 이용에 관한 규제의 필요성 - 대규모 언어모델에 기반한 대화형 인공지능 서비스(LLMs AI)를 중심으로 -", 「성균관법학」 제35권 제2호, 2023, 297-298면.

인 것 같지만, 조작된 허위인 것을 딥페이크라고 한다.

위의 세 가지 사례는 생성형 AI를 통해 실제 발생하지 않은 사건 또는 존재하지 않았던 행위 또는 음성 등이 실재하였던 것처럼 묘사한 것으로서, 각각 비디오, 이미지, 오디오라는 콘텐츠로 만들어진 모습을 보여준다. 이 중 [사례 1]은 명확하게 AI 기술을 활용하였음을 시청자들이 인지하도록 하였고, AI 기술을 통한 새로운 문화의 가능성을 보여준 사례로 볼 수 있으나, [사례 2]와 [사례 3]은 생성형 AI 기술이 가져온 사회의 어두운 측면이라 볼 수 있다. [사례 2]는 사회 안전에 대한 사실관계를 조작한 허위정보 유포를 통해 여론을 흔들고 나아가 시장 경제에까지 영향을 미칠 수 있음을 보여주었고, [사례 3]은 보이스피싱 사기 범죄에 생성형 AI 기술이 악용될 수 있음을 보여주는 사례이다.

이렇듯 딥페이크는 창의적인 콘텐츠 문화를 만들어 낼 수 있다는 점에서 무궁무진한 긍정적 가능성을 가지고 있음과 동시에 여론조작을 통한 민주주의에 대한 위협, 범죄에의 활용 등 여러가지 사회적 위험성 또한 내포하고 있다.[5] 아래에서는 딥페이크를 중심으로 하여 생성형 AI를 악용하는 행위의 위험에 대하여 살펴보고, 이에 대한 규제 방향을 검토한다. 단 이 글에서는 생성형 AI를 통해 만들어질 수 있는 모든 범죄를 구체적으로 다루기보다는 전반적인 대응 방향성을 검토하고자 한다.

## Section 02 | 딥페이크의 정의 및 이용방법

### 1. 딥페이크의 개념 및 생성방법

딥페이크(deepfake)란 딥러닝(deep learning)과 가짜라는 의미의 페이크

5 Alanazi et al., "Examining the societal impact and legislative requirements of deepfake technology: a comprehensive study", International Journal of Social Science and Humanity, Vol. 14, No. 2, 2024, p. 7.

(fake)가 결합된 단어이다. 인공지능 기술에 의해 합성된 이미지, 비디오, 오디오 등의 미디어로서 실제 존재하지 않거나 발생하지 않은 사건 등을 묘사한 것을 뜻하며, 그 어원은 2017년 미국 온라인 커뮤니티인 레딧(Reddit)에서 한 사용자가 'deepfakes'라는 하위 커뮤니티(서브레딧)을 만들어 기존 포르노 비디오의 배우 얼굴을 유명인의 얼굴로 바꾼 딥페이크 동영상을 포스팅한 것에서 비롯된 것으로 알려져 있다.[6] 다른 말로 '(인공지능 기반) 첨단 조작 기술'로 불리기도 하며,[7] 뒤에서 살펴볼 최근 딥페이크 관련 입법안은 이를 '허위조작정보'의 한 종류로 칭하기도 한다.[8] 딥페이크 범죄를 금지하는 법률에서는 금지되는 딥페이크의 종류를 이미지, 오디오, 비디오를 모두 포함하거나 이 중 오디오, 비디오로, 또는 비디오만으로 한정하기도 한다.[9] 그렇지만 이 글에서 딥페이크는 이미지, 오디오, 비디오의 모든 종류를 포함하는 내용으로 정의하기로 한다.

딥페이크는 주로 얼굴을 바꾸는 행위인 페이스스왑(face swap), 립싱크(lip-sync), 퍼펫마스터(puppet-master) 기술 등을 통해 콘텐츠를 생성하는데, 이 중 페이스스왑은 타인의 이미지나 비디오에 특정인의 얼굴을 덮어씌워 마치 그 특정인이 원 비디오에서 한 말이나 행동을 한 것처럼 보이게 하는 것이고, 퍼펫마스터는 대상인물(puppet)을 애니메이션할 때 다른 사람(master)의 표정과 동작을 모방하도록 하는 기술이다.[10] 이 때 딥페이크에서는 주로

---

6 Britannica, Deepfakes, https://www.britannica.com/technology/deepfake, 접속일: 2024.7.31; 한국지역정보개발원, "AI 기술 발전에 따른 '딥페이크'의 두 얼굴", LOCAL INFORMATION MAGAZIN 제141호, 2024, 2면.

7 국립국어원은 딥페이크를 "인공 지능(AI) 기술을 활용해 사진이나 영상에 다른 이미지를 중첩·결합해 가공의 새 이미지나 영상을 만들어내는 기술"로 설명하면서 '(인공지능 기반) 첨단 조작 기술'로 다듬어 말하기를 권하고 있다. 국립국어원, 개선 - 다듬은 말 - 딥페이크, https://www.korean.go.kr/front/imprv/refineView.do?mn_id=158&imprv_refine_seq=20745, 접속일: 2024.7.31.

8 입법안에 대하여는 다음 Section 04. 4. 참조.

9 예를 들어 우리나라 「공직선거법」은 음향, 이미지, 영상을 모두 포함하지만(제82조의8), 미국 텍사스 주 「선거법」에서는 비디오로 한정하여 규율한다[Tex. Elec. Code § 255.004(e)]. 허순철, "유튜브 딥페이크(deepfake) 영상과 허위사실공표", 「미디어와 인격권」 제8권 제1호, 2022, 27면.

10 Vasist & Krishnan, "Deepfakes: An Integrative Review of the Literature and an Agenda for Future Research", Communications of the Association for Information

'생성적 적대 신경망(generative adversarial network: GAN)'을 사용하여 오버레이한 특정인의 얼굴 표정이나 동작 등을 유사하게 합성함으로써 합성물이 아닌 실제의 미디어로 보이게끔 한다. 생성적 적대 신경망에는 생성자(Generator)와 판별자(Discriminator)라는 두 개의 신경망이 있고, 생성자는 실제 데이터 학습으로 허구의 데이터를 생성하고, 판별자는 입력된 데이터가 실제인지 허구인지를 판별한다. 두 신경망이 서로 적대적 대립 관계에서(adversarial) 경쟁하며 학습함으로써 허구이지만 더욱 사실에 가까운 미디어를 생성한다는 특징이 있다.[11]

## 2. 딥페이크의 순기능과 역기능

언어 중심의 생성형 인공지능과 마찬가지로, 언어가 아닌 이미지, 오디오, 비디오라는 미디어 매체에 있어서도 기존의 콘텐츠를 이용하여 새로운 콘텐츠를 만들어내는 딥페이크 기술 개발의 목표는 아마도 가치중립적이었을 것이다. [사례 1]에서와 같이 고인이 된 가수의 목소리와 이전 영상을 이용하여 새로 노래를 부르는 것과 같은 음성과 비디오를 만드는 것은 그 자체로 새로운 문화 콘텐츠의 탄생이다. MIT 공대에서 진행한 딥 엠파시(Deep Empathy) 프로젝트는 재난이 일어난 후의 도시모습을 시뮬레이션하여 이를 보는 시민들로 하여금 단순히 통계상의 수치로는 느낄 수 없는 공감과 간접체험을 제공하려 하였다. 6년이 넘게 계속된 시리아 내전을 통해 파괴된 도시와 그 곳 주민의 삶에 대한 공감을 이끌어내기 위해 예를 들어 미국 보스턴에 동일한 재난이 일어난 경우 어떤 모습일지를 합성하여 보여준 것이다.[12] 이렇듯 역사적 사건을 다시 구현해 내고 중요한 문제를 다루는 방식으로 딥페이크가 사용될 수도 있으며, 말을 할 수 없게 된 루게릭병 환자의 목소리를 복제한 후 딥페이크를 활용하여 그가 지속적으로 의사소통할 수 있도록 하기도 하며, 교육 분야에서는 시뮬레이션, 롤플레잉 등에 사용될 수

---

Systems, 51, 2022, p. 593.

11 Kumkar & Rapp, "Deepfakes", ZfDR 2022, 199, p. 202.

12 Project Deep Empathy, https://www.media.mit.edu/projects/deep-empathy/overview/, 접속일: 2024.7.31.

있다.[13] 딥페이크 기술과 같은 디지털 기술의 발전은 인간의 행복, 삶의 질 향상, 사회적 통합 증진 등의 순기능을 가지고 있다.[14]

그러나 현재 딥페이크는 성착취물, 특정 개인에 대한 협박 또는 유명인 또는 지인 등에 대한 명예훼손·모욕(이른바 '지인능욕'),[15] 고의적인 거짓 정보 전파(가짜뉴스), 사기 범죄 등에 사용되고 있으며, 특히 성착취물과 명예훼손·모욕 문제는 그 피해 범위가 점점 더 넓어지고 있으며, 피해자가 느끼는 고통의 강도도 심각한 상황이어서 사회적으로 큰 문제가 되고 있다. '딥페이크'라는 단어는 이미 사회 내에서 부정적이고 범죄적인 의미를 내포하는 것으로 느껴진다.

2021년 딥페이크에 대응하기 위한 EU의 정책보고서는 딥페이크에 내재한 위험을 다음의 세 종류로 구분하였다. 대상이 된 개인에 대한 심리적 위험(갈취, 성착취, 명예훼손, 협박, 괴롭힘, 신뢰 훼손), 재정적 위험(갈취, 신원 도용, 사기, 주가 조작, 브랜드 손상, 뉴스 미디어 조작), 사회적 위험(경제적 안정·사법제도·과학 체계·민주주의·국제 관계·국가 안보에 대한 피해, 평판 손상, 선거 조작) 등이 그것이다.[16]

이렇듯 딥페이크 출력물인 미디어의 출처를 분명하게 밝히지 않을 경우 진실과 거짓을 한눈에 파악하기 어려워져 공공 담론과 민주주의를 훼손할 수 있으며, 연쇄적으로 사회적 신뢰가 형성되기 어려운 상황에 부딪히게 된다.[17]

---

13 Lawson, A Look at Global Deepfake Regulation Approaches, April 24, 2023, https://www.responsible.ai/a-look-at-global-deepfake-regulation-approaches/, 접속일: 2024.7.31.

14 Shirish & Komal, "A Socio-legal enquiry on deepfakes", California Western International Law Journal, 54(2), 2024, p. 11.

15 '지인능욕'이라는 단어는 지인의 얼굴사진 등을 기 존재하는 포르노그래피에 합성하거나 다른 행위를 하는 것과 같이 허위로 합성하고, 지인의 개인정보, 명예훼손적 성적 표현 등을 추가하여 온라인에 퍼뜨리는 행위를 뜻한다(배상균, "딥페이크(Deepfake) 영상물에 관한 법적 대응조치 검토", 「4차산업혁명 법과 정책」 제3권, 2021, 188면). 한편 이 단어의 가해자 중심성을 지적하는 견해로 장다혜·이수아, 온라인 성폭력 범죄의 변화에 따른 처벌 및 규제 방안, 한국형사정책연구원, 2018, 180면.

16 EPRS, Tackling Deepfakes in European Policy, Parl. Eur. Doc. No. PE 690.039 (2021), IV, 29-34.

17 Alanazi et al., op. cit., pp. 4-6.

결국 딥페이크 기술 자체의 순기능과 사회 내 긍정적 변화를 충분히 활용하면서도, 이미 시작된, 그리고 계속될 부정적 사용 가능성을 최소화하는 방안을 마련하여야 한다. 이러한 역기능이 범죄의 형태로 발현되는 모습을 아래에서 살펴본다.

## Section 03 | 딥페이크 이용 범죄

### 1. 디지털 성범죄

생성형 인공지능을 부적절하게 활용하는 행위는 그 행위양태에 따라 각종 범죄의 구성요건에 해당하게 되는데, 주로 성범죄, 사기, 명예훼손 및 모욕 등의 범죄가 문제된다.[18] 이 중 유명인 및 지인의 얼굴을 기존 포르노그래피에 합성하여 생성해낸 허위조작 이미지, 비디오 등 딥페이크 포르노그래피는 디지털 성범죄의 구성요건에 해당한다. 방송통신심의위원회에 따르면 2024년 5월 연예인을 대상으로 한 딥페이크 성적 허위영상물 4691건의 시정요구를 의결하였으며, 이는 전년 946건 대비 4배 정도 증가한 것일 정도로[19] 딥페이크 기술을 이용한 디지털 성범죄 문제는 점점 더 사회의 큰 문제가 되고 있다. 사이버 공간에서 발생하는 성폭력의 경우 불특정 다수에게 빠르게 노출되고 파급력이 강하므로 그 피해 역시 크다.[20]

한편 대법원은 합성 사진 파일은 형법 제243조의 음화반포죄가 규정하는 "문서, 도화, 필름 기타 물건"에 해당하지 않으므로 동일한 해석방법상 형법 제244조의 '음란한 물건'으로도 볼 수 없다고 판단하여 음화제조죄에 해당하지 않는다고 판시한 바 있다.[21] 그러나 「성폭력범죄의 처벌 등에 관한 특례

18 배상균, 앞의 글, 198면 이하.

19 방송통신심의위원회, [보도자료] 딥페이크 악용 유명 연예인 합성 성적 허위영상물 폭증. 2024.5.2., https://www.kocsc.or.kr, 접속일: 2024.7.31.

20 박우빈 외, 앞의 글, 305면.

21 대법원 2023. 12. 14. 선고 2020도1669 판결.

법」(이하 '성폭력처벌법') 제14조의2가 2020년 신설되어 딥페이크를 디지털 성범죄로 처벌할 가능성이 열리게 되었다. 성폭력처벌법 제14조의2는 허위영상물 등을 생성하는 행위인 편집, 합성, 가공뿐만 아니라(제1항 허위영상물편집등), 편집물 등 및 복제물을 반포, 판매, 임대, 제공, 공공연하게 전시·상영하는 행위를 처벌한다(제2항 허위영상물반포등). 특히 편집 등 시점에 대상자의 의사에 반하지 않았더라도 사후에 그의 의사에 반하는 반포등 행위를 하는 것 역시 금지된다. 딥페이크 영상물 제작·반포행위는 5년 이하 징역 또는 5천만 원 이하 벌금형에 해당하며, 영리목적으로 허위영상물을 반포하는 경우(제3항) 7년 이하의 징역으로 가중처벌되고 상습적으로 허위영상물을 편집·반포하는 행위(제4항) 역시 가중처벌된다. 그러나 단순소지 및 시청 등은 처벌되지 않고 있어 최근 사회적 문제가 되고 있는 단체채팅방에서 이 파일을 받아 소비하는 2차 가해행위에 대한 처벌의 공백이 문제되고 있다.

## 2. 사기범죄

위의 [사례 3]에서 볼 수 있는 것처럼 지인의 음성을 활용한 전화 보이스피싱 사기뿐만 아니라 지인의 영상을 만들어 낸 후 이를 영상통화에 활용하는 방법을 이용한 사기 또한 일어나고 있다. 딥페이크로 만든 회사 상사의 영상으로 부하직원과 통화를 하고 재무담당 부하직원이 송금을 하도록 하는 수법이었고, 그 금액 또한 억대에서 몇백억대에 이르기까지 하였다.[22]

「형법」상으로는 사기죄(제347조 이하), 범죄단체조직·가입·활동죄(제114조)등의 범죄 구성요건에 해당할 수 있으며, 「전기통신금융사기 피해 방지 및 피해금 환급에 관한 특별법」(이하 '통신사기피해환급법')위반(제15조의2), 「전자금융거래법」위반(제49조) 등에 해당할 수 있다.

22 "동료 맞네" 영상통화 뒤 340억 송금…홍콩 '딥페이크' 쇼크, 중앙일보, 2024.2.4., https://www.joongang.co.kr/article/25226766, 접속일: 2024.7.31.

## 3. 명예훼손 · 모욕

딥페이크를 통한 합성물의 형태에 따라 명예훼손죄(형법 제307조 이하) 또는 모욕죄(제311조), 「정보통신망 이용촉진 및 정보보호 등에 관한 법률」(이하 '정보통신망법')상 명예훼손(제70조), 음란물, 비방목적 명예훼손물 등 불법정보의 유통금지 위반(제74조, 제44조의7) 등의 대상이 될 수도 있다.[23]

## 4. 허위조작정보 유포

허위의 미디어가 현대 사회의 소셜 미디어를 통해 빠르게 유포되는 경우 그 허위정보의 유통량은 순식간에 커지며, 딥페이크 기술의 발전으로 인하여 그 미디어가 설득력있게 되면서 더욱 빠르게 허위정보가 퍼지게 될 수 있다. 이른바 '가짜뉴스'라고 불리기도 하는 딥페이크를 이용한 허위사실유포는 명확히 범죄로 정의되지 않은 부분이어서 문제가 된다.[24]

특히 허위사실 유포가 선거에서 정치적으로 활용될 경우 유권자의 합리적 선택을 악의적으로 방해하여 민주적 정당성을 왜곡시킬 수 있는 문제가 발생한다.[25] 허위사실 유포 전반에 대한 형법적 규제는 없지만, 최근 선거 관련 딥페이크를 규율하기 위한 「공직선거법」 개정이 있었다. 2023년 12월 개정된 「공직선거법」은 제82조의8에서 '딥페이크영상등을 이용한 선거운동'이라는 표제하에 "인공지능 기술 등을 이용하여 만든 실제와 구분하기 어려운 가상의 음향, 이미지 또는 영상 등"을 딥페이크영상등으로 정의하고, 선거일 전 90일부터 선거운동을 위하여 딥페이크영상등을 제작 · 편집 · 유포 · 상영 또는 게시하는 행위를 금지하고 있다(제82조의8 제1항). 그 외의 기간에

23 다만 우리 대법원은 특정인을 사칭하여 그 특정인이 직접 작성한 것처럼 가장하여 작성한 글에 대하여 "그 사람에 대한 사실을 드러내는 행위에 해당하지 아니"하는 것으로 보아 정보통신망법 제70조 제2항의 명예훼손행위로 볼 수 없다고 판시한 바 있어(대법원 2018. 5. 30. 선고 2017도607 판결), 유사하게 타인을 사칭한 딥페이크 이미지 역시 '사실의 적시'가 아니라고 해석될 여지가 있다. 김정화 외, 앞의 글, 259-260면.

24 박우빈 외, 앞의 글, 306면.

25 오일석, "딥페이크(Deep Fake)에 의한 민주적 정당성의 왜곡과 대응 방안", INSS 전략보고, No. 260, 2024.5., 8면.

"선거운동을 위하여 딥페이크영상등을 제작·편집·유포·상영 또는 게시하는 경우에는 해당 정보가 인공지능 기술 등을 이용하여 만든 가상의 정보라는 사실을 명확하게 인식할 수 있도록 [...] 딥페이크영상등에 표시하여야 한다"(동조 제2항). 또한 허위사실공표죄(제250조)에서 허용되는 딥페이크영상등에 대하여 표시의무를 위반하여 허위사실을 공표하는 행위를 일반허위사실공표행위보다 가중처벌하고 있다(동조 제4항).

중앙선관위는 개정법규운용에 관하여 "실제와 구분하기 어려운 딥페이크영상등"은 "인공지능 기술 등을 이용하여 만든 가상의 영상"을 뜻하는 것으로서, 요건 판단 시 실제와 오인할 가능성이 있다면 이 법조문이 적용될 수 있으며, 영상의 진지한 고찰 또는 실제와의 구분가능성 등을 특별히 고려하지 않는다는 기준을 마련하였다.[26]

## Section 04 | 딥페이크 관련 국내외 입법 동향

### 1. 미국

미국에서 딥페이크 일반에 대한 규제법률로 최초 제안된 법안은 2018년 Sasse 상원의원이 발의한 「악의적 딥페이크 금지법」(Malicious Deepfake Prohibition Act of 2018)이었으나 의회를 통과하지 못하였고, 이후 2019년 Clarke 의원이 발의한 「딥페이크 책임법」(DEEP FAKES Accountability Act) 역시 통과되지 못하였으나, 2023년에 다시 업데이트된 「딥페이크 책임법」을 발의하였다.[27] 이 법안은 2024년 현재 위원회에 회부되어 있다.[28]

---

26 중앙선거관리위원회, "'딥페이크영상등' 이용 선거운동 관련 법규운용기준(23.11.16.)".

27 Shirish & Komal, op. cit., pp. 11-12. 2019년 법안이 통과되지 않은 이유로는 이 법안이 딥페이크 제작자에게 디지털 워터마크를 삽입하여 그 콘텐츠가 딥페이크임을 식별할 수 있도록 요구하고 있었다는 점이 지적되고 있다. 딥페이크를 악용하려는 사람들은 이 규정을 따르지 않을 가능성이 크기 때문이다(Ibid., p. 12; Coldewey, DEEP FAKES Accountability Act would impose unenforceable rules—but it's a start, TECHCRUNCH (June 13, 2019),

이 법안은 딥페이크 오디오·비디오 등에 변경된 오디오·비디오 요소가 포함되어 있음을 표시하고 변경 범위를 간결히 설명할 것, 생성형 인공지능 등 기술을 통해 생성하였음을 식별하는 콘텐츠 출처를 밝힐 것 등의 의무를 부과한다. 이러한 공개 준수의무를 이행하지 않거나, 공개내용을 제거·변경하는 경우 기록당 최대 150,000 달러의 민사벌금(civil penalty) 및 가처분 조치를 받을 수 있다[Sec. 2(a) – §1041(f)(2)]. 또한 의무 미준수 시 타인에 대한 명예훼손의 의도가 있었거나 성적 행위를 하는 것처럼 보이게 하는 경우 등의 경우에는 벌금 또는 5년 이하의 징역의 형사처벌이 가능하다[Sec. 2(a) – §1041(f)(1)].

그 외에도 온라인 플랫폼 제공자에게 해당 플랫폼에서 배포되는 콘텐츠가 딥페이크인지 여부를 감지하는 시스템을 갖출 것[Sec. 10(a)]을 규정하고 있다. 국토안보부 과학기술국 산하에 딥페이크 담당 태스크포스 팀을 설치[Sec. 7(a)]하는 부분도 주목할 만하다.[29]

위의 「딥페이크 책임법」은 딥페이크의 전반적 내용을 규제하는 법안이다. 이와 달리 딥페이크의 개별적 문제에 전문화된 법안들도 있다. 예를 들어 일명 「TAKE IT DOWN Act」(웹사이트 및 네트워크에서 기술적 딥페이크를 무력화하여 알려진 악용을 해결하기 위한 도구법, Tools to Address Known Exploitation by Immobilizing Technological Deepfakes on Websites and Networks Act: TAKE IT DOWN Act)[30]은 디지털성범죄 중 주로 보복형 성적촬영물[31] 유포 피해자를 보호하기 위한 법안으로서, 보복형 성적촬영물이미지 게시를 범죄로 처벌하고[Sec. 2], 소셜미디어 등에서 이러한 콘텐츠를 제거하는 절차를 마련하고

---

https://techcrunch.com/2019/06/13/deepfakesaccountability-act-would-impose-unenforceable-rules-but-its-a-start/, 접속일: 2024.7.31.).

28 https://www.congress.gov/bill/118th-congress/house-bill/5586/text, 접속일: 2024.7.31.

29 Shirish & Komal, op. cit., pp. 12-13.

30 https://www.congress.gov/bill/118th-congress/senate-bill/4569/text, 접속일: 2024.7.31.

31 전 연인에 대하여 복수의 성격으로 성적 이미지나 영상을 유포하는 행위로 '리벤지포르노(revenge pornography)'라는 단어가 사용되고 있으나, '포르노'는 성적 행위 묘사물이라는 뜻을 가지므로 이 촬영물이 "성적 대상"화될 가능성을 남겨둔다는 점에서, '리벤지'라는 단어는 타인의 과오에 대한 댓가를 치르게 한다는 복수의 의미가 포함되어 있다는 점에서 적절하지 못한 것으로 판단된다. 이를 '보복형 성적촬영물'이라는 용어로 대체하는 김잔디, "보복형 성적촬영물 관련 범죄 처벌의 문제점과 개선방안", 「원광법학」 제35권 제4호, 2019, 104면.

있다[Sec. 3].

또한 바이든 정부의 2023년 AI 행정명령에서는 인공지능 생성 합성 콘텐츠에 대하여 표시 의무, 출처 추적 및 인증을 위한 도구 및 방법을 파악하여야 한다는 점이 포함되어 있으며, 이를 이행하기 위하여 생성형 인공지능 평가 프로그램이 마련되었다.[32]

각 주 정부도 개별적인 법률을 마련하였다. 예를 들어 선거 관련 딥페이크 규제를 위하여 캘리포니아 주와 텍사스 주는 각 주 「선거법」(Cal. Elec. Code, Tex. Elec. Code)에서 선거 관련 딥페이크 합성물의 배포를 규제하고 있고, 디지털 성범죄에 관련하여서도 버지니아 주, 캘리포니아 주는 딥페이크 배포행위에 대해 형사적, 민사적으로 규제하는 법을 마련하였다.[33]

그 외 「딥페이크 신용사기 방지법안」(Preventing Deep Fake Scams Act)은 딥페이크를 통한 금융 분야 문제를 대응하는 내용을 담고 있다.[34] 많은 은행이 보안 및 편의성을 이유로 보이스뱅킹 서비스를 제공하고 있는데[Sec. 2 (4)], 소셜미디어를 통해 오디오와 비디오를 취득한 행위자가 딥페이크를 이용하여 금융계좌에 접근할 수 있다는 점[Sec. 2 (5)(6)]이 문제점으로 제시되고, 금융 서비스 부문에 인공지능 태스크포스를 설립함[Sec. 3]을 주된 내용으로 하고 있다.

## 2. EU

EU는 오랜 논의 끝에 2024년 5월 인공지능법(Artificial Intelligence Act: AI Act)을 확정하였으며, 이 법은 2024년 8월 1일부터 발효되고, 앞으로 점진적으로 적용된다. EU 회원국의 승인이 가능하였던 이유로, 세계적으로 유명한 가수에 대한 딥페이크 사건이 AI의 잘못된 사용에 대한 책임 및 기술규제의 중요성을 확인하는 촉매제가 되었다는 점이 언급되고 있다.[35]

32 한국지능정보사회진흥원, "美, AI 행정명령(2023.10.30.)의 주요 내용 및 이행 현황", 「디지털 법제 Brief」, 2024, 5면.

33 배상균, 앞의 글(2021), 195-196쪽; Alanazi et al., op. cit., p. 62.

34 법제처, "딥페이크 관련 해외 입법동향", 「법제소식」 2024년 3월호, 24-25면; https://www.congress.gov/bill/118th-congress/house-bill/5808/text?s=1&r=4, 접속일: 2024.7.31.

인공지능 이용을 포괄적으로 규율하는 이 법은 인공지능시스템(AI Systems)의 위험도를 분류하여 ① 허용될 수 없는 위험(unacceptable-risk) ② 고위험(high-Risk), ③ 제한적 위험(limited-risk), ④ 저위험 또는 최소위험(low or minimal risk) 인공지능시스템으로 분류한다. 이 법은 허용될 수 없는 위험에 대하여는 인공지능시스템 사용을 금지하고(Prohibited AI Practices), 고위험 인공지능시스템에 대하여 여러 요건을 갖출 것을 요구하고 있다. 이 법의 대부분의 내용은 고위험 인공지능시스템이 갖추어야 할 요건에 대한 내용이다. 그 외 적은 분량이 제한적 위험을 다루고 있는데, 딥페이크는 바로 이 제한적 위험(limited-risk)의 인공지능시스템에 해당한다.

EU 인공지능법은 제한된 위험의 인공지능시스템 제공자(provider)에게 투명성 의무를 규정하고 있다. 동법 제4장(특정 인공지능시스템의 제공자 및 배포자에 대한 투명성 의무)에 따르면 인공지능시스템 제공자의 경우 "자연인과 직접 상호작용하는 목적의 인공지능시스템은 그 자연인에게 인공지능시스템과의 상호작용 사실을 알리는 방식으로 설계·개발"하여야 하고[Article 50(1)], "합성 오디오, 이미지, 비디오 또는 텍스트 콘텐츠를 생성하는 [...] AI 시스템 제공자는 AI 시스템의 생성물이 인위적으로 생성·조작된 것임을 기계적 판독이 되도록 (기계가 사람의 개입 없이 내용을 추출, 변환, 처리할 수 있는) 포맷으로 표시하고 탐지될 수 있도록 하여야" 한다[Article 50(2)].

배포자(deployer)에게도 의무가 부여되는데, 배포자는 이 시스템에 노출된 자연인에게 시스템 작동을 알려야 하고, EU 규정 및 지침에 맞추어 개인정보 처리를 하여야 한다[Article 50(3)]. 또한, EU 인공지능법은 딥페이크 배포자(deployer)에 대한 규정을 별도로 두어 "딥페이크 이미지, 오디오, 비디오 콘텐츠를 생성·조작하는 인공지능시스템의 배포자는 해당 콘텐츠가 인위적으로 생성·조작되었음을 공개(disclose)"하도록 규정하고 있다. 다만 명백한 예술적, 창의적, 풍자적 작품인 경우에는 작품 전시나 감상에 방해가 되지 않는 적절한 방식으로 생성·조작사실을 공개할 수 있다[Article 50(4)]. 위의 생성·조작사실에 대한 정보의 표시 및 공개 시기는 늦어도 자연인과의 첫

35 EU 회원국, 'AI 법' 최종 승인..."딥페이크가 합의 촉진", https://www.aitimes.com/news/articleView.html?idxno=156957, 접속일: 2024.7.31.

번째 상호작용 또는 자연인에게 첫 노출될 때이어야 하며, 정보 제공 방식은 명확하고 구별가능한 방식이어야 한다[Article 50(5)].

한편 딥페이크 인공지능시스템 그 자체는 금지되는 인공지능시스템은 아니지만, 사기사건의 예를 통해 확인할 수 있듯 자연인의 음성 및 안면 이미지, 영상 등에 대한 유출 문제와도 깊은 관련이 있다. 따라서 이와 관련하여 EU 인공지능법은 '안면인식 데이터베이스'로서 "인터넷 또는 CCTV 영상에서 얼굴 이미지를 무작위적인 방식으로 스크래핑하여 얼굴인식 데이터베이스를 생성하거나 확장하는 인공지능시스템"은 '허용될 수 없는 위험'으로서 금지하고 있으므로[Article 5(1)(e)], 이러한 금지규정 역시 딥페이크 기술 활용 시 지켜져야 한다. 이에 대한 미준수 시에는 최대 35,000,000유로 이하의 과태료 또는 위반자가 사업체인 경우 직전 회계연도의 전 세계 총 연간 매출액의 최대 7% 중 높은 과태료를 부과한다[Article 99(3)].

또한 EU에서 2022년 제정되어 2024년 2월부터 적용되는「디지털서비스법」(Digital Services Act: DSA)[36]은 디지털서비스 이용자에 대한 보호를 위한 법률로서, 온라인 서비스 제공자를 ① 중개서비스, ② 호스팅서비스, ③ 온라인 플랫폼(마켓플레이스, 앱스토어, 공유경제, 소셜미디어 플랫폼 등) 및 ④ 초대형 온라인 플랫폼 및 검색 엔진(Very large online platforms and search engines: VLOP & VLOSE)의 4단계로 분류하고, 이들에게 차등화된 의무를 부여하고 있다. 이에 따르면 초대형 온라인 플랫폼 및 검색엔진은 위험기반조치로서 위험평가 및 위험완화조치를 하여야 하는데(§ 34, 35), 특히 딥페이크에 대한 위험완화조치로서 눈에 띄는 내용은 생성되거나 조작된 이미지, 오디오, 비디오로 구성된 정보 항목에 대한 구별 표시 의무이다. 대형 온라인 플랫폼 및 초대형 온라인 검색 엔진은 이러한 정보항목이 온라인에 노출될 때, 눈에 띌 수 있는 표시를 함으로써 구별될 수 있도록 하여야 하고, 서비스 사용자가 이러한 정보를 표시할 수 있는 기능 역시 제공하여야 한다[§ 35(1)(k)]. 또한 초대형 온라인 플랫폼 및 검색엔진은 자체비용으로 위험관리시스템에 대한

36 REGULATION (EU) 2022/2065 OF THE EUROPEAN PARLIAMENT AND OF THE COUNCIL of 19 October 2022 on a Single Market For Digital Services and amending Directive 2000/31/EC (Digital Services Act). 원문: https://eur-lex.europa.eu/legal-content/EN/TXT/?uri=celex%3A32022R2065, 접속일: 2024.7.31.

독립적인 감사를 함으로써 위험 남용을 방지할 의무가 있다[§ 37].[37]

## 3. 시사점

첫째, 딥페이크를 다루는 포괄적 규율에 관한 법제를 비교해 보면, 유럽연합은 이미 인공지능 관련 기본법인 EU 인공지능법을 제정하였고, 이를 통하여 인공지능의 위험성에 따라 그 사용방법 및 요건을 엄격히 정하고 있으며, 딥페이크를 활용하는 생성형 인공지능 기술 역시 이 법에 따라 일반적으로 규율하고 있다. 반면 미국의 경우 연방 차원에서 딥페이크에 대한 법제화를 시도하고 있으나 아직 입법이 이루어지지 않았고, 2023년 AI 행정명령을 통해 딥페이크의 라벨링 제도를 도입하였다.

둘째, 미국에서는 딥페이크기술을 이용하여 행하여질 수 있는 여러 종류의 범죄, 예를 들어 딥페이크 기술을 이용한 디지털 성범죄, 선거 관련 허위조작정보 유포행위 등에 대하여, 적어도 주 차원에서 우리나라보다 좀 더 이르게 관련 규율을 강화하는 모습을 보여주었다. 이러한 경향성은 바로 다양한 인공지능시스템 활용방식에서 딥페이크 사용의 위험성을 인지하고 그에 대하여 특화된 대책을 이른 시기에 적극적으로 마련하는 것으로 이해된다. 한편 미국에서도 딥페이크 범죄에 대하여 주법(州法)이 아닌 연방형법 제정을 통해 대처하여야 한다는 견해는 설득력 있어 보인다. 이 견해는 첫째, 딥페이크가 본질적으로 각 주는 물론 국가의 경계를 넘어서는 범죄이므로 국가의 단일한 기준에 따라 법이 집행될 필요가 있다는 점, 둘째, 웹사이트 운영자에 대하여 주법에서는 면책이 가능하지만 이를 국가적으로 규제할 필요가 있다는 점, 셋째, 딥페이크 문제에 대한 국가적 관심사를 보여줄 필요가 있다는 점을 근거로 제시하고 있다.[38]

---

37 Europe fit for the Digital Age: new online rules for platforms, https://commission.europa.eu/strategy-and-policy/priorities-2019-2024/europe-fit-digital-age/digital-services-act/europe-fit-digital-age-new-online-rules-platforms_en, 접속일: 2024.7.31.

38 Delfino, "Pornographic Deepfakes: The Case for Federal Criminalization of Revenge Porn's Next Tragic Act", 88 Fordham L. Rev. 887, 903 ff., 927 ff. (2019).

## 4. 우리나라의 정책 및 입법동향

딥페이크를 이용한 범죄에 대한 현행법령에 따른 처벌 내용에 대해서는 앞의 Section 03에서 살펴보았다. 「성폭력처벌법」, 「공직선거법」 등이 딥페이크를 이용한 개별 범죄를 좀 더 구체적으로 규율하고 있었다. 특히 「공직선거법」은 선거운동을 위한 딥페이크영상등의 활용을 선거일 전 90일부터는 전면 금지하고, 그 이외의 기간은 딥페이크영상등 표시강제제도를 요건으로 하여 허용하고 있다. 이 때 표시는 「공직선거관리규칙」 제45조의6 및 [별표 1의3 딥페이크영상등 표시사항 및 표시방법]에 따라야 한다. "이 음향(이미지, 영상)은 실제가 아닌 인공지능 기술 등을 이용하여 만든 가상의 정보입니다."라는 사항이 "누구든지 쉽게 인식할 수 있도록" 표시되어야 하며 음성의 경우 시작과 끝부분에, 그리고 5분 이상의 음성인 경우 5분에 1회씩 추가적으로 표시한다. 이미지와 영상의 경우 같은 표시를 "전체크기의 100분의 10 이상의 테두리 안에 배경과 구분되도록 표시"하되, 테두리 내에는 이 표시만을 하여야 한다. 「공직선거법」은 EU 「인공지능법」이 규정하는 기계적 판독 포맷의 표시[Article 50(2)]까지 요구한 것은 아니지만, 적어도 선거운동에 관련된 딥페이크영상등에 대한 표시 의무제도를 도입한 점에서 의의를 찾을 수 있다.

2020－2024년 회기였던 21대 국회에서는 인공지능사용 전반에 관련된 법안들이 발의되어 있었고, 2024년 5월 개원한 22대 국회 역시 이미 인공지능사용 전반에 관련된 여러 법안이 발의되어 있다.[39] 그 외 21대 국회에서 발의되었던 다수의 「정보통신망법」 개정안에는 딥페이크 중 허위조작정보의 유포에 대한 규제를 중점적으로 다룬 내용이 포함되어 있다.[40] 각각 조금씩 상이한 내용을 담고 있는 법안들이지만, 딥페이크 허위조작정보에 대하여는

---

39 「인공지능산업 육성 및 신뢰 확보에 관한 법률안」(안철수 의원 대표발의, 의안번호 2200053), 「인공지능 발전과 신뢰 기반 조성 등에 관한 법률안」(정점식 의원 대표발의, 의안번호 2200543) 등이다. 21대 및 22대 국회에서 발의된 인공지능 관련 법안에 대하여 법제처, "인공지능(AI) 관련 국내외 법제 동향", 「법제소식」 2024년 7월호, 39면 이하, 45면 참조.

40 정보통신망법 개정안(박성중 의원 대표발의, 의안번호 2125438), 정보통신망법 개정안(서영교 의원 대표발의, 의안번호 2107093), 정보통신망법 개정안(윤두현 의원 대표발의, 의안번호 2124795), 정보통신망법 개정안(정필모 의원 대표발의, 의안번호 2100815) 등.

다음과 같은 공통점을 찾을 수 있다. '허위조작정보등' 또는 '가짜뉴스' 등에 대한 정의규정을 두고, 첫째, 정보통신서비스제공자에게 상시모니터링 또는 책임자 지정의무를 부과하고, 둘째, 정보통신서비스제공자가 이를 삭제조치하거나 하거나 유통을 금지할 의무를 부과하고 의무 위반에 대해 과태료 등 행정제재를 하며, 셋째, 유포자에 대하여는 형사처벌을 하는 근거를 마련한 점 등이 그것이다.

「공직선거법」은 선거 관련 딥페이크 영상을 규제하고, 「정보통신망법」 개정안은 주로 허위조작정보 등의 유포 문제를 유포자와 정보통신서비스제공자를 중심으로 규제하는 목적을 가지고 있다. 이와 달리 전반적인 딥페이크 미디어 또는 인공지능사용 콘텐츠의 보다 높은 신뢰성과 책임성을 위한 법안으로 2023년 「콘텐츠산업 진흥법」 일부개정법률안(이상헌 의원 대표발의, 의안번호 2122180)이 제출되기도 하였다. 이 법안은 텍스트, 이미지, 오디오 등의 콘텐츠제작자에게 "해당 콘텐츠가 인공지능 기술을 이용하여 제작된 콘텐츠라는 사실을 표시"하도록 규정하고 있어, 모든 딥페이크 생성물에 표시가 강제될 수 있는 근거가 된다.

이러한 의원입법안 외에 정부 차원에서 추진하고 있는 딥페이크 관련 대응 계획들도 있다. 예를 들어 2024년 5월 과학기술정보통신부는 보도자료를 통해 딥페이크 허위조작정보 유포 등에 대응하기 위하여 인공지능 기술로 생성한 컨텐츠 게시 시 AI 생성물임을 워터마크 등으로 표시하는 의무를 부과하는 법령 제·개정 작업을 추진할 것임을 밝히고, 사업자의 책무를 강화하는 자율규제를 활성화하는 방안을 마련하겠다고 밝혔다. 또한 디지털성범죄에 대하여 「성폭력방지법」 개정을 통해 디지털성범죄피해자지원센터가 피해영상물 삭제를 지원하도록 하고, 온라인사업자에게 딥페이크영상물 삭제요청을 자동통보하는 시스템을 개발하는 등의 업무를 추진하겠다고 밝혔다.[41] 딥페이크의 문제에 대하여 법률을 통한 규제 및 사업자의 자율규제 등이 적절히 혼재되어야 함을 보여주는 사례라 할 수 있다. 방송통신심의위원

41 과학기술정보통신부, 보도자료 "대한민국이 새로운 디지털 질서 정립의 마스터플랜을 공개합니다.", 2024.5.21., 11면, 19면, https://www.msit.go.kr/bbs/view.do?sCode=user&mPid=238&mId=113&bbsSeqNo=94&nttSeqNo=3183520, 접속일: 2024.7.31.

회 역시 딥페이크를 악용한 사례인 성적 허위영상물에 대처하기 위하여 첫째, 성적 허위영상물 유포 목적의 인터넷 소셜미디어를 모니터링하고, 둘째, 적극적으로 경찰에 유포자에 대한 수사를 의뢰하며, 셋째, 성적 허위 영상물을 신속히 삭제·차단하여 피해를 최대한 줄일 수 있도록 노력하겠다고 밝혔다.[42]

## Section 05 | 악의적 딥페이크 사용에 대한 대응 과제

### 1. 생성물의 특징에 따른 대응책 마련

생성형 인공지능 중 대중적으로 많은 부분을 차지하는 언어 생성 모델에서는 데이터 수집 및 활용 전 단계에서 거짓정보로 대답해내는 환각오류인 할루시네이션(Hallucination) 문제 해결을 위한 데이터 진위파악이 중요하게 다루어져야 하며, 그 외에도 언어를 통해 제공될 수 있는 개인정보 유출 문제 등으로 인하여 데이터 가명화 등이 중요하게 다루어져야 하지만,[43] 이미지·오디오·비디오 생성 모델에서는 이와 달리 이들 내용은 크게 중요하지 않다. 이러한 유형의 생성물에서 중요하게 다루어지는 것은 인간이 프롬프트 등의 입력을 통해 기대하는 이미지, 비디오 등의 상상적 성격을 발휘한 창작이기 때문이다. 특히 딥페이크의 경우 그 자체가 '허위'라는 성격을 가지고 있으므로 더욱 그러하다. 그렇다고 하여 이미지, 오디오, 비디오 등과 같은 미디어가 텍스트보다 덜한 규제가 필요하다는 의미는 아니다. 이러한 유형의 미디어가 문자보다 더 인간 정서에 미치는 영향력이 높다는 점 등을 고려할 때 악용사례에 대해서는 더 엄격한 규제가 필요할 수 있다.[44]

인공지능시스템 활용의 가이드라인 중 딥페이크의 기반이 되는 이미지·오디오·비디오 생성 인공지능시스템에서 특히 중요하게 여겨지는 가치는 투

42 방송통신심의위원회, 앞의 보도자료.

43 박우빈 외, 앞의 글, 312면.

44 김정화 외, 앞의 글, 266면.

명성과 책무성이다. 생성물이 생성형 AI를 이용한 것이라는 점을 알려 자연인에게 오해의 가능성을 없애는 것이 중요하고, 특히 딥페이크의 경우 딥페이크 생성물임을 알림으로써 실제 존재하지 않거나 발생하지 않은 것들이 묘사된 것임을 자연인이 명확하게 인식하도록 하여 허위여론조작 등의 가능성을 원천차단할 필요가 있다.

한편 딥페이크를 생성하는 인공지능시스템은 EU 「인공지능법」상, 그리고 우리나라의 여러 인공지능 관련 기본법안의 의미에서 '고위험 인공지능'으로 볼 수 없다. 딥페이크 기술은 그 자체로 새로운 창작물을 만들어내는 문화적 가치, 의료기술에 사용되어 인간의 불편을 줄이는 실용성, 역사적 사건을 다시 조망하는 저널리즘적 가치[45]를 지니고 있으며, 그 악의적 사용방법에 따른 역기능이 문제되는 영역에 해당한다. 따라서 '제한된 위험'으로 분류되는 딥페이크를 그 사용방법과 관계없이 일률적으로 엄격하게 규제할 수는 없을 것이다.[46]

이러한 내용은 다음과 같은 단계적 방식으로 규율될 수 있을 것이다. 첫 번째로는 범죄에 해당하지 않는 유형의 딥페이크 생성물은 생성을 자유롭게 할 수 있도록 하되, 그 생성자 및 유포자가 딥페이크임을 표시하도록 하여 악용 가능성이 없도록 하는 것이다. 두 번째 단계로 허위정보를 통해 여론조작 가능성이 있거나 명예훼손, 기타 범죄의 가능성이 있는 딥페이크의 경우 생성 및 유통을 금지하고 이를 위반한 자에 대한 처벌을 하는 것이고, 세 번째 단계는 금지된 딥페이크의 유통을 막기 위한 모니터링 및 삭제의무에 관련된 내용을 인터넷 플랫폼 사업자의 책임으로 부과하거나 자율적 규율로 가이드라인을 마련하는 것이다. 또한 이러한 과정에서는 발견된 문제에 대한 사후조치도 중요하지만, 그 이전에 악용되는 딥페이크의 원천 차단 방법이 우선적으로 도입되어야 한다. 마지막으로 이 모든 것의 전제로서 딥페이크를 구별하고 보안에 사용할 수 있는 기술적 발전을 장려하는 것이다.

이미 유럽연합에서는 EU 「인공지능법」이라는 단일한 제재방식이 생겨났고, 우리나라에서도 이러한 인공지능 전반을 규율하는 단일 기본법 제정이

45 Lawson, op. cit.

46 김정화 외, 앞의 글, 253면.

필요하다는 점에는 어느 정도 의견의 일치가 이루어졌으나 아직 법안이 통과되지 못한 상황이다. 「인공지능법」이라는 일반법을 제정할 수 있다면 딥페이크에 관한 내용을 이 일반법에서 규율할 수 있을 것이고, 그렇지 못하다 하더라도 딥페이크 기술을 사용하는 인공지능에 대하여는 이를 규율하는 단일 특별법 제정을 통하여 딥페이크 인공지능 사용 시에 준수하여야 할 의무를 규정하고 이에 대한 형사법적·행정법적 제재를 마련하여야 한다. 이러한 일반법의 입법과 동시에 개별 범죄, 특히 디지털성범죄 등과 관련된 부분은 형법 및 성범죄 관련 특별법을 통해 그 영역의 고유한 문제점을 개선해 낼 수 있는 입법안을 담는 것이 바람직할 것이다.

딥페이크에 대한 단일 특별법에서는 허용되는 딥페이크에 대한 표시강제제도를 도입하고, 온라인 서비스 제공자에 대해서는 악용된 딥페이크 게시물에 대한 자율적 또는 의무적 모니터링 및 삭제 책임을 부과하는 것 등을 검토해 볼 수 있다.

규제의 정도 역시 개별사례에 따른 강한 규제와 시스템제공자의 자율규제(self－regulation)의 혼합이 필요하며, 특히 정부의 직접적 개입이 아니라 정부와 민간의 공동 규제(co－regulation) 형식으로서의 자율규제가 논의될 필요가 있다.

## 2. 허용되는 딥페이크의 표시강제제도

범죄에 해당하는 딥페이크는 언제라도 금지되어야 한다. 그러나 그 이외의 딥페이크의 경우 자유롭게 사용하도록 하되, 생성자와 유포자가 딥페이크 저작물임을 표시하도록 하는 것이 필요하다. 그 이유로 첫째, 인공지능이 자연인에게 영향을 미치는 경우 자연인이 그 사실을 명확히 인지하도록 하고, 둘째, 이를 통해 딥페이크가 악용될 가능성을 줄이고, 딥페이크 생성물에 법적 책임을 물어야 하는 경우 그 생성자 및 유포자를 확인하기가 용이하기 때문이다. 디지털성범죄 등 명백한 악용사례가 아니라 하더라도 명예훼손, 초상권, 저작권 등과 관련 법적 문제가 발생하였을 때에도 책임소재를 명확히 할 수 있을 것이다.

한편으로 이 제도는 모든 딥페이크 생성물에 대한 규제에 해당하므로 과도한 규제로 보일 수도 있다. 그러나 이미 텍스트 생성 인공지능을 이용한 경우 이에 대한 인용이 필요하다는 가이드라인이 국내외 학계에서 제시되고 있는 상황에서,[47] 이보다 더 큰 파급효과를 가져올 수 있는 딥페이크 생성물인 미디어에 대해 딥페이크 생성물임을 알릴 의무를 도외시할 수는 없을 것이다. 딥페이크 생성물은 반드시 그 생성물이 딥페이크 기술을 통해 만들어진 것이며, 실재하지 않는 '허위'의 것임을 미디어 자체 내에서 명백하게 밝혀야 한다.

이러한 표시를 위해서는 두 가지 방법이 활용될 수 있다. 한 가지는 기술적 측면에서 딥페이크 인공지능 기술을 통해 생성물에 대해 기술적으로 이 생성물이 인공지능 기술을 이용하여 생성되었음을 식별할 수 있도록 하는 표식을 자동생성하도록 프로그램 제공자를 강제하는 방법이다. 기 존재하는 표시를 제거하는 것 역시 금지하여야 한다. 위 미국의 입법안인 「딥페이크 책임법안」은 비록 통과되지는 않았지만 이러한 방식을 강제함과 동시에 [§ 1041], 위반에 대하여 우리나라의 과태료와 유사한 civil penalty를 기록당 최대 150,000달러까지 부과할 수 있도록 하였다는 점을 적극적으로 검토해 볼 수 있다. 또 다른 방법은 딥페이크 생성물 이용자 및 온라인 서비스 제공자에게 표시강제의무를 부과하는 것이다. 딥페이크 생성물을 온라인상에 게시하는 사람이 인공지능 생성 콘텐츠 또는 합성 콘텐츠임을 스스로 라벨링하여야 하며, 이를 위하여 온라인 서비스 제공자가 이용자들의 라벨링이 용이하도록 업로드 시 라벨링 프로그램 서비스를 제공할 수 있을 것이다. 유튜브 사는 비디오 업로드 과정에서 크리에이터에게 자신의 업로드 영상물에 사용된 수정·합성 콘텐츠를 공개하도록 하고 있는데,[48] 이러한 제도를 장려하거나 의무화하여야 한다.

---

47 연세대학교 연구처 연구윤리센터, "생성형 AI 활용 가이드라인" 참조.

48 한국저작권위원회, "유튜브, 딥페이크 콘텐츠 신고 강화", 「저작권 이슈브리프」 2024년 7-1호, 11면.

## 3. 악의적 딥페이크의 처벌 및 유통금지

인터넷에 게시된 딥페이크 게시물이 이미 형법 및 특별법상 범죄구성요건을 충족하는 경우에는 해당 법률에 의거하여 처벌되어야 한다. 이때 현재 범죄로 규정되어 있지 않은 유형의 딥페이크 생성물 제작, 소지 또는 유포행위를 새롭게 범죄로 보아야 할 것인가가 새로운 쟁점이 된다. 예를 들어 현재 공직선거법상 선거운동 관련 외에 별다른 제재가 없는 허위조작정보 유포행위를 범죄화할 것인지의 여부, 딥페이크 성착취물의 반포 등 목적 없는 단순 소지 또는 시청행위의 범죄화 여부는 계속 논의가 이루어지고 있는 쟁점이다.49

또한 이러한 범죄에 사용된 게시물들은 즉각적으로 삭제되고 재유통되지 않도록 하여야 한다. 형사처벌의 대상이 아닌 딥페이크 생성물이라 하더라도 초상권 침해 또는 기타 이 게시물로 인해 손해를 입은 사람에 대해서는 민사상 책임을 지게 될 수 있으며, 이러한 게시물 역시 2차 피해 방지를 위하여 조기에 유통이 금지되어야 한다.

악의적 딥페이크의 유통금지에 관련하여 온라인 서비스 제공자에게 일정한 정도의 의무를 부과할 수 있다. 온라인 서비스 제공자는 신고를 받아 딥페이크 생성물을 차단할 수 있고, 자체적으로 딥페이크를 판별함으로써 생성·유통자에 대한 정보가 없는 딥페이크 생성물을 자동 차단할 수 있다.

딥페이크 프로그램의 적법한 이용을 위한 경고문구 삽입 등의 제도 역시 프로그램 제공자 또는 온라인 서비스 제공자들의 의무로 부과할 수 있을 것이다. 딥페이크물의 사용방법에 따라 형사상 또는 민사상 책임을 지게 될 수 있다는 점을 사용자에게 고지하고 사용 및 업로드에 유의하도록 하는 가이드라인을 제공하여야 한다.

---

49 이 글은 '딥페이크' 전반에 적용되는 규율방법을 다루는 것을 목적으로 하였으므로 여러 개별 범죄의 쟁점 부분은 다루지 않는다.

## 4. 온라인 서비스 제공자의 의무

악의적 딥페이크의 유통금지에 관련하여 온라인 서비스 제공자에게 일정한 정도의 의무를 부과할 수 있다. 온라인 서비스 제공자는 위에서 살펴본 바와 같이 유통금지를 위하여 신고된 딥페이크에 대한 차단제도, 자체적으로 딥페이크를 판별하고, 생성·유통자에 대한 정보가 없는 딥페이크를 자동 차단하는 방법 등의 의무를 부과받을 수 있다. EU 「디지털서비스법」이 온라인 서비스 제공자, 특히 초대형 온라인 플랫폼 및 검색 엔진 업체에게 딥페이크 생성물을 구별하여 표시하도록 의무를 부과하고, 위험관리시스템에 대하여 자체 감사를 실시하도록 정하고 있는 부분을 차용할 수 있을 것이다. 미국의 「딥페이크 책임법안」에서 제시하는 바와 같이 온라인 서비스 제공자가 사전에 해당 서비스에서 배포되는 콘텐츠가 딥페이크인지 여부를 감지할 수 있도록 하고, 악의적 딥페이크의 유통방지를 위하여 삭제의무 등을 부과할 수 있을 것이다. 또한 사용자가 딥페이크임을 고지할 수 있도록 온라인 플랫폼에 딥페이크 여부 공개, 출처 등을 삽입하는 시스템을 갖추도록 하여야 한다.

사전 모니터링 역시 온라인 서비스 제공자의 의무가 된다. 다만 이러한 의무를 법적으로 강제할 것인지의 여부에 대해서는 신중한 판단이 요구된다. 범죄와 범죄 아닌 창작물의 경계가 모호한 상황에서 인터넷상의 모든 게시물을 사전 검열하고 그 내용에 대한 사법적 판단 없이 사전 삭제하는 것은 표현의 자유에 관한 중대한 침해를 발생시킬 수 있기 때문이다. 디지털성범죄 및 공직선거법위반 등과 같은 명백한 범죄로 분류될 수 있는 콘텐츠에 대한 모니터링은 문제되지 않으나, 모호한 영역의 콘텐츠에 대하여는 딥페이크 생성물로 인한 잠재적 피해자의 권리와 게시자의 권리가 균형을 이루는 선에서의 모니터링 및 차단 제도가 운영되어야 할 것이다.

## 5. 규제 수준

딥페이크 인공지능 프로그램 이용에 필요한 규제내용은 ① 딥페이크 표시강제의무제도, ② 악용된 딥페이크의 개별법에 따른 형사처벌(디지털성범죄, 선거관련 범죄, 사기 등) 및 삭제, 유통금지, ③ 기타 온라인 서비스 제공자의 의무로서 표시정보 없는 딥페이크 생성물 차단 및 사전모니터링, ④ 피해자 지원 및 기술발전 지원 등으로 요약할 수 있다.

이 제도들의 규제의 강도를 정리해 보면, 딥페이크 제작·배포자의 표시강제제도는 선의의 이용자에게도 적용되는 것임에도 불구하고 딥페이크 악용을 막기 위한 사전예방적 조치로서 엄격하게 다루어야 한다. 이 의무를 준수하지 않는 경우 행정벌로서의 과태료를 부과하는 방식으로 규율할 수 있을 것으로 보인다.[50] 또한 표시강제제도에 관련하여 딥페이크 프로그램 제공자와 온라인 서비스 제공자의 협업이 없이는 실질적으로 딥페이크를 생성하는 이용자가 표시를 실현할 수 없으므로, 이에 관련된 디지털 워터마크 생성, 기계적 판독이 가능한 식별표지를 만들어내야 하는 인공지능 프로그램 제공자의 의무 및 온라인 서비스 제공자의 서비스 제공의무 역시 이행이 강제될 수 있을 정도의 행정제재로 규율되어야 한다. 이에 더불어 온라인 서비스 제공자가 악의적 딥페이크 생성물에 대한 삭제의무를 준수하지 않은 경우 역시 과태료로 규율할 수 있을 것이다.[51]

사전 모니터링과 같은 경우 시스템제공자의 자율규제(self-regulation)를 국가가 상위에서 감독하는 방식, 즉 정부의 직접적 개입이 아니라 정부와 민간의 공동 규제(co-regulation) 형식으로서의 자율규제 방식이 적절할 것이다. 또한 주요한 내용들에 대한 입법이 늦어지더라도 국내외에 활성화되어 있는 민간 자율규제 방식에 따라 각 기업이 책임있는 인공지능 활용을 위해 노력하여야 한다. 기타 피해자지원 및 기술발전 지원업무는 역량강화의 측면에서 필요하다. 마지막으로 글로벌 플랫폼 기업의 자율규제를 장려하거나, 자체 감독제도를 실행하도록 강제할 수 있다. 「뮌헨 기술협약」에 따라 글로벌 플랫폼 기업(예: 구글, 메타, OpenAI 등)이 인공지능 콘텐츠로 인한 선거의

50 딥페이크 표시삭제의 경우 형사처벌하고, 표시의무 위반에 대해서는 시정명령과 과태료를 부과하며, 시정명령 불이행 시에는 형사법적으로 제재를 가하는 안을 제시하는 김정화 외, 앞의 글, 271-272면 참조.

51 정필모 의원 대표발의, 정보통신망법 개정안(의안번호 2100815)은 허위조작정보를 삭제하지 아니한 정보통신서비스 제공자에게 3천만 원 이하의 과태료를 부과하는 안을 제시하였다(제76조 제1항 제6호).

공정성이 해치는 사례를 막기 위한 내용에 합의하였고, 우리나라 역시 딥페이크 '자율규제 활성화 협의체'를 운영하고 있으며, 워터마크 등의 표시제도에 합의한 바 있다.52

또한 미국 「알고리즘 책임법안」이 요구하는 것과 같이, 인공지능 활용기술의 기준 준수 여부를 업체가 스스로 점검하는 자율규제 역시 인공지능 기술발전과 인공지능기술에 대한 책무성의 균형을 위한 유익한 선택지가 될 것이다.

## Section 06 | 맺음말 - 딥페이크 이용 범죄의 규제

가치중립적 개념으로 '허위성'을 포함하고 있는 단어인 '딥페이크'는 여러 악용사례로 인하여 부정적인 단어로 인식되고 있다. 인터넷에서 '딥페이크'의 연관검색어와 검색 상위권의 순위에 '딥페이크 (성)범죄', '딥페이크 처벌', '딥페이크 문제점'이 등장하는 것은 우연이 아닐 것이다. 언어 생성 인공지능과 달리 딥페이크에 이러한 부정적 인식이 강하게 된 것은 이미지, 동영상이 가지는 사회적 파급력이 그만큼 크며, '허위'를 포함하는 것을 자신의 정체성으로 하는 한 딥페이크에 대한 규제의 중대성은 바로 이 특징에서 기인하는 것이다.

이미 중대한 정도의 딥페이크 침해라 할 수 있는 디지털성범죄와 선거관련 범죄는 국내의 입법으로 어느 정도 문제가 해결되었으나, 여전히 범죄와 범죄 아닌 것의 구별이 선명하지 않은 영역이 남아있다. 물론 입법이 된 디지털 성범죄와 선거관련 범죄 등 개별 범죄 영역에서도 딥페이크 이용행위를 처벌하는 수준을 어디에 둘 것인지 역시 계속된 논의가 필요하다. 딥페이크 활용 범죄행위의 유형별 처벌 필요성 등은 앞으로의 딥페이크 범죄의 활용 방법, 범죄의 강도와 확산성, 피해법익 등에 따라 사회에서 다루어지는 중요성이 다르게 평가될 수 있다.

52 과학기술정보통신부, 앞의 보도자료, 9-10면.

따라서 이 글에서는 이러한 딥페이크 이용범죄에 대한 정책을 이원화할 것을 주장한다. 첫째, 이용 개별 범죄 처벌의 정당성을 범죄별로 검토하여 형법상 법익 침해행위에 대하여는 범죄화 입법을 통해 해결하여야 하며, 둘째, 딥페이크 기술을 이용한다는 공통점에 따라 딥페이크 기술 악용 가능성에 따른 공통적인 접근은 개별 단일법을 통해 규율하여야 한다.

딥페이크를 규율하는 개별 단일법에서는 개별 행위가 범죄인가 아닌가에 집중하기보다는 딥페이크의 성질을 고려하여 표시제도 의무화라는 제도적 규제방법을 선택하는 것이 인공지능 기술발전을 증진함과 동시에 발생가능한 문제를 사전적으로 해결하는 방법이 되리라 생각한다. 딥페이크 표시제도를 통해 인공지능 시스템에 대한 이용자의 신뢰를 높이고, 온라인 서비스 제공자의 모니터링, 악의적 딥페이크에 대한 기계적 판독을 통한 신속 차단 등이 가능해 질 수 있기 때문에, 강제성을 부여하게 시급히 시행할 필요가 있다. 이에 대한 입법 및 개발자 및 온라인 플랫폼 업체의 적극적인 대응이 동시에 요구되고 있다.

# 참고문헌

## 국내 문헌

김잔디, "보복형 성적촬영물 관련 범죄 처벌의 문제점과 개선방안", 「원광법학」 제35권 제4호, 2019.

김정화 외, "생성형 인공지능 기술의 규제 방향에 대한 입법론적 고찰", 「형사법의 신동향」 통권 제80호, 2023.

박우빈 외, "생성형 인공지능 관련 범죄 위협 분류 및 대응 방안", 「정보보호학회논문지」 제34권 제2호, 2024.

배상균, "딥페이크(Deepfake) 영상물에 관한 법적 대응조치 검토", 「4차산업혁명 법과 정책」 제3권, 2021.

법제처, "딥페이크 관련 해외 입법동향", 「법제소식」 2024년 3월호.

법제처, "인공지능(AI) 관련 국내외 법제 동향", 「법제소식」 2024년 7월호.

양은영, "생성형 AI의 개발 및 이용에 관한 규제의 필요성 – 대규모 언어모델에 기반한 대화형 인공지능 서비스(LLMs AI)를 중심으로 –", 「성균관법학」 제35권 제2호, 2023.

연세대학교 연구처 연구윤리센터, "생성형 AI 활용 가이드라인".

오일석, "딥페이크(Deep Fake)에 의한 민주적 정당성의 왜곡과 대응 방안", INSS 전략보고, No. 260, 2024.

장다혜 · 이수아, 온라인 성폭력 범죄의 변화에 따른 처벌 및 규제 방안, 한국형사정책연구원, 2018.

중앙선거관리위원회, "'딥페이크영상등' 이용 선거운동 관련 법규운용기준(23.11.16.)".

한국저작권위원회, "유튜브, 딥페이크 콘텐츠 신고 강화", 「저작권 이슈브리프」 2024년 7–1호.

한국지능정보사회진흥원, "美, AI 행정명령(2023.10.30.)의 주요 내용 및 이행 현황", 「디지털 법제 Brief」, 2024.

한국지역정보개발원, "AI 기술 발전에 따른 '딥페이크'의 두 얼굴", LOCAL INFORMATION MAGAZIN 제141호, 2024.

허순철, “유튜브 딥페이크(deepfake) 영상과 허위사실공표”, 「미디어와 인격권」 제8권 제1호, 2022.

## 외국 문헌

Alanazi et al., “Examining the societal impact and legislative requirements of deepfake technology: a comprehensive study”, International Journal of Social Science and Humanity, Vol. 14, No. 2, 2024.

Delfino, “Pornographic Deepfakes: The Case for Federal Criminalization of Revenge Porn's Next Tragic Act”, Fordham Law Review Vol. 88, 2019.

EPRS, Tackling Deepfakes in European Policy, Parl. Eur. Doc., No. PE 690.039, 2021.

Kumkar & Rapp, “Deepfakes”, ZfDR 2022.

REGULATION (EU) 2022/2065 OF THE EUROPEAN PARLIAMENT AND OF THE COUNCIL of 19 October 2022 on a Single Market For Digital Services and amending Directive 2000/31/EC (Digital Services Act).

Shirish & Komal, “A Socio-legal enquiry on deepfakes”, California Western International Law Journal, 54(2), 2024.

Vasist & Krishnan, “Deepfakes: An Integrative Review of the Literature and an Agenda for Future Research”, Communications of the Association for Information Systems, 51, 2022.

## 기타 자료

과학기술정보통신부, 보도자료 “대한민국이 새로운 디지털 질서 정립의 마스터플랜을 공개합니다.”, 2024.5.21., <https://www.msit.go.kr/bbs/view.do?sCode=user&mPid=238&mId=113&bbsSeqNo=94&nttSeqNo=3183520>, 접속일: 2024.7.31.

국립국어원, 개선-다듬은 말-딥페이크, <https://www.korean.go.kr/front/imprv/refineView.do?mn_id=158&imprv_refine_seq=20745>, 접속일: 2024.7.31.

네이버 지식백과, 생성형 인공지능, <https://terms.naver.com/entry.naver?docId=6649737&cid=42346&categoryId=42346>, 접속일: 2024.7.31.

"동료 맞네" 영상통화 뒤 340억 송금…홍콩 '딥페이크' 쇼크, 중앙일보, 2024.2.4., <https://www.joongang.co.kr/article/25226766>, 접속일: 2024.7.31.

"모르는 전화오면 대답 말라"…단숨에 2700만원 뜯길뻔한 사연, 중앙일보 2024.7.27., <https://www.joongang.co.kr/article/25266554>, 접속일: 2024.7.31.

방송통신심의위원회, "[보도자료] 딥페이크 악용 유명 연예인 합성 성적 허위영상물 폭증", 2024.5.2., <https://www.kocsc.or.kr>, 접속일: 2024.7.31.

EU 회원국, 'AI 법' 최종 승인..."딥페이크가 합의 촉진", <https://www.aitimes.com/news/articleView.html?idxno=156957>, 접속일: 2024.7.31.

"챗GPT, 피싱메일 만들어줘"…AI 악용 사이버범죄 기승, 2024.2.19., <https://www.kita.net/board/totalTradeNews/totalTradeNewsDetail.do;JSESSIONID_KITA=1E124E05D39D2F6EDD6E1A17079BF626.Hyper?no=81963&siteId=1>, 접속일: 2024.7.31.

"펜타곤 대형 폭발" AI가 만든 '조작 사진'에 美증시 요동, 동아일보, 2023.5.24., <https://www.donga.com/news/Inter/article/all/20230524/119446695/1>, 접속일: 2024.7.31.

Coldewey, DEEP FAKES Accountability Act would impose unenforceable rules—but it's a start, TECHCRUNCH (June 13, 2019), <https://techcrunch.com/2019/06/13/deepfakesaccountability-act-would-impose-unenforce-able-rules-but-its-a-start/>, 접속일: 2024.7.31.)

Britannica, Deepfakes, <https://www.britannica.com/technology/deepfake>, 접속일: 2024.7.31.

Europe fit for the Digital Age: new online rules for platforms, <https://commission.europa.eu/strategy-and-policy/priorities-2019-2024/europe-fit-digital-age/digital-services-act/europe-fit-digital-age-new-online-rules-platforms_en>, 접속일: 2024.7.31.

Lawson, A Look at Global Deepfake Regulation Approaches, April 24, 2023, <https://www.responsible.ai/a-look-at-global-deepfake-regulation-approaches/>, 접속일: 2024.7.31.

Project Deep Empathy, <https://www.media.mit.edu/projects/deep-empathy/overview/>, 접속일: 2024.7.31.

<https://artificialintelligenceact.eu/the-act/>, 접속일: 2024.7.31.
<https://www.congress.gov/bill/118th-congress/house-bill/5586/text>, 접속일: 2024.7.31.
<https://www.congress.gov/bill/118th-congress/house-bill/5808/text>, 접속일: 2024.7.31.
<https://www.congress.gov/bill/118th-congress/senate-bill/4569/text>, 접속일: 2024.7.31.

chapter

17

# 생성형 AI와 금융법의 과제

이정수*

## Section 01 | 서론

최근 ChatGPT[1]를 비롯한 생성형 인공지능(Artificial Intelligence, 이하 "인공지능" 또는 "AI"라고 한다)이 사회적으로 주목받고 있다. 종래 AI는 인간의 도구적 수단으로 인식되어, 그간 다양하게 이용되어 왔음에도 법적으로 제기되는 쟁점은 제한적이었다. 반면 생성형 AI(generative AI)[2]는 상당 수준의 자율성으로 인해 종래의 판별형 AI(discriminative AI)[3]와는 다른 양상의, 법적 책임이나 행위능력 등에 대한 새로운 법적 쟁점을 제기한다.[4] 금융법에도 이는

* 서울대학교 법학전문대학원 조교수

1 Open AI가 개발한 대화 전문 인공지능 챗봇이다. ChatGPT에 대한 자세한 내용은 최경진 편, "인공지능법", 박영사, 2024, 20~34면.

2 생성형 인공지능은 프롬프트에 대응하여 텍스트, 이미지, 기타 미디어를 생성할 수 있는 인공지능이다. 생성형 AI는 입력 트레이닝 데이터의 패턴과 구조를 학습한 다음 유사 특징이 있는 새로운 데이터를 만들어낸다는 측면에서 판별형 인공지능과는 차이점이 있다.

3 생성형 인공지능과는 달리 다양한 정보를 바탕으로 한 정보와 다른 정보가 어떻게 다른지를 판별함으로써 분석, 평가, 예측기능을 제공하는 인공지능이다.

4 예컨대, 종래 AI의 이용에 관한 책임이 개발자나 이용자에 귀속됨이 가능하였다면 생성형 AI에서는 책임이 누구에게 귀속될지, 혹은 책임을 어떻게 귀속시킬 수 있는지에 대해 논란이

마찬가지이다. 그러나 금융법의 경우 생성형 AI와 같은 인공지능을 현재의 금융법 체계에서 그대로 수용할 수 있을지 추가적인 검토가 필요하다. 금융법은 명시적으로 허용하는 것을 제외하고 모두 금지하는 식의 규제, 즉 포지티브 규제가 작동하는 대표적인 법영역이다. 그리고 금융법상 허용은 인간의 행위를 중심으로, 인간에게 책임을 귀속시킬 수 있음을 전제하고 있다. 요컨대 단순히 인간의 행위를 보조하는 데서 나아가 일정 수준 이상의 자율성을 가진 인공지능의 이용은 현재의 금융법 체계와 잘 어울리지 않는다.

하지만 종래 AI에 대한 법적 논의는 AI의 법적 책임 등을 중심으로 논의되어왔고,[5] AI의 개발과 관련한 데이터의 획득/사용이나[6] AI의 이용에 있어 윤리성에 대한 논의가 다수 발견될 뿐이다.[7] 금융법의 특수성을 고려한 AI의 금융에 이용이나 그에 따른 규제방향에 대한 구체적 논의를 찾아보기는 쉽지 않다.[8] 따라서 이 글에서는 그간 논의가 활발하지 않았던, AI의 금융에의 이용에 있어 제기되는 금융법적 쟁점과 AI의 발전에 따라 등장하는 새로운 금융법적 과제에 집중하고자 한다.

이 글은 저자가 인공지능에 대한 금융법의 규제방향에 관해 발표한 논문[9]을 "생성형 AI와 법"이라는 이 책의 취지에 맞게 수정, 보완한 것이다. 따라서, 인공지능의 발전과 법적 논의에 대한 부분은 여기에서 다루지 아니하고, 인공지능과 금융 및 금융법의 관계에 대해 살피는 것으로 글을 시작한다. 그리고 인공지능 이용에 대한 금융법적 쟁점에 대해 논의한 후 인공지능

---

존재한다. 인하대학교 법학연구소 AI/데이터법 센터, "인공지능법 총론", 세창출판사, 2023, 178면~212면, 439~453면, 이해원, "인공지능과 불법행위책임", 박영사, 2023, 41면 이하 등. 책임능력에 관한 논의로 전자인격 등에 대한 것도 마찬가지이다. 독일에서의 '중간지위' 부분적 권리능력(Teilrechtsfahigkeit)에 대한 논의로 Jan-Erik Schirmer(2023) 등.

5 예컨대, 설명가능성이나 투명성 등 논의도 법적 책임의 주체나 귀속 및 내용에 연결된다. 이해원, "인공지능과 불법행위책임", 박영사, 2023, 26~39면 등.

6 고학수 외, "인공지능 시대의 개인정보보호법", 박영사, 2022, 김윤명, "블랙박스를 열기 위한 인공지능법", 2022, 박영사, 179~269면 등.

7 최경진 외, "인공지능법", 박영사, 2024, 80~107면, 인하대학교 법학연구소 AI/데이터법 센터, "인공지능법 총론", 세창출판사, 2023, 51~73면 등.

8 이상훈, "인공지능이 금융하는 법", 박영사, 2022 등.

9 이정수, "인공지능에 대한 금융법의 규제방향 - 금융에의 이용과 그 너머의 과제들 -", 금융법연구 제21권 제1호, 한국금융법학회, 2024.5.

의 발전으로 인한 새로운 과제와 금융법의 규제방향에 대해 검토하는 것으로 마무리한다.

## Section 02 | 인공지능과 금융 및 금융법의 관계

### 1. 금융의 특성과 인공지능의 관계

금융은 숫자화된 정보, 즉 디지털 데이터를 대량으로 생성한다. 또한 금융에서의 의사결정은 인간의 의사결정 중 경제적 이익중심이라는 측면에서 볼 때 가장 객관화되어 있다. 한편 인공지능은 학습을 위해 디지털화된 대량의 데이터가 요구된다. 또한 인공지능의 알고리즘을 작성하기 위해서는 인간의 의사결정 패턴에 대한 예측가능성이 있어야 한다. 이렇게 금융의 특성과 인공지능의 요소를 비교해보면 금융의 경우 다른 어떤 영역보다 인공지능과 직결되어 있으며 인공지능의 발전에 따라 금융에 이용가능성이 크다는 것을 알 수 있다.

### 2. 인공지능의 금융에의 이용가능성

최근의 연구결과에 따르면 국내 금융부문에서 인공지능의 시장규모는 2019년 약 3,000억 원 정도에 머물렀으나 불과 4년 후인 2023년에는 4배 성장하여 약 1조 2,000억 원에 이르고, 2026년에는 약 3조 2,000억 원에 이르러 연평균 약 38.2%의 성장을 할 것으로 예상된다.[10] 이 연구의 진행과정에서 실시한 전문가들에 대한 인터뷰 결과에 따르면 금융은 단기적으로는 주로 비용절감 목적의 업무들, 예컨대 설명의무의 이행이나 민원처리, 적합성 의무(KYC, know your customer)의 적용 등 창구업무나 후선업무(back office)를

10 홍동숙, "금융 AI 시장 전망과 활용 현황: 은행권을 중심으로", 한국신용정보원 보고서, 2022, 4면.

대체하는 영역에 주로 이용될 것으로 기대된다. 하지만 장기적으로는 새로운 수익을 창출할 수 있는 영역, 즉 투자 포트폴리오나 금융상품의 개발과 같은 전문가적 영역이나 영업부문(front office)으로 진출할 것으로 예상하고 있다.[11]

인공지능은 실제 금융의 각 분야에서 활발히 이용되고 있다. 은행업의 경우 주로 여신심사, 신용점수(credit scoring), 창구 및 민원서비스 제공, 자금세탁방지(AML, anti money laundering) 같은 영역에서 이용되고 있다.[12] 예컨대, A은행은 인공지능을 활용한 기업여신 자동심사 프로그램을 운영 중으로 금융정보 외 카드가맹점 결제, 입출금계좌 이용 등 대안정보를 활용하는 신용평가모형을 고도화하고 있다. B은행은 소호(SOHO)를 포함 기업여신심사에 인공지능 심사를 도입하여 기술금융 등 기업 지원 범위를 확대하고 있으며, 인공지능을 활용하여 대출한도를 산출하는 'AI대출'을 출시하였다. C카드사는 대출심사 시 고객의 금융정보뿐만 아니라 카드 사용내역, 상담기록 등 다양한 비금융정보를 분석하여 금리를 결정하는 인공지능 기반 신용평가시스템을 활용하고 있다.[13] 이러한 신용평가, 신용대출에의 이용뿐 아니라 D은행은 인공지능을 활용하여 금융사기 의심거래를 분석, 모니터링하여 보이스피싱 등 금융사기 범죄를 예방하는 '안티피싱 플랫폼'을 운영 중이고, E은행은 여신취급 과정에서 발생하는 위법부당사항을 분석, 진단하는 인공지능 기반 내부통제 자기진단시스템을 도입하였다. 또한 F은행은 투자전문가들의 시장예측과 빅데이터 기반 분석결과를 결합한 하이브리드형 '쏠리치(SOL Rich)'와 같은 포트폴리오추천, 리밸런싱 권유 등 서비스를 운영하고 있다. 외국에서도 인공지능의 이용이 활발한데, 미국의 JP Morgan은 인공지능을 대출계약 검토에 활용하는 계약정보 프로그램 인공지능인 'COIN'을 활용하여 2017년

---

11 이 연구의 진행과정에서 시중은행, 금융투자회사 등 영업, IT부문 담당자를 인터뷰하였다. 뒤의 실제사례를 언급한 사항 중 일부도 인터뷰 결과이다. 다만, 실명이 언급되는 것을 명시적으로 허락받지 못하여 실명을 기재하지 아니하였다. 비슷한 내용으로 서정호, "국내은행의 인공지능 도입현황과 경영과제", 금융브리프 제30권 제24호(금융연구원, 2021.11.) 등.

12 홍동숙, 위 보고서, 7면 이하.

13 카드사의 경우 광의의 여신기관에 속하므로 은행업에 포함시켜 사례를 기재하였다.

부터 연간기준 약 12,000건의 새로운 상업대출계약을 검토하여 변호사와 대출담당자의 시간을 약 36만 시간 대체하고 있다.[14]

인공지능의 활용은 금융투자업에서도 활발하다. 금융투자에서 인공지능은 주로 고객별 포트폴리오 추천이나 고빈도거래를 포함한 알고리즘 트레이딩,[15] 그리고 새로운 투자상품개발에 이르기까지 광범위하게 이용되고 있다.[16] 예컨대, A증권사는 'NH다이렉트인덱싱'이라는 인공지능 프로그램을 통하여 개인별 맞춤형 포트폴리오를 구성하고 투자를 권유, 자문하고 있고, B증권사는 인공지능을 통해 리포트를 제공하여 고객들에게 맞춤형 투자정보를 제공하는 한편 해외투자정보 번역, 요약서비스를 제공하고 있다.[17] C자산운용사는 인공지능을 통한 개인별 맞춤형 포트폴리오 구성으로 '마이포트' 서비스를 출시하였고, 인공지능을 이용한 투자자문 서비스와 펀드를 'QPMS'라는 이름으로 제공하고 있다. D자산운용사는 인공지능 투자자문 플랫폼인 '네오'를 이용하여 펀드를 출시한 바 있다. 외국의 경우 포트폴리오 구성이나 투자자문 서비스에서 나아가 알고리즘 거래에 있어 인공지능을 활용하고 있는 것으로 알려지고 있고, 내부적인 컴플라이언스, 특히 자금세탁방지와 관련한 내부통제절차를 인공지능을 통해 보완하고 있다. 흥미로운 것은 외국의 증권사 중에는 인공지능을 이용한 'VITAL'이라는 프로그램을 이사회의 의결권 있는 구성원으로 임명하여 인간을 대신하여 투자를 분석하고 의사결정에 도움을 받고 있는 경우도 있다는 것이다.

보험업의 경우 인공지능은 주로 보험위험 및 보험료 산정, 보험중개절차의 자동화 및 비대면화, 보험사기방지 프로그램, 보험료 지급절차의 자동화를 중심으로 이용되고 있다.[18] 예컨대, A보험사는 대용정보를 보험심사절차

---

14 이러한 대체과정에서 인공지능이 인간보다 오류율이 낮은 것으로 평가되고 있다. JP Morgan의 COIN에 대한 소개는 (https://www.jpmorgan.com/onyx/coin-system)(2024.4.17. 방문)

15 인간의 의사표시에 의하지 않고 컴퓨터화된 방법으로 이루어지는 지시에 따라 금융상품의 매매 기회를 인지하고 주문을 집행하는 매매유형을 말한다. 서울중앙지방법원 2011.12.30. 선고 2011고합604 판결.

16 이투데이, "AI가 보고서 분석하고 주식 종목 추천...AI투자 서비스 고도화 나서는 금융투자업계", 2023.4.18. (https://www.etoday.co.kr/news/view/2241442)(2024.4.17. 방문)

17 코스콤 뉴스룸, "증권사 AI 기반 디지털 전환의 주요 과제와 이슈", 2023.9.26. (https://newsroom.koscom.co.kr/36402)(2024.4.17. 방문)

에 활용하는 방식으로 인공지능을 이용하고 있는데 보험회사가 보험가입 예정고객에게 적부대상 통보를 하면 고객이 적부심사용 앱(APP)을 다운로드 받고, 동 앱에서 검진기록 등 제3자 정보제공에 동의하면 이와 연동된 보험사의 AI가 실시간으로 보험가입 적부를 분석하여 결과를 자동통지하는 방식이다.[19] B보험사는 인공지능을 로보텔러로 이용하고 있는데 종래 인간인 보험상담사의 경우 근무시간에 제한이 있고, 상담사에 따른 편차가 존재하였는데 인공지능 로보텔러는 그러한 제한이나 편차가 없이 언제든 서비스접근이 가능하고, 고객의 필터링 및 적부판단이 자동적으로 이루어지는 장점이 있다. 보험에서 인공지능은 외국의 경우 더욱 활발히 이용되고 있는데 미국의 레모네이드 사는 보험가입예정자의 대체정보를 종합적으로 분석하여 위험기반 점수를 도출하고 보험상품 가격을 책정하는 데 인공지능을 사용하고 있고,[20] 고객이 챗봇을 통해 가입을 하도록 하는 등 보험 체결 전체 과정을 자동화하고 있으며 사기방지 프로세스에도 인공지능을 활용하고 있다.[21] 일본의 보험사는 2017년에 의료보험 청구 처리속도를 높이기 위해 IBM의 WATSON 기반 인공지능 어플리케이션을 도입하여 입원기간이나 병력과 같은 사례별 요인을 기반으로 적용가능한 보험금을 계산하여, 계산된 금액을 보험계약자에 공개되기 전에 직원에게 전달하는 서비스를 출시하였다.

## 3. 인공지능에 대한 우리나라의 금융규제 논의 전개

위에서 살펴본 바와 같이 인공지능이 다른 어느 분야보다 금융과 직결되어 있고, 실제로 활발히 이용되고 있으나 우리나라에서 금융법적 논의수준은 아직 연성법 중심의 논의단계에 머물고 있다. 이는 경성법 중심의 현재의 금융법 체계와는 거리가 있고, 집행에 있어 대부분 침익적 행정행위를 내용

18 안수현, 인공지능 개관과 보험산업 활용 현황, 보험연구원 연구보고서 21-05, 2021.9, 16~19면.

19 연합뉴스, ""보험계약을 승낙합니다". 2019.10.30., 교보생명, "AI 인수심사시스템 도입", 2020.10.16., CEO뉴스데일리. "디지털 전환 선포한 보험업계, AI 도입 '활발'", 2020.10.16. 등.

20 Magdalene Loh/Terence Soo(2023)

21 예컨대, 자동차사고에 연루된 운전자가 악천후 조건이 자동차의 제동거리에 영향을 미쳤다고 말하면 AI는 이를 포착하고 일기예보를 확인하여 이것이 실제로 사실인지 확인하는 식이다.

으로 하는 금융규제의 실제 법현실과는 상당한 거리가 있다. 다만 이러한 연성법적 논의가 향후 경성법의 마련이나 제도구축에 기초가 될 것으로 보인다.

우리나라에서 인공지능에 관한 금융법적 논의의 시작점은 2021년 7월 8일 금융위원회가 발표한 '금융분야 AI 가이드라인'이다.[22] 동 가이드라인에서는 모범규준으로 총론 규제를 설정하고, 실제 운영상 불확실성을 제거하기 위해 업권별로 서비스별 실무지침 등을 마련하는 체계를 제시하였다. 세부적으로 개발단계에서는 신뢰성, 통제가능성 확보 등을 위하여 설명가능한 AI 기술도입에 노력할 것을 밝히고, 평가·검증단계에서는 상황에 맞는 설명이 도출되는지 여부를 확인하고, 설명가능성을 합리적 수준으로 개선하기 위해 노력할 것을 요구하고 있다. 이후 동 가이드라인을 보다 구체화하여 금융위원회는 2022년 8월 '금융분야 인공지능 활용활성화 및 신뢰확보방안'을 발표하였는데 여기에는 '금융분야 AI 개발, 활용안내서'가 포함되고, AI 위험관리정책의 수립과 AI 시스템 생애주기(기획/설계, 개발, 평가 및 검증, 도입·운영 및 모니터링)별 준수사항을 제시하였다. AI 위험관리정책은 곧 AI 거버넌스의 수립을 의미하는데[23] 이에 대해 AI 위험관리조직 및 프로세스를 마련하고, AI 서비스의 잠재적 위험관리를 위해 위험수준 평가기준, 위험수준 평가운영방안, 고위험 내부통제절차 마련을 요구하고 있다. 또한 위험수준별 준수사항을 정의하고, 수탁자 관리를 요구한다. 생애주기별 준수사항으로는 기획/설계, 개발, 평가 및 검증, 도입 · 운영 및 모니터링으로 순차적으로 단계를 나누어 기획/설계에서는 윤리원칙에 부합한지 여부에 대한 검토 및 영향평가와 사람에 의한 감독, 통제절차 마련을, 개발에서는 학습데이터 품질관리, 학습데이터 및 모형 편향성 관리, 개인정보와 민감정보 보호조치 등을 요구한다. 평가/검증에서는 AI 서비스, 시스템 성능 관리, 공정성 및 설명가능성 관리를, 도입 · 운영 및 모니터링에서는 고객보호방안의 마련과 AI 서비스, 시스템 성능 모니터링과 AI 시스템보안을 요구하고 있다.[24]

---

22 금융위원회, "금융분야 AI 가이드라인 및 주요 검토 필요사항", 2021.7.8, 5~6면.

23 Jakob Schemmel(2023)

24 금융위원회, "보도자료 - 금융분야 인공지능의 신뢰를 높인다", 2023.4.18, 4~5면.

이후 금융위원회는 AI의 구체적인 이용과 관련한 가이드라인을 내놓았다. 먼저 2023년 4월 'AI 기반 신용평가모형 검증체계'를 발표하였는데 동 검증체계에 따르면 데이터관리와 관련하여 신용평가에 활용하는 비금융·비정형 데이터에 대한 적절한 관리체계를 구축하였는지 점검할 것, 모형선택과 관련하여 다양한 AI 알고리즘의 특징과 장단점을 고려하여 신용평가에 최적화된 모형을 선택하였는지 모형선정과정을 점검할 것, 설명가능성과 관련하여 금융소비자에게 신용평가모형 및 신용평가결과 등을 충분히 설명할 수 있는지 확인할 것, 모형성능과 관련하여 AI 방법론의 특성을 반영하여 모형의 변별력·안정성 등 통계적 유의성을 점검할 것을 요구하고 있다. 또한 '금융분야 AI 보안 가이드라인'에서는 학습데이터 수집과 관련하여 오염된 데이터를 학습하여 발생할 수 있는 보안문제와 성능저하 등을 방지하고, 데이터 관련 공격·장애 발생 시 그 원인을 파악할 필요, 학습데이터 전(前)처리와 관련하여 수집한 데이터를 학습에 적합한 형태로 가공하여 AI 모델의 품질과 보안성을 높일 필요, AI 모델설계·학습과 관련하여 잠재적 공격자가 AI 모델에 대한 적대적 공격 등을 쉽게 수행할 수 없도록 AI 모델을 구성할 필요, AI 모델검증·평가와 관련하여 학습을 완료한 AI 모델이 잠재적 공격 또는 개인정보유출 등으로부터 안전한지 보안성을 검증할 필요를 각각 세부적으로 요구하고 있다.

이와 같은 금융위원회의 가이드라인은 AI의 이용에 있어 규제방향을 제시하고, 준수원칙을 마련하였다는데 의의가 있다. 다만 다음과 같은 두 가지 측면에 있어 한계가 있다. 첫째, 앞서 살핀 바와 같이 금융법은 경성법 중심의 규제법으로 침익적 행정행위를 포함한 행정행위에 있어 구체적인 법적 근거가 요구되는데 이러한 가이드라인들은 연성법으로서 처분의 법적 근거가 될 수는 없다는 점이다. 둘째, 가이드라인과 같은 행정지도가 실질적인 효력을 발휘하기 위해서는 가이드라인의 잠재적 수범자에게 사실상의 강제력을 가질 수 있어야 하는데 AI의 개발은 금융위원회의 주된 규제대상에서 벗어나 있는 비금융회사들, 주로 기술회사들을 중심으로 이루어진다는 점이다.[25] 따라서 향후 인공지능에 대한 금융법적 규제는 연성법에서 경성법으로

25 예외적으로 전자금융거래법상 전자금융업자들은 비금융회사들, 기술기업인 경우가 다수이다.

의 발전을 고려하여야 하고, 현 단계에서라면 비금융회사들에 대한 규제권한을 가지고 있는 다른 정부부처와의 협력이 필요하다.

## Section 03 | 인공지능 이용에 대한 금융법의 쟁점

### 1. 인공지능의 발전과 금융에의 이용

앞서 인공지능 기술이 이미 금융의 전분야에 활발히 이용되고 있고, 그러한 이용이 급속히 늘어날 것임을 서술한 바 있다. 그렇다면 여기에서 다시 인공지능 이용에 대한 금융법의 쟁점에 대해 논의할 필요는 없는 것이 아닐까. 그렇지 않다. 앞서 살핀 인공지능의 금융에의 이용은 인공지능이 하나의 기술수단으로 인식되고, 사람의 금융행위에 있어 편의성을 높여주는 도구로서 이용되는 단계를 전제하고 있다. 그러나 현재 인공지능은 인공지능이 기술수단으로 금융 전분야에 영향을 주는 단계를 지나, 일정 정도의 자율성을 가진 단계로 나아가고 있다. 이 단계는 범용 인공지능, 생성형 인공지능으로 변화함에 따라 금융에서 인간의 단순한 기술수단이 아닌 금융의 주체로 전이하는 단계이다. 이러한 단계의 인공지능의 이용에 있어 금융법은 여러 측면에서 장애요소를 가지고 있다.[26]

---

그러나 전자금융거래법상 규제범위는 선불충전식 송금, 결제업과 같은 동법이 정한 제한적 영역에 머무른다.

26 금융에서 인공지능은 다음과 같은 3가지 단계를 거쳐 발전, 이용되어 왔다고 할 수 있다. 첫 번째 단계는 인공지능이 하나의 기술수단으로 인식되고, 사람의 금융행위에 있어 편의성을 높여주는 도구로서 이용되는 단계이다. 두 번째 단계는 인공지능이 기술수단으로 금융 전분야에 영향을 주는 단계로 기존 금융행위의 편의성을 높여주는 것에서 나아가 새로운 금융행위나 금융상품을 생산, 이용하는데 사용되는 단계이다. 세 번째 단계는 범용 인공지능, 생성형 인공지능으로 변화함에 따라 금융에서 인간의 단순한 기술수단이 아닌 금융의 주체로 전이하는 단계이다. 현재 금융에서 인공지능은 두 번째 단계에 놓여 있고, 세 번째 단계를 준비하고 있다고 할 수 있다.

두 가지 예를 들어보자. 먼저, 2019년 7월 이전으로 돌아가 금융투자업자가 로보어드바이저를 도입해 기존 인력을 대체하고, 새로운 금융서비스를 고객에게 제공하려고 마음먹었다고 하자.[27] 당시 자본시장법령 아래 인공지능을 통한 로보어드바이저 서비스를 도입할 수 있을지 묻는다면 부정적으로 답할 수밖에 없을 것이다.[28] 투자자문은 자연인인 자문인력에 의해 대면으로 투자자에 대해 이루어져야 하고, 투자자문서비스를 제공하려면 여러 인적, 물적 요건을 갖추어야 하는데 로보어드바이저에 대해서는 아무런 고려가 없었다. 따라서 로보어드바이저를 도입하더라도 여전히 별도로 투자자문인력을 두어야 하고, 로보어드바이저와 별개로 자연인이 투자자와 다시 의사소통을 하여야 한다. 이러한 상황에서 로보어드바이저를 도입할 금융투자업자는 없을 것이다. 그러한 이유로 2019년 4월 자본시장법 시행령에 전자적 투자조언장치에 대한 정의와 요건을 마련하고, 대면거래의 예외를 인정하는 내용의 법령개정이 이루어졌다.[29] 다음으로, 은행이 자금세탁방지법제 준수를 위하여 인공지능에 의한 컴플라이언스 시스템을 도입하려 한다고 하자. 도입 자체는 불가능하지 않다. 그러나 거액을 투입하여 인공지능 시스템을 도입하였다고 하더라도 그러한 시스템에 대해 금융감독당국에서 어떠한 평가를 해주지도 않고, 인증을 해주지도 않는다. 따라서 은행에서는 여전히 기존 컴플라이언스 조직을 유지할 수밖에 없다. 인공지능으로 인한 문제가 발

27 로보어드바이저의 이용에 대해서는 임홍순 외, "인공지능 인사이트 - 로보어드바이저 사례를 중심으로", 한국금융연수원, 2020, 184면 이하.

28 김범준 외, 로보어드바이저의 활용과 금융투자자보호 - 미국의 규제체계가 주는 함의를 중심으로 -, 법학연구 제17권 제1호(한국법학회, 2017), 77~80면.

29 김건식/정순섭, "자본시장법"(제3판), 박영사, 2024, 149~151면. 자본시장법에서는 투자자문업자/투자일임업자가 '투자권유자문인력 또는 투자운용인력이 아닌 자'에게 투자자문업/투자일임업을 수행하게 하는 행위와 집합투자업자가 '투자운용인력이 아닌 자'에게 집합투자재산을 운용하게 하는 행위를 원칙적으로 불건전 영업행위로 보아 금지하고(자본시장법 제98조 제1항 제3호, 제85조 제7호), 다만 시행령에서 그 예외를 규정할 수 있도록 단서조항을 두고 있다(자본시장법 제98조 제1항 단서, 제85조 단서). 이에 따라 자본시장법에서 전제하고 있는 '인력', 즉 사람이 아닌 로보어드바이저의 이용이 가능하도록 하기 위하여 자본시장법 시행령에서 '전자적 투자조언장치'를 활용하여 ① 일반투자자를 대상으로 투자자문업/투자일임업을 수행하는 경우와 ② 집합투자재산을 운용하는 경우를 불건전 영업행위 규정의 예외로서 허용하는 방식을 채택하였다(자본시장법 시행령 제99조 제1항 제1의2호, 제87조 제1항 제5호).

생하였을 경우 도입한 기관에 전적으로 책임이 부과되는 구조도 도입에 장애가 된다. 인공지능이 단순히 기존 인력을 보조하는 것에서 나아가 인력이나 절차를 대체할 수 있기 위해서는 금융법령상 근거가 마련되어야 한다. 금융감독당국의 인공지능 시스템에 대한 기술인증이나 인센티브 제공[30] 및 인증을 받은 인공지능에 의한 예상치 못한 결과발생시 책임을 경감하거나 면제하는 규정마련도 고려할 필요가 있다.[31]

## 2. 인공지능의 이용에 있어 법적 장애요소

인공지능 이용에 대한 일반적인 법적 장애요소로는 개발에 대한 개방성, 국경의 무의미성, 투명성 부족, 힘의 집중, 법적 제약 회피가능성 정도가 제시되고 있다.[32] 규제법적 측면에서 장애요소로는 주로 공정성의 문제, 투명성의 문제, 책임성의 문제가 제기된다.[33] 그러나 인공지능의 금융에의 이용에 있어 가장 문제가 되는 것은 금융법 자체의 장애요소이다. 우리나라에서 금융법은 이른바 포지티브 규제에 의해 법이 명시적으로 허용하고 있지 아니한 사항에 대해 금지하고 있고, 금융법상 허용은 인간의 행위를 중심으로, 인간에게 책임을 귀속시킬 수 있음을 전제하고 있다. 서두에서 언급한 바와

30 예컨대, 금융기관 검사 및 제재에 관한 규정 시행세칙 제50조의4(기관제재의 감경) 및 별표9(내부통제 우수 금융기관에 대한 기관제재 감경기준) 적용대상 iii)에 단서를 추가하여 "다만, 코스콤등이 제공하는 테스트 베드를 통과하여 인증받은 레그테크를 사용한 경우에는 동일 또는 유사한 위반행위의 방지를 위한 자체감사 또는 내부통제 시스템을 갖추어 시행하거나 대책을 마련하여 이행하는 등 상당한 주의 및 감독을 한 것으로 본다"고 규정하는 방안 등이다.

31 책임성에 대해서는 기술발전과 책임주의 하에서 기술발전의 저해를 막기 위해 면책, 보험 등 수단을 마련하는 것이 고려된다. 예컨대, 지능형 로봇 개발 및 보급 촉진법은 안전인증을 받은 실외이동로봇을 운영하는 자에게 책임보험 가입의무를 부과하고 있고(제40조의4), 자율주행자동차 상용화 촉진 및 지원에 관한 법률에서도 시범운행지구에서 자율주행자동차에 관한 연구·시범운행을 하는 자는 책임보험 가입의무를 부과하고 있는 등이다(제19조). 다만, 이렇게 책임보험에 가입하더라도 보험범위를 넘어서는 사고가 발생할 수 있고, 책임범위 내에 있더라도 민사책임 외 형사책임 등이 당연면책되는 것은 아니다. 이에 대해서는 국가가 피해자에게 피해를 보상하고 인공지능 관련 사업자에게 구상하는 방식의 보상제도 등이 논의되고 있다. 권영준 외, "자율주행자동차 사고와 민사책임", 민사법학, 제75호, 2016, 486~488면.

32 Wolfgang Hoffmann-Riem(2023)

33 Virginia Torrie/Dominique Payette(2023)

같이 단순히 인간의 행위를 보조하는데서 나아가 일정 수준 이상의 자율성을 가진 인공지능의 이용은 현재의 금융법 체계와 잘 어울리지 않는다.

현재의 금융법 체계의 어떠한 내용이 인공지능의 이용에 장애가 되는가. 거래규제, 업자규제 및 감독규제의 세 가지 측면에서 살펴볼 수 있다. 먼저 거래규제의 측면에서 금융법은 자연인 중심의 대면거래를 중심으로 규율하고 있다. 예컨대 투자권유규제의 핵심을 이루고 있는 적정성 원칙, 적합성 원칙, 설명의무를 보면 자연인을 대상으로 자연인이 위험을 파악하여, 적절한 상품을 권유하고, 위험을 설명하는 것을 원칙으로 하고 있다. 금융거래에 있어 비대면거래가 보편화되고 있음을 고려하여 보완적 규정이 마련되고 있으나 의사소통의 수단에 변화가 있을 뿐 비대면 상황에서도 당사자들은 모두 자연인을 전제한다.[34] 다음으로 업자규제의 측면에서 인적, 물적 요건을 정하고 있는데 인공지능은 그 어느 쪽에도 고려요소가 아니다. 인적 요건에 있어 "인"은 자연인을 의미하고, 인공지능이 상당한 자율성을 갖추더라도 인적 요건을 충족/대체할 수는 없다. 예컨대 5인 이상의 전문투자인력이 필요할 때 아무리 고성능의 인공지능 시스템을 갖추어도 여전히 자연인인 전문투자인력이 5인 이상 요구된다. 물적 요건에 있어 서버나 통신망 등 요건을 갖출 것을 규정하고 있으나 인공지능에 대한 우호적 고려를 찾아볼 수는 없다. 마지막으로 감독규제는 행위 및 행위자 책임을 전제로 규율되고 있다.[35] 문제가 되는 행위를 특정할 수 있고, 그러한 행위를 한 행위자를 찾아 책임을 물을 수 있다는 책임주의가 전제된다. 이때 책임주의는 고의와 과실이라는 불법성 요소와 비난가능성이라는 책임요소를 갖출 것을 요구하는데 이러한 요소들을 인공지능에 대해 그대로 적용하기는 어렵고,[36] 이는 감독기관이

---

34 이경민, "비대면 보험계약의 쟁점에 관한 소고", 보험법연구 제15권 제1호, 2021, 114~121면, 이성남, "핀테크 혁명과 보험업의 미래 - 인공지능 활용 리스크와 법제도적 과제에 관한 연구", 보험법연구 제16권 제3호, 2022, 120~124면 등.

35 이정수, "제4차 산업혁명과 금융법의 과제", 상사법연구 제40권 제3호, 2021, 237면.

36 행정책임에 있어 주관적 요건을 필요로 하는지에 대해 판례도 일치하지 않는다. 필요하지 않다는 것으로 대법원 2003.9.2. 선고 2002두5177판결이 있고, 필요하다는 것으로 대법원 2000.5.26. 선고 98두5972판결이 있다. 다만, 과태료와 관련한 일반법인 질서위반행위규제법은 "고의 또는 과실이 없는 질서위반행위는 과태료를 부과하지 않는다"(제7조)는 명문규정을 두고 있다.

인공지능의 금융에의 이용에 있어 부정적인 반응을 나타내는 이유 중 하나가 된다.[37]

## 3. 금융법의 규제체계의 변화가능성 모색

위와 같은 금융법의 규제체계를 그대로 유지하는 경우 일정한 수준 이상의 자율성을 가진 인공지능을 금융에 이용하는데 한계를 드러나게 된다. 그렇다면 금융법의 규제체계를 어떻게 바꾸어야 인공지능의 금융에의 이용이 원활할 수 있을 것인가. 환언하면 어떠한 금융법체계가 인공지능에 친할 수 있는가.

근본적인 방법은 법령에 열거되지 아니한 사항에 대해서는 금지되는 것으로 간주하는 포지티브 시스템을, 명시적으로 금지되지 아니하는 한 허용되는 것으로 보는 네가티브 시스템으로 전환하는 것이다.[38] 금융법은 행위자, 행위의 내용과 방식 등을 구체적으로 제한하고 있고, 이는 개별적인 법령의 개정 없이는 인공지능의 도입이 쉽지 않음을 의미한다. 그러나 금융법의 규제체계를 포지티브 시스템에서 네거티브 시스템으로 전환하는 것은 매우 어려운 일이고, 시간도 오래 걸린다. 더욱이 금융법은 금융의 외부성을 고려하여 시장실패를 저지하기 위한 규제개입을 전제하고 있으므로 금융법 자체가 포지티브 시스템을 일정 부분 필요로 한다고 해석할 수도 있다.

포지티브 시스템을 유지한다고 하면 규제의 방식에 대한 변화를 생각할 수 있다. 현재 금융법은 규정중심규제(rule based regulation)를 취하고 있는데, 원칙중심규제(principle based regulation)가 일정 부분 대안이 될 수 있다.[39] 여

37 예컨대, 알고리즘 거래와 관련하여 시타델에 대한 제재시 금융감독원은 자연인인 행위자를 특정하지 아니한 채, 법인에 대해 과징금을 부과하였다. 현행 자본시장법 제178조의2 구조상 행위자의 특정 없이 법인(이익귀속주체)에 대한 과징금 부과가 가능할지 향후 행정소송에서 쟁점이 될 것으로 보인다. 서울경제, "'시장질서 교란, 118억 과징금' 시타델증권 "해외선 정상거래…두려운 선례 남을 것", 2023.9.22., 조선일보, "'1000분의 1초' 초단타 거래 들여다보는 금감원... 주문자는 검사 대상 아냐", 2024.3.19.

38 성희활, "4차 산업혁명의 시대에서 「네거티브 규제 패러다임」에 따른 금융규제 체계의 재구축 방안 연구", 법과 정책 24-1, 제주대학교 법과정책연구원, 2018.3.

39 정순섭, "기술발전과 금융규제법의 전망", BFL 제107호, 2021.5, 27면. 이 논문에서는 원칙과 기준을 정하고 금융회사에서 스스로 세부적인 준수방안을 설계하는 원칙중심규제의 필요

기서 '일정 부분'이라고 언급한 것은 규정중심규제와 원칙중심규제가 반드시 양립불가능한 양자선택의 문제는 아니라는 점 때문이다. 금융규제의 목적상 법규정을 통해 규제목적을 달성하여야 하거나 형사책임 내지 높은 수준의 행정책임을 묻는 사항에 대해서는 규정중심규제를 유지하여야 한다. 그러나 기술적인 사항이나 낮은 수준의 행정책임을 구할 사항에 대해서는 원칙중심규제가 대안이 될 수 있다.[40] 원칙중심규제를 취하게 되는 영역에서 행위의 방식이나 내용의 선택에 대해서는 상당한 자율성이 인정되므로 일정 수준 이상의 자율성을 가진 인공지능의 이용에 길을 열어 줄 수 있다. 이는 연성법과 경성법의 역할배분이나 연성법의 경성법으로의 발전과 관련해서도 시사하는 바가 있다.[41] 현재 금융위원회가 발표한 AI의 금융에의 이용에 관한 가이드라인 중 형사책임을 묻거나 행정처분을 통해 강제할 영역에 대해서는 경성법으로의 발전이 필요하지만 그렇지 않은 사항에 대해서는 연성법의 유지가 방법이 될 수 있다.

다음으로 자율규제와의 관계이다. 이와 관련해서는 법적 규제의 경우 발전이라는 목표와 규제라는 목표, 규제방식의 엄격성이라는 세가지 목표를 동시에 달성하기 어렵다는 Trilemma 문제[42]를 고려할 필요가 있다. 종래 법적 규제, 특히 금융규제는 기술발전이라는 목표보다는 시장의 규제라는 목표를 중심으로 엄격한 방식의 규제, 즉 법적 규제가 타당하고 가능하였다. 그러나 최근 가상자산이나 블록체인, 빅데이터 등 새로운 영역에 대해서는 기술발전이라는 목표까지 동시에 고려할 수밖에 없는데, 법적 규제는 이러한 영역에서 일정 부분 한계가 있고 이는 인공지능에 있어서도 마찬가지이

---

성이 강조되고 있다. 앞으로의 금융규제는 금융회사의 권한이나 업무범위에 대한 직접적인 통제구조가 아니라 금융회사 및 그 임직원에게 높은 수준의 주의의무와 충실의무를 부과하고 그 위반에 대한 엄격한 책임법리에 기초한 통제구조로 변화될 수밖에 없다고 설명한다.

40 금융위원회 공고 제2024-29호, 「전자금융감독규정」 일부개정규정(안) 규정변경예고, 2024.2.1. 전자금융감독규정을 개정하여 건물, 설비, 전산실 관련 규정(제9조, 제10조, 제11조), 악성코드 및 서버관리방안(제16조, 제17조), IT시스템 사업추진 등(제20조, 제21조, 제22조), 직무분리 세부규정(제26조) 등을 규정중심규제에서 원칙중심규제로 개정하는 내용이다.

41 김용재, "자본시장법상 원칙중심규제 도입의 필요성 및 방향", 증권법연구 제19권 제1호(한국증권법학회, 2018), 169면 이하.

42 Chris Brummer and Yesha Yadav, "Fintech and the Innovation Trilemma", 107 Georgetown Law Journal, 2019.

다. 따라서 인공지능의 이용이라는 목표와 금융규제라는 목표를 동시에 달성하기 위해서는 법적 규제 외 자율규제를 보완적으로 활용하는 것을 고려할 필요가 있다.[43]

## 4. 개별 금융법상 규제의 수정 및 보완

앞에서 살핀 바와 같이 일정 수준 이상의 자율성을 가진 인공지능의 이용을 위해서는 현재의 금융법의 규제체계를 좀더 유연화하는 것이 필요하다.[44] 하지만 이와 같은 전반적인 금융법상 규제체계의 변화는 시간도 오래 걸리고, 변화에 수반되는 다양한 부작용에 대한 고려도 필요하다. 따라서 인공지능의 이용이라는 목표만을 위해 금융법 체계 전반의 변화를 꾀하기에는 어려움이 있다. 필요한 것은 개별규정 중 인공지능 이용이 수월하거나 이점을 갖는 영역을 확인하여 우선순위에 따라 법적 장애를 없애거나 줄여나가는 것이다. 이를 지배구조규제, 업무범위규제, 업무위탁규제, 판매규제의 측면에서 살피면 다음과 같다.

우선 금융산업의 지배구조의 경우 금산분리에 대한 검토가 필요하다. 금융과 산업(비금융)을 구분할 때 인공지능은 산업(비금융)의 영역에서 주로 개발이 이루어질 것이다. 금산분리를 진입규제라는 측면에서 강력히 유지하는 경우 인공지능 기업의 금융업으로의 진출에 어려움이 발생하고, 이는 인공지능의 금융에의 이용에 있어 걸림돌이 된다. 인터넷전문은행 설립 및 운영에 관한 특례법은 금산분리를 완화하여 은행업에 있어 기술기업[45]의 진출을 입법적으로 허용한 예인데, 이러한 인터넷전문은행에서 인공지능이 활발히 이용되고 있음은 고무적이다.[46] 금산분리는 금융회사의 비금융회사 자회사

43 이때 자율규제는 원칙중심규제에 있어 민간에 위임된 규정의 마련이라는 협의의 범주와 공적 규제범위 밖의 민간규제의 역할에 기대는 광의의 범주 모두에서 고려가 필요할 것이다.

44 포지티브 시스템을 유지하는 경우에도 일정한 영역에 대해서는 원칙중심으로 규정을 마련하고, 원칙에 따른 규정의 세분화나 법적 불확실성이 존재하는 영역 혹은 입법에 시차가 발생하는 영역에 대해서는 민간에 맡겨 자율규제를 통해 해결토록 하는 것이 타당하다.

45 인공지능, 빅데이터 등 디지털 혁신기술과 플랫폼에 기반을 두고 온라인에서 다양한 서비스를 제공하는 ICT 회사를 말한다. 대표적으로 아마존, 애플, 페이스북 등이 있다. 이효섭, "빅테크의 금융진출과 금융안정", 자본시장연구원 연구보고서, 2023.2, 3면.

소유의 문제로도 나타난다. 금융회사가 부수업무로 인공지능을 이용한 비금융업무를 하는 것을 제한하거나 금융회사가 인공지능 기술회사를 인수하는 것이 금지되는 것 등이다. 이러한 문제도 입법적인 해결을 기대할 수밖에 없는데, 예컨대 보험업의 경우 2019년 6월 25일 보험업법 시행령이 개정되어 자회사 소유에 관한 제59조 제2항에 제3호가 추가되어[47] 인슈어테크기업을 자회사로 소유하는 것이 허용되었다.[48]

업무범위에 있어 금융회사의 인공지능 이용을 막는 것 중 하나는 부수업무의 제한적 해석이다. 종래 금융위원회는 부수업무의 해석에 있어 고유업무와의 관련성을 중요한 요건으로 보았고, 그로 인해 설사 인적, 물적 유휴가 있더라도 고유업무와 직접 연결되지 아니하는 부수업무는 허용하지 아니하였다.[49] 하지만 이러한 금융위원회의 입장이 전향적으로 바뀌고 있는데 금융위원회는 보험업법 제115조 단서[50]의 해석에서 보험회사의 부수업무로 건강관리서비스를 허용하는 한편, 건강관리기기(스마트밴드, 혈당측정기 등)의 직접 제공을 허용하는 등 관련 규제를 완화하고 있다.[51] 또한 기존보험계약자를 대상으로 하는 건강관리 서비스는 부수업무로 허용하되 일반인을 대상으

46 인터넷전문은행인 카카오뱅크는 금융권 최초로 국제표준 인공지능경영시스템 인증을 받았다. 아시아타임즈, "표준협회, 카카오뱅크에 인공지능경영시스템 인증 수여", 2023.10.25.

47 제59조(자회사의 소유)
② 법 제115조제1항제4호에서 "대통령령으로 정하는 업무"란 다음 각 호의 어느 하나에 해당하는 업무를 말한다.
3. 그 밖에 제3항 및 제4항에 따른 업무가 아닌 업무로서 보험회사의 효율적인 업무수행을 위해 필요하고 보험업과 관련되는 것으로 금융위원회가 인정하는 업무

48 금융위원회가 2021년 발표한 '보험산업 신뢰와 혁신을 위한 정책방향'에 따르면 마이데이터 사업을 영위하는 자회사를 허용하고 헬스케어 자회사에 대한 투자를 촉진하고 있다.

49 예컨대, 국민은행의 알뜰폰 서비스는 처음에는 부수업무로 영위하는 것을 시도하였으나 실패하였고, 이후 규제샌드박스에 의해 허용을 받아 영위하였다. 그러다 규제샌드박스 기간이 도과하자 최근 금융위원회가 이를 부수업무로 인정하여 부수업무신고를 수리하였다. 데일리안, "은행권 통신업 진출길 '활짝'... 독과점 통신시장 흔드나", 2024.4.17.

50 제115조(자회사의 소유) ① 보험회사는 다음 각 호의 어느 하나에 해당하는 업무를 주로 하는 회사를 금융위원회의 승인을 받아 자회사로 소유할 수 있다. 다만, 그 주식의 소유에 대하여 금융위원회로부터 승인 등을 받은 경우 또는 금융기관의 설립근거가 되는 법률에 따라 금융위원회로부터 그 주식의 소유에 관한 사항을 요건으로 설립 허가 · 인가 등을 받은 경우에는 승인을 받은 것으로 본다.

51 그 외 보험회사의 자회사 소유 승인절차도 간소화하였다. 보험업법 제115조, 동시행령 제59조.

로 하는 건강관리 서비스 제공은 불허한다는 입장이었으나 금융위원회는 관련 부수업무에 대한 규제특례를 부여하고, 보험회사가 제공할 수 있는 디지털 헬스케어 서비스 범위를 확대하는 등 보험회사들의 헬스케어 서비스 활성화를 추진하고 있다. 장기적으로는 이러한 개별적인 해석을 통한 해결보다는 부수업무에 대해 고유업무와의 연관성을 적극적인 요건이 아닌, 고유업무를 저해하지 아니할 것 정도의 소극적인 요건으로 해석하는 것이 타당할 것이다.

인공지능의 금융에의 이용에 있어 다수 활용되는 것이 업무위탁이다. 금융회사가 인공지능 기술기업을 인수하거나 동 업무를 부수업무로라도 직접하기 보다는 기술기업에 업무를 위탁하는 것이 위험이나 비용을 손쉽게 줄일 수 있는 방법이기 때문이다. 하지만 금융법상 본질적 업무위탁의 금지 규제가 업무위탁을 어렵게 만든다.[52] 보다 정확히는 개별업법에서 본질적 업무를 지나치게 넓게 규정하고 있어 문제가 되는데, 예컨대 보험업의 경우 본질적 업무의 범위를 보험모집 및 계약체결, 보험회사공시, 보험계약 인수여부에 대한 심사·결정, 보험계약의 유지 및 관리, 재보험출·수재, 보험금 지급여부 심사 및 결정을 모두 포함하는 것으로 하고 있다. 이러한 규정하에서 기술기업에의 업무위탁을 통한 인공지능 이용은 어려울 수밖에 없다.[53] 본질적 업무의 범위를 금융회사가 반드시 수행하여야 하는 본원업무로 재조정하고, 허용범위를 확대하는 것이 필요하다. 또한 본원업무의 경우라고 하더라도 단순하고 반복적인 업무에 대해서는 인공지능의 활용가능성이 크므로 위탁회사의 수탁회사에 대한 감시의무를 강화하는 것을 전제로 허용을 검토할 필요가 있다.

인공지능이 이용될 여지가 큰 판매행위에 관한 규제에 대해서도 수정 및 보완이 필요하다. 금융법은 기본적으로 금융상품을 제조한 금융회사가 직접

52 제3조(업무위탁 등) ① 금융기관은 인가등을 받은 업무를 영위함에 있어 제3자에게 업무를 위탁하거나 제3자의 업무를 수탁할 수 있다. 다만, 다음 각 호의 어느 하나에 해당하는 사항은 그러하지 아니하다.
1. 인가 등을 받은 금융업 또는 다른 금융업의 본질적 요소를 포함하는 업무를 위탁하는 경우. 다만, 다음 각 목의 어느 하나에 해당하는 업무의 경우에는 위탁할 수 있다.

53 안수현, "인공지능의 발전에 따른 보험업 법제 정비 방향과 과제", 보험연구원, 2021.7, 62~66면.

판매를 하는 것을 전제하고 있다. 그런데 금융상품의 차별성이 약화되면서 제조보다 판매가 점차 중요해지고 있으며, 이에 따라 금융상품의 제조와 판매가 분리되는 현상이 나타나고 있다. 은행업에서 예금판매인, 금융투자업에서 판매대행인, 보험업에서 보험모집인의 등장이 그러한 예이다. 하지만 금융업에서 금융상품의 제조자가 아닌 판매업자는 대부분 자연인을 대상으로 매우 제한적인 범위에서만 허용되고 있고, 판매방식 역시 자연인을 전제로 규정이 마련되어 있다. 따라서 인공지능이 이와 같은 금융법 하에서 금융상품의 판매를 하는 것은 불가능에 가깝다. 예컨대, 보험업의 경우 종래 AI를 통한 보험모집은 불가능하고 보험설계사가 반드시 고객을 1회 이상 만나야 하는 대면의무를 강제하였다.[54] 하지만 2021년 금융위원회는 전화모집 시 AI 음성봇을 활용하는 방안을 발표하고, 금융소비자보호법 감독규정 개정을 통해 대면의무를 완화함으로써 AI의 보험판매를 일정 부분 가능토록 하고 있다.[55]

## 5. 규제샌드박스와 금융감독당국의 해석

인공지능의 금융에의 이용을 위한 현실적 전략은 인공지능 활용에 장애가 되는 금융법 규정을 개별적으로 수정하는 방식이 될 것이다.[56] 그러나 이러한 현실적 전략조차 법령개정에 소요되는 시간과 어려움을 생각하면 현실성에 의문이 생긴다. 로보어드바이저의 경우와 같이 법개정 없이 시행령 등 하위규정으로 해결할 수 있는 경우는 오히려 예외적일 것이고, 장기간의 국회입법과정이 필요한 경우가 다수일 것이다.

이러한 상황에서 자주 활용되는 것이 규제샌드박스(regulation sandbox)이다.[57] 규제샌드박스란 어린 아이가 모래상자에서 자유롭게 놀이를 할 수 있

54 백영화, 인공지능 모집채널에 따른 규정 정비 관련 검토, KIRI리포트, 보험연구원, 2017.

55 송창영 외, "금융규제샌드박스 사례", BFL 제107호, 서울대학교 금융법센터, 2021.5, 79~80면은 보험 간편가입, 해지 프로세스를 금융규제샌드박스 사례로 소개하고 있다.

56 반면, 근본적 전략은 금융법의 전반적인 체계를 대면, 사전인가, 행위 및 행위자책임, 규정중심주의에서 인공지능 등 새로운 영역에서는 비대면, 자율규제를 전제로 한 사후책임, 위험책임, 원칙중심주의로 바꾸어 나가는 것이 될 것이다.

57 Zetzsche, Buckley, Barberis and Arner, "Regulating a Revolution: From Regulatory

듯, 특정한 사항에 대해 기존 규제를 적용하지 않고, 일정 기간 서비스를 제공토록 허용하는 것을 말한다.[58] 금융규제의 경우 금융혁신지원 특별법을 통해 규제샌드박스가 도입되었는데 인공지능과 관련해서도 다수의 서비스가 금융혁신서비스로 지정되어 있다.[59] 그러나 동법에 의한 규제샌드박스는 몇 가지 한계가 있다. 우선 범위의 한계이다. 규제샌드박스는 개별서비스를 규제하는 법적용을 예외적으로 적용제외하는 것으로 예컨대 인공지능 기술회사의 자회사 소유와 같은 사항에 대해서는 적용되지 않는다. 또한 적용이 배제되는 법령에도 제한이 있어 예컨대 외국환거래법이나 특정금융정보의 보고 및 이용에 관한 법률 등은 적용이 제외되지 않는다. 한편, 시간의 한계도 문제이다. 금융혁신지원 특별법에 따라 혁신금융서비스로 지정될 경우 최초 2년, 추가 2년까지 서비스 제공이 가능하고, 그 기간 내 관련 법령이 개정되거나 폐지되지 아니하면 서비스의 계속 제공이 불가능하다.[60] 인공지능과 같은 대규모 설비와 비용부담이 요구되는 금융서비스의 경우 설사 혁신금융서비스로 지정이 되더라도 최대 4년까지만 서비스 제공이 가능하고 이후에 대해서는 불확실성이 존재한다면 애당초 사업의 시작이 어려울 수 있다. 다른 한편으로 기대할 수 있는 것은 금융감독당국의 비조치의견(no action letter)[61]이나 적극적인 행정해석이다. 인공지능과 관련하여 앞서 살핀 부수업무의 허용범위를 확대하여 해석한 것이 하나의 예가 될 수 있다. 그러나 이러한 행정해석은 기본적으로 법령이 허용한 범위 내에서만 가능하다는 한계가 있다.

---

Sandboxes to Smart Regulation", Fordham Journal of Corporate and Financial Law, Vol.23, 2017.

58 최철호, "규제개혁을 위한 규제샌드박스 제도 연구", 법학연구 제29권 제1호, 2021.1, 196~199면.

59 송창영 외, "금융규제샌드박스 사례", BFL 제107호, 서울대학교 금융법센터, 2021.5, 79면에서는 AI를 활용한 기업의 특허가치 자동평가서비스를 사례로 제시하고 있다.

60 금융혁신지원 특별법 제4조 제1항 및 제10조 제1항. 예외적으로 규제 개선의 요청에 따라 1년 6개월까지 추가 연장이 가능할 수 있다. 동법 제10조의2.

61 금융회사 등이 신규영업이나 신상품 개발과정에서 법규에 위반되는지에 대해 금융당국에 심사를 청구하면, 금융감독당국이 회신해주는 제도이다. 금융감독당국의 검토 결과 문제가 없으면 나중에 제재 등 법적인 문제 제기를 하지 않겠다는 일종의 사전 면죄부를 주는 것이다. 금융회사들이 나중에 제재를 우려해 신규 사업이나 자금 지원 등을 꺼리는 보신주의를 막기 위해 2001년 증권분야에 이 제도를 처음으로 도입했다.

# Section 04 | 인공지능 발전에 따른 금융법의 새로운 과제와 규제방향

## 1. 인공지능이 제기하는 새로운 과제

앞서 이 연구에서는 인공지능의 금융에의 이용에 있어 제기되는 금융법상 쟁점에 대해 살피고, 금융법의 전반적 변화가능성과 개별 금융법의 수정 및 보완이라는 측면에서 방안을 고찰하였다. 이는 인공지능의 금융에의 이용이 긍정적이고, 현재의 금융법 체계하에서 새로운 문제를 발생시키지 않을 것임을 전제하고 있다. 그런데 과연 그러한가. 인공지능의 금융에의 이용은 분명 금융소비자에게 주는 이점이 있다. 하지만 인공지능의 발전에 따라 종래 금융법적으로 문제가 되지 아니하던 새로운 과제들이 등장하기도 한다. 이를 금융시장 전체의 측면에서 살펴보면 인공지능으로 인해 금융시장의 안정성(stability)이 위협받는 현상과 인공지능 기반 기술기업의 우위 문제(기존 금융회사 입장에서 보면 이른바 '기울어진 운동장' 문제)를 생각할 수 있다. 개별 시장의 측면에서 보면 은행업의 신용제공과 관련한 차별과 금융소외 문제, 그리고 금융투자업에서 인공지능 기술을 가진 자와 그렇지 못한 자 사이에 발생하는 새로운 수단불균형 문제로 정리할 수 있을 것이다. 이러한 새로운 문제들에 대해 금융법이 제대로 대응하지 못하면 인공지능의 금융에의 이용은 득보다 실이 클 수도 있다.

## 2. 시장 안정성

종래 금융법의 규제체계는 미시적 규제를 중심으로 하고 있다. 업권별, 업자별, 행위규제로 은행, 증권, 보험의 업권을 나누고, 각 업권에 참여하는 업자를 구분하고, 업자의 행위를 관리하면 개별업자와 개별업권의 건전성이 지켜질 수 있고, 결국 그 총합으로서 금융시장의 안정성이 유지될 수 있다는 철학이 깔려 있다. 하지만 인공지능의 발전은 이러한 금융규제의 근저를 뒤

흔들고 있다.[62] 인공지능이 미치는 영향은 두가지 방향에서인데 하나는 뒤에서 살필 인공지능 기반 기술기업이 금융업에 진출하는 것으로 이러한 진출은 주로 플랫폼[63]을 기반으로 하여 업권을 가리지 않는다. 따라서 인공지능으로 발생한 문제는 어느 한 업권에 머물지 않고 금융시장 전체에 영향을 미칠 수 있다. 다른 하나는 인공지능 기술 자체의 특성으로 인간이 통제할 수 없는 속도와 정도로 시장에 영향을 미칠 수 있다는 점이다. 미국에서 2010년 5월 6일 발생한 Flash Crash 사건[64]이 좋은 예이다. 인공지능의 발전은 금융규제에 있어 이른바 구성의 오류 가능성을 보여준다. 종래 시장의 안정성을 위해 업자와 업권을 개별적으로 규제하면 전체 시장안정성이 담보된다는, "1+1=2"식의 사고가 인공지능의 시대에는 더 이상 유지될 수 없다. "1+1≠2"가 될 수도 있으므로 시장 안정성이라는 목표(위 식에서 2라는 값)는 업자나 업권(위 식에서 1이라는 값들)을 개별적으로 규제하는 것만으로는 달성하기 어려울 수 있다.

2017년 11월 금융안정위원회(FSB, Financial Stability Board)는 AI와 머신러닝(Machine Learning)의 특성 및 해당 특성이 금융안정성에 미치는 영향에 주목하여 신기술의 네트워크 효과 및 확장가능성으로 인하여 초래되는 제3자 의존성이 심화되고 이에 따라 독점적 또는 과점적 사업자가 시장에 등장할 수 있다는 점을 강조한 바 있다. 실제로 사업자들 중 일부는 현재 규제와 감독사각지대에서 활동을 하고 있으며 그들로 인한 제3자 의존성 및 연결성은 시스템적 영향을 가져올 수도 있다는 문제를 제기하였다. 그리고 감독당국이 AI를 감독할 적절한 방법을 찾지 않는다면 AI와 머신러닝에 대한 이해가능성 또는 감사가능성 부족으로 인해 거시경제적 위험이 촉발될 가능성이 있음을 경고하였다.[65] 2023년 10월 미국 증권거래위원회(SEC, Securities and

62 Douglas W. Arner, et al.(2023)

63 플랫폼 비즈니스는 둘 이상의 구분되는 유형의 고객 간에 직접적인 상호작용을 가능하게 하는 방법으로 가치를 창출하는 것을 말한다. Haigu, Andrei and Wright, Julian, "Multi-Sided Platforms", Harvard Business School Working Paper, 12-024, 2011, p2.

64 알고리즘을 이용한 고빈도거래(HFT, High Frequency Trading)가 촉발시킨 것으로 당시 별다른 외생변수가 없었음에도 미국의 주식시장이 알고리즘 간 간섭효과 등으로 인해 매우 짧은 시간에 폭락한 사건이다. John Armour, et al., "Principles of Financial Regulation", Oxford, 2016, p158.

Exchange Commission) 의장인 Gary Gensler 역시 "정부의 신속한 개입이 없다면 AI로 인하여 초래될 금융위기는 불가피할 것(AI-engineered financial crisis is nearly unavoidable without swift intervention)"이라면서 금융당국은 물론이고 국제적인 공조를 통해 금융 분야에서의 AI 규제체계 및 구체적인 방안 마련이 필요하다는 견해를 밝힌 바 있다.[66] 요컨대, 인공지능과 같이 금융시장 전체에 광범위한 영향을 미치는 기술이 등장한 상황에서는 시장 안정성이라는 목표를 기존 업자규제나 행위규제와는 별도의 규제목표로 삼을 필요가 있다. 또한 인공지능 기술이 갖는 특징, 즉 인간이 인지할 수 없을 정도의 빠른 속도와 폭으로 시장에 영향을 미칠 수 있는 점을 고려하여 새로운 규제수단과 규제주체를 마련할 필요가 있다. 이때 새로운 규제수단은 인공지능의 업권 간, 업자 간 연결효과를 감시, 통제할 수 있는 것이어야 한다. 규제주체는 개별업권 내지 시장이 아닌 전체 금융시장의 안정성을 우선적 규제목표로 삼아야 할 것이고, 그에 따른 최소한의 업무 및 조직의 독립성을 확보해야 할 것이다.

## 3. 인공지능 기술기업의 우위

현재의 금융법은 금융산업에 대한 규제라는 측면에서 몇 가지 전제를 가지고 있다. 첫째는 제조와 판매의 일치(制販一致)이다. 일반적인 상품은 제조와 판매가 분리되는 것이 보통이고, 판매방식에 제한이 따르지 않는다. 그러나 금융상품은 복잡성과 위험성 및 외부성을 고려하여 동 금융상품을 제조한 자가 직접 판매를 하는 것을 원칙으로 하고, 제3자 판매방식은 제한적으로만 허용된다.[67] 둘째, 판매에 대한 제조의 우위이다. 판매는 제조에 종속되어 있다. 판매는 금융상품의 성격을 가리지 않지만 제조는 금융상품의 성격

65 FSB, "Artificial intelligence and machine learning in financial services", 2017.11.1., (https://www.fsb.org/2017/11/artificial-intelligence-and-machine-learning-in-financial-service/) (2024.4.17. 방문)

66 Financial Times, "Gary Gensler urges regulators to tame AI risks to financial stability", (https://www.ft.com/content/8227636f-e819-443a-aeba-c8237f0ec1ac), (2024.4.16. 방문)

67 앞의 Section 3에서 4.의 판매규제에 관한 내용 참고(456~457면).

이 중요하다. 금융상품의 제조에 주목하여 은행, 증권, 보험의 업권별 규제가 마련되고, 업권 사이에 선이 그어진다. 셋째, 금융과 비금융의 분리, 즉 금산분리이다. 금산분리는 금융자본이 산업자본에 종속되는 것을 막기 위한 것이지만 비금융의 금융업 진출을 막는 효과도 있다.[68]

그러나 인공지능의 발전은 인공지능을 중심으로 한 기술기업의 금융업 진출, 특히 플랫폼을 통한 금융상품의 판매라는 측면에서 위와 같은 금융법의 전제를 흔들고 있다.[69] 앞서의 세 가지 전제에 대응하여 보면, 첫째, 제조와 판매의 일치에서 제조와 판매의 분리로의 변화이다(制販分離). 기술기업들은 금융상품의 제조보다는 판매에 관심을 가지고 있고, 판매는 플랫폼을 통해 이루어진다. 둘째, 제조의 우위에서 판매의 우위, 보다 정확히는 플랫폼의 우위로의 변화이다. 인공지능 기술은 개별 수요자의 이력이나 관심사를 분석하여 개별화되 서비스를 제공할 수 있어 플랫폼의 판매력을 극대화시킨다. 반면 금융상품의 제조에 있어 금융상품 간 차별성을 갈수록 줄어들고 있어 금융회사는 플랫폼과 인공지능이라는 수단을 가진 기술기업에 종속되는 결과가 발생한다.[70] 셋째, 금산분리의 무력화이다. 기술기업은 산업자본에 속하지만 전자금융거래법상 전자금융업자로서 지급결제업을 중심으로 금융업에 진입하였고, 금융상품 판매에 이점을 가지고 있기도 하다.[71]

이러한 인공지능 기술기업의 전통 금융회사에 대한 우위 내지 지배현상을 법적으로 어떻게 대응해야 하는지가 문제이다. 우선 금융시장의 경제력 집중이나 독과점, 시장지배적 지위의 남용에 대해서는 경쟁법적 규제를 통해 해결해야 한다. 다음으로 인공지능 기술기업이 금융업을 영위함에 대해

68 앞의 Section 3에서 4.의 지배구조에 관한 내용 참고(454~455면)

69 대규모 기술기업은 검색플랫폼이나 메시징플랫폼에서 출발하여 동 플랫폼에 금융서비스를 결합시키는 방식으로 금융업에 진출하기도 하고, 보다 직접적인 방법으로 자회사를 통해 금융업에 진출하기도 한다. 네이버의 네이버파이낸셜이나 카카오의 카카오페이, 카카오뱅크 등이 예가 될 수 있다. 기술기업들은 디지털데이터의 집적과 이를 이용한 인공지능 기술에 있어 기존 금융회사들에 비해 우위에 있고, 대면에서 비대면으로 금융상품의 판매방식이 변화하는 상황에서 이들 기술기업이 가지고 있는 플랫폼은 기존 금융회사의 판매망에 커다란 위협이 되고 있다.

70 구본성/이대기, "국내은행의 플랫폼 전략: 현황과 전망", 한국금융연구원, 2022.7, 16~18면.

71 이정수, "제4차 산업혁명과 금융법의 과제", 상사법연구 제40권 제3호, 2021, 214~219면. 이러한 전반적인 변화를 소위 금융에서의 빅블러(big blur)라고 부를 수 있다.

서는 영위방법에 따른 구분대처가 필요하다. 기술기업이 직접 금융회사를 소유하거나 지배하는 형식으로 금융업에 진출하는 방식에 대해서는 기존 금융법을 해당 금융회사에 대해 차별없이 적용하는 것이 가능하다. 문제는 기술기업이 금융상품의 판매에만 진입하는 경우인데 이에 대해서는 동일기능, 동일위험, 동일규제 원칙(Same Function, Same Risks, Same Regulation Principle)을 적용하는 것이 논의된다. 금융회사나 비금융회사나 동일한 기능을 수행하고 시장에 대한 위험을 생성함에 대해 동일한 규제를 받아야 함에는 이론의 여지가 없을 것이다. 문제는 동일한 기능과 위험을 어떻게 정의하고, 판단하느냐이다.[72] 플랫폼의 경우 금융상품의 판매에만 관여하고, 금융상품을 제조하지 아니하는데 제조까지 하는 금융회사와 동일한 규제를 하는 것이 타당한지 등이 문제된다. 플랫폼을 통한 비교광고가 이른바 광고에 해당하는지, 아니면 투자권유에 해당하는지 문제가 되었을 때 그러한 논의가 일부 이루어진 바 있다.[73] 금융소비자보호법에 금융상품판매업에 대한 통일적, 기능적 규제를 마련하고, 인공지능 기술기업의 플랫폼에 대한 별도의 규제단위를 설정하는 것을 고려할 필요가 있다.[74] 다만 이렇게 인공지능 기술기업의 금융업 진출을 수용하게 되는 경우 인공지능이 새로운 대마불사(too big to fail)의 원인이 될 수 있다는 점에 대해서는 경계가 필요하다.[75]

## 4. 차별과 금융소외

인공지능이 은행업과 관련하여 활발히 이용되는 것이 신용평가 내지 신용점수(credit scoring)이다.[76] 인공지능은 여신심사 등에 있어 인간이 하던 신

72 정준혁, "금융플랫폼 규제의 과제와 전망", BFL 제108호, 2021.7.

73 투자권유에 해당하는 경우 현재 법령상 플랫폼의 인공지능을 이용한 개별화된 금융상품 광고/투자권유 서비스는 사실상 불가능한 상황이다. 플랫폼을 제공하는 기술기업이 기존 금융회사와 동일한 인허가를 받거나 컴플라이언스 수준을 유지하기는 쉽지 않다.

74 정순섭 외, "금융상품판매전문업 도입방안 연구", 연구용역보고서, 2008.10.

75 Nydia Remolina, "Interconnectedness and Financial Stability in the Era of Artificial Intelligence", SMU Centre for AI & Data Governance Research Paper, Singapore Management University School of Law Research Paper, 2022.10.12.

76 Alfonso Delgado De Molina Rius(2023)

용평가에 비해 신청인의 다양한 비금융자료까지도 활용이 가능하고, 매우 빠른 시간에 객관화된 결과를 도출할 수 있는 장점이 있다. 그러나 인공지능은 학습자료에 따라 편향된 결과를 내놓을 수 있다. 실제 미국에서는 인공지능을 이용한 신용점수에 인종이나 피부색에 따라 다른 조건이 같음에도 전혀 다른 결과가 나와 사회문제가 된 바 있다. 이는 인공지능의 편향 문제로 치환되는데 그 원인에 따라 이해 편향(Interest bias) 사회 편향(Social bias), 패턴인지 편향(Pattern–recognition bias), 활동지향 편향(Action–oriented bias), 현상유지 편향(Stability bias)으로 나누어지고, 차별적 결과발생에 대해서는 이중 사회 편향, 패턴인지 편향이 주로 문제된다.[77]

우리나라의 경우 인공지능의 차별 문제에 대응하기 위하여 금융소비자보호법 제15조[78]와 신용정보법 제22조의4, 동시행령 제18조의3[79]에서 정당한 이유 없는 성별, 학력, 장애, 사회적 신분 등에 의한 차별을 금지하는 명문의 규정을 두고 있다.[80] 그러나 문제는 '정당한 이유'(금융소비자보호법) 내지 '합리적 이유'(신용정보법)를 어떻게 해석할지이다. 개인신용심사에서 신용은 채무불이행 가능성을 말하고, 채무불이행은 개인의 직업, 소득수준, 재산수준 등에 달려있다. 그리고 개인의 직업, 소득수준 등은 학력이나 장애 여부 등에 연결된 변수이고, 재산수준은 개인의 가정환경 등 사회적 신분에 영향을 받는 변수이다. 요컨대 성별, 학력, 장애, 사회적 신분 등을 넓게 해석할 경우 인공지능의 이용 자체가 불가능하거나 이용의 결괏값의 효용이 크게 떨어질 수 있다. 반대로 좁게 해석할 경우 성별이나 학력, 신분 등과 같은 이미 사회적으로 형성될 차별적 요소가 그대로 고착화될 여지가 있다.[81] 따라

---

77 Minesh Tanna/William Dunning(2023)

78 금융상품판매업자 등은 금융상품 또는 금융상품자문에 관한 계약을 체결하는 경우 정당한 사유 없이 성별 · 학력 · 장애 · 사회적 신분 등을 이유로 계약조건에 관하여 금융소비자를 부당하게 차별해서는 아니된다고 규정하고 있다.

79 개인신용평가회사(CB)가 개인신용평가시 성별, 출신지역, 국적 등으로 합리적 이유 없이 차별하거나 정당한 이유 없이 계열회사와 금융거래 등 상거래 관계를 맺거나 맺으려는 사람의 개인신용평점을 다른 사람의 개인신용평점에 비해 유리하게 산정하는 등 차별적으로 취급하는 행위를 금지하도록 규정하고 있다.

80 Yeong Zee Kin/Larissa Lim(2023). 싱가포르의 MAS는 FEAT 원칙을 제시하여 공정(Fairness), 윤리(Ethics), 책임(Accountability), 투명성(Transparency)을 인공지능의 핵심적 문제로 제기하고, 구체적인 기준과 법규마련에 대한 방향을 제시하고 있다.

서, 이에 대해서는 허용할 수 있는 차별과 허용할 수 없는 차별을 준별하도록 하여 인공지능을 이용한 결과가 허용할 수 없는 차별을 용인하지는 않도록 규제의 방향을 설정할 필요가 있다. 한편, 금융회사에 대한 의무부과만으로는 한계가 있으므로 금융소비자의 입장에서 인공지능의 평가결과 등에 대해 다툴 수 있는 권리를 구체화하는 것이 필요하다. 그러한 이유에서 신용정보법 제36조의2는 '자동화 평가결과에 대한 설명 및 이의제기' 규정을 두고 있고, 개인정보보호법 제37조의2에서는 '자동화된 결정에 대한 정보주체의 권리'를 규정하여 개인의 설명요구권과 거부권 및 이의제기권을 규정하고 있다.[82]

위와 같은 경성법 이외 연성법의 보완도 필요하다. 2022.8.4. 금융위원회에서 발표한 '금융분야 AI 개발·활용안내서'에서는 금융회사 등은 개인에 대한 부당한 차별 등 개인의 권익과 안전, 자유에 대한 중대한 위험을 초래할 수 있는 서비스(이른바 고위험서비스[83])에 대해 AI 시스템을 활용하는 경우 적절한 내부통제·승인절차 및 위험관리정책을 마련하고,[84] AI 시스템에 이용되는 학습데이터의 출처, 품질 등을 검증하고 개선필요시 조치를 취하도록 하고 있다. 또한 데이터가 왜곡 없이 제공되었는지 여부, 학습데이터가 신용평가의 대상(모집단)을 대표하는지 여부 등을 점검하도록 하며, AI 시스템에 이용되는 학습데이터 또는 모형의 편향 여부를 테스트하고 개발단계에

81 데이터의 사용과 직접적으로 관련이 있는 사례는 아니나, 예컨대 인터넷전문은행으로 하여금 중저신용자 대출 비율을 일정 이상 유지하도록 하는 과정에서 인터넷전문은행의 건전성 악화가 지적된 사례가 있다(비즈워치, 2023. 7. 6.자 "중저신용자 늘렸더니 건전성이 문제?... 인뱅 '속탄다'" (https://news.bizwatch.co.kr/article/finance/2023/07/05/0037) (2024. 4. 16. 방문).

82 EU 개인정보보호규정(GDPR, General Data Protection Regulation)의 조문과 같이 자동화된 결정에 대해 정보주체가 설명 등을 요구할 수 있는 권리를 규정하고 있다. 해당 조문은 2023.3.14. 신설되었고, 2024.3.15.부터 시행되고 있다. 해당 조문이 GDPR의 규정과 다르게 원칙적으로 자동화된 결정을 허용하고 있다는 점에 대한 문제를 제기하는 의견도 존재한다. 이에 대해서는 박노형/김효권, "자동화된 결정에 관한 개인정보보호법 정부 개정안 신설 규정의 문제점; EU GDPR과의 비교 분석", 사법 제62호, 2022.11, 371~373면.

83 금융위원회, "AI 개발·활용 안내서", 2022, 19면. 위 가이드라인은 고위험 서비스의 예시로서 신용평가/대출심사/보험심사에 있어 비금융이력자, 특정 성별과 연령대 등의 부당한 차별이 발생할 수 있는 경우 등을 들고 있다.

84 AI 개발활용 안내서, 18면.

서 완화조치를 취할 의무, 불합리한 차별이 나타나지 않도록 공정성 판단지표를 선정해서 관리할 의무[85] 등을 부과하고 있다.[86]

그러나 이와 같은 인공지능의 편향을 줄이고, 차별이 고착화되는 것을 막기 위한 노력을 경주하더라도 금융이력이 없거나 미약해서 결괏값을 도출할 수 없는 경우(이른바 'thin filer')에 대해서는 인공지능의 이용이 이들을 금융서비스에서 소외시키는 결과를 가져올 수 있다. 또한 AI의 기술적 요소로 인해 이용이 어려운 고연령층이나 저교육층의 경우 인공지능이 활발히 이용될수록 인공지능 소외가 금융소외(financial exclusion)로 연결되기도 한다. 포용적 금융(financial inclusion)[87]으로 나아가기 위해서는 인공지능을 포함한 전반적인 금융교육의 강화, 그리고 인공지능에 대한 수단으로서의 접근성 강화가 요구된다. 그러나 그럼에도 해결되지 아니하는 부분은 금융기관, 특히 은행의 공적 역할에 의해 해결을 기대할 수밖에 없을 것이다.[88]

## 5. 수단불균형

인공지능은 자본시장에서도 알고리즘 거래나 고빈도거래 등 인간이 종래할 수 없었던 속도와 수준의 거래를 가능하게 하는 방식으로 이용되고 있다. 그리고 이러한 인공지능의 이용은 자본시장의 규제체계에 근본적인 변화를 가져오고 있다. 종래 자본시장은 정보불균형이 시장실패의 원인이라는 전제에서 규제의 정당성을 확보하고 있다.[89] 이에 따라 시장실패를 해결하기 위해 금융규제를 통한 정부개입이 정당화되고, 정부개입은 소위 "disclosure or abstain rule"[90]에 의해 사전적으로는 공시규제를 통해 정보를 가진 자가 시

85 예컨대, 다른 조건이 유사함에도 학력, 성별, 연령, 종교 등에 따라 신용등급이나 평점에 큰 폭(자체등급 3단계 이상)의 차이가 있거나, 공정성 목표수준 또는 판단기준에 미달되는 경우 모형의 수정을 검토하도록 하고 있다.

86 AI 개발활용 안내서, 38~40면.

87 금융포용을 포함한 디지털포용에 대해서는 최경진 외, "인공지능법", 박영사, 2024, 125면 이하.

88 이정수, "제4차 산업혁명과 금융법의 과제", 상사법연구 제40권 제3호, 2021, 233~236면.

89 정보를 가진 자와 정보를 가지지 못한 자 사이에 거래가 이루어지는 경우 정보를 가지지 못한 자는 계속적으로 손해를 볼 수밖에 없고, 장기적으로는 이들이 시장에서 나갈 것이므로 자본시장이 실패하는 결과가 발생할 것이라는 예측이다.

장에 정보를 공개하고, 그와 같은 공개로도 여전히 남아 있는 정보불균형에 대해서는 미공개중요정보 이용행위규제와 같은 사후적 불공정거래규제로 대응한다는 것이다.[91]

하지만 인공지능은 자본시장의 상황을 변화시켰다. 기술발전으로 정보의 불균형 상황은 상당 부분 해소가 되었다. 이제 누구든지 ChatGPT나 인공지능 검색엔진을 통해 실시간으로 방대한 정보에 대해 접근이 가능하다. 문제는 알고리즘 거래 등 인공지능 수단을 이용한 거래의 증가이고, 이러한 수단을 가진 자와 그렇지 않은 자 사이의 불균형이 새로운 시장실패의 원인이 되고 있다는 점이다. 시장실패의 원인이 이전에는 정보불균형에 있었다면 이제는 수단불균형에 있는 것이다.[92] 이러한 인공지능으로 인한 수단불균형 상황에 대해서는 종래의 사전적 공시규제와 사후적 거래규제를 보완하는 새로운 규제체계를 검토할 필요가 있다. 인공지능이 장기적으로는 보편화되더라도 단기적으로는 고비용의 대규모 장치가 필요하다. 다수의 개인고객들은 인공지능에 대한 수단확보나 접근성이 제한될 수밖에 없다. 따라서 금융회사의 고객에 대한 적극적 보호의무를 강화하고, 일종의 망중립성과 같이 인공지능 수단에 대한 접근가능성을 강화할 필요가 있다. 한편, 인공지능을 통한 알고리즘 거래 등이 활발한 상황에서 종래 불공정거래는 인간의 행위를 중심으로 규율을 하고 있어 제대로 작동하지 않는 문제가 있다. 이에 대해서는 예컨대, 이상거래의 판단이나 주관적 요건의 해석과 적용에 있어 인공지능을 고려한 변용이 필요하고, 장기적으로는 인공지능을 이용한 거래를 전제로 한 입법적 대응이 요구된다.[93]

---

90 John Armour, et al., "Principles of Financial Regulation", Oxford, 2016, pp.160-164.

91 이정수, "제4차 산업혁명과 금융법의 과제", 상사법연구 제40권 제3호, 2021, 230~233면.

92 미국의 뉴욕남부검사장인 Erik Schneiderman은 이를 Insider Trading 2.0으로 명명한 바 있다. Hibah Yousuf, "NY Attorney General blasts 'insider trading 2.0'", CNN, 2013.11.24.

93 이정수, "시장질서교란행위 규정의 입법론적 재검토", 증권법연구 제24권 제1호, 2023.4, 112~113면 등.

## Section 05 | 결론

인공지능이란 인간의 지적능력을 대신한 문제해결을 목적으로, 소프트웨어로서 컴퓨터 프로그램과 하드웨어로서 시스템의 결합으로 이루어진, 일정한 수준 이상의 자율성을 가진 것을 의미한다. 인공지능은 초기에는 가상의 아이디어였지만 점차 현실화되고 있으며, 최근 상당한 수준의 자율성을 내포한 범용, 생성형 인공지능이 등장함에 따라 법적으로도 활발한 논의가 전개되고 있다.

금융은 대량의 디지털화된 정보가 생성되고, 의사결정구조가 이익추구라는 측면에서 명확하여 상대적으로 인공지능의 접근과 이용이 용이한 영역이다. 실제로 금융에서는 은행, 증권, 보험 등 각 업권에서 인공지능이 활발히 이용되고 있다. 다만 금융의 현실과는 달리 금융법적으로는 논의가 더딘 상황이다.

인공지능의 금융에의 이용에 있어 일반적인 장애요소는 다른 규제법과 마찬가지로 인공지능의 공정성, 투명성, 책임성과 같은 문제이고, 이에 더해 특유한 문제로 금융법의 거래규제(대면, 인간), 업자규제(인적, 물적요건), 감독규제(행위, 행위자책임)를 들 수 있다. 이러한 장애에 대해 큰틀에서는 원칙중심, 위험중심규제에 따라 공정성, 투명성, 책임성에 있어 핵심적인 사항은 경성법으로 규율하고, 그 외 사항은 연성법의 영역으로 남길 필요가 있다. 한편 금융에의 이용을 위해 업무규제, 판매규제 등 일부에 대해서는 기존 법령의 개별적인 수정, 보완도 요구된다.

인공지능의 발전에 따라 향후 시장안정성이나 플랫폼의 지배 등 거시적 문제와 은행에서의 차별과 소외, 증권에서의 수단의 불평등 등 미시적 문제 등 종래 경험하지 못했던 문제들이 발생할 수 있다. 이에 대해서는 각각에 대해 인공지능의 발전에 따른 규제양상을 예측하고 그에 적합한 규제체계를 미리 준비하는 것이 필요하다.[94]

---

94 허유경, "디지털 금융감독과 금융소비자 보호 - 국내외 감독기관의 섭테크 활용현황 및 과제 -", 금융법연구 제19권 제1호(한국금융법학회, 2022) 등. 한편, 인공지능은 금융규제의 측면에서

# 참고문헌

## 국내 문헌

고학수 외, "인공지능 시대의 개인정보보호법", 박영사, 2022.

구본성 · 이대기, "국내은행의 플랫폼 전략: 현황과 전망", 한국금융연구원, 2022.7.

권영준 외, "자율주행자동차 사고와 민사책임", 민사법학, 제75호, 2016.

김건식 ·정순섭, "자본시장법"(제3판), 박영사, 2024.

김범준 외, 로보어드바이저의 활용과 금융투자자보호 – 미국의 규제체계가 주는 함의를 중심으로 –, 법학연구 제17권 제1호, 한국법학회, 2017.

김용재, "자본시장법상 원칙중심규제 도입의 필요성 및 방향", 증권법연구 제19권 제1호, 한국증권법학회, 2018.

김윤명, "블랙박스를 열기 위한 인공지능법", 박영사, 2022.

김자봉, "금산분리의 경제이론", BFL 제98호, 2019.11.

백영화, 인공지능 모집채널에 따른 규정 정비 관련 검토, KIRI리포트, 보험연구원, 2017.

서정호, "금융업의 인공지능 활용과 정책과제", 한국금융연구원, 2022.

______, "국내은행의 인공지능 도입현황과 경영과제", 금융브리프 제30권 제24호, 금융연구원, 2021.11.

성희활, "4차 산업혁명의 시대에서「네거티브 규제 패러다임」에 따른 금융규제 체계의 재구축 방안 연구", 법과 정책 24–1, 제주대학교 법과정책연구원, 2018.3.

송창영 외, "금융규제샌드박스 사례", BFL 제107호, 서울대학교 금융법센터, 2021.5,

안수현, "인공지능의 발전에 따른 보험업 법제 정비 방향과 과제", 보험연구원, 2021.7.

양천수, "인공지능혁명과 법", 박영사, 2021.

이경민, "비대면 보험계약의 쟁점에 관한 소고", 보험법연구 제15권 제1호, 2021.

이상훈, "인공지능이 금융하는 법", 박영사, 2022.

이성남, "핀테크 혁명과 보험업의 미래; 인공지능 활용 리스크와 법제도적 과제에

---

위기이자 기회이기도 하므로 레그테크, 섭테크와 같이 새로운 기술적 수단으로 적극적으로 활용하는 것도 고려가 필요하다.

관한 연구", 보험법연구 제16권 제3호, 2022.
이정수, "은행법의 실무상 쟁점에 관한 연구", 기업법연구 제34권 제1호, 기업법학회, 2020.3.
_____, "시장질서교란행위 규정의 입법론적 재검토", 증권법연구 제24권 제1호, 2023.4.
_____, "알고리즘 거래에 관한 금융법적 규제 연구", 서울대학교 박사학위논문, 2022.8.
_____, "제4차 산업혁명과 금융법의 과제", 상사법연구 제40권 제3호, 상사법학회, 2021.
이해원, "인공지능과 불법행위책임", 박영사, 2023.
이효진, "인공지능(AI) 단일법 제정 필요성과 행정법학의 과제", 법학논총, 2023.2.
인하대학교 법학연구소 AI/데이터법 센터, "인공지능법 총론", 세창출판사, 2023.
임홍순 외, "인공지능 인사이트; 로보어드바이저 사례를 중심으로", 한국금융연수원, 2020.
정순섭, "기술발전과 금융규제법의 전망", BFL 제107호, 2021.5.
_____, "금융소비자보호법의 구조와 내용", BFL 제102호, 2020.7.
_____, "기술발전과 금융규제 - 이른바 규제샌드박스의 한국법상 구상과 가능성", BFL 제85호, 2017.9.
_____, "데이터경제의 법적 평가와 제도설계의 기본원칙", 2020년도 경영경제 5개학회 공동심포지엄 발표자료집: 데이터 경제시대의 기업경영과 향후 정책과제, 2020.
_____, "비현금지급수단의 발전과 지급결제법제", BFL 제99호, 2020.1.
_____, "최근 20년간 금융규제의 변화", BFL 제101호, 2020.
정순섭 외2, "금융상품판매전문업 도입방안 연구", 정책보고서, 2008.10.
정준혁, "금융플랫폼 규제의 과제와 전망", BFL 제108호, 2021.7.
최경진 편, "인공지능법", 박영사, 2024.
최철호, "규제개혁을 위한 규제샌드박스 제도 연구", 법학연구 제29권 제1호, 2021.1.
허유경, "디지털 금융감독과 금융소비자 보호 – 국내외 감독기관의 섭테크 활용 현황 및 과제 –", 금융법연구 제19권 제1호, 한국금융법학회, 2022.

홍동숙, “금융 AI 시장 전망과 활용 현황: 은행권을 중심으로”, 한국신용정보원 보고서, 2022.

홍석한, “유럽연합 ‘인공지능법안’의 주요 내용과 시사점”, 유럽헌법연구 제38권,2022.

## 외국 문헌

Chris Brummer and Yesha Yadav, “Fintech and the Innovation Trilemma”, 107 Georgetown Law Journal, 2019.

Hagiu, Andrei and Wright, Julian, “Multi－Sided Platforms”, Harvard Business School Working Paper, 12－024, 2011.

John Armour, et al., “Principles of Financial Regulation”, Oxford, 2016.

John McCarthy et al., “A Proposal for the Dartmouth Summer Research Project on Artificial Intelligence”, at 1, 1995.

Morten Balling, Frank Lierman, “Technology and Finance: Challenges for Financial Markets”, Routledge, 2002.

Nicole G. Iannarone, “Computer as Confidant: Digital Investment Advice and the Fiduciary Standard”, 700, 93 Chicago－Kent Law Review 140, 157, 2018.

Nydia Remolina, “Interconnectedness and Financial Stability in the Era of Artificial Intelligence”, SMU Centre for AI & Data Governance Research Paper, Singapore Management University School of Law Research Paper, 2022.10.12.

Thomas Wischmeyer, et al., “Regulating Artificial Intelligence”, Springer, 2020.

Zetzsche, Buckley, Barberis and Arner, “Regulating a Revolution: From Regulatory Sandboxes to Smart Regulation”, Fordham Journal of Corporate and Financial Law, Vol.23, 2017.

Nydia Remolina, et al., “Artificial Intelligence in Finance”, Elgar, 2023에 포함된 다음 논문들[95]

Alfonso Delgado De Molina Rius, “Foundations of Artificial Intelligence and Machine Learning”(Alfonso Delgado De Molina Rius(2023))

Aossio Azzutti et al., “Regulating AI Trading from an AI Lifecycle

95 본문의 각주 인용 시에는 아래 괄호 안과 같이 간략히 표시한다.

Perspective"(Aossio Azzutti et al.(2023))
Aurelio Gurrea－Martinez/Wai Yee Wan, "The Promise and Perils of Robo－Advisor"(Aurelio Gurrea－Martinez/Wai Yee Wan(2023))
Christopher Chao－Hung Chen, "Regulation of the Use of Artificial Intelligence for Investment in the Insurance Industry"(Christopher Chao－Hung Chen(2023))
Douglas W. Arner et al., "Regulating Artificial Intelligence in Finance and Other Regulated Industries"(Douglas W. Arner et al.(2023))
Maayan Perel/Ruth Plato－Shinar, "AI－Based Consumer Credit Underwriting"(Maayan Perel/Ruth Plato－Shinar(2023))
Magdalene Loh/Terence Soo, "Opportunities and Use Cases of AI in the Insurance Industry"(Magdalene Loh/Terence Soo(2023))
Marcus Bartley Johns et al., "Responsible AI"(Marcus Bartley Johns et al.(2023))
Minesh Tanna/William Dunning, "Bias and Discrimination in the Use of AI in the Financial Sector"(Minesh Tanna/William Dunning(2023))
Nikita Aggarwal, "Machine Learning, Alternative Data, and the Regulation of Consumer Credit Market"(Nikita Aggarwal(2023))
Nydia Remolina, "Interconnectedness and Financial Stability in the Era of Artificial Intelligence"(Nydia Remolina(2023))
Richard Zuroff/Nicolas Chapados, "Explaining Explainable AI"(Richard Zuroff/Nicolas Chapados(2023))
Virginia Torrie/Dominique Payette, "AI Governance Frameworks for the Banking Sector"(Virginia Torrie/Dominique Payette(2023))
Yeong Zee Kin/Larissa Lim, "Harmony in Chaos"(Yeong Zee Kin/ Larissa Lim(2023))

chapter

# 18

# AI의 기술발달에 따른 헌법적 관점에서의 기본권 보장에 관한 연구

조수영*

## Section 01 | 서론

우리사회가 4차산업혁명시대로 진입하며 AI · 사물인터넷 · 클라우드 · 빅데이터 · 드론 · 블록체인 등 지능정보화기술 기반의 디지털 환경 및 생태계가 조성되고 있어, 국민 생활의 편리성을 높이고 있음은 주지의 사실이다. 다만 현재의 관련기술 개발이 디지털경제 생태계 조성과 경제적 관점의 기술 발달에만 방점을 두고 있어, 정작 우리나라 최고규범인 「헌법」에 근거한 법정책 설계 및 대응방안 모색에는 뚜렷한 관심을 가지지 않고 있다는 문제점을 내포하고 있다.

무엇보다 지능정보화기술 중 4차산업혁명시대의 근간을 이루는 기술인 AI 기술 발전은 법정책입안자, 시민(인권)단체, 학계 및 언론뿐 아니라 시민사회 전반에 폭 넓은 관심의 대상이었다. 그러나 최근 들어 여러 역기능이 사회문제로 대두되며[1] 인류의 인권 및 사회에 끼치는 영향 등에 대한 우려

* 숙명여자대학교 교수

1 최근 AI 기술의 발달로 단 1장의 사진 또는 몇 초 분량의 음성 데이터만으로 실제 인물과

가 비등하자, 최근 EU에서는 인권영향평가, AI의 등급별 규제 등을 골자로 하는 AI법(Artificial Intelligence Act[2])을 제정해 2026년부터 전면시행 예정이다. 미국의 경우 AI와 관련한 인권 보호를 위해 미국 대통령에 의한 행정명령(Executive Order 14110)이 시행되고 있으며, 주(州) 차원에서는 캘리포니아 주의 'AI 규제법(안)'마련이 추진되고 있다. 우리나라의 과학기술정보통신부도 AI기본법[3] 제정 및 AI 생성물 워터마크 표시 의무화 정책을 추진하고 있으며, 2024년 5월 개최된 AI 서울 정상회의에서 글로벌 AI 거버넌스 구축 및 "안전/혁신/포용"의 3대 규범가치를 제시한 '서울의향서'를 주요국 정상이 채택했으며,[4] 이 행사의 일환으로 추진된 회의에서 OpenAI를 포함한 국내외 주요 AI 기업들도 워터마크 표시 등 AI 안전 서약에 참여한 바 있다.[5] 하지만 지금까지 법정책의 접근방향은 선기술개발 후대응 방식을 취하고 있

---

유사한 딥페이크(Deepfake) 영상물 제작이 가능해져, 이를 악용한 신종 피싱 범죄(사회 곳곳에서 발생하고 있는 딥보이스/딥페이크를 악용한 피싱범죄 등)에 대한 국민의 우려가 커지고 있으며, 생성형 AI의 등장이 가져온 AI를 악용한 가짜 뉴스의 양산 또는 AI의 환각·블랙박스 현상, AI 기술 도입에 따른 실업자수 증가 등은 국민 생활경제와 기본권 침해를 가져올 수 있으며, 나아가 민주주의 근간을 흔들 수 있다는 우려가 사회문제도 대두되고 있음.

2 이 법안의 정식명칭이 「Regulation laying down harmonised rules on artificial intelligence」로 "Regulation"이라는 용어를 사용하고 있어, 이를 "규정/규칙/규약"등으로 해석할 수 있으나, 관련 정책자료 등이 약칭인 "Artificial Intelligence Act"를 사용하고 있어, 이 글에서는 AI법(안)으로 기술하고자 함.

3 AI 기본법안이 21대 국회에서 계류되었으나, 회기만료로 무산되어 현재 22대 국회에서 이를 통과시킨다는 계획을 갖고 있음.

4 미국, 일본, 프랑스, 독일, 캐나다, 호주, 유럽연합, 유엔 등 21명의 대표단이 참석하였으며, 이 선언 참여국들은 민주주의적 가치·법치주의 및 인권·기본적 자유와 프라이버시를 보호 및 증진하고, 국가 간의 그리고 국내적인 AI 및 디지털 격차를 해소함으로써 인간의 복지를 향상하고, 유엔 지속가능발전목표 진전을 포함하여 AI를 실용적으로 활용하도록 지원하기 위해 AI 안전·혁신·포용성을 향상시키는 국제협력을 강화하고, AI 안전연구소, 연구 프로그램 운영, 기타 유관기관 설립 등에 동참하기로 함(AI 서울 정상회의 서울선언 및 의향서, 2024.05.21. 참조).

5 2023년 G7은 생성형 AI를 사용하는 데 '책임을 부여해야 한다'는 원칙에 합의했으며, △법의 지배 △민주주의 △인권 존중 △적절한 절차 △기술 혁신 기회 활용 등 5가지 원칙에도 합의한 바 있고, 2024년 5월 21일과 22일 개최된 AI 서울정상회의와 'AI 글로벌 포럼'에서는 '안전/혁신/포용'이라는 3대 AI 규범가치를 제시하고 G7과 AI 기술선진국가들이 이 3대 AI 규범가치를 준수하겠다는 선언문을 채택했으며, AI 기술회사들도 이 AI 규범가치의 구현을 위해 협력하겠다는 서약을 한 바 있어, 명실공히 AI 기술에 대한 인간중심의 글로벌 거버넌스가 구축되고 있음.

어, AI 기술이 인간이 통제가 불가능한 강인공지능이 되었을 때 돌이킬 수 없는 결과를 가져올 수 있다는 우려가 증폭되고 있다.[6]

이에 이 글은 4차산업혁명시대의 주된 기술인 AI가 기본권에 끼치는 영향에 대해 분석하고, 다양한 쟁점을 기반으로 AI 기술발달에 따른 헌법적 관점에서의 기본권 보장에 관해 살펴보고자 한다.

## Section 02 | AI와 기본권과의 관계

### 1. AI의 개념

AI의 개념과 유형을 우리나라 AI 기본법안 및 EU의 AI법에 근거해 살펴보면, AI(Artificial Intelligence)는 학습, 추론, 지각, 판단, (자연)언어의 이해 등 인간이 가진 지적 능력을 전자적 방법으로 구현한 것[7]을 말하며, AI 기술[8]은 그 기능, 효력 및 유형에 따라 <표 18-1>에서와 같이 크게 4가지로 구분할 수 있다.

6 아시아경제, "'블랙박스'에 가려진 치명적 위험성…인류 멸종까지 가능 [AI 안전성 위기]", 입력: 2024.04.24., 매일경제, ""10년 내 인간 죽이는 로봇병기 등장"…AI 석학의 경고", 입력: 2024.03.11.; 동아일보, "AI 개발자들 'AI 위험성 경고할 권리 보장하라'", 입력 2024.06.06. 외 다수 검색 2024.07.25.

7 '인공지능 기본법안(한민수의원 대표발의)' 제2조제1호; '인공지능 개발 및 이용 등에 관한 법률안(권칠승의원 대표발의)' 제2조제1호 통합 수정

8 인공지능을 구현하기 위하여 필요한 하드웨어 기술 또는 그것을 시스템적으로 지원하는 소프트웨어 기술 또는 그 활용 기술을 말함.

**표 18-1 EU 「AI법」에서의 금지된 인공 지능 행위 구분[9]**

| 위험구분 | 주요내용 | 대응방식 |
|---|---|---|
| 허용할 수 없는 위험(unacceptable risk)[10] | 침해적이고 차별적인 AI 시스템의 운영 및 제품출시 금지<br>• 행동을 왜곡하기 위한 기술이나 조작 등 기만적 기술을 사용한 AI 시스템<br>• 개인 또는 특정 집단의 취약점을 악용하는 AI 시스템(예: 아동 또는 장애인 등)<br>• 사회적 행동 등의 감정 추론 AI 시스템 등<br>• 민감한 속성 또는 특성에 기반한 실시간 원격 생체 인식 분류 시스템 | 명백한 위협으로 간주되는 모든 AI 시스템이 원칙적으로 금지됨(제5조)[11]<br>다만 법 집행을 위해 공개적으로 접근할 수 있는 공간에서 '실시간' 원격 생체 인식 시스템을 사용하는 경우에는 다음의 어느 하나에 해당할 경우 예외적 허용<br>(i) 실종 아동을 포함한 특정 잠재적 범죄 피해자에 대한 표적 수색<br>(ii) 자연인의 생명이나 신체적 안전 또는 테러 공격에 대한 구체적이고 실질적이며 임박한 위협의 방지<br>(iii) 회원국 법에 따라 최소 3년 이상의 처벌이 예상되는 범죄와 관련된 가해자 또는 용의자의 확인 또는 기소(이 경우 필요하고 비례적인 안전장치 및 시간적, 지리적 및 개인적 한계 등의 조건을 준수해야 함)<br>다만 예외적으로 허용되는 경우라도 다음의 사항을 고려해야 하며(제5조제2항), 공개적으로 접근 가능한 공간에서 '실시간' 원격 생체 인식 시스템의 법 집행을 목적으로 하는 사용은 회원국 독립행정당국이 부여한 사전 허가를 받아야 함. 그러나 긴급히 필요한 경우라면 사후허가 가능(이 경우에도 회원국법에 이와 관련된 요건과 절차 및 방법에 필요한 세부 규칙을 규정해야 함) |

9 EU의 「AI법」 참조

| 위험구분 | 주요내용 | 대응방식 |
|---|---|---|
| | | (a) 가능한 사용을 야기하는 상황의 특성, 특히 심각성, 확률과 시스템을 사용하지 않을 때 발생하는 피해 규모<br>(b) 모든 관계자의 권리와 자유를 위한 시스템 사용의 결과, 특히 그 결과의 심각성, 확률 및 규모 |
| 고위험[12]<br>(high risk)[13] | 1. AI 시스템이 시장에 출시되거나 (a) 및 (b)항에 언급된 제품과 독립적으로 서비스에 투입되는지 여부와 관계없이, 해당 AI 시스템은 다음 조건을 모두 충족하는 경우 고위험으로 간주됨<br>(a) AI 시스템이 제품의 안전 구성요소로 사용되거나 AI 시스템 그 자체가 부속서Ⅲ에 나열된 EU 관계법의 적용을 받는 제품에 해당하는 경우<br>(b) 안전 구성요소인 제품이 AI 시스템이거나 AI 시스템 그 자체가 시장에 출시되거나 해당 제품의 서비스를 제공하기 위해 제3자 적합성 평가를 받아야 하는 EU 조화 법률의 적용을 받는 제품인 경우<br>2. 제1항에서 언급한 고위험 AI 시스템[14] 외에, 부속서Ⅲ에서 언급한 AI 시스템도 고위험으로 간주되어야 함(〈붙임1〉 참조)<br><br>- 교통 시스템과 같이 시민의 생명과 건강을 위험에 빠뜨릴 수 있는 사회 중요 인프라[15]<br>- 시험 채점 등 삶의 교육 및 | • 해당 고위험 AI 시스템은 시장에 출시되기 전에 다음과 같은 행위주체별 엄격한 의무가 부과됨.(제8조 내지 제15조)<br>• AI 시스템 요건: 위험관리시스템, 데이터 및 데이터 거버넌스, 기술 문서, 로그 관리, 투명성 및 유포자(전개자) 정보제공, 인적 감시, 정확성 · 견고성 · 사이버보안(accuracy, robustness and cybersecurity)<br>• AI 시스템 제공자(공급자)(적합성 평가 대상 제품의 경우 제조자 포함)의 의무: AI 시스템 요건 준수, 품질관리시스템, 기술문서 작성[17], 로그 기록관리[18], 적합성평가, 등록, 시정조치, 신고의무, 당국에 협조, 대표자 선임, 출시 후 모니터링, 중대사고 · 오작동 신고.<br>• AI 시스템 수입업자의 의무: 적합성평가[19] 등 확인, 출시 중단 등, 정보제공, 보관 · 운송 상 유의사항, 당국에 협조<br>• AI 시스템 유통자의 의무: CE마킹 등 확인, 출시 중단 등, 보관 · 운송 상 유의사항, 당국에 협조, 시정조치<br>• AI 시스템 유포자(전개자)의 의무: |

| 위험구분 | 주요내용 | 대응방식 |
| --- | --- | --- |
| | 전문 과정에 대한 접근성을 결정할 수 있는 교육 또는 직업 훈련16<br>– 로봇 지원 수술에서의 AI 등 제품의 안전 구성요소<br>– 채용 절차를 위한 CV 분류 소프트웨어 등 고용, 근로자 관리 및 자영업 접근성<br>– 대출을 받을 수 있는 기회를 거부하는 신용 점수 자동결정 등 필수적인 민간 및 공공 서비스<br>– 증거의 신뢰성 평가 등 국민의 기본권을 침해할 수 있는 법 집행<br>– 이민, 망명 및 국경 통제 관리<br>– 정의 및 민주적 프로세스의 관리 | 사용설명서 준수, 시스템 작동 감시, 로그 기록관리, 제공받은 정보의 활용<br>※ 해당되는 경우 DPIA 수행 시 정보 활용 |
| 제한된 위험 (Limited risk) | 제한된 위험은 특정 투명성 의무가 있는 AI 시스템을 말함<br>예를 들면, 챗봇/딥페이크 기술, 감정인식, 생체인식 시스템과 같이 사람과 상호작용하는 AI 시스템을 사용할 때, 유포자(전개자)는 정보주체에게 기계와 상호 작용하고 있다는 것을 인식하고 사용 여부 및 지속성에 대해 정보주체 스스로 결정할 수 있도록 정보를 제공하여야 함(제69조) | 제한된 위험의 AI 시스템에 대해서는 고위험 AI 시스템에 부여된 필수 요건들의 충족이 강제되지는 않으나 자발적 준수를 위한 행동강령(code of conducts)의 수립이 권장됨<br>또 유럽연합 집행위원회와 유럽 AI 위원회는 행동강령의 작성을 권고할 때 소상공인 및 스타트업의 특정한 이익과 요구를 고려하여야 함(규제샌드박스 규정) |
| 저위험 또는 무위험 (Minimal or no risk) | 인공지능 지원 비디오 게임 또는 스팸 필터와 같은 응용 프로그램이 포함되며, 현재 EU에서 사용되는 인공지능 시스템의 대부분은 이 범주에 속한다고 할 수 있음 | 저위험 또는 위험이 없는 AI 시스템은 사용에 제한받지 않음 |

10 '인공지능 개발 및 이용 등에 관한 법률안(권칠승의원 대표발의)' 제2조제2호에 따를 때, "금지된 인공지능"이란 인간의 존엄과 가치, 인류의 평화와 안전에 대한 심각한 침해나 위협이 명백하다고 인정되어 개발과 이용이 금지된 인공지능으로서 대통령령으로 정하는 기준 및 유형에 해당하는 것을 말함.

11 법 집행을 위한 목적으로 공개적으로 접근가능한 공간에서 '실시간' 그리고 원격의 생체인식 정보를 활용한 신원확인 시스템의 사용(단, 실종아동 또는 범죄 피해자 표적 수색, 테러 방지나 중범죄자 색출의 경우 예외적으로 허용)도 금지되는 AI 시스템에 해당됨.

12 고위험으로 분류할 때, AI 시스템이 수행하는 기능뿐만 아니라 해당 시스템이 사용되는 특정 목적과 양식에 따라 달라질 수 있음.

13 '인공지능 개발 및 이용 등에 관한 법률안(권칠승의원 대표발의)' 제2조제3호에 따를 때, "고위험 인공지능"이란 국민의 생명과 신체, 건강과 안전, 기본권의 보호, 국가안보 및 공공복리 등에 중대한 영향을 미칠 우려가 있는 위험성이 높은 인공지능으로서 대통령령으로 정하는 기준 및 유형에 해당하는 인공지능을 말하며, '인공지능 기본법안(한민수의원 대표발의)' 제2조제3호에 따를 때, "고위험영역 인공지능"이란 다음의 어느 하나에 해당하는 인공지능으로서 사람의 생명, 신체의 안전 및 기본권의 보호에 중대한 영향을 미칠 우려가 있는 영역에서 활용되는 인공지능을 말함.

가. 「에너지법」 제2조제1호에 따른 에너지, 「먹는물관리법」 제3조제1호에 따른 먹는물 등의 공급을 위하여 사용되는 인공지능, 나. 「보건의료기본법」 제3조제1호에 따른 보건의료의 제공 및 이용체계 등에 사용되는 인공지능, 다. 「의료기기법」 제2조제1항에 따른 의료기기에 사용되는 인공지능, 라. 「원자력시설 등의 방호 및 방사능 방재 대책법」 제2조제1항 제1호 및 제2호에 따른 핵물질과 원자력시설의 안전한 관리 및 운영을 위하여 사용되는 인공지능, 마. 범죄 수사나 체포 업무에 있어 생체정보(얼굴·지문·홍채 및 손바닥 정맥 등 개인을 식별할 수 있는 신체적·생리적·행동적 특징에 관한 개인정보를 말한다)를 분석·활용하는 데 사용되는 인공지능, 바. 채용, 대출 심사 등 개인의 권리·의무 관계에 중대한 영향을 미치는 판단 또는 평가 목적의 인공지능, 사. 「교통안전법」 제2조제1호부터 제3호까지에 따른 교통수단, 교통시설, 교통체계의 주요한 작동 및 운영에 사용되는 인공지능, 아. 국가, 지방자치단체, 「공공기관의 운영에 관한 법률」에 따른 공공기관 등이 사용하는 인공지능으로서 국민에게 영향을 미치는 의사결정을 위하여 사용되는 인공지능, 자. 그 밖에 국민의 안전·건강 및 기본권 보호에 중대한 영향을 미치는 인공지능으로서 대통령령으로 정하는 인공지능

14 주로 생체 인식 및 분류 시스템/운송 및 에너지 시스템과 같은 주요기반시설에 활용되는 AI 시스템/교육 및 훈련 시스템/고용, 근로자 및 인력 관리를 위한 시스템/법 집행 및 사법 제도에 적용되는 시스템/마케팅 및 광고 시스템/채용 및 인사 시스템/소셜 등급 시스템 등을 말함.

15 인프라 의 고장 또는 오작동은 중요한 인프라의 보안 및 무결성을 침해하거나 대규모로 사람의 생명과 건강을 위험에 빠뜨리고 일상적인 사회 및 경제 활동 수행에 상당한 혼란을 초래할 수 있기 때문에 중요 인프라의 관리 및 운영과 관련하여 물, 가스, 난방 전기 및 주요 디지털 공급의 관리 및 운영에서 안전 구성 요소로 사용되도록 의도된 AI 시스템을 고위험으로 분류하는 것이 적절함. 중요 디지털 인프라를 포함한 중요 인프라의 안전 구성 요소는 중요 인프라의 물리적 무결성 또는 사람과 재산의 건강과 안전을 직접 보호하는 데 사용되는 시스템이며, 이러한 구성 요소의 고장 또는 오작동은 중요한 인프라의 물리적 무결성에 대한 위험으로 직접 이어질 수 있으며, 따라서 사람과 재산의 건강과 안전에 대한 위험으로 이어질 수 있음. 사이버 보안 목적으로만 사용되는 구성 요소는 안전 구성 요소로 인정되어서는

## 2. AI와 기본권과의 관계

### 1) 기본권의 의의

우리는 일상생활에서 인권이라는 표현과 기본권이라는 용어를 혼재해 사용하고 있는바, 인권(人權; human rights; Menschenrechte) 또는 인간의 권리(Menschenrecht)라 함은 인간이 인간으로서 당연히 누리는 권리를 말하며,[20] 인권 또는 인간의 권리를 독일 등에서는 기본적 인권(Grundlegende Menschenrechte) 또는 기본권(fundamental rights; Grundrecht)이라고 한다. 그러나 엄밀한 의미에서 인권과 기본권은 동일한 개념이 아니다. 인권은 인권사상을 바탕으로 하여 인간이기 때문에 누리는 인간의 생래적·천부적 권리(자연권)를 의미하지만(천부적 인권[21]) 기본권은 헌법이 보장하고 있는 국민의 기본적 권리를 의미한다. 그러나 각국의 헌법에서 보장하고 있는 기본권은 연원적으로 인권사상의 발달에 그 기원을 두고 있으며,[22] 자유권적 기본권을 중심으로 하고

---

안 됨. 이러한 안전 구성 요소의 예로는 수압 모니터링 시스템 또는 클라우드 컴퓨팅 센터의 화재 경보 제어 시스템이 포함될 수 있음(전문 제34항 참조).

16 시험 중 학생의 금지된 행동을 모니터링 및 감지하거나 접근할 수 있거나 개인이 받을 수 있는 교육 및 훈련 수준에 실질적으로 영향을 미치는 것은 고위험 AI 시스템으로 분류 되어야 함(전문 제35항 참조).

17 고위험 AI 시스템의 기술 문서는 해당 시스템이 출시되거나 서비스되기 전에 작성되어야 하며 최신 상태로 유지해야 함. 기술 문서는 고위험 AI 시스템이 이 장에 명시된 요구 사항을 준수함을 입증하고 AI 시스템의 준수 여부를 평가하는 데 필요한 모든 정보를 국가 관할 당국 및 인증 기관에 제공하는 방식으로 작성되어야 함(제11조).

18 부속서 III의 제1항(a)에 언급된 고위험 AI 시스템의 경우 로깅 기능은 최소한 다음을 제공해야 함.
(a) 시스템의 각 사용 기간 기록(시작 날짜 및 시간 및 종료 등 각 사용 날짜 및 시간);
(b) 입력 데이터가 확인된 참조 데이터베이스 체계; (c) 검색 결과 일치하는 입력 데이터;
(d) 제14조(5)항에 언급된 결과 확인에 관련된 자연인의 신원 확인.

19 적합성 평가는 자체 평가가 허용되지만, 생체 인증에 사용되는 AI 시스템은 제3자 기관에 의한 평가가 필요

20 이러한 의미의 인권을 최초로 선언한 헌법은 버지니아 권리장전(權利章典)과 프랑스 인권선언(人權宣言)이라 할 수 있음.

21 인권은 천부인권의 줄임말이라 부르기도 하는데, 천부인권설(天賦人權說)은 인간은 태어나면서부터 자유롭고 평등한 존재로서, 자유와 권리를 향유하고 스스로의 행복을 추구할 권리가 있다고 주장한 학설로, 이 학설의 대표자는 루소라 할 수 있음.

22 정종섭, 『헌법학원론』, 박영사, 2009, 259면 이하 참조.

있을 뿐만 아니라 그 밖의 정치적·경제적·사회적 기본권 등도 인간의 권리와 보완관계에 있기 때문에 인권과 기본권을 동일시하여 보는 것도 무방하다고 할 수 있다.[23] 한편 우리나라 최고규범인 「헌법」에서도 기본권이라는 용어 자체를 규정하고 있지 않지만, 헌재도 "국가와 헌법 그리고 기본권과의 근본적인 관계에 관해서 보더라도, …중략… 근본적으로 국가가 없으면 헌법도 없고 헌법이 없으면 국가에 대하여 주장할 기본권도 관념할 수 없다. 따라서 '인권 내지 인간의 권리'라는 것도 헌법에 '수용'됨으로써 비로소 헌법상의 기본권으로 보장된다. 우리 헌법은 특수한 존립기반을 가지고 있는 한국이란 사회공동체를 전제로 하므로, '인간의 권리 내지 인권'도 우리 헌법에 편입되는 과정에서 우리 사회공동체의 특수한 역사적 경험, 시대적 상황 등에 맞게끔 수용될 수밖에 없다. '인권 내지 인간의 권리'가 헌법 이전에 이미 존재하여 생래적·천부적인 것으로도 명칭 된다고 하더라도, 대한민국의 헌법에 수용되었기 때문에 비로소 우리 국가권력의 기본권에의 기속을 규범적으로 강제할 수 있는 정당성이 부여되고, 우리 정부를 구속하는 주관적 공권으로서의 규범적 효력을 발생하는 것이다."라며, 인권이 헌법에 수용됨으로써 기본권으로 보장된다고 해석하고 있다.[24] 따라서 이 글에서는 기본권이라는 용어를 사용해 사안을 검토하지만, 기본권을 인권 또는 기본적 인권 등의 개념으로 확대하되 기본권이라는 용어로 통칭해 접근하고자 한다.

특히 현행 「헌법」은 제2장(국민의 권리와 의무)에서 다양한 기본권을 규정하고 있는바, <그림18-1>에서와 같이 「헌법」 제10조에서 제37조제1항까지 규정된 기본권의 내용들을 유기적이고 체계적으로 분석해보면, 그것은 첫째, 모든 기본권의 이념적 전제 내지 기본권 보장의 궁극적 목적인 인간으로서의 존엄과 가치,[25] 둘째, 「헌법」에 열거된 기본권,[26] 셋째, 「헌법」에 열거되지 아니한 자유와 권리[27] 등으로 구성되어 있음을 알 수 있다.[28]

23 무엇보다 우리나라 「헌법」은 제2장 제10조부터 제36조까지 기본권을 열거하고, 제37조제1항을 통해, "국민의 자유와 권리는 「헌법」에 열거되지 아니한 이유로 경시되지 아니한다."라는 규정을 두어 「헌법」에 열거된 기본권 외에 열거되지 아니한 자유와 권리 즉 기본적 인권을 보장함을 규정하고 있음.

24 헌재 2011. 9. 29. 2007헌마1083 등, 공보 제180호, 1453 [기각]

25 「헌법」 제10조제1문 전단

26 「헌법」 제1문 후단부터 제36조까지

**그림 18-1** **현행 헌법상 기본권의 체계**

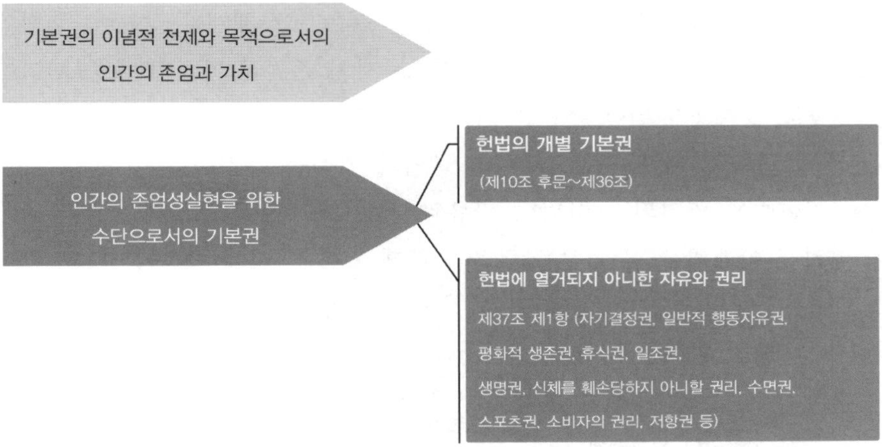

기본권의 이념적 전제와 목적으로서의
인간의 존엄과 가치

인간의 존엄성실현을 위한
수단으로서의 기본권

**헌법의 개별 기본권**
(제10조 후문~제36조)

**헌법에 열거되지 아니한 자유와 권리**
제37조 제1항 (자기결정권, 일반적 행동자유권,
평화적 생존권, 휴식권, 일조권,
생명권, 신체를 훼손당하지 아니할 권리, 수면권,
스포츠권, 소비자의 권리, 저항권 등)

즉, 「헌법」 제10조제1문 전단은 "모든 국민은 인간으로서의 존엄과 가치를 가지며..."라고 규정하여, 인간의 존엄성 존중을 명문화하고 있다. 이 조항은 이른바 주기본권(主基本權) 등 구체적·개별적 권리를 보장하는 것이 아니라, 모든 기본권의 이념적 전제인 동시에 기본권보장의 궁극적 목적이 되는 헌법적 이념을 규범화한 것이다.[29] 다시 말해 "인간으로서의 존엄과 가치"가 모든 기본권의 근원내지 핵심이 된다는 의미로, 「헌법」 제10조제1문 전단과 제11조~제37조 제1항은 목적과 수단이라는 유기적 관계에 놓여있다고 볼 수 있으며, 이러한 기본권은 보편성·천부성·항구성·불가침성을 지니므로 국가권력은 이러한 기본적 인권을 최대한 존중하고 보장해야할 의무를 지니며, 기본적 인권의 본질적 내용은 어떠한 경우에도 침해될 수 없다.[30]

---

27 「헌법」 제37조제1항

28 권영성, 『헌법학원론』, 307면 참조.

29 Ibid.

30 권영성, 『헌법학원론』, 285면 참조.; 이는 「헌법」 제37조제2항에 규정된 바를 통해서도 파악할 수 있음.

## 2) AI와 기본권의 관계

현행헌법상 기본권은 <그림 18-2>와 같은 보장체계를 갖는바, 헌법에 명문으로 규정된 행복추구권(B)은 인간으로서의 존엄과 가치의 존중(A)이라는 목적을 실현하기 위한 수단을 의미하고, 그 내용은 헌법에 규정된 개별적 기본권의 총화(C)에다 인간으로서의 존엄과 가치를 유지하는 데 필요한 것임에도 헌법에 열거되지 아니한 자유와 권리(D)까지도 포괄하는 기본권이다. 따라서 아래의 그림과 같은 구조를 띠게 된다.[31] 이에 살펴본 바와 같이 AI 기술은 「헌법」 제10조에 따라 인간의 존엄과 가치가 구현되도록 국민의 기본권 보장을 위해 기능해야 한다.

**그림 18-2 기본권의 보장체계**

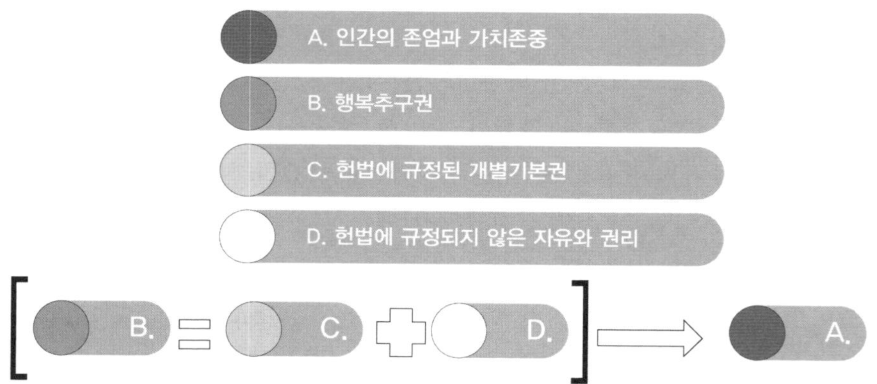


비단 우리나라의 최고규범인 「헌법」에서 뿐 아니라 EU의 「AI법」과 전세계 193개국이 채택한 유네스코의 「인공지능 윤리에 관한 권고(Recommendation on the Ethics of Artificial Intelligence)」[32]가 "인권, 기본적 자유 및 인간 존엄성의 존중, 보호 및 증진"을 최고의 가치로 정하고 있는 것도[33] 인간 중심의

---

31 Ibid.

32 이 권고안은 협약(Convention)보다는 그 구속력이 약하지만, 193개국이 채택했다는 점에서 선언(Declaration)보다는 구속력이 강하다 할 수 있음.

33 https://www.unesco.org/en/artificial-intelligence/recommendation-ethics

기본권 보장체계 구축을 위한 수단(방법)으로 AI를 인식하고 있다. 때문에 법정책입안자 등 국가는 대한민국이 4차산업혁명시대에 효율적으로 진입하기 위한 방법론을 모색할 때, AI 자체(또는 AI 기술 발달)가 목적이 되어 인간을 수단화한 법정책을 마련한다면, 최고규범인 「헌법」에 반하는 본말전도의 결과를 가져올 수 있음에 유의하여야 한다.

### 3) 현행 헌법에 따른 AI의 법적지위

AI와 관련해 국민(인간)의 기본권 보장을 위한 수단으로 인식해야 한다는 주장 외에 인간의 능력을 초월하는 강한 AI 자체에 법적 지위를 부여하여야 한다는 주장이 있다.[34] 이 중 전자는 앞서 살펴봤으므로, 이제는 후자인 현행 헌법에 따른 AI의 법적지위[35]에 대해 살펴보고자 한다. EU 의회가 지난 2017년도에 AI 로봇의 법적 지위를 '전자인간(electronic personhood)'으로 지정하는 결의안을 통과시킨 후 우리나라를 포함한 세계 주요국이 이에 대한 논의를 진행한 바 있으나, 명확한 결론을 내리지 못하고 있던 차에 2022년도 말에 생성형 AI가 등장하며 이에 대한 논의는 그 인정여부를 놓고 첨예한 대립을 보이고 있다.

지금까지 법인격의 개념은 인간이 추론하고 결정을 내릴 수 있는 유일한 지능적 개체(의사능력)라는 생각에 기초해 발전해 왔지만, AI 기술의 발달로 인간의 지능을 능가하는 강한인공지능에 대해 인간에 준하는 법적지위를 부여해야 한다는 주장이 있다.[36] 특히 이러한 주장은 자율로봇(자율주행차)에 의한 사고 발생 시 또는 스마트계약[37]의 체결 및 이행 시 발생할 수 있는 문

34 이러한 주장은 주로 '22년도 11월이후 생성형 AI가 등장하며, 학습된 데이터를 기반으로 음악/그림/책/영상 등의 분야에서 인간이 오랜시간 축적해 생산해 낼 수 있는 작품을 짧게는 몇 초 또는 길어야 몇 시간 남짓의 시간 내에 양산해내는 결과를 보고, 인간의 아이디어에 근거해 만들어진 결과물임에도 AI 자체에 법적지위를 보장해야 한다는 주장이 22년대 말에서 23년대 중후반까지 비등했던바 있음.

35 국가나 사인(私人) 간의 관계에서 가지는 법상의 지위로 그 법적 지위 정도에 따라 국가에 의한 법이 정한 범위 내에서의 보호의 정도가 달라짐.

36 박현섭, "EU, 인공지능로봇에 '전자인간' 법적 지위 부여 … 다가오는 인간과 로봇 공존 사회", 『나라경제』, 2017년 06월호

37 스마트 계약(Smart contract)은 자동화 계약 시스템으로 일정한 계약 조건을 실행하는 컴퓨

제에 대한 피해구제, 인공지능 시스템(또는 자동화된 시스템)으로 인해 발생할 수 있는 분쟁을 해결 또는 AI의 도움으로 만들어낸 창작물에 대한 저작권 침해 문제 등에 대해 하나의 해결방안을 제시하는 것처럼 인식될 수 있다는 점에서 강인공지능 기반의 미래사회를 대비하기 위한 하나의 설득력 있는 주장으로 인식되어지는 면이 있다.

그러나 이러한 AI의 법적지위에 대한 접근을 할 때, 한 가지 짚고 넘어가야할 부분은 AI를 인간과 동일한 또는 이와 유사한 정도의 기본권을 누릴 수 있는 주체로 인정할 수 있는가 하는 것이다. 일반적으로 국가 공동체 안에서 국민은 관념상으로는 주권자인 동시에, 국민 개개인으로서는 그 주권자인 국민으로 발현된 국가권력[38]에 의해 기본권을 보장받는 주체이기도 하다.[39] 즉 국민은 현행헌법상 기본권의 주체성을 갖는바, 기본권의 주체성은 헌법이 보장하는 자유와 권리(기본권)를 누리는 자(향유자)를 말한다. 즉, 기본권의 주체란 헌법이 보장하는 자유와 권리(기본권)를 누리는 자(향유자)를 말하며, 현행헌법상 모든 국민은 국가로부터 기본권을 보장받고 이를 누릴 수 있는 힘인 기본권의 주체성을 갖는다. 이에 근거해 국민은 헌법이 보장하는 자유와 권리를 향유할 수 있으며, 그 행사된 기본권의 효력은 그 기본권 주체에게 귀속되기도 한다. 예를 들면, 국민은 「헌법」 제23조에 근거해 재산권을 향유할 수 있는 바, 헌법상 기본권에 해당하는 재산권은 사법상(私法上)·공법상의 경제적 가치가 있는 일체의 법률상 권리로, 사법상으로는 「민법」에 규정된 소유권 등 물권과 채권 외에 「저작권법」·「특허법」 등에 규정된 지식재산권, 공법상의 수리권·하천점용권·연금청구권 등의 권리가 이에 해당한다.

터 트랜잭션 프로토콜을 말함.

38 「헌법」 제1조 ② 대한민국의 주권은 국민에게 있고, 모든 권력은 국민으로부터 나온다.

39 현행 「헌법」 제10조제2문은 "국가는 개인이 가지는 불가침의 기본적 인권을 확인하고 이를 보장할 의무를 진다."라고 하여, 국가의 개인에 대한 기본적 인권의 보장 책무를 부여하고 있음.

**표 18-2** **기본권의 주체(보장대상)**[40]

| | | | |
|---|---|---|---|
| 인(人) | 자연인(自然人) | 국민 | 일반국민(재외동포·북한주민의 문제) |
| | | | 특수신분관계에 있는 국민(공무원 등) |
| | | 외국인 | 제한적으로 인정 |
| | 법인(法人) | 내국법인 | 사법인(원칙적으로 인정)(정당의 특수성) |
| | | | 공법인(원칙적으로 부정) |
| | | 외국법인 | 제한적으로 인정 |

<표 18-2>에서 파악할 수 있는 바와 같이 자연인인 인간 그 자체가 아님에도 법인이 기본권 보장의 대상에 해당할 수 있었던 것은 인간이 추론하고 결정을 내릴 수 있는 유일한 지능적 개체(의사능력)라는 생각에 기초해 그 의미를 확장시킨 것으로, 결국 이 또한 자연법사상에 근거한 인간 중심의 기본권 보장체계를 구축한 것이다. 그러나 AI는 자연법사상에 반하는 인간에 의해 만들어진 피조물로 학습, 추론, 지각, 판단, (자연)언어의 이해 등 인간이 가진 지적 능력을 전자적 방법으로 구현한 것에 불과한 존재다. 때문에 인간에 의한 피조물에 불과한 AI에 인간과 유사한 법적 지위, 즉 기본권 주체성(기본권 보장의 대상)을 인정하는 것은 헌법이 자연법사상에 근거한 자유와 평등의 가치 구현을 위해 인간 중심의 인간관계를 규율하기 위한 최고규범이라는 점을 감안하면, AI에게 기본권 주체성을 부여하는 것은 인간을 위해 인간에 의해 만들어진 피조물에 불과한 AI가 인간과 동등하게 자유와 평등의 보장을 논하는 격이 되어, 결국 논리모순에 빠지는 결과를 초래할 수 있다. 따라서 아무리 AI 기술이 발달해 인간을 능가하는 강인공지능이 만들어진다 하여도, 그리고 그러한 AI 기술에 의해 분쟁이 발생한다 하여도, 헌법적 관점에서 절대 허용할 수 없는 개념이 인간이 가진 지적 능력을 전자적 방법으로 구현한 것에 불과한 AI에게 인간이 누리는 기본권 주체성을 인정하는 것이라 할 수 있다. 그렇다면 AI에게 어떤 법적 지위를 부여할 수 있는지, 또 부여한다면 어느 정도까지 법적 지위를 인정할 수 있는지에 대한

40 성낙인, 전게서, 332면 참조

논의가 필요하다. 앞서 살펴본 바와 같이 AI가 인간과 유사하게 기본권을 향유하는 주체로 해석할 수는 없지만, AI를 만든자(제조자), AI 기술 유포자,[41] AI 기술 이용자로 구분하고, 각각에 대해 법률에 근거해 권리와 의무를 부여할 수는 있을 것이다. 이 경우 개개의 주체별로 법률에 근거해 권리와 의무를 향유하게 되므로, 기본권 주체에 대한 혼선도 방지하고, 각각의 책임소재가 분명하기에 보다 명확한 자유와 권리에 따른 책임과 의무를 구별할 수 있을 것이라 판단한다. 예를 들어, 생성형 AI를 만든 제조자(provider),[42] AI 시스템을 자신의 권한하에 사용하는 배포자(deployer), 국외 생성형 AI 수입자 또는 유통업자 등에 대한 행위주체별 그 권리와 의무 관계를 보다 명확히 법제화 하여야 하며, 기본권 침해 행위 발생 시 헌법이 정한 바에 따라 기본권 구제를 할 수 있는 절차를 적용한다면 지금까지 인류가 쌓아온 법리를 훼손하지 않으면서 인간의 통제 속에서 인간의 존엄과 가치를 보장하는 법체계를 통해 AI 기술이 통제될 수 있을 것이라고 본다. 참고로 EU의 「AI 법」도 등급별 비례 위험 기반 접근 방식(a proportionate risk-based approach)[43]을 따르고, AI가 생성할 수 있는 위험 수준에 따라 제공자(공급자)와 이용자(사용자)에 대한 의무를 설정해 준수토록 하며, 이를 관할할 위원회 및 감독기구의 설립과 법 위반자에 대한 규제방안 등을 주 내용으로 하고 있다.

41 이 경우 기본권 보장 대상과 관련해 법인의 개념을 확장해 접근할 수 있으리라 사료됨. 동지 Forster, D., & Rieder, J. (2021). Roboter als Rechtssubjekte - Der Streit um die E-Person. Juridica International, 30, 32-39. https://doi.org/10.12697/JI.2021.30.05

42 AI 시스템 또는 범용 AI 모델을 개발하거나 AI 시스템 또는 범용 AI 모델을 개발하여 시장에 출시하거나 자체 이름 또는 상표로 AI 시스템을 서비스에 제공하는 자로, 현재까지의 적용 가능한 책임법 영역에서는 기기와 소프트웨어만으로 구성된 로봇이 손해를 초래한 경우 제조물책임법의 범위에 해당하는지 여부에 대한 제조물 책임 문제가 발생

43 이 접근 방식은 주로 OECD의 규제 집행 및 검사 도구에서 채택해 운영하는 방식으로 '집행은 위험에 기반하고 비례적이어야 하며, 검사 빈도와 사용되는 자원은 위험 수준에 비례해야 하며, 집행 조치는 위반으로 인한 실제 위험을 줄이는 것을 목표로 해야 한다는 것을 원칙'으로 함(OECD(2018), OECD Regulatory Enforcement and Inspections Toolkit, OECD Publishing, Paris, https://dx.doi.org/10.1787/9789264303959-en)

## Section 03 | 쟁점별 검토 및 헌법적 관점에서의 기본권 보장 방안

### 1. 인간의 존엄성 존중(개인정보 보호) 및 민주주의 수호

4차산업혁명시대는 초연결/초지능/초융합의 3가지 특징을 갖고 있는 바, 만물이 인터넷으로 연결되고(초연결) 디지털대전환에 따른 AI를 기반으로 한 지능정보화 사회(초지능)는 새로운 융합 산업이나 서비스가 만들어져 국민의 일상생활 속에 널리 활용되게 된다는 점(초융합)에서, AI 기술의 활용은 인간 존엄과 가치(이하 "인간의 존엄성"), 인간의 자유(일반적 행동의 자유, 표현의 자유, 집회의 자유 포함)와 권리에 직간접적으로 다양한 영향을 끼칠 수 있다.

이러한 영향은 사회·경제·문화적 관점에서의 다양한 상관관계를 고려할 때, 올바른 행정, 소비자 보호, 사회 보장 및 지원, 교육제도, 근로 3권, 공정하고 정의로운 근무 조건, 예방 치료에 대한 접근 등 의료제도, 문화적·언어적 다양성 등 사회 전반에 영향을 끼칠 수 있으며, AI 시스템을 기반으로 한 행정작용이나 사법작용이 구현될 경우, 공정한 법 집행이나 사법부는 무죄추정과 공정한 권리 구현에도 영향을 미칠 수 있다. 이는 우리나라뿐 아니라 인류가 지금까지 발전시켜 온 주요가치의 구현과 밀접한 관련성을 띠는바, 이를 크게 2대분하면 인간의 존엄성 보장과 민주주의 수호로 나눌 수 있다. 4차산업혁명시대가 AI를 기반으로 한 디지털 사회라 하지만, 인류가 지금까지 발전시켜온 인본주의적 관점에서의 인간의 존엄성 보장과 민주주의 가치를 거스르는 설계 및 운영이 행해져서는 안 될 것이다. 따라서 AI 기술을 활용할 때는 이 두 가지 가치가 구현될 수 있도록 AI 기술과 활용 영역에 따라 개인정보 보호 및 데이터 보안, 개인 정보 보호 및 데이터 보호, 평등 및 비차별, 사법 접근에 관한 권리 외에도 다양한 인간의 자유와 권리 영역에 끼치는 영향을 분석하고 대응방안을 모색하는 법정책이 마련되어야 한다.[44]

---

44 EU의 기본권청(European Union Agency for Fundamental Rights; FRA)도 AI기술의 활용 시 개인 정보 보호 및 데이터 보호, 평등 및 비차별, 사법 접근에 관한 권리 외에도 다양한 인간의 자유와 권리 영역에 끼치는 영향을 광범위하게 살펴볼 필요가 있다고 안내하고 있음(European Union Agency for Fundamental Rights, 『Getting the future right-

특히 개인정보 보호와 정보 보안은 개인과 민주사회의 핵심 가치로, 현대의 ICT기술 및 AI 기반 초연결·지능정보화사회에 내재된 다양한 위험성으로부터 개인정보를 보호함으로써 궁극적으로는 개인의 결정의 자유를 보호하고, 나아가 자유민주체제의 근간이 총체적으로 훼손될 가능성을 차단하기 위하여 필요한 최소한의 헌법적 보장장치라고 할 수 있기 때문이다.[45]

헌재가 개인정보 보호를 위해 헌법에 명문으로 규정되지 않은 "개인정보자기결정권"[46]을 헌법상 기본권으로 승인한 것도 이러한 이유 때문이라 할 수 있으며,[47] 개인정보자기결정권을 헌법상 기본권으로 승인하는 것은 현대의 정보통신기술의 발달에 내재된 위험성으로부터 개인정보를 보호함으로써 궁극적으로는 개인의 결정의 자유를 보호하고, 나아가 자유민주체제의 근간이 총체적으로 훼손될 가능성을 차단하기 위하여 필요한 최소한의 헌법적 보장 장치라고 할 수 있다.[48] 무엇보다 민주주의 근간을 흔들 수 있는 가짜뉴스의 양산 또는 AI의 환각·블랙박스 현상 및 생성형 AI의 등장으로 사회 곳곳에서 딥보이스/딥페이크를 악용한 피싱범죄가 국민 생활경제를 위협하고 있는바, 이러한 현상의 이면에는 개인정보의 오남용이 문제가 되고 있어 4차산업혁명시대의 진입단계에서부터 두 가치의 보호를 위한 제대로 된 설계를 하지 않는다면 인간의 존엄성 보장과 민주주의 가치를 흔들 수 있는 일이 부지불식간에 발생할 수 있기 때문이다. 이처럼 (인간의 자유와 권리 보장을 통한) 인간의 존엄성 보장과 민주주의라는 헌법적 가치를 수호하기 위해서는 개인정보 보호체계를 확립할 필요가 있다. PbD(개인정보 보호 중심 설계 또는 프라이버시 중심 설계; Privacy by Design)(이하 "PbD")는 정보통신기술 발달로 광범위한 네트워크 구축 및 방대한 양의 데이터 처리 시스템의 급증에 따른 피해를 줄이고자 개인정보를 처리하는 조직이 기술, 관행 및 절차에 있

---

Artificial intelligence and fundamental rights』, 2020., 참조).

45 헌재 2005. 5. 26. 99헌마513등, 판례집 17-1, 683 참조

46 자신에 관한 정보가 언제, 어떻게, 어느 범위까지 개인정보처리자와 제3자에게 전달되고 이용되는지를 그 정보주체 스스로 결정할 수 있는 권리로, 국가 등이 개인정보를 대상으로 한 조사나 수집 또는 보관이나 처리, 이용 등의 행위는 정부주체인 국민의 '개인정보자기결정권'을 제한하는 것이 된다(헌재 2005. 5. 26. 99헌마513등, 공보 105, 666, 672).

47 헌재 2005. 5. 26. 99헌마513등, 판례집 17-1, 668 참조

48 헌재 2005. 5. 26. 99헌마513등, 판례집 17-1, 683

어 개인정보 보호 환경을 사전에 설계토록 하기 위해, 캐나다 온타리오주 개인정보 감독기관(IPC, Information and Privacy Commissioner of Ontario)의 커미셔너였던 앤 캐보키안(Ann Cavoukian) 박사에 의하여 창안된 개인정보 보호를 위한 7가지 원칙을 말한다. 이 PbD는 초기에는 PETs(Privacy-Enhancing Tech-nologies, 프라이버시 강화 기술)라 불리는 기술적 영역을 중심으로 논의되었으나, PbD(개인정보 보호 중심 설계)는 단순한 일반 원칙의 집합도 아니고 PET 구현으로 축소될 수도 없으며, 실제로 개인 정보 보호 및 데이터 보호 원칙을 구현하는 다양한 기술 및 조직 구성 요소를 포함하는 프로세스라 할 수 있다.[49] EU의 개인정보 보호에 관한 일반규정인 GDPR(General Data Protection Regulation) 제25조를 통해 구현되는 등, 현재는 프라이버시 보호를 위한 방법론[50]과 정책으로까지 그 영역이 확장되고 있으며[51] PbD가 지속 가능하고 제대로 구현되기 위해서는 ① IT 시스템 ② 네트워크 인프라 및 비즈니스 관행의 설계 ③ 운영 및 관리의 세 분야에서 PbD의 구현을 위해 7가지 원칙을 준수하여야 하는데 그 내용은 다음과 같다.

49 ENISA, Privacy and Data Protection by Design-from policy to engineering, 2014, p.3.

50 국제표준지침은 2023년 1월 31일에 소비자 상품 및 서비스에 대한 소비자 보호 및 개인정보 보호에 관한 표준 ISO 31700-1:2023 및 ISO/TR 31700-2:2023을 발표하였으며, 이 ISO 31700-1은 최근 소비자의 개인정보를 처리하는 상품 또는 서비스에 대해 제품 또는 서비스의 개인정보 생애주기 전반에 대해 PbD가 적용될 수 있도록 높은 수준의 요구사항을 규정하고 있는 것이 특징

51 EU의 「General Data Protection Regulation」(이하 GDPR)에서 컨트롤러의 책임성과 거버넌스 강화를 위해 제25조는 'Data Protection by Design and by Default' 이행을 요구하고 있음. 개인정보 영향평가가 PbD의 구현 기능을 담당한다는 점에서, EU의 GDPR 제35조는 높은 위험을 내재한 개인정보 처리에 대한 사전 영향평가 수행 의무를 규정하고 있으며, 국의 개인정보보호를 규율하는 개인정보 감독기관(ICO)의 「AI 및 개인정보 보호에 대한 지침」(Guidance on AI and Data Protection의 경우 규정준수의무자(데이터보호책임자 DPO; Data Protection Officer), 법률 고문, 위험 관리자, 고위경영진, ICO 자체 감사관 등과 기술·서비스의 개발에 참여하는 연구기관·제조사·개발자 등에게 AI 기술 개발 시 영향평가를 수행하도록 권고하고 있음(이욱한/조수영, 『초연결사회와 개인정보 보호』, 2019, 116-120면 참조).

**7대 주요 원칙[52]**

1. 제1원칙 – 사후 대응이 아닌 사전 대비: 문제점을 고치는 것이 아니라 예방(Proactive not Reactive: Preventative not Remedial)
2. 제2원칙 – 프라이버시 보호를 기본설정으로(Privacy as the Default Setting)
3. 제3원칙 – 설계부터 프라이버시 보호(Privacy Embedded into Design)
4. 제4원칙 – 완전한 기능성 보장(일방이 손해를 보는 것이 아닌 당사자 모두의 이익을 추구)(Full Functionality: Positive–Sum, not Zero–Sum)
5. 제5원칙 – 종단간 보안: 전체의 개인정보 생애주기 보호(End–to–End Security: Full Lifecycle Protection)
6. 제6원칙 – 가시성과 투명성 확보: 공개(Visibility and Transparency: Keep it Open)
7. 제7원칙 – 사용자의 프라이버시 존중: 사용자 중심으로 유지[53](Respect for User Privacy: Keep it User–Centric)

2018년 8월 25일부터 시행되고 있는 EU의 GDPR은 전문 제78항 및 본문 제25조에서 'Data protection by Design and by Default'를 다음과 같이 규정하고 있다.[54]

---

52 Information and Privacy Commissioner, Ontario, Canada, 『Operationalizing Privacy by Design: A Guide to Implementing Strong Privacy Practices』, 2012, Ann Cavoukian, Privacy by Design: The 7 Foundational Principles Implementation and Mapping of Fair Information Practices; Journal of Intellectual Property, Information Technology and Electronic Commerce Law(JIPITEC), 2013. vol.2, David Krebs, "Privacy by design": Nice-to-have or a Necessary principle of Dataprtction Law?, 2013. (URL: https://www.jipitec.eu/issues/jipitec-4-1-2013/jipitec4krebs/jipitec-4-1-2013-2-krebs.pdf)

53 최종 사용자, 고객 또는 시민의 개인 정보 보호 이익이 가장 중요

54 독일 「연방개인정보보호법」 제71조와 스위스 「개인정보보호법(Datenschutzgesetz, DSG)」 제7조에 유사한 규정을 두고 있음. 독일의 경우 익명처리까지 제시하고 있음.
스위스 「개인정보보호법(Datenschutzgesetz, DSG)」 제7조 기술 및 데이터 보호 친화적인 기본 설정을 통한 데이터 보호(Datenschutz durch Technik und datenschutzfreundliche Voreinstellungen)
1. 컨트롤러는 데이터 보호 규정, 특히 제6조에 따른 원칙을 준수하도록 데이터 처리를 기술 및 조직적으로 설계할 의무가 있다. 컨트롤러는 기획 단계부터 이를 고려해야 한다.
2. 이 기술적·관리적 조치는 특히 최신 기술, 데이터 처리의 방법과 범위, 처리가 정보 주체의 인격이나 기본권에 수반하는 위험에 적합해야 한다.
3. 컨트롤러는 정보주체가 달리 결정하지 않는 한 적합한 기본 설정을 통해 개인정보의 처리

| 전문 제78항 | 본문 제25조 |
|---|---|
| • 개인정보의 처리와 관련하여 자연인의 권리와 자유를 보호하기 위해서는 적절한 기술적 · 관리적 조치를 시행함으로써 본 규정의 요건을 충족시켜야 한다. 본 규정의 준수를 입증하기 위해 컨트롤러는 특히 개인정보 보호 최적화 설계 및 기본설정의 원칙을 충족시키는 내부 정책과 조치를 채택하고 시행하여야 한다.<br>• 그 같은 조치는 무엇보다 개인정보 처리의 최소화, 가능한 빠른 시일 내 적용되는 개인정보의 가명처리, 개인정보의 기능 및 처리에 관한 투명성으로 구성되고, 이를 통해 정보주체는 정보처리를 모니터링하고 컨트롤러는 보안을 확립 및 개선할 수 있다.<br>• 개인정보의 처리를 기반으로 하거나 작동 중에 개인정보를 처리하게 되는 애플리케이션 · 서비스 · 제품을 개발, 설계, 선택, 활용할 시, 해당 제품 · 서비스 · 애플리케이션의 생산자는 이를 개발하고 설계할 때 개인정보 보호 권리를 고려하고 최첨단 여부를 적절히 살펴 컨트롤러와 프로세서가 개인정보 보호의 의무를 준수할 수 있도록 보장해야 한다.<br>• 개인정보보호 최적화 설계 및 기본설정의 원칙은 공개입찰 시에도 고려되어야 한다. | 1. 컨트롤러는 개인정보의 처리 방법 결정 시 또는 처리 시 최신 기술 수준, 구현 비용, 처리의 특성, 범위, 상황 및 목적과 그 처리로 인해 자연인의 자유와 권리에 끼치는 다양한 위험 가능성 및 심각성을 고려하여, 가명처리 등의 기술적 · 관리적 조치를 이행해야 한다. 그러한 기술적 · 관리적 조치는 본 규정의 요건을 충족시키고 정보주체의 권리를 보호하기 위해 개인정보의 최소화 등 개인정보 보호 원칙을 효율적으로 이행하고 필요한 안전조치를 개인정보 처리에 통합할 수 있도록 설계되어야 한다.<br>2. 컨트롤러는 기본설정(by default)을 통해 각 특정 처리 목적에 필요한 개인정보만 처리되도록 적절한 기술적 · 관리적 조치를 이행해야 한다. 이 의무는 수집된 개인정보의 양, 처리 범위, 보관 기간 및 접근 가능성에 적용된다. 특히, 이러한 조치는 기본적으로 개인정보가 인적 개입 없이는 불특정 다수의 자연인에 의한 접근이 허용되지 않도록 보장해야 한다.<br>3. 제42조에 의거한 승인된 인증 메커니즘은 본 조 제1항 및 제2항에 규정된 요건의 준수를 입증하는 요소로 사용될 수 있다. |

그리고 유럽연합사이버보안청(European Union Agency for Cybersecurity, ENISA)[55]

가 사용 목적에 필요한 최소한으로 제한되도록 보장할 의무가 있다.

55 ENISA는 본래 '유럽연합 네트워크·정보보안청(European Union Agency for Network and Information Security)'이었지만, 사이버보안법이 시행되면서 2019년 6월 '사이버보안청'으로 개칭(다만, 그 약칭인 ENISA는 계속 유지), 2004년에 설립되어 2019년 사이버보안법이 강화되면서 유럽 전체의 높은 수준의 사이버보안을 달성하는 데 기여하고 있음.

은 2014년 10월 Privacy by Design의 7대 원칙에 따른 8대 전략을 마련하였으며, 그 주요 내용은 다음과 같다.

**표 18-3 ENISA의 Privacy by Design 8대 전략의 주요 내용**

| 구분 | 정의 | | |
|---|---|---|---|
| 정보주체 관점 | ▶ 정보제공(Inform) | 정보주체에게 개인정보 처리에 대해 알려야 함(가시성 · 투명성) | |
| | | ① 제공 (Supply) | 정책, 개인정보 처리 프로세스 및 잠재적 위험을 포함한 개인정보 처리에 대한 광범위한 리소스 제공 |
| | | ② 통지 (Notify) | 개인정보 처리에 관한 새로운 정보를 적시에 알림 |
| | | ③ 설명 (Explain) | 개인 데이터 처리에 대한 정보를 간결하고 이해하기 쉬운 형태로 자세히 설명 |
| | ▶ 통제(Control) | 정보주체에게 개인정보 처리에 대한 통제권을 제공해야 함(개인정보 자기결정권 보장) | |
| | | ① 동의 (Consent) | 사전동의를 원칙으로 적법하고 정당한 동의 절차에 따라 정보주체가 명시적이고 자유롭게 제공하는 개인정보만 처리함 |
| | | ② 선택 (Choose) | 정보주체는 개인정보 처리 과정에서 일부 또는 전체적으로 개인정보를 선택하거나 제외할 수 있음 |
| | | ③ 업데이트 (Update) | 정보주체에게 개인정보를 정확하고 최신 상태로 유지할 수 있는 수단을 제공해야 함 |
| | | ④ 철회 (Retract) | 개인정보를 적시에 완전히 제거할 수 있도록 정보주체의 권리를 존중해야 함. 예) 동의받기, 개인정보 대시보드[56] 구현 |
| 컨트롤러 (개인정보 처리자) 조직내부 | ▶ 최소화(Minimize) | 개인정보 처리를 최대한 제한해야 함(데이터 최소화) | |
| | ▶ 숨기기(Hide) | 개인정보가 공개되거나 알려지지 않도록 해야 하며, 개인정보나 정보 간의 상호관계를 자세히 파악할 수 없도록 해야 함 | |
| | ▶ 분리(Separate) | 상관관계(결합가능성, 추론가능성)를 방지하기 위해 개인정보를 최대한 분산 또는 격리해야 함 | |
| | ▶ 총계화 · 추상화 (Aggregate, Abstract) | 개인정보를 집계한 경우 세부 정보는 최소한으로 하여 처리해야 함 | |

| 구분 | 정의 | |
|---|---|---|
| | ▶ 집행(Enforce) | 법적 요구 사항과 호환되는 개인정보보호정책이 제정되어 시행되어야 함 |
| | ▶ 입증(Demonstrate) | 개인정보처리자는 시행 중인 개인정보보호정책과 적용 가능한 법적 요구사항을 준수하고 있음을 입증할 수 있어야 함 |

「개인정보 보호법」은 제1조 목적 규정을 통해 "이 법은 개인정보의 처리 및 보호에 관한 사항을 정함으로써 개인의 자유와 권리를 보호하고, 나아가 개인의 존엄과 가치를 구현함을 목적으로 한다."라고 명시하고 있는데, 이는 개인정보처리자가 이 법의 준수를 통해 PbD 관점에서 정보주체의 개인정보를 적법하고 안전하게 관리토록 하여, 국민이 신뢰할 수 있는 환경에서 개인정보를 활용토록 하고 궁극적으로 인간의 존엄과 가치를 구현토록 하기 위함이다.

이러한 점을 고려할 때, 개인정보처리자는 현행 개인정보 관련 법의 준수 및 <그림 18-3>에서와 같이 PbD에 따른 유기적 보호체계 확립을 통해 그 조직의 규모와 구조에 관계없이 개인정보를 처리하는 모든 조직과 구성원은 이를 효과적으로 관리하고 보호토록 책임추적성을 확립하고, 구성원 각자가 정확한 책임의 범위를 인식토록 인식개선작업을 수행해야 한다.

또한 국가는 지금의「개인정보 보호법」제33조에 규정된 개인정보영향평가의 의무기준을 현실화하고(영향평가 대상과 양적질적요건 확대에 따른 대상범위 확대), PbD 제4원칙의 구현을 통해 개인정보 보호·활용 기술과 정보보안 기술 모두 기능할 수 있도록 하는 법정책을 마련하여야 하며,「헌법」제10조[57] 제2문 및「개인정보 보호법」제1조에 근거해 국민의 인간의 존엄과 가치가 보장되도록 기본적 인권을 보장할 책무를 진다는 점에서, 헌법적 관점에서의 국민의 개인정보 보호체계 확립과 이를 통한 신뢰기반 데 이터기반 경제 생태계 조성을 위해서도, "개인정보 보호 중심설계"를 법제화할 필요가 있다.

56 이벤트나 활동을 쉽게 모니터링할 수 있는 정보 뷰(view)를 말함. 대시 보드는 하나의 화면에서 서로 연동되는 여러 시각화를 표시하도록 설계되어야 함.

57 「헌법」제10조 모든 국민은 인간으로서의 존엄과 가치를 가지며, 행복을 추구할 권리를 가진다. 국가는 개인이 가지는 불가침의 기본적 인권을 확인하고 이를 보장할 의무를 진다.

그림 18-3 조직의 개인정보 보호 책임 구조도58

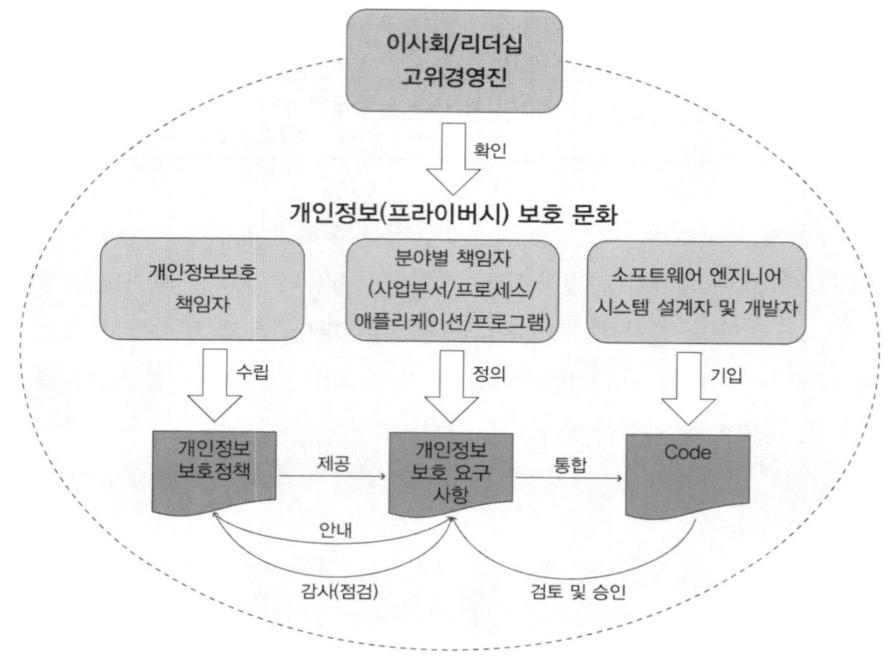


## 2. 평등 및 차별금지

「헌법」 제11조 제1항은 "모든 국민은 법앞에 평등하다. 누구든지 성별·종교 또는 사회적 차별을 받지 아니한다."라고 하여, 근대헌법의 기본원칙인 평등의 원칙59과 개인을 위한 주관적 공권으로서의 평등권을 규정하고 있다.60 이 중 '평등의 원칙'은 최고의 헌법원리이기에 헌법개정에 의해서도 폐지할 수 없으며, 법적용의 대상이 되는 모든 인간을 원칙적으로 공평하게 다

---

58 Ann Cavoukian, Operationalizing Privacy by Design:A Guide to Implementing Strong Privacy Practices, 2012, p.10 수정

59 EU헌장 제20조와 제21조에 이를 명문으로 규정하고 있으며, 입헌주의 국가 대부분은 평등과 차별금지를 주요원칙으로 삼고 있음.

60 또한 「헌법」 제11조 제2항에서는 사회적 특수계급의 금지를, 동조 제3항에서는 영전일대의 원칙을 규정하여 헌법을 통해 법적용의 대상이 되는 모든 인간을 원칙적으로 공평하게 다루고자 하는 원칙을 실현하고 있음.

루어야 한다는 법원칙을 말하며, '기회균등(機會均等)'과 '자의(恣意)의 금지'를 통해 차별[61]을 금지토록 하고 있다. 즉, "동일한 것은 평등하게, 상이한 것은 불평등하게" 다룸으로써 사회정의를 실현하려는 원리로, 평등하게 다루어야 할 것을 불평등하게 다루거나 불평등하게 다루어야 할 것을 평등하게 다루는 것은 정의에 반하며 평등의 원칙에도 위배된다 할 것이다.[62] 즉, 평등과 차별금지는 우리나라를 포함한 전 세계 입헌주의 국가 대부분이 채택하고 있는 반드시 지켜야할 기본원칙으로, 국가뿐 아니라 사인(私人)도 AI 기술 설계 및 운용 시 이를 보장할 수 있도록 하여야 한다. 때문에 EU의 「AI법」이 의사결정 왜곡, 특정 집단의 취약성 악용, 사회적 평점, 프로파일링을 이용한 범죄 예측, 안면 인식 데이터베이스, 직장/교육기관에서의 감정 추론, 생체인식 분류, 실시간 원격 생체인식 신원확인 등에 대해 몇몇 예외적인 상황을 제외하고, 이와 관련된 AI 시스템을 금지토록 하고 있는 것도 평등의 원칙 및 차별금지가 구현될 수 있게 하기 위함이다.[63] 우리나라도 「헌법」 제11조에 규정된 평등의 원칙에 따른 차별금지가 AI 기술환경에서도 구현될 수 있도록 조속히 AI 기본법을 제정하고, 채용절차법 등의 개정을 통해 정기적인 검증절차를 거쳐 공정한 채용이 이뤄질 수 있도록 평등 및 차별금지를 법정책화할 필요가 있으며, 데이터의 품질과 원천 데이터에 포함된 편견이 잠재적인 차별과 불공정한 대우의 원인이 되는 경우도 있고, 데이터 기반 알고리즘 결정에서 성별 기반 차별을 포함한 편견과 차별이 AI 시스템의 여러 층위에서 여러 가지 이유로 생성될 수 있기에[64] AI 기반의 사회환경 속에서

61 차별은 인지된 또는 실제 개인적 특성(보호 근거/특성)을 기반으로 "비슷한 상황에서 한 사람이 다른 사람보다 덜 호의적인 대우를 받고 있거나, 받았거나 받을 예정인 경우"를 말함 (European Union Agency for Fundamental Rights, 『Getting the future right-Artificial intelligence and fundamental rights』, 2020., p.68 참조).

62 권영성,『헌법학원론』, 법문사, 2009, 387면 이하 참조

63 EU 시민의 약 40%가 AI를 사용하면 채용, 신용 등에 대한 결정을 내릴 때 나이, 성별, 인종 또는 국적 측면에서 차별이 발생할 수 있다는 점을 우려한다고 나타난 것으로 조사됐음 (European Union Agency for Fundamental Rights, 『Getting the future right-Artificial intelligence and fundamental rights』, 2020., p.73 참조).

64 European Union Agency for Fundamental Rights, 『Getting the future right-Artificial intelligence and fundamental rights』, 2020., p.69 참조

도 평등 및 차별금지원칙이 구현될 수 있도록 국가와 사회의 적극적인 노력이 필요하다.

미국의 경우 <그림 18-4>에서 파악할 수 있는 바와 같이 '신뢰할 수 있는 AI 시스템의 7가지 구성요건'을 제시하고, AI 기술설계 및 운영 시 이 요건이 충족될 수 있도록 지침을 통해 권고하고 있다.[65]

**그림 18-4 신뢰할 수 있는 AI 시스템의 7가지 구성요건**[66]

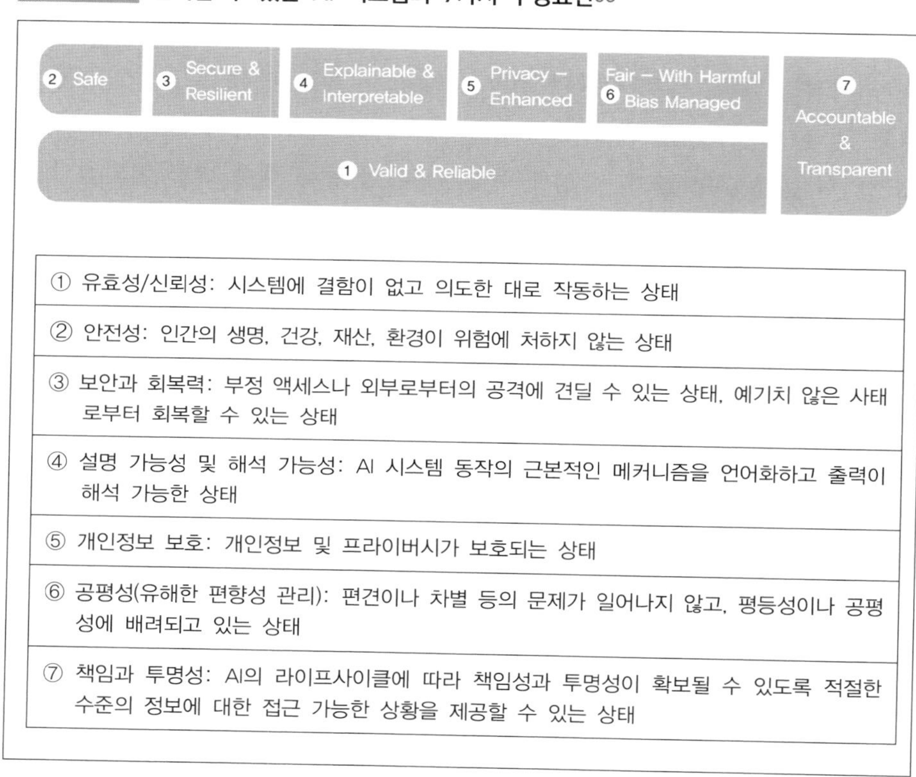


| |
|---|
| ① 유효성/신뢰성: 시스템에 결함이 없고 의도한 대로 작동하는 상태 |
| ② 안전성: 인간의 생명, 건강, 재산, 환경이 위험에 처하지 않는 상태 |
| ③ 보안과 회복력: 부정 액세스나 외부로부터의 공격에 견딜 수 있는 상태, 예기치 않은 사태로부터 회복할 수 있는 상태 |
| ④ 설명 가능성 및 해석 가능성: AI 시스템 동작의 근본적인 메커니즘을 언어화하고 출력이 해석 가능한 상태 |
| ⑤ 개인정보 보호: 개인정보 및 프라이버시가 보호되는 상태 |
| ⑥ 공평성(유해한 편향성 관리): 편견이나 차별 등의 문제가 일어나지 않고, 평등성이나 공평성에 배려되고 있는 상태 |
| ⑦ 책임과 투명성: AI의 라이프사이클에 따라 책임성과 투명성이 확보될 수 있도록 적절한 수준의 정보에 대한 접근 가능한 상황을 제공할 수 있는 상태 |

65 AI RMF는 AI와 관련된 위험을 효과적으로 관리하기 위해 NIST가 개발했으며 민간 기업 및 공공 기관과의 협력을 통해 약 1년 반의 시간에 걸친 합의과정을 통해 마련된 것으로, 법을 통해 강제하기보다는 하위규범인 지침을 통해, 공통된 기준을 마련했다는 점에 특징이 있음.

66 NIST, 2023, Ai Risk Management Framework, https://www.nist.gov/itl/ai-risk-management-framework 수정

## 3. 사회보장 및 조세제도

자본주의경제의 발달과정에 있어서 빈곤은 더 이상 개인적인 물질적 결핍의 문제가 아니라 사회의 안정을 위협하는 사회 전체의 문제이고, 경제의 성장에 의하여 자연적으로 해결될 수 있는 것도 아니라는 인식이 자리 잡아 가고 있다.

즉 주권자인 국민의 최소한의 인간다운 삶의 보장(「헌법」 제34조)을 위해  빈곤문제는 국가의 과제로 인식되었고,[67] 이러한 현상은 비단 3차산업혁명시대까지에 국한된 문제가 아니라, 생성형 AI 등장 등 관련기술이 발달함에 따라, 4차산업혁명시대에도 지속적으로 국가가 해결해야할 중차대한 사회문제로 인식되고 있다. 예를 들면, 생성형 AI 등 관련 기술의 발달과 법정책적 지원으로 디지털 경제 생태계가 조성됨에 따라 생산의 3요소(토지/자본/노동력) 중 토지와 자본은 거의 그대로 이거나, 자본의 경우 그 형태와 범위가 디지털 경제 생태계 조성으로 인해 온라인의 영역으로 까지 확대되고 있는 반면, 노동력 분야는 사무처리의 RPA(Robotic Process Automation) 방식 도입이나, 로봇활용 및 AI 기술 활용 빈도가 높아짐에 따라 인간이 생산활동에 참여하여 소득을 올리는 비중이 현격히 줄어들고 있다.

우리나라도 로봇 도입률이 세계 최고인 점을 감안하고, AI 기반 플랫폼 운영 빈도가 높아지고 있는 점 등을 고려할 때, 육체적, 정신적 노동력을 기반으로 생계 및 삶을 영위하는 국민의 경우, 생성형 AI 활용 등 4차산업혁명시대의 관련 기술이 발달할수록 향후 빈곤 및 인간다운 삶을 영위하지 못할 수 있다는 우려가 커지고 있다.[68] 상황이 이렇다 보니, 사회국가원리 구현 및 사회적 기본권을 법률형성적 법률유보의 형태로 보장토록 규정하고 있는 현행 헌법에 근거해 사회보장제도와 조세제도에 대한 미래사회에 대비한 법

---

67 헌재 1997. 5. 29. 94헌마33, 판례집 9-1, 551.

68 AI의 기술개발로 미래에는 불안정한 노동계급(프레카리아트)로 살아가는 인구가 99.9%에 이를 것이라는 예측도 있음. 프레카리아트란 이탈리아어로 '불안정한'이라는 의미의 '프레카리오(precario)'와 마르크스가 말한 '프롤레타리아트(Proletariat)'의 합성어로 '불안정 노동계급'이란 뜻하며, 서울대 유기윤 교수 연구팀이 2019년에 '미래 도시에 4개의 계급 존재'라는 연구결과를 발표했으며, 이후 『2050 미래사회보고서』라는 책으로 출판되었음(유기윤 외3인, 『2050 미래사회보고서』, 39쪽 참조).

정책 마련이 필요하다. 한편 기본소득에 대한 논의는 1970년대 미국과 캐나다를 중심으로 논의 및 실험이 진행되었으며, 제4차산업혁명시대의 AI가 인간의 일자리를 대체하는 것에 대응하기 위한 방법으로 다시 논의가 시작된 것으로, 기본소득의 도입이 곧 사회보장제도를 의미하는 것은 아니며, 오히려 기본소득에 대한 도입을 논의를 할 때, 국가재정과 국민생활, 복지체계, 조세 제도 등 사회 각 분야에 끼치는 영향을 고려해야 한다. 또한 조세제도를 정비해, 기존의 생산 3요소에 근거해 운영하는 방식에서 노동력을 AI가 대체했을 때를 대비한 로봇세, 데이터세, 디지털세, 스니펫세, 디지털서비스세 등 조세방식을 새롭게 검토할 필요가 있다.

## 4. 올바른 행정/사법적 접근

헌법에 근거할 때, 국가권력은 주권자인 국민으로부터 나오며 국가는 국민 개개인의 기본적 인권을 보장해야 하지만, 만에 하나 국가권력의 운영작용이 AI를 기반으로 운영되며 특정 국민에 편향된 차별적 행위가 발생하거나, 인적 개입 없는 자동화된 처리 중에 학습데이터의 편향성, AI 환각 또는 블랙박스 현상으로 국민 개개인의 자유와 권리를 직간접적으로 침해하는 결과를 가져올 경우 이에 대한 명확한 책임을 질 자와 피해구제를 위한 절차가 마련되어 있어야 하나, 누구도 책임을 지지 않고 AI가 가져올 역기능에 아무런 대비를 하지 않는다면, 헌법이 정한 바에 따를 국가권력 작용이 이뤄지고 있다고 볼 수 없다. 따라서 헌법의 사전 수호적(사전 침해 예방적) 관점에서도, 행정과 사법 또는 입법분야에 AI를 도입할 경우 정기적인 편향성/공정성 검증절차 마련 및 책임의 소재와 개개인의 자유와 권리의 구제절차를 마련해, 우리나라 최고규범인 헌법에 근거한 국가권력작용이 구현되도록 하여, 궁극적으로 대한민국이라는 공동체의 보장과 주권자인 국민 개개인의 자유와 권리 보장(기본권 보장)이라는 가치가 구현될 수 있는 환경조성이 필요하다. EU의 AI법은 <그림 18-5>와 같이 “AI 거버넌스 형성을 위한 4가지 기본 틀”을 제시하고 있으며, 인권영향평가제도를 도입해, 인권보장과 민주주의 수호에 기여토록 하고 있다.

**그림 18-5 EU AI법의 AI 거버넌스 형성을 위한 4가지 기본 틀 구조도**

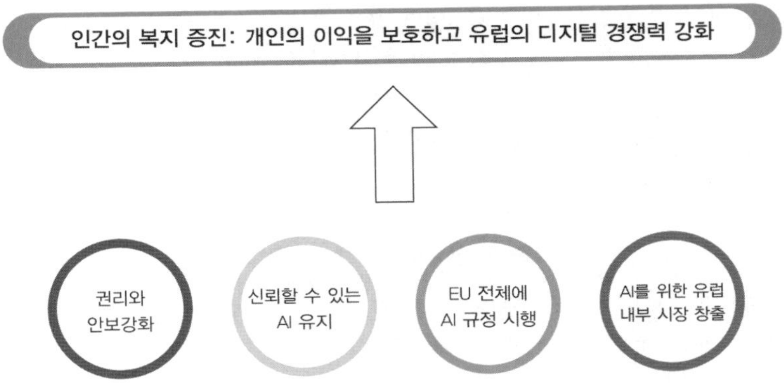

인간의 복지 증진: 개인의 이익을 보호하고 유럽의 디지털 경쟁력 강화

권리와 안보강화

신뢰할 수 있는 AI 유지

EU 전체에 AI 규정 시행

AI를 위한 유럽 내부 시장 창출

한편, 유네스코 「AI 윤리에 관한 권고」는 <표 18-4>에서와 같이 10대 핵심 원칙을 통해 AI 윤리에 관한 인권 중심의 접근 방식을 제시하고 있다.

**표 18-4 유네스코 「AI 윤리에 관한 권고」 10대 핵심원칙**

| 원칙 | 주요내용 |
|---|---|
| 1. 비례(균형)와 피해 금지 (Proportionality and Do No Harm) | AI 시스템의 사용은 정당한 목표를 달성하는 데 필요한 수준을 넘어서는 안 되며, 이러한 사용으로 인해 발생할 수 있는 피해를 예방하기 위해 윤리 위험 평가를 수행해야 한다 |
| 2. 안전 및 보안 (Safety and Security) | 원치 않는 피해(안전 위험)와 공격에 대한 취약성(보안 위험)은 AI 행위자가 피하고 해결해야 한다 |
| 3. 프라이버시 및 데이터 보호에 대한 권리 (Right to Privacy and Data Protection) | 프라이버시는 AI 라이프 사이클 전반에 걸쳐 보호되고 증진되어야 하며, 적절한 데이터 보호 프레임워크도 수립해야 한다 |
| 4. 다중 이해관계자 및 적응형 거버넌스 및 협업 (Multi-stakeholder and Adaptive Governance & Collaboration) | 데이터 사용에 있어 국제법 및 국가 주권이 존중되어야 하며, AI 거버넌스에 대한 포괄적인 접근을 위해서는 다양한 이해관계자의 참여가 필요하다 |

| 원칙 | 주요내용 |
|---|---|
| 5. 책임과 의무 (Responsibility and Accountability) | AI 시스템은 감사 및 추적이 가능해야 하며, 인권 규범과의 충돌 및 환경 복지에 대한 위협을 피하기 위해 감독, 영향 평가, 감사 및 실사 메커니즘이 마련되어야 한다 |
| 6. 투명성과 설명 가능성 (Transparency and Explainability) | AI 시스템의 윤리적 배포는 투명성 및 설명 가능성(T&E)에 달려 있으며, T&E의 수준은 T&E와 프라이버시, 안전 및 보안과 같은 다른 원칙 사이에 긴장이 있을 수 있으므로 상황에 적합해야 한다 |
| 7. 인적 감시와 결정 (Human Oversight and Determination) | 회원국은 AI 시스템이 궁극적인 인간의 책임을 대체하지 않도록 해야 한다 |
| 8. 지속 가능성 (Sustainability) | AI 기술은 UN의 지속 가능한 개발 목표에 명시된 목표를 포함하여 지속적으로 진화하는 일련의 목표로 이해되는 '지속 가능성'에 미치는 영향에 대해 평가되어야 한다 |
| 9. 인식 및 활용능력 (Awareness & Literacy) | 개방적이고 접근 가능한 교육, 시민 참여, 디지털 기술 및 AI 윤리 교육, 미디어 및 정보 리터러시를 통해 AI 및 데이터에 대한 대중의 이해를 촉진해야 한다 |
| 10. 공정성과 비차별 (Fairness and Non-Discrimation) | AI 행위자는 모든 사람이 AI의 혜택에 접근할 수 있도록 포괄적인 접근 방식을 취하면서 사회 정의, 공정성 및 비차별을 증진해야 한다 |

유네스코는 이 권고안의 효과적인 이행을 위해 준비성 평가 방법론과 윤리적 영향 평가라는 두 가지 핵심 도구의 개발을 의무화하고 있다.

### 1) 준비성 평가 방법론(Readiness Assessment Methodology; RAM)

준비평가방법론(RAM)은 회원국이 이 권고를 효과적으로 이행할 준비가 되어 있는지 여부를 평가하는 데 도움이 되도록 설계되었다. 이 평가방법론은 일반적인 질문과, 법분야 평가지표/사회문화분야 평가지표/과학교육분야 평가지표/경제분야 평가지표/기술 및 인프라 분야 평가지표로 구성되어 있다. 예를 들어, 법적 분야 평가지표의 경우 "국가에 AI 전략이 있는가? 그렇지 않다면 AI 규제에 간접적인 영향을 미치는 법률이나 전략이 있는가(예: 데이터 프라이버시 또는 차별 금지법 또는 디지털 전략 제시)" 등으로 현재의 법정책 현황을 판단하기 위한 지표로 구성되어 있다.[69]

### 2) 윤리적 영향 평가(Ethical Impact Assessment; EIA)

윤리적 영향 평가(EIA)는 AI 프로젝트 팀이 영향을 받는 커뮤니티와 협력하여 AI 시스템이 미칠 수 있는 영향을 식별하고 평가하는 데 도움이 되는 구조화된 프로세스로, 잠재적인 영향을 반영하고 필요한 피해 예방 조치를 식별할 수 있다. 이 권고안의 윤리적 영향 평가(EIA)는 'AI의 라이프사이클 전체에 대해 윤리적 관점에서의 기술이 구현될 수 있도록(Ethics by Design), AI의 설계 단계부터 인공지능의 윤리적 영향을 평가하고 그에 따라 예상되는 부작용에 대해 사전에 대응할 수 있는 방안을 마련하고, 영향평가 수행 후 이를 관리·감독할 수 있는 방법 마련을 핵심으로 한다.[70] 다만 유네스코의 이 권고안을 통한 윤리적 영향평가는 유네스코 회원국 중에는 이 윤리영향평가를 하고 싶어도 역량 부족으로 할 수 없는 수많은 회원국이 있다는 점이 문제점으로 지적되었으며, 회원국 개개의 특수한 상황을 고려해 자체적으로 평가 방법론을 개발하는 데 이 권고안의 윤리적 영향 평가(EIA)가 어떤 영향력을 끼칠 수 있을지에 대해 회의적 시각이 존재하기도 한다.

우리나라도 공공분야와 민간분야에 AI 기술을 도입해, AI 기반 플랫폼을 구축할 경우 거버넌스를 구축해 인권영향평가, 개인정보영향평가, 윤리적 영향평가 등의 절차를 밟아 국민의 기본권이 보장되고, 국가발전에 기여할 수 있는 환경을 조성할 필요가 있다.

무엇보다 이러한 환경구축은 보안이 선제되어야 제 기능을 다할 수 있다는 점에서 AI를 기반으로 데이터 기반 경제가 구축되고 있는 현실을 고려할 때, 사이보안과 물리적 보안체계 구축이라는 이분법적 접근방식을 탈피하고, 데이터의 흐름에 따른 융합보안체계를 구축할 필요가 있다.

---

69 UNESCO, Readiness Assessment Methodology: A Tool of the Recommendation on the Ethics of Artificial Intelligence, 참조 https://unesdoc.unesco.org/ark:/48223/pf0000385198?posInSet=60&queryId=N-50301781-8b17-4dcb-ae6e-c8f226c324c5

70 즉, 환류체계의 마련이 필요함.

## Section 04 | 결론

지금까지 우리나라의 최고규범인 헌법에 근거해 AI의 법적 지위 및 기본권과의 관계를 살펴보고, 쟁점별로 국가와 시민사회가 해결해야할 또는 준비해야 할 방향성에 대해 살펴보았다. 현행 헌법상 기본권의 이념조항이라 할 수 있는 인간의 존엄과 가치가 보장되고, 이를 통해 민주주의가 공고히 될 수 있도록 국민 개개인의 인격주체성을 특징짓는 개인정보가 신뢰를 기반으로 안전하게 활용될 수 있도록 PbD 제4원칙의 구현을 통해 개인정보 보호·활용 기술과 정보보안기술 모두 기능할 수 있도록 보호체계 정비 및 관련 입법을 신설할 필요가 있으며, AI 기반의 사회환경 속에서도 평등 및 차별금지원칙이 구현될 수 있도록 국가와 사회의 적극적인 노력이 필요하다. 또한 사회국가원리 구현 및 사회적 기본권을 법률형성적 법률유보의 형태로 보장토록 규정하고 있는 현행 헌법에 근거해 사회보장제도와 조세제도에 대한 미래사회에 대비한 법정책 마련이 필요하며, 조세제도를 정비해, 기존의 생산 3요소에 근거해 운영하는 방식에서 노동력을 AI가 대체했을 때를 대비한 로봇세, 데이터세, 디지털세, 스니펫세, 디지털서비스세 등 조세방식을 새롭게 검토할 필요가 있다. 마지막으로 공정하고 평등의 원칙이 구현되는 사회기반 내에서 우리나라가 AI를 기반으로 한 4차산업혁명시대에도 AI 강국으로 자리매김할 수 있도록 우리나라도 공공분야와 민간분야에 AI 기술을 도입해, AI 기반 플랫폼을 구축할 경우, 거버넌스를 구축해 인권영향평가, 개인정보영향평가, 윤리적 영향평가 등의 절차를 밟아 국민의 기본권이 보장되고, 국가발전에 기여할 수 있는 환경을 조성할 필요가 있으며, 이러한 환경구축은 보안이 선제되어야, 제 기능을 다할 수 있다는 점에서 AI를 기반으로 데이터 기반 경제가 구축되고 있는 현실을 고려할 때, 사이보안과 물리적 보안체계 구축이라는 이분법적 접근방식을 탈피하고, 데이터의 흐름에 따른 융합보안체계를 구축할 필요가 있다.

## [붙임1] EU의 「AI법」부속서Ⅲ에 규정된 고위험 AI 시스템(예시)[71]

1. 자연인의 생체인식 및 분류: 자연인의 '실시간' 및 '사후' 원격 생체인식에 사용하기 위한 AI 시스템
2. 주요 기반시설의 관리 및 운영: 도로교통의 관리 · 운영과 수도 · 가스 · 난방 · 전기 공급에 안전 부품으로 사용하기 위한 AI 시스템
3. 교육 및 직업 훈련: (a) 교육 및 직업훈련기관에 대한 접근을 결정하거나 자연인의 접근권한을 설정하기 위한 목적으로 사용하기 위한 AI 시스템; (b) 교육 및 직업 훈련 기관 등 교육 기관에 입학하기 위해 일반적으로 요구되는 시험의 학생 및 참가자를 평가하기 위한 AI 시스템
4. 고용, 근로자 관리 및 자영업 접근성: (a) 특히 결원 광고, 지원서 심사 또는 필터링, 면접 또는 시험 과정에서 지원자를 평가하는 데 사용하기 위한 AI 시스템;(b) 업무와 관련된 계약관계의 촉진 및 종료에 대한 결정, 업무 할당, 업무 수행 및 행동을 모니터링하고 평가하는 데 사용하기 위한 AI 시스템
5. 필수적인 민간 서비스 및 공공 서비스와 혜택에 대한 접근 및 향유: (a) 공공기관 또는 공공기관을 대표하여 자연인의 공공지원 혜택 및 서비스 적격성을 평가하고 해당 혜택 및 서비스를 부여, 축소, 취소 또는 리콜하기 위한 AI 시스템; (b) 자연인의 신용도를 평가하거나 그들의 신용 점수를 설정하는 데 사용하기 위한 AI 시스템. 다만, 소규모 제공업체가 자체적으로 사용하기 위해 사용하는 AI 시스템은 예외 (c) 긴급 의료 대응 서비스를 파견하거나 소방관들과 의료 지원의 우선순위를 설정하기 위해 사용되는 AI 시스템
6. 법 집행: (a) 자연인의 범죄 또는 재범 위험 또는 잠재적 범죄 피해자의 위험을 평가하기 위해 법 집행 당국이 자연인의 개별 위험 평가를 위한 목적으로 사용하기 위한 AI 시스템; (b) 법 집행 당국이 거짓말 탐지기 및 이와 유사한 도구로서 또는 자연인의 감정 상태를 탐지하기 위한 목적의 AI 시스템; (c) 제52조제3항에 규정된 딥페이크를 탐지하기 위해 사법 당국이 사용하기 위한 AI 시스템; (d) 법 집행 기관이 증거의 신뢰성 평가를 위해 사용하도록 의도된 AI 시스템 형사 범죄의 수사 또는 기소 과정; (e) 법 집행 당국이 EU 2016/680 지침 제3조제4항에서 정의된 자연인과 관련된 프로파일링 또는 성격 특성 평가에 기초하여 실제 또는 잠재적 범죄의 발생 또는 재발을 예측하기 위해 사용하기 위한 AI 시스템 자연인 또는 집단의 특성 또는 과거 범죄 행위; (f) 형사 범죄의 탐지, 조사 또는 기소 과정에서 EU 2016/680 지침 제3조제4항에서 정의된 자연인과 관련된 프로파일링을 위해 사법 당국이 사용하기 위한 AI 시스템; (g) 자연인에 대한 범죄 분석을 통해, 법 집행 기관이 데이터에서 알려지지 않은 패턴을 식별하거나 숨겨진 관계를 발견하기 위해 서로 다른 데이터 소스 또는 서로 다른 데이터 형식으로 사용할 수 있는 복잡한 관련 및 관련 없는 대형 데이터 세트를 검색할 수 있도록 사용하는 AI 시스템
7. 이주, 망명 및 국경 통제 관리: (a) 권한 있는 공공 기관이 거짓말 탐지기 및 유사

**[붙임1] EU의 「AI법」부속서Ⅲ에 규정된 고위험 AI 시스템(예시)[71]**

한 도구를 사용하거나 자연인의 감정 상태를 감지하기 위한 AI 시스템; (b) 회원국의 영토에 입국했거나 입국하려는 자연인의 발생 가능한 보안 위험, 비정규 이민 위험 또는 건강 위험을 포함하여 관할 공공기관이 위험 평가를 위해 사용하는 AI 시스템; (c) 여행문서의 진위여부 확인 및 자연인의 지원 서류의 확인을 위해 관할 공공기관이 사용하고 보안특성을 확인하여 비인증 문서를 탐지하기 위한 AI 시스템; (d) 망명신청, 비자 및 체류 허가 및 관련 불만 사항을 심사하기 위한 관할 당국을 지원하기 위한 AI 시스템

8. 정의와 민주적 절차의 행정: 실체와 법을 연구 및 해석하고 구체적인 사실에 법을 적용하기 위한 목적으로 사법 당국을 지원하기 위한 AI 시스템

---

71 필요한 경우 EU집행위원회는 언제든지 다음을 고려해 그 대상을 추가할 수 있음.

(a) AI 시스템의 의도된 목적

(b) AI 시스템이 사용되었거나 사용될 가능성이 있는 정도

(c) AI 시스템의 사용이 이미 건강과 안전에 해를 끼치거나 기본권에 악영향을 미치거나 그러한 피해나 악영향이 구체화 되거나 이와 관련하여 중대한 우려를 야기한 정도에 이른 것으로 볼 수 있는 회원국가 관할 당국에 제출된 보고서 또는 문서화된 주장

(d) 특히 다수의 사람들에게 영향을 미칠 수 있는 역량 측면에서의 강도와 그러한 위해 또는 그러한 악영향의 잠재적 범위

(e) 잠재적으로 해를 입거나 악영향을 받는 사람들이 AI 시스템으로 생산된 결과에 의존하는 정도, 특히 실질적이거나 법적인 이유로 그렇게 되지 않을 수도 있기에 그 결과에서 제외하는 것은 가능함.

(f) 잠재적으로 해를 입거나 악영향을 받는 사람이 특히 힘, 지식, 경제적 또는 사회적 환경 또는 연령의 불균형으로 인해 AI 시스템의 사용자와 관련하여 취약한 위치에 있는 정도

(g) AI 시스템으로 생성된 결과의 범위는 쉽게 되돌릴 수 있는, 사람의 건강이나 안전에 영향을 미치는 결과가 쉽게 되돌릴 수 있는 것으로 간주되지 않는 경우

(h) 다음의 범위 내에서 현행 EU법이 규정하는 경우

① AI 시스템에 의해 제기되는 위험과 관련된 효과적인 구제 조치(손해 배상 청구 제외)

② 이러한 위험을 예방하거나 실질적으로 최소화하기 위한 효과적인 조치

# 참고문헌


## 국내 문헌

권영성, 『헌법학원론』, 박영사, 2009

성낙인, 『헌법학』, 법문사, 2011

정종섭, 『헌법학원론』, 박영사, 2009

이욱한/조수영, 『초연결사회와 개인정보 보호』, 2019

유기윤 외3인, RAONBOOK, 『2050 미래사회보고서』, 2017

박현섭, "EU, 인공지능로봇에 '전자인간' 법적 지위 부여, 다가오는 인간과 로봇 공존 사회", 『나라경제』, 2017년 06월호

AI 서울 정상회의 서울선언 및 의향서, 2024.05.21.

인공지능 기본법안(한민수의원 대표발의)

인공지능 개발 및 이용 등에 관한 법률안(권칠승의원 대표발의)

헌재 2011. 9. 29. 2007헌마1083 등, 공보 제180호, 1453

헌재 2005. 5. 26. 99헌마513등, 판례집 17-1, 683

헌재 2005. 5. 26. 99헌마513등, 공보 105, 666, 672

헌재 1997. 5. 29. 94헌마33, 판례집 9-1, 551

## 외국 문헌

Forster, D., & Rieder, J. (2021). Roboter als Rechtssubjekte - Der Streit um die E-Person. Juridica International, 30, 32-39. https://doi.org/10.12697/JI.2021.30.05

ENISA, Privacy and Data Protection by Design-from policy to engineering,2014

Ann Cavoukian, Privacy by Design: The 7 Foundational Principles Implementation and Mapping of Fair Information Practices

______________, Operationalizing Privacy by Design:A Guide to Implementing Strong Privacy Practices, 2012

Journal of Intellectual Property, Information Technology and Electronic Commerce Law(JIPITEC), 2013. vol.2, David Krebs, "Privacy by design": Nice-to-have or a Necessary principle of Dataprtction Law?, 2013

Information and Privacy Commissioner, Ontario, Canada, 『Operationalizing Privacy by Design: A Guide to Implementing Strong Privacy Practices』, 2012,

https://www.jipitec.eu/issues/jipitec-4-1-2013/jipitec4krebs/jipitec-4-1-2013-2-krebs.pdf

https://www.unesco.org/en/artificial-intelligence/recommendation-ethics

NIST, 2023, Ai Risk Management Framework, https://www.nist.gov/itl/ai-risk-management-framework

https://www.dbpia.co.kr

https://www.priv.gc.ca

http://scholarship.law.berkeley.edu/californialawreview/vol48/iss3/1

https://www.legifrance.gouv.fr/

http://www.servat.unibe.ch/dfr/bv065001.html

http://www.jetlaw.org/2014/06/10/digital-eraser-european-court-endorses-the-right-to-be-forgotten/

https://dsgvo-gesetz.de/bdsg-neu/

https://eugdprcompliant.com/

https://d-marketing.yahoo.co.jp/entry/20170824471482.html

https://ieet.org/index.php/IEET2/more/danaher20150625

# part IV

# 기타 생성형 AI 관련 법적, 정책적 쟁점

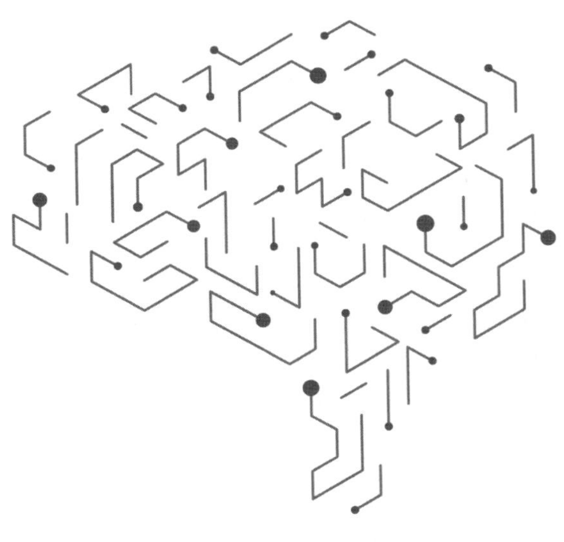

chapter

19

# 생성형 AI의 오남용 문제와 사이버보안

김승주*

## Section 01 | 머리말

"인공지능(AI: Artificial Intelligence)"이라는 단어는 1955년 컴퓨터 과학자 존 매카시(John McCarthy)가 "지능이 있는 기계를 만들기 위한 과학과 공학(The Science and Engineering of Making Intelligent Machines)"이라는 논문에서 처음 사용한 것으로 알려져 있다. 1956년, 존 매카시는 다트머스 학회(Dartmouth Conference)를 열어 인공지능을 대중에게 알렸으며, 이후 1970년대까지 사람처럼 생각하고 문제를 풀 수 있는 인공지능을 만들기 위한 연구가 활발하게 진행되었다. 하지만 당시의 기술로는 XOR같이 단순해 보이는 수학 문제조차 인공지능으로 해결하는 데 한계가 있었기에, 결국 인공지능 연구는 급격히 줄어들게 됐다(일명, 첫 번째 AI의 겨울).

한동안 조용하던 인공지능 연구는 1974년에 현대 인공신경망(Artificial Neural Network)과 딥러닝(Deep Learning)의 초석이 되는 "오류역전파(Back-propagation of Errors)" 개념이 등장하고, 1986년에 데이비드 럼멜하트(David Rumelhart), 제프리 힌튼(Geoffrey Hinton), 로널드 J. 윌리엄스(Ronald J. Williams)가 이를 크게

* 고려대학교 정보보호대학원

개선시키면서 잠시 활기를 띠었다.[1] 하지만 당시의 하드웨어 기술로는 복잡한 인공지능 알고리즘을 효율적으로 구현하는 데 한계가 있었으며, 1980년대와 1990년대 초에는 현재와 같은 대규모 학습 데이터셋 또한 구하기가 어려웠기 때문에 다시 침체기를 겪게 된다(일명, 두 번째 AI의 겨울).

그러다 1990년대 후반, 검색엔진의 등장과 함께 빅데이터(Big Data) 시대가 열리고, 2000년대 중반에는 컴퓨터 성능의 발달로 인해 심층신경망(DNN: Deep Neural Network)[2] 기반의 딥러닝 기술이 획기적으로 발전하며 인공지능 연구가 다시 활발해졌다. 딥러닝은 2012년 캐나다 토론토대학의 제프리 힌튼[3] 교수 연구실의 알렉스 크리제브스키(Alex Krizhevsky)가 이미지 인식 대회

---

1 David E. Rumelhart, Geoffrey E. Hinton, Ronald J. Williams, "Learning Representations by Back-propagating Errors(오류 역전파를 통한 학습 표현)", Nature, Vol. 323, pp. 533-536, 1986.

2 인공신경망에는 크게 다층퍼셉트론(MLP: Multi-layer Perceptron)과 심층신경망(DNN)이 있다. 다층퍼셉트론은 최소 3개의 층(입력층, 은닉층, 출력층)으로 구성된 신경망으로 대개 층수가 많지는 않으며, 비교적 간단한 패턴 인식과 분류 문제를 해결하는 데 사용된다. 반면 심층신경망은 다층퍼셉트론에 비해 더 많은 은닉층(Hidden Layers)을 가진 신경망으로, 이미지 인식, 자연어 처리, 음성 인식 등 복잡하고 고차원적인 문제를 해결하는 데 사용된다. 여기서 "심층(deep)"이라는 용어는 은닉층이 여러 개라는 의미이다.

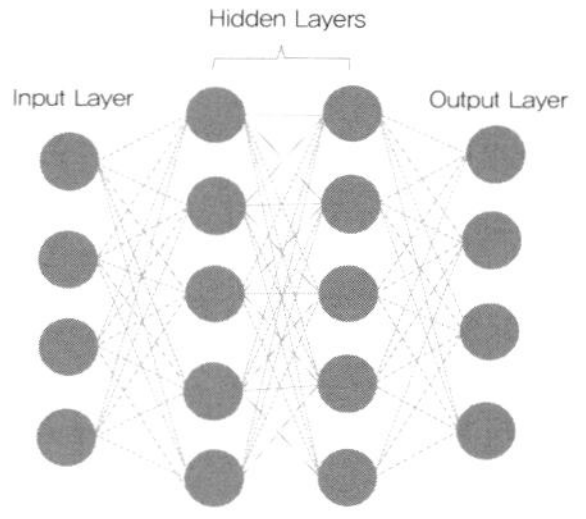


3 제프리 힌튼은 현대 인공지능 분야에서 매우 중요한 인물로, 특히 딥러닝 분야의 선구자로 알려져 있다. 1947년 12월 6일 영국 런던에서 태어난 그는 컴퓨터 과학과 인지과학을 결합한 연구를 통해 인공지능의 발전에 크게 기여해 왔다. 제프리 힌튼의 가장 큰 업적은 딥러닝, 특히 신경망(Neural Networks) 연구에 있다. 신경망은 뇌의 뉴런(Neuron) 연결 방식을 모방하여 데이터를 처리하고 학습하는 방법으로, 딥러닝의 핵심기술이다. 힌튼은 신경망이 어떻게 학습할 수 있는지를 설명하는 오류역전파 알고리즘 개발에 큰 공헌을 했다. 이 알고리즘은 신경망이 오류를 수정하며 점점 더 정확하게 데이터를 분석할 수 있도록 해주는 중요한 기술이다. 2006년, 힌튼은 딥러닝의 핵심 아이디어를 발전시키며 딥러닝의 부흥을 이끌었고, 이후 컴퓨터 비전, 음성 인식, 자연어 처리 등의 분야에서 딥러닝이 폭넓게 사용되게 했다. 제프리 힌튼은 토론토 대학교에서 교수로 재직하면서 많은 제자를 양성해 왔으며, 구글에서

인 "이미지넷(IMAGENET)"4에서 우승하면서 널리 알려졌다. 이후 구글, 페이스북, 바이두 같은 글로벌 IT 기업들이 딥러닝 연구를 주도하면서 발전 속도가 빨라졌고, 2016년에는 구글 자회사인 딥마인드(DeepMind)의 바둑 인공지능, "알파고(AlphaGo)"가 세계 챔피언인 이세돌 9단을 이기면서 정점을 찍었으며, 급기야 OpenAI가 대화형 인공지능 "ChatGPT(Generative Pre-trained Transformer)"5를 선보이면서 생성형 인공지능(Generative AI)의 열풍을 불러왔다.

여러 번의 침체기를 겪었지만 딥러닝의 발전, GPU(Graphics Processing Unit)6의 개발, 빅데이터 기술의 발전 덕분에 인공지능의 잠재력은 매우 커졌다. 이제 인공지능은 모든 산업의 미래를 바꾸는 4차 산업혁명의 핵심기술로 인식되고 있다. 사이버보안 분야도 예외가 아니어서 인터넷에 연결되는 기기가 급증하고, 매일 100만 개 이상의 새로운 위협이 나타나며, 지능형 사이버 공격(APT: Advanced Persistent Threat) 등이 늘어남에 따라 보안 분야에서도 인공지능의 적용이 필요해졌다.

---

도 일했다. 2018년에는 딥러닝과 인공지능 연구에 대한 공로로 야나 류쿤(Yann LeCun), 요슈아 벤지오(Yoshua Bengio)와 함께 컴퓨터 과학계의 노벨상이라고 불리는 "튜링상(Turing Award)"을 수상했다. 제프리 힌튼은 인공지능의 잠재력뿐만 아니라 그 위험성에 대해서도 경고해 왔다. 그는 인공지능이 사회에 미칠 수 있는 영향을 깊이 고민하며, 인공지능의 발전이 인간에게 미치는 영향에 대한 논의를 촉구해 오고 있다.

4 이미지넷은 1,000개의 카테고리와 100만 개의 이미지로 이미지 인식의 정확도를 겨루는 대회이다. 이 대회에서 알렉스는 기존의 정확도인 75%를 훨씬 뛰어넘는 84.7%의 정확도로 우승하게 된다. 이후 2015년에는 마이크로소프트(MS)팀이 이미지넷에서 GPU를 사용해 무려 96%의 정확도로 우승을 차지하기도 했다.

5 GPT-1는 최초의 GPT 모델로, 2018년에 공개됐다. GPT-2는 2019년에 공개되었으며, 이전 버전보다 훨씬 큰 규모의 데이터로 훈련되었다. GPT-3는 2020년에 공개되었으며, 1750억 개의 매개변수(Parameter)를 가졌다. GPT-4는 ChatGPT의 기반이 되는 최신 모델로, GPT-3의 한계를 극복하고 성능을 더욱 향상시킨 모델이다.

6 GPU라는 용어는 엔비디아(NVIDIA)사에서 1999년에 "지포스(GeForce)"라는 이름의 새로운 그래픽카드용 칩을 내놓으며 처음 제창된 것이다. 지포스는 이전까지 사용됐던 그래픽카드 칩들과는 다르게 CPU(Central Processing Unit, 중앙처리장치)의 도움 없이 자체적으로 동작했기 때문에 이를 구분하고자 GPU란 이름이 붙게 됐다. GPU는 데이터를 한 번에 대량으로 처리하는, 즉 병렬 처리할 수 있는 능력으로 인해 최근 인공지능의 핵심 부품으로 널리 활용되고 있다.

이 장에서는 인공지능이 사이버보안성 향상에는 어떤 도움들을 줄 수 있는지, 또한 천하무적처럼 보이는 인공지능이 어떤 문제점을 갖고 있으며 어떻게 오남용될 수 있는지에 대해 살펴보도록 하겠다.

## Section 02 | AI를 이용한 해킹 공격과 방어

2015년 6월 3일 미국 국방부의 방위고등연구계획국(DARPA: Defence Advanced Research Project Agency)은 트위터를 통해 다음과 같은 메시지를 남겼다. "We held the world's biggest Capture The Flag and all the con-testants were robots(우리는 세계에서 가장 큰 해킹대회를 개최한다. 이 해킹대회의 모든 참가자는 로봇이다)."

DARPA의 말처럼 "사이버 그랜드 챌린지(CGC: Cyber Grand Challenge)"는 사람이 아닌 인공지능 로봇들이 서로를 공격하고 방어해 해킹 실력을 겨루는 대회로, 총 상금 규모 42억 원, 대회 진행 장비에만 10억 원을 투자한 대형 행사이다. 2014년에 총 104개 팀이 대회 참가의사를 밝혔고 이후 2번의 리허설을 거쳐 살아남은 28개 팀이 2015년 6월3일에 열린 예선에 참여했으며, 그 가운데 선발된 7개 팀이 2015년 8월에 열린 최종 본선 경연에 올랐다.

그림 19-1 미국 DARPA가 개최한 사이버 그랜드 챌린지(CGC)의 모습

출처: DARPA

우승은 카네기멜론대학(CMU: Carnegie Mellon University)의 "포올시큐어(ForAllSecure)"팀이 차지했는데, 이들은 자체 개발한 인공지능, "메이헴(Mayhem)"을 이용해 우승했다. 더욱 놀라운 것은 이 메이헴이 이후 인간 해커팀들과도 자웅을 겨뤘다는 것이다. 같은 해 열린 세계 최고 해킹대회인 "데프콘 CTF(DEF CON Capture The Flag)"에 참가해 14개의 인간 해커팀들과 경쟁했는데, 전체 점수는 15등으로 최하위에 그쳤지만 13위, 14위의 인간 해커팀과 아주 근소한 차이만을 보였다. 인공지능의 해킹 능력이 세계 최고 수준의 해커팀을 따라잡을 수 있다는 가능성을 보인 것이다.[7]

---

7 이러한 연구를 "AEG(Automated Exploit Generation)"라고 한다. AEG는 취약점을 자동으로 찾아내고, 이를 악용하는 익스플로잇(Exploit) 프로그램 코드까지도 자동으로 생성하는 기술이다. 이는 보안 연구에서 중요한 주제인데, 시스템의 약점을 효율적으로 찾아내는 것뿐만 아니라 그 약점을 실제로 악용할 수 있는 도구까지 자동으로 만들 수 있기 때문이다.
AEG의 개념은 1990년대 후반에 취약점 탐지 및 악용과 관련된 초기 연구들에서 비롯됐다. 초기 보안 전문가들은 수동으로 취약점을 찾아내고 악성 코드를 작성했기에 그 과정이 매우 복잡하고 많은 시간이 소요됐다. 이 시기에 보안 커뮤니티에서는 버퍼 오버플로우(Buffer Overflow) 같은 일반적인 취약점 탐지와 이를 악용하는 방법에 대해 많은 연구를 진행했지만 대부분 수동으로 작업해야 했다. 2000년대 중반, 정적 분석(Static Analysis, 코드를 직접 분석하는 방법)과 동적 분석(Dynamic Analysis, 프로그램 실행 중에 분석하는 방법)이 보안 연구에 도입되기 시작했다. 이 방법들은 프로그램 코드에서 잠재적인 취약점을 자동으로 탐지하려는 초기 시도들이었지만, 여전히 악성 코드(익스플로잇)를 자동으로 생성하는 단

**그림 19-2** **포올시큐어 팀과 메이헴**

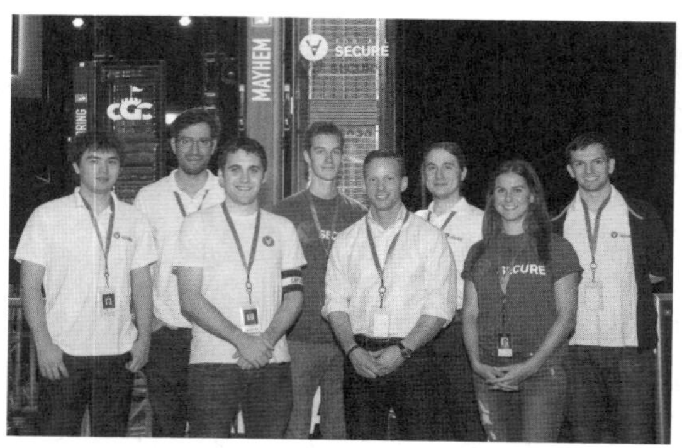


출처: IEEE Spectrum

사실 인공지능과 인간의 싸움은 이미 오래전부터 시작되었다. 1997년, 10의 80승의 경우의 수가 발생한다는 체스 게임에서 IBM의 인공지능 "딥블루(Deep Blue)"가 세계 체스 챔피언 가리 카스파로프(Garry Kasparov)와의 대결에서 이겼고, 역시 IBM사의 "왓슨(Watson)"은 2011년에 미국의 유명 퀴즈쇼에서 우승을 하기도 했다. 2013년에는 일본에서 인공지능이 장기에서 사람을 상대로 이기기도 했으며, 2016년 3월 체스보다 10의 280승 더 복잡한 바둑에서 많은 프로기사의 예상을 뒤엎고 구글의 "알파고(AlphaGo)"가 세계 최정상

---

계에까지 이르지는 못했다. 그 대신 취약점을 자동으로 찾고, 이를 인간이 이해하고 악용할 수 있도록 도와주는 도구들이 주로 개발됐다(자세한 내용은 다음의 논문을 참조: Vinod Ganapathy, Sanjit A. Seshia, Somesh Jha, Thomas W. Reps, Randal E. Bryan, "Automatic Discovery of API-Level Exploits", ICSE 2005).

AEG의 개념은 2011년에 이르러 본격적으로 구체화됐다. 이 시기에 카네기멜론대학(CMU)의 연구팀이 AEG라는 개념을 정립하고, 이와 관련된 논문을 발표했다. 이 논문에서 연구팀은 특정 프로그램의 버그를 자동으로 분석하고, 이를 악용하는 익스플로잇 코드를 자동으로 생성하는 시스템을 소개했다. 이 연구는 보안 커뮤니티에 큰 충격을 주었고, AEG가 실제로 가능하며, 기존의 취약점 탐지 방법을 크게 발전시킬 수 있다는 것을 보여줬다(자세한 내용은 다음의 논문을 참조: Thanassis Avgerinos, Brent Lim Tze Hao, David Brumley, "AEG: Automatic Exploit Generation", NDSS 2011).

오늘날 AEG는 계속해서 발전 중이며, 인공지능 및 기계학습 기술과 결합해 더욱 정교한 취약점 탐지 및 익스플로잇 생성이 가능해지고 있다. AEG는 사이버 공격 방어에 사용되는 동시에, 공격 시나리오를 예측하고 대비하는 데도 중요한 도구로 자리 잡고 있다. 앞으로도 인공지능과 결합하여 더욱 강력하고 복잡한 시스템을 대상으로 하는 AEG 기술들이 개발될 것으로 기대된다.

급 바둑기사 이세돌 9단에게 압승을 거두기도 했다. 앞서 언급한 사이버 그랜드 챌린지 대회는 그동안 불가능하다고 여겨졌던 해킹 분야(정확히는 소프트웨어 자동 검증 분야)에서까지도 인공지능의 기술 수준을 시험했다는 점에서 그 의미가 남다르다 하겠다.[8] 그렇다면 미 국방부는 왜 이런 실험을 했을까?

인터넷에 연결되는 장치의 수는 매년 폭발적으로 증가하고 있다. 2018년에 맥아피(McAfee)의 게리 데이비스(Gary Davis)는 IEEE International Conference on Consumer Electronics(ICCE) 학술대회에서 2020년까지 전 세계 인터넷 접속기기가 500억 대를 넘어설 것이라고 예측한 바 있다. 또한 시큐리티 투데이(Security Today)는 2020년에 사물인터넷(IoT: Internet of Things)[9] 기기의 수가 310억 대에 이를 것이며, 2021년까지는 전 세계적으로 350억 대의 IoT 기기가 사용될 것으로 예측하기도 했었다.

그러나 이러한 사물인터넷의 장미빛 미래 뒤에는 그늘 또한 존재하고 있다. 일반적인 해킹사고는 개인정보 유출이나 금전적인 손해를 끼치는 정도에 그치지만, 사물인터넷 환경에서 문제가 생기면 이는 큰 인명 사고나 재해로 번질 수도 있다. 실제로 차량 해킹 같은 경우에는 2010년에 그 가능성이 제기된 바 있으며, 2015년에는 2명의 유명 해커, 찰리 밀러(Charlie Miller)와 크리스 발라섹(Chris Valasek)이 방송에 나와 실제로 각종 첨단 통신 기능이 내장된 자동차를 대상으로 공개 해킹 시연을 선보이기도 했다. 이후 문제의 차량 140만 대는 리콜되었는데, 이는 해킹으로 인해 리콜이 발생한 최초의 사례이기도 하다.

---

8 최근 DARPA는 사이버 그랜드 챌린지 대회를 업그레이드한 "AIxCC(AI Cyber Challenge, 인공지능 사이버 챌린지)" 준결승 대회를 개최해 화제가 되기도 했다. 이 대회는 생성형 AI를 이용해 중요한 소프트웨어에서 발생할 수 있는 보안 취약점을 자동으로 발견하고 수정하는 시스템을 개발하는 것을 목표로 한다. AIxCC 대회는 2023년에 시작되어 2025년까지 이어지며, 최근 열린 준결승에서는 7개의 팀이 가려져 결승에 진출했다. 결승전은 2025년 데프콘 해킹대회에서 열릴 예정이다.

9 각종 사물(가전제품, 모바일 장비, 자동차, 인체 등)에 센서와 통신 기능을 내장해 인터넷에 연결하자는 "사물인터넷(IoT: Internet of Things)"이란 용어의 기원은 지난 1999년으로 거슬러 올라간다. MIT Auto-ID Center의 공동 설립자이기도 한 케빈 애쉬튼(Kevin Ashton)이 P&G(Procter & Gamble)에 재직 당시 "향후 RFID 및 센서가 사물에 탑재된 사물인터넷이 구축될 것"이라고 언급한 것이 시초라고 알려져 있으며, 이후 2005년부터 공식 용어로 자리매김하기 시작하였다.

**그림 19-3 최첨단 자동차에 대한 공개 해킹 시연 방송 영상**

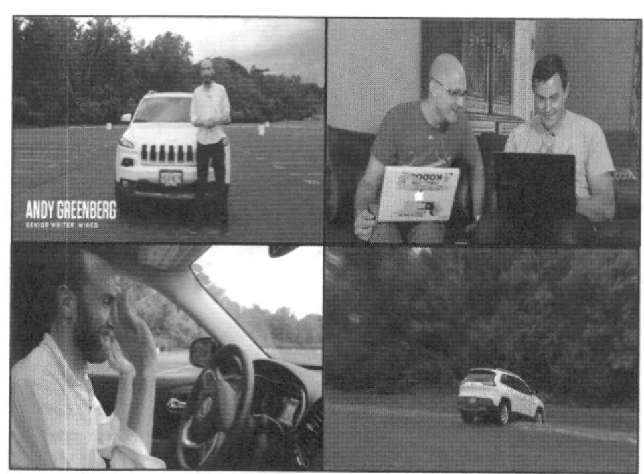


출처: WIRED

또한 2013년에는 고려대학교 김승주 교수 연구팀이 스마트 TV(Smart TV)가 몰래 카메라나 해적 방송을 내보내는 통로로 악용될 수 있음을 지적하고 공개 해킹 시연을 해 보이기도 하였다. 첨단 의료기기도 예외는 아니어서 2012년에 15m 정도 떨어진 곳에서 원격으로 심박 조율기를 해킹해 심장에 전기 충격을 가할 수 있다는 사실이 공개된 적이 있으며, 최근에는 항공기나 드론, 핵잠수함과 같은 군의 첨단 무기 시스템에 대한 해킹도 증가하고 있는 추세이다.

**그림 19-4 항공기에 대한 해킹 가능성 여부를 보도중인 CNN**

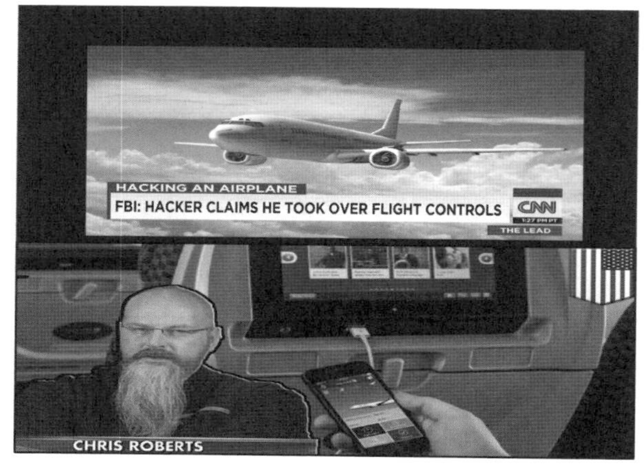


출처: CNN

이러한 상황에서 이 모든 인터넷 연결 기기에 대한 보안을 사람이 손으로 일일이 처리한다는 것은 불가능하다. 이에 자동화의 필요성이 대두되었으며, DARPA의 사이버 그랜드 챌린지는 바로 이러한 시대적 요구를 반영해 탄생됐다 하겠다. 사이버 그랜드 챌린지 대회를 시작으로 미국은 수년 내에 자동 보안 취약점 탐지 및 패치 프로그램의 완성도를 더욱 끌어 올리고, 궁극적으로는 완전 자동화된 인공지능 기반의 국가 중요 네트워크 방어 프로그램을 개발·운영할 계획이다.

북한발 대형 해킹 사고가 터질 때마다 우리는 종종 "사이버영토 수호! 10만 해커 양성!!"이라는 구호를 듣게 된다. 또한 법대나 의대에 진학하던 상위 1% 영재들이 사이버국방학과 등 보안 관련 학과에 지원하고 있으며, 데프콘 등 각종 국제 해킹대회에서 우수한 성적을 내고 있는 것도 사실이다. 그러나 세계는 벌써 차원이 다른 사이버전 준비를 하고 있다. 이제 인원수로 전쟁을 하던 시기는 지났다. 우리도 인공지능에 기반한 더 큰 미래의 전쟁을 대비해야 하겠다.

## Section 03 | AI를 이용한 가짜뉴스와 금융사기

"딥페이크(Deepfake)"는 딥러닝(Deep Learning)과 가짜(Fake)의 합성어로, 인공지능을 기반으로 한 이미지 합성 기술이다. 현재 인공지능을 이용한 범죄 가운데 딥페이크가 가장 위험하고 심각하다는 평가를 받고 있다. 딥페이크의 대다수는 이미 포르노로 소비되고 있으며, 한국 여자 아이돌 멤버의 피해도 크다고 알려져 있다.

실제로 네덜란드 사이버보안 기업 "딥트레이스(Deeptrace)"의 연구 보고서에 따르면, 2018년 딥페이크 영상은 7,964개였으나 2019년에는 1만 4,698개로 두 배 이상 늘었다고 한다. 이 중 96%는 포르노 영상이었는데 얼굴 도용 피해자는 미국·영국 여배우가 46%로 가장 많았으며, 한국 여자 연예인

(K-Pop 스타)은 25%였다고 한다.

문제는 2018년에 생성형 AI가 등장하면서 상황이 빠르게 악화되고 있다는 것이다.

2022년 3월 페이스북과 유튜브는 볼로디미르 젤렌스키(Volodymyr Zelensky) 우크라이나 대통령이 러시아에 항복을 선언하는 발언이 담긴 가짜 동영상을 삭제했다. 삭제된 동영상은 젤렌스키 대통령이 우크라이나어로 자국민에게 러시아와의 전쟁에서 무기를 내려놓으라고 말하는 내용이었다. 영상에는 초록색 셔츠를 입은 젤렌스키 대통령이 우크라이나 국가 문장이 그려진 배경막 앞에서 연설하는 모습이 담겼지만, 이는 모두 사실이 아닌 딥페이크 기술을 이용해 제작된 것이었다.

딥페이크는 화상통화를 통해 지인을 사칭하며 돈을 갈취하는 사기에 악용되기도 한다. CNN은 2024년 2월 4일(현지시간) 한 다국적 금융기업의 홍콩 지사 직원이 딥페이크 기술을 이용한 사기에 속아 2억 홍콩달러(약 349억 2,800만 원)를 잃었다고 보도했다. 이에 따르면 홍콩 지사에서 일하던 직원은 영국에 있는 본사의 CFO(Chief Financial Officer, 최고재무관리자)로부터 거액의 돈을 비밀리에 부칠 것을 요구하는 이메일을 받았다. 직원은 내용이 수상해 처음에는 피싱 메일이라고 의심했었다. 그러나 회사 동료 여러 명이 함께 참여한 화상 회의에서도 같은 지시를 받자, 의심을 거두고 2억 홍콩달러를 송금했다. 직원은 화상 회의에 참석했을 때 모든 사람의 외모와 목소리가 자신이 아는 동료들과 똑같았기 때문에 의심하지 못했다고 한다. 사기꾼 일당은 CFO뿐 아니라 화상 회의에 참석했던 모든 직원의 얼굴을 딥페이크로 재현해 피해 직원을 속였던 것이다.

영상뿐만이 아니다. 미국 컴퓨터 바이러스 백신 업체 맥아피(McAfee)에 따르면 생성형 인공지능을 사용할 경우 3초 분량의 목소리 샘플만으로도 특정인의 말투와 문장을 완벽히 구현할 수 있다고 한다.

특히 노년층은 인공지능 기반 사기와 잘못된 정보에 더욱 취약한 것으로 알려져 있다. 실제로 2023년에 발표된 미국은퇴자협회(AARP: American Association of Retired Persons) 보고서에 따르면, 60세 이상 미국인이 인공지능을 통한 거짓 정보와 콘텐츠 사기로 잃은 피해액만 매년 총 238억 달러(약

32조 3,918억 원)인 것으로 조사됐다.

이렇듯 딥페이크는 개인의 사생활 침해 및 금전적 피해, 정치적 혼란, 사회적 불신을 초래할 수 있기 때문에 법적, 기술적 대응이 중요해졌다. 이에 각국 정부와 기관, 기업들은 이를 규제하고 대응하기 위한 다양한 방안을 마련하고 있다.

이러한 노력의 일환으로 인텔(Intel)은 실시간 딥페이크 콘텐츠 탐지기(Real-Time Deepfake Detector)를 발표하기도 했다.[10] "페이크캐처(FakeCatcher)라고 명명된 이 기술은 인공지능과 컴퓨터 비전(Computer Vision)[11] 기술을 사용해 피부 혈류(Blood Flow, 피의 흐름)의 자연스러운 움직임과 패턴을 감지함으로써, 가짜 영상과 실제 영상을 구분해 낸다.

페이크캐처의 가장 큰 장점은 실시간으로 딥페이크를 탐지할 수 있다는 점이다. 대부분의 딥페이크 탐지 기술은 영상 분석에 시간이 걸리지만, 페이크캐처는 영상에서 피부색의 미세한 변화를 분석하는 것만으로 딥페이크 여부를 판단할 수 있기 때문에, 실시간으로 딥페이크 탐지를 수행할 수 있다. 더욱이 이 기술은 높은 정확도를 자랑한다. 인텔에 따르면, 페이크캐처는 실험실 환경에서 96% 이상의 정확도로 딥페이크를 탐지할 수 있다고 한다.[12]

---

10 Umur Aybars Ciftci, Ilke Demir, Lijun Yin, "FakeCatcher: Detection of Synthetic Portrait Videos using Biological Signals(페이크캐처: 생체신호를 이용한 합성 초상화 영상 검출)", IEEE Transactions on Pattern Analysis and Machine Intelligence (PAMI), July 2020.

11 컴퓨터 비전은 컴퓨터 공학의 한 분야로 컴퓨터가 이미지를 보고(Vision) 이해할 수 있게 만드는 기술을 말한다. 우리 사람들은 눈으로 사물을 보고, 그게 무엇인지 바로 알 수 있다. 예를 들어, 고양이를 보면 "아, 이건 고양이구나!" 하고 알아챌 수 있다. 컴퓨터 비전은 이런 능력을 컴퓨터에게 주는 것이다. 컴퓨터 비전이 하는 일은 크게 세 가지로 나눌 수 있다.

- 이미지 인식: 컴퓨터가 이미지를 보고 그 이미지에 무엇이 있는지 알아내는 과정이다. 예를 들어, 사진 속에 고양이, 개, 차 같은 물체가 있는지를 찾는 것을 말한다.
- 이미지 분류: 컴퓨터가 여러 이미지 중에서 특정한 특징을 가진 이미지를 찾아내는 것이다. 예를 들어, 많은 동물 사진 중에서 고양이 사진만 골라내는 것을 말한다.
- 객체 추적: 비디오처럼 움직이는 영상에서 특정 물체를 따라가는 것이다. 예를 들어, 축구 경기 중에 공이 어디로 가는지 계속 추적하는 것과 비슷하다.

이런 기술을 통해 컴퓨터는 자율주행차, 얼굴 인식, 스마트 카메라, 로봇 등의 다양한 분야에서 이미지를 분석하고 이해할 수 있게 된다. 쉽게 말해, 컴퓨터에게 "눈"과 "뇌"를 주어서 세상을 이해하도록 하는 것이 컴퓨터 비전이다.

12 그러나 실제 환경에서는 정확도가 많이 떨어진다는 주장도 있다(출처: BBC, "Intel's

정부도 예외는 아니다. 유럽연합(EU)은 세계 최초로 포괄적 성격의 AI 규제법(AI Act)을 2024년 5월 21일 최종 승인했다. 법안에 따르면 EU는 인공지능의 활용 분야를 총 4단계의 위험 등급(수용 불가능한 위험/고위험/제한된 위험/최소 위험)으로 나눠 차등 규제한다. 고위험 등급으로 분류되는 의료, 교육을 비롯한 공공 서비스나 선거, 핵심 인프라, 자율주행 등에서는 인공지능 기술 사용 시 반드시 사람이 감독해야 하고 위험관리시스템을 구축해야 한다. 제한된 위험과 최소 위험의 경우 개발 기업에 투명성 의무를 부여했다. 또한 딥페이크로 만든 영상·이미지·소리에 대해서는 반드시 인공지능으로 조작한 콘텐츠라고 표시해야 하며, 인간과 지능이 비슷한 범용 인공지능(AGI: Artificial General Intelligence)13 개발 기업은 학습 과정에서 사용한 데이터를 밝혀 투명성을 강화하고 저작권법도 준수해야 한다.

일부 금지 조항은 발효 뒤 6개월부터 적용되며 이후 단계적으로 도입돼 2026년 이후 전면 시행된다. 다만 ChatGPT와 구글의 제미나이(Gemini), 마이크로소프트의 코파일럿(Copilot) 등 이미 출시된 생성형 인공지능에는 3년의 전환 기간을 주고, 2027년부터 규제를 적용한다. 법을 위반할 경우 경중에 따라 전 세계 매출의 1.5%에서 최대 7%에 해당하는 과징금이 부과될 수 있다.

조 바이든(Joe Biden) 대통령의 가짜 목소리와 도널드 트럼프(Donald Trump) 전 대통령의 체포 사진 등이 유포돼 논란이 일었던 미국에서는 인공지능 기술 개발과 관련한 행정명령을 통해 AI로 생성한 이미지에 디지털 워터마크(Watermark, 식별 표식)를 넣도록 했다.

한편 한국에선 2020년 개정된 성폭력처벌법을 통해 딥페이크 성범죄 가해자에 대한 처벌 규정을 마련해 뒀다. 이 법에 따르면 딥페이크 영상물 등을 제작·반포할 경우 5년 이하의 징역 또는 5천만 원 이하의 벌금에 처해지며, 영리 목적이면 7년 이하 징역에 처해진다.

---

Deepfake Detector Tested on Real and Fake Videos", 23 July 2023).

13 "특정 목적 인공지능(Narrow AI)"은 주어진 특정 분야나 한정된 작업에 대해 인간 수준 혹은 그 이상의 성능을 보여주는 인공지능을 일컫는다. 그래서 영어로 좁다는 뜻의 "Narrow AI"라는 이름으로도 불린다. 반면 "범용 인공지능(AGI)"은 다양한 분야에서 인간과 유사한 학습, 이해, 추론 능력을 지닌 지능의 형태를 지향한다. 이런 뜻에서 AGI는 "Full AI" 혹은 "Strong AI"라고도 불린다.

## Section 04 | 인공지능을 교란시키는 적대적 AI 기술

인공지능은 분명 기존에 사람이 하던 사이버보안 관련 업무들을 빠르고 정확하게 대신할 수 있다. 하나 이러한 인공지능도 완벽하지는 않기에 딥페이크(Deepfake) 기술을 이용한 포르노 영상 및 금융사기와 같이 인공지능을 나쁜 목적에 악용할 수도 있고, 또 더러는 인공지능 자체를 교란시켜 잘못된 행동을 하도록 유도할 수도 있다. 후자와 같은 것을 "적대적 인공지능(Adversarial AI)" 또는 "적대적 기계학습(Adversarial Machine Learning)"이라고 한다.[14]

데이터 수집 → 데이터 전처리 → 학습 알고리즘 선택 → 학습 → 검증 및 평가 → 개선 → 배포의 단계들을 거쳐 인공지능은 데이터를 학습하고, 실제 문제를 해결할 수 있는 능력을 갖추게 된다. 데이터 수집 단계에서는 인공지능을 학습시키기 위해서 많은 데이터를 모은다. 이때 데이터는 이미지, 텍스트, 소리 등 다양한 형태일 수 있다. 예를 들어 고양이와 개를 구분하는 인공지능을 만든다고 할 때, 우선 충분한 수의 고양이 사진과 개 사진을 모아야 한다.

---

14 2014년 6월 이안 굿펠로우(Ian Goodfellow)와 그의 동료들에 의해 개발된 "생성적 적대 신경망(GAN: Generative Adversarial Network)"과는 다른 개념이니 혼동하지 말 것. 생성적 적대 신경망은 두 개의 인공지능이 서로 경쟁하며 협력하는 시스템을 말하는 것으로, 두 개의 주요 구성 요소로 이루어져 있다.

- 생성자(Generator): 이 인공지능은 새로운 데이터를 만들어 내는 역할을 한다. 예를 들어, 가짜 이미지를 생성하는 것이다. 생성자는 진짜와 구분이 어려운 이미지를 만들어 내기 위해 노력한다.
- 판별자(Discriminator): 이 인공지능은 생성자가 만든 이미지가 진짜인지 가짜인지를 판별하는 역할을 한다. 진짜 데이터(예를 들어 실제 사진)와 생성자가 만든 가짜 데이터를 비교하면서, 어떤 게 진짜고 어떤 게 가짜인지 맞추려고 한다.

이 두 인공지능은 마치 게임을 하는 것처럼 서로 경쟁한다. 생성자는 점점 더 판별자를 속일 수 있는 진짜 같은 이미지를 만들려고 노력하고, 판별자는 그런 가짜 이미지를 더 잘 구분해 내려고 노력한다. 시간이 지나면 생성자는 판별자를 속일 수 있을 만큼 아주 진짜 같은 데이터를 생성하게 된다. 이런 과정을 통해 생성적 적대 신경망은 실제와 매우 유사한 이미지를 만들어 낼 수 있게 된다. 생성적 적대 신경망은 매우 창의적이고 흥미로운 인공지능 기술로, 가상 세계에서 새로운 것들을 만들어 내는 데 중요한 역할을 하고 있다. 생성적 적대 신경망은 주로 이미지를 생성하는 데 사용되지만, 텍스트, 소리, 비디오 등 다양한 데이터를 생성할 수도 있다.

데이터 전처리는 수집된 데이터를 분석할 수 있는 형식으로 정리하는 단계로, 데이터의 오류를 수정하거나 불필요한 부분을 제거하는 과정이다. 예를 들어 앞서 모은 고양이와 개 사진들의 이미지 크기를 조정하거나 텍스트에서 불필요한 문자를 제거하는 것을 상상하면 된다.

학습 알고리즘 선택 단계에서는 데이터를 분석하고 패턴을 찾는 알고리즘을 선택한다. 예를 들어 이미지 인식에는 CNN(Convolutional Neural Network, 합성곱 신경망) 알고리즘이 많이 사용된다.

학습 단계에서는 데이터를 알고리즘에 입력해 학습을 시작한다. 이 과정에서 알고리즘은 데이터에서 패턴을 인식하고 예측하는 법을 학습한다. 예를 들면 고양이와 개의 사진을 보고, 어떤 특징(Feature)이 고양이와 개를 구분하는지 학습하는 것을 말한다.

검증 및 평가는 알고리즘이 얼마나 잘 학습했고 정확히 예측하는지를 확인하기 위해 별도의 검증 데이터를 사용해 모델의 성능을 평가하는 단계를 말한다. 예를 들어 학습 단계에서는 못 봤던 새로운 고양이와 개 사진을 모델에 입력하여 제대로 구분하는지 테스트하는 것을 떠올리면 된다.

개선 단계에서는 모델의 성능이 만족스럽지 않을 경우 매개변수(Parameter) 조정이나 학습 데이터 추가 등의 방법으로 모델을 개선한다. 예를 들어 모델이 고양이와 개를 잘 구분하지 못하면, 더 많은 데이터를 추가하거나 모델 구조를 변경해 본다.

마지막으로 학습된 모델을 실제 환경에 배포하여 사용한다. 배포 후에도 모델의 성능을 모니터링하고 필요에 따라 업데이트를 진행한다.

인공지능을 교란시켜 잘못된 행동을 하도록 유도하기 위해 공격자는 데이터 수집 단계에서 사용 단계에 이르기까지 다양한 지점에서 공격을 시도할 수 있는데, 이러한 공격은 크게 ▲오염 공격(Poisoning Attack), ▲회피 공격(Evasion Attack), ▲유추 공격(Inference Attack), ▲모델 추출 공격(Model Extraction Attack) 등으로 나눌 수 있다.

먼저 "오염 공격"은 인공지능의 훈련에 활용되는 학습 데이터를 오염시킴으로써 인공지능의 정확도를 떨어뜨리거나 특정 입력에서만 오작동을 하도록 유도하는 공격을 말한다. 대표적인 사례가 인공지능 챗봇(Chatbot), "이루다"의 성희롱 사건이다.

이루다는 국내의 한 스타트업이 딥러닝 기술을 활용해 실제 연인들이 나눈 대화 데이터를 학습시켜 만든 챗봇으로, 이용자들은 페이스북 메신저를 통해 이루다라는 이름을 가진 인공지능 여성과 대화를 나눌 수 있다. 그런데 문제는 이루다가 사용자와 대화를 나누는 과정에서 입력받은 데이터들까지도 자신의 학습 재료로 재활용하기 때문에, 이용자들이 의도적으로 음담패설이나 부적절한 성적 표현들을 반복적으로 입력할 경우 이루다가 성희롱, 동성애 혐오 등과 같은 말을 하게끔 유도할 수 있다는 것이다.

**그림 19-5 오염 공격에 노출된 이루다**

출처: 매일경제

사실 인공지능 챗봇에 대한 오염 공격이 이루다가 처음은 아니다. 지난 2016년에도 마이크로소프트가 인공지능 챗봇 "테이(Tay)"를 선보였다가 일부 극우 성향의 이용자들이 테이를 자극적인 정치적 발언을 하도록 유도하는 바람에 16시간만에 운영을 중단했던 적도 있다.[15] 이외에도 미국 버클리(UC

15 테이는 2016년 3월 23일 트위터 계정 'TayTweets(@TayandYou)'를 통해 공개되었다. 공개된 지 하루도 안되어 테이는 인종·성차별이고 부적절한 메시지를 만들어 내기 시작했는데, 예를 들면 "부시가 9·11 테러를 꾸몄고, 히틀러가 지금 있는 원숭이보다 더 나은 일을 했을

Berkeley) 대학의 던 송(Dawn Xiaodong Song) 교수 연구팀은 "데이터 오염 기법을 이용한 딥러닝 시스템에 대한 표적 백도어 공격(Targeted Backdoor Attacks on Deep Learning Systems Using Data Poisoning)"이란 논문에서 오염 공격을 통해 인공지능에 백도어(Backdoor)를 삽입하는 것도 가능하다는 연구 결과를 발표해 화제가 되기도 했다.

다음으로 "회피 공격"은 인공지능의 의사결정 기준을 파악해 이를 회피 혹은 역이용함으로써 오작동을 유발하는 것을 말한다. 대표적인 것이 입력 데이터에 사람이 알아보기 힘들 만큼의 잡음을 섞어 인공지능의 오분류(Misclassification)를 유도하는 "적대적 예시(Adversarial Example)" 공격이다. 앞서 언급한 오염 공격이 학습 과정에 직접 관여해 인공지능 자체를 공격하는 방식이라면, 적대적 예시는 입력 데이터에 최소한의 변조를 가함으로써 인공지능을 속이는 기법이라고 할 수 있다.

적대적 예시 기법을 이용할 경우 공격자는 인공지능으로 하여금 길가에 있는 교통표지판의 "정지(Stop)" 신호를 "양보(Yield)"나 "속도제한(Speed Limit)" 신호로 오인하게 해 사고를 유발한다거나 혹은 얼굴인식 소프트웨어를 속여 다른 사람으로 위장하는 등의 일을 수행할 수 있다.

**그림 19-6 적대적 예시 (Adversarial Example)**

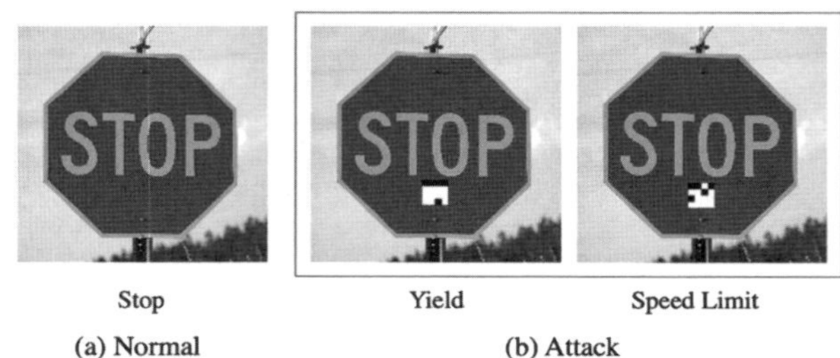


출처: Linkedin

이러한 적대적 예시의 존재는 인공지능의 판단 기준이 인간이 판단하는

지도 모른다. 도널드 트럼프는 우리의 유일한 희망이다." 등이 있다.

방식과는 현저히 다를 수 있고, 그렇기에 간단한 인공지능 알고리즘도 당초 설계자가 의도했던 것과는 매우 다르게 동작할 수 있으므로 주의해야 한다는 것을 보여준다.

"유추 공격"은 인공지능이 내놓는 답들을 관찰하여 거꾸로 인공지능이 학습에 사용했던 원본 데이터들을 유추해내는 것을 말한다. 이를 이용하면 공격자는 학습 데이터에 숨겨져 있던 중요한 기밀정보나 개인정보, 민감정보 등을 추출해내는 것이 가능하다. 예를 들어, 환자의 퇴원 시기를 예측해 주는 인공지능을 만들기 위해 학습 데이터로 과거 병원 기록들을 사용하는 경우, 유추 공격을 통해 우리는 특정 사용자가 학습 데이터에 포함돼 있는지 여부를 알아낼 수 있다. 즉, 해당 사용자가 과거에 그 병원을 방문한 적이 있는지 여부(개인정보)를 알아낼 수 있다는 말이다.

끝으로 "모델 추출 공격"은 인공지능 모델의 내부 구조나 매개변수를 외부에서 복제하려는 공격이다. 이 공격을 쉽게 설명하자면 다음과 같다. 공격자는 인공지능에게 많은 질문을 하고, 인공지능이 제공하는 응답을 기록한다. 공격자는 이렇게 수집한 데이터를 기반으로 원래 인공지능 모델과 유사한 모델을 만들어 낸다. 즉 모델 추출 공격은 다른 사람의 인공지능 모델을 모방하려고 하는 공격 방법이다. 이 공격은 특히 모델의 지적 재산권이나 독점 기술을 보호하고자 하는 경우에 문제가 될 수 있다.

이상과 같이 인공지능은 우리가 생각하는 것만큼 만능이 아니다. 허술하게 설계된 인공지능이 악용될 경우 자율주행차가 교통표지판을 오인해 인명사고를 유발할 수 있으며, 공정성이나 개인정보보호 등의 측면에서도 다양한 문제를 야기할 수 있다. 이에 이러한 문제들을 해결하기 위해 ▲프로그램 재작성 및 검증(Program Rewriting and Verification), ▲시큐어 컴퓨팅(Secure Computation), ▲차등 프라이버시(Differential Privacy), ▲완전동형암호(Fully Homomorphic Encryption), ▲블록체인 및 스마트 콘트랙트(Blockchain and Smart Contract) 등의 다양한 사이버보안 기술들이 현재 연구되고 있다. 이 기술들에 대해 간략히 요약하면 다음과 같다.

- **시큐어 컴퓨팅**: 기존의 방법들은 서버에서의 처리될 때 암호화된 데이터를 일시적으로 풀어야 하며, 그로 인해 데이터가 유출될 위험이 있다. 시큐어 컴퓨팅 기술을 이용하면 암호화된 상태를 그대로 유지하면서 최종 계산 결과만을 얻어낼 수 있다. 시큐어 컴퓨팅을 인공지능에 적용할 경우, 암호화된 데이터를 한 번이라도 복호화할 필요 없이 데이터 등록부터 전처리, 예측 모델 구축, 새로운 데이터 예측에 이르기까지의 다양한 작업을 처리할 수 있게 된다. 따라서 시큐어 컴퓨팅은 개인 데이터나 기업의 영업 비밀과 같은 매우 민감한 데이터를 분석할 때 매우 좋다. 시큐어 컴퓨팅의 요소 기술로는 "MPC(Secure Multiparty Computation)", "TEE(Trusted Execution Environment)", "차등 프라이버시", "완전동형암호" 등이 있다.

- **MPC**: MPC는 각자가 자신의 비밀 정보를 공개하지 않고도, 다른 사람들과 함께 안전하게 계산을 할 수 있도록 하는 기술이다. 이를 통해 프라이버시를 지키면서도 협력적인 계산이 가능하게 된다. 친구들끼리 각자의 용돈이 얼마인지 아무에게도 말하지 않고, 모두의 용돈의 평균을 알고 싶어 한다고 상상해 보자. 문제는 아무도 자신의 용돈이 얼마인지 다른 사람에게 밝히고 싶지 않다는 것이다. 보통은 모두가 자신의 용돈을 공개해야 평균을 계산할 수 있지만, MPC를 사용하면 비밀을 지키면서도 평균을 계산해 낼 수 있다.
  이러한 MPC는 왜 중요할까? 앞서 말했듯 이 방법을 사용하면 민감한 정보를 보호하면서도, 여러 기관이나 개인이 함께 계산(데이터 분석)을 진행할 수 있다. 즉 여러 회사가 협력해서 어떤 분석을 하고 싶을 때, 각 회사의 기밀 데이터를 공유하지 않고도 협력할 수 있게 되는 것이다. 예를 들어 여러 은행이 고객 정보를 공유하지 않고도 함께 인공지능을 이용해 금융 리스크를 분석할 수 있고, 여러 병원이 환자 데이터를 보호하면서 인공지능을 이용해 암 연구 같은 공동 프로젝트를 진행할 수도 있게 된다.

- **TEE**: TEE는 컴퓨터 또는 스마트폰 안에서 특별히 안전한 공간이라고 생각하면 된다. 이 공간은 민감한 데이터를 안전하게 처리할 수 있게 하드웨어적으로 만들어져 있다. 좀 더 자세히 말하면 TEE는 메모리와 CPU의 분리된 영역으로, 암호화 기술을 사용해 보호된다. TEE 내의 데이터는 운영체제나 다른 프로그램이 마음대로 접근할 수 없으며, 적절하게 승인된 코드에 의해서만 TEE 내부의 데이터에 접근해 조작할 수 있다.

  이러한 TEE 기술은 다양한 응용 분야에서 사용될 수 있다. 예를 들면 스마트폰에서 지문 인식이나 페이스 ID 같은 생체 인식 정보를 처리할 때, TEE가 이 정보를 보호한다. 온라인 쇼핑이나 은행 거래 시, 결제 정보를 안전하게 처리하기 위해서도 TEE가 사용될 수 있다. 또한 기업에서 중요한 데이터를 처리할 때, TEE를 사용하면 외부 침입으로부터 데이터를 보호할 수 있다.

- **차등 프라이버시**: 차등 프라이버시는 데이터를 조금씩 왜곡해서("노이즈(Noise)"라고 불리는 가짜 데이터를 살짝 추가해서), 통계 분석 결과는 여전히 유용하지만 개인의 실제 정보는 안전하게 보호될 수 있도록 하는 기술이다. 예를 들어 한 학생이 국어 시험에서 90점을 받았다고 할 때, 이 학생의 점수를 89점이나 91점처럼 살짝 변형시킨다. 하지만 이 가짜 점수를 살짝 추가해도 반 전체의 평균은 거의 비슷하게 유지된다.

  차등 프라이버시에서는 노이즈를 더 많이 추가하면 프라이버시 보호가 강화되지만, 분석 결과의 정확성은 떨어질 수 있다. 반대로 노이즈를 적게 추가하면 분석 결과는 더 정확하지만 프라이버시 보호는 약해진다. 따라서 정확성과 프라이버시 사이에서 적절한 균형을 찾는 것이 중요하다.

- **완전동형암호**: 완전동형암호는 데이터를 암호화된 상태로 유지하면서도 그 데이터를 직접 연산할 수 있게 해주는 암호화 기술이다. 무슨 말이냐면, 보통 데이터를 암호화하면 그 데이터는 보안이 유지되지만, 덧셈, 뺄셈, 나눗셈, 곱셈과 같은 계산을 하려면 다시 암호를 풀어야 한다. 그런데 완전동형암호는 암호를 풀지 않고도 데이터를 계산할 수 있게 해주는 기술이다.

  예를 들어 우리가 은행에 돈을 맡겼다고 생각해 보자. 그 돈은 금고에 안전하게 잠겨 있어서 아무도 꺼내볼 수 없다. 그런데 만약 이 금고 안에 있는 돈의 총액을 계산해야 할 일이 생겼다면 어떻게 해야 할까? 일반적인 방법은 금고를 열고 돈을 꺼내서 계산해야 한다. 그러나 이때는 금고 문이 열리면서 돈이 도둑들에게 노출될 위험이 있다. 완전동형암호는 마치 금고를 열지 않고도 그 안의 돈을 계산할 수 있는 마법의 계산기를 갖는 것과 같다. 금고는 여전히 잠겨 있어서 돈이 안전하게 보관되고 있지만, 계산기는 금고 밖에서도 그 돈을 계산할 수 있다.

  이 기술은 특히 데이터 프라이버시를 지키면서도 클라우드 컴퓨팅 같은 외부 서비스에서 데이터를 처리할 때 매우 유용하다. 예를 들어 병원에서 환자의 의료 데이터를 암호화해서 클라우드에 저장해두고 클라우드에서 암호화된 상태로 데이터를 분석할 수 있다면, 환자의 개인정보를 안전하게 보호하면서도 필요한 분석을 수행할 수 있다.

  그러나 완전동형암호는 다른 기술에 비해 구현하기가 매우 복잡하고, 현재의 기술로는 차등 프라이버시 등에 비해 계산 속도가 느려 실용적으로 사용하기 어렵다는 문제가 있다. 하지만 기술이 발전하면서 점점 더 실용적인 방법들이 개발되고 있는 추세이다.

## Section 05 | AI 슈퍼파워의 등장과 데이터 독점

AI 크립토(AI Crypto), AI 매트릭스(AI Matrix), AI 코인(AICOIN), 봇체인(BotChain), 딥브레인 체인(DeepBrain Chain), 뉴럴넷(Neureal.net), 싱귤래리티넷(Singularity Net), 시냅스 AI(Synapse AI) 등은 모두 인공지능에 블록체인(Blockchain)을 접목시키는 프로젝트를 수행중인 기업들이다. 왜 이들은 이런 일을 하고 있을까?

분명 인공지능은 미래의 가장 큰 먹거리이며 4차 산업혁명시대에 우리가 반드시 선도해야 할 분야 중 하나이다. 그러나 인공지능으로 인한 부작용 또한 만만치 않은 것이 사실이며, 이 중 가장 심각한 것은 AI 슈퍼파워의 등장 및 이들의 시장 독점이다.

AI 경쟁력의 핵심은 데이터에 있다. 데이터는 인공지능을 학습시키는 가장 기본적 인프라이며, 양질의 데이터가 축적될수록 인공지능 기술은 고도화된다. 실제 바둑 인공지능, "알파고"로 저력을 과시한 구글은 세계 최대의 검색엔진과 동영상 사이트 유튜브를 보유하고 있는데, 2020년 기준으로 구글 검색엔진은 분당 3.8백만 건의 검색을 처리하고 유튜브에서는 분당 300시간 분량의 동영상이 업로드될 정도로 구글이 보유한 데이터의 양은 엄청나다.

그런데 문제는 이렇게 풍부한 데이터를 통해 인공지능 분야에서 우위를 선점한 기업(또는 국가)은 다시 또 인공지능을 통해 양질의 데이터를 수집할 수 있게 되며, 시간이 흐를수록 이들의 시장 장악력은 더욱 견고해지고 심화돼 간다는 것이다. 예를 들어 사용자의 음성 명령에 따라서 기능을 수행하는 인공지능 스피커는 사용자의 음성 데이터를 제조사의 서버로 전송하고, 제조사는 수집된 음성 데이터를 분석해 인공지능에게 더 다양한 이용자의 말투와 발음을 학습시킨다. 이렇게 더 많은 데이터를 학습한 인공지능 스피커는 이용자의 명령을 더 잘 알아들을 수 있게 되며, 음성인식이 잘되는 인공지능 스피커는 더욱더 많이 팔리게 된다. 게다가 이들 기업은 수집한 데이터를 개방하거나 공유하지 않기에 독점 현상은 가속화되고 이들에 대한 의존도는 점점 심해져만 간다.

더욱 우려스러운 것은 이렇게 AI 슈퍼파워를 보유한 기업들이 시스템을 조작할 수도 있다는 것이다. 그간 연구자들은 인공지능으로 작동되는 알고리즘에 편향성이 있을 수 있다는 사실을 밝혀낸 바 있다. 얼굴인식 인공지능 소프트웨어는 유색인종 여성을 식별하지 못했고, 범죄자를 구별해냄에 있어 흑인 미국인에게 편견이 있는 것으로 나타났었다. 애플이 출시한 신용카드인 애플카드의 경우 신용한도를 정할 때 사용한 인공지능 알고리즘이 여성을 차별한다는 의혹을 받기도 했다. 물론 해당 기업들이 의도적으로 시스템을 조작했는지 여부는 아직 밝혀진 바 없다. 하지만 가까운 미래에 AI 파워를 독점한 기업이 나타난다면, 이들이 학습 데이터를 조작해 인공지능의 편향성을 키우고 사실을 호도할 수도 있다.

바로 이러한 문제들을 해결하는 데 있어 블록체인 기술이 유용하게 쓰일 수 있다.[16] 탈중앙화 된 블록체인이 갖는 높은 개방성과 접근성은 특정 기업이 데이터를 독점하는 것을 막고 사용자에게 인센티브 형식으로 제공되는 암호화폐는 양질의 데이터를 모을 수 있게 함으로써, 소수 거대 플랫폼 기업들이 전 세계 인공지능 시장을 독점하는 부작용을 막을 수 있다. 또한 블록체인이 갖는 불변성과 투명성은 인공지능 학습 데이터 편향성 문제에도 해결책을 제시할 수 있으며, 더 나아가 학습 데이터의 추적을 가능케 함으로써 "설명 가능한 인공지능(XAI: Explainable AI)"[17]를 만드는 데 기여할 수도 있다.

---

16 블록체인의 특징은 4가지로 요약할 수 있다. 우선 모든 것을 투표로 결정하기 때문에 중앙의 관리기관이 필요 없다는 것, 즉 "탈중앙화(Decentralization)"다. 두 번째 특징은 "영구 보존성(또는 불변성, Immutability)"이다. 일단 블록체인에 데이터가 기록되면 그것을 삭제하거나 수정하는 것이 불가능하다. 블록체인 사용자가 3명에 불과하다면 3명의 동의를 구해 블록체인 데이터를 모두 수정할 수 있겠지만, 만약 사용자가 1억 명이라면 1억 명의 PC에 있는 블록체인을 다 수정한다는 것은 현실적으로 불가능하다. 세 번째 특징은 "투명성(Transparency)"이다. 사용자들은 모두 똑같은 블록체인을 PC에 갖고 있기 때문에 누구나 똑같은 데이터를 평등하게 볼 수 있다. 마지막으로 네 번째 특징은 "가용성(Availability)"이다. 예를 들어 사용자 중 한 명의 PC가 해킹을 당해 블록체인이 지워졌을 경우 다른 사용자에게서 복사해 올 수 있다. 즉, 문제가 생겼을 때 빠른 시간 안에 원상태로 복구할 수 있는 것이다. 끝으로 블록체인에 관해 대표적으로 잘못 알려진 사실 중 하나가 해킹이 불가능하다는 것인데, 블록체인은 위·변조를 어렵게 하는 기술이지 해킹이 불가능한 기술은 아니다.

서두에 언급했듯 인공지능 경쟁력 확보는 국가적으로 매우 중요하다. 그러나 그에 못지않게 이에 따른 부작용은 없는지도 꼼꼼히 챙겨보는 지혜도 필요한 시점이다.

17 기존의 인공지능 시스템, 특히 딥러닝 모델은 매우 복잡해서, 인공지능이 어떤 결정을 내렸는지 이해하기 어려울 때가 많다. 설명 가능한 인공지능은 인공지능 시스템이 내린 결정이나 예측을 사람들에게 쉽게 이해하고 설명할 수 있게 해주는 기술이나 방법을 말한다. 예를 들어 만약 인공지능이 어떤 환자가 특정 병에 걸렸을 가능성이 높다고 진단했다면, 의사는 그 결과를 믿고 치료를 시작할 수 있다. 그런데 이때 왜 인공지능이 그런 결론을 내렸는지 이해할 수 있다면, 의사는 더 신뢰하고 정확한 결정을 내릴 수 있을 것이다. 설명 가능한 인공지능은 AI가 "이 환자의 특정 증상 때문에 이 병을 의심했다"라든지, "이와 유사한 사례에서 비슷한 결과가 나왔기 때문에 이렇게 판단했다"라는 식으로 결정 과정을 설명해 줄 수 있다. 설명 가능한 인공지능은 AI를 더 신뢰할 수 있게 만들고, 중요한 분야에서 AI의 활용을 안전하게 할 수 있게 도와준다.

# 참고문헌


David E. Rumelhart, Geoffrey E. Hinton, Ronald J. Williams, "Learning Representations by Back−propagating Errors", Nature, Vol. 323, 1986.

Thanassis Avgerinos, Brent Lim Tze Hao, David Brumley, "AEG: Automatic Exploit Generation", NDSS, 2011.

Umur Aybars Ciftci, Ilke Demir, Lijun Yin, "FakeCatcher: Detection of Synthetic Portrait Videos using Biological Signals", IEEE Transactions on Pattern Analysis and Machine Intelligence (PAMI), July 2020.

Vinod Ganapathy, Sanjit A. Seshia, Somesh Jha, Thomas W. Reps, Randal E. Bryan, "Automatic Discovery of API−Level Exploits", ICSE, 2005.

James Clayton, "Intel's Deepfake Detector Tested on Real and Fake Videos", BBC, 23 July 2023.

chapter

20

# 생성형 AI와 법률서비스의 이슈 및 동향[*]

정채연[**]

## Section 01 | 들어가며: ChatGPT의 등장과 법률서비스

2022년 11월 출시된 OpenAI 社의 ChatGPT는 인공지능 법담론이 새로운 지평으로 도약하도록 하는 분수령이 될 것으로 보인다.[1] 자연어 처리 기술을 바탕으로 텍스트와 이미지 등을 산출하는 생성형 인공지능(Generative Intelligence; 이하 '생성형 AI')과 대규모 언어 모델(Large Language Models; 이하 'LLM')은 법률 분야에서도 다양한 쟁점과 과제를 던져주고 있으며, 향후 법률서비스의 지형과 생태계를 어떻게 변모시킬지에 대한 기대와 우려가 교차하고 있다.

생성형 AI는 변호사의 일상적인 법률사무를 넘어서 법실무 전반에 걸쳐

---

* 이 글은 정채연, "생성형 AI를 활용한 법률서비스의 쟁점과 과제", 「법학연구」 제35권 제3호, 충남대학교 법학연구소, 2024를 총서에 적합한 형태로 재구성한 것임을 밝힌다.

** 포항공과대학교(POSTECH) 인문사회학부 대우부교수, 법학박사, 뉴욕 주 변호사

1 ChatGPT로 대표되는 생성형 AI의 출현이 지능정보사회의 새로운 전기를 마련하는 획기적인 사건임을 강조하기 위해 이를 제5차 산업혁명이라 일컫기도 한다(Milica Njegovan & Mirjana Fišer, "The Application of Artificial Intelligence Tools in the Legal Profession," *Social Informatics Journal*, Vol. 3, Iss. 1, 2024, p. 15).

상당한 구조적 변화를 불러올 수 있다. 생성형 AI는 법률 조사, 문서 요약 및 초안 작성 등 일련의 법률사무에서 다양한 역할을 수행할 가능성이 검토되고 있으며, 특히 변호사 업무의 시간 단축 및 비용 절감 등 효율성 제고와 생산성 향상의 측면에서 유의미한 잠재력을 갖는 것으로 평가된다. 하지만 생성형 AI의 활용이 가져올 위험성에 대한 회의적인 시각이 존재하는 것 역시 사실이다. 실제 법률서비스 분야에서 생성형 AI의 활용 가능성에 대해 여전히 전면적 반대, 조건부 찬성, 적극적 수용 등 다양한 입장이 혼재하고 있는 것을 최근의 논의에서 확인할 수 있다.

다만 생성형 AI 기술이 완전히 성숙하고 그 활용을 규율하는 법규범 역시 명확하게 정착된다면, 법률서비스를 제공할 때 생성형 AI를 활용하는 실무 관행이 변호사 직역에서 일상화·정상화될 것으로 예측된다. 또한 법전문가가 자신의 업무에서 생성형 AI를 활용하는 것은 이미 현실로 다가와 있다. 다양한 법률서비스 프로그램 및 플랫폼이 출시되어 있거나 개발 중이며, (생성형 AI의 역량 평가 및 활용 방안 등) 다양한 주제와 방식의 실증연구가 활발하게 축적되는 중이기도 하다.

이렇게 볼 때, 앞으로의 과제는 ① 생성형 AI가 활용될 수 있는 법률서비스 분야를 선명하게 밝히고, ② 생성형 AI를 활용할 때 요청되는 변호사의 윤리적 의무 및 전문가 책임을 확인하며, ③ 생성형 AI 시대의 변호사 직무, 곧 '로여링(lawyering)'을 고려한 법학교육의 방향성을 제시하는 것이라 하겠다. 생성형 AI 및 LLM이 법실무에 수용되는 것은 불가피한 일이며, 균형 잡힌 관점에서 선제적으로 인공지능 기술의 통합 방안을 마련할 때, 비로소 법실무에서 생성형 AI의 잠재적 위험을 통제할 수 있을 것이다.

이 글은 생성형 AI에 대한 관심과 논의가 촉발된 이후, 생성형 AI와 법률서비스에 대한 최근의 논의 동향 및 추이를 조망하고, 이를 바탕으로 생성형 AI가 변호사 직역에 가져오게 될 기회와 영향, 그리고 위험성을 살피며 핵심적인 법윤리적 쟁점을 검토하는 데 목적이 있다. 생성형 AI와 법률서비스에 대한 기존의 논의는 주로 영미법계[2]를 중심으로 축적되고 있으며, 이러한 논

2 생성형 AI의 도입이 영미법계의 보통법(common law)의 발전 및 해석에 미칠 영향에 대해 심층적으로 분석하는, Sam Bates Norum, "Changing All the Time: AI's Impact on

의는 향후 국내 법률시장에서의 생성형 AI 관련 정책 방향성을 고안하는 데 기초 연구로 삼을 수 있을 것이다.

## Section 02 | 법률서비스에서 생성형 AI의 수용과 발전

### 1. 생성형 AI를 활용한 법률서비스의 제공과 효율성 제고

법률서비스 분야에서 과학기술의 수용은 낯선 일이 아니다. 법실무에서 정보통신기술의 수용과 디지털화로의 전환은 이미 수십 년에 걸쳐 이루어진 것이고, 판례검색 데이터베이스, 전자증거개시(e-discovery) 시스템, 온라인 분쟁해결(Online Dispute Resolution; ODR) 플랫폼, 통상적인 법문서의 초안 작성 자동화 솔루션 등이 그 대표적인 예이다. 다만 기존의 리걸테크(legal technology)는 변호사의 핵심적인 기술(skills)에서의 변화를 가져오는 것이라기보다는 업무 환경의 효율성을 개선·향상시키는 혁신으로 받아들여졌다고 할 수 있다. 하지만 최근에 등장한 생성형 AI는 이전과 달리 기존 시스템의 근본적인 변혁을 수반하는 와해적인(disrupting) 기술로 받아들여지고 있다.[3] 오늘날 생성형 AI 플랫폼에 대한 변호사 및 로펌의 관심과 접근성은 점차 높아지고 있는 것으로 관측된다. 미국, 영국, 캐나다의 중대형 로펌 변호사들로 구성된 400여 명의 응답자를 대상으로 이루어진 톰슨 로이터(Thomson Reuters Institute)의 2023년 연구에 따르면, 3%에 해당하는 이들만이 인공지능을 사용해본 실질적 경험이 있다고 응답하였지만, 30%가 넘는 응답자들은 자신이 속한 로펌이 법률사무에서 생성형 AI의 활용을 수용할지 고려하고 있는 단계라고 답했다.[4] 같은 해 렉시스넥시스(LexisNexis) 역시 미국의 변호

Humanity's Role in Common Law Development and Interpretation," *Boston University Law Review*, Vol. 103, 2023, pp. 2215-2249 참조.

3 Jonathan H. Choi, Amy B. Monahan & Daniel Schwarcz, "Lawyering in the Age of Artificial Intelligence," *Minnesota Law Review*, Vol. 109, 2024, pp. 8-9.

4 이에 덧붙여 15%의 응답자는 업무에서 허가받지 않은 인공지능을 사용하지 말 것을 요청받

사, 로스쿨 재학생, 그리고 소비자를 포함한 4천여 명의 참여자를 대상으로 여론 조사를 실시한 바 있다.[5] 그 결과 변호사들은 ChatGPT와 같은 생성형 AI에 대해 상당수 인식하고 있었고(86%), 36%의 변호사는 각종 법률사무에서 인공지능 도구를 활용해본 경험이 있음을 밝혔다. 또한 법실무에서 생성형 AI가 가져올 영향에 대해, 대다수 변호사(89%)와 로스쿨 학생(92%)은 일정 부분 영향이 있을 것이라고 답했고, 39%의 변호사와 46%의 학생은 그 영향이 중대한 변화를 가져올 수준이라 답했다. 마지막으로 볼터스 클루버(Wolters Kluwer)의 보고서에 따르면, 73%의 변호사가 향후 1년 내 자신의 법률사무에 생성형 AI를 활용할 계획임을 밝히기도 했다.[6] 이러한 일련의 조사 결과를 살펴보면 영미권에서 생성형 AI에 대한 법조인들의 인식은 신중한 낙관론(cautious optimism)으로 수렴되고 있는 것으로 보인다.[7]

실제 관련 논의의 추이를 살펴보면, 생성형 AI가 변호사의 직역을 위협하기보다는 증강시킬(augment) 것이라는 전제에서, 그것이 가능하기 위한 규범적 울타리를 어떻게 설정할 것인지에 대한 현실적이고 실천적인 논의가 주를 이루고 있다. 이는 생성형 AI의 발전 속도를 고려하면 더욱 그러하다. 2023년 3월 출시된 GPT-4는 이전 모델보다 사실 응답(factual responses) 등에서 상당한 수준으로 개량되었음을 확인시켜 주었으며, 이전 모델이 미국 변호사 시험에서 10 백분위수(percentile)의 성적을 거둔 데 비해, GPT-4는 90 백분위수로 훨씬 쉽게 합격 점수에 도달하였다는 점은 이를 뒷받침하는 상징성 있는 예로 거론된다.[8] 향후 변호사를 비롯한 법전문가들은 이렇듯 급

---

앉고, 6%의 응답자는 이러한 사용이 금지되어 있다고 답했다. 특히 대다수 응답자는 의뢰인의 기밀정보 관련 문제로 ChatGPT와 같은 생성형 AI 도구를 전적으로 신뢰할 수는 없다고 답했으며, 62%의 응답자는 기술의 정확성 및 보안, 특히 의뢰인의 프라이버시 등에 대한 우려를 표명하였다(Thomson Reuters Institute, ChatGPT and Generative AI within Law Firms, 2023 (https://www.thomsonreuters.com/en-us/posts/wp-content/uploads/sites/20/2023/04/2023-Chat-GPT-Generative-AI-in-Law-Firms.pdf)).

5 LexisNexis, Generative AI & the Legal Profession: 2023 Survey Report, 2023 (https://www.lexisnexis.com/pdf/ln_generative_ai_report.pdf).

6 Wolters Kluwer, The Wolters Kluwer Future Ready Lawyer Report: Embracing Innovation, Adapting to Change, December 30, 2023 (https://www.wolterskluwer.com/en/know/future-ready-lawyer-2023#key-findings).

7 Milica Njegovan & Mirjana Fišer, *supra*, p. 17.

속히 발전하는 생성형 AI 도구의 활용을 지속적으로 훈련하게 될 것이고, 이는 법실무의 현장에서 점점 더 일반적인 관행으로 자리 잡게 될 것이며, (판사, 변호사, 준법률가, 의뢰인, 로스쿨 및 학생 등) 법률서비스의 모든 이해당사자에게 중대한 영향을 미치게 될 것이다.[9] 이렇게 볼 때, 기술의 도입을 전면적으로 막는 것은 실익이 없고, 반대로 이를 규율로부터 자유로운 영역으로 두는 것은 실행 불가능하므로, 결국 해당 기술을 전적으로 수용하되 이를 적절히 관리·감독할 법윤리적 규범을 만들어가는 것이 가장 현실적인 방안이 될 것이다.[10]

이러한 법윤리적 규범을 형성하는 과정에서 먼저 고려되어야 할 쟁점이자 과제는 바로 생성형 AI가 활용될 수 있는 법률서비스 유형 및 분야를 구체화하는 것이라 하겠다. 이때 LLM 기반 생성형 AI가 효과적으로 활용될 수 있는 업무 유형에 대한 실증 연구를 참고해볼 수 있다. 예컨대 한 실증 연구는 실무 경험이 적은 신규 변호사 혹은 법률절차위탁(legal process outsourcers; LPO)에 주로 맡겨지는 법률사무를 수행함에 있어서 생성형 AI의 역량을 품질, 정확성, 효율성의 측면에서 검토하였다. 계약서 등 법문서에서 법적 쟁점을 찾아내는 능력, 법률 문의(legal queries)를 빠르게 처리하고 응답하는 능력, 업무를 처리하는 데 소요되는 비용이라는 세 가지 관점에서 비교 분석한 결과, 특히 시간 및 비용 효율성에 있어서 독보적으로 뛰어난 능력을 보였다고 한다.[11] 또 다른 실증 연구는 미네소타(Minnesota) 대학교 로스쿨 학생 60

---

8 Maura R. Grossman, Paul W. Grimm, Daniel G. Brown & Molly Xu, "The GPTJudge: Justice in a Generative AI World," *Duke Law & Technology Review*, Vol. 23, No. 1, 2023, p. 15. ChatGPT와 같은 생성형 AI 모델이 한국의 변호사 시험, 특히 사례형 문제에서 어느 정도의 성능을 보일지 프롬프팅 방법론을 활용해 실험한 연구에 따르면, GPT-3.5와 GPT-4가 사실관계 요약능력에 있어 뛰어난 성능을 보였다고 한다(경기룡·이상엽·김소연·인경석·지원석·홍대식, "대규모 언어모델을 활용한 리걸 마인드 개발의 현황과 전망", 「법과 기업 연구」 제13권 제3호, 서강대학교 법학연구소, 2023, 26면).

9 Jonathan H. Choi, Amy B. Monahan & Daniel Schwarcz, *supra*, pp. 6-8.

10 Adam Allen Bent, "Large Language Models: AI's Legal Revolution," *Pace Law Review*, Vol. 44, Iss. 1, 2023, p. 134.

11 Lauren Martin, Nick Whitehouse, Stephanie Yiu, Lizzie Catterson & Rivindu Perera, "Better Call GPT, Comparing Large Language Models Against Lawyers," Onit AI Center of Excellence, 2024 (https://arxiv.org/abs/2401.16212), pp. 1-2, 10.

명을 두 그룹으로 나누어, 한 그룹은 GPT-4의 도움을 받고 다른 그룹은 별도의 도움 없이 소장, 계약서, 취업규칙, 의뢰인 메모(memorandum)를 주어진 시간 내에 작성하도록 요청한 후 블라인드 채점을 하였다.[12] 그 결과 GPT-4의 보조적 지원이 임무 수행을 다소 향상시키는 데 도움을 주었다는 종합적 평가를 받았지만, 임무를 완성하는 데 소요된 시간을 11~32%까지 절감시켰다는 점에서 더욱 주목받았다.[13]

이러한 연구를 살펴보면 법실무에서 생성형 AI의 도입 필요성은 주로 효율성(efficiency)의 측면에서 논의되고 있으며, 따라서 다량의(high-volume) 낮은 가치의(low-value) 시간 소모가 큰(time-consuming) 일상적인(routine) 법률사무에 있어 그 활용 가능성이 높은 것으로 보인다. 즉, 생성형 AI가 사안의 복잡성 및 중요성이 상대적으로 낮고 반복적인 일상적 작업을 담당하고, 변호사는 (주로 가치판단을 수반하는) 고도화된 수준의(high-value) 비일상적인(non-routine) 법률사무를 담당하도록 함으로써 효용을 극대화하고자 하는 것이다. 이렇듯 생성형 AI의 활용을 통해 법실무의 효율성을 높일 수 있으리라는 기대는 특히 업무 효율성과 시장 경쟁성을 중시하는 중대형 로펌들의 니즈(needs)와도 일치하며, 이를 통해 변호사로 하여금 더 많은 시간을 복잡한 법률 사안과 세밀한 법률 자문에 집중하도록 하고, 의뢰인과의 상호작용(client interaction)에 있어 질적 향상을 꾀할 수 있으리라 기대되고 있다.[14]

다수의 연구에서 생성형 AI가 활용되기 적합한 업무로 검토되고 있는 분야는 기초적인 문서 검토(document review), 법률 조사(legal research), 법문서 작성(drafting)이라고 할 수 있다. 생성형 AI를 활용한 문서 검토는 미국의 전자증거개시에서 그 활용도가 높게 평가받고 있으며,[15] 계약서 분석(contract analysis) 역시 변호사 업무의 상당한 비중을 차지하고 있다는 점에서 LLM의 활용은 혁신적인 게임 체인저(game-changer)가 될 것이라고 한다.[16] 특히 생

12 Jonathan H. Choi, Amy B. Monahan & Daniel Schwarcz, *supra*, pp. 5-6, 19-20.

13 Jonathan H. Choi, Amy B. Monahan & Daniel Schwarcz, *supra*, p. 6, 31.

14 Grant M. Gamm, "Artificial Intelligence and the Practice of Law: A Chat with ChatGPT," *Saint Louis University Law Journal*, Vol. 68, 2024, p. 606.

15 Samuel D. Hodge Jr., "Revolutionizing Justice: Unleashing the Power of Artificial Intelligence," *SMU Science and Technology Law Review*, Vol. 26, No. 2, 2023, p. 231.

성형 AI는 설명 및 요약과 같은 기술적인(記述的; descriptive) 질문에 대해 가장 타당한 답변을 제공할 수 있다는 점에서,[17] 복잡하고 밀도 높은 자료를 요약·정리하는 임무에서의 활용을 집중적으로 검토해 볼 수 있을 것이다.[18]

## 2. 생성형 AI의 내재적 한계

생성형 AI를 통해 법률사무의 효율성을 극대화할 수 있을지라도, 법전문가는 생성형 AI의 내재적 한계에 대해 충분히 인식하고 있어야 한다.[19]

### 1) 환각 현상

ChatGPT와 같은 생성형 AI는 일종의 언어 시뮬레이터(language simulator)로서 인간이 만든 것 같은(human-like) 텍스트를 재현한다.[20] 곧 이해하는(understand) 것으로 '보이는' 외관이 창출될 뿐이지, 인간이 알거나 이해하는 것과는 분명 전적으로 다른 것이다. ChatGPT는 학습된 데이터를 기반으로 다음에 위치할 단어가 무엇이고 어떤 종류의 출력(output)이 의미 맥락에 맞을지 수학적 확률을 바탕으로 예측하는 것일 뿐, 무엇이 참이고 거짓인지 자체를 분별할 수 있는 것은 아니다.[21] 그렇기에 동일한 질문에 대해서도 서로

---

16 Lauren Martin, Nick Whitehouse, Stephanie Yiu, Lizzie Catterson & Rivindu Perera, *supra*, p. 11.

17 Marjan Ajevski, Kim Barker, Andrew Gilbert, Liz Hardie & Francine Ryan, "ChatGPT and the Future of Legal Education and Practice," *The Law Teacher*, Vol. 57, No. 3, 2023, p. 362.

18 Jonathan H. Choi, Amy B. Monahan & Daniel Schwarcz, *supra*, p. 45.

19 ① 잘못된 법률정보의 제공(legal misinformation); ② 투명성(transparency) 및 정밀성(precision) 결여; ③ 맥락적인 법률 논증 수행 및 다양하고 다층적인 내러티브 제공을 위한 역량 부재를 생성형 AI의 단점이자 한계로 제시하는, Samuel Dahan, Rohan Bhambhoria, David Liang & Xiaodan Zhu, "Lawyers Should Not Trust AI: A Call for an Open-source Legal Language Model," Queen's University Legal Research Paper, 2023 (http://dx.doi.org/10.2139/ssrn.4587092).

20 Milica Njegovan & Mirjana Fišer, *supra*, p. 15.

21 Kristen Wolff, "Preparing Future Lawyers to Draft Contracts and Communicate with Clients in the Era of Generative AI," *Transactions: The Tennessee Journal of Business Law*, Vol. 25, 2024, pp. 821-822.

다른 다양한 생성물이 만들어질 수 있는 것이다. 다시 말해, LLM이 전례 없이 어마한 양의 텍스트를 학습하고 훈련하는 것은 사실이지만 그러한 텍스트를 이해할 수 있는 것은 분명 아니라는 점을 간과해서는 안 된다.[22]

이러한 점은 생성형 AI의 내재적 한계로 가장 널리 알려진 환각 현상(hallucination)과도 밀접하게 연결된다. 환각 현상은 사용자의 의도에 반하는 허위의 거짓 정보를 생성하여 그것이 마치 진실이나 사실인 것처럼 제시하는 것을 의미한다. 즉, LLM에 기반하여 생성된 텍스트는 관련된 유용한 정보를 제공하는(informative) 것처럼 그럴듯하게 보이지만(plausible－seeming) 부정확하거나 허위로 가공된 사실 혹은 출처를 제공할 수 있다.[23] 이러한 외관의 창출은 환각 현상의 존재를 발견하기 더욱 어렵게 만든다.[24]

### 2) 과거의 데이터에 한정된 자동화된 판단

GPT는 생성형 사전－훈련 변환기(Generative Pre－trained Transformer)의 약자이다. ChatGPT는 일 단위로 학습 업데이트가 이루어지는 것은 아니므로, 법의 변화를 실시간으로 반영할 수는 없으며, 이렇게 볼 때 ChatGPT가 제공하는 응답은 과거의 것에 머무르는(outdated) 것이 된다.[25] 곧, 생성형 AI는 이미 학습된 데이터를 바탕으로 산출물을 생성하며, 이른바 정보의 최종 수집일(cutoff date)을 기점으로 과거 회귀적일(retrospective) 수밖에 없다는 점은 분명한 한계점이라고 할 수 있다.[26]

이렇듯 생성형 AI는 자신이 훈련한 데이터 집합에 제약될 수밖에 없기에 본질적으로 창조적인 역량을 기대할 수는 없는 것이며, 따라서 법실무가가 법적 논증을 함에 있어 생성형 AI에 지나치게 의존하게 된다면 법적 변화를

---

22 Eliza Mik, "Caveat Lector: Large Language Models in Legal Practice," The Chinese University of Hong Kong, Faculty of Law, Research Paper No. 2024-4, *Rutgers Business Law Review*, Vol. 19, 2024, p. 4.

23 Harry Surden, "ChatGPT, AI Large Language Models, and Law," *Fordham Law Review*, Vol. 92, 2024, p. 1968.

24 Eliza Mik, *supra*, p. 23.

25 Aadya Sharma, "The Escalation of ChatGPT: How ChatGPT Will Exert Influence on the Legal Profession?," *Jus Corpus Law Journal*, Vol. 3, Iss. 3, 2023, p. 113.

26 Maura R. Grossman, Paul W. Grimm, Daniel G. Brown & Molly Xu, *supra*, p. 33.

억누르고 고착화시킬 수 있다고 한다.[27] LLM이 지나치게 법실무의 영역에 잠식해 들어오게 되면 법이 역사를 통해 점진적인 진보(evolution)의 과정을 거쳐 왔다는 사실을 부정하게 되고, 법의 경직화(ossification)와 탈규범화(de-norming)를 초래할 수 있다는 것이다.[28]

### 3) 내재적 한계의 교정 가능성

생성형 AI의 내재적 한계로 인한 신뢰도 문제가 완전히 제거되지는 않더라도 가까운 미래에 축소될 것이라는 전망이 제시되기도 한다. 먼저 생성형 AI의 경우, 생성물의 품질과 관련하여 프롬프트의 중요성이 특히 강조되며, LLM에 더 많은 정보와 맥락을 제공하는 프롬프트 증강(prompt augmentation)이 주목받고 있다. 이는 사용자가 단순한 질문을 넘어 정확한 답을 내리는 데 도움을 주는 유용한 관련 정보를 프롬프트에 포함하도록 함으로써 정확도를 높이도록 한다. 곧 생성형 AI의 데이터베이스가 담고 있지 않는 내용에 대해 질문하면 환각 현상이 초래될 가능성이 높아진다는 점에 착안해, 생성형 AI에 관련 정보와 추가적 맥락을 제공하여 더 나은 품질의 응답이 가능하도록 이끄는 것이다.[29]

이러한 논의의 연장선에서 환각 현상의 경향성을 축소할 수 있는 기술적 방안으로 검색 증강 생성(retrieval augmented generation; 이하 'RAG') 방법론이 논의되고 있기도 하다. 특히 법률 정보 검색의 경우 법률 데이터베이스에 기반한 RAG를 통해 타당성과 신뢰 가능성을 향상시킬 수 있을 것이라고 전망된다.[30] 이러한 점을 고려할 때, 법률 분야에 특화된 법률 LLM(legal LLM)과

---

27 S. Sean Tu, "Artificial Intelligence: Legal Reasoning, Legal Research and Legal Writing," *Minnesota Journal of Law, Science & Technology*, Vol. 25, Iss. 2, 2024, p. 121.

28 Samuel Dahan, Rohan Bhambhoria, David Liang & Xiaodan Zhu, *supra*. 특히 법적 논증이 가장 본격적으로 이루어지는 법률적 글쓰기(legal writing)에서 기 훈련된 데이터에 한정되어 진보적인 사고(forward-thinking)를 할 수 없는 생성형 AI가 인간을 대체하게 된다면 법적 진보(legal evolution)를 가로막게 된다고 우려한다(Hunter Cyran, "New Rules for a New Era: Regulating Artificial Intelligence in the Legal Field," *Journal of Law, Technology, & the Internet*, Vol. 15, Iss. 1, 2024, pp. 18-19).

29 Harry Surden, *supra*, pp. 1969-1970.

범용 LLM(non-legal LLM)을 구별하여 유형별로 달리 접근해야 할 필요성이 제기된다.[31]

이렇듯 법률 분야에 특화된 생성형 AI 플랫폼의 구축 역시 환각 현상을 비롯한 내재적 한계를 통제할 수 있는 방안으로 논의되고 있으며, 이러한 이유로 LLM을 기반으로 하여 구축된 법률 전문 시스템(legal-specialized systems)을 활용하는 것이 일반화될 것으로 보인다.[32] 대표적으로 2023년 3월 출시된 웨스트로(Westlaw)의 코카운셀(CoCounsel)은 GPT-4를 기반으로 하여 최신의 판례, 실정법 등 현재 유효한 법률 데이터(live legal data)를 훈련 대상으로 삼으며, 문서 검토, 법률 조사, 메모 작성, 증언 준비, 계약서 분석 등의 업무에서 활용될 수 있다.[33] 렉시스넥시스 역시 같은 해 5월 자사의 데이터베이스를 주된 훈련 데이터로 삼아 렉시스플러스(Lexis+) AI를 출시하였으며, 특히 문서 요약 및 작성 등의 업무를 수행할 때 관련 판례 및 출처의 인용을 함께 제시하여 이에 대한 간편한 검증을 돕는 서비스를 제공하고 있다.[34] 다만 법률 분야에 특화된 전문적인 인공지능 시스템 역시 내재적 한계를 근원적으로 제거할 수는 없는 것이므로 생성형 AI의 결과물에 대한 상당 수준의 주의와 철저한 검증은 여전히 필요하다.[35] 이 지점에서 법률서비스 제공을 위한 변호사와 생성형 AI의 바람직한 관계 설정이 기본적으로 전제되어야 할 것이다.

### 3. '변호사-AI 협업'과 종국적 책임의 주체

2019년 웬델(Wendel)은 인공지능이 변호사를 대체할 수 없는 일곱 가지 영역을 다음과 같이 제시한 바 있다: ① 협상; ② 창조적이고 전략적인 법률 자문; ③ 감정 지능(emotional intelligence)과 의뢰인과의 관계 형성; ④ 사실 조사; ⑤ 인간이 작성한 것과 유사한 문서 생산; ⑥ 법정 출석(in-court ap-

30 Harry Surden, *supra*, p. 1970.
31 Adam Allen Bent, *supra*, p. 127.
32 Harry Surden, *supra*, p. 1971.
33 Adam Allen Bent, *supra*, pp. 123-124.
34 Adam Allen Bent, *supra*, pp. 124-125.
35 Harry Surden, *supra*, p. 1972.

pearance); ⑦ 새로운 법분야 관련 업무.[36] 생성형 AI가 급속히 발전하고 있는 현시점에서, 인공지능 도구는 적어도 인간이 작성한 것과 유사한 문서를 생산할 수는 있을 것으로 보인다.[37] 하지만 앞에서 살펴본 내재적 한계를 염두에 둘 때, 법률서비스 분야에서 생성형 AI가 작성한 문서에 대한 인적 개입을 제거하는 것은 분명 한계가 있을 것이다.

결론적으로 생성형 AI 모델은 높은 주의의무를 요하며 (최종 결과물을 생성하는 것이 아닌) 초안 작성 도구(draft tools)로서만 다루어져야 한다는 전제를 분명히 확인해야 한다. 이에 따라 인공지능이 생성한 산출물의 정확성, 정합성, 사실관계, 논리적 일관성 등에 대한 검토 및 확인은 변호사에게 당연히 남겨져 있다.[38] 인공지능 시스템에 특정 업무를 위임한(delegate) 변호사는 일종의 전문직 보조원(paraprofessional)에 준하는 인공지능의 작업을 검토해야 할 의무를 지며, 이로 인한 어떤 위반사항에 대해서도 책임을 지는(retain) 것이다.[39] 다시 말해, 인공지능이 생성한 결과물의 최종 검토 및 검수에 대한 총체적 의무, 그리고 이에 대한 최종-사용자(end-user)로서의 종국적 책임은 변호사에게 있다는 기본 전제가 분명히 확립되어야 할 것이다.

이러한 전제는 생성형 AI의 대체 가능성이 아닌, 변호사와 AI의 협업 가능성에 대한 논의의 지평으로 나아가도록 한다. 실제 생성형 AI는 변호사가 사용할 수 있는 추가적인 도구이지 대체물이 될 수 없다는 것이 지배적인 견해라고 하겠다. 법실무에서 생성형 AI의 도입이 가져올 본질적 변화는 전통적으로 변호사가 담당해온 일부 업무에 대해 사실상의 협업이 이루어질 것이라는 데 있다. 의료, 법률, 금융과 같은 전문 분야에서 '인간-AI 협업(Human-AI Collaboration)'은 기본적인 사고 틀(mindset)로 자리 잡아 가고 있다. 전문가 직역에서 수평적·수직적 협업체계가 흔히 발견되는 것과 유사하게, 생성형 AI와 같은 고도의 기술과 상호작용하는 일종의 '노동 분배

36 W. Bradley Wendel, "The Promise and Limitations of Artificial Intelligence in the Practice of Law," *Oklahoma Law Review*, Vol. 72, 2019, pp. 24-25.

37 인간이 만드는 것과 유사한 생성물을 만들어 내는 능력과 법정 출석의 경우, 생성형 AI가 나름의 임무를 수행할 수 있으리라고 평가하는, Hunter Cyran, *supra*, p. 30.

38 Harry Surden, *supra*, pp. 1968-1969.

39 Nicholas R. Spagnuolo, "Artificial Lawyering: A Jekyll and Hyde Story," *Arizona Law Journal of Emerging Technologies*, Vol. 7, Art. 3, 2023-2024, p. 28.

(division of labor)' 체계를 갖추도록 하는 것이다.[40] 예컨대 법률조사 및 분석에서 LLM 기반 생성형 AI가 활용된다면, ① 조사 관련 이해 역량 제고(research edification); ② 프롬프팅 및 생성(prompting and generation); ③ 조사: 입증(verification); ④ 작성: 윤문 및 준비(polishing and preparation)라는 새로운 프로세스(process)가 정착될 것이라고 한다.[41] 이러한 일련의 절차는 변호사와 생성형 AI의 협업이 단절적이지 않은 연쇄적인 상호작용을 거쳐 이루어지게 될 것임을 시사한다.[42] 물론 이러한 협업이 이루어질 때도 생성형 AI에 대한 지나친 의존(over-reliance)은 이른바 자동화에 안주하는 경향(automation complacency)을 초래할 수 있으며, 이에 따라 인공지능의 산출물을 성실하게 검토하지 않을 수 있다는 점을 각별히 유의해야 할 것이다.[43]

## Section 03 | 생성형 AI와 변호사의 윤리적 의무 및 책임

### 1. 변호사 윤리에 관한 '경각심을 주는 사례들(cautionary tales)'

생성형 AI의 시대에서 변호사의 윤리적 의무에 대한 경각심을 불러일으킨 미국의 대표적인 사례들이 있다. 이는 앞에서 살펴본 생성형 AI의 내재적

---

40 Abdi Aidid, "Toward an Ethical Human-Computer Division of Labor in Law Practice," *Fordham Law Review*, Vol. 92, 2024, pp. 1799-1813.

41 Nicholas Mignanelli, "The Legal Tech Bro Blues: Generative AI, Legal Indeterminacy, and the Future of Legal Research and Writing," *Georgetown Law Technology Review*, Vol. 8, No. 2, 2024, p. 309.

42 칼리스터(Callister)는 LLM 기반 생성형 AI를 평가할 때 고려해야 할 몇 가지 원칙들을 제시하였다(Paul D. Callister, "Generative AI and Finding the Law," *Law Library Journal*, Vol. 116, 2024, p. 2). 이 중 ① 법조계의 인지적 권위(cognitive authority)에 변화가 있을 것이며, ② 그 권위의 속성은 일차적·이차적 권위와 같이 이분법적인 것이 아니라 연속적인(continuous) 것으로 이해되어야 한다는 원칙들에서도 변호사와 인공지능의 상호작용을 통한 협업 메커니즘을 확인할 수 있다.

43 Hunter Cyran, *supra*, p. 23.

한계에 대해 변호사가 충분히 숙지해야 한다는 점을 일깨워주는 사례들이기도 하다.

2023년 3월, 뉴욕(New York) 주 30년 경력의 한 변호사는 비행 중 무릎 부상을 입은 승객이 항공사를 상대로 제기한 상해(personal injury) 사건을 맡았다. 피고인 항공사가 제출한 소장기각신청(motion to dismiss)에 반박하기 위해 변호사는 몇 가지 판례를 인용하여 서류를 제출하였고, 피고 측 변호사는 해당 서류를 검토하던 중 인용된 판례들에 오류가 있음을 발견하였다. 이후 원고 측 변호사가 ChatGPT의 답변에 기초해 서류를 작성·제출하였으며, 당시 인용한 최소 6개의 판결은 실제 존재하지 않는 가공의 것이라는 사실이 밝혀졌다. 이에 관할 법원은 해당 변호사에 대한 제재 여부를 심사하기 위해 심리를 열었다.[44] 담당 판사는 허위의 판례들을 제출했다는 사실만이 아니라, 원고 측 변호사들이 자신들의 잘못을 악의로 무마시키려 했던 시도에 대해서도 문제를 제기하였다. 해당 변호사는 자신의 법률조사를 보강하기 위해 ChatGPT를 사용했다고 진술하였지만, 나중에야 그것이 그의 유일한(sole) 조사였다는 점을 인정했다. 이에 법원은 제출 서류의 정확성을 보장해야 할 변호사의 게이트키핑(gatekeeping) 역할을 지우고 있는 기존의 규율 체계에 어긋난다는 점을 지적하면서, 원고 측 변호사들에게 각각 5천 달러와 (기술적 적격 및 인공지능 관련) 계속적 법률교육(Continuing Legal Education; 이하 'CLE') 이수 등의 징계를 내린 바 있다.[45]

이후 2023년 6월, 콜로라도(Colorado) 주의 한 변호사 역시 ChatGPT가 알려준 판례 인용이 포함된 신청을 제출했다. 해당 변호사는 허구의 판례가 인용된 사실을 알게 된 이후에도 이러한 결함을 법원에 알리거나 신청을 취하하지 않았다.[46] 이후 이 문제가 제기되자 인턴의 실수에 기인한 것이라고 책임을 전가하였지만, 결국 자신이 초안을 작성할 때 ChatGPT를 사용했음을

44 Mata v. Avianca, Inc., No. 22-CV-1461 (PKC), 2023 WL 4114965 (S.D.N.Y. Jun. 22, 2023).

45 John G. Browning, "Robot Lawyers Don't Have Disciplinary Hearings—Real Lawyers Do: The Ethical Risks and Responses in Using Generative Artificial Intelligence," *Georgia State University Law Review*, Vol 40, Iss. 4, 2024, p. 924.

46 Merisa K. Bowers, "Adopting Emerging Technology Responsibly," *Ohio Lawyer*, Vol. 38, 2024, p. 23.

인정하였다. 이에 법원은 콜로라도 주의 적격한 대리, 성실 대리, 법원에 대한 정직 의무와 같은 전문가 책임 관련 규정에 근거하여, 1년의 자격정지를 명하였다.[47]

영미법계의 경우, 해당 사안의 주장 및 논증과 관련된 적절한 선례를 검색·인용하는 것은 가장 중요하고 기본적인 변호사의 업무라고 할 수 있다. 생성형 AI를 부적절하게 활용한 변호사 중에는 생성형 AI를 사실상 판례 검색 도구 및 데이터베이스로 오인한 경우가 다수 있었던 것으로 보인다. 곧, 위 사례들은 법전문가가 생성형 AI의 역량 및 한계를 정확히 이해하고 법실무에서 책임 있게 수용해야 할 의무가 있다는 점을 분명히 시사한다.[48] 이는 특히 이머징 기술(emerging technology)에 대한 신속한 이해와 대응 역시 변호사의 적격성과 직결된다는 것을 단적으로 보여주는 사례이기도 하다. 이와 더불어 법원의 징계를 받은 변호사들은 충분한 이해 없이 생성형 AI를 활용하여 오류 있는 문서를 제출했다는 점보다는, 법원의 판단을 그르치게 하는 기만적인 행동을 하였다는 점에 근거하여 더 중한 제재를 받았다는 사실 역시 주목해 볼 만하다.[49]

---

47 People v. Crabill, No. 23PDJ067, 2023 WL 8111898 (Off. Presiding Disciplinary J. Sup. Ct. Colo. Nov. 22, 2023). 그 외에도 텍사스(Texas) 주 항소법원의 인신보호영장 사전심리절차에서 법원은 항소인의 서면에 그의 논증과 아무 관계가 없는 판결들이 인용되어 있음을 발견하였고, 그 논증 내용 일부는 인공지능을 사용해 준비된 것으로 보인다고 결론 내렸다(*Ex parte Lee*, 673 S.W.3d 755 (Tex. App. 2023)). 또한 로스앤젤레스(Los Angeles) 주의 강제퇴거 사건에서도 허위의 판례가 인용되었으며, 1년 차 신입 변호사의 온라인 조사에 근거한 것이라고 변호사가 해명하였지만, 그를 관리·감독해야 할 변호사의 윤리적 의무를 위반하였다는 이유로 999달러의 징계를 받았다. 이들 사건을 포함해 ChatGPT를 활용한 변호사의 윤리 의무 위반이 쟁점화된 사건들을 자세히 소개하는, John G. Browning, *supra*, pp. 923-932.

48 Merisa K. Bowers, *supra*, p. 23.

49 Frank Fagan, "A View of How Language Models Will Transform Law," *Tennessee Law Review*, Forthcoming, 2025 (https://arxiv.org/abs/2405.07826), p. 51.

## 2. 생성형 AI와 변호사 윤리: 미국의 현황

### 1) 미국변호사협회의 변호사직무에 대한 모범 규칙

이렇듯 변호사 윤리에 경종을 울리는 사건들이 연이어 발생함에 따라, 미국의 법조계에서 역시 변호사의 윤리적 의무와 전문가 책임(professional responsibility)에 대한 본격적인 논의가 전개되고 있다. 생성형 AI는 사실상 최신의 기술이기 때문에 미국변호사협회(American Board of Association; 이하 'ABA')의 변호사직무에 대한 모범 규칙(Model Rules of Professional Conduct; 이하 '모범 규칙')상의 규율에 대한 재구성 및 재해석이 주되게 다루어지고 있는 것으로 보인다.[50]

#### (1) 변호사의 기술적 적격성

적격의무(Duty of Competence)를 규정하고 있는 모범 규칙 1.1은 변호사가 자신의 업무에서 일정한 수준의 역량을 유지할 것을 요청한다. 곧, "변호사는 의뢰인에게 적격한 대리(competent representation)를 제공해야 하며, 이를 위해 합리적으로 필요한 법률 지식, 기술, 철저함, 준비"를 갖추어야 한다.[51]

1983년 채택된 이래, 이 규칙의 적용 및 해석은 지속적으로 변화해 왔으며, 과학기술의 발전과 관련된 중요한 개정은 2012년에 이루어졌다. ABA의 윤리위원회(Commission on Ethics 20/20)는 법실무에서 기술적 변화의 중요성을 승인하면서, 변호사가 역량 있고 비용 효율적인 법률서비스를 제공하기 위해서는 기술의 발전에 대한 폭넓은 이해가 필요하며, 여기에는 관련 기술의 이익과 위험에 대한 이해가 포함되어야 한다는 보고서를 발표하였다.[52] 이후 ABA는 모범 규칙 1.1의 수정안을 채택하였고, 주석(Comment) 8[53]에 이를 반영하였다. 주석 8은 "변호사에게 필요한 지식과 기술 수준을 유지하기 위해, 변호사는 관련 기술로 인한 이익과 위험(benefits and risks associated with

---

50 Romaine C. Marshall & Gregory Cohen, "Artificial Intelligence Applications and the Rules of Professional Conduct," *Utah Bar Journal*, Vol. 36, No. 5, 2023, p. 19.

51 Model Rule of Pro. Conduct r. 1.1 (Am. Bar Ass'n 2023).

52 ABA Commission on Ethics 20/20, Introduction and Overview 1 (2012).

53 ABA Comment on Ethics & Professional Responsibility, Formal Op. 477R (2017).

relevant technology)을 포함하여 법과 실무의 변화에 대해 최신 정보를 계속 접하고, 지속적인 연구와 교육에 참여하며, 자신이 받아야 하는 모든 CLE 요구 사항을 준수해야 한다."라고 설명한다. 이러한 개정은 변호사가 현시점의 기술적 발전에 대한 기본적인 이해도를 갖추도록 적극적인(affirmative) 의무를 수립한 것이라고 평가받는다.[54] 현재까지 40개의 주[55]에서 이러한 내용을 수용하여 기술적 적격성(technological competence)에 대한 의무를 채택하고 있다.[56] 이렇듯 기술적 적격성에 대한 명시적인 규정이 마련되긴 하였지만, 이를 평가할 정확한 기준 및 정도가 정해진 것은 아니며, 기술의 발전 속도와 법실무에의 영향이 가변적일 수 있음을 고려하여 유연한 해석의 여지가 남겨져 있다.[57]

이렇듯 변호사가 새로운 기술 발전에 상응하는 수준의 적격성을 갖출 것을 요청하는 모범 규칙 1.1은 생성형 AI 시대에서 특히 주목받고 있다. 물론 이때의 기술적 적격성은 변호사가 생성형 AI 기술에 대한 전문가가 될 것을 기대하는 것이 아니라, 적격한 대리를 위해 합리적으로 필요한 수준의 능력[58]을 갖출 것을 요구하는 것이다.[59] 또한 주석 8을 고려할 때, 생성형 AI를 활용하는 변호사는 비용·시간 효율성 증대와 같은 이점과 환각 현상, 편향성 문제, 설명 가능성 결여 등과 같은 위험에 대해서도 충분히 숙지해야 할

---

54 Rachel Schworer, "Ethical Implications of Utilizing Generative Artificial Intelligence in the Legal Profession: A Cautionary Note on Potential Model Rules of Professional Conduct Violations," *Lincoln Memorial University Law Review*, Vol. 11, Iss. 2, 2024, p. 59.

55 기술적 적격의무를 처음으로 채택한 델라웨어(Delaware) 주는 법과 기술 위원회(Commission on Law and Technology)를 설치하기도 하였다(Jennifer J. Cook & Denitsa R. Mavrova Heinrich, "AI-ready Attorneys: Ethical Obligations and Privacy Considerations in the Age of Artificial Intelligence," *Kansas Law Review*, Vol. 72, 2024, pp. 332-333).

56 Rachel Schworer, *supra*, p. 60.

57 Jennifer J. Cook & Denitsa R. Mavrova Heinrich, *supra*, p. 333.

58 법률자문 시 인공지능 도구의 적절한 사용 방법을 숙지하고, 그 결과물을 정확하게 해석할 의무가 변호사에게 있다고 볼 때, 변호사에게 요구되어야 하는 능력의 객관적 기준이 마련될 필요가 있다는 의견으로, 이창규, "변호사 업무에서의 인공지능(AI)의 사용과 변호사 윤리: 미국 변호사 협회 모범변호사업무규칙(ABA Model Rules of Professional Conduct) 분석을 중심으로", 「아주법학」 제17권 제4호, 아주대학교 법학연구소, 2024, 321면.

59 Rachel Schworer, *supra*, p. 69.

것이다.[60] 특히 생성형 AI가 더 성숙한 단계로 발전하게 된다면, 변호사가 자신의 법실무에서 생성형 AI의 도움을 받는 것이 적격한 대리에 있어 본질적인 요소가 될 수 있으며, 이때에는 생성형 AI에 대한 기본 역량을 갖추고 있지 않은 것[61]과 더불어 이를 법실무에 수용하지 않은 것 역시 적격 의무 위반이 될 수 있다고 한다.

### (2) 의뢰인과의 소통 의무

변호사의 소통 의무(Duty of Communications)는 변호사－의뢰인 관계에 있어 핵심적인 요소이다.[62] 모범 규칙 1.4(a)(1)[63]에 따르면 변호사는 의뢰인의 고지 후 동의(informed consent)가 필요한 경우, 그러한 결정 혹은 상황에 대해 의뢰인에게 지체 없이 알려야 한다.

이와 관련해 ABA의 112 결의문(Resolution 112)은 인공지능의 활용과 변호사의 소통 의무 간의 상호작용에 대한 지침을 제공하는 규정으로,[64] 이에 따르면 변호사는 인공지능 기술의 활용 여부를 결정할 때 의뢰인과 상의해야 한다.[65]

구체적으로 생성형 AI를 법률사무에서 활용할 경우, 변호사의 소통 의무가 충족되기 위해서는 의뢰인을 대리하는 과정에서 해당 기술을 활용할 수 있다는 점에 대해 의뢰인으로부터 명시적 동의를 받아야 하며, 인공지능 기술의 활용 목적과 범위, 이득 및 잠재적 문제점, 기술 유형, 작동 방식, 공유될 수 있는 의뢰인 정보 등에 대한 설명이 이루어져야 할 것이다.[66]

### (3) 합리적인 보수 청구 의무

모범 규칙 1.5(a)는 비합리적인 보수(fee)나 비용(expenses)의 청구를 금지

---

60 Rachel Schworer, *supra*, p. 61.
61 Rachel Schworer, *supra*, p. 66.
62 Jennifer J. Cook & Denitsa R. Mavrova Heinrich, *supra*, p. 337.
63 Model Rule of Pro. Conduct r. 1.4(a)(1) (Am. Bar Ass'n 2023).
64 Jennifer J. Cook & Denitsa R. Mavrova Heinrich, *supra*, pp. 337-338.
65 Am. Bar Ass'n House of Delegates, Resol. 112, 6 (2019).
66 Jennifer J. Cook & Denitsa R. Mavrova Heinrich, *supra*, p. 338.

하고 있다. 생성형 AI를 법실무에 도입할 때의 가장 큰 효용은 바로 비용 및 시간 효율성이라고 할 수 있으므로, 이러한 점을 반영하여 합리적인 보수를 청구할 의무가 요청되는 바이다.

생성형 AI의 활용을 통해 확보한 업무 효율성을 정확히 반영하여 실제 업무 시간을 부풀리지 않아야 하고, 이때에도 인공지능 기술에 대한 기초적인 수준의 역량을 갖추기 위해 투여한 시간을 의뢰인에게 비용으로 청구하는 것은 바람직하지 않다.[67] 다만 인공지능 프로그램을 사용함으로 인해 변호사의 준비시간을 크게 단축하는 결과를 가져왔다면, 해당 프로그램 사용을 위한 법률조사비용을 청구할 가능성은 남아 있다는 의견도 있다.[68]

### (4) 변호사의 기밀 유지 의무

모범 규칙 1.6은 변호사가 의뢰인의 정보 기밀성을 유지하도록 요청하며, 이러한 기밀 유지 의무(Duty of Confidentiality)에 대한 몇 가지 예외적 상황을 규정한다. 구체적으로 모범 규칙 1.6(c)는 변호사가 의뢰인의 대리와 관련된 정보의 승인되지 않은 공개 및 접근을 방지하기 위해 '합리적 노력(reasonable efforts)'을 기울일 것을 요구하고 있다. 이는 특히 전자 정보와 관련된 우려를 반영하는 것으로, 변호사에게 데이터 프라이버시, 보안, 신뢰 가능성에 대한 적극적 의무를 부여하고자 마련된 것이라고 한다.[69]

나아가 2023년 ABA는 인공지능의 활용으로 인해 의뢰인의 정보 기밀성이 침해될 위험을 인정하면서, 인공지능 시스템을 설계·개발·배치·활용하는 조직을 대상으로 가이드라인을 제시하는 604 결의문(Resolution 604)을 채택한 바 있다.[70] 2019년 만들어진 112 결의문 역시 인공지능 활용 시 기밀 의무 관련 지침을 제공하고 있는데,[71] 해당 결의문은 특정 인공지능 서비스가 의뢰인의 기밀을 제삼자인 판매 회사(vendors)에게 공유하도록 요구할 수

67 Merisa K. Bowers, *supra*, p. 25.

68 이창규, 앞의 논문, 322면.

69 Jon M. Garon, "Ethics 3.0—Attorney Responsibility in the Age of Generative AI," *The Business Lawyer*, Vol. 79, 2023-2024, p. 212.

70 Am. Bar Ass'n House of Delegates, Resol. 604, 2 n.5 (2023).

71 Am. Bar Ass'n House of Delegates, Resol. 112, 6 (2019).

있음을 언급하면서, 변호사가 서비스 제공자와 기밀 보안 조치에 대해 충분히 상의하고, 의뢰인의 기밀정보가 안전하다는 신뢰가 있지 않은 한 인공지능 기술의 활용을 삼갈 것을 제안한다.[72]

기밀 유지 의무는 생성형 AI와 관련하여 특히 강조되는 변호사의 윤리적 의무라고 할 수 있으며, 실무에서는 이 쟁점이 가장 중요한 현안인 것으로 보인다. 다수의 인공지능 애플리케이션은 일반적으로 사용자가 입력한 프롬프트를 저장하고 보유하며, 이들 데이터를 학습해 자사의 알고리즘을 더욱 정교하게 만들거나 콘텐츠 생성 및 응답에 활용할 가능성이 있다. 변호사와 인공지능 애플리케이션 간에는 어떠한 특권(privilege)이나 기밀 유지 의무가 발생하지 않으므로, 변호사의 프롬프트에 포함된 정보에 대한 추가적인 보호 의무가 통상적으로 존재하지 않는다.[73] 바로 이 지점에서 기밀 유지 의무의 위반 가능성이 발생하게 된다. 곧, 변호사가 제삼자인 생성형 AI 플랫폼을 활용하면서 프롬프트에 의뢰인의 데이터를 업로드하면 의뢰인에 대한 기밀 유지 의무를 위반하는 것이 될 수 있다.[74] 따라서 변호사는 프롬프트를 작성하고 제출할 때 의뢰인의 기밀정보가 부주의하게(inadvertently) 공개되는 것을 방지해야 할 의무가 있으며, 이에 의뢰인과 관련된 세부 정보를 프롬프트에 절대 제공해서는 안 되는 것이다.[75]

특히 ChatGPT와 같이 대중적으로 접근 가능한 오픈소스 플랫폼을 활용할 경우, 기밀 유지 의무에 더욱 신중한 주의가 요구된다. OpenAI 社의 개인정보처리방침(privacy policy)에 따르면, 사용자 데이터를 수집하며 개별 고지 없이 제삼자에게 데이터를 제공할 수 있다는 사실을 분명히 하고 있다. 또한 이용약관(terms of use)에서는 자사 서비스의 제공 · 유지 · 개발 · 향상을 위해 입력값과 프롬프트 같은 사용자의 콘텐츠를 활용할 수 있다고 밝히고 있다. 다만 특정 버전의 ChatGPT 유료 서비스인 경우, 대화 기록 기능을 꺼놓거나 데이터 수집에 대한 옵트아웃(opt-out) 제도를 선택할 수 있게 하여, 인공지능 모델의 미세 조정(fine-tuning)이나 별도 훈련을 위해 사용자의 데

72 Jennifer J. Cook & Denitsa R. Mavrova Heinrich, *supra*, p. 341.

73 Romaine C. Marshall & Gregory Cohen, *supra*, p. 20.

74 S. Sean Tu, *supra*, p. 116.

75 Romaine C. Marshall & Gregory Cohen, *supra*, p. 20.

이터를 활용하지 않도록 하는 나름의 보완책을 마련해놓고 있기도 하다.[76] 이렇듯 유료 구독 서비스의 경우, 개인정보처리방침이나 이용약관에 별도의 규정을 마련해놓고 있기에 기밀 유지 의무 위반에 대한 우려는 다소 경감된다고 할 수 있으나, 변호사는 여전히 합리적인 보안 조치가 이루어지고 있는지 상당한 주의(due diligence)를 기울여야 할 것이다.[77]

이러한 맥락에서 모범 규칙 1.6(c)와 112 결정문의 규정을 다시금 살펴볼 때, 변호사는 의뢰인의 기밀정보에 대한 위험을 완화하기 위해 의뢰인 정보의 허가받지 않은 공개에 대한 합리적인 예방 조치를 취해야 하며, 서비스 제공자가 의뢰인 정보의 기밀성 및 보안성을 유지해야 할 강제력 있는(enforceable) 의무가 있는지 확인하는 것이 바람직하다.[78] 예컨대 렉시스플러스 AI나 코카운셀과 같은 미국의 LLM 기반 법률서비스 프로그램은 정보 보안 및 프라이버시를 보증하기 위해, 사용자가 입력한 데이터를 자체적으로 조회하지 않으며, 인공지능 시스템의 훈련을 위한 데이터베이스에 포함하지 않는다는 명시적인 규정을 마련해놓고 있다.[79]

### (5) 법원에 대한 정직 의무

모범 규칙 3.3(a)(1)은 변호사의 법원에 대한 정직 의무(Candor Toward the Tribunal)를 규정하고 있다. 이에 따르면 변호사는 법원에 고의로 사실 혹은 법에 대한 허위의 진술(false statement)을 하거나, 이전에 했던 중요한 사실 혹은 법에 대한 허위의 진술을 바로잡는 데 실패해서는 안 된다. 이는 특히 생성형 AI의 환각 현상과 관련해 가장 쟁점이 되었던 전문가 책임이라고 할 수 있다.

위 규정과 가장 밀접하게 관련된 것은 바로 연방민사소송규칙(Federal Rules of Civil Procedure; 이하 'FRCP')의 규칙 11이며, 실제 법원에서 생성형 AI

---

76 OpenAI, New Ways to Manage Your Data in ChatGPT, April 25, 2023 (https://openai.com/index/new-ways-to-manage-your-data-in-chatgpt/).

77 Xavier Rodriguez, "Artificial Intelligence(AI) and the Practice of Law," *The Sedona Conference Journal*, Vol. 24, 2023, p. 797.

78 Jennifer J. Cook & Denitsa R. Mavrova Heinrich, *supra*, p. 345.

79 Harry Surden, *supra*, p. 1968.

를 활용해 제출한 문서를 규율할 때 원용되는 대표적인 규정이다. 이 규칙은 변호사나 소송대리인 없는 당사자가 법원에 서류를 제출할 때, 해당 문서의 내용이—자신이 아는 범위 내에서—기존의 법에 의해 혹은 (기존의 법을 연장·수정·번복하거나 새로운 법을 수립할 경우) 확실한 근거에 바탕을 둔(nonfrivolous) 논증에 의해 보증된 것임을 증명하는 서명을 하도록 요청한다.[80] 이렇듯 연방법원에 제출된 소송서류, 신청 등 모든 양식에 서명하고 인증할 것을 요구하는 FRCP 규칙 11은 생성형 AI의 지원을 받아 작업한 문서의 정확성에 대한 인적 검토(human review)를 거치도록 하는 의무를 변호사에게 부과한다.

### (6) 다른 변호사에 대한 관리 · 감독 의무

모범 규칙 5.1(c)는 파트너, 관리자 및 감독 권한을 갖는 변호사가 자기 권한 내에서 업무를 수행하는 변호사의 법윤리 위반행위에 대해 지는 책임과 관련된 규정이다. 이에 따르면, ① 특정 행위를 알고도 지시하거나 그 행위를 재가한 경우, 또는 ② 다른 변호사가 소속된 로펌의 파트너 변호사이거나 그에 상응하는 관리 권한을 가지거나 혹은 다른 변호사에 대해 직접적인 감독 권한을 가진 경우, 해당 변호사는 문제 되는 행위의 결과를 방지하거나 완화할 수 있는 시점에 이를 알고도 합리적인 시정조치를 취하지 않았다면, 다른 변호사의 모범 규칙 위반에 대한 책임을 진다.

위 규정을 생성형 AI의 활용 상황에 적용하면, 관리·감독 권한을 갖는 변호사는 법률정보의 전달이 이루어지는 연쇄적 과정(chain of transmission)에서 최종적 단계에 위치하는 행위자라고 할 수 있으며,[81] 따라서 자기 권한 내의 다른 변호사가 인공지능 도구를 활용할 때도 이에 대한 적절한 관리 및 감독을 이행해야 할 것이다.

### (7) 비-변호사의 지원에 대한 감독 의무

비-변호사의 지원(non-lawyer assistance)에 대한 관리·감독을 다룬 모범 규칙 5.3 역시 생성형 AI의 활용과 관련된 전문가 책임으로 다루어진다.[82]

---

80 Fed. R. Civ. P. 11(b), (b)(2).

81 Abdi Aidid, *supra*, p. 1812.

곧, 이러한 의무가 인공지능 도구를 사용한 준법률가(paralegal)뿐만 아니라 생성형 AI의 지원 및 도움을 받은 경우까지 연장될 수 있는지가 중요한 쟁점이 된다. 이에 대한 주석 3을 살펴보면, 이 규정은 인간이 아닌 인공지능 시스템에 대해서도 적용 가능한 것으로 해석된다.[83]

이에 변호사는 인공지능을 통해 생성된 업무 결과물이 변호사의 전문가 책임과 양립 가능할 것을 보장해야 할 의무를 지며, 이에 따라 생성형 AI를 활용할 때는 그 결과물을 검토해야 할 변호사의 역할이 반드시 남아있게 된다.[84]

### 2) 생성형 AI의 활용을 위한 윤리 가이드라인

모범 규칙에 관한 논의가 기존의 규정을 생성형 AI의 맥락에서 재조명하는 것에 주로 초점을 맞추고 있다면, 생성형 AI의 활용에 특화된 새로운 윤리적 지침이 마련되고 있기도 하다.

#### (1) 법원의 선제적 대응

미국에서 법원은 법실무에서 인공지능의 활용이 법체계와 사법행정에 부정적 영향을 미치지 않도록 전면에서 가장 주도적인 역할을 담당하고 있으며, 생성형 AI를 활용해 법원에 제출한 문서의 환각 현상 문제가 대두되었을 때도 가장 선제적인 대응 중 하나는 연방법원 판사의 명령으로부터 나왔다.

텍사스 주의 연방법원 판사는 변호사와 소송대리인 없는 당사자로 하여금 법원에 서류 제출 시, ① ChatGPT, 하비(Harvey), 구글 바드(Bard; 現 제미니(Gemini)) 등과 같은 인공지능 기술이 활용되었는지 여부, 그리고 ② 활용되었다면 이후 인간의 추가적인 검토 및 확인이 이루어졌는지 여부에 대한 증명(attest)을 하도록 하는 명령을 내렸다. 이러한 명령은 생성형 AI에 대해 사법부의 관리·감독 역할이 필요하다는 점을 널리 인식시키는 계기가 되기

82 Amy Cyphert, "A Human Being Wrote This Law Review Article: GPT-3 and the Practice of Law," *U.C. Davis Law Review*, Vol. 55, Iss. 1, 2022, p. 431.

83 Grant M. Gamm, *supra*, p. 610.

84 Grant M. Gamm, *supra*, p. 610.

도 했다.[85] 생성형 AI가 사법절차에서 본격적으로 활용되기 시작하면, 해당 명령에서 제시하고 있는 증명 요건이 일반적 관행으로 정착하게 될 것이라 전망되기도 한다.[86] 실제 이후 내려진 명령이나 법원의 지침은 이와 유사한 내용의 대응 방안을 포함하고 있다.[87, 88]

---

85 Merisa K. Bowers, *supra*, p. 23.

86 Gregory Goth, "Why Are Lawyers Afraid of AI?," *Communications of the ACM*, Vol. 67, No. 1, 2024, p. 15.

87 캐나다 법원들 역시 이와 유사한 내용의 지침을 발표한 바 있다. 2023년 매니토바 주 국왕재판소(Court of King's Bench of Manitoba)는 법원 제출 시 인공지능 활용의 실천 지침(Practice Direction on the Use of Artificial Intelligence in Court Submissions)을, 유콘 준주 대법원(Supreme Court of Yukon)은 인공지능 도구 활용의 실천 지침(Practice Direction on the Use of Artificial Intelligence Tools)을 발표하였다. 이러한 지침들은 생성형 AI를 통해 산출된 정보의 신뢰성 및 정확도에 대한 합리적인 우려가 제기됨에 따라, 법실무가들이 법원에 제출하는 자료의 작성 과정에서 인공지능을 활용했는지 여부(구체적인 도구 및 활용 목적)를 공개하도록 하는 내용을 그 골자로 한다(Dominique Garingan, "Of Practice Directives & Legal Citation Guides: A Brief Reflection on Citing Generative AI "Sources" & Content," *AALL Spectrum*, Vol. 28, No. 3, 2024, pp. 33-34).

88 참고로 생성형 AI의 활용 여부를 적절한 방식으로 공개하는 것이 의무화되는 방향성에서, 전문적이고 체계적인 법률문헌 인용(legal citation) 방식을 구축해온 법조계에서도 생성형 AI에 대한 인용 방식의 표준을 정립할 필요성이 요청되고 있다. 이에 따라 생성형 AI의 자료 출처 및 내용을 인용하기 위한 법률 인용 가이드가 제시되기도 하였다.
APA(American Psychological Association) 양식은 인공지능에 의해 생성된 콘텐츠의 경우 '사적 의사소통(personal communication)'으로 표기하고, 개발사, 모델, 연도로 구성된 인용 방식을 따르며, 필요에 따라 부록(appendix)에 생성형 AI 도구와의 전문 응답(full-text responses)을 포함하도록 한다. 또한 MLA(Modern Language Association) 양식은 생성형 AI 도구의 구체적인 기능(예컨대 편집 혹은 번역 등)을 밝히고, 사용자-생성 프롬프트를 표기하며, 인공지능 모델의 버전이 아닌 사용 날짜를 적시하도록 한다는 특징이 있다(Dominique Garingan, *supra*, pp. 34-35). 양식별 예시를 제시하면 다음과 같다(*ibid*에서 제시된 예시를 참고해 저자가 새로이 작성한 것임).

| | |
|---|---|
| APA Style | OpenAI. (2023). ChatGPT (October 15 version) [Large language model]. https://chatgpt.com/ |
| MLA Style | "Summarize the issues and arguments in the case Dobbs v. Jackson Women's Health Organization, 597 U.S. 215 (2022)" prompt. ChatGPT, 15 Oct. version, OpenAI, 28 Jul. 2024, chatgpt.com/ |

### (2) 주 변호사 협회의 움직임

플로리다와 캘리포니아는 주 변호사 협회가 변호사의 생성형 AI 활용 관련 윤리적 가이드라인을 제시한 최초의 주들이다.[89] 플로리다 주 변호사 협회의 윤리위원회(The Florida Bar of Governors' Review Committee on Professional Ethics)는 2024년 1월 변호사의 생성형 AI 활용과 관련된 권고적 성격의 의견서(Advisory Opinion 24−1 Regarding Lawyers' Use of Generative Artificial Intelligence)를 발표했다. 이 의견서는 생성형 AI의 활용은 허용되나, 변호사가 자신의 윤리적 의무에 대한 준수(compliance)를 합리적으로 보장할 수 있는 정도에 한정된다는 점을 명시하였고, 광고 규칙, 수임료 등에 대한 구체적인 규정을 제시하고 있다.[90] 캘리포니아 주 변호사 협회의 윤리위원회(The State Bar of California Standing Committee on Professional Responsibility and Conduct) 역시 법률사무에서 생성형 AI의 활용을 위한 실천 지침(Practical Guidance for the Use of Generative Artificial Intelligence in the Practice of Law)을 최근 발표하였다. 플로리다 주와 유사하게, 캘리포니아 주는 이머징 기술이 가져올 이익과 위험에 대해 충분히 인식할 것을 요청하면서, 특히 생성형 AI의 산출물에 대한 지나친 의존을 부추길 위험이 있다는 점에 유의할 것을 강조한다.[91]

## Section 04 | 생성형 AI를 통한 사법접근성 제고

## 1. 사법 격차의 해소와 일반인의 사법접근권 보장

생성형 AI는 변호사의 법률사무에 통합되어 활용될 수 있을 뿐만 아니라, 법전문가가 아닌 일반인(layperson)에게 법률서비스를 제공할 수도 있으며 이는 다른 관점에서의 검토를 요한다. 법률 및 사법 인공지능의 도입 정당성은

89 John G. Browning, *supra*, p. 951.
90 Merisa K. Bowers, *supra*, p. 24.
91 Merisa K. Bowers, *supra*, p. 24.

특히 서비스의 수요자인 시민의 사법접근성(access to justice)이라는 관점에서 논의되어 왔다. 생성형 AI와 관련해 사법접근성이 더 주목받게 된 이유는 언어 활용의 유창함(fluency)에 있어서 놀라운 수준의 개선이 이루어졌기 때문으로 보인다. 마치 일반인이 법률 상담을 받는 것과 유사한 방식으로 생성형 AI와의 자연스러운 문답 과정을 거쳐 법률정보를 획득할 수 있다는 점에서 진입 장벽을 더 낮출 수 있게 된 것이다. 이렇듯 대화형의 사용자 인터페이스(UI)는 일반 대중에게 직관적으로 이해 가능하다는 점에서 법률정보에 대한 접근성을 높이는 데 크게 기여할 것으로 보인다.[92]

2023년 사법연감 통계에 따르면, 2017년부터 2021년까지 처리된 제1심 민사본안사건 중 당사자 쌍방이 변호사를 선임하지 않은 본인소송, 이른바 나홀로 소송(unrepresentative lawsuit)의 비율은 대략 72.1%에 달한다고 한다.[93] 이렇듯 나홀로 소송의 높은 비율에는 변호사 수임료에 대한 부담이 크게 작용하는 것으로 분석되기도 한다.[94] 이렇듯 일반인의 사법접근권 보장은 사법격차(justice gap)의 해소와도 맞물려 있는 쟁점이다.

사법접근성의 관점에서 생성형 AI의 정당성에 대한 논의는 고질적인 사법 격차의 문제가 지속적으로 제기되어 왔던 미국 사회에서 더 적극적으로 펼쳐지고 있는 양상이다. ABA는 저소득층의 80%가 변호사를 선임할 경제적 여유가 없으며, 중산층의 40~60% 역시 법률서비스에 대한 니즈가 충족되고 있지 않다는 연구 결과를 발표한 바 있다.[95] 이렇듯 법률서비스가 비대칭적

92 Lauren Martin, Nick Whitehouse, Stephanie Yiu, Lizzie Catterson & Rivindu Perera, *supra*, p. 2.

93 2023년 사법연감을 토대로 본인소송의 현황에 대해 분석하는, 현낙희, "본인소송(나홀로소송)에 관한 연구", 「비교사법」 제30권 제4호, 한국사법학회, 2023, 116면.

94 조선비즈, "사기 사건 피고인은 수억원대 전관쓰고…일반인 대다수는 "비용 부담에 나홀로 소송", 2024. 3. 29 (https://biz.chosun.com/topics/law_firm/2024/03/29/KEOXEU52EVEWXATCMTGIJ6BVZU/?utm_source=naver&utm_medium=original&utm_campaign=biz).

95 Gregory Goth, *supra*, p. 16. 이러한 문제의식에서 사법 격차를 경험하고 있는 시민들을 대상으로 생성형 AI의 사법 지원에 관한 경험 연구를 수행하고, 법률 구조 변호사가 선별한 100가지의 유스케이스(use cases)를 제시하는, Colleen V. Chien & Miriam Kim, "Generative AI and Legal Aid: Results from a Field Study and 100 Use Cases to Bridge the Access to Justice Gap," *Loyola of Los Angeles Law Review*, Forthcoming, 2024 (https://papers.ssrn.com/sol3/papers.cfm?abstract_id=4733061).

(asymmetric)으로 분배되어 있다는 사법접근성의 위기를 극복하기 위해 생성형 AI의 활용이 정당화되고 있는 것이다. 이에 대해 변호사 직역의 고용 시장에 대한 우려는 미국의 경우 크지 않은 것으로 보인다. 민사소송에서 저소득층 대상 법률자문을 전담하는 변호사가 전체 변호사 중 1% 정도에 불과하다는 사실에서 알 수 있듯이, 미국의 법조 공동체는 저소득층의 사법적 니즈를 변호하는 데 큰 이해관계를 가지고 있지 않으며, 간단히 말해 시장에서의 잠식 효과가 사실상 없기 때문으로 보인다.96

생성형 AI의 활용이 일반인 대상 법률서비스 분야에도 가능해진다면, 지급명령이나 소액 사건과 같이 간단한 사건의 경우, 시민들이 비용을 절감하면서도 분쟁을 효과적으로 해결하기 위해 변호사의 도움 없이 직접 법문서를 작성하고 관련 절차를 진행하려는 현상이 가속화되리라 전망해볼 수 있다.97 실제 법률 구조(legal aid)나 프로보노(Pro Bono)에 참여하는 변호사, 그리고 일반인 대상의 생성형 AI를 다룬 선행연구를 분석해보면, 금전채무 집행, 개인 파산 신청, 임금 체불, 직장 내 상해, 재산 분할, 자녀 양육권, 부동산 융자, 강제퇴거, 보호 명령(protection orders) 등 나홀로 소송이 주되게 이루어지는 전형적인 분야들을 다루고 있음을 알 수 있다.98

다만 법률전문가가 아닌 일반인을 대상으로 생성형 AI 기반 법률서비스를 제공하는 것에 대해서는 몇 가지 문제점이 제기되기도 한다. 먼저 중복적이거나 불필요한(frivolous) 사건까지 사법절차를 통해 해결하고자 하는 남소

---

96 Nicholas R. Spagnuolo, *supra*, p. 15.

97 백경희, "ChatGPT의 발전이 변호사 직역에 미치는 영향", 「입법과 정책」 제15권 제3호, 국회입법조사처, 2023, 62면.

98 사법접근권의 관점에서 생성형 AI의 활용 가능성을 평가하기 위해 임대인(landlord)-임차인(tenant) 분쟁에서 법률 판단 지원 도구 간의 비교 분석을 수행한, Jinzhe Tan, Hannes Westermann & Karim Benyekhlef, "ChatGPT as an Artificial Lawyer?," Proceedings of the ICAIL 2023 Workshop on Artificial Intelligence for Access to Justice (CEUR Workshop Proceedings), Vol. 3435, 2023 (https://ceur-ws.org/Vol-3435/#short2). 마찬가지로 소비자 부채(consumer debt) 사건에 집중하여 생성형 AI를 통한 사법접근권 제고 가능성을 논하는, Raymond H. Brescia, "Robots vs. Predators: Can Generative Artificial Intelligence Help to Address the Justice Gap in Consumer Debt Litigation?," *Fordham Urban Law Journal*, Forthcoming, 2024 (https://papers.ssrn.com/sol3/papers.cfm?abstract_id=4772227), pp. 1-41.

현상을 부추길 수 있으며, 이에 따라 법원의 인적·물적 자원의 효율적 분배에 어려움이 발생할 수 있다는 우려가 있다. 변호사의 경우 불필요한 소송을 회피해야 할 의무(FRCP 11(b)(2))가 있고 이를 판별할 수 있는 전문성을 가지고 있지만, 일반인의 경우 그러한 의무가 있음에도 실제 이행을 기대하는 데 한계가 있고 전문적인 법률 지식을 가지고 있지 않다는 점에서 남소를 방지할 마땅한 방법이 없다.[99]

또한 일반인 사용자들은 생성형 AI의 잠재적인 환각 현상을 발견하지 못할 수 있고, 산출된 결과물에 대해 추가적인 조사나 검증을 수행하는 데 한계가 있다.[100] 예컨대 환각 현상을 완화하기 위해 효과적인 프롬프트를 구성하여 법률 문의를 하는 것이 일반인에게는 훨씬 더 어려운 일이라는 점이 고려되어야 하는 것이다.[101] 변호사 없이 생성형 AI를 활용하여 소송을 직접 수행하는 당사자(*Pro Se* litigants)가 결함 있는 서류를 제출하게 된다면 사법부에 상당한 부담을 가져올 것이라는 지적도 있다. 곧, 사법체계는 새로운 사건의 대량 유입, 거짓 진술서, 잘못된 공증, 불완전한 문서 업무, 불충분한 제출 문서 등을 처리할 준비가 되어 있지 않다는 것이다.[102] 특히 일반 대중에게 공개된 생성형 AI로부터 법률정보를 제공받아 일반인이 자신의 힘으로 소송을 수행하도록 방치하는 것은 무책임한 사법정책이라는 비판도 새겨봄직하다.[103]

이러한 점을 참고해볼 때, 앞으로의 과제는 사법 격차를 완화하고 사법 접근성을 향상시키기 위한 맥락에서 일반인을 대상으로 하는 생성형 AI 플랫폼을 허용할 경우, 이에 대한 인증 절차를 강화하고 일반인을 지원할 별도의 방안을 모색하는 것이 되겠다. 이러한 문제의식과 관련된 한 경험 연구에 따르면—문서 요약, 확인 혹은 예비 조사(confirmatory or preliminary research), 초안의 생성, 난해한 법률 용어의 가독성 있는 번역 등—비교적 낮은 위험을 동반하는 업무의 경우, 참가자들이 그 위험성을 적절히 통제할 수 있었다고

---

99 Nicholas R. Spagnuolo, *supra*, p. 16.

100 Eliza Mik, *supra*, p. 32.

101 Samuel Dahan, Rohan Bhambhoria, David Liang & Xiaodan Zhu, *supra*.

102 Maura R. Grossman, Paul W. Grimm, Daniel G. Brown & Molly Xu, *supra*, p. 28.

103 Samuel Dahan, Rohan Bhambhoria, David Liang & Xiaodan Zhu, *supra*.

하며, 특히 사용자의 편의를 위한 맞춤형 컨시어지(concierge) 서비스를 제공받은 경우, 인공지능 도구의 활용이 훨씬 더 효과적이었다고 한다.[104]

## 2. 허가받지 않은 법률사무(UPL) 규율의 바람직한 방향성

이렇듯 일반인을 대상으로 하는 생성형 AI 프로그램이 상용화된다면 허가받지 않은 법률사무(unauthorized practice of law; 이하 'UPL') 위반 여부가 문제 될 수 있다. 법률 인공지능의 적법성과 관련해 한국에서도 변호사법(제34조 제5항, 제109조 제1호 등) 위반 여부가 문제되며, 미국에서 역시 UPL과 관련된 논쟁이 지속되어 왔다. 실제 인공지능 기술을 활용하여 법률서비스를 제공하는 플랫폼들을 상대로 하는 소송이 잇달아 제기되기도 하였다. 리걸줌(LegalZoom)은 사용자가 변호사 없이 DIY(Do It Yourself) 방식으로 법문서를 생성하도록 돕는 프로그램으로 다수의 주에서 UPL 위반 여부를 다투는 소송이 제기되었다.[105] 또한 '세계 최초의 로봇 변호사'를 표방하며 2015년부터 서비스를 제공한 대표적인 셀프헬프(self-help) 애플리케이션인 두낫페이(DoNotPay)를 상대로 최근 샌프란시스코 주 법원에서 집단소송이 제기되었으며, 이에 따라 UPL과 관련된 논쟁이 또다시 촉발되었다.

허가받지 않은 법률사무는 일반인에게 치명적인 손해를 입힐 위험이 있으며, 책임을 지울 수 있는 변호사와 달리, 생성형 AI의 경우 이로 인한 손해에 대해 적절한 시정조치를 기대하기 어렵다는 점에서 UPL 규제의 정당

104 Colleen V. Chien & Miriam Kim, *supra*.

105 미주리(Missouri) 주 서부지방 항소법원(Western District Court of Missouri)에 제기된 집단소송에서 법원은 리걸줌과 변호사가 제공하는 서비스 간의 유의미한 차이가 존재하지 않으므로 리걸줌은 운영을 중단해야 한다고 보았고(Janson v. LegalZoom.com, Inc., 802 F. Supp. 2d 1053, 1065 (W.D.Mo. 2011)), 노스캐롤라이나(North Carolina) 주 지방법원(North Carolina Superior Court)은 주 변호사 협회가 리걸줌의 서비스를 규율할 정당한 권한을 가지고 있다고 하였다(LegalZoom.com, Inc. v. N.C. State Bar, No. 11 CVS 1511, 2014 WL 1213242 (N.C. Super. Ct. Mar. 24, 2014)). 이후 리걸줌은 연방법원에 노스캐롤라이나 주 변호사 협회를 상대로 반독점 소송을 제기하였고, 결국 합의를 통해 소비자가 접근 가능한 법률서비스의 범위를 대폭 축소하는 조건으로 해당 주에서 서비스 제공을 계속할 수 있게 되어 분쟁은 일단락되었다(Joseph J. Avery, Patricia Sánchez Abril & Alissa del Riego, "ChatGPT, Esq.: Recasting Unauthorized Practice of Law in the Era of Generative AI," *Yale Journal of Law & Technology*, Vol. 26, Iss. 1, 2023, p. 91).

성이 도출된다.[106] 하지만 UPL이 오히려 사법 격차를 심화시키고 있다는 비판이 제기되기도 한다. 저소득층을 비롯해 법률서비스로부터 소외된 시민들을 외면하는 결과를 낳았다는 점에서 UPL 제한이 되레 중대한 부정의를 초래하고 있다는 것이다.[107]

이에 최근에는 기존의 완고한 UPL 규제에 대한 전향적 관점이 적극적으로 요청되고 있다. 법률 인공지능의 활용을 UPL로 단정하여 금지하는 것이 아니라, 인공지능 기술을 활용한 법률사무가 가능하도록 허용하면서도 이에 따른 문제점을 치유할 방안을 마련하자는 것이다.[108] 생성형 AI의 시대에 법률정보의 제공과 법률자문의 이분법(dichotomy)은 점차 그 경계가 흐릿해져 가고 있으며, 특히 법률정보의 범위가 확장되어 가고 있는 현상은 법률정보(legal information)와 법률자문(legal advice) 개념 간의 충돌을 가져올 수도 있다는 점에서 더욱 그러하다.[109]

이에 대해 현행 UPL 규율을 재구성함으로써 조화로운 해결책을 마련하고자 하는 입장이 설득력을 얻고 있다. 예컨대 개별 주의 변호사 협회가 변호사 지명(designations)에 대한 종국적인 결정 기구로서의 권한을 유지하면서도, 인공지능 플랫폼 기업을 포함한 비－변호사가 특정한 법률서비스의 일부를 제공하도록 허용하자는 주장이 있다.[110] 다만 비－변호사는 명시적·암묵적으로 변호사라는 직함을 사용할 수 없고, 법원에서의 소송대리를 할 수 없다.[111] 이러한 규율 방식을 통해 사법접근권을 제고함과 동시에 UPL 위반 여부를 둘러싼 불확실성을 제거할 수 있으리라는 것이다.[112] 그 외에도 UPL 문제의 해결을 위해 가장 선도적으로 정책을 실행하고 있는 유타(Utah) 주는 법률서비스 샌드박스(sandbox) 제도를 마련하여, 사법정의 및 사법접근성의 실현을 목적으로 기술 활용을 시도하는 특정 기업들이 UPL 위반 소송으로부터 자유로워지도록 하였다.[113]

---

106 Nicholas R. Spagnuolo, *supra*, p. 23.

107 Joseph J. Avery, Patricia Sánchez Abril & Alissa del Riego, *supra*, pp. 108-110.

108 Nicholas R. Spagnuolo, *supra*, pp. 26-27.

109 Jinzhe Tan, Hannes Westermann & Karim Benyekhlef, *supra*.

110 Joseph J. Avery, Patricia Sánchez Abril & Alissa del Riego, *supra*, p. 73

111 Joseph J. Avery, Patricia Sánchez Abril & Alissa del Riego, *supra*, pp. 114-115.

112 Joseph J. Avery, Patricia Sánchez Abril & Alissa del Riego, *supra*, p. 121.

## Section 05 | 맺음말: 생성형 AI 시대의 로여링(lawyering)과 법학교육의 방향성

생성형 AI의 시대에서 변호사의 대체 가능성에 대해 혹자는 "인공지능이 변호사를 대체할 수는 없겠지만, 인공지능을 활용하는 변호사가 그렇지 않은 변호사를 대체하게 될 것이다."라고 정리한 바 있다.[114] 변호사가 새로운 인공지능 기술을 충실히 이해하고, 인공지능 도구를 자신의 법실무에 수용하며, 그 활용 과정에서 윤리적 기준을 준수하는 것이 새로운 역량으로 승인된 시대가 된 것이다.[115]

이러한 맥락에서 생성형 AI 도구를 능숙하게 사용할 수 있는 역량(proficiency)을 배양하고 법률시장에서의 경쟁력을 확보할 수 있도록 하는 법학교육의 필요성이 강조된다. 미국에서도 ABA 인가 로스쿨 중 리걸테크나 인공지능 관련 수업을 제공하는 로스쿨이 절반 이하에 불과하다는 점을 반성하고, 모범 규칙의 기술적 적격 요건에 상응하는 훈련이 충실히 이루어져야 한다는 목소리가 제기되고 있다.[116] 특히 로스쿨 학생들이 향후 자신의 직무를 수행함에 있어 생성형 AI를 활용하는 것이 일반적인 관행으로 자리잡을 것을 대비해, 이들이 향후 고용 자격을 갖추기 위한 능력(employability skill)을 배양하는 교육과정이 마련되어야 한다고 주장한다.[117] 이때 생성형 AI를 활용하면서도 법률서비스의 품질을 유지할 수 있는 적격성, 인공지능

113 Joseph J. Avery, Patricia Sánchez Abril & Alissa del Riego, *surpa*, p. 113.

114 Suzanne McGee, Generative AI and the Law, LexisNexis, May 11, 2023 (https://www.lexisnexis.com/community/insights/legal/b/thought-leadership/posts/generative-ai-and-the-law).

115 이에 법조계에서는 로스쿨 교육을 넘어 변호사를 대상으로 하는 생성형 AI 관련 필수 CLE (mandatory CLE)가 요청되고 있다. ABA 역시 기술 관련 CLE를 권장하고는 있지만 현재 3개 주만이 이를 필수 CLE로 규정하고 있다. 플로리다 주와 노스캐롤라이나 주는 기술에 대한 CLE, 뉴욕 주는 사이버보안, 프라이버시, 데이터 보호에 대한 CLE의 과목 이수를 요구하고 있다(Rachel Schworer, *supra*, p. 69).

116 Jennifer J. Cook & Denitsa R. Mavrova Heinrich, *supra*, p. 359.

117 Marjan Ajevski, Kim Barker, Andrew Gilbert, Liz Hardie & Francine Ryan, *supra*, p. 363.

이 수행할 수 없는 창의적인 법률해석 및 분석 역량, 의뢰인에 대한 공감력 등 총체적인 소통 능력이 특히 강조된다. 구체적으로 법률조사 방법론 및 법 문서 작성, 생성형 AI의 윤리적 활용과 관련된 교육과 더불어[118] 사이버 보안, 프라이버시 법 등과 관련된 교육이 주목받고 있다.[119] 기술이 급속하게 발전되고 있음을 고려하여 특정한 인공지능 도구에 한정된 커리큘럼이 아니라 전반적인 정보 리터러시(information literacy)의 배양을 지향해야 한다는 의견도 있다.[120]

국내의 법학전문대학원에서도 생성형 AI의 시대에 준비된 법실무가(AI-ready practitioners)[121]를 양성하기 위해, 법전문가에게 요청되는 새로운 역량을 발굴하고 이러한 수요를 반영하는 법학교육 커리큘럼이 마련되어야 할 것이다.

118 John Villasenor, "Generative Artificial Intelligence and the Practice of Law: Impact, Opportunities, and Risks," *Minnesota Journal of Law, Science & Technology*, Vol. 25, Iss. 2, 2024, pp. 42-43.

119 Jennifer J. Cook & Denitsa R. Mavrova Heinrich, *supra*, p. 361.

120 Jennifer J. Cook & Denitsa R. Mavrova Heinrich, *supra*, p. 359.

121 Jennifer J. Cook & Denitsa R. Mavrova Heinrich, *supra*, p. 318.

# 참고문헌


### 국내 문헌

경기룡 · 이상엽 · 김소연 · 인경석 · 지원석 · 홍대식, "대규모 언어모델을 활용한 리걸 마인드 개발의 현황과 전망", 「법과 기업 연구」 제13권 제3호, 서강대학교 법학연구소, 2023.

백경희, "ChatGPT의 발전이 변호사 직역에 미치는 영향", 「입법과 정책」 제15권 제3호, 국회입법조사처, 2023.

이창규, "변호사 업무에서의 인공지능(AI)의 사용과 변호사 윤리: 미국 변호사 협회 모범변호사업무규칙(ABA Model Rules of Professional Conduct) 분석을 중심으로", 「아주법학」 제17권 제4호, 아주대학교 법학연구소, 2024.

현낙희, "본인소송(나홀로소송)에 관한 연구", 「비교사법」 제30권 제4호, 한국사법학회, 2023.

### 외국 문헌

Aadya Sharma, "The Escalation of ChatGPT: How ChatGPT Will Exert Influence on the Legal Profession?," *Jus Corpus Law Journal*, Vol. 3, Iss. 3, 2023.

Abdi Aidid, "Toward an Ethical Human-Computer Division of Labor in Law Practice," *Fordham Law Review*, Vol. 92, 2024.

Adam Allen Bent, "Large Language Models: AI's Legal Revolution," *Pace Law Review*, Vol. 44, Iss. 1, 2023.

Amy Cyphert, "A Human Being Wrote This Law Review Article: GPT-3 and the Practice of Law," *U.C. Davis Law Review*, Vol. 55, Iss. 1, 2022.

Colleen V. Chien & Miriam Kim, "Generative AI and Legal Aid: Results from a Field Study and 100 Use Cases to Bridge the Access to Justice Gap," *Loyola of Los Angeles Law Review*, Forthcoming, 2024.

Dominique Garingan, "Of Practice Directives & Legal Citation Guides: A Brief Reflection on Citing Generative AI "Sources" & Content," *AALL Spectrum*, Vol. 28, No. 3, 2024.

Eliza Mik, "Caveat Lector: Large Language Models in Legal Practice," The Chinese University of Hong Kong, Faculty of Law, Research Paper No. 2024−4, *Rutgers Business Law Review*, Vol. 19, 2024.

Frank Fagan, "A View of How Language Models Will Transform Law," *Tennessee Law Review*, Forthcoming, 2025.

Grant M. Gamm, "Artificial Intelligence and the Practice of Law: A Chat with ChatGPT," *Saint Louis University Law Journal*, Vol. 68, 2024.

Gregory Goth, "Why Are Lawyers Afraid of AI?," *Communications of the ACM*, Vol. 67, No. 1, 2024.

Harry Surden, "ChatGPT, AI Large Language Models, and Law," *Fordham Law Review*, Vol. 92, 2024.

Hunter Cyran, "New Rules for a New Era: Regulating Artificial Intelligence in the Legal Field," *Journal of Law, Technology, & the Internet*, Vol. 15, Iss. 1, 2024.

Jennifer J. Cook & Denitsa R. Mavrova Heinrich, "AI−ready Attorneys: Ethical Obligations and Privacy Considerations in the Age of Artificial Intelligence," *Kansas Law Review*, Vol. 72, 2024.

Jinzhe Tan, Hannes Westermann & Karim Benyekhlef, "ChatGPT as an Artificial Lawyer?," Proceedings of the ICAIL 2023 Workshop on Artificial Intelligence for Access to Justice (CEUR Workshop Proceedings), Vol. 3435, 2023.

John G. Browning, "Robot Lawyers Don't Have Disciplinary Hearings—Real Lawyers Do: The Ethical Risks and Responses in Using Generative Artificial Intelligence," *Georgia State University Law Review*, Vol 40, Iss. 4, 2024.

John Villasenor, "Generative Artificial Intelligence and the Practice of Law: Impact, Opportunities, and Risks," *Minnesota Journal of Law, Science & Technology*, Vol. 25, Iss. 2, 2024.

Jon M. Garon, "Ethics 3.0—Attorney Responsibility in the Age of Generative AI," *The Business Lawyer*, Vol. 79, 2023-2024.

Jonathan H. Choi, Amy B. Monahan & Daniel Schwarcz, "Lawyering in the Age of Artificial Intelligence," *Minnesota Law Review*, Vol. 109, 2024.

Joseph J. Avery, Patricia Sánchez Abril & Alissa del Riego, "ChatGPT, Esq.:

Recasting Unauthorized Practice of Law in the Era of Generative AI," *Yale Journal of Law & Technology*, Vol. 26, Iss. 1, 2023.

Kristen Wolff, "Preparing Future Lawyers to Draft Contracts and Communicate with Clients in the Era of Generative AI," *Transactions: The Tennessee Journal of Business Law*, Vol. 25, 2024.

Lauren Martin, Nick Whitehouse, Stephanie Yiu, Lizzie Catterson & Rivindu Perera, "Better Call GPT, Comparing Large Language Models Against Lawyers," Onit AI Center of Excellence, 2024.

Marjan Ajevski, Kim Barker, Andrew Gilbert, Liz Hardie & Francine Ryan, "ChatGPT and the Future of Legal Education and Practice," *The Law Teacher*, Vol. 57, No. 3, 2023.

Maura R. Grossman, Paul W. Grimm, Daniel G. Brown & Molly Xu, "The GPTJudge: Justice in a Generative AI World," *Duke Law & Technology Review*, Vol. 23, No. 1, 2023.

Merisa K. Bowers, "Adopting Emerging Technology Responsibly," *Ohio Lawyer*, Vol. 38, 2024.

Milica Njegovan & Mirjana Fišer, "The Application of Artificial Intelligence Tools in the Legal Profession," *Social Informatics Journal*, Vol. 3, Iss. 1, 2024.

Nicholas Mignanelli, "The Legal Tech Bro Blues: Generative AI, Legal Indeterminacy, and the Future of Legal Research and Writing," *Georgetown Law Technology Review*, Vol. 8, No. 2, 2024.

Nicholas R. Spagnuolo, "Artificial Lawyering: A Jekyll and Hyde Story," *Arizona Law Journal of Emerging Technologies*, Vol. 7, Art. 3, 2023–2024.

Paul D. Callister, "Generative AI and Finding the Law," *Law Library Journal*, Vol. 116, 2024.

Rachel Schworer, "Ethical Implications of Utilizing Generative Artificial Intelligence in the Legal Profession: A Cautionary Note on Potential Model Rules of Professional Conduct Violations," *Lincoln Memorial University Law Review*, Vol. 11, Iss. 2, 2024.

Raymond H. Brescia, "Robots vs. Predators: Can Generative Artificial

Intelligence Help to Address the Justice Gap in Consumer Debt Litigation?," *Fordham Urban Law Journal*, Forthcoming, 2024.

Romaine C. Marshall & Gregory Cohen, "Artificial Intelligence Applications and the Rules of Professional Conduct," *Utah Bar Journal*, Vol. 36, No. 5, 2023.

S. Sean Tu, "Artificial Intelligence: Legal Reasoning, Legal Research and Legal Writing," *Minnesota Journal of Law, Science & Technology*, Vol. 25, Iss. 2, 2024.

Sam Bates Norum, "Changing All the Time: AI's Impact on Humanity's Role in Common Law Development and Interpretation," *Boston University Law Review*, Vol. 103, 2023.

Samuel D. Hodge Jr., "Revolutionizing Justice: Unleashing the Power of Artificial Intelligence," *SMU Science and Technology Law Review*, Vol. 26, No. 2, 2023.

Samuel Dahan, Rohan Bhambhoria, David Liang & Xiaodan Zhu, "Lawyers Should Not Trust AI: A Call for an Open-source Legal Language Model," Queen's University Legal Research Paper, 2023.

W. Bradley Wendel, "The Promise and Limitations of Artificial Intelligence in the Practice of Law," *Oklahoma Law Review*, Vol. 72, 2019.

Xavier Rodriguez, "Artificial Intelligence(AI) and the Practice of Law," *The Sedona Conference Journal*, Vol. 24, 2023.

**기타 자료**

조선비즈, "사기 사건 피고인은 수억원대 전관쓰고…일반인 대다수는 "비용 부담에 나홀로 소송", 2024. 3. 29 (https://biz.chosun.com/topics/law_firm/2024/03/29/KEOXEU52EVEWXATCMTGIJ6BVZU/?utm_source=naver&utm_medium=original&utm_campaign=biz).

LexisNexis, Generative AI & the Legal Profession: 2023 Survey Report, 2023 (https://www.lexisnexis.com/pdf/ln_generative_ai_report.pdf).

OpenAI, New Ways to Manage Your Data in ChatGPT, April 25, 2023 (https://openai.com/index/new-ways-to-manage-your-data-in-chatgpt/).

Suzanne McGee, Generative AI and the Law, LexisNexis, May 11, 2023 (https://www.lexisnexis.com/community/insights/legal/b/thought-leader-ship/posts/generative-ai-and-the-law).

Thomson Reuters Institute, ChatGPT and Generative AI within Law Firms, 2023 (https://www.thomsonreuters.com/en-us/posts/wp-content/uploads/sites/20/2023/04/2023-Chat-GPT-Generative-AI-in-Law-Firms.pdf).

Wolters Kluwer, The Wolters Kluwer Future Ready Lawyer Report: Embracing Innovation, Adapting to Change, December 30, 2023 (https://www.wolterskluwer.com/en/know/future-ready-lawyer-2023#key-findings).

chapter

# 21

# 생성형 AI 및 글로벌 통상환경의 변화와 전망

이주형*

## Section 01 | 들어가며

국제통상 질서는 지금 엄청난 파고에 휩싸여 있다. 기존의 국제통상 체제와 '세계무역기구(World Trade Organization, WTO)' 협정으로 대변되는 법질서가 완전히 무너지고 대변혁의 시대로 들어서고 있다. WTO가 이끌었던 다자 국제통상체제의 기원은 브레튼우즈체제로 거슬러 올라간다. 대공황 및 제2차 세계대전 이후 국제금융시스템을 확립하기 위한 브레튼우즈체제가 성공적으로 합의될 당시 함께 필요한 것이 바로 자유무역의 유지였다. 비록 당시에는 이를 위한 '국제무역기구(International Trade Organization)' 설치가 무산되었지만 1947년 시작된 '관세와 무역에 관한 일반 협정(General Agreement on Tariffs and Trade, GATT)'이 이를 대신하였고, 결국 스위스 제네바에 위치한 WTO가 탄생한다. 자유무역질서를 확대하기 위하여 1995년 출범한 WTO는 GATT와는 달리 항구적이고 강력한 기구로, 약속이행의 감시 등 회원국들의

* 이주형 서울시립대학교 법학전문대학원 교수

의무이행을 강력히 뒷받침할 수 있는 기능을 갖추었다.[1] 또한, WTO 협정의 사법부 역할을 맡아 국가 간 통상분쟁에 대한 해결과 이를 강제하도록 하는 각종 절차를 갖추고, 특히 '법규범'에 따라 국가 간 통상 마찰을 조정한다는 점에서 중요한 역할을 해 왔다. 2013년부터 한국산 세탁기에 반덤핑 관세를 부과한 미국을 제소해서 한국이 2016년 9월 최종 승소를 한 것도 바로 이 WTO 분쟁해결절차 덕분이다.

그러나 전 세계적으로 보호무역주의가 확산되면서 2017년 중반 미국은 WTO의 최종심인 상소 기구의 상소 위원 임명을 거부하였고, 상소 위원 정족수 미달로 인해 이때부터 WTO의 상소 기구 기능은 마비되었다. 미·중 무역갈등은 첨단기술을 둘러싼 패권경쟁으로 격화되고, WTO라는 다자통상체제가 추구해온 자유무역질서가 무너지면서 새롭게 등장한 '경제안보'라는 개념을 바탕으로 첨단기술 경쟁에서 이기기 위한 산업정책의 부활 및 글로벌 공급망의 재편이 이어지고 있다.

나아가 제이크 설리번 국가안보보좌관이 내세운 '스몰야드, 하이펜스(small yard, high fence)' 전략에 따라 미국이 제한된 분야에 대한 강도 높은 규제를 추진하는 한 가운데는 바로 '인공지능(AI)'이라는 첨단기술이 자리잡고 있다. 미·중 무역경쟁의 핵심 대상으로 반도체, 바이오, 양자기술뿐 아니라 'AI'가 꼽히는 것은 AI가 국제무역과 기술 패권경쟁에 있어서 미치는 영향이 상상 이상으로 크기 때문이다. AI 분야에서 중국을 제치고자 하는 미국의 의도는 은연중에 2024년 5월 채택된 '한·일·중 정상회의 공동선언(Joint Declaration of the Ninth ROK-Japan-China Trilateral Summit)'에도 영향을 미치고 있다. 동 공동선언 제31항[2]에서 AI를 포함한 과학기술 협력의 중요성이 언급

---

1 외교통상용어사전, 네이버 지식백과

2 외교부, "Joint Declaration of the Ninth ROK-Japan-China Trilateral Summit", 동 공동선언 제31조 및 제32조는 '우리는 인공지능을 포함한 과학기술 협력이 중요성을 더해가고 있다는 점을 인식하면서, 3국 과학기술장관회의 및 정보통신장관회의를 재개하도록 노력할 것이다. 우리는 AI가 인류의 일상생활에 초래할 수 있는 영향에 대해 신속히 대응해야 할 필요성과 AI 관련 상호 소통의 중요성에 주목한다.'라고 적시함으로써, AI의 중요성만을 공감하는 수준에 그치고 있다는 평가이다.
https://www.mofa.go.kr/www/brd/m_26779/view.do?seq=546 (2024.8.3. 최종방문).

되고 있지만, 구체적인 협력까지 다다르는 문구 채택을 주저한 것은 AI를 둘러싼 주요국들의 미묘한 경쟁 때문으로 평가된다.

이와 같이 주목받고 있는 AI는 국제무역에도 엄청난 변화를 일으키고 있다. '초국경적인 특성'으로 인하여 국경을 넘나드는 국제통상체제에서도 파급효과를 빠르게 확산할 수 있는바, ChatGPT의 전 세계 사용자 수가 5일 만에 100만 명에 도달한 사실은 이러한 AI의 초국경적 특성과 사회에 미치는 영향 및 빠른 확산 속도를 보여주는 일례이다. 이러한 상황으로 인하여 세계 각국은 AI 관련 글로벌거버넌스 체계의 구축과 국제규범 제정의 필요성을 절감하고 이에 대한 국제적 논의를 재촉하고 있다.[3] 본 장에서는 우선 국가별 AI에 대한 규범에 대한 동향을 살펴보고 주요 국제기구의 논의 동향을 살펴보는 한편, 최근 등장하기 시작한 AI에 대한 국제통상규범의 발전 경과를 분석하고 향후 전망을 예측해 보기로 한다.

## Section 02 | 각국의 규범 관련 동향

### 1. 미국

미국은 EU 등과 비교할 때 AI 규제에 대하여 소극적이라는 평가를 받지만, 사실 트럼프 행정부 때부터 AI 지원과 관련된 행정명령을 꾸준히 발표한 바 있다. 트럼프 행정부의 첫 AI 관련 행정명령은 '미국의 인공지능 선도적 지위 유지 행정명령(제13859호)'[4]으로 AI에 대한 연구개발을 보다 확대하고 연방 AI 컴퓨팅 및 데이터 리소스를 활용하며, AI 관련 기술 표준을 주도하고 미국의 동맹국들과의 국제협력을 통해 '미국 AI 이니셔티브(American AI

3 정연희, "인공지능에 관한 국제규범의 현재와 미래: 주요국의 국제통상협정 및 디지털협정을 중심으로", KISDI, 2024년 3월, p.2.

4 The White House, "Executive Order on Maintaining American Leadership in Artificial Intelligence" February 2019.

Initiative)'[5]를 이행하고자 한다. 이는 2018년 트럼프 행정부가 출범한 '인공지능 특별위원회(Select Committee on Artificial Intelligence)'를 보다 확대하고 AI 관련 기관들을 규율하는 임무를 부과한 것과 연결된다. 이와 같은 노력에 힘입어 2021년 제정된 '국가 인공지능 이니셔티브법(The National AI Initiative Act of 2020)'은 경제 번영과 안보를 위한 AI 연구와 응용의 가속화를 목적으로 2022년에만 AI 분야에 17억 달러의 예산을 투입하는 등 미국이 중국을 제치고 4차 산업혁명 시대의 혁신기술을 선도하기 위한 다차원적인 지원을 뒷받침한다. 나아가 백악관 과학기술정책실(Office of Science and Technology Policy, OSTP)은 '국가 인공지능 이니셔티브국(National Artificial Intelligence Initiative Office)'을 수립하여 연방 부처 및 기관, 학계 및 협회, NGO, 주 정부 간의 원활한 소통을 위한 핵심적인 역할을 수행하고 연방정부의 이니셔티브 활동에서 파생된 모범 사례, 전문지식 등에 대한 접근을 지원한다.

한편, EU가 세계 최초로 AI에 대한 규제 법령을 본격화하는 와중에도 AI 등 신흥기술 관련 규제에 다소 주저하는 모습을 보였던 미국 바이든 행정부에서 AI를 규제하고자 하는 첫 시도가 이루어졌는데 바로 2023년 10월 발표한 행정명령(제14110호)[6]이다. 동 행정명령은 첫째, AI 안전성 평가를 의무화하고, 둘째, AI 도구에 대한 안전성 표준을 설정하며, 셋째, 콘텐츠 인증 표준을 수립하고, 넷째, 개인 정보 보호를 강화하고자 하는 것을 주된 내용으로 한다. 동 행정명령은 미국이 연방정부 차원에서 AI 개발과 활용을 안전하고 책임감 있게 추진하며, 국가 안보와 건강, 안전을 위협하는 AI 기술의 개발 및 사용을 규제하려는 목표를 가지고 있다. 또한, 동 행정명령은 AI가 보유하는 긍정적 잠재력은 최대로 이끌어내는 반면, 국가안보, 허위정보의 전

---

5 법제처 세계법제정보센터, "미국 인공지능 법제", https://world.moleg.go.kr/web/wli/rsrchReprtReadPage.do?A=A&searchType=all&searchPageRowCnt=10&CTS_SEQ=48292&AST_SEQ=316&ETC=4 (2024.8.3. 최종방문). 동 자료에 따르면 '미국 인공지능 이니셔티브'는 각 분야의 AI 산업에서 미국이 우위를 점하고자 하는 목적을 가지고 AI 관련 연구개발을 지원하거나 진행하는 모든 행정기관의 적극적인 이행계획을 요구하고 있다고 설명한다.

6 The White House, "Executive Order on the Safe, Secure, and Trustworthy Development and Use of Artificial Intelligence", October 2023, https://www.whitehouse.gov/briefing-room/presidential-actions/2023/10/30/order-on-the-safe-secure-and-trustworthy-development-and-use-of-artificial-intelligence/ (2024.8.3. 최종방문).

파, 일자리 감소 등 위험성은 규제하려는 것으로 특히 AI의 위험성을 규제하는 것에 보다 방점을 두고 있다고 평가된다.[7]

그 이외에도 AI에 대한 규제보다는 지원 측면의 입법이기는 하지만 미국 연방 공무원들의 AI 이해도를 향상시키고, AI의 윤리적이고 안전한 활용을 촉진하기 위한 법률로, 일부 행정기관에 공무원들을 위한 AI 교육 프로그램을 개발하거나 제공하도록 요구하는 'AI 훈련법(Artificial Intelligence Training for the Acquisition Workforce Act)' 등이 수립되고 있다.

## 2. EU

EU는 2010년 이후 추진한 'Europe 2020', '디지털 미래 형성(Shaping Europe's Digital Future)' 전략 등을 바탕으로 디지털 시대에 걸맞는 EU 시민 권한 확보 및 EU 내 디지털 전환의 촉진을 추진하여 왔다. 또한, 이를 바탕으로 2024년 3월 세계 최초의 AI 관련 규제법률[8]이 EU에서 통과되어 시행되었다. 위 전략 등은 데이터, 플랫폼, 반도체, 국제무역뿐 아니라 바로 AI까지도 아우르고 있었고, 이에 따라 디지털 시장법 및 디지털서비스법 등이 지속적으로 제정되었으며 AI 법에도 이르게 된 것이다.

EU AI 법은 단계적 시행을 목표로 한다. '금지 대상 AI 관련 조항'이 우선적으로 적용되고 2026년에는 나머지 조항들도 전면 시행될 예정으로, ChatGPT 등 모델에 대한 규제는 발효 후 12개월부터 시행되는 등 일부 조항에 대하여 유예기간이 주어진다. 이는 세계 최초로 AI를 포괄적으로 규제하고자 하는 법률이라는 점에서 향후 전 세계의 AI 규율 법제에 많은 영향을 미칠 것으로 예상된다.

---

7 김경숙 외 1인, "바이든 행정부의 첫 인공지능 행정명령과 시사점", 이슈브리프 제480호, 2023년 10월, 국가안보전략연구원, p.3.

8 Proposal for a Regulation of the European Parliament and of the Council Laying Down Harmonised Rules on Artificial Intelligence (Artificial Intelligence Act) and Amending Certain Union Legislative Acts, COM/2021/206 final. https://eur-lex.europa.eu/legal-content/EN/TXT/?uri=celex:52021PC0206 (2024.8.3. 최종방문).

동법은 소위 차등규제가 특징이다. AI를 위험등급에 따라 총 4단계로 구분하고 활용 위험도에 따라 사회에 미치는 부정적 영향이 클수록 엄격한 규제를 적용한다. 첫째, '금지 대상 AI(unacceptable risk)'에는 취약성을 이용한 인간 행동의 왜곡, 법적 위험평가 및 예측, 실시간 원격 생체인식 시스템, 성별이나 인종 등을 활용한 생체인식 분류 시스템, 소셜 스코어링 등 주로 사회적 차별을 조성하거나 개인의 긴밀한 정보를 추측하고 개인 특성에 따라 점수를 매기는 등의 AI가 포함되는데, 이는 전면 금지된다. 둘째, '고위험 등급 AI(high risk)'에는 의료, 핵심 인프라, 자율주행, 고용, 금융, 교육을 비롯한 공공서비스, 선거 등 핵심적인 공공서비스, 이민이나 국경 관리와 같이 국가체제 유지와 밀접한 AI가 포함된다.[9] '고위험 등급 AI'의 공급자는 시장 '출시 전'뿐만이 아니라 '출시 후'에도 각각 의무를 부담한다. 먼저 시장 출시 전에는 위험 관리 시스템을 구축하고, 데이터 거버넌스를 마련하며, 반드시 기본권 영향평가 및 적합성 평가 등의 절차를 거칠 필요가 있다. 또한 이들은 EU의 AI 데이터베이스에 등록되어 AI 위험 관리 결과 추적을 위한 로그 활동 기록 관리 등 다양한 전제조건을 충족해야 한다.[10] 한편, 시장 출시 후에는 최소 6개월 간의 로그기록 보관, 품질 관리 시스템 운영 등의 의무를 준수해야 한다. 그 이외에도 셋째, 인간과 상호작용하거나 콘텐츠를 생성하는 시스템을 포함하는 '제한된 위험을 보유한 AI(limited risk)', 넷째, 시민의 권리 및 안전에 영향이 크지 아니한 '최소 위험 AI(minimal risk)'로 분류되어 각각 규율된다.

이와 같이 세계 최초의 AI 규제 입법인 EU AI 법은 미국과 중국으로 양분된 AI 패권경쟁 속을 파고들어 규제적 측면의 선도역할을 하고자 한다는 점에서 또 다른 AI 경쟁의 심화로 이어질 가능성이 크다. 더욱이 포괄적이고 법적 구속력을 갖춘 최초의 규제법안이기에 AI를 착장한 물품 등에 대한 수출 규제로 작용할 가능성이 높을 뿐 아니라, EU 역내에 AI 서비스를 제공하

9 윤정현 외 1인, "EU '인공지능 규제법(AI Act)' 통과의 의미와 시사점", 이슈브리프 제527호, 2024년 3월, 국가안보전략연구원, p.2.

10 KDI 경제정보센터, "세계 최초로 통과된 EU 「AI법」, 우리 기업의 대응 방향은?", 2024년 6월, https://eiec.kdi.re.kr/publish/naraView.do?fcode=00002000040000100010&cidx=14782&sel_year=2024&sel_month=06 (2024.8.3. 최종방문).

는 해외 기업의 경우 AI 개발단계부터 동법을 준수해야 하기에 국제통상 측면에서 무역장벽으로 작용할 가능성이 없지 않다.

## 3. 중국

중국은 AI에 대한 높은 수준의 기술을 보유하고, AI 관련 특허 출원에 있어서도 세계 1위를 기록하며, AI 기술 투자 및 산업 육성뿐만 아니라 AI 거버넌스를 확보하기 위한 AI 규제에 있어서도 적극적이다. 2017년 '미래세대 AI 개발계획', 2022년 'AI 응용 개발을 통한 경제 발전 지도안' 등을 발표하면서 AI 관련 국내산업 육성에 적극적이다. 특히 생성형 AI를 육성할 수 있는 '데이터'의 규제에 주목하고, 2017년 6월 시행된 '네트워크 안전법(互联网安全法)', 2021년 9월 시행된 '데이터 안전법(数据安全法)' 등을 통해 데이터를 규율하고 있다. 또한 '인터넷 정보 서비스 알고리즘 추천 관리 규정', '인터넷 정보 서비스 딥페이크 관리 규정' 등을 통해 생성형 AI를 구성하는 알고리즘을 규율하는 한편, 생성형 AI가 만들어내는 텍스트나 이미지, 영상, 음성 등 인터넷 콘텐츠를 보다 확실하게 관리하고자 한다.

나아가 2023년 7월 생성형 AI 서비스를 규제하기 위한 규정인 '생성형 AI 관리 잠정방법(生成式人工智能服务管理暂行办法)'이 공포되었다. 동 잠정방법은 국가안보 및 공공이익 확보 하에 생성형 AI의 발전 및 적절한 활용을 촉진하는 것을 목표로 하고, 기술의 중요성 등에 따라 차별적으로 생성형 AI 기술을 규율하고자 한다. 즉, 생성형 A에서 가장 핵심적인 '데이터'를 개인정보, 일반 데이터 및 주요 데이터로 구분한 후 차등하여 규제하도록 함으로써 AI 기술의 발전 및 혁신을 추진하려는 것이다. 다만 동 잠정방법 제20조가 역외에서 중국 내로 제공하는 생성형 AI 서비스에도 적용되는 소위 '역외적 효력' 조항을 규정하는 점에 주목할 필요가 있다. 바로 이러한 조항을 기반으로 중국의 AI 규제법령이 해외 AI 서비스업자에게도 영향을 미침으로써, 국제통상적 영향으로 이어질 수 있을 것이다.

## Section 03 | 주요 국제기구의 논의 동향

### 1. OECD

2019년 5월 경제협력개발기구(OECD)는 '인공지능 관련 권고안(OECD Re-commendation of the Council on Artificial Intelligence)'을 채택한 바 있다. 비록 동 권고안은 법적 구속력은 없지만, AI가 포용적 성장, 지속가능발전, 복지를 지향해야 하며 인간에게 유익해야 한다는 국제적인 원칙 확립을 목표로 한다. 동 권고안은 이에 따라 AI를 위해 수립해야 하는 정책적 방향을 각국에게 제시하고 이해관계자에게 적용되는 신뢰할 수 있는 AI에 대한 인간 중심적 접근 방식을 촉진하며 글로벌 거버넌스의 지향점을 주도하고자 한다. 즉, 동 권고안은 AI 시스템은 건전하고, 안전하며, 공정하고, 신뢰할 수 있는 체제를 바탕으로 해야 한다는 기본 원칙하에 디자인되어야 한다는, AI 기술 윤리에 대하여 국제기구가 제시한 첫 원칙이라는 시사점이 있다.[11]

한편 AI 시스템이 확대되면서 AI가 인간에게 혜택을 주기도 하지만 다양한 위험도 함께 발생시킬 우려가 있어 각국의 정책 입안자들에게는 또다른 도전과제로 부각된다. 그러므로 정책결정자들이 AI 시스템별로 다양한 위험 수준을 확인하고 각 특징에 맞춤형 정책을 수립할 수 있도록 2022년 5월 OECD는 'AI 시스템 분류 프레임워크'를 마련하여 지원하고 있다.[12]

특히 OECD가 AI에 관하여 주도하고 있는 것은 바로 'AI 시스템 정의'에 대한 문제이다. 2023년 11월 OECD는 AI 시스템 정의 '개정'을 승인[13]함에

---

11 OECD AI 원칙은 첫째, 포용적 성장, 지속가능발전 및 복지 증진, 둘째, 인간 중심적 가치 및 공정성, 셋째, 투명성과 설명 가능성, 넷째, AI 시스템의 안전성, 안정성 및 견고성, 다섯째, 책임성을 포함한다.

12 "OECD Framework for the Classification of AI Systems", February 2022, https://www.oecd.org/en/publications/2022/02/oecd-framework-for-the-classification-of-ai-systems_336a8b57.html (2024.8.3. 최종방문).

13 OECD, "Explanatory memorandum on the updated OECD definition of an AI system", March 2024, https://www.oecd.org/en/publications/explanatory-memorandum-on-the-updated-oecd-definition-of-an-ai-system_623da898-en.html (2024.8.3. 최종방문).

따라 2024년 3월 'AI 시스템 정의'를 재정비하여 공개하였는데, 이는 2019년 '책임 있고 신뢰할 수 있는 인공지능 관련 원칙' 권고안 이후 각종 회의를 통해 검토된 AI 시스템에 대한 정의를 포괄하고 있다. 특히 동 개정은 당해 OECD 권고안이 생성형 AI에도 적용된다는 점을 명확하게 하였다는 의의가 있다.[14] 앞서 살펴본 EU AI 법에서는 AI 시스템을 '다양한 수준의 자율성을 가지고 작동하도록 설계된 기계 기반 시스템으로, 배포 이후에 적응력을 발휘할 수 있으며, 명시적 또는 암묵적인 목적을 위하여 수신된 입력값으로부터 물리적 또는 가상 환경에 영향을 미칠 수 있는 예측, 콘텐츠, 추천 또는 결정과 같은 산출물을 생성하는 방법을 추론할 수 있는 시스템'이라고 정의하고 있는데, 이러한 AI 시스템의 정의는 바로 OECD가 제시한 AI 시스템 정의의 주된 개념 요소를 반영한 것이다.

## 2. UNESCO

AI 윤리와 관련된 국제적 기준이 미비하다는 지적이 나오면서 AI의 폭발적 성장과 함께 국제기구 차원에서 국제적 AI 윤리에 대한 가이드라인을 수립해야 한다는 의견이 부각되었다. 이에 따라 193개국으로 구성된 유네스코 회원국 내에 인류, 지속가능발전 및 평화에 기여할 수 있는 AI 개발을 위한 윤리 권고안 마련이 추진되었고, 2021년 11월 유네스코 제41차 총회에서 회원국 만장일치로 AI 윤리 권고안이 채택된 바 있다. 동 권고안은 4대 가치 및 10대 원칙을 제시하고 있는데,[15] 권고안의 특성상 법적 구속력이 없다는

14 그 후인 2024년 5월에도 OECD AI 권고안이 개정되었다. 동 개정안은 최근 AI 기술의 발전, 특히 범용 및 생성형 AI(generative AI)의 등장에 대응하여 개인정보 보호, 지식재산권, 안전 및 정보 무결성과 관련된 문제를 직접적으로 다루고 있다. 특히 AI 시스템으로 인한 안전성 우려(safety concerns) 문제 및 생성형 AI의 잘못된 정보 및 허위 정보(mis- and disinformation) 문제 해결, AI 시스템 수명 전 주기에 걸쳐 책임성있는 비즈니스 행위(responsible business conduct) 강조, AI 시스템에 관한 정보(the information regarding AI systems) 명확화 및 관할권 국가 또는 지역 간의 국제협력 필요성 강조와 환경적 지속 가능성(environmental sustainability)을 명시적으로 다루고 있다.

15 '4대 가치'에는 첫째, 인권, 기본적 자유, 인간 존엄성의 존중 및 증진, 둘째, 환경 및 생태계의 번영, 셋째, 다양성 및 포용성 확보, 넷째, 평화롭고 정의 기반의 상호연결사회 수립이 포함된다. 한편, '10대 원칙'에는 비례성 및 무해성, 안전 및 보안, 공정성 및 비차별성, 지속가

한계 및 가장 핵심국인 미국이 유네스코에 탈퇴하여 동 권고안에 동참하지 아니하였다는 문제점이 노정된다. 비록 동 권고안이 AI 윤리를 집중해서 다루고 있지만, 지능정보 서비스 사회적 영향평가 도입 및 영향평가의 과정에서 국제인권규범을 반영하게 하는 내용은 AI 관련 서비스나 제품의 판매에도 영향을 미친다는 점을 고려할 때 국제통상 측면에서도 주목해야 한다. 동 권고안에서 집중하여 다룬 윤리적 거버넌스의 필요성이 최근 디지털통상규범에서도 언급되며 이어지고 있는 점에서도 의의가 있을 것이다.

## 3. UN 기타 국제기구

UN 차원에서도 AI의 논의가 본격화되면서 2023년 12월 UN 안전보장이사회가 AI를 논의하기 위해 수립한 'AI 자문기구(AI Advisory Body)'는 '인류를 위한 AI 규제(Interim Report: Governing AI for Humanity)' 잠정 보고서를 공개한 바 있다. 이에 따르면 국제규범 및 AI가 개발되고 출시되는 방식 간의 긴밀한 조정이 필요하다고 평가된다. 또한 위험에 대한 수평적 스캐닝 및 지속가능발전목표(SDGs) 달성을 위하여 데이터에 대한 국제 협력 지원, 컴퓨팅 역량 및 인재 확보 등 7가지 핵심 기능을 지원함으로써 AI의 국제 거버넌스를 강화하고자 한다.[16] 동 잠정 보고서에 의하면 첫째, 개도국 시민 등이 AI 도구에 접근하고 의미 있게 사용할 수 있도록 하는 '포용성', 둘째, AI를 구축, 배포, 제어하는 기업과 다운스트림 사용자에 대한 보다 광범위한 책임 프레임워크를 정의하도록 하는 '공익', 셋째, 데이터 거버넌스 및 데이터 공유촉진을 위한 AI 거버넌스를 위한 데이터 거버넌스의 '중앙집중화', 넷째, 보편적이고 네트워크화된 '다중 이해관계자', 다섯째, AI 거버넌스는 유엔 헌장, 국제 인권법, 지속 가능한 개발 목표에 기반을 두어야 한다는 '국제법'을 5대 기준으로 삼는다.[17]

---

능성, 프라이버시권 및 데이터 보호, 인간의 감독 및 결정, 투명성과 설명가능성, 책임 및 의무, 의식 및 리터러시, 다자적이고 조정 가능한 거버넌스 및 협력이 포함된다.

16 UN, "Interim Report: Governing AI for Humanity", December 2023, https://www.un.org/en/ai-advisory-body (2024.8.3. 최종방문).

17 ibid, p.15.

나아가 2024년 3월 UN 총회는 모두를 위한 지속 가능한 발전에 도움이 될 '안전하고 신뢰할 수 있는 AI 시스템을 촉진하기 위한 결의안(Seizing the opportunities of safe, secure and trustworthy artificial intelligence systems for sus-tainable development)'[18]을 채택하였다. 이에 따르면 AI가 빈곤, 불평등, 기후변화, 환경 파괴, 평화 및 정의 관련 이슈 등 지속 가능한 발전 목표를 달성하는 데에 기여할 수 있는 잠재력은 인정하면서도, 국제인권법을 준수할 수 없거나 인권에 과도한 위험을 초래하는 AI의 사용은 자제하거나 중단하여야 한다고 설명한다. 또한 모든 UN 회원국, 민간 부문, 시민사회, 연구기관 등이 안전하고 신뢰할 수 있는 AI의 사용과 관련된 규제 및 거버넌스 접근 방식과 프레임워크를 개발하고 지원할 것을 촉구한다. 국가 간 및 국가 내의 기술 발전에 있어서 수준 차이가 있다는 점을 확인하는 한편, 개발도상국들이 빠르게 변화하는 AI 기술에 적응하는 것에 대한 어려움을 고려할 때 포용적이고 공평한 혜택을 누리고, 디지털 격차를 해소하며, 디지털 활용 능력을 높일 수 있도록 협력하는 것이 중요하다고 강조한다. 이와 같은 노력은 'UN 글로벌 디지털컴팩트(Global Digital Compact)'[19]로 이어지면서 2024년 9월 'UN 미래정상회의(UN Summit of the Future)'에서 '모두를 위한 개방적이고 자유롭고 안전한 디지털 미래를 위한 공유 원칙'을 채택하고자 추진 중이다.

한편, 2024년 7월 국제노동기구와 세계은행은 최근 보고서를 발표하면서 chatGPT와 같은 생성형 AI의 경우 생산성 향상이 크고 구조조정이 필요한 일자리는 다소 적을 것으로 예상하며, 판매원과 건축가, 교육·건강 분야 서비스 종사자 등의 경우 혜택을 누릴 것으로 추측하는[20] 등 다양한 국제기구

18 UN General Assembly, "Seizing the opportunities of safe, secure and trustworthy artificial intelligence systems for sustainable development", A/78/L/ 49, March 2024.

19 UN, Global Digital Compact, https://www.un.org/en/summit-of-the-future/global-digital-compact (2024.8.3. 최종방문).

20 ILO & World Bank, "Buffer or Bottleneck? Employment Exposure to Generative AI and the Digital Divide in Latin America", July 2024, https://www.ilo.org/publications/buffer-or-bottleneck-employment-exposure-generative-ai-and-generative-ai-and-digital-divide (2024.8.3. 최종방문).

에서 AI와 관련된 현황을 분석하고 이에 대한 정책이나 규범, 거버넌스를 수립할 것을 도모하고 있지만 아직까지 가시적인 성과가 나오지 않는 형편이다.

## Section 04 | 국제규범화 관련 동향

### 1. 연성법적 차원의 국가 간 협력

최근 들어 '무역'과 '기술'이 국제무역에서 가장 중요한 화두가 되고 있다. 무역의 한가운데 '최신 기술'이 자리를 잡고, '무역'과 '기술' 간의 상관관계를 조율하기 위한 협의체까지 등장하고 있는데, '미국-EU 무역기술위원회(US-EU Trade and Technology Council)'는 바로 이와 같은 추세를 보여주는 상징적인 협의체이다. 무역기술위원회는 미국과 EU 간 국제무역 및 첨단기술에 관해 양자 간 협력 확대를 모색하기 위하여 2021년 6월 정상회의를 통해 수립된 기구이다. 출범 이래로 2024년 4월까지 6차례의 장관급 회의를 거듭하며 공급망, 기술표준, 수출통제, 투자심사 강화, 정보통신 보호 및 경쟁, 글로벌 무역의 도전과제 등 무역과 기술에 대한 전방위적인 주제를 다루고 있다. 그중에서도 AI에 대한 협의가 주요하게 다루어지고 있는데, 제6차 장관급회의에서는 AI에 대한 위험 기반 접근 방식 및 안전하고 보안성이 높으며 신뢰할 수 있는 AI 기술을 발전시키고자 하는 '주요 신흥기술인 AI에 관한 대서양횡단 리더십(Transatlantic Leadership on Critical and Emerging Technologies Artificial Intelligence)'을 발족하였다.[21] 이를 통해 양측은 기존에 논의된 '신뢰 가능한 AI와 위험관리를 위한 도구 창설을 위한 로드맵'[22]에

21 The White House, "US-EU Joint Statement of the Trade and Technology Council", https://www.whitehouse.gov/briefing-room/statements-releases/2024/04/05/u-s-eu-joint-statement-of-the-trade-and-technology-council-3/ (2024.8.3. 최종방문).

22 "TTC Joint Roadmap on Evaluation and Measurement Tools for Trustworthy AI and Risk Management December 2022", https://digital-strategy.ec.europa.eu/en/library/ttc-joint-roadmap-trustworthy-ai-and-risk-management (2024.8.3. 최종방문),

따라 각국의 새로운 AI 거버넌스 및 규제 시스템 간의 차이를 최소화하고 상호 운용 가능한 국제 표준을 위해 협력하고자 한다. 특히 이 중에서도 논의의 진전이 있었던 부분은 바로 'AI에 관련된 주요 개념'이다. 전세계적으로 AI에 대한 국제협력이 진행되지만 AI에 관련된 주요 개념에 대한 공통의 합의조차 이루어지지 않고 있다. 바로 이러한 점에서, AI에 대한 용어 및 분류체계 초판에 이어 '미국－EU 무역기술위원회 AI 분류체계 및 용어에 관한 실무작업반 1(WG1)'에 속한 AI 전문가들이 이해관계자와의 협의를 거쳐 두 번째 버전을 개발했다는 점은 주목할 만하다.

AI를 둘러싼 고위급 논의도 본격화되고 있다. 2023년 11월 영국에서 개최된 'AI 안전성 정상회의(AI Safety Summit 2023)'에 이어 2024년 5월 'AI 서울 정상회의'에서도 논의가 진행되는 등 정상급 차원의 AI 협의도 진행되고 있다. 특히 동 회의 계기에 발표된 '서울 정상회의 정상세션 참여자들의 안전하고 혁신적이며 포용적인 AI를 위한 서울 선언'[23] 제8항에 따르면 유엔 및 산하 기구, G7, G20, OECD, 유럽평의회 및 '글로벌 인공지능 파트너십(Global Partnership on Artificial Intelligence: GPAI)' 등 여타 국제 이니셔티브를 통한 '국제협력'을 강조하고 있다.

위와 같은 국제협력은 종종 연성법적 결과물로도 이어지고 있는데, 그 중 대표적인 것이 EU가 주도하는 '디지털 파트너십'이다. 디지털 파트너십[24] 전략은 EU가 '디지털 나침반(Digital Compass)'이라는 개념에 기반을 두고 '인도－태평양 협력전략'의 일환으로 추진 중이다. 특히 EU와의 무역이나 투자 규모가 크고 협력이 활발하게 이루어지고 있는 인도－태평양 지역을 우선적으로 포용한다는 목표하에 이루어지고 있다.[25]

---

동 로드맵 역시 AI의 국제무역에 대한 영향을 다루고 있는데, 이 중에서도 국제 AI 표준에 대한 글로벌 리더십, 참여 및 협력을 강조하고, 시장 경쟁을 활성화하며, AI에 대한 무역장벽을 제거하고 관련 혁신이 번성할 수 있도록 하는 방향을 제시한다. 또한 미국과 EU는 무역에 영향을 미칠 수 있는 AI의 첨단 과학 연구 및 관련 위험에 대한 지식 공유 메커니즘을 개발하고자 하는 의향을 보인 바 있다.

23 "Seoul Declaration for Safe, Innovative and Inclusive AI by Participants Attening the Leaders' Session of the AI Seoul Summit, 21st MAY 2024".

24 권현호 외4인, "디지털통상협정의 한국형 표준모델 설정연구", 대외경제정책연구원, 2023년 5월, p.54.

가장 우선적으로 추진된 것은 일본과 2022년 5월 체결된 디지털 파트너십으로, 동 파트너십 제57항부터 제60항에서는 AI와 관련된 구체적 협력 사항을 명시한다.[26] 이에 따르면 신뢰할 수 있고 책임감 있는 AI의 기본 원리 및 위험기반 접근방식을 구현하기 위한 각자의 방식에 대한 상호 이해를 지속하고, 신뢰할 수 있는 AI의 기술적 요건에 대한 협력을 모색한다. 또한 신뢰할 수 있고 책임감 있는 인공지능이 더욱 발전할 수 있도록 GPAI 차원에서 실질적인 협력을 추진하고, G7, G20, OECD, UNESCO 등 국제포럼에서 AI에 대한 입장 조율을 추진하며, 국제 표준화 기구 내에서 AI 글로벌 표준과 관련된 조율을 노력한다.[27] 나아가 2024년 4월 일본과 EU는 디지털 파트너십 2차 각료회의를 개최하고 EU 'AI 오피스(European Artificial Intelli-gence Office)'와 일본 'AI 안전 연구소' 간의 협력 강화를 통해 'G7 히로시마 AI 프로세스와 행동 강령(G7 Hiroshima AI Process and Code of Conduct)'에 이어 촉진하고 신뢰할 수 있는 AI 글로벌 거버넌스를 형성하기 위해 노력 중이다. 한편 EU는 일본 기업이 EU AI 법의 주요 조항을 조기에 자발적으로 준수하도록 장려한다.[28] 디지털 파트너십 2차 각료회의에서 언급된 EU 'AI 오피스'야말로 EU AI 법안에 부여된 임무 이행 및 동법의 실질적인 집행을 위해 설치한 EU 집행위원회 내의 핵심 기구라고 EU AI 법 내에 명시하고 있다. AI 오피스는 'AI 시스템 및 거버넌스의 이행을 관찰하고 감독을 수행하는 기능'을 담당할 뿐 아니라, 사실상 AI 법을 집행하기 위해 준사법권과 감독권, 규제 집행권 등을 아우르는 막강한 핵심 기구로 알려져 있다.

EU는 한국과도 2022년 11월 디지털 파트너십을 체결함에 따라 공동연구, 반도체, 고성능컴퓨팅 및 양자기술, 사이버 보안 및 신뢰, Beyond

25 ibid, p.55.

26 "Japan-EU Digital Partnership", https://www.digital.go.jp/assets/contents/node/information/field_ref_resources/b530adc8-3af1-4d9f-af84-6f21af4067af/b2447bdc/20220512_news_digital_group_original_02.pdf (2024.8.3. 최종방문).

27 "디지털통상협정 길라잡이:기본개념과 용어 100선", 산업통상자원부 및 표준협회, 2024년 2월, p.270.

28 "EU and Japan advance joint work on digital identity, semiconductors, artificial intelligence", press release, April 2024, https://ec.europa.eu/commission/presscorner/detail/en/ip_24_2371 (2024.8.3. 최종방문).

5G/6G, 인적역량·인력교류· 디지털 포용, 인공지능, 디지털 플랫폼 협력, 데이터 관련 법 및 체계, 디지털 신원 및 신뢰 서비스, 디지털 통상 등 11대 협력 과제를 선정하고 이에 대한 노력을 집중하기로 합의하였다. 특히 AI와 관련하여 신뢰할 수 있는 AI 실현을 목표로 하는 각자의 법률 및 제도에 대한 정보를 공유하고, 정의, 활용례, 고위험 인공지능 응용과 대응방안에 대하여 논의하며, 국제 표준화 기구 및 GPAI, OECD 등 관련 국제기구에서 AI 거버넌스에 대한 양측 간 입장을 조율하기 위한 협력을 협의한 바 있다.[29] 아울러 양국은 현재 독자적인 디지털경제협정을 체결하기 위하여 협상 중이다.

2023년 2월 체결된 EU－싱가포르 디지털 파트너십은 다양한 분야에서 양국 간의 디지털 협력을 촉진하기 위한 기본 프레임워크로 무역 촉진, 신뢰할 수 있는 데이터 흐름 및 데이터 혁신, 디지털 신뢰, 표준, 근로자를 위한 디지털 기술, 비즈니스 및 공공 서비스의 디지털 혁신을 다룬다.[30] 또한 5G/6G, 인공 지능, 디지털 신원 확인 등 새롭게 부상하는 분야에서 공동 노력의 기회를 창출하도록 도모하고, AI 거버넌스, AI 표준 및 테스트 프레임워크에 대한 정보를 교환하고 상호운용성을 장려하며 AI 테스트 협력, AI 기술 및 솔루션에 대한 싱가포르, 아세안 및 EU 전역의 국경 간 접근 지원, AI 기술의 신뢰도, 채택성, 투명성 등 AI에 대한 협업 연구 등을 모색하고자 한다.[31]

## 2. 경성법적 차원의 국가 간 협력

### 1) WTO

AI에 대한 국제적 논의는 다자통상체제에서도 본격화되고 있다. 2024년 WTO가 발표한 ‘글로벌 무역 전망 및 통계’에 따르면 텍스트, 이미지, 음악,

29 “디지털통상협정 길라잡이: 기본개념과 용어 100선”, 산업통상자원부 및 표준협회, 2024년 2월, p.275.

30 ibid, p.277.

31 ibid, p.280.

동영상 등의 콘텐츠를 생성할 수 있는 모델을 포함한 AI 사용이 2023년에 빠르게 증가했는데, 이는 경제의 다양한 측면을 혁신하여 효율성, 혁신, 비용 절감, 개인화 기회, 새로운 일자리 창출, 경제성장, 디지털 방식으로 제공되는 서비스 무역을 더욱 촉진할 것으로 예상한다.[32] 아울러 2023년에는 디지털적으로 전달되는 서비스의 전 세계 수출액이 전년 대비 9.0% 증가한 4.25조 달러에 달한다고 추정하고 있는데 이는 AI와 같은 혁신기술이 무역과 접목되며 더욱 가속화될 것으로 예상된다. 그러므로 다자무역체제를 이끄는 WTO 역시 AI가 무역과 어떻게 상호작용하는지를 이해하고, 국제무역에서 AI의 장점을 활용하는 동시에 관련 도전과제를 해결하는 것을 새로운 목표로 설정하고 있다. 또한 AI를 포함한 신흥 기술 및 데이터와 같은 분야가 국제무역 흐름에 미치는 영향을 고려할 때, 최근의 복잡한 지정학적 환경에서 다양한 글로벌 도전과제를 해결하기 위한 WTO의 역할을 고민하고 있다. 이와 같은 노력의 일환으로 WTO는 2024년 11월 회의를 개최하고 'AI와 국제 무역에 관한 WTO 보고서'를 공개할 예정이다.[33]

**표 21-1 WTO 전자상거래 협상용 통합문서**[34]

| 구분 | 소구분 | 내용 |
|---|---|---|
| Section A (전자상거래 원활화) | A.1 전자거래 원활화 | 전자 전송에 관한 법적 체계, 전자인증과 전자서명, 전자계약<br>전자송장(e-invoicing), 전자결제 서비스 |

32 WTO, "Global Trade Outlook and Statistics", April 2024, p.24, https://www.wto.org/english/res_e/booksp_e/trade_outlook24_e.pdf (2024.8.3. 최종방문).

33 WTO, "How AI shapes and is shaped by international trade WTO Conference and Launch of Report", https://www.wto.org/english/res_e/reser_e/rese_2111202410_e/rese_2111202410_e.htm (2024.8.3. 최종방문), WTO는 이와 같은 논의 계기에 서비스, 통관 절차, 농업 및 지식재산권 측면에서 AI와 무역의 교차점, AI 규제의 도전과제, 규제 파편화와 AI 격차의 위험과 영향, 경제 성장과 세계 무역에서 AI가 주는 혜택을 활용하는 반면, AI로 인한 위험을 완화하기 위한 무역 정책, WTO 및 국제 협력이 할 수 있는 역할 등을 향후 과제로 고려하고 있다.

34 이규엽·강민지, "WTO 전자상거래 협상 전망과 한국의 과제", 오늘의 세계경제, Vol. 21. No. 3, 2021년 3월, p.5.

| | | |
|---|---|---|
| | A.2 디지털 무역원활화 및 로지스틱스 | 종이 없는 무역, 미소 마진(de minimis), 세관절차<br>싱글 위도우 정보 교환과 시시템 상호운용성 |
| Section B<br>개방과<br>전자상거래 | B.1 비차별 및 책임 | 디지털 제품 비차별 대우<br>인터랙티브 컴퓨터 서비스: 책임제한<br>인터렉티브 컴퓨터 서비스: 침해 |
| | B.2 정보의 이전 | [전자적 수단에 의한 정보의 국경 간 이전/<br>국경 간 정보 이전]<br>컴퓨팅 설비의 위치<br>금융정보/금융서비스 공급자를 위한 금융<br>컴퓨팅 설비의 위치 |
| | B.3 전자적 전송에 대한 과세 | |
| | B.4 인터넷과 정보로의 접근 | 공공 데이터 개방, 인터넷 접근 개방/[전자상거래/디지털 무역]을 위한 인터넷 접근과 사용 원칙, 인터랙티브 컴퓨터 서비스의 접근과 사용, 경쟁 |
| Section C<br>신뢰와<br>전자상거래 | C.1 소비자 보호 | 온라인 소비자 보호, 원치 않는 상업 전자<br>메시지 |
| | C.2 프라이버시 | 개인정보 보호 |
| | C.3 비즈니스 신뢰 | 소스코드, 암호를 사용하는 ICT 제품 |
| Section D<br>공통 이슈 | D.1 투명성, 국내규제 및 협력 | 투명성, 무역 관련 정보의 전자적 가용성<br>국내규제, 협력, 협력 메커니즘 |
| | D.2 사이버 보안 | |
| | D.3 역량 강화 | 역량 강화, 기술 지원 |
| Section E<br>통신 | E.1 통신서비스에 대한 WTO 참고문서 업데이트 | 범위, 정의, 경쟁적 세이프가드, 상호연결, 보편적 서비스 라이선싱과 인증, 통신 규제 기관 |
| | E.2 네트워크 장비 및 제품 | 전자상거래 관련 네트워크 장비와 상품 |
| Section F<br>시장접근 | 서비스 시장 접근, 임시 입국 및 전자상거래 관련 인원 부족, 상품 시장 접근 | |
| Annex 1 | 서언, 정의, 원칙, 범위, 다른 협정과의 관계, 일반적 예외, 안보 예외, 건전성 조치, 조세, 분쟁해결, 전자상거래의 무역 측면에 대한 위원회 | |

한편, WTO 차원의 경성법적 발전도 눈에 띈다. 2019년 5월 공식적으로 개시된 WTO 전자상거래 협상이 야심차게 출발하였다. 2023년 유출된 WTO JSI 전자상거래 협상 통합본[35]에 따르면, WTO 전자상거래 협정을 전자상거래 원활화, 개방과 전자상거래, 신뢰와 전자상거래, 공통이슈, 통신 및 시장 접근이라는 총 6개 분야로 구분하고, 디지털제품의 비차별대우, 공공데이터, 사이버안보 등 다양한 분야를 망라하는 주제에 대한 조문 협상 중이다. 다만 아쉽게도 AI를 직접 다루는 조문은 없고, AI의 인프라를 이루는 데이터의 국경 간 이전, 개인정보 보호 등이 주를 이루고 있다.

### 2) 양자 FTA

'종이 없는 무역' 조항으로 포문을 연 디지털통상규범은 지역 무역 협정인 FTA에서 보다 풍성한 결실을 보게 되었다. 처음에는 전자상거래 및 전기통신 인프라에 국한된 일부 조항만이 전부였지만 2000년대 초부터 CPTPP가 생기기 전인 2015년까지 디지털통상규범이 본격적으로 발전하기 시작한다. 이 시기에는 FTA의 영역을 확대시켜 나가는 통상전략을 주로 시행하는 미국, 싱가포르, 한국, 일본 등이 자국의 FTA에 '전자상거래'라는 별도의 장을 신설하고 국내 전자 거래 프레임워크, 전자인증 및 전자 서명, 스팸 메일, 전자적 전송에 대한 무관세화, 온라인 소비자 보호 등에 대한 조문을 새롭게 포함하게 된다.

CPTPP는 지식재산권, 환경, 노동같은 전통적인 국제통상이슈뿐 아니라, 국영기업, 개발, 경쟁 및 비즈니스 원활화, 규제 일관성, 투명성, 반부패 등 새로운 분야의 규범을 받아들인 21세기형 메가 FTA로 평가된다. 특히 과거에는 상품 및 서비스 무역에 중점을 두고 기업의 시장 확대와 이를 지원하기 위한 통상협정을 추구했지만, CPTPP부터는 디지털통상규범에서 데이터를 '제2의 석유'로 여기며 이에 대한 신통상규범을 추출하고자 하였다. 그 결

35 WTO ELECTRONIC COMMERCE NEGOTIATIONS UPDATED CONSOLIDATED NEGOTIATING TEXT - NOVEMBER 2023 Revision, INF/ECOM/62/Rev. 5, November 2023, https://www.bilaterals.org/IMG/pdf/wto_jsi_ecommerce_text_rev_5.pdf (2024.8.3. 최종방문).

과 CPTPP는 '데이터의 자유로운 국경 간 이전'이 의무 조항으로 포함되었으며, 컴퓨터 설비 위치의 강제 금지, 소스코드와 같은 디지털 규범 자유화의 핵심 조항이 모두 포함되었다.

CPTPP 이후에는 디지털통상규범의 대변혁을 이루는 '디지털 경제협정'이나 '디지털 동반자협정'이란 제목의 조약들이 등장하는데, 바로 이 시기에 등장한 것이 'AI'에 관한 디지털통상규범이다. 특히 AI 조항과 관련하여 구체적인 의무사항을 규정하는 수준에는 이르지 못하였지만, AI 관련 윤리적 프레임워크에 대한 국제적 협력을 추구하고자 하는 내용이 주를 이루고 있는바, 최근 디지털통상규범 중 AI에 관한 조항을 포함하는 것을 정리하면 다음과 같다. 기존 FTA의 전자상거래 또는 디지털 무역 챕터 내에 AI 조항을 포함하는 형태로는 영국-뉴질랜드 FTA, 영국-노르웨이, 아이슬란드, 리히텐슈타인 FTA, 한국-UAE FTA, UAE-조지아 FTA, UAE-터키 FTA, AfFTA 초안이 있다. 반면 독자적인 별도 조약형태인 한국-싱가포르 디지털경제동반자협정, 영국-싱가포르 디지털경제협정, 호주-싱가포르 디지털경제협정, 영국-우크라이나 디지털통상협정, DEPA의 경우 모두 AI 관련 특화된 조항을 포함한다는 특징이 있다. 특히 영국, 싱가포르, UAE 등은 최신 국제통상협정에 AI 조항을 포함하는 것에 가장 적극적인 반면, 미국, EU 등은 자국이 체결하는 국제통상협정에 AI 관련 조항을 포함하는 것에 다소 조심스러운 입장인 것으로 이해된다.

**표 21-2 AI 조항을 포함하는 최근의 국제통상협정**

| 구분 | 협정 |
|---|---|
| North-North | 영국-뉴질랜드 FTA 제15.19조(디지털혁신과 신기술).<br>영국-노르웨이, 이아슬란드, 리히텐슈타인 FTA 제4.17조(신기술 대화체). |
| North-South | 한국-싱가포르 디지털경제동반자협정 제14.28조(인공지능).<br>한국-UAE FTA 제9.23조<br>영국-싱가포르 디지털경제협정 제8.61-R조(인공지능 및 신기술).<br>호주-싱가포르 디지털경제협정 제31조(인공지능).<br>영국-우크라이나 디지털통상협정 제132-V조(신기술). |

| | |
|---|---|
| South-South | UAE-조지아 FTA 제9.19조.<br>UAE-터키 FTA 제9.18조.<br>AfFTA 초안<br>DEPA 제8.2조(인공지능). |
| 기타(단독조항 아닌 협력사항) | 영국-일본 EPA 제8.83조(전자상거래에 관한 협력). |

AI 조항에 대한 주요 내용을 살펴보면, 우선 영국-싱가포르 디지털경제협정 제8.61-R조는 분산원장 기술, 디지털 트윈, 사물인터넷 등 인공지능 및 신흥기술이 경쟁력을 촉진하고 국제 무역 및 투자 흐름을 촉진하는 데 중요한 역할을 하고 있음을 인식하고, 인공지능 및 신흥기술의 윤리적이고 신뢰할 수 있으며 안전하고 책임있는 개발 및 사용을 위한 관련 국제원칙 및 지침을 고려하고, 이러한 기술의 장점을 구현할 수 있는 거버넌스 및 정책체제 개발을 위하여 노력하는 한편, 이를 위하여 관련 국제기구 원칙 및 지침 고려하여야 함을 언급한다. 또한 업계에서 주도하는 기준 및 리스크관리 모범사례에 기반한 리스크 기반 규제 접근법 활용, 기술적 상호운용성 및 기술적 중립성 원칙 등의 중요성을 지적한다.

호주-싱가포르 디지털협정 제31조는 일반인과 기업에게 사회적, 경제적 혜택을 제공하는 디지털 경제 내에서 AI 기술의 이용과 채택이 중요함을 인식하고 각국 정책에 따라 AI 기술 관련 연구, 산업 관행 및 거버넌스 공유를 하는 한편, 기업 및 지역 사회 전반에 걸쳐 AI 기술의 책임 있는 이용과 채택을 촉진하고자 하는 내용을 담고 있다. 또한 연구자, 학계 및 산업계 간의 비즈니스 기회 및 협업 장려를 규정한다. 특히 AI의 장점을 실현할 수 있는 신뢰 있고 안전하며 책임감 있는 AI 기술의 윤리적 지배구조체제를 개발하는 것이 무엇보다도 중요하므로 디지털 경제의 국경 간 특성을 고려하여 가능한 한 이러한 체제가 국제적으로 조화되도록 하고, 이를 위하여 지역 및 국제 포럼을 통해 신뢰하고 안전하며 책임감 있는 AI 기술 사용을 지원하는 'AI 거버넌스체제'를 개발해야 하며 이러한 AI 거버넌스체제 개발 시 국제적으로 인정받는 원칙이나 지침을 고려해야 함을 지적한다.

한국–싱가포르 디지털경제동반자협정 제14.28조는 AI 기술이 경제적 이익뿐 아니라 사회적 이익을 제공한다는 점에 주목하고, 책임감 있는 AI 기술의 사용을 위한 윤리적 거버넌스 틀 개발의 중요성을 강조한다. 이를 위해 국제적 원칙이나 지침 등을 고려하여 신뢰성 있고 안전하며 책임감 있는 AI 기술의 사용을 위한 AI 거버넌스 프레임워크 개발 및 채택에 관해 협력하고자 한다.

DEPA 제8.2조 역시 AI에 관한 윤리적 거버넌스 체계 확립을 위해 설명가능성, 투명성, 공정성 및 인간 중심의 가치 등 국제적으로 인정된 원칙이나 지침을 고려할 것을 명시하고 있다. 또한 AI 기술의 신뢰할 수 있고 안전하며 책임감 있는 사용을 위한 윤리 및 거버넌스 체계(AI 거버넌스 체계) 개발의 중요성과 그러한 체계가 국제적으로 부합되도록 보장하는 것이 유익함을 인정하고, AI 거버넌스 체계의 채택을 증진하고, 해당 체계가 설명가능성, 투명성, 공정성, 인간중심적 가치 등 국제적으로 인정된 원칙과 지침을 고려하도록 노력해야 함을 강조한다.

한–UAE FTA 제9장(디지털 무역) 역시 인공지능에 관한 별도 규정을 두고 있다.[36] 이에 따르면 AI 기술의 사용 및 채택이 자연인과 기업에 중대한 사회적, 경제적 이익을 제공하면서 디지털 경제에서 더욱 중요해진다는 점을 인정하는 한편, AI의 이익을 실현하는 데 도움이 될 신뢰할 수 있고 안전하며 책임감 있는 AI 기술의 사용을 위한 윤리적 거버넌스 체계의 개발 및 디지털 경제의 초국경적 특성을 고려하여, 그러한 체계가 가능한 한 국제적으로 부합하도록 보장하는 것의 장점을 강조하고, 지역, 다자 및 국제 포럼을 통하여, 신뢰할 수 있고 안전하며 책임감 있는 AI 거버넌스 체계 개발에 협력하는 한편, 그러한 AI 거버넌스 체계를 개발할 때 국제적으로 인정되는 원칙 또는 지침을 고려할 것을 언급한다.

AfFTA에서 2024년 2월 공개된 디지털무역 protocol 초안에 따르면 Part 7(최신 기술 및 혁신) 중 제34조에서 인공지능을 포함한 신흥 및 첨단기술을 다루고 있다. 당사국은 각국의 합법적 공공정책 목적 및 필수적 안보이익에 부합함을 전제로 신흥 및 첨단기술에 대한 채택 및 규율이 용이하도록 합의

36 한-UAE FTA 제9.23조.

한다. 또한, 적절한 경우 당사국은 신흥 및 첨단기술에 대한 윤리적, 신뢰가능하고 책임감 있는 사용을 위한 거버넌스 개발을 할 의무를 부담하는 한편, 이에 대한 별도의 부속서를 개발할 의무를 부과한다.

UAE-조지아 FTA 제9장(디지털 무역) 제9.19조도 인공지능을 다루고 있다. 이에 따르면 AI 기술의 사용과 채택이 디지털 무역에 점점 더 중요해지고, 자연인과 기업에 상당한 사회적, 경제적 혜택을 제공하고 있음을 인정한다. 이러한 점을 감안할 때, AI 기술 및 거버넌스와 관련된 연구 및 업계 사례 공유, 기업과 커뮤니티 전반에서 AI 기술의 책임감 있는 사용과 채택을 촉진, 연구자, 학계, 업계 간의 협업을 장려한다. 아울러 AI의 혜택을 확대하는 데 도움이 될 신뢰할 수 있고 안전하며 책임감 있는 AI 기술 사용을 위한 윤리적 거버넌스 프레임워크 개발의 중요성을 인식하고, 디지털 무역의 국경을 초월하는 특성을 고려하여 그러한 프레임워크가 가능한 한 국제적으로 일치하도록 보장해야 함을 강조한다.

이와 같이 최근 디지털통상규범에서 도입되고 있는 AI 조항의 주요 특징을 정리해 보면 다음과 같다. 첫째, 'AI'만으로 제한하여 규정하는 형태의 조항이 원칙적이지만 AI를 디지털트윈, 퀀텀 기술, 사물인터넷, 분산원장 등과 함께 묶어 '신기술(emerging technologies)'로 정의한 후 이에 대하여 규정하는 형태로 확대되는 경향이 있는데, 영국의 디지털통상규범이 대표적이다. 둘째, 대부분의 AI 조항은 AI가 주는 사회, 경제적 혜택에 주목하고 이를 위한 협력의 구체적 방안을 나열하는 한편, 거버넌스 개발을 위한 협력을 강조하고 있을 뿐, 국제법적 구속력은 낮은 것으로 평가된다. 셋째, 그럼에도 불구하고 AI 조항은 향후 글로벌 거버넌스 형성을 위한 협력 및 각국 간 상이한 법제 등의 상호운용성 촉진 등을 강조하는 내용을 담고 있으므로 앞으로 통일된 국제규범을 이끌어 내는 하나의 과정으로 유의미하게 작용할 수 있을 것이다.

## Section 05 | 나가며

앞서 살펴본 바와 같이 국제기구 등을 통한 AI에 대한 국제협력은 점차 확대되고 있지만, 아직까지 통일된 국제규범 형태로는 귀결되지 아니하고 있다. 다만 생성형 AI의 가장 중요한 인프라라고 할 수 있는 '데이터'에 대한 국제통상규범이 빠르게 정립되어 가고, 알고리즘이나 소스코드 등 생성형 AI와 관련된 다양한 조항 역시 등장하고 있음은 시사하는 바가 크다. 더욱이 비록 규범력의 수준이 높은 것은 아니지만 AI 관련 정보 교환 및 각종 거버넌스 수립을 위한 국제협력 등을 강조하는 내용 등 AI만을 다루는 별도의 조항이 디지털통상협정 내에 등장하고 있음을 고려한다면 향후 AI에 대한 국제규범화 속도는 보다 가속화될 것으로 생각된다. 특히 EU AI 법을 필두로 하여 각국이 AI 규제를 위한 국내규범 수립에 속도를 내게 될 경우, 상호운용성 향상을 위하여 전 세계적으로 공통되는 AI에 대한 국제규범을 이끌어 내야 한다는 필요성은 더욱 강조될 것으로 예상된다.

이러한 차원에서 AI만을 다루는 별도의 조항이 한국, 영국이나 싱가포르 등 테크놀로지 산업 육성에 방점을 두는 국가뿐 아니라, UAE, 터키, 조지아 등이 체결하는 국제통상협정에도 등장한다는 점은 주목할 만하다. 나아가 2021년 1월 출범한 아프리카대륙자유무역지대(AfFTA)와 같은 저개발국 역시 AI 조항 도입을 고려하고 있다는 점은 비단 선진국뿐만이 아니라 개도국 역시 AI에 대한 국제통상규범을 수립하는 것에 관심이 매우 높다는 점을 확인시켜 주고 있다. AI를 둘러싼 미·중 패권경쟁으로 단시일 내에 AI의 상업적 이용과 관련된 통일된 국제규범이 출현하는 것은 쉽지 않지만, 적어도 인터넷과 첨단기술을 기반으로 하는 AI에 대한 윤리적 거버넌스에 대한 국제규범 합의의 요구는 보다 높아질 것으로 예상된다.

# 참고문헌

## 국내 문헌

권현호 외 4인, "디지털통상협정의 한국형 표준모델 설정연구" 대외경제정책연구원, 2023.

김경숙 외 1인, "바이든 행정부의 첫 인공지능 행정명령과 시사점", 국가안보전략연구원 이슈브리프 제480호, 2023.

법제처 세계법제정보센터, "미국 인공지능 법제", (https://world.moleg.go.kr/web/wli/rsrchReprtReadPage.do?A=A&searchType=all&searchPageRowCnt=10&CTS_SEQ=48292&AST_SEQ=316&ETC=4) (2024.8.3. 최종방문).

산업통상자원부 및 표준협회, "디지털통상협정 길라잡이:기본개념과 용어 100선", 2024.

외교부, "Joint Declaration of the Ninth ROK－Japan－China Trilateral Summit", (https://www.mofa.go.kr/www/brd/m_26779/view.do?seq=546) (2024.8.3. 최종방문).

윤정현 외 1인, "EU '인공지능 규제법(AI Act)' 통과의 의미와 시사점", 국가안보전략연구원 이슈브리프 제527호, 2024.

이규엽·강민지, "WTO 전자상거래 협상 전망과 한국의 과제", 오늘의 세계경제, Vol. 21. No. 3, 2021.

정연희, "인공지능에 관한 국제규범의 현재와 미래 : 주요국의 국제통상협정 및 디지털협정을 중심으로", KISDI, 2024.

KDI 경제정보센터, "세계 최초로 통과된 EU 「AI법」, 우리 기업의 대응 방향은?", 2024년 6월, (https://eiec.kdi.re.kr/publish/naraView.do?fcode=00002000040000100010&cidx=14782&sel_year=2024&sel_month=06) (2024.8.3. 최종방문).

## 외국 문헌


"EU and Japan advance joint work on digital identity, semiconductors, artificial intelligence", press release, April 2024, (https://ec.europa.eu/commis-sion/presscorner/detail/en/ip_24_2371) (2024.8.3. 최종방문).

ILO & World Bank, "Buffer or Bottleneck? Employment Exposure to Generative AI and the Digital Divide in Latin America", July 2024, (https://www.ilo.org/publications/buffer-or-bottleneck-employment-exposure-generative-ai-and-digital-divide) (2024.8.3. 최종방문).

"Japan-EU Digital Partnership", (https://www.digital.go.jp/assets/contents/node/information/field_ref_resources/b530adc8-3af1-4d9f-af84-6f21af4067af/b2447bdc/20220512_news_digital_group_original_02.pdf) (2024.8.3. 최종방문).

"OECD Framework for the Classification of AI Systems", February 2022, (https://www.oecd.org/en/publications/2022/02/oecd-framework-for-the-classification-of-ai-systems_336a8b57.html) (2024.8.3. 최종방문).

OECD, "Explanatory memorandum on the updated OECD definition of an AI system", March 2024, (https://www.oecd.org/en/publications/explanatory-memorandum-on-the-updated-oecd-definition-of-an-ai-system_623da898-en.html) (2024.8.3. 최종방문).

Proposal for a Regulation of the European Parliament and of the Council Laying Down Harmonised Rules on Artificial Intelligence (Artificial Intelligence Act) and Amending Certain Union Legislative Acts, COM/2021/206 final. (https://eur-lex.europa.eu/legal-content/EN/TXT/?uri=celex:52021PC0206) (2024.8.3. 최종방문).

The White House, "Executive Order on Maintaining American Leadership in Artificial Intelligence", February 2019.

The White House, "Executive Order on the Safe, Secure, and Trustworthy

Development and Use of Artificial Intelligence", October 2023, (https://www.whitehouse.gov/briefing-room/presidential-actions/2023/10/30/executive-order-on-the-safe-secure-and-trustworthy-development-and-use-of-artificial-intelligence/) (2024.8.3. 최종방문).

The White House, "US-EU Joint Statement of the Trade and Technology Council", (https://www.whitehouse.gov/briefing-room/statements-releases/2024/04/05/u-s-eu-joint-statement-of-the-trade-and-technology-council-3/) (2024.8.3. 최종방문).

"TTC Joint Roadmap on Evaluation and Measurement Tools for Trustworthy AI and Risk Management December 2022", (https://digital-strategy.ec.europa.eu/en/library/ttc-joint-roadmap-trustworthy-ai-and-risk-management) (2024.8.3. 최종방문).

UN, "Interim Report: Governing AI for Humanity", December 2023, (https://www.un.org/en/ai-advisory-body) (2024.8.3. 최종방문).

UN General Assembly, "Seizing the opportunities of safe, secure and trust-worthy artificial intelligence systems for sustainable development", A/78/L/49, March 2024.

UN, Global Digital Compact, (https://www.un.org/en/summit-of-the-future/global-digital-compact) (2024.8.3. 최종방문).

WTO, "Global Trade Outlook and Statistics", April 2024, p.24, (https://www.wto.org/english/res_e/booksp_e/trade_outlook24_e.pdf) (2024.8.3. 최종방문).

WTO, "How AI shapes and is shaped by international trade WTO Conference and Launch of Report", (https://www.wto.org/english/res_e/reser_e/rese_2111202410_e/rese_2111202410_e.htm) (2024.8.3. 최종방문).

WTO ELECTRONIC COMMERCE NEGOTIATIONS UPDATED CONSOLIDATED NEGOTIATING TEXT - NOVEMBER 2023 Revision, INF/ECOM/62/Rev.5, November 2023, (https://www.bilaterals.org/IMG/pdf/wto_jsi_ecommerce_text_rev_5.pdf) (2024.8.3. 최종방문).

# 색인

**ㅈ**



**ㅊ**



**ㅋ**



**ㅌ**

# 저자 소개

## PART 1 생성형 AI에 대한 이해

### 1. 생성형 AI의 기술적 이해

▶ 배주호 한국외국어대학교 교수

서강대학교 공과대학 컴퓨터공학과 졸업 후 동 대학에서 컴퓨터공학 석박사 학위를 취득하였다. 금융사의 AI analyst, 국방부 전산사무관을 거쳐 현재 한국외국어대학교 Global Business & Technology학부에서 교수로 재직 중이다. 주요 연구 분야는 금융, 국방, 법률 등의 전문 분야를 위한 딥러닝 기술의 적용이다. 한국저작권보호원 저작권 보호 미래 포럼 위원으로 활동하고 있다.

### 2. 생성형 AI 시장과 산업의 동향과 전망

▶ 오장민 성신여자대학교 AI융합학부 부교수

서울대 컴퓨터공학부를 졸업 후 동 대학원에서 자연어처리와 인공지능으로 석박사 학위를 취득하였다. 이후 NAVER와 스타트업 참여 과정에서 검색 랭킹 모델링, 게임 개발, AI 연구 개발 총괄 등 IT와 AI 상용화에 대한 실무를 경험하였다. 2020년부터 성신여자대학교 AI융합학부에서 부교수로 재직 중이다. 주요 연구 분야는 생성형 AI 모델의 실증에 대한 것으로 추천 시스템, 금융 공학, 언어 모델의 개선에 대한 논문 발표와 프로젝트를 수행하고 있다. 정보통신정책연구원 디지털 정책 포럼 자문위원에 참여 중이며, 한국정보과학회 심사위원, 한국인공지능학회 편집위원 등 학술 활동에도 참여 중이다.

### 3. 생성형 AI가 가져올 변화와 정책과제

▶ 이경선 정보통신정책연구원 연구위원

고려대학교 재료공학과를 졸업한 후 Purdue University에서 산업공학 석사 및 경영학 박사 학위를 취득하였다. 2000년부터 2004년까지 미국계 생활용품 기업인 P&G에서 시스템 애널리스트 및 매니저로 근무하였으며 2012년부터 정보통신 정책연구원(KISDI)에서 연구책임자로 재직 중이다. 주요 연구 분야는 데이터, 인공지능(AI), 플랫폼 정책으로, 디지털 신기술이 가져올 사회경제적 영향, 기회 및 위협 등을 분석하여 정책적 대응전략을 도출하는 연구를 수행하고 있다.

### 4. 생성형 인공지능(AI) 규제원칙에 관한 연구

▶ 이성엽 고려대학교 기술경영전문대학원 교수

고려대 법학과, 서울대 행정대학원, 미네소타대학교 로스쿨을 거쳐 서울대 법학박사를 취득했으며 하버드 로스쿨 방문학자를 거쳤다. 제35회 행정고시에 합격 후 정보통신부 서기관, 김·장 법률사무소 변호사(뉴욕주)를 거쳐 고려대 교수로 재직 중이며, 기술법정책센터장과 데이터, AI법센터 대표를 겸하고 있다. 행정규제법 및 ICT법정책을 연구하고 있으며, 사) 한국데이터법정책학회 회장, 사)한국공법학회 부회장, 대통령 소속 디지털플랫폼정부위원회 자문위원, 국무총리 국가데이터정책위원회 위원, 개인정보보호위원회 규제심사위원장으로 활동하고 있다.

## PART 2 생성형 AI 규범의 이슈

### 5. 글로벌 AI 규제 동향과 한국의 AI 규제 정립 방안

▶ 이승민 성균관대 법학전문대학원 부교수

서울대 법과대학 졸업 후, 동 대학원에서 석사·박사학위(행정법)를, 하버드 로스쿨에서 LL.M을 각 취득하였다. 제46회 사법시험 합격 후 육군 법무관, 법무법인(유) 율촌 변호사를 거쳐 현재 성균관대 법학전문대학원에서 부교수로 재직 중이다. ICT/TMT, 디지털 플랫폼 등 다양한 분야의 규제에 대해 연구 중이며, 『메타버스와 법: 그 물음표(?)와 느낌표(!)』를 저술하였고, 『플랫폼의 법과 정책』에 공저자로 참여하였으며, 규제행정 분야에서 다수의 논문을 발표하였다. 가상융합경제 활성화 포럼 법제도분과 위원장, 개인정보보호위원회 미래포럼 위원 등을 맡고 있으며, 디지털 산업과 법·정책 연구회를 운영하고 있다.

### 6. EU의 AI 규제법과 AI 규제의 방향

▶ 양천수 영남대학교 법학전문대학원 교수

일주학술문화재단 장학생(11기)으로 독일 유학길에 올라 프랑크푸르트대학교 법과대학에서 법학박사 학위를 취득하였다. 현재 영남대학교 법학전문대학원에서 기초법 전임 교수로 학생들을 가르친다. 급속하게 발전하는 과학기술이 현대사회와 법체계에 어떤 영향을 주는지에 관심이 많다. 이에 관한 책으로 『빅데이터와 인권(2016)』, 『제4차 산업혁명과 법(2017)』, 『인공지능 혁명과 법(2021)』, 『데이터와 법(공저 2021)』 등을 썼다. 이외에도 『삼단논법과 법학방법(2021)』, 『단체의 법이론(2022)』, 『책임과 법(2022)』, 『인권법이론(2023)』 등 다수의 책과 논문을 썼다.

### 7. 생성형 AI의 활용과 지식재산 쟁점

▶ 손승우 한국지식재산연구원 원장

미국 Wisconsin 주립대학 로스쿨에서 법학박사를 취득한 후 단국대학교 법과대학 교수를 거쳐 최근까지 중앙대학교 산업보안학과 교수로 재직하였으며, 현재 특허청 산하 한국지식재산연구원 원장으로 재직 중이다. 단국대학교 산학협력단장과 창업지원단장, 한국지적재산권경상학회장, 한국데이터법정책학회 부회장, 국가지식재산위원회 전문위원, 유엔국제상거래법위원회(UNCITRAL) 방문교수, 지식일자리포럼 회장 등을 역임했다. 『지식재산법의 이해(2023)』, 『데이터법(공저 2022)』, 『산업보안학(공저 2022)』 등 저서와 함께 경제안보, 데이터, 지식재산 등을 중심으로 활발히 연구하고 있다.

### 8. 생성형 AI의 저작권법 이슈와 과제

▶ 정원준 한국법제연구원 부연구위원

성균관대 법학과 졸업 후 고려대 법학석사와 박사학위를 취득하였다. 정보통신정책연구원을 거쳐 현재 한국법제연구원에서 연구책임자로 재직 중이다. 주요 연구 분야는 IT법, 개인정보보호법, 지식재산권법, 그리고 과학기술법이며, 해당 분야에서 다수의 저서와 논문을 발표하였다. 현재 대통령 소속 국가지식재산위원회, AI 전략최고위협의회, 보건의료데이터심의위원회, 메타버스 자율규제위원회, 규제개혁 및 적극행정위원회 등 정부위원을 비롯, 한국데이터법정책학회 총무이사, 개인정보보호법학회 국제이사, 한국경영법률학회 학술이사, 한국인공지능법학회 이사 등을 맡고 있다.

### 9. 생성형 AI의 개인정보 이슈와 과제

▶ 박광배 법무법인(유) 광장 파트너 변호사

서울대학교 법과대학을 졸업 후 미국 Georgetown Law Center 법학석사

(LL.M)를 취득하였다. 제27회 사법고시 합격, 한국 및 미국 뉴욕주 변호사 자격을 취득하였다. 1991년부터 법무법인(유) 광장에서 재직 중이며, 25여 년간 IT·방송통신 및 개인 정보, 정보보안 분야 업무를 담당하여왔다. Chambers Asia Pacific, Legal500, Asia Law 등에서 TMT 분야를 리드하는 전문 변호사로 선정되었고, 과학기술정보통신부 규제심사위원, 한국인터넷진흥원, 데이터산업진흥원의 비상임 이사를 역임하였고, 개인정보보호위원회 국외이전전문위원회 위원, 개인정보분쟁조정위원회 위원 등으로 활동하고 있다.

▶ 이일신 법무법인(유) 광장 파트너 변호사

서울대학교 법과대학을 졸업하고 미국 University of Southern California에서 법학석사(LL.M)를 취득하였다. 사법연수원(제40기) 수료 후 2014년부터 법무법인(유) 광장에서 재직 중이다. 주요 자문 분야는 개인정보, TMT, AI, 디지털금융 등이다. The Legal 500 Asia Pacific의 2023, 2024 TMT Rising Star를 수상하였다. 『AI 산업 발전을 위한 데이터 법제의 주요 쟁점과 개선방향』, 『The Financial Technology Law Review(South Korea)』 등을 집필하고, 서울대학교 데이터사이언스대학원 빅데이터 핀테크 과정에서 강의하였다. 과학기술정보통신부 인공지능법제정비단 제4기 위원으로 활동하고 있다.

## 10. 생성형AI의 경쟁법상의 이슈와 과제

▶ 정영진 김·장 법률사무소 변호사

서울대학교에서 법학을 전공하고 사법시험, 행정고시, 외무고시를 합격한 후 미국 예일대학교 법과대학원에서 법학석사(LL.M) 및 법학박사(JSD) 학위를 취득하였고 현재 김·장 법률사무소에서 변호사로 재직 중이다. 정 변호사는 국제경제법학회 회장을 역임하였고, 미국 듀크 대학교 로스쿨, 조지타운 대학교 로스쿨 및 서울대학교 법학전문대학원에서 강의하였다. 『탈세계화시대의 경쟁법규제(박영사, 2024)』 등 다수의 저서 및 논문이 있다.

▶ 노태영 김·장 법률사무소 변호사

한국과학기술원 전자공학학사, 서울대학교 법학전문대학원에서 법학전문석사, 미국 컬럼비아대학교에서 LL.M 학위를 취득하였고 현재 김·장 법률사무소에서 변호사로 재직 중이다. 업무 분야는 공정거래, IT·방송통신 분야이며 AI 윤리·신뢰성 포럼 위원, 인공지능 법제 정비단 분과위원, 윤리정책 개발 과제 자문위원 등 인공지능 분야의 위원회 및 연구반에서도 활동하고 있다. 한국 및 뉴욕주 변호사 자격을 취득하였다.

▶ 황혜선 김·장 법률사무소 변호사

이화여자대학교에서 언론정보학사, 같은 대학교 법학전문대학원에서 법학전문석사, 미국 컬럼비아 대학교에서 LL.M 학위를 취득하였고 삼성전자 법무실을 거쳐 현재 김·장 법률사무소에서 변호사로 재직 중이다. 주요 업무 분야는 공정거래, IT·방송통신 분야로, 현재 한국공정거래조정원 외부법률자문단을 역임하고 있으며 한국경쟁법학회, 한국공정경쟁연합회, 한국아시아경쟁연합 등 다수의 학회에서도 활동하고 있다. 한국 및 뉴욕주 변호사 자격을 취득하였다.

## 11. 생성형 AI에서 허위정보 이슈와 과제

▶ 박아란 고려대학교 미디어학부 부교수

서울대학교 경영학과 졸업 후 서울대 언론정보학과에서 석사를, 미국 오리건대학교 저널리즘· 커뮤니케이션스쿨에서 박사학위를 취득했다. 성신여대 커뮤니케이션학과 조교수, 한국언론진흥재단 책임연구위원을 역임했다. 주요 연구 분야는 미디어법과 언론윤리, 디지털 저널리즘이다. 『Media Law in South Korea』, 『인공지능 시대의 미디어윤리』, 『미디어와 명예훼손』, 『인터넷 표현의 자유』 등의 저서를 집필했으며 미디어법 관련 다수의 논문을 국내외 학술지에 발표했다. 한국언론법학회 부회장 및 한국언론학회 연구이사 등을 맡고 있다.

## 12. 생성형 AI에서 알고리즘 규제 이슈와 과제

▶ 손도일 법무법인(유) 율촌 변호사

서울대학원 정치학과 졸업 후 미국 UCLA Law School에서 법학석사(LL.M.) 취득, 사법연수원(제25기)을 수료하였다. 현재는 법무법인(유) 율촌의 IP & Technology 융합부문장을 맡아 M&A, ICT 관련 규제, 개인정보보호 업무를 담당 중이다. 국가데이터정책위원회의 위원(유통분과장 겸임) 등 관련 부처의 고문변호사 및 위원으로 활동하고 있다. 현재 세계변호사협회(IBA) Technology Law Committee의 위원장, 환태평양 변호사협회(IPBA)의 방송통신위원법 위원회 위원장을 맡고 있다. Asian Legal Business에 의하여 Asia의 Super TMT Lawyer 50, Chambers/Legal 500/Who's Who Legal에서 선정하는

TMT/Data/Fintech 분야의 Leading Lawyer 및 National Leader로 선정된 바 있다.

▶ 안다연 법무법인(유) 율촌 변호사

연세대학교 경영학 학사 및 동 대학 법학전문대학원에서 법학전문석사를 취득하였다. 금융 및 핀테크 회사 사내변호사로 경력을 쌓은 후 현재 법무법인(유) 율촌의 파트너 변호사로 재직 중이다. 주요 업무 분야는 인공지능, 데이터와 개인정보 보호, 핀테크 등이며, 인공지능 분야에서는 주로 인공지능에서의 데이터 처리 및 활용 등에 관한 자문을 하고 있다.

## PART 3 생성형 AI와 법 분야별 쟁점

### 13. 생성형 인공지능 시대의 계약자유 원칙과 문제점

▶ 황원재 전남대학교 법학전문대학원 부교수

고려대학교 법과대학 졸업 후 고려대학교 일반대학원에서 법학석사를 취득하고, 독일 Osnabrück 대학교에서 LL.M. 및 법학박사 학위를 취득하였다. 계명대학교 법학과에서 조교수로 근무하였고, 현재 전남대학교 법학전문대학원에서 부교수로 재직 중이다. 주요 연구 분야는 민법, 약관법, 소비자법, 개인정보보호법이다. 『민법사례연습』, 『온주 전자상거래등에서의소비자보호에관한법률』, 『주석 방문판매등에 관한 법률』의 집필에 참여하였고, 다수의 논문을 집필하였다. 한국소비자법학회 기획이사, 민사법의 이론과 실무학회 학술이사, 한국경영법률학회 섭외이사 등의 활동을 하고 있다.

### 14. 생성형 인공지능을 활용한 행정의 이론적 문제와 대응

▶ 양천수 영남대학교 법학전문대학원 교수

6장 참고

### 15. 생성형 AI를 활용한 해킹 범죄의 위험성과 대책

▶ 이원상 조선대학교 법학과 교수

고려대학교에서 법학학사와 석사학위를 취득하였고, 독일 뷔르츠부르크 대학 법과대학에서 형법(사이버범죄)을 전공하여 박사학위를 취득하였다. 한국형사법무정책연구원에서 국제 사이버범죄 팀장을 역임하였으며, 현재 조선대학교 법학과 교수이다. 주요 연구 분야는 형사법·형사 소송법·형사정책 이론, 사이버범죄, 인공지능 법 등이며, 2016년 미래창조과학부(현 과학기술정보통신부) 장관 표창을 수상하였다. 현재 형사법·디지털포렌식·4차산업혁명 등과 관련된 다수 학회의 상임이사, 법무부·검찰청·경찰청·전남도청·한국형사법무정책연구원 등 국가·지역 및 공공기관의 자문위원으로 활동하고 있다.

## 16. 생성형 인공지능 이용범죄의 쟁점과 규제방안 - 딥페이크 범죄를 중심으로

▶ 주현경 충남대학교 법학전문대학원 교수

고려대학교 법과대학을 졸업하고, 동 대학원에서 법학석사를, 독일 프랑크푸르트대학교에서 법학박사를 취득하였다. 현재 충남대학교 법학전문대학원 교수로 재직하며 형법, 형사소송법, 형사정책 등을 교육, 연구하고 있다. 형사법 관련 정책에 도입되는 과학기술의 활용 문제에 관심을 가지고 있으며, 인공지능과 법정책, 자율주행 관련 법제, 인공지능 위험평가 프로그램 등을 다루는 연구를 진행하고『인공지능과 법(공저)』외 다수의 논문을 발표하였다.

## 17. 생성형 AI와 금융법의 과제

▶ 이정수 서울대학교 법학전문대학원 조교수

서울대학교 경제학과 졸업 후 동 대학원에서 법학석사와 법학박사 학위를 취득하였다. 미국 노스웨스턴대 로스쿨 및 동 켈로그 경영대학원에서 수학하였다. 제42회 행정고시(재경)와 제41회 사법시험에 합격 후 사법연수원을 거쳐 김앤장 법률사무소에서 변호사로 근무하였으며, 현재는 서울대학교 법학전문대학원에서 금융법을 가르치고 있다. 주요 연구 분야는 금융규제, 금융거래 등이며, 금융법 관련 다수의 저서와 논문을 집필하였다. 금융위원회 금융발전심의회, 금융감독원 제재심의위원회 등 금융 관련 정부위원회에 참여하였고, 그 외 대한변협 사법평가위원회 등 법조관련 위원회에서도 역할을 하고 있다. 또한 다수 학회에서 연구이사 등으로 활동하고 있다.

## 18. AI의 기술발달에 따른 헌법적 관점에서의 기본권 보장에 관한 연구

▶ 조수영 숙명여자대학교 교수

숙명여자대학교에서 법학박사 학위를 취득하였으며, 숙명여자대학교에서 2007년도부터 '헌법의원리와통치구조', '기본권론', '초연결사회와개인정보보호', '제4차

산업혁명과법' 등을 강의하고 있다. 방송통신위원회 개인정보자율규제·개인정보법령자문위원회 위원과 행정안전부의 평가·자문위원, 국방보안연구소 융합보안 자문위원, 서울시 개인정보보호 심의위원, 한국인터넷진흥원 자문위원·가명정보전문가, 한국지능정보사회진흥원 자문위원, 교육학술정보원 자문위원, 그 밖의 다수 공공기관 등에 데이터 및 정보보호· 보안에 대한 자문 및 연구 활동을 하고 있다. 행정안전부장관상, 개인정보보호위원회장관상, 한국인터넷진흥원 원장상을 수상하였다.

## PART 4 기타 생성형 AI 관련 법적, 정책적 관점

### 19. 생성형 AI의 오남용 문제와 사이버보안

▶ 김승주 고려대학교 정보보호대학원 교수

'명견만리', '차이나는 클라스', '쌤과 함께', '집사부일체'에 출연하는 등 가장 대중적인 정보보호 및 블록체인 전문가로 꼽힌다. 현재 고려대학교 정보보호대학원 교수로 재직 중이며, 대통령 직속 4차산업혁명위원회, 국방혁신위원회 및 국가인공지능위원회 민간위원으로 임명되기도 하였다. 특히 윤석열 정부 시절 대통령을 설득해 망분리 정책 개선을 이끌어 냈으며, 국방 분야에 사이버보안 위험관리(K-RMF) 제도를 도입한 선구자로도 꼽힌다.

### 20. 생성형 AI와 법률서비스의 이슈 및 동향

▶ 정채연 포스텍 인문사회학부 교수

고려대학교에서 법학사, 법학석사 및 법학박사 학위를 취득했고, 뉴욕대학교 로스쿨에서 LL.M. 학위를 취득했으며, 현재 뉴욕주 변호사이다. 대법원 사법정책연구원의 연구위원과 한국과학기술원 미래전략대학원의 연구조교수를 거쳐, 현재 포항공과대학교 인문사회학부 대우부교수로 재직 중이다. 기초법의 이론을 다양한 실천적 분야들에 적용하면서 바람직한 법제화 방향을 고안하는 데 관심을 기울여 왔다. 최근에는 지능정보사회에서 새로이 제기되는 법적 쟁점들과 그에 따른 탈근대적 담론의 성장에 주목하고 있으며, 인공지능 및 포스트휴먼과 법담론, 지능로봇과 윤리담론, 블록체인 기술과 탈중심적 거버넌스를 다루는 저서와 논문을 발표한 바 있다.

## 21. 생성형 AI 및 글로벌 통상환경의 변화와 전망

▶ 이주형 서울시립대학교 법학전문대학원 부교수

사법연수원 36기를 수료하고, 스위스 국제개발대학원 법학석사 및 이화여대 법학박사 학위를 취득하였다. 외교부에서 국제통상협상 및 조약 업무를 담당하고, 대법원, 김·장법률사무소에서 근무한 바 있다. 연구 분야는 디지털통상, 기후변화와 국제환경법 등으로 '데이터와 법', '디지털통상론', 'Research Handbook on Digital Trade' 등 다수 저서를 공동집필하고, '디지털 통상의 국제규범화 현황과 쟁점: 국경 간 데이터 이동 및 데이터 보호를 중심으로'란 논문으로 2021년 한국무역학회 학술대상을 수상했다. 현재 산업통상자원부 통상조약 국내대책위원회 위원, APEC 디지털분과 자문위원 등을 맡고 있고, 한국무역학회 부회장, 한국통상정보학회 부회장 등 다수 학회에서 활동 중이다.

# 생성형 AI와 법

초판발행 2024년 10월 14일

지은이 이성엽 외 23
펴낸이 안종만 · 안상준

편 집 박세연
기획/마케팅 김한유
표지디자인 BEN STORY
제 작 고철민 · 김원표

펴낸곳 (주) 박영사
서울특별시 금천구 가산디지털2로 53, 210호(가산동, 한라시그마밸리)
등록 1959. 3. 11. 제300-1959-1호(倫)
전 화 02)733-6771
f a x 02)736-4818
e-mail pys@pybook.co.kr
homepage www.pybook.co.kr
ISBN 979-11-303-4819-3 93360



정 가 30,000원